English-Persian

Dictionary of Body idioms

Azadeh Nemati (Ph.D)

Ali Ilani (M.A)

فرهنگ انگلیسی - فارسی

اصطلاحات

اعضای بدن

دکتر آزاده نعمتی

علی ایلانی

سرشناسه	: نعمتی، آزاده، ۱۳۵۴ - Nemati, Azadeh
عنوان و نام پدیدآور	: فرهنگ انگلیسی - فارسی اصطلاحات اعضای بدن / آزاده نعمتی، علی ایلانی.
مشخصات نشر	: شیراز : صبح انتظار، ۱۳۹۳.
مشخصات ظاهری	: ۲۸۵ص.
شابک	: ۵-۹-۹۴۷۰۴-۶۰۰-۹۷۸
وضعیت فهرست نویسی	: فیپا
یادداشت	: فارسی- انگلیسی
موضوع	: بدن انسان؛ واژه‌نامه‌ها
شناسه افزوده	: ایلانی، علی، ۱۳۶۹ -
رده بندی کنگره	: QP ۱۱ / ن ۷ ف ۴ ۱۳۹۳
شماره کتابشناسی ملی	: ۳۶۴۴۲۴۹

نام کتاب: فرهنگ انگلیسی - فارسی اصطلاحات اعضای بدن
مولفین: آزاده نعمتی، علی ایلانی
طراح جلد و صفحه آرا: عظیمه زارع
تیراژ: ۱۰۰۰
قطع: پالتویی
ناشر: صبح انتظار
نوبت چاپ: اول
قیمت: ۱۳۰۰۰۰ ریال
لیتوگرافی، چاپ و صحافی: واصف
شابک: ۵-۹-۹۴۷۰۴-۶۰۰-۹۷۸

طبق قانون حمایت از آثار مولفین ومترجمین، تمامی حقوق جهت مؤلف و ناشر براساس قرارداد فی مابین محفوظ است و هرگونه کپی برداری ممنوع و پیگرد قانونی دارد.

An idiom is a natural manner of speaking to a native speaker of a language

contents

پیشگفتار 9
Ankle idioms 11
Arm Idioms 12
Back Idioms 16
Bite Idioms 21
Blind Idioms 23
Blood Idioms 24
Cheek Idioms 49
Chew Idioms 51
Chin Idioms 53
Ear Idioms 56
Elbow Idioms 66
Eye Idioms 68
Face Idioms 85
Feet Idioms 94
Finger Idioms 105
Fist Idioms 110
Hair Idioms 112
Hand Idioms 117
Head Idioms 141

Head Idioms	158
Heart Idioms	172
Heel Idioms	173
Heel Idioms	176
Knee Idioms	177
Leg Idioms	179
Lip Idioms	185
Mind Idioms	188
Mouth Idioms	201
Nose Idioms	216
Palm Idioms	225
Teeth Idioms	238
Toe Idioms	243
Tongue Idioms	246
Throat Idioms	251
Thumb Idioms	254
Voice Idioms	258
Multiple choices tests:	260
Answers:	274
MC:	283
References:	284
About the authors	285

پیشگفتار

برای یادگیری هر زبانی نیاز است که فرهنگ و خصوصیات آن زبان نیز یاد گرفته شود. یکی از راه‌های وارد شدن به فرهنگ زبان دیگر یادگیری و به کارگیری اصطلاحات آن زبان است. اصطلاح عبارتی است که معنای کل را با ترجمه‌ی تک تک کلمات نمی‌توان به دست آورد. لذا نمی‌توان اصطلاحات را حدس زد. در مکالمات روزمره اصطلاحات کاربرد فراوانی دارند و معنا را روشن می‌سازند. یادگیری اصطلاحات نیاز به معلم ندارد و زبان آموز می‌تواند آن را به صورت مستقل بیاموزد.

نحوه‌ی استفاده‌ی از کتاب

درباره‌ی اصطلاحات کتاب‌های زیادی نوشته شده است و کتاب‌های بیشتری نیز ترجمه شده‌اند. از مهم‌ترین خصوصیات این کتاب که آن را از دیگر کتب در زمینه‌ی اصطلاحات متمایز می‌کند جنبه‌ی تخصصی بودن آن است. به عبارت دیگر، کتاب حاضر به صورت تخصصی اصطلاحات مربوط به اعضای بدن را ارایه می‌دهد. امید است در جلدهای دیگر اصطلاحات تخصصی دیگری نیز دسته‌بندی و ارایه شوند. در آخر هر فصل که به ترتیب حروف الفبا آمده است تمرین‌هایی وجود دارد تا زبان آموز بتواند به ارزیابی خود بپردازد. در آخر کتاب نیز تمرینات بیشتری ارایه شده است.

نحوه‌ی یادگیری اصطلاحات با استفاده از مدل پیمسلر (Pimsleur)

تحقیقات پیمسلر(۱۹۷۶) نشان می‌دهد که فاصله بین دوره‌های یادگیری باید پیوسته بیشتر و بیشتر شود. دوره کردن اصطلاحات در این مدل براساس به توان رساندن است و این بدان معنا است که اگر برای اولین بار ۵ ثانیه بعد از خواندن یک اصطلاح آن را بخواهید مرور کنید، زمان مرور بعدی باید 5^2 باشد که می‌شود ۲۵ ثانیه، زمان مرور بعدی 5^3 یعنی ۱۲۵ ثانیه است و بدین ترتیب تا آخر. جدول زیر ۱۱ حلقه از این نوع تکرار را به تصویر می‌کشد.

Repetition	1	2	3	4
time spacing before the next repetition	5 Secs	25 secs	2 mins	10 mins
Repetition	5	6	7	8
time spacing before the next repetition	1 hour	5 hours	1 day	5 days
Repetition	9	10	11	
time spacing before the next repetition	25 days	4 months	2 years	

موفق باشید

Ankle idioms

by ankle express   پای پیاده

-on foot.
After my horse was stolen, I had to go by ankle express. It's a five-minute drive, forty minutes by ankle express.

sprain one's ankle   باردارشدن

-to become pregnant.
She has, ah, sprained her ankle. From the looks of her, she must have sprained her ankle some months ago.

Arm Idioms

armpit of (somewhere)

مکان بی ریخت و بدشکل

- a place that is the ugliest or worst place in a particular area

The small city is the armpit of the country and nobody wants to go there to work.

cost an arm and a leg

خرج زیادی برداشتن/خیلی آب خوردن

- to cost much money

My father's new car cost an arm and a leg.
The man's new car cost him an arm and a leg.

give one's right arm for (something)

به چیزی بها دادن

- to give something of great value for something else

I would give my right arm for a chance to go to Florida with my friend next month.

long arm of the law

دست قانون/قدرت قانون

- the police and laws that are so powerful that no matter where you are you will be found and punished

The long arm of the law finally was able to capture the criminal.

receive/accept (someone) with open arms
با آغوش باز استقبال کردن
- to greet someone eagerly
The employees received their new boss with open arms.

a shot in the arm
روحیه بخش/امیدوارکننده
- something inspiring, something that gives someone energy
The latest opinion polls are a shot in the arm for the mayor's re-election campaign.

twist (someone`s) arm
کسی را وادار کردن
- to force someone to do something, to threaten someone in order to make him or her do something
I had to twist my friend's arm so that he would let me use his car.

up in arms
عصبانی بودن
- very angry and wanting to fight, equipped with guns or weapons and ready to fight
The students were up in arms over the school's plan to make them wear uniforms.

walk arm-in-arm (with someone)

دست در دست هم رفتن

- to walk with one's arms linked with someone else

The two girls walked arm-in-arm down the street.

Excercise1:

Arm Idioms

1-We ....along the river bank.

2-These shoes ....

3-I would .... to meet the President.

4-You can't escape the ....

5-Fresh investment would provide the .... that this industry so badly needs.

6-I didn't want to go but Linda ....

7-My new in-laws accepted *me* ....

Back Idioms

(one's) back is against/to the wall
درمخمصه افتادن/توی هچل افتادن
- one is in a very difficult position
The man's back was against the wall and there was nothing that he could do to change the situation.
I have my back to the wall at work and I must deal with many problems.

back-to-back
پشت به پشت
- next to each other and touching backs
The students were sitting back-to-back as they exercised in the gym class.

behind (someone's) back
پشت سر کسی
- without someone's knowledge, secretly, when someone is absent
I do not like people who talk behind my back.

break one's back (to do something)
کار زیادی کردن
- to do all one possibly can, to work very hard to do something
I broke my back trying to help my friend with his project.

cover one's back

از خود دفاع کردن (در برابر انتقاد و سرزنش)

- to do something to protect yourself from criticism or future blame
I was very careful to cover my back when dealing with the lawyers.

a crick in one's back گرفتگی کمر

- a painful cramp in one's back
I woke up this morning with a crick in my back.

get off (someone`s) back

دست از سر کسی برداشتن

- to stop criticizing or nagging someone
I wish that my mother would get off my back about trying to find a better job.

get(someone's) back up کسی را عصبانی کردن

- to make someone become angry
I got my friend's back up when I asked to borrow her notes from school.

give (someone) the shirt off one's back

نسبت به کسی بخشنده و سخاوتمند بودن

- to be very generous to someone
My friend is a very generous person and will be happy to give you the shirt off his back.

on (someone`s) back

تحت فشار گذاشتن

-constantly criticizing someone, pressuring someone
My sister is always on her daughter's back to clean up her room.

a pat on the back

کسی را تشویق کردن

- praise, congratulations, encouragement
The man was given a pat on the back for his efforts to stop pollution in the river.

put one's back into (something)

به کاری چسبیدن

- to use great physical or mental energy to do something
We put our backs into trying to move the freezer out of the basement.

scratch (someone`s) back

انتظار عمل متقابل را از دیگری داشتن

- to do someone a favor in the hope that they will do something for you
If you scratch the supervisor's back he will help you when you need help.

stab (someone) in the back

از پشت به کسی خنجر زدن

- to betray someone
My friend stabbed me in the back although I helped him get a job.

turn one`s back on (someone or something)

به کسی پشت کردن

- to refuse to help someone who is in trouble or need
The woman turned her back on her friend when the friend asked her for some money.

with both hands tied behind one's back

به سادگی و آسانی

- easily, even under a severe handicap
I did my science project with both hands tied behind my back.

Excercise2:

Back Idioms

1-He owes money to everyone ....

2-I don't like the idea of the two of them ....

3-He .... to get the project done on time.

4-Why don't you ....! I'm doing my best.

5-I got a .... from my boss.

6-He had been lied to and .... by people that he thought were his friends.

Bite Idioms

bite off more than one can chew
لقمه بزرگتر از دهان برداشتن
- to try to do more than you can realistically do
I am trying not to bite off more than I can chew so that I will be able to finish my project.

bite one's tongue   جلوی زبان خود را گرفتن
- to try hard not to say something that you would like to say (often used when you want to criticize someone)
I always bite my tongue when I am talking with my aunt so that I do not say the wrong thing and make her angry.

bite (someone's) head off
با عصبانیت با کسی حرف زدن
- to speak to someone in an angry way
My friend bit my head off when I asked her a question.

put the bite on (someone)
از کسی پول گرفتن
- to try to get money from someone
I will put the bite on my friend in order to get some money for the movie.

Exercise3:

Bite Idioms

Clinton conceded, "We .... in our original health care reform proposals."

I wanted to tell him exactly what I thought of him, but I had to ....

I only asked if I could help - there's no need to ....!

The insurance company .... me **for** a huge increase in my premium after I crashed the car.

Blind Idioms

as blind as a bat کور کور /نابینا
- very blind, unable to see
The man is as blind as a bat and he cannot see anything.

blind leading the blind
کوری عصاکش کوری دگر شود
- someone who does not know how to do something himself or herself but tries to explain it to another person
It was like the blind leading the blind when I tried to help my friend fix his car because I do not know anything about cars.

Blood Idioms

bad blood (between people)
خصومت/دشمنی

- anger or a bad relationship due to past problems with someone
There is much bad blood between the two supervisors.

blood is thicker than water
هر چه باشد خویش نزدیکتر از بیگانه است

- family members are closer to one another than to others
Blood is thicker than water and people usually support and help their family in times of trouble.

blood on the carpet
دردسر/مخمصه

- much trouble
There was much blood on the carpet after the meeting.

blood runs cold
وحشت زده

- terrified or horrified
My blood ran cold when I saw the poison spider on my bed.

blood, sweat, and tears   کار شاق/کار جانکاه

- great personal effort
We put a lot of blood, sweat, and tears into fixing our old house.

blue blood   نجیب زاده/اشراف زاده

- the blood (family line) of a noble or aristocratic family
Many blue bloods attended the opening of the new opera.

curdle (someone's) blood

(از ترس)کسی را زهره ترک کردن

- to frighten someone
The sight of the accident curdled my blood.

draw blood   خونریزی/زخم

- to make a wound that bleeds
The young boxer was the first to draw blood during the boxing match.

(one's) flesh and blood

۱- قوم و خویش نزدیک ۲- انسان/بشر

- a close relative (father, daughter, brother etc.), a living human body
The man's own flesh and blood refused to help him when he needed money.

have (someone's) blood on one's hands
مسئول مرگ کسی بودن

- to be responsible for someone's death
The driver of the car had the passengers' blood on his hands after two people were killed in an accident.

in cold blood
در کمال خونسردی/بدون احساس گناه

- without feeling
The man was murdered in cold blood by a group of criminals.

in one's blood
(چیزی) در خون کسی بودن/ارثی بودن

- to be built into one's personality or character
My cousin has music in her blood and is very good at it.

like getting blood out of a stone
(کار) نشدنی و غیرممکن/از آب کره گرفتن

- very difficult to get something from someone or something
It is like getting blood out of a stone to ask my friend for anything.

make (someone's) blood boil
خون کسی را به جوش آوردن
- to make someone very angry
It makes my blood boil to think about what happened to my coworker.

make (someone's) blood run cold
وحشت زده کردن
- to shock or horrify someone
It made my blood run cold when I saw the little boy run into the road.

new blood
نیروی تازه/نیروی تازه نفس
- new members brought into a group, new workers in a company
We have lots of new blood in our club.

out for blood
عصبانی بودن از کسی
- to be very determined to defeat or punish someone, to be very angry at someone
My boss was out for blood when he discovered that someone had deleted some files on his computer.

smell blood
پی بردن به نقطه ضعف
- to sense an opponent's weakness or vulnerability
The reporters could smell blood when they began to investigate the politicians and the scandal.

sweat blood
نگران و مضطرب شدن/خون جگر خوردن
- to be very anxious and tense about something
I began to sweat blood when I heard that some of our staff may be transferred to another city.

taste blood
ضربه زدن/آسیب رساندن به رقیب
- to be able to harm an opponent and therefore want to try to do even more harm
I could taste blood when I discovered the weak points of my opponent.

too rich for (someone's) blood
گران بودن
- to be too expensive for someone's budget
The holiday in the expensive resort was too rich for our blood so we did not go.

Exercise4:
Blood Idioms

1-There's too much ………………….. between them.

2-I heard a tapping on the window which made ……………………………….……...

3-Of course I find pretty young women attractive - I'm only ……………………….

4-Evans had been murdered ……………

5-His father and grandmother were painters too so it's obviously ……………

6-The way they have treated those people ……………………………………………....

7-The company has brought in some ……………….. in an effort to revive its fortunes.

8-When she ……………………….., you don't get a second chance.

9-We ……………………….. to get the work finished on time.

10-This hotel is too ……………………….

Body idioms:

in a body
به صورت گروهی/همه با هم
- as a group of people; as a group; in a group.
The tour members always traveled in a body.

body politic
واحد سیاسی/ملت/جامعه
- the people of a country or state considered as a political unit.
The body politic was unable to select between the candidates.

enough to keep body and soul together
پول بخور و نمیر
very little; only enough to survive. (Usually refers to money.)
When he worked for the library, Marshall only made enough to keep body and soul together.

know where all the bodies are buried
خبر داشتن از تمام اطلاعات و اسرار
- to know all the secrets and intrigue from the past; to know all the relevant and perhaps hidden details.
He is a good choice for president because he knows where all the bodies are buried.

over my dead body!

عمرا/مگه اینکه از روی جسد من رد شی

a defiant phrase indicating the strength of one's opposition to something. (A joking response is "That can be arranged.") Sally:Alice says she'll join the circus no matter what anybody says. Father: over my dead body!

warm body   فرد/نفر/آدم

-a person; just any person (who can be counted on to be present).
See if you can get a couple of warm bodies to stand at the door and hand out programs.

a body blow (*mainly British*)

ضربه کاری

-something that causes serious difficulty or disappointment
Losing the court case was a body blow to animal rights campaigners.
feelings
- he doesn't have a mean bone in his body.

Exercise5:

Body idioms

1-The cleaning staff .... to the manager to complain.

2-His wages are barely enough to ....

3-You will marry him ....!

4-Having all her research notes stolen was a real .... for her.

Bone Idioms

as dry as a bone   خشک خشک
- very dry
The river bed was as dry as a bone at the end of the summer.

bare bones (of something)
چارچوب اصلی/استخوان بندی
- the most basic and important parts of something
The company had to restructure and most services were cut to the bare bones of the operation.

a bone of contention   مایه نفاق/دشمنی
- something that people disagree about
The issue of working on Saturday evenings is a bone of contention between the store and the workers.

chilled to the bone   سرد
- very cold
I was chilled to the bone after swimming in the cold lake.

close to the bone

(شوخی و غیره) نیشدار/کنایه دار

- something (a story or remark) that is embarrassing or upsetting

The remarks of my boss hit close to the bone when he began to criticize my work habits.

Cut/pare (something) to the bone

(هزینه و غیره) به حداقل رساندن

- to cut down severely on something, to severely reduce something

The company cut all of the extra expenses to the bone.

down to the bone   تا مغز استخوان

- entirely, to the core

The rain and snow chilled me right down to the bone.

Feel/know sth in one's bones

به دل کسی برات شدن که/حتم داشتن که

- to sense something, to have an intuition about something

I feel it in my bones that I am not going to get the job that I want.

make no bones about sth

تردید به خود راه ندادن

- to make no mistake about something, to not doubt something

"Make no bones about it, I am not going to lend my friend any more money."

skin and bones (حیوان و انسان)لاغر

- a person or animal that is very thin or skinny

The dog was skin and bones after his owner stopped giving him food.

Exercise6:
Bone Idioms

1-I don't think he's been watering these plants - the soil is ………………………..

2-There are not even the ………………….. of a garden here - I've got nothing.

3-We've fought for so long that we've forgotten what the …………………….. is.

4-His jokes were a bit …………….……..

5-Shops ………….prices……………… in the January sales.

6-She knew that something good was sure to happen; she could ……………………...

Bosom idioms

bosom buddy and **bosom pal**
رفیق گرمابه و گلستان/رفیق جون جونی
a close friend; one's closest friend.
Of course I know Perry. He is one of my bosom pals.

in the bosom of somebody (*literary*)
در آغوش و قلب کسی بودن
if you are in the bosom of a group of people, especially your family, you are with people who love you and make you feel safe.
She was glad to be home again, back in the bosom of her family.
How often had I dreamed about being back in the bosom of my family?

Brain Idioms

beat/rack one`s brains out

به مغز خود فشار آوردن (برای چیزی)

- to tire oneself by thinking too much
I have been beating my brains out trying to remember where I put my notebook.
I racked my brain to try and decide what to do about the computer problem.

brain drain

فرار مغزها

- the loss of talented and educated people from one place or country to another place or country where conditions are better
There is a brain drain from many poor countries to wealthy countries where conditions are better.

brain (someone)

مغز (کسی را) داغان کردن

- to strike a person on the head
The spectator was brained in the middle of the match with a tennis ball.

brain teaser   مساله پیچیده/معما
- a problem for which it is hard to find the answer

My father likes to look in the newspaper for interesting brain teasers.

brains behind (something)
مغز متفکر یک مجموعه
- the person or people who are responsible for inventing or developing or organizing something

The president of our company is the brains behind the plans to develop the new product.

Brainchild   فکر بکر/ابداع/ابتکار
- an idea that one has thought of without any help from others

The idea for building the new swimming pool was the brainchild of our boss.

Brainless   احمق
- stupid

The woman is brainless and has no idea what she is doing.

brainstorm (something)
اندیشه گشایی کردن/رای افکنی کردن
- to try to develop an idea
The club members gathered to try and brainstorm some ideas for a spring festival.

brainwash (someone)
شستشوی مغزی دادن
- to make someone believe something that is not true by repeating it again and again
The citizens were brainwashed into thinking exactly what their leader wanted them to think.

exercise one's brain
از مغز خود کار کشیدن
- to exercise one's intelligence, to use one's brain
I always do puzzles in order to exercise my brain.

have a brainwave
فکر بکر
- to have a sudden clever idea
Last night, I had a brainwave and had some good ideas about what to do at my job.

have (something) on the brain
مدام به چیزی فکر کردن
- to be obsessed with something, to never stop thinking or talking about something
The boy has cars on the brain and he does not think of anything else.

no-brainer (چیز)سهل و آسان
- something that is easy to do or understand and does not need much intelligence
It is a no-brainer that if you do not study then your marks will not be good.

pick the brains of sb *or* **pick sb's brains**
فکر و اندیشه کسی را دزدین
- to talk to someone in order to get some information about something
We picked the brains of the official who was talking about the pollution problem.

Exercise7:

Brain Idioms

1-I've been ………………….. all week trying to finish this essay.

2-Britain has suffered a huge ………….. in recent years.

3-I'll ……………… you if you don't keep quiet.

4-What sort of ………………… idiot would do that?

5-The government is trying to ………………… them into think ing that war is necessary.

6-You've got cars ……………... Can't we talk about something else for a change?

7-Have you got a minute? I need to ……………………………………..

8-I ………………, trying to remember his name.

Breathe/Breath Idioms

able to breathe easily/freely again
نفس راحتی کشیدن(پس از ترس/هیجان و غیره)
- to be able to relax after a busy and stressful time
I was able to breathe easily again when I knew that I would not miss my flight.

a breath of fresh air
خون تازه
- new ideas or new energy or new ways of doing something
The new manager is a breath of fresh air in our company.

not breathe a word (about sb or sth)
حرفی نزدن
- to keep a secret about someone or something
"Please don't breathe a word about my new job to my supervisor."

breathe down (someone`s) neck
کسی را زیر نظر گرفتن
- to watch someone closely (often by standing right behind them), to pressure someone to do something
My boss has been breathing down my neck all day to pressure me to finish the report.

breathe one's last به رحمت خدا پیوستن

- to die, to breathe one's last breath before dying

The elderly man breathed his last late yesterday evening.

catch one's breath نفس تازه کردن

- to return to normal breathing after breathing very hard

I stopped at the top of the stairs to catch my breath.

Don't hold your breath.

بی خودی شکمت را صابون نزن

- Don't stop breathing to wait for something (because it will never happen).

"Don't hold your breath," I said when my friend asked when he would be able to borrow our friend's car.

hardly have time to breathe

سر کسی شلوغ بودن

- to be very busy

I hardly had time to breathe while I was preparing for the barbecue.

hold one`s breath　نفس خود را در سینه حبس کردن

- to stop breathing for a moment, to stop doing something and wait until something happens
I held my breath and waited to see if my name had been called for an interview with the movie company.

in one breath　بدون مکث

- spoken rapidly without stopping to breathe
I told my friend in one breath what happened at the party.

in the same breath　هم زمان

- almost at the same time
My friend was complaining about her teacher but in the same breath she said that she will continue with the class.

out of breath　از نفس افتادن

- breathing fast and hard
I was out of breath after I ran to catch the train.

save one`s breath ساکت ماندن

- to keep silent because talking will do no good

"You can save your breath and not bother talking to him. He never listens to anyone."

say (something) under one's breath

زیر لب گفتن

- to say something so softly that nobody can hear it

The clerk in the store said something under her breath about the customer.

15-take (someone's) breath away

مات و مبهوت کردن

- to overwhelm someone with beauty or grandDeur, to cause someone to be out of breath

The beauty of the mountain lake took my breath away.

16-wait with bated breath

در نهایت نگرانی/ بی‌صبرانه منتظر چیزی بودن

- to wait anxiously for something

I waited with bated breath for the results of my exams.

waste one's breath
بیهوده خود را خسته کردن/به گوش کسی فرو نرفتن
- to waste one's time talking, to talk in vain
I am wasting my breath to ask my parents to use the car this weekend.

with every (other) breath   مکرر و مداوم
-repeatedly or continually saying something
My friend tells me with every other breath that she does not like my boyfriend.

Exercise8:
Breathe/Breath Idioms

1-Angela's so cheerful and lively - she's **like** .... when she visits.
2-Don't worry. I won't ………………….. about this matter.
3-It's awful having a boss who …………………………....….. all the time.
4-Her eyes fluttered open for a moment and then she …………………..
5-Slow down, I need to …………………...
6-She said she might have finished by this afternoon but don't ……………..
7-You say you're bored and frustrated but ………………… say you're resigned to staying in the same job.
8-After climbing to the top of the tower, we were so …………… that we had to sit down.
9-The beauty of the Taj Mahal ………..…
10-Honestly, you're …………………….. - he doesn't want to hear what anyone else has got to say.

Cheek Idioms

cheek by jowl پهلوی هم/بغل هم
- side by side, close together
The boxes were placed in the room cheek by jowl and there was no room for anything else.

cheek-to-cheek در آغوش هم
- with one person's cheek pressed up against another person's cheek
The man and the woman were dancing cheek-to-cheek.

tongue in cheek شوخی
- jokingly, insincerely, mockingly, not really meaning something
The remark was made tongue in cheek and the man did not mean it.

turn the other cheek
(در برابر خشونت) مدارا کردن/خشونت نشان ندادن
- to ignore someone's abuse or insult, to not hit back when someone hits you
The children were told that they should turn the other cheek when they were attacked by someone.

Exercise9:

Cheek Idioms

1- The poor lived .... in industrial mining towns in Victorian England.

2- He said that he was America's greatest lover, although I suspect it was ....

3- When Bob got mad at Mary and yelled at her, she just ....

Chew Idioms

chew (sb) out سرزنش کردن/ملامت کردن
- to scold someone
The girl began to chew her friend out in the supermarket.

chew the fat/rag گپ زدن/اختلاط کردن
- to chat or talk informally with one's friends
I stopped to chew the fat with an old friend from high school

Exercise 10:
Chew Idioms

1-The coach ………. his team …….. for playing so badly.

2-We sat in a bar most of the evening just
………………………………………..……

Chin Idioms

(keep your) chin up

خم به ابرو نیاوردن/مقاومت کردن

- to be brave, to be determined, to face trouble with courage
The man is trying to keep his chin up even though he has no job.

make chin music

گپ زدن/صحبت کردن

- to talk, to chatter
The two old friends spent the morning making chin music.

take it on the chin

۱-کتک خوردن ۲-به دردسر افتادن

- to be badly beaten or hurt, to get into trouble
My friend took it on the chin when he fought with the man at the store.

up to one's chin in (something)

مشغول انجام کاری بودن

- to be very busy with something, to be working hard at something, to have much or many of something
The woman is up to her chin in work and has no free time.

wag one's chin گپ زدن /صحبت کردن
- to chat with someone
I stopped at the coffee shop to wag my chin with an old friend.

Excercise11:
Chin Idioms

1-………………..! It'll be over soon.

2-One of our great strengths is our ability to ……………………… and come out fighting.

3-The two old buzzards sat on the park bench …………………… all afternoon.

4-You were ……………… when you should have been listening.

Ear Idioms

all ears
سراپا گوش بودن

- eager to hear something, very attentive
My friend was all ears when I began to talk about starting a home business.

assault the ears
(صدا)بلند/گوش خراش

- to be very loud or persistent
The music was very loud and it assaulted my ears.

(not)believe one's ears
آنچه را می بینم/می شنوم باور نمیکنم

- to believe what one is hearing, to become sure of something
I could not believe my ears when I heard that I had won a holiday to the beach resort.
I will believe my ears when my boss tells me the news.

bend (someone's) ear
درباره مساله خود با کسی حرف زدن

- to talk to someone (usually in an annoying or persistent manner)
I met my friend this morning and she bent my ear about her problems at work.

ears are burning
احساس میکنم دارند پشت سرم حرف می زنند
- someone is talking about you when you are not there
My ears are burning and I think that someone is talking about me.

ears are ringing
گوش کسی زنگ زدن
- one hears a ringing sound because of a very loud sound
My ears were ringing after the fire truck passed.

ears become red
(گوش)از روی خجالت سرخ شدن
- one's ears become red from embarrassment
My ears became red when our teacher asked me a question.

fall on deaf ears
مورد توجه قرار نگرفتن
- to have one's words or ideas ignored by the person that they are intended for
Our complaints to the apartment manager usually fall on deaf ears and nothing is done about the complaints.

give (someone) an earful

کسی را سرزنش کردن

- to talk to someone in order to criticize or complain about something

I met my supervisor and I decided to give her an earful about my job.

grin/smile from ear to ear

نیش (کسی) تا بناگوش باز شدن

- to have a big grin/smile on one's face

The man was grinning from ear to ear after he found the money.

have an ear for (something)

زبان و موسیقی را داشتن استعداد یادگیری

- to have the ability to learn music or languages

The girl has an ear for languages and she can learn them very fast.

have/keep an ear out for (something)

به دقت گوش دادن

- to listen carefully for something

The man always has an ear out for business opportunities that may appear.

have nothing between the ears
احمق/کله پوک
- to be stupid, to have no brains or intelligence
The young man has nothing between the ears and he is always making stupid mistakes.

have/keep one's ear to the ground
گوش به زنگ بودن
- to listen carefully because you want to get advance warning of something
I have my ear to the ground to see if any changes are planned for my company.

have (someone's) ear
مورد اعتماد کسی بودن
- to be able to get someone to listen to you (usually someone who has the power or ability to help you)
Our supervisor has the company president's ear and he can talk to him anytime.

have (sth) coming out of one's ears
(چیزی)را بیش از حد نیاز داشتن
- to have much of something
We have bath towels coming out of our ears and we do not need any more.

in one ear and out the other
از یک گوش شنیدن و از گوش دیگر در کردن
- a piece of information is heard and then quickly forgotten
Everything that the teacher said went in one ear and out the other and I did not remember anything.

lend (someone) an ear
گوش فرا دادن به
- to listen to what someone is saying
I asked my friend to lend me an ear and listen to my problem.

listen to (someone) with half an ear
به دقت گوش ندادن
- to not listen carefully to someone
I listened to my friend with half an ear while I was listening to the radio.

out of earshot
خارج از صدارس
- too far from a sound or voice to hear it
I was out of earshot when my friend began to talk about me.

out on one's ear
مجبور به ترک جایی شدن/اخراج شدن
- to be forced to (unwillingly) leave one's job or organization or home

The man did not pay his apartment rent for two months and he was quickly out on his ear.
The woman was very lazy at work and was soon out on her ear.

play by ear (موسیقی) بدون نت اجرا کردن
- to play a musical instrument by remembering the tune and not by reading the music
The girl learned to play the piano by ear when she was a child.

play it by ear

به مقتضای وضع و موقعیت عمل کردن
- to decide what to do in a certain situation when you are already involved in the situation, to not plan in advance for something, to improvise
We can play it by ear and decide what to do after we meet.

prick up one's ears گوش تیز کردن
- to listen more carefully to something (an animal moves its ears up in order to hear better)
When I heard my friends talking about me I pricked up my ears.

put a bug in (someone`s) ear
به کسی نظر دادن

- to give someone an idea
I put a bug in my friend's ear when I suggested that we go on a holiday together.

put a flea in (someone`s) ear
سرزنش کردن

- to give someone a severe scolding, to give someone an idea or answer that is not welcome
I put a flea in my friend's ear when I began to criticize him.

set (something) on its ear
کسی را در مورد چیزی هیجان زده کردن

- to cause a group or organization to be excited and interested in something
The new plan set most of the company on its ear and everybody is very excited about the plan.

talk (someone's) ear off
با حرف زدن کسی را خسته کردن

- to talk to someone and bore him or her
The man next to me on the train talked my ear off during the journey.

a tin ear for (something)
گوش موسیقی داشتن
- the inability to judge the value of music, an insensitivity to music
The woman has a tin ear for music and she is not a good singer at all.

turn a deaf ear to (someone)
به روی خود نیاوردن
- to pretend not to hear someone, to not pay attention to someone
The supervisor turned a deaf ear to our complaints about the heat.

up to one's ears in (something)
غرق در.........بودن
- to have a lot of something, to be much involved or busy with something
I have been up to my ears in work for several weeks now.

walls have ears
دیوار موش دارد موش هم گوش دارد
- someone may be listening so you should be careful what you say
Walls have ears and you should be careful when you are talking about your co-workers.

wet behind the ears

دهان (کسی) بوی شیر دان/خام بودن

- to be young and inexperienced, to be new in a job or place

The man is wet behind the ears and does not know very much about his company.

Excercise12:
Ear Idioms

1-As soon as I mentioned money, Karen was ……………..
2-Sorry to …………………. with the whole story, but I think you ought to know.
3-She's never ……………………….. for languages.
4-Claire's always one to ………. a sympathetic ………….. if you have problems.
5-I don't know how long I'll continue touring with the band. We've always said we'll just …………………..
6-Jay ……………………….. when I mentioned a vacation.
7-I don't know why I tell her anything. It just goes ……………………………………...
8-The factory owners ………………………….. to the demands of the workers.
9-Jill: Did I tell you what I found out about Fred? He—Jane: Shhh! …………..
10-Joni's still ……………………………… and doesn't know how to deal with the other girls who tease her, but she'll soon learn.

Elbow Idioms

elbow sb out of sth از سر راه برداشتن
- to force or pressure someone to leave an office or position
The new manager got his new position by elbowing many people out of the way.

have elbow room جای کافی
- to have enough space
We have much elbow room in our new house.

rub elbows (with someone)
با کسی حشر و نشر داشتن/با کسی پریدن
- to work closely with someone, to associate with someone
I have been rubbing elbows with some very interesting people at work recently.

elbow grease کار و تلاش زیاد/جان کندن
- to use some effort, to work hard to do something
The kitchen could use some elbow grease to make it clean again.

Exercise 13:
Elbow Idioms

1- As a reporter he gets to .... all the big names in politics.

2- Help me move the furniture so that we'll .... to do some aerobics.

3- I tried ...., but it doesn't help get the job done.

Eye Idioms

able to (do sth) with one's eyes closed/ shut　چشم بسته /به راحتی
- to be able to do something very easily
The car mechanic was able to fix my car with his eyes closed.

all eyes
سراپا چشم بودن/چهار چشمی مراقب بودن
- watching very closely, wide-eyed with surprise
My friend is all eyes when he goes to a basketball game.

all eyes are on sb or sth
بی صبرانه منتظر چیزی بودن
- everybody is waiting eagerly for someone to appear or something to happen
All eyes were on the singer when he walked onto the stage.

apple of (someone`s) eye　نور چشم
- someone's favorite person or thing
The young girl is the apple of her father`s eye.

(not) bat an eye/eyelid
به روی خود نیاوردن/اخم به ابرو نیاوردن
- to show no surprise or reaction even when something bad happens
My boss did not bat an eye when I told him that I was going home early today.

cast a (critical/expert/professional) eye over sb or sth
به (کسی/چیزی) نگاه منتقدانه یا کارشناسانه داشتن
- to look at someone or something in a critical or expert or professional way
The movie director cast a critical eye over the movie script from the writer.

cast an eye over (something)
نگاه اجمالی کردن
- to read or look at something quickly
I cast an eye over the report before I went to the meeting.

catch (someone`s) eye
توجه کسی را جلب کردن/چشم کسی را گرفتن
- to attract someone`s attention
I tried to catch my friend`s eye at the movie theater but he did not see me.

close one's eyes to (something)
نادیده گرفتن/چشم خود را به روی چیزی بستن
- to ignore something, to pretend that something is not really happening
The man closed his eyes to the problems that were happening in his company.

cry one's eyes out
زار زدن
- to cry very hard
The little girl cried her eyes out when she lost her favorite doll.

eagle eye
چشم تیز بین
- a very careful watchful eye (like the eye of an eagle)
The woman has an eagle eye and she never misses anything.

evil eye
چشم شور/چشم بد
- the power to harm people just by looking at them (as some people believe)
The man gave me the evil eye when I met him at the store.

eye for an eye and a tooth for a tooth
(مجازات) چشم در مقابل چشم
- a system of punishment where you punish someone in a similar way to how they hurt you
Some people call for an eye for an eye and a tooth for a tooth when they learn of a terrible murder.

eye of the storm   قلب مشاجرات/مرکز بگومگوها
- the center of a storm or controversy
The company scandal is stressful for everybody and we are now in the eye of the storm.

eyeball to eyeball   رو در رو
- face to face
I had an eyeball-to-eyeball encounter with an angry dog at the park.

eyes are bigger than one's stomach
کسی که چشم و دلش سیر نمی شود
- someone takes more food than he or she can eat
My eyes were bigger than my stomach when I went to the buffet restaurant and took too much food.

eyes pop out (of one's head)   شگفت زده
- one is very surprised
My eyes popped out of my head when I saw my birthday present.

feast one's eyes on sb or sth
از تماشای کسی/چیزی لذت بردن
- to look at someone or something with pleasure or enjoyment
We stopped at the top of the hill to feast our eyes on the beautiful scenery.

four eyes چهار چشم (اشاره به فرد عینکی)

- someone who is wearing glasses (an expression sometimes used by children)
The children called their friend with the glasses four eyes.

get a black eye

۱-زیر چشم کسی سیاه شدن ۲-خدشه دار شدن آبرو

- to get a bruise near one's eye from being hit, to have one's reputation harmed
The little boy got a black eye when he bumped into the door.
The company has a black eye because of the scandal.

get an eyeful of (someone or something)

ور انداز کردن

- to see everything, to see a shocking or surprising sight
We got an eyeful when we saw the accident on the highway.

give (someone) a black eye

زیر چشم کسی را سیاه کردن

- to hit someone near his or her eye so that it becomes dark, to hurt someone's reputation
The boy gave his friend a black eye.
The scandal gave the company a black eye.

give sb the eye   به کسی عاشقانه نگاه کردن
- to look at someone in a way that communicates romantic interests.
I gave the woman in the restaurant the eye but she ignored me.

go into sth with one's eyes (wide) open
سنجیده به کاری دست زدن
- to do something or make a choice about something while knowing the problems that are involved and while having all of the necessary information
The couple went into the construction contract with their eyes wide open.

go into sth with one's eyes closed/shut
نسنجیده به کاری دست
- to do something or make a choice about something not knowing the problems that are involved and not having all of the necessary information
The young man went into the job with his eyes closed but he was very successful.

have an (good) eye for (something)
در تشخیص...........استاد بودن
- to be able to judge something correctly, to have good taste in something
My father has an eye for ceramic plates and he has a large collection of them.
The woman has a good eye for color and her apartment is very beautiful.

have eyes in the back of one's head
همه چیز را دیدن/علم غیب داشتن
- to have the ability to know what is happening behind one's back
Our teacher has eyes in the back of her head and she always knows what is happening in the classroom.

have one's eye on sb or sth دنبال..........بودن
- to want someone or something and hope that you will be able to get it or him or her.
The woman has her eye on a new job in her company and she is working very hard to get it.
The company has its eye on the famous researcher.

have one's eye on (someone or something)
مراقبت کردن
- to watch someone or something carefully, to take care of someone or something
The woman had her eye on her baby as she talked on the telephone.

have one's eyes glued to sth

مراقبت کردن/از (چیزی) چشم برنداشتن

- to watch something very carefully and not look away from it
Everybody in the airport lobby had their eyes glued to the television screen.

have stars in one`s eyes   خوشحال بودن

- to have an appearance or feeling of very great happiness
The girl has stars in her eyes now that she has won the spelling contest.

hit (someone) right between the eyes

شگفت زده کردن

- to make a strong impression on someone, to surprise someone greatly
The news about the accident hit us right between the eyes and shocked us.

in a pig's eye   عمرا/هرگز

- never
I will never, in a pig's eye, go with my friend to visit her family.

in one`s mind`s eye   در تصور/در خیال
- in one`s imagination
I tried to relax and in my mind`s eye, I pretended that I was on a beautiful island.

in the public eye   در انظار عموم
- visible to everybody, in public
The politician's wife does not like to be in the public eye.

in the twinkling of an eye
در یک چشم بهم زدن
- very quickly
I went into the store and in the twinkling of an eye I lost my wallet.

keep an eye on (someone or something)
مواظب.........بودن
- to watch someone or something carefully, to take care of someone or something
I asked my aunt to keep an eye on our apartment when we went for our holiday.

keep an eye out for (someone or something)
چهار چشمی مراقب بودن
- to watch carefully for someone or something
I am keeping my eye out for my grandparents. They will arrive soon.
My friend is keeping his eye out for a new car.

keep one's eye on the ball
هشیار بودن/مراقب بودن
- to remain alert to what is happening around you, to watch or follow the ball carefully while playing a game
The project is very difficult and the man is trying hard to keep his eye on the ball.

keep one's eyes open
مراقب بودن
- to remain alert and watchful, to notice what is happening around you
I try to keep my eyes open when I am walking downtown at night.

keep one's eyes peeled for sb or sth
حواس خود را جمع کردن
- to remain alert and watchful for someone or something
I waited on the street and kept my eyes peeled for my friend and his car.

lay one's eyes on (someone or something)
پیدا کردن
- to see or find someone or something
"If you lay your eyes on my house keys, please tell me."

look (someone) (right/straight) in the eye
تو صورت/چشم کسی نگاه کردن
- to face and look at someone directly
I looked the salesman right in the eye and asked for a lower price.
My friend looked me straight in the eye and asked for some money.

make eyes at (someone)
به چشم خریداری نگاه کردن به/عاشقانه نگاه کردن
- to try to attract someone, to flirt with someone
The woman in the restaurant likes to make eyes at the customers.

naked eye
چشم غیر مسلح
- the human eye (not using a microscope or binoculars or a telescope etc.)
It was difficult to see the star with the naked eye.

not a dry eye in the house
گریه کردن حضار
- everybody in an audience feels sad and begins to cry
There was not a dry eye in the house when the manager gave the farewell speech.

only have eyes for (someone)

تنها به یک نفر نظر داشتن

- to be loyal or interested in only one person

The man only has eyes for the woman who works in his office.

open (someone's) eyes to (something)

کسی را متوجه چیزی کردن

- to become aware of something

The documentary on television opened our eyes to the problems of the homeless people in our city.

out of the corner of one's eye

با یک نگاه سریع

- with a quick glance at something

I saw the big truck out of the corner of my eye.

pull the wool over sb's eyes

گول زدن/فریفتن

- to deceive someone, to fool someone, to trick someone

The girl tried to pull the wool over her mother's eyes when she said that she had been studying all weekend.

put (someone's) eye out نابینا شدن
- to puncture or harm someone's eye and therefore cause blindness
The man put his eye out when he had the accident with the metal rod.

raise eyebrows

(به علامت تعجب) ابرو بالا انداختن
- to cause surprise or disapproval, to shock people
I raised eyebrows when I arrived at work late this morning.

see eye to eye (with someone)

یکدل بودن/همدل بودن
- to agree with someone, to have the same opinion as someone else
I never see eye to eye with my friend about which television program to watch.

set one's eyes on (someone or something)

برای اولین بار دیدن
- to see someone or something for the first time
The boy has not set eyes on his new school yet.

a sight for sore eyes مایه روشنی چشم
- a welcome sight
Our friend was a sight for sore eyes when he came home from his holiday. We were happy to see him.

spit in (someone's) eye توهین کردن/اذیت کردن
- to insult or annoy someone
The comments by my supervisor were as if he spit in my eye.

turn a blind eye to (sb or sth) نادیده گرفتن
- to ignore someone or something that is troublesome and pretend not to see it
Our teacher often turns a blind eye to the bad behavior of the students in her class.

up to one's eyeballs in (something) مشغول.........بودن
- to have a lot of something, to be much involved or busy with something
We are cleaning our house and we are up to our eyeballs in things at the moment.

with a jaundiced eye   با چشم تعصب
- with a prejudiced or distorted way of seeing something

My friend is very smart although he always looks at things with a jaundiced eye.

with an eye to (doing something)
با توجه به/نظر به
- with the intention of doing something

The community center built their new building with an eye to renting part of it to other organizations.

without batting an eye
بی آنکه خم به ابرو بیاورد
- casually, without showing alarm or response or thought

The wealthy man gives much money to charity without batting an eye.

Excercise14:
Eye Idioms

1-We were .... as the Princess emerged from the car.

2-....................... the Prime Minister to see how he will respond to the challenge to his leadership.

3-Penny's only son was the ....

4-It was the unusual colour of his jacket that ....

5-When we go out, girls are always giving me the ....

6-She's .... a bike for some time.

7-............................, she remains a little girl of six although she's actually a grown woman.

8-It is a job that brings him constantly into the ....

9-Microprocessors do the calculations ....

10-Will you .... my suitcase while I go to get the tickets?

11-The police found traces of blood on his jacket that were invisible to ....

12-My sisters don't .... with me about the arrangements.

13-Management often .... to bullying in the workplace.

14-The mayor took office .... to improving the town.

Face Idioms

blow up in (someone`s) face

(طرح و نقشه)خراب شدن

- to end abruptly or unexpectedly, to be ruined while you are working on it, to explode suddenly in front of you
The plan to have a party for our boss blew up in our face when he decided not to come.

come face to face with (someone or something)

با کسی روبرو شدن

- to meet someone or something in person, to deal with someone immediately
I was walking through the forest when I came face to face with a black bear.

face-to-face   رو در رو

- in person, in the same location
The soccer star had a face-to-face meeting with his new team yesterday.

fall flat on one's face   ناموفق بودن

- to be completely unsuccessful
I fell flat on my face when I tried to make a speech at the wedding.

feed one's face   غذا خوردن
- to eat
I stopped at a small restaurant to feed my face.

fly in the face of (something) نادیده گرفتن
- to ignore something
The explanation by the criminal flies in the face of common sense.

get out of (someone's) face ترک رفتن/رفتن
- to go away or leave someone
I wish that my friend would get out of my face.

have egg on one's face
انگشت نما شدن/روسیاهی بالا آوردن
- to be embarrassed by something that you have done (most people would feel embarrassed if they had egg on their face), to seem stupid because of something that you have done
I had egg on my face after I remembered the wrong day for the wedding.

hide one's face in shame
(از روی شرمندگی)صورت خود را پوشاندن
- to cover one's face because of shame or embarrassment
The manager of the company hid his face in shame when he was fired for stealing company money.

in the face of (something) با وجود /علیرغم
- in spite of the fact that there may be problems or difficulty or danger
In the face of many problems, my cousin was still able to raise wonderful children.

keep a straight face
جلوی خنده خود را گرفتن /قیافه جدی گرفتن
- to not smile or laugh
It was hard to keep a straight face during the funny movie.

a long face (قیافه)گرفته و اخمو
- a sad or disappointed look
The man had a long face after he was fired from his job.

lose face آبروی خود را از دست دادن
- to be embarrassed or ashamed by an error or failure, to lose self-respect
The manager lost face when the person who she hired was a terrible worker.

make a face (at someone)
شکلک در آوردن/دهن کجی کردن
- to twist one's face into a strange expression in order to show dislike etc.
The boy made a face at the girl in the hall.

not just a pretty face
فقط خشکل نبودن/محسنات دیگر هم داشتن
- to be intelligent and capable and not just good-looking or pretty
The woman is not just a pretty face. She is very smart.

on the face of it
ظاهراً/در ظاهر
- on the surface of an issue or a problem
On the face of it, it is very easy to see who caused the problem with our travel schedule.

put on a brave/good face
به روی خود نیاوردن/حفظ ظاهر کردن
- to try to appear happy or satisified even though you are faced with serious problems
The man put on a brave face after he was fired from his job.

put one's face on *or* **put on one's face**

آرایش کردن

- to put make-up on one's face
The woman spent a long time putting her face on.

save face

آبروی خود را حفظ کردن

- to save one's good reputation or dignity when something has happened to hurt him or her
The government was unable to save face after they failed to deal with the crisis properly.

say (something) right to (someone's) face

(حرف/گفته) مستقیم به کسی گفتن

- to say something unpleasant or important directly to someone
I told the man that he was not telling the truth right to his face.

show one's face

آفتابی شدن/سر و کله کسی پیدا شدن

- to appear
I do not think that my friend will show his face tonight.

shut one's face/trap   ساکت شدن/حرف نزدن
- to be quiet, to shut up
"Please sit down and shut your trap."
I wish that girl would shut her face.

a slap in the face   توهین/اهانت
- an insult
The unpopular candidate who won the city election was a slap in the face to many voters.

stare (someone) in the face
قطعی بودن آشکار و معلوم بودن/
- to be very likely to happen, to be clear and easy to recognize
Defeat was staring the runner in the face from the beginning of the race.

stuff one's face
پرخوری کردن/با (خوردنی) خود را خفه کردن
- to eat a lot in a short time
I stuffed my face in the restaurant last night.

take (something) at face value
چیزی را به عنوان حقیقت پذیرفتن
- to accept something as the truth and with no hidden meaning
I usually take what my boss says at face value.

talk/work until one is blue in the face

آنقدر کار کردن/حرف زدن که جانش در بیاید
- to talk until one is exhausted
I talked until I was blue in the face but my friend would still not change his mind.

tell(someone)(something)to his or her face

(حرف/گفته)مستقیم به کسی گفتن
- to tell something to someone directly
I told my friend to her face that I did not like her constant complaining.

written all over (someone's) face

از سر و روی کسی باریدن/از قیافه کسی پیدا بودن
- to be shown clearly what someone is thinking or feeling or if they are guilty of something by the look on his or her face
The fact that the little boy took the cookies was written all over his face.

Excercise15:
Face Idioms

1- It is terrible for your life to get ruined and ....

2-She .... with the gunman as he strode into the playground.

3-'You could have just phoned.' 'I wanted to explain things ....'

4-Poor Kathy .... in the mud.

5-This is an argument that seems to .... of common sense.

6-She left home .... strong opposition from her parents.

7-'Why've you got such a ....?' 'My boyfriend doesn't want to see me any more.'

8-Things will go better if you can explain to him where he was wrong without making him ....

9-My sister was .... at me when my mom wasn't looking.

10-........................, it seems like a bargain, but I bet there are hidden costs.

11-After we found Ann hiding in the closet, she became ....

12-How dare you .... in here after saying all those dreadful things!

13-It was a real .... for him when she refused to go out to dinner with him.

14- The answer to this problem was ...., although at first he couldn't see it.

Feet Idioms

back on one`s feet

دوباره سر پا بودن /بهبود یافتن

- to recover from sickness or trouble, to become independent again

Our teacher was back on her feet shortly after her accident.

The man recently lost his job but he is now back on his feet.

bind sb hand and foot

دست و پای کسی را بستن

- to have one's hands and feet tied up

The bank manager was bound hand and foot by the bank robbers.

dead on one's feet

خسته و کوفته بودن

- very tired, worn out

I was dead on my feet when I returned from shopping all day.

drag one`s feet

(از روی بی میلی) این دست و آن دست کردن/ طولش دادن

- to act slowly or reluctantly

Our company is dragging their feet about making a decision to hire new workers.

feet of clay   نقطه ضعف داشتن
- a hidden or unexpected fault or weakness that a respected or powerful person has

The new manager has feet of clay and may not last very long in his new position.

find one's feet   خو گرفتن/آشنا شدن
- to become accustomed to a new situation or experience

I was able to easily find my feet when I started my new job.

follow in (someone's) footsteps
پا جای پای کسی گذاشتن/کسی را سرمشق قرار دادن
- to do what someone else has done (often to do the same job as one's father or mother)

The young man followed in his father's footsteps and decided to become an accountant.

footloose and fancy-free
آزاد از دو جهان/آزاد آزاد
- able to do whatever you want without any obligations

The couple have no children and they are footloose and fancy-free.

get a foothold (somewhere) راه پیدا کردن
- to find a starting point somewhere, to get a firm basis where further progress or development is possible
The small company was able to get a foothold in the breakfast cereal market.

get/have cold feet
دست و دل لرزیدن/ترس داشتن
- to become afraid and hesitant about something at the last minute
I wanted to go to Europe with my cousin but he got cold feet and decided not to go.

get off on the wrong foot with (someone)
(کاری را) از اول خراب کردن
- to make a bad start to a relationship
Unfortunately, my relationship with my new teacher got off on the wrong foot.

get one`s feet wet
کاری را آغاز کردن/ قدم در کاری گذاشتن
- to do something for the first time, to gain your first experience of something
The writer got his feet wet in the publishing business and he is now ready to start his own business.

get one's foot in the door
قدم در کاری گذاشتن

- to begin to do something that you hope will lead to future success (often used with jobs or careers)
I was able to get my foot in the door of the banking industry when I found a job at a bank.

get to one's feet
ایستادن/بلند شدن

- to stand up
The audience got to their feet at the end of the concert.

have a lead foot
سریع رانندگی کردن

- to drive too fast
My friend has a lead foot and he has received many speeding tickets.

have one foot in grave
پای کسی لب گور بودن

- to be near death
Our neighbor has one foot in the grave and I do not expect him to live much longer.

have one's feet (planted firmly) on the ground   واقع بین بودن/حقایق را دیدن

- to have sensible ideas, to have an understanding of what can be done in a certain situation

The new manager seems to have his feet on the ground and should have a sensible solution to our problems.

The man has his feet planted firmly on the ground and is very sensible.

have two left feet   دست و پا چلفتی بودن

- to move in a very awkward way when you dance

The man has two left feet and he is a very bad dancer.

knock (someone) off his or her feet

بهت زده کردن

- to surprise or shock someone so much that he or she does not know what to do, to overwhelm someone

The singer's voice was so beautiful that it knocked me off my feet.

land on one's feet

خود را از موقعیتی دشوار نجات دادن

- to come out of a bad situation successfully

The man was able to land on his feet soon after he lost his job.

(not) let the grass grow under one`s feet
تنبل و بیکار

- to be idle, to be lazy, to waste time
My friend is never content to let the grass grow under his feet. He is always busy.

light on one's feet
سریع حرکت کردن

- to be able to move quickly and gracefully
The boxer is light on his feet and he wins many boxing matches.

my foot!
چه مزخرفاتی/چه حرفهای چرتی

- not possible, no way (used to say that you do not believe something)
"The secretary is absent from work because she is sick."
"Sick, my foot! She is probably just lazy and wants a holiday."

on foot
با پای پیاده

- by walking
We decided to go to the stadium on foot.

on one's feet
سر پا بودن

- standing up
I was on my feet for several hours yesterday. Today, I am very tired.

play footsie (with someone)
پا به پای کسی مالیدن (برای لاس زدن)
- to attract someone's attention by touching his or her foot under a table, to flirt with someone

The couple at the restaurant were playing footsie with each other.

put one's best foot forward
منتهای تلاش خود را کردن
- to try and make a good impression on other people, to act one's best

I tried to put my best foot forward during the job interview.

put one's foot down (about something)
محکم ایستادن/پافشاری کردن (جلوی کسی)
- to object to something strongly, to refuse to do something, to refuse to allow something to happen

The woman put her foot down and stopped paying for the gas for her daughter's car.

put one's foot in one's mouth
خیت کاشتن/گند زدن/گاف دادن
- to say something that is the wrong thing to say in a situation

I put my foot in my mouth and said that I did not like fish just before my friend served me fish for dinner.

regain one's feet دوباره سر پا بودن

- to stand up again after falling or almost falling, to become independent after financial difficulties
I quickly regained my feet after almost falling on the sidewalk.
The man has finally regained his feet after losing his job.

set foot (somewhere) پا (به)جایی گذاشتن

- to go or enter somewhere
The restaurant owner has not set foot in his restaurant for several months.

shoot oneself in the foot

کار دست خود دادن/به خود لطمه زدن

- to make a mistake or a stupid decision that makes a situation worse
The man shot himself in the foot when he refused to work extra to help his boss with the new project.

sit at (someone's) feet

شاگرد کسی بودن/دنباله روی کسی بودن

- to admire someone greatly, to be taught by someone
I would love to sit at the feet of the famous painter.

six feet under
مردن

- dead (buried six feet under the ground in a grave)

The criminal is a bad person and if he does not change, he will soon be six feet under.

stand on one's own two feet
روی پای خود ایستادن/به خود متکی شدن

- to be independent and self-sufficient

The woman should do something to make her daughter stand on her own two feet.

start off on the wrong foot with sb or sth
شروع بدی داشتن

- to make a bad start to a relationship with a person or organization

I started off on the wrong foot with my boss and now we do not have a good relationship.

The man started off on the wrong foot with his company and he has many problems now.

sweep (someone) off his or her feet
۱-دل کسی را بردن ۲-از جا کندن
- to overwhelm someone (with love etc.), to knock someone down
The woman was swept off her feet when she met the young man at the party.
The large wave swept the man off his feet at the seashore.

take a load off one's feet
استراحت کردن
- to sit down and relax
I sat down in order to take a load off my feet.

under (someone's) feet
تو دست و پای کسی بودن/مزاحم کسی بودن
- to annoy or interrupt someone when he or she is working
The children were under their mother's feet while she was cooking dinner.

wait on (someone) hand and foot
به کسی همه جوره خدمت کردن
- to serve someone in every possible way, to do everything for someone
I always wait on my friend hand and foot when she comes to visit me.

Excercise16:
Feet Idioms

1-"We'll soon have you .... again," said the nurse.
2-I suspect the government is .... over this issue.
3-Did it take you long to .... when you started your new job?
4-He was going to ask her but he .... and said nothing.
5-Making contacts can help you .... the door when it comes to getting a job.
6-It was a great result, but we have to ....
7-Are you going by bicycle or ....?
8-He refuses to .... in an art gallery.
9-She's really .... with this new job.
10-There's no point worrying about it - we'll both be .... by then.
11-When the price of skiing doubled, tourists .... and just stopped going.

Finger Idioms

at one's fingertips در دسترس داشتن
- within one's reach
I usually have my address book at my fingertips.
I usually have a dictionary at my fingertips when I am reading a book.

burn one`s fingers چوب عمل خود را خوردن
- to be harmed by something, to suffer the consequences of one's actions
My father burned his fingers in the stock market and he does not want to invest money there again.

hang on by one's fingernails
دوام آوردن(در شرایط سخت)
- to continue or manage to do something in a difficult situation
The man has much debt and is only hanging on by his fingernails.

have a finger in the pie
همه جا دست داشتن/همه جا نفوذ داشتن
- to be involved in something, to have a role in something
The man has a finger in the pie of the new business.

have one's finger on the pulse
نبض (چیزی) را در دست داشتن/در جریان امور بودن
- to be aware of recent changes or developments in a particular situation or activity
Our supervisor has her finger on the pulse and knows what everybody is doing.

keep/have one's finger's crossed
آرزو کردن/از خدا خواستن
- to wish for good luck
I will keep my fingers crossed that I get the new job that I applied for.

lay a finger on sb or sth
۱-اذیت کردن کسی ۲-دستکاری کردن چیزی
- to touch or bother someone or something
The teacher told the students not to lay a finger on the new computer.

Lay/put the finger on (someone)
کسی را متهم کردن
- to accuse someone of doing something, to identify someone as the person who did something
The store owner lay the finger on the boy after he stole the toy.

not lift/raise a finger
هیچ کمکی به کسی نکردن/هیچ زحمتی به خود ندادن
- to help as little as possible (usually used in the negative)
My niece will not lift a finger to help anyone.

point the finger of blame/scorn at (someone)
انگشت اتهام به سمت کسی دراز کردن
- to blame someone for doing something wrong, to identify someone as being guilty
The waitress pointed the finger of blame at the cook during the police investigation.

put one's finger on sth
(دشواری،مساله و غیره)شناسایی کردن/مشخص کردن
- to locate something precisely, to identify something as very important
I was able to put my finger on the problem and find someone to fix it.

slip through sb's fingers
از دست کسی در رفتن/از کف دادن
- to get away from someone, to lose track of someone or something
The job opportunity slipped through my fingers which was very disappointing. The sales receipt slipped through my fingers and I could not find it.

sticky fingers
عادت دزدی داشتن

- the habit of stealing things
The new woman at work has sticky fingers and is stealing things from her office.

work one`s fingers to the bone
جان کندن/عرق ریختن

- to work very hard
The woman worked her fingers to the bone in order to make enough money to feed her children.

wrap (someone) around one`s little finger
کنترل تام بر کسی داشتن

- to have complete control over someone, to manipulate someone
The woman has her boss wrapped around her little finger and she can do anything that she wants.

Excercise17:
Finger Idioms

1-He has all the latest statistics …………..

2-We're …………………………….. that she's going to be OK.

3-Don't …………………………….., or I'll call the police!

4-I do all the work around the house – Frank never ……………………………..

5-There's something odd about him but I can't quite …………………………..

6-You mustn't allow a golden opportunity to …………………………………….. or you will regret it later.

Fist Idioms

closefisted (with money):
tightfisted (with money)

خسیس/ناخن خشک

- to not want to spend money, to be stingy with money

My uncle is very closefisted with money.
My friend is very tightfisted with money and he never likes to buy anything.

iron fist in a velvet glove

با چهره ای مهربان و دلی از سنگ

- kind and gentle on the outside (the velvet glove) but determined and ruthless on the inside (the iron fist)

The government committee used an iron fist in a velvet glove to get the information that they wanted.

rule sb with an iron fist

با مشت آهنین حکومت کردن (کنایه از خشونت/سرکوب/اختناق)

- to have strict and complete control over a person or a group of people

The leader of the small country rules the citizens with an iron fist.

Excercise 18:

Fist Idioms

1- Don't imagine Gillian'll buy you a drink - she's too ……………..

2- The dictator ruled with an …………… and terrified the citizens.

Hair Idioms

bad hair day   یک روز پر از ناکامی
- a day when everything seems to go wrong (just like when you cannot make your hair look attractive)
Yesterday was a bad hair day and everything went wrong for me.

a hair's breadth

یک مو/یک هوا/فاصله بسیار کم
- just barely, by a very small distance or amount
I arrived at the concert on time but only by a hair's breadth.

curl (someone`s) hair

کسی را ترساندن/وحشت زده کردن
- to shock or frighten or horrify someone
The movie is very realistic and many of the scenes will curl your hair.

get gray hair   سفید شدن مو
- to have your hair turn gray because of stress
The father said that he was getting gray hair from dealing with his son.

get in sb's hair   موی دماغ کسی شدن

- to bother or irritate someone
The little boy often gets in his mother's hair.

get /keep(someone) out of one's hair

دست از اذیت کسی برداشتن

- to stop someone from annoying or bothering you
The woman wanted to get the little boy out of her hair.
We tried to keep the little boy out of our hair while we were preparing for the wedding.

hang by a hair   به مویی بند بودن

- to depend on a small thing, to be at risk or in doubt
The results of the election are still undecided and are hanging by a hair.

in one's hair   اذیت کردن/آزار دادن

- to be bothering someone, to be always annoying someone
My sister's small son is always in her hair when she is making dinner.

let one`s hair down
خوش گذراندن/ نفس راحت کشیدن
- to act freely and naturally, to relax
We were able to let our hair down at the party and have a good time.

make (someone's) hair stand on end
وحشت زده کردن/مو بر تن کسی سیخ کردن
- to cause someone to become frightened
The movie made my hair stand on end.

neither hide nor hair of sb/sth
اثر/نشانه/رد
- no sign or indication of someone or something
I have seen neither hide nor hair of the girl in my geography class.

pull one's hair out
ناراحت و نگران شدن
- to be angry or upset or worried about something
My friend began to pull her hair out when she discovered that she had no nice clothes for the party.

split hairs
مته به خشخاش گذاشتن/ملا نقطه ای
- to disagree or argue about something that is not important, to make unnecessary distinctions about something

The manager makes many good points but he has a tendency to split hairs and waste our time.

tear one's hair out　　　بی تابی کردن
- to be anxious or frustrated or angry
The mother was tearing her hair out as she waited for her daughter to return home.

Excercise19:

Hair Idioms

1-I'm sorry I am so glum. This has been a real ....

2-Don't ever sneak up on me like that again. You really ....

3-My flatmate has been .... a bit recently.

4-The party gave us all a chance to really ....

5-I haven't .... since last Friday.

6-They don't have any serious differences. They are just ....

7-She's been .... over the final chapter of her novel for the last month.

Hand Idioms

all hands to the pump/all hands on deck

همه باید دست به دست هم بدهند(کنایه از همکاری کردن)

- everyone must work together because they have a lot of work to do
The captain called for all hands on deck as the storm became stronger and stronger.

at hand   دم دست،در دسترس /نزدیک

- easy to reach, nearby
There were no tools at hand so I could not fix the stove.

bite the hand that feeds you

نمک را خوردن و نمکدان را شکستن

- to harm someone who does good things for you
The girl will bite the hand that feeds her if she continues to complain about the help that her parents give her.

by the handful   مشت مشت

- by the amount that one can measure in one handful
We were able to pick strawberries by the handful in the small field.

catch (someone) red-handed
مچ کسی را گرفتن
- to catch someone in the act of doing something wrong or bad
The teacher caught the boys red-handed after they wrote on the school wall.

caught with one's hand in the cookie jar
مچ کسی را گرفتن
- to be caught doing something wrong or illegal, to be caught taking something (often money) that one should not take (just like a child could be caught taking cookies from a cookie jar when he or she should not)
The woman was caught with her hand in the cookie jar when we saw her stealing office supplies.

change hands
دست به دست شدن
- to be sold or given to someone else
The small corner store has changed hands many times recently.

come away empty-handed
دست خالی برگشتن
- to return without anything
We came away from the department store empty-handed.

dirty one`s hands
آبروی کسی را خدشه دار کردن
- to hurt one's character or reputation, to do a bad or shameful thing
The politician dirtied his hands when he became involved in the land scandal.

do (something) by hand
کاری را با دست انجام دادن
- to do something with one's hands rather than with a machine
The washing machine is broken so we have to do our clothes by hand.

eat out of (someone's) hand
مطیع کسی بودن
- to do what someone wants you to do
I usually can get my supervisor to eat out of my hand.

everything one can get/lay his or her hands on
دست روی چیزی گذاشتن
- to use everything of a particular type that you can find
We used everything that we could lay our hands on to build the small building.

a firm hand
تربیت جدی/نظارت دقیق
- strict control of someone or something
The company uses a firm hand in managing their financial resources.

first hand
مستقیما/بی واسطه
- by direct personal experience (you can see or experience or learn about something first hand)
We saw the car accident first hand when we were driving down the highway.

fold one's hands
دست های خود را تو هم کردن/دست های خود را جمع کردن
- to bring one's hands together so that they are palm to palm with the fingers interlocking
The students folded their hands and sat quietly on their chairs.

force (someone's) hand
کسی را وادار به کاری کردن
- to force a person to reveal his or her plans or strategies or secrets
Our lawyer forced the opposing lawyer's hand.

from hand to hand   دست به دست

- from one person to another person
We passed the dictionaries from hand to hand until everybody had one.

gain/get/have the upper hand on sb/sth

مسلط بودن/تسلط یافتن

- to gain a position that is superior or more advantageous than someone or something
The firefighters finally gained the upper hand on the forest fire.
The union was able to get the upper hand on the company.

get one's hands on sb/sth

(کسی یا چیزی) را پیدا کردن

- to find someone or something (someone or something that may be difficult to find)
I need to get my hands on a new part for my computer printer.

get out of hand   از کنترل خارج شدن

- to become difficult or impossible to control
The party got out of hand so the school authorities decided to tell everyone to go home.

give sb a big hand *or* **give a big hand to/for sb**

تشویق کردن/دست زدن

- to clap your hands for a speech or play or performance
The audience gave the musicians a big hand when they finished their performance.

give (someone) a free hand

به کسی اختیار تام دادن/دست کسی را باز گذاشتن

- to allow someone to do something in the way that they choose
The senior managers give their employees a free hand to make their work schedule.

give (someone) a hand with sth

کمک کردن

- to help someone with something
I gave my friend a hand when he moved into his new apartment.

glad hand (someone) استقبال گرم

- to give someone a friendly handshake, to give a warm greeting to someone
The politician spent the day glad handing the crowd at the shopping center.

go away empty-handed

دست خالی برگشتن

- to depart with nothing
The woman went away empty-handed from the job interview.

go hand in hand with sth

با هم بودن/همراه هم بودن

- to be closely related with something so that they must be considered together
The change in school hours goes hand in hand with the new policy regarding class sizes.

hand in glove with sth

همکاری تنگاتنگ داشتن/دست (کسی) با دست کسی یکی بودن

- in close cooperation, in a close relationship or agreement
The new company policy goes hand in glove with the new manager.

hand in hand

دست در دست هم

- holding hands
The young couple walked hand in hand along the beach.

hand over fist   یکریز/مثل چی/مثل ریگ

- fast and in large amounts
We have been making money hand over fist in our new store.

hand over hand   (کوه نوردی)میمونی

- moving one hand after the other
We climbed hand over hand up the side of the wall.

hand-to-hand combat   بدون سلاح جنگیدن

- fighting with one's hands without weapons
The two soldiers were doing hand-to-hand combat.

(one's) hands are tied

دست و بال کسی بسته بودن

- one is prevented from doing something
My hands are tied at the moment and I cannot help my friend.

hands down   به آسانی

- easily, unopposed
The boy won the election hands down for the position of class president.

hands off (something)
دخالت نکردن/کناره گرفتن
- to leave something alone, to not interfere with something
We took a hands-off approach while dealing with the new employee.

have a free hand (to do something)
اختیار تام داشتن/دست کسی باز بودن
- to be granted complete control to do something
The teacher has a free hand to choose new textbooks for the class.

have a hand in (something)
دست داشتن (در)/دخالت داشتن (در)
- to be involved in doing something, to play a part in doing something
The school principal has a hand in the new cafeteria rules.

have clean hands
بی گناه بودن
- to not be responsible for a crime, to be guiltless
The man has clean hands regarding the situation with the stolen goods.

have one's hand in the till
(از شرکت یا سازمان) پول دزدیدن
- to be stealing money from a company or organization
The sales clerk has had her hand in the till since she first started her job.

have one's hands full with sb/sth
مشغول............بودن
- to be busy or occupied with someone or something
The woman has her hands full with her three children.

have (someone's) blood on one's hands
مسئول مرگ کسی بودن
- to be responsible for someone's death
The driver has the bicycle rider's blood on his hands.

have (something) in one's hands
کنترل و مسئولیت چیزی را در اختیار داشتن
- to have control of something or responsibility for something, to possess something
"When I have the documents in my hands, I will call you."

have (something) on one's hands
چیزی را در اختیار داشتن
- to be burdened with something
I do not want to have the responsibility for the party on my hands.

have time on one's hands
وقت زیادی داشتن
- to have much free time
I have much time on my hands so I will read a book.

heavy hand (of something) قدرت زیاد
- the great power that someone or something has over people
The heavy hand of the law is usually able to find people who commit a crime.

high-handed آمرانه/تحکم آمیز
- disregarding other's feelings, overbearing
The employer took a high-handed approach to the negotiations and they were not successful.

hold (someone's) hand دست کسی را گرفتن
- to hold the hand of someone
The man held his son's hand as they crossed the street.

hold (someone's) hand به کسی کمک کردن
- to help someone in an unfamiliar or frightening situation
The manager had to hold the new employee's hand as the employee learned the new job.

in good/safe hands

دست فرد/افراد مطمئنی بودن
- in the safe and able care of someone
The stolen purse was in good hands after the police found it.
The little girl is in safe hands now that she has arrived at her grandmother's house.

in hand تحت کنترل
- under control
After several hours the riot police had the problems with the crowd in hand.

in hand (چیزی)داشتن/در تملک داشتن
- in one's possession
The man arrived at the airport with much cash in hand.

in the hands of (someone)   در دست/در اختیار
- a person or organization has control over something and decides what will happen
The court decision is now in the hands of the jury.

join hands   دست یکدیگر را گرفتن
- to hold hands so that one person is holding the hand of another person
The children joined hands as they crossed the road.

keep one's hands off (someone or something)   دست نزدن
- to refrain from touching or handling someone or something
The man was told to keep his hands off his neighbor's dog.

know sb/sth like the back/palm of one's hand   مثل کف دست بلد بودن
- to know someone or something very well
The taxi driver knows the city like the back of his hand.

leave sb/sth in sb's hands

(چیزی)را به کسی تفویض کردن

- to give someone control of someone or something
I plan to leave the party arrangements in my friend's hands.

lend sb a hand   کمک کردن

- to help someone with something
I will ask my friend to lend me a hand when I move.

live from hand to mouth

زندگی بخور و نمیری داشتن/دست به دهن بودن

- to live on very little money
My friend has been living from hand to mouth since he lost his job.

many hands make light work

کارها در جمع آسان می شود

- a lot of help will make a job seem easy
Many hands make light work and having lots of people to help made the job easy.

near at hand   نزدیک/سر دست

- easy to reach, nearby
If there is a grocery store near at hand, I will buy some milk.

get sth off one`s hands

خود را از شر چیزی خلاص کردن

- no longer in one's care or possession
I would like to get my old bicycle off my hands so that I can buy a new one.

old hand at (doing something)

فرد ماهر و باتجربه

- someone who is experienced and very good at doing something
Our boss is an old hand at fixing computers.

on hand

نزدیک/سر دست

- nearby, available, in one's possession
We did not have a screwdriver on hand so we could not fix the door.

on hand

حاضر/در دسترس

- present
Our teacher is always on hand when we need someone to help us.

on the one hand

از یک طرف/از طرفی

- from one side of an issue, from one point of view
On the one hand I like my supervisor but on the other hand I dislike her a lot.

on the other hand   از طرفی دیگر
- from another point of view, from the other side of an issue

I do not want to study tonight but on the other hand, I must study because I have a test tomorrow.

out of hand   غیر قابل کنترل
- out of control

The party got out of hand so we called the police.

out of hand   فورا/بی درنگ/بی معطلی
- immediately and without consulting anyone, without delay

Our teacher dismissed our excuses out of hand.

pay sb a back - handed / left - handed compliment   مدح شبیه به ذم/طعن دوپهلو
- to give someone a false compliment that is actually an insult

The man paid the host of the party a back-handed compliment.

The service at the store was poor so the customer paid the clerk a left-handed compliment.

play into (someone`s) hands

بازیچه دست کسی بودن/شدن

- to do something that another person can use against you or can use to his or her advantage

If you become angry at someone, it will only play into his or her hands.

put one's hand to the plow

کار بزرگی را آغاز کردن

- to begin to do a big and important task

I put my hand to the plow in order to finish my essay before the weekend.

putty in (someone's) hands

مثل موم در دست کسی بودن

- very willing to do what someone else thinks or wants

The woman is putty in our hands and we can get everything that we want from her.

raise a hand

کمک کردن /سهم خود را انجام دادن

- to do something, to do one's share, to help

I am angry at my friend because he did not raise a hand to help me clean the kitchen.

raise/lift a hand against sb/sth

دست خود را روی کسی بلند کردن/کسی را تهدید کردن
- to threaten to strike someone or something
The teacher never raises a hand against her students.

read the handwriting on the wall

(طبق شواهد) پیش بینی کردن
- to guess or anticipate what will happen by observing small hints and clues
I have read the handwriting on the wall and I believe that soon I will not have a job.

shake hands on (something)

(به علامت توافق) با دست دادن
- to shake someone's hand as a sign of agreement about something
The politicians shook hands on the agreement to build a new hospital.

shake hands with (someone)

با کسی دست دادن
- to greet someone by taking his or her hand and shaking it
The two men shook hands when they met for the first time.

a show of hands با بلند کردن دست(رای دادن)
- a vote for something which is done by people raising their hands
The students voted by a show of hands to go to the park after school.

show one's hand دست کسی رو شدن
- to reveal one's intentions to someone
I tried hard not to show my hand during the meeting about my new job.

sit on one's hands بیکار نشستن/کمک نکردن
- to do nothing, to fail to help
Our supervisor sat on his hands and refused to help us with our problem.

sit on their hands تشویق نکردن
- an audience refuses to applaud
The members of the audience sat on their hands after the performance by the singer.

take a hand in (something)
کمک کردن(در)/همکاری کردن(در)
- to help plan or do something
The man will take a hand in designing the new building.

take (someone or something) in hand
مسئولیت چیزی را به عهده گرفتن
- to take control of a situation and improve it or deal with it
Our teacher took the situation in hand when the class became too noisy.

take the law into one's own hands
قانون را پیاده کردن
- to act as a judge and jury for someone who has done something wrong
The soldiers took the law into their own hands when they entered the town.

throw one's hands up in horror
وحشت زده/بهت زده
- to be shocked, to raise one's hands in fright
The girl threw her hands up in horror when she saw the injured dog.

tie (someone's) hands
از انجام کاری منع کردن
-to prevent someone from doing something
The principal tied our hands and we were not able to start the project.
Our hands were tied and we could do nothing about the problem.

throw up one`s hands (in despair or frustration) تسلیم شدن/دست از تلاش کشیدن
- to stop trying, to admit that one cannot succeed
I threw up my hands in frustration when I was unable to find the manager.

try one`s hand at (something)
کاری را امتحان کردن
- to make an inexperienced attempt at something, to try something
I tried my hand at golf last summer but I did not like it.

turn one's hand to (something)
دست به کار تازه ای زدن
- to start to do something that is different from what you usually do
After we finished cleaning the kitchen we turned our hand to the other rooms.

wash one`s hands of sb/sth
از خود سلب مسئولیت کردن
-to refuse to be responsible for something, to refuse to be involved with something, to stop one's association with someone
I want to wash my hands of the problems with the new secretary.

with both hands tied behind one's back
(مسابقه/مبارزه و غیره)به آسانی برنده شدن
- easily, even under a severe handicap
I did my science project with both hands tied behind my back.

with hat in hand
با تواضع و خشوع
- with humility
The boy went to his father with hat in hand to ask for some money.

work hand in hand with sb
همکاری داشتن
- to work closely together with someone
The school is working hand in hand with the police department in order to solve the road problems.

wring one's hands
نگران بودن
- to worry and be upset about something and not be able to do anything about it
The woman stayed up most of the night wringing her hands while she waited for her son to come home.

wring (someone's) hand
با کسی محکم دست دادن/دست کسی را فشردن
- to hold someone's hand tightly when you greet or say good-bye to him or her
The man stood wringing my hand when I met him.

Exercise 20:
Hand Idioms

1-We want to ensure that help is .... for all children suffering abuse.

2-We remained .... until the police found us and untied us.

3-He was ....……….. taking money from the till.

4-How many times has this lot ………………….. in the last ten years?

5-Reforming these young offenders will require ....

6-After hours of fierce negotiations, the president ....

7-Prosperity ....…………. with investment.

8-It was rumoured at the time that some of the gangs were working …………… with the police.

9-I saw them ………………….. through town the other day.

10-They've had plenty of time to prepare, so the arrangements should be ....

11-My father earned very little and there were four kids, so we lived ....

12-A 1200-strong military force will be .... to monitor the ceasefire.

13-I would never .... against a child.

14-Keep the names of the team secret - don't .... until the day of the match.

15-I might .... at a bit of Chinese cookery.

16-That car was a real headache. I .... long ago.

Head Idioms

a head　　　　　　　　　　　برای هر نفر
- for one person, for one individual (used for counting people or animals like cattle) "The tickets were only a few dollars a head."

able to (do sth) standing on one's head

مثل آب خوردن
- to be able to do something very easily and quickly
The man is able to do his job standing on his head.

bang/beat/knock one's head against a brick wall

آب در هاون کوبیدن/به کار عبثی دست زدن
- to not succeed at something after trying very hard, to waste one's time trying to do something that is hopeless
I am banging my head against a brick wall trying to talk to my neighbor.
I am beating my head against a brick wall trying to understand my boss.

beat/drum sth into sb's head

چیزی را تو مخ کسی فرو کردن(کنایه از تکرار برای یادگیری)
- to force someone to learn something by repeating it over and over
The teacher tried to beat the material into the student's head.

bite sb's head off *or* bite off sb's head
سر کسی فریاد کشیدن/به کسی تشر زدن
- to speak to someone in an angry way
I went to speak with my supervisor but she bit my head off.

bonehead
کله پوک/بی مغز/اخنگ
- an unusually dense or stupid person
The boy is a bonehead. He never understands what other people are trying to tell him.

bring (something) to a head
به مرحله بحرانی رساندن
- to cause a situation to reach the point where something must be done to solve or deal with the problem
The union brought the issue of working hours to a head when they threatened to go on strike.

bury/hide one's head in the sand
خود را به نفهمی زدن
- to ignore a problem or hide from some obvious danger, to refuse to see or face something
My uncle buried his head in the sand and would not talk about the family problem.

butt heads with (someone)   بحث کردن
- to argue with someone about a particular subject or problem
I do not want to butt heads with the manager of our department.

count heads   شمردن افراد
- to count people
The teacher always counts heads in the morning.

fall head over heels   افتادن/زمین خوردن
- to fall down (and maybe roll over)
The little boy fell head over heels down the hill.

fall head over heels in love with sb
یک دل نه صد دل عاشق شدن
- to fall deeply in love with someone
The girl fell head over heels in love with the boy on the basketball team.

from head to toe   سر تا پا
- from the top of one's head to one's feet
The woman was dressed in yellow from head to toe.

get into sb's head   فکر کسی خواندن
- to understand what someone thinks and feels so that you can communicate well with him or her

I am having a difficult time to get into my friend's head and understand what he is doing.

get it into one's head to (do sth)
تصمیم به انجام کاری گرفتن
- to decide to do something even though there may not be a good reason to do it

The girl got it into her head to begin ballet lessons.

get sb/sth out of one's head
فکر چیزی را از سر به در کردن
- to stop thinking about or wanting someone or something, to forget about someone or something

The man cannot get it out of his head that his friend stole some money.

get sth into/through sb's head
چیزی را به کسی فهماندن
- to make someone understand or believe something

It was difficult to get it through the bank manager's head that I did not want a credit card.

give sb a swelled head کسی را غره کردن

- to make someone conceited
The girl's high test scores are giving her a swelled head.

go head to head with sb

رو در رو رقابت کردن

- to compete in a direct and determined way with another person or group
We will go head to head with the other team and win the city championship.

go over (someone's) head

از فهم کسی خارج بودن

- to be too difficult for someone to understand
The reason for the decision went over my head. I cannot understand why.

go to one's head

(مشروبات الکلی)کسی را گرفتن

- to make one dizzy
The drink quickly went to the man's head and he had to sit down.

go to (someone's) head   کسی را غره کردن
- to make someone too proud, to make a person think that he or she is too important

The man's new job has gone to his head and he thinks that he is better than everyone else.

have a big head
مغرور بودن/خود را برتر از دیگران دانستن
- to think that you are better than everyone else, to be conceited

My friend has a big head now that he has won the speech contest at university.

have a good head for sth
در چیزی استعداد داشتن/مخ چیزی را داشتن
- to have the mental ability for something, to find it easy to learn something

My uncle has a good head for numbers.

have a good head on one's shoulders
باهوش بودن
- to be sensible and intelligent

The supermarket manager has a good head on his shoulders and he should be able to solve our problem.

have a head start
برتری و مزیت داشتن
- to have an advantage when you start doing something or going somewhere
The boy had a head start and he easily won the race.

have a price on one's head
روی سر کسی قیمت گذاشتن/تحت تعقیب بودن
- to be wanted by the police or other authorities who have offered money for your capture
The criminal has a price on his head and many people are searching for him.

have one's head examined
کسی را از لحاظ روانی بررسی کردن
- to check to see if someone is mentally ill or crazy
The woman is crazy to buy that car. She needs to have her head examined.

have one's head screwed on right/straight
مخ کسی خوب کار کردن/عقل کسی سر جایش بودن
- to be sensible and make good decisions
The woman has her head screwed on right. She always makes good decisions.

have rocks in one`s head
احمق/ساده لوح/دیوانه
- to be stupid or silly or crazy, to not have good judgement
My friend has rocks in his head if he thinks that I am going to lend him more money.

head and shoulders above sb/sth
از کسی یک سر و گردن بالا بودن
- to be superior to someone or something
The new principal is head and shoulders above those who have come before.

a head case
دیوانه/احمق
- a crazy person
The apartment manager is a head case. She is crazy.

head-on
(تصادف/برخورد)از جلو /مستقیم
- with the head or front pointing at something, with the front facing something
There was a head-on car crash last night near our house.

head over heels in debt تا خرخره در قرض بودن
- to be deeply in debt
My cousin has been head over heels in debt for many years.

head shrinker روانپزشک
- psychiatrist
When I was a child our next door neighbor was a head shrinker.

heads up! مراقب باش!/احتیاط کن!
- Raise your head and be careful about some nearby danger.
"Heads up," the construction worker yelled at the other workers.

heads will roll
چه خونها که ریخته شود!/چه کسان که تنبیه شوند!
- people will get into severe trouble
Heads will roll if we do not make some progress in fixing the accounting problem.

headhunt
شکار کردن مغزها(کنایه از پیدا کردن افراد مستعد)
- to search for qualified individuals to fill certain positions
The company is now headhunting in order to find a new president.

hold one's head up
سر خود را بالا گرفتن (به نشانه عزت و افتخار)
- to keep or display one's dignity
The accounting manager was totally honest during the investigation into the scandal and when it was over he was able to hold his head up and be proud of himself.

keep a cool head
آرامش خود را حفظ کردن
- to keep calm in a difficult and stressful situation
The bank manager kept a cool head during the bank robbery.

keep one`s head
آرامش خود را حفظ کردن
- to stay calm when there is trouble or danger
Everyone tried to keep their head during the fire at the hotel.

keep one's head above water
(در گرفتاری های مالی و غیره) خود را سر پا نگهداشتن
- to keep out of difficult financial problems, to stay out of trouble
The man has been having a hard time keeping his head above water since he lost his job.

keep one's head down
سر کسی به کار خودش گرم بودن/آهسته آمدن و آهسته رفتن
- to quietly do your work without causing any problems and causing other people to notice you
I knew that there was a problem at work so I kept my head down all morning.

knock some heads together سر عقل آوردن
- to scold some people to get them to do what they are supposed to be doing
The principal felt that it was time to knock some heads together and begin to get things done in the school.

knock sb's head/ block off
دخل کسی را آوردن/گردن کسی را شکستن
- to strike someone hard in the head
The young boy said that he was going to knock his friend's block off.

laugh one's head off
قهقهه سر دادن/از خنده روده بر شدن
- to laugh a lot and for a long time
I laughed my head off during the movie.

lose one's head over sb/sth
آشفته شدن/خونسردی خود را از دست دادن
- to become confused or obsessed over something

The woman lost her head during the investigation into the company problems.

make heads or tails (out) of sth
از چیزی سر درآوردن/چیزی را فهمیدن
- to find meaning in something, to understand something

I was unable to make heads or tails out of our company's plans to restructure our department.

make (sb's) head spin/swim
گیج کردن
- to confuse or overwhelm someone, to make someone dizzy

The speed of the day's events made my head spin.

need one's head examined
(اعمال و گفته ها)اشتباه بودن
- to make remarks or do actions that are wrong or stupid

My teacher needs her head examined. It will be impossible for me to finish the project before Monday.

need sth like a hole in the head

به چیزی احتیاج نداشتن

- to not need something at all
My friend needs a new car like he needs a hole in the head.

on (someone`s) head

مقصر بودن/مسئول بودن

- as one's responsibility or fault
The problems with the computer are on the boy's head.

out of one's head

احمق بودن

- to be crazy or irrational or silly
The man at the bus stop was out of his head.

over one`s head

خارج از فهم کسی بودن

- to be or go beyond one's ability to understand something, to be too difficult
The mathematics lectures went over my head during the first few weeks.

per head

برای هر نفر

- for one person, for one individual (used for counting people or animals like cattle)
The tickets cost only a small amount of money per head.

put ideas into sb's head
چیزی را به کله کسی انداختن/چیزی را توی دهان کسی گذاشتن

- to suggest something to someone
The girl's best friend is always putting ideas into her head.

put one's head in the lion's mouth
خود را در موقعیت دشوار و خطرناک قرار دادن

- to put oneself in a dangerous or difficult situation
I put my head in the lion's mouth when I went to the meeting with my boss.

put one's head on the block for sb/sth
ریسک کردن/خطر کردن

- to take great risks or to go to a lot of trouble for someone or something
I like my boss and I would be happy to put my head on the block for him.

put one's heads together
با هم مشورت کردن/عقل های خود را روی هم گذاشتن

- to discuss or talk about something with someone or a group of people and try to solve a problem
We put our heads together to try and find a solution to the problem.

put sb/sth out of one's head
چیزی را از یاد کسی بردن
- to try to forget someone or something
The boy tried hard to put the girl out of his head.

raise/rear its (ugly) head
(چیز ناخوشایند) از نو سر بلند کردن/دوباره ظاهر شدن
- a problem or bad situation appears or happens after not happening for a period of time
The problem between the two managers raised its ugly head after many months of calm.

scratch one's head
به فکر افتادن
- to be confused or perplexed
I was left scratching my head after the speech by our department manager.

scream one's head off
با تمام وجود فریاد کشیدن
- to scream a lot and for a long time
The girl screamed her head off after the accident.

stand on one's head (to do sth)
سخت تلاش کردن
- to make a great effort to do something
I did everything but stand on my head to help my friend get a job.

take it into one's head to do sth

به سر کسی زدن

- to decide to do something that does not seem sensible to others
The young woman took it into her head to go to China and she did.

talk (someone's) head off

(با پر حرفی) سر کسی را بردن/خوردن

- to speak too much
The woman beside me in the bus talked my head off during our journey.

touched (in the head)

احمق بودن

- to be a little crazy
My neighbor is touched in the head. He is a little crazy.

trouble one's head about sb/sth

نگران (چیزی/کسی) بودن

- to worry about someone or something
"Please do not trouble your head about the arrangements for the party. I will do everything."

turn (someone's) head
دل کسی را بردن / جلب توجه کردن
- to distract someone, to make someone notice you
The woman's beautiful dress turned everybody's head. It was beautiful.

upon (someone's) head
مقصر بودن / مسئول بودن
- as one's responsibility or fault
The little boy brought the anger of his parent's upon his head.

use one's head/noggin/noodle
عقل خود را به کار انداختن
- to use one's brain or mind, to use one's own common sense
Sometimes, I think that the manager of the store never uses her head when I ask her a question.

Exercise 21:

Head Idioms

1-You're .... trying to get that dog to behave properly.

2- It's a relief that things have been .... The disputes have been going on for months.

3-You've got to face facts here - you can't just ....

4-Roger fell .... with Maggie, and they were married within the month.

5-She was tall and thin, and dressed .... in black.

6-When will you .... that he's not coming back?

7-Amanda was refusing to give me the week off so I .... and spoke to the boss.

8-There's no competition - they're .... above the rest.

9-"What's the capital of Mauritania?" "I couldn't tell you ...., but I could go and look it up."

10-A lot of people must be .... about which way to vote.

Heart Idioms

aching heart   با ناراحتی و غصه
- a feeling of sadness that one has when love has been lost or has faded
The young woman spent the weekend alone with her aching heart.

after one`s own heart   (شخص) دوست داشتنی/دلخواه/خواستنی
- to be liked for agreeing with one`s own feelings or interests or ideas
My new boss loves to go fishing. He is a man after my own heart.

at heart   باطناً/ذاتاً
- basically, essentially, what one really is rather than what one appears to be
The man seems to be angry all the time but actually he is a very gentle person at heart.

break (sb`s) heart   دل کسی را شکستن/احساسات کسی را جریحه دار کردن
- to make someone feel sad or hopeless (usually because of love or a similar loss)
It broke my heart to see the boy who had lost his dog.

close/near to (sb's) heart

برای کسی خیلی جالب بودن/کسی به چیزی خیلی علاقه داشتن

- an idea or something that is important to you and that you care about
The plan to improve the downtown area is very close to the mayor's heart.
The man's model airplane hobby is very near to his heart.

cross one`s heart and hope to die

قسم می خورم

- to say or promise that what you have said is true (often used by children)
"I promise that I will meet you tomorrow. Cross my heart and hope to die."

do (someone's) heart good

به کسی قوت قلب دادن

- to make someone feel good, to make someone healthy
It does one's heart good to get some exercise every day.

do sth in a heartbeat

فورا/بی درنگ

- to do something almost immediately if you have the chance
I will change jobs in a heartbeat if I have the chance.

eat one`s heart out
۱-افسوس (کسی/چیزی) را خوردن ۲-غصه خوردن/ خود خوری کردن

- to feel much jealousy about something, to feel bitter anguish or grief about something

"You can eat your heart out but I will not give you a piece of this chocolate cake."
The pain from the man's sorrow is eating his heart out.

find it in one's heart to (do sth)
دل (کسی) آمدن که/به خود جرئت دادن که

- to have the courage or compassion to do something

I could not find it in my heart to tell the young woman that she could not continue to work at our company.

follow one's heart
از احساس خود پیروی کردن

- to act according to one's feelings

The boy followed his heart and decided to study music at school.

from the bottom of one`s heart
ار ته دل/از صمیم قلب

- with great feeling, sincerely

The girl thanked the man from the bottom of her heart for saving her dog`s life.

get to the heart of sth
جوهره چیزی را فهمیدن

- to understand the most important or essential thing about something
It took a long time but we finally got to the heart of the problem with the new computer.

have a big heart
قلب رئوفی داشتن

- to be very kind or generous or helpful
The man has a big heart and he will always try to help other people.

have a change of heart
تغییر عقیده دادن

- to change the way one feels or thinks about something
I had a change of heart and I decided to go to a movie with my friend.

have a heart
همدردی کردن/محبت کردن/لطف کردن

- to be a generous and forgiving person
I wish that our boss would have a heart and try to help other people.

have a heart!   رحم داشته باش!
- Don't be unkind or do something mean or cruel!
"Have a heart," I told my supervisor when he said that I must work during the weekend.

have a heart of gold   قلب رئوفی داشتن
- to be kind or generous or friendly
My grandmother has a heart of gold and she is always willing to help a stranger.

have a heart of stone   سنگدل بودن
- to be cold and unfriendly
The man who murdered his family has a heart of stone.

have a heart-to-heart talk with sb
گفتگوی دوستانه و صمیمی
- to have a sincere and intimate talk with someone
I had a heart-to-heart talk with my girlfriend last evening.

have a soft spot in one's heart for sb/sth
(به چیزی/کسی)علاقه داشتن
- to be fond of someone or something
My grandfather always had a soft spot in his heart for his youngest child.

have one`s heart set on sth
دل کسی سخت دنبال چیزی بودن

- to want something very much
The little boy has his heart set on getting a dog for his birthday.
The little boy's heart is set on getting a dog for his birthday.

heart and soul
با دل و جان/با تمام وجود

- with all of one's energy, with all of one's efforts
The girl loved her boyfriend heart and soul.
My friend is putting his heart and soul into his new job.

heart bleeds for (someone)
همدردی کردن/دل سوزاندن

- to feel sympathy for someone
My heart bleeds for the family who lost their father in the accident.

heart goes out to (someone)
همدردی کردن/دل سوزاندن

- to feel great sympathy for someone
My heart goes out to the victims of the hurricane.

heart is (dead) set against (something)
کاملا مخالف چیزی بودن
- to be totally against something
My mother's heart is dead set against my plan to go to art school.
Our principal's heart is set against expanding the music program in our school.

heart is in one's mouth
داشتم از ترس زهره ترک می شدم/قلبم داشت می آمد در دهانم
- one feels very nervous or frightened and has strong emotions about something
My heart was in my mouth when I saw the little boy standing on the ladder.

heart is in the right place
آدم با حسن نیتی بودن/آدم خوش قلبی بودن
- to be kindhearted or sympathetic, to have good intentions (even if the results may be bad)
Although the girl makes a lot of mistakes her heart is in the right place.

heart is not in sth
مایل به انجام کاری نبودن/به چیزی علاقه نداشتن
- to not really want to do what you are doing
The boy's heart was not in the swimming club so he quit the team.

heart misses/skips a beat
یکه خوردن/دچار هول و تشویش شدن
- one is startled or excited from surprise or joy or fright

My heart skipped a beat when I heard my name on the radio.

heart stands still
ترسیدن/وحشت کردن
- to be very frightened or worried about something

My heart stood still when the truck almost hit our car.

heavy heart
با اندوه فراوان/با دلی دردمند
- a feeling of being weighed down with sorrow, a sad feeling

We left the meeting with a heavy heart when we heard that our boss would soon leave the company because of illness.

in one's heart of hearts
در عمق وجود خود/در ته دل خود
- to know that something is true even though you may not want to admit it or believe it

In my heart of hearts I know that I will soon have to change jobs.

know (something) by heart از حفظ/از بر
- to know something perfectly, to have memorized something
The little boy knows many stories by heart.

learn (something) by heart حفظ کردن
- to memorize something
The children had to learn the poem by heart.

lose heart مایوس شدن/ناامید شدن
- to feel discouraged because of failure, to lose the hope of success
I tried not to lose heart even though I had failed my driver`s exam for the second time.

not have the heart to do sth
بی میل بودن/دوست نداشتن
- to be unwilling to say or do something that may hurt or upset others
I did not have the heart to tell the woman that soon she may lose her job.

open/pour one`s heart to sb

سفره دل خود را پیش کسی گشودن

- to talk about one`s feelings honestly, to confide in someone

The woman suddenly opened her heart to me after I began talking to her on the bus.
My friend poured her heart out to me when we went to the coffee shop last evening.

set one's heart against sth

مخالف(چیزی)شدن/بودن

- to turn against something, to become totally against something

From the beginning, my friend set his heart against my proposal for having a birthday party for our teacher.

set one's heart on sth

تمام حواس کسی پی چیزی/کاری بودن

- to select something as one's goal

The young runner set his heart on winning the marathon.

sick at heart

غمگین بودن/غصه دار بودن

- very sad or upset about something

The woman was sick at heart over the illness of her cat.

take heart
(به چیزی)امیدوار شدن/(از چیزی)دلگرم شدن
- to be encouraged, to be brave
The father took heart in the fact that his son was still going to university even though he was failing most of his courses.

take sth to heart
چیزی را به دل گرفتن
- to be strongly affected by something that someone says to you, to take something seriously, to be upset by something
I did not expect my friend to take my criticism to heart when I complained that he was always late.

to one's heart's content
(کسی)هر چقدر دلش خواستن/عشقش کشیدن
- as much as one wants
The little boy was able to play in the water to his heart's content.

tug at/play upon(someone's) heartstrings
(شخص/آهنگ و غیره)تارهای دل کسی را به لرزه درآوردن
- to make someone feel very sad, to make someone feel great sympathy for someone else
Seeing the young boy and his dog tugged at my heartstrings.

warm the cockles of (someone's) heart
(کسی را)خوشحال کردن
- to make someone feel warm and happy
The ending of the movie warmed the cockles of my heart.

way to (someone's) heart
دل کسی را بدست آوردن/به دل کسی رخنه کردن
- the best way to please someone or make them like you
The way to my grandfather's heart was through his stomach as he always liked good food.

wear one`s heart on one`s sleeve
دل و زبان کسی یکی بودن/بی شیله پیله بودن
- to show one`s feelings openly
The man wore his heart on his sleeve when he talked about his sick son.

win (someone's) heart
دل کسی را بدست آوردن/کسی را شیفته خود کردن
- to do nice things for someone to make him or her love you, to have the qualities to make you like something - music or art or a book
The young man won the girl's heart by his kind and caring attitude toward her.

with all one`s heart (and soul)

با تمام وجود/از ته دل

- with all one's energy and feeling
I tried with all my heart to get my friend a job at my company.

young at heart

دل (کسی) جوان بودن

- doing things that usually younger people enjoy (usually used for an older person)
The older couple were young at heart and they had much fun together.

Excercise22:

Heart Idioms

1-I try to tell my .... that I don't love him.
2-Sally .... John's .... when sherefused to marry him..
3-Just tell me that you need me and I'll come there ....
4-I'm singing in the village production of Tosca next month - .... Pavarotti!
5- I couldn't decide what to do, so I just ....
6-You think Tom stole your watch? Impossible! He has a ....
7-Now we are getting to .... of the matter.
8-The director told me to learn my speech ....
9- I didn't .... to tell him his injury would prevent him from playing football.
10-By its nature, terrorism is designed to .... of our democratic values.
11-Dad might be nearly ninety but he's still ....

Heel Idioms

Achilles' heel of sb/sth

نقطه ضعف/پاشنه آشیل

- the weak part of a person/place/system/argument which can easily be attacked or criticized

The lack of a new stadium was the Achilles' heel of the government's plans to host the Olympics.

at (someone`s) heels

به دنبال کسی/پشت سر کسی

- close behind someone

The large car was at my heels while I was driving through the park.

bring (someone) to heel

کسی را به زانو در آوردن/وادار به تمکین و اطاعت کردن

- to make someone obey you or pay attention to you again after he or she has stopped obeying or paying attention to you

The new supervisor quickly brought the employees to heel.

cool one`s heels

منتظر ماندن/معطل ماندن

- to be forced to wait by someone in power or authority

I was forced to cool my heels in the lobby while I waited for the job interview.

dig in one's heels

یکدندگی کردن/سماجت کردن

- to refuse to change one's mind or one's course of action

The man decided to dig in his heels and would not accept the offer to settle the dispute.

down-at-the-heels

ژولیده/ژنده پوش

- poorly dressed, looking poor

A man who looked down-at-the-heels came to the small cafe for dinner.

drag one`s heels

دست دست کردن/معطل کردن

- to act slowly or reluctantly

My friend is dragging his heels about whether or not he should accept the new job.

(hard/hot) on (someone's) heels

کسی را تعقیب کردن

- to be following someone very closely

The dog was hard on the young boy's heels.

I was right on my friend's heels as we hurried to the stadium.

kick up one`s heels

با دم خود گردو شکستن/از شادی در پوست خود نگنجیدن

- to have a good time, to celebrate
We kicked up our heels and had a good time at the party.

on the heels of (something)

بلافاصله به دنبال چیزی....

- soon after something
There was a big rain storm on the heels of the recent wind storm.

take to one's heels

پا به فرار گذاشتن

- to run away
The little boys took to their heels when the older boys approached.

turn on one`s heel

ناگهان برگشتن/یکدفعه چرخیدن

- to turn around suddenly
The dog suddenly turned on his heel and ran away.

Excercise23:
Heel Idioms

1-A misbehaving minister is regarded as a government's ………………… and is expected to resign.

2-As soon as he saw me he ……………..

3- It was really the British who, by …….. ………………….. in, prevented any last-minute deal.

4-It's still not clear how the president will use his power to …………….the republics ……………….

5-When I first met her she was …………. ……..…… but still respectable.

Knee Idioms

bring sb/sth to its/their knees
کسی/چیزی را به زانو درآوردن
- to have a negative effect on someone or something, to destroy someone or a group of people, to defeat someone or something
The strike by the teachers quickly brought the school district to its knees.

go down on bended knee
عجز و التماس نشان دادن
- to show a lot of emotion when you are asking someone for something, to act like a servant
The man had to go down on bended knee to ask for the job.

knee-high to a grasshopper
کوچک بودن/بچه بودن
- not very tall (usually used for a child)
My grandfather told me many stories when I was knee-high to a grasshopper.

at *your* mother's knee
هنگام کودکی
- If you learned something at your mother's knee, you learned it when you were a child
I learned to sew at my mother's knee.

Excercise24:
Knee Idioms

1-The country was being ………..………… ……………….. by the loss of 2.4 million manufacturing jobs.

2-He went down …………………….. to ask her to marry him.

3-She learned to sing at her …………….

Leg Idioms

Break a leg!   موفق باشی!
- Good luck! (an expression that is used in theater performances)
"Break a leg!" the director called to the lead actor.

get one's sea legs   عادت کردن/خو گرفتن
- to become accustomed to something, to become accustomed to a ship moving at sea
After a few days at my new job, I was able to get my sea legs.

have a hollow leg   زیاد نوشیدن و خوردن
- to be able to eat or drink a lot
I think that my friend has a hollow leg. He never stops eating.

(not) have a leg to stand on
دست(کسی)به جایی بند نبودن/از عهده اثبات(چیزی) برنیامدن
- to have no support or excuse or evidence for something
The criminal does not have a leg to stand on in his defense.

have a leg up on (someone)
مزیت و برتری داشتن
- to have an advantage in your job or education because someone gives you help or money
The boy went to summer school which should give him a leg up on the other students in his class.

have legs
موفق بودن
- (an idea or plan or topic) is likely to succeed or to continue
The news story has legs. People will be talking about it for a long time.

on (something's) last legs
عمر خود را کردن/کار چیزی تمام بودن/فاتحه.......چیزی خوانده بودن
- something is almost worn out or finished
My television is on its last legs and I will soon have to buy a new one.

pay an arm and a leg (for something)
پول زیادی پرداخت کردن
- to pay a lot of money for something
The woman paid an arm and a leg for her new coat.

pull (someone`s) leg
کسی را دست انداختن/اسر به سر کسی گذاشتن
- to fool someone, to trick someone, to joke with someone
My friend was pulling my leg when he said that he had won much money.

shake a leg
تکان بخور!/بجنب!
- to go fast, to hurry
"Please try and shake a leg. We are already late for the concert."

stretch one's legs
پیاده روی کردن/پیاده رفتن
- to walk around after sitting or lying down for a period of time
The airplane passenger decided to stand up and stretch her legs.

one's tail is between one`s legs
دست از پا درازتر رفتن/دم خود را روی کول خود گذاشتن
- one has a feeling of being beaten or humiliated (like a frightened dog as it walks away)
The salesman was forced to leave the company with his tail between his legs after he told a lie about his sales figures.
The saleswoman left the sales meeting with her tail between her legs because she did not meet the sales target.

Excercise25:

Leg Idioms

1-"......................!" shouted the stage manager to the heroine.

2-After graduating from college he went to Chicago to ……………………….. by working in radio.

3-My lawyer said I didn't ……………… ………..,so I shouldn't sue the company.

4-This latest scandal ………………… - you'll probably still be reading about it in a year's time.

5-This building is ……………………….. ………….. It should be torn down.

6-Joe was just …………………….. when he said he was going spaghetti picking. Spaghetti doesn't really grow on trees, Sally.

7-Come on, Nick, ………………… or we'll never be ready in time.

8-After sitting in the car all day, the travelers decided to ……………………..

Limb idioms:

out on a limb   دست تنها ماندن/بی یار و یاور
- in a dangerous position to do something; at risk
I don't want to go out on a limb, but I think we can afford to do it.

tear/rip limb from limb
کسی را تکه تکه کردن
If someone threatens to tear you limb from limb, they mean that they are extremely angry with you, and may use violence against you.
The explosion tore the workers limb from limb. The crocodiles attacked the wading zebras and tore them limb from limb.

risk life and limb   جان خود را به خطر انداختن
to do something very dangerous where you might get hurt.
These skiers risk life and limb every day for the thrill of speed.

Excercise26:
Limb idioms:

1-The police were lucky they found him before I did. I would have ……………..

2-She's going out …………………… in criticizing her own party leadership.

3-Aid workers have ………………. and we have had to hire our own protection to safeguard workers at our centres.

Lip Idioms

button one`s lip
ساکت ماندن
- to stop talking, to be quiet
"Please button your lip so we can hear what the speaker is saying."

keep a stiff upper lip
طاقت آوردن/خم به ابرو نیاوردن
- to be brave, to face trouble bravely
We tried to keep a stiff upper lip when our company decided to close our office.

lick one's lips
آب از لب و لوچه کسی راه افتادن/ملچ ملوچ کردن
- to show one's eagerness for something or to do something or to eat something
The little boy began to lick his lips when he saw the candy in the window.

(one's) lips are sealed
زبان کسی بسته بودن/مهر خاموشی بر لب داشتن
- someone will not tell a secret
My lips are sealed and I will not tell anybody the secret.

on everybody's lips
ورد زبان ها بودن/نقل مجالس بودن
- many people are talking or thinking about the same thing
The scandal about the famous actress is on everybody's lips.

pay/give lip service to sb/sth
حمایت ظاهری از چیزی کردن
- to support someone or something by words but not by actions
The politician paid lip service to the proposal to build a new subway system but he did not really like the idea.

read (someone's) lips
لب خوانی کردن
- to look at the movements of someone's lips in order to understand what he or she is saying
The woman could not hear but she was able to read other people's lips.

zip one's lip
ساکت ماندن /حرف نزدن
- to not talk, to not tell a secret
I told my friend to zip his lip and stop arguing with me.

Excercise27:
Lip Idioms

1-Will you ....? I don't want the news to get out.

2-The children .... at the sight of the cake.

3-He acts like he wants you to ask what happened, and then if you do ask, he tells you his ....

4-She claims to be in favour of training, but so far she's only .... to the idea.

5-The question now .... everyone's .... is "Will the prime minister resign?"

Mind Idioms

absent-minded
فراموشکار
- forgetful
Our neighbor is very absent-minded and he often forgets his keys.

all in (one's) mind
همه اش خیالات بودن
- a situation or problem that does not actually exist
The problem between my aunt and her neighbor is all in my aunt's mind. It does not exist.

bear/keep sb/sth in mind
به خاطر داشتن/در نظر داشتن
- to remember and think about someone or something
"Please bear the starting time for the concert in mind so that we can arrive early."
I tried to keep my cousin in mind when I was inviting people to the dinner party.

blow sb's mind
کسی را مات و مبهوت کردن/کسی را متحیر کردن
- to overwhelm or excite someone
My friend told me that the new book will blow my mind.
It boggles my mind to think how dishonest some people can be.

bored/pissed out of one's mind
حوصله کسی سر رفتن/کلافه بودن
- to be very bored
The little boy was bored out of his mind and wanted to go home.

change (someone's) mind
تصمیم خود را عوض کردن/تغییر عقیده دادن
- to cause a person to think differently about something
I tried hard to change my friend's mind about going on a holiday with me.

come/spring to mind: cross/enter sb`s mind
به ذهن (کسی) خطور کردن
- to enter into one's consciousness
Suddenly, it came to mind that I had only two more weeks to work before my holiday.
It suddenly crossed my mind that the store will be closed on Monday.
It never entered my mind that my friend would lose his job.

get a load off one's mind
(درباره مشکل) صحبت کردن
- to talk about what is troubling you
I wanted to get a load off my mind so I passed the evening talking with a friend.

get sb/sth out of one's mind

چیزی را از سر خود بیرون کردن/فراموش کردن

- to stop thinking about or wanting someone or something, to forget about someone or something

My friend is trying hard to get his former girlfriend out of his mind.

give sb a piece of one`s mind

کسی را سرزنش کردن

- to scold someone angrily, to say what one really thinks of someone (especially when they have behaved badly)

I gave the store manager a piece of my mind when I told him about the bad service.

have a lot on one's mind

نگرانی های جور واجور داشتن

- to have many things to worry about

I have a lot on my mind with my new job and new apartment.

have a mind of one's own

فکر مستقلی داشتن

- someone does or thinks what they want to do or think instead of doing or thinking what they are told

The little boy has a mind of his own and he always wants to do whatever he likes.

have/keep an open mind about sth

۱-تعصب نداشتن ۲-فکر باز داشتن

- to be flexible and willing to listen to other people's opinions and change your own opinions or ideas

The man has an open mind and is willing to listen to what other people are saying about various things.

I want to keep an open mind and listen to what other people say about the problem.

have half a mind to do sth

دل(کسی)خواستن/(کسی)بدش نیامدن

- to be thinking about doing something, to have almost decided to do something

I have half a mind to take my new television back to the store because I do not like it.

have sb/sth on one's mind

حواس کسی به چیزی بودن

- to be thinking a lot about someone or something

My friend has many school problems on his mind.

have sth in mind

در نظر داشتن

- to be thinking of something in particular, to have an idea in your mind

"What do you have in mind for the meeting next week?"

in one's mind's eye   در تصور/در خیال
- in one's imagination
In my mind's eye, I cannot imagine what happened to my friend in the accident.

in one's right mind
عقل درستی داشتن/عقل کسی درست کار کردن
- to be sane, to be sensible
The man who hit the dog was not in his right mind.

in two minds about (something)
(در مورد چیزی)دودل/مردد بودن
- to be undecided about something
I am in two minds about going to a movie tonight.

know one's own mind
(شخص)خودش می داند چی می خواهد/می تواند تصمیم بگیرد
- to be very sure of what your opinions are and what you want to do
My friend knows his own mind and it is difficult to convince him that he is wrong.

lose one's mind
عقل خود را از دست دادن/دیوانه شدن
- to go crazy, to go out of one's mind
The woman is acting very strange and seems to be losing her mind.

make up one's mind
تصمیم(خود را)گرفتن
- to choose what to do, to decide something
I have not been able to make up my mind about going to the party or not.

one's mind is on (something)
حواس کسی به چیزی بودن
- someone is thinking about and giving attention to something
My mind has been on my summer holidays all week.

mind over matter
سلطه روان بر تن/غلبه روح بر جسم
- if you really want to you can do something that is very difficult or even impossible to do
"It is mind over matter. If you want to succeed with your project you will be able to do it."

mind-boggling   حیرت انگیز/بهت آور

- overwhelming, startling
The choices of evening classes at the university are mind-boggling.

mind-numbing   کسل کننده/خسته کننده

- to be extremely boring
The speech was so boring that it was mind-numbing.

(something)-minded

(در ترکیب) -ذهن/-تفکر/-اندیش

- to be thinking about something, to focus on something
The girl is very sports-minded and she loves to participate in any kind of sport that she can.

narrow-minded   کوته فکر

to be unwilling to accept or understand new ideas
My uncle is very narrow-minded and is not flexible about anything

of one/like mind

هم عقیده بودن/نظر واحدی داشتن

- to have the same opinion about something, to agree on something with someone else
The finance committee was of one mind when they made this year's budget.

of the same mind

هم عقیده بودن/نظر واحدی داشتن

- to have the same opinion about something, to agree on something with someone else

I was of the same mind as my friend when we made our decision about our holiday.

of two minds دودل/مردد بودن (در مورد چیزی)

- to be unable to decide what to do or what you think about something

I am of two minds about going to the movie tonight. I am very busy but I also want to see the movie very much.

on one's mind

چیزی روی خاطر/فکر کسی سنگینی کردن

- occupying one's thoughts, currently being thought about

Recently, I have had many things on my mind.

out of one's mind

عقل خود را از دست دادن/دیوانه شدن

- to be crazy or irrational or silly

The woman is out of her mind and she is always doing something crazy.

out of sight, out of mind

از دل برود هر آنکه از دیده برود

- if you do not see something then you will not think about it

The chocolates were out of sight, out of mind and nobody thought about eating them.

pay (someone or something) no mind

(چیزی/کسی را)نادیده گرفتن

- to ignore someone or something

The police paid the traffic lights no mind while the accident was being cleaned up.

read (someone's) mind فکر کسی را خواندن

- to guess what someone is thinking (as if one has special powers to see someone's thoughts)

The girl told her boyfriend that she cannot read his mind and that he must tell her what he wants.

slip one's mind

فراموش شدن/از یاد کسی رفتن

- to forget something

It slipped my mind that I need to phone my dentist soon.

speak one's mind
حرف خود را زدن/رک و راست حرف زدن
- to say frankly what one thinks about something
My father plans to speak his mind at the school meeting tonight.

stick in (someone's) mind
در خاطر کسی ماندن/از یاد کسی اصلا نرفتن
- to not forget something
The date of my friend's wedding stuck in my mind for many years.

take one's mind off sb/sth
از فکر چیزی بیرون رفتن
- to stop worrying or thinking about a problem or a person
I went to a movie to take my mind off my problems at work.

to (someone's) mind به نظر من/به عقیده من
- in someone's opinion
"To my mind, I believe that your opinion is correct."

turn (something) over in one's mind

مدام به چیزی فکر کردن

- to think about something continuously

I could not sleep last night because I was turning my situation at work over in my mind.

weigh on (someone's) mind

ذهن کسی را به خود مشغول داشتن/کردن

- to be in someone's thoughts, to be bothering someone

The decision about selling my car or not was weighing on my mind.

Excercise28:

Mind Idioms

1-His doctor tried to convince him that he wasn't really ill and that it was all ....

2-.....................that the price does not include flights.

3-The loud guitar music was so wild. It ....

4-If you .... about coming tonight, just give me a call.

5-It .... yesterday that you must be a bit short of staff - shall I send someone to help out?

6-I've a .... to go without him if he's going to be such a bore!

7- I've had enough from John. I'm going to give him ....

8-Adolescent boys often have .... All they're interested in is theopposite sex.

9-We should keep an .... until all of the evidence is available.

10-I have something .... for the living-room carpeting.

11-Residents are of .... about new traffic restrictions in the area.

12-You just spent all that money on a pair of shoes? Have you completely ....?

13-I haven't .... where to go yet.

14-I was so nervous during the interview that when I was asked about my experience , my mind ....

15-He must be .... to have spent that much money on an old car!

16-I forgot I'd arranged to meet Richard last night - it completely .... my mind.

17-You can always depend on John to .... He'll let you know what he really thinks.

Mouth Idioms

bad-mouth sb/sth
بدگویی کردن درباره/پشت سر.....حرف زدن
- to say bad things about someone or something
The football player began to bad-mouth his coach.

a bigmouth
وراج/پرحرف
- a noisy or boastful or foolish talker
The man is a bigmouth. He is always talking about his plans.

by word of mouth
به طور شفاهی/شفاهاً
- by speaking rather than writing, orally, from person to person by speaking
I learned about the holiday from work by word of mouth.

born with a silver spoon in one`s mouth
بند ناف کسی را با قیچی طلا بریدن/در خانواده ثروتمندی به دنیا آمدن
- born to wealth and comfort, born rich
The boy was born with a silver spoon in his mouth and he has never worked in his life.

down in the mouth   غمگین/افسرده/کسل

- depressed and unhappy
My friend looked down in the mouth after he finished work today.

foam at the mouth
از عصبانیت دهان کسی کف کردن

- to be very angry (a sick dog foams at the mouth)
The girl's father was so angry that he was almost foaming at the mouth.

have a big mouth   دهن لق بودن

- to be a person who gossips or tells secrets
The woman has a big mouth and she can never keep a secret.

keep one`s mouth shut   ساکت ماندن

- to be silent, to stay silent
I tried hard to keep my mouth shut during the speech.

leave a bad taste in one`s mouth
خاطره تلخی به جا گذاشتن

- to leave a bad feeling or memory with someone

The way that the company treated us left a bad taste in our mouth.

Loudmouth آدم پرحرف/آدم وراج
- a noisy or boastful or foolish talker
My friend is a loudmouth and he always makes plans but he never does anything about them.

melt in one`s mouth در دهان(آدم) آب شدن
- to taste very good, to be very tender (used for meat)
The pasta served at the new restaurant melted in our mouths.

not open one's mouth حرف نزدن/چیزی نگفتن
- to not say anything
The man in the movie theater was told not to open his mouth.

out of the mouths of babes
حرف راست را از دهان بچه بشنو
- something that a child says shows that he or she understands more about a situation than you thought that they did
The little boy's statement was out of the mouths of babes. He knew everything that was happening.

put the words into (someone`s) mouth
حرف تو دهن کسی گذاشتن
- to say or suggest something for someone else, to speak for someone else without his or her permission
My friend always wants to put the words into my mouth before I have a chance to speak.
The man always puts words into his wife's mouth which makes her angry.

run off at the mouth
زیاد حرف زدن
- to talk excessively
The girl is always running off at the mouth when she is with her friends.

shoot one's mouth off
۱- پرحرفی کردن ۲- چاخان کردن ۳- دهن لقی کردن
- to talk too much, to boast, to tell someone's secrets
The young man began to shoot his mouth off at the supermarket.
My friend always shoots his mouth off so I do not like to tell him my business.

shut your mouth!
خفه شو!/زر نزن
- Please be quiet and close your mouth!
"Shut your mouth," the woman said to the man talking loudly in the library.

straight from the horse's mouth
از منبع موثق و دسته اول
- directly from the person involved
I heard about my friend's wedding straight from the horse's mouth.

take the words out of (someone's) mouth
حرف دل کسی را زدن/آنچه را که کسی میخواهد بگوید گفتن
- to say what someone else was just going to say
My friend took the words out of my mouth when he said that he wanted to get something to eat. I also wanted something to eat.

watch one's mouth
مواظب زبان خود بودن/حرف دهان خود را فهمیدن
- to not say something, to not be rude
The girl has bad manners and should watch her mouth.

Exercise 29:
Mouth Idioms

1- No one wants to employ somebody who .... their former employer.
2- He went and opened his .... and told them the whole story.
3- All the orders were given by .... so that no written evidence could be discovered later.
4- Jake looks a bit .... Shall we try to find out what's wrong?
5- The Almeida theatre's recent staging of the opera had critics ....
6- They told me to keep .... about the boss or I'd be in big trouble.
7- The smell of that bacon cooking is making ....
8- When I told Ann that her hair was more beautiful than I had ever seen it, I really .... It was a wig.
9- Stop .... - I didn't say you looked fat in the red dress - I merely said you looked very slim in the black!
10- When you said things were busy around here, you said a .... It is terribly busy.

Neck Idioms

break one`s neck to do sth

(با کار) خود را خفه کردن/خود را کشتن

- to do all one possibly can, to work very hard to do something
I broke my neck to try and get the report finished on time.

breathe down sb`s neck

کسی را زیر نظر گرفتن/کسی را پاییدن

- to watch someone closely (often by standing right behind them), to pressure someone to do something
My boss has been breathing down my neck all day to pressure me to finish the report.

a crick in one's neck   گرفتگی گردن

- a painful cramp in one's neck
I woke up this morning with a crick in my neck.

dead from the neck up   احمق بودن

- to be very stupid
My boss seems to be dead from the neck up.

a kink in one's neck گرفتگی گردن همراه با درد
- a cramp in one's neck that causes pain
I have a kink in my neck and it hurts when I turn my head.

a millstone around sb's neck
بار سنگینی بر دوش کسی بودن/وبال گردن کسی بودن
- a burden or handicap for someone
My parents' condominium is a millstone around their neck and they want to sell it.

neck and neck
(در مسابقه و غیره)شانه به شانه/مساوی
- exactly even in a race or contest
The two horses were neck and neck at the end of the race.

a pain in the neck موی دماغ /مزاحم
- an annoying or bothersome person or event
Our customer is a pain in the neck and is always complaining about something.

risk one's neck (to do something)
جان خود را به خطر انداختن
- to risk harm in order to do something
The fireman risked his neck to save the young child.

save (someone`s) neck/skin
جان خود را نجات دادن
- to save someone from danger or trouble or embarrassment
The worker tried to save his own neck without thinking about other people.

stick one`s neck out for sb/sth
دست به کار خطرناکی زدن/جسارت کردن
- to do something dangerous or risky for someone
My friend will never stick his neck out to help other people.

up to one's neck in sth
(کار/گناه و غیره) تو...غرق بودن/تا خرخره در.... بودن
- to have a lot of something, to be much involved or busy with something
I am up to my neck in work at the moment and will not be able to attend the dinner tonight.

wring (someone's) neck
(بیانگر عصبانیت) گردن کسی را خرد کردن/پدر کسی را در اوردن
- to be extremely angry at someone
I want to wring my friend's neck for breaking my new laptop computer.

a yoke around (someone's) neck

وبال گردن کسی بودن

- a burden for someone, something that oppresses people

The legal problems of my friend were a yoke around his neck.

Excercise27:
Neck Idioms

break one`s neck to do sth
(با کار)خود را خفه کردن/خود را کشتن
- to do all one possibly can, to work very hard to do something
I broke my neck to try and get the report finished on time.

breathe down sb`s neck
کسی را زیر نظر گرفتن/کسی را پاییدن
- to watch someone closely (often by standing right behind them), to pressure someone to do something
My boss has been breathing down my neck all day to pressure me to finish the report.

a crick in one's neck   گرفتگی گردن
- a painful cramp in one's neck
I woke up this morning with a crick in my neck.

dead from the neck up   احمق بودن
- to be very stupid
My boss seems to be dead from the neck up.

a kink in one's neck   گرفتگی گردن همراه با درد
- a cramp in one's neck that causes pain
I have a kink in my neck and it hurts when I turn my head.

a millstone around sb's neck
بار سنگینی بر دوش کسی بودن/وبال گردن کسی بودن
- a burden or handicap for someone
My parents' condominium is a millstone around their neck and they want to sell it.

neck and neck
(در مسابقه و غیره)شانه به شانه/مساوی
- exactly even in a race or contest
The two horses were neck and neck at the end of the race.

a pain in the neck   موی دماغ /مزاحم
- an annoying or bothersome person or event
Our customer is a pain in the neck and is always complaining about something.

risk one's neck (to do something)
جان خود را به خطر انداختن
- to risk harm in order to do something
The fireman risked his neck to save the young child.

save (someone`s) neck/skin
جان خود را نجات دادن
- to save someone from danger or trouble or embarrassment
The worker tried to save his own neck without thinking about other people.

stick one`s neck out for sb/sth
دست به کار خطرناکی زدن/جسارت کردن
- to do something dangerous or risky for someone
My friend will never stick his neck out to help other people.

up to one's neck in sth
(کار/گناه و غیره) تو...غرق بودن/تا خرخره در...بودن
- to have a lot of something, to be much involved or busy with something
I am up to my neck in work at the moment and will not be able to attend the dinner tonight.

wring (someone's) neck
(بیانگر عصبانیت) گردن کسی را خرد کردن/پدر کسی را در اوردن
- to be extremely angry at someone
I want to wring my friend's neck for breaking my new laptop computer.

a yoke around (someone's) neck

وبال گردن کسی بودن

- a burden for someone, something that oppresses people

The legal problems of my friend were a yoke around his neck.

Exercise 30:
Neck Idioms

1- I .... to get here on time.

2-How can I concentrate with you .... all the time?

3-I can't believe he's failed the test twice - - he must be ....!

4-I'd rather not be in debt - I don't want that ....

5-Mary and Ann were .... in the spelling contest. Their scores were tied.

6-Lenny's being .... today. He keeps interrupting me while I'm trying to work.

7-I'd like to help, but I'm .... at the moment.

8-I could .... for getting me in such trouble.

Nose Idioms

as plain as the nose on one's face

مثل روز روشن/اظهر من الشمس

- clearly evident, obvious

The explanation for the problem is as plain as the nose on my face.

blow one's nose

فین کردن/دماغ خود را خالی کردن

- to use the air from one's lungs to clear one's nose

I took some tissue from my pocket so I could blow my nose.

count noses

شمردن افراد

- to count people

The teacher stopped to count noses before the students entered the classroom.

cut off one's nose to spite one's face

دودش به چشم خود کسی رفتن

- to make things worse for yourself by trying to harm someone or something else

The man cut off his nose to spite his face when he became angry and quit his job.

follow one's nose

از شم خود پیروی کردن/از حس ششم خود تبعیت کردن

- to go straight ahead, to follow a smell to its source

I followed my nose to the store where they were baking the bread.

get /keep one`s nose out of (something)

فضولی نکردن

- to become uninvolved in something, to become uninvolved in someone else's business

I wish that our secretary would get her nose out of my business.
I wish that our secretary would keep her nose out of my personal affairs.

hard-nosed   سرسخت/انعطاف ناپذیر/خشک

- not weak or soft, stubborn

The union took a hard-nosed position in the contract negotiations.

have a nose for (something)

شم خاصی داشتن برای......

- to have the talent for finding something

My friend has a nose for finding cheap items at flea markets.

have one's nose in a book

سر کسی تو کتاب بودن

- to be reading a book
The girl had her nose in a book during the bus ride.

have one's nose in (something)

- to have unwelcome interest in something, to have impolite curiosity about something
My boss always has his nose in the business of other people and nobody likes him.

have one's nose in the air مغرور بودن

- to be conceited or aloof
The girl has had her nose in the air since she won the speech contest.

have/put one`s nose to the grindstone

زحمت بسیار کشیدن/شب و روز کار کردن

- to work hard or keep busy at something
My friend has his nose to the grindstone and he is studying hard at school.
I put my nose to the grindstone and began to work on my essay for my history class.

keep one`s nose clean
سر کسی توی کار خودش بودن
- to stay away from trouble
The judge told the young man to keep his nose clean so that he would not go to jail in the future.

lead (someone) around by the nose
افسار کسی را در دست داشتن
- to make someone do what you want
The woman has been leading her husband around by the nose since they got married.

look down one`s nose at (someone)
به کسی /چیزی محل سگ نگذاشتن
- to look at someone with contempt or dislike, to feel that you are better than someone else
The girl looks down her nose at some of the people in her class.

nose about/around (something)
فضولی کردن/سرک کشیدن
- to look for something private or secret, to investigate something
The man was nosing about the office looking for something.
Many reporters spend a lot of time nosing around the business of famous people.

on the nose   (زمان/مکان/مقدار) دقیق/درست

- in exactly the right place or amount, at exactly the right time
I arrived at 3:00 PM on the nose.
The amount of money that I received from my friend was right on the nose.

pay through the nose for (something)
پول زیادی (بالای....) دادن
- to pay too much for something
My mother paid through the nose for her new dress.

poke one's nose into (something)
توی کاری فضولی و دخالت کردن
- to interfere with something, to try to discover things that do not involve you
My aunt always pokes her nose into the business of other people.

powder one's nose
(در مورد خانم ها) توالت رفتن/دستشویی رفتن
- to put powder on one's nose (usually a woman goes to the restroom to do this)
The singer went to the dressing room to powder her nose before the performance.

put (someone's) nose out of joint
کسی را کنف کردن/کسی را خیط کردن
- to offend someone, to cause someone to feel insulted
I put my friend's nose out of joint when I asked him to return the money that he had borrowed from me.

rub sb's nose in sth
(اشتباه/شکست و غیره)به کسی سرکوفت زدن/به رخ کسی کشیدن
- to remind someone of something that he or she has done wrong
The girl's supervisor always rubs the girl's nose in it when she makes a mistake.

stick one's nose into (something)
توی کاری فضولی و دخالت کردن
- to interfere with something, to be nosey about something
I wish that my neighbor would stop sticking his nose into my business.

thumb one`s nose at sb/sth
برای چیزی/کسی تره خرد نکردن/به کسی/چیزی محل نگذاشتن
- to look with disfavor or dislike at someone or something, to refuse to obey someone
The man thumbed his nose at me when I asked him to stop talking so loud.

turn one`s nose up at sb/sth

به چیزی اعتنا نکردن

- to reject someone or something, to express scorn for someone or something
The girl turned up her nose at the chance to go to nursing school.

under (someone`s) nose

درست جلوی چشم کسی

- easily found by someone, right in front of someone
I thought that I had lost my house keys but they were right under my nose.

win by a nose با اختلاف کمی برنده شدن

- to win by a very small amount
The horse won by a nose in the horse race.

Exercise 31:
Nose Idioms

1-Bill .... into his handkerchief.

2-Let's .... so we can be sure everyone is back on the bus.

3-Turn left, then just .... and you'll see the shop on your left.

4-As a reporter, he .... for a good story.

5-I'd only been out of prison three months so I was trying to ....

6-I always felt that she .... at us because we spoke with strong accents and hadn't been to college.

7-Her description of the play was really ....

8-We .... to get the car fixed and it still doesn't go properly.

9-I wish he'd stop .... into my personal life!

10-Would you get me another drink while I go and ....?

11-Sue failed her exam, so just to ....in it, I put my certificate up on the wall.

12-They .... **at** the only hotel that was available.

13-How did Mary fail to see the book? It was right ....

14-Sally won the race, but she only won ....

Palm Idioms

cross (someone's) palm with silver
پولی کف دست کسی گذاشتن
- to give money to someone for a service
We crossed the hotel clerk's palm with silver to get a good room.

grease (someone`s) palm
سبیل کسی را چرب کردن/به کسی رشوه دادن
- to pay a person for something, to bribe someone
We had to grease the palm of the customs agent to get our goods into the country.

itchy/itching palm
پولکی بودن/رشوه گیری
- a greedy character, a desire for money or tips
The police officer had an itching palm and received much money from criminals before he was arrested.

palm off sth
(چیز بی ارزش)انداختن/قالب کردن
- to sell or give something away by pretending that it is more valuable than it is
The man palmed off a television set that does not work.

Exercise 32:
Palm Idioms

1- You will find that things happen much faster in hotels if you .... the staff's .... fairly often.

2- Joseph was able to .... a few ...., thus helping his brother to escape.

3- Allthe waiters at that restaurant have ....

4- Joseph Smith made sure that he was never .... with such inferior stuff.

Shoulder Idioms

get the cold shoulder (from someone)

کم محلی شدن

- to be ignored or rejected (by someone)
I often get the cold shoulder from my coworker.

give (someone) the cold shoulder

به کسی محل نگذاشتن/کسی را تحویل نگرفتن

- to ignore someone, to reject someone
The office staff gave the man the cold shoulder when he did not go to the farewell party.

have a chip on one's shoulder

عقده ای بودن/عقده داشتن

- to have a tendency to try to get into a conflict with others
Our supervisor has a chip on his shoulder and is not an easy person to work with.

look over one's shoulder

نگران بودن/دچار ترس و دلهره بودن

- to be worried that something dangerous or bad may happen to you
I always look over my shoulder when I am walking next to a construction site.

on (someone's) shoulders (به)گردن کسی
- someone's responsibility
I do not want to have the failure of the project on my shoulders.

put one's shoulder to the wheel
آستین بالا زدن /به کار چسبیدن
- to get busy and do some work
We must put our shoulders to the wheel and get our work done early.

rub shoulders with (someone)
با کسی سر و کار داشتن/با کسی دمخور بودن
- to be in the same place as others, to meet and mix with others
We went to the party and were able to rub shoulders with some interesting artists.

a shoulder to cry on
(آدم)غمخوار/غمگسار/سنگ صبور
- someone to whom you can tell your problems to and then ask for sympathy and advice
I gave my friend a shoulder to cry on when I met him at the coffee shop.

shoulder to shoulder

دوشادوش هم/یکپارچه/با هم

- side by side, with a shared purpose
The children were standing shoulder to shoulder during the exercise class.

straight from the shoulder

صاف و پوست کنده/رک و راست

- an open and honest way of speaking
The manager was speaking straight from the shoulder when he told the workers about the factory closing.

Exercise 33:
Shoulder Idioms

1-I tried to be pleasant to her but she gave me ....

2-He's got .... about not having been to university.

3-I wish you'd been here when my mother died and I needed ....

4-The refugees were packed .... on the boat.

5- I .... with John at work. We are good friends.

6-She carries a tremendous amount of responsibility ....

Skin Idioms

get under (someone`s) skin
کسی را کفری کردن/کسی را عصبانی کردن
- to bother or irritate someone
My neighbor is beginning to get under my skin with her constant complaining.

jump out of one`s skin
زهره ترک شدن/قبض روح شدن
- to be badly frightened, to be very surprised
I almost jumped out of my skin when I saw my boyfriend at the movie theater with another girl.

save (someone`s) skin
به داد کسی رسیدن/کسی را نجات دادن
- to save someone from danger or trouble or embarrassment
The worker tried to save his own skin without thinking about other people.

skin-deep
سطحی/ظاهری
- on the surface only, not having any deep or honest meaning
I believe that the speaker's interest in the environment is only skin-deep.

soaked/wet to the skin   خیس خیس شده بودن

- one's clothing is wet right through to the skin

I was soaked to the skin after walking in the rain.

thick-skinned   پوست کلفت

- insensitive, not easily upset or hurt

You must be thick-skinned if you decide to get involved in politics.

Thin-skinned   زود رنج/نازک نارنجی/احساس

- easily upset or hurt, very sensitive

My friend is thin-skinned and is always upset about something that someone says to her.

Exercise 34:
Skin Idioms

1- Jack really gets .... - he never buys anyone a drink.

2- He nearly .... when he saw two rats.

3- I .... by getting the job done on time.

4- We saw a few stray dogs that were nothing but ....

5- You do need to be .... to survive as a politician here.

Stomach Idioms

can't stomach sb/sth
(از چیزی/کسی) متنفر بودن/دوست نداشتن
- to dislike someone or something very much
I cannot stomach the new woman who I work with.

butterflies in one`s stomach
دلهره داشتن/دلشوره داشتن
- to have a feeling of fear or anxiety in one's stomach
The little boy had butterflies in his stomach when he gave the speech in front of the class.

not have the stomach for (something)
دل و جرئت کاری/چیزی را نداشتن
- to have no desire to do something because you think that it is unpleasant or wrong
I do not have the stomach to talk with my friend about his work and financial problems.

turn (someone`s) stomach
حال/دل کسی را بهم زدن
- to make someone feel sick, to disgust someone
The sight of the dead dog on the road turned my stomach.

Exercise 35:
Stomach Idioms

1-Rob found Cathy's attitude ....

2-Mr. Jones .... the sight of blood.

3-An exam, or even an exciting social event may produce ....

4-The amount of money she spends on designer clothes really ....

Sweat Idioms

break into a cold sweat (about something)
ترسیدن/نگران شدن
- to become nervous or frightened about something
I broke into a cold sweat when I went to tell my teacher about my mistake.

by the sweat of one's brow   با عرق جبین
- by one's hard work or effort
The restaurant owner built his business by the sweat of his brow.

sweat blood   از ترس مردن/زهره ترک شدن
- to be very anxious and tense about something
I began to sweat blood when I heard that some of our staff may be transferred to another city.

sweat it out   طاقت آوردن/منتظر ماندن
- to wait patiently until something bad or unpleasant ends
We had to sweat it out with no food while our car was being repaired.

Exercise 36:

Sweat Idioms

1- This house is the result of 3 years' ....
....

2- Larry broke out .... when he cut his hand.

3- Sally polished the car by ....

4- Bob is such a bad driver. I .... every time I ride with him.

5- I sent in my application and now I have .... the two mouth until I get an answer.

Teeth Idioms

as scarce as hen's teeth

نادر/کمیاب

- very scarce, nonexistent
Cheap apartment rentals are as scarce as hen's teeth in the large city.

by the skin of one`s teeth

به زور /به زحمت/با جان کندن

- by a narrow margin, barely
We were able to catch the train but only by the skin of our teeth.

fight sb/sth tooth and nail

با چنگ و دندان مبارزه کردن

- to fight against someone or something with great energy
The citizens fought the government tooth and nail over the government plans to build the new highway.

give one's eye teeth (to do sth) or (for sth)

تمام زندگی خود را برای داشتن چیزی دادن

- to want to do something very much, to want something very much
The little boy would give his eye teeth to have a little puppy.

gnash one's teeth دندان قروچه کردن
- to grind one's teeth
I often gnash my teeth when I am sleeping.
The man was so angry that he gnashed his teeth.

grit one's teeth دندان بر هم فشردن
- to grind one's teeth together because of anger or stress or determination
I grit my teeth and began to clean up after the party.

have a sweet tooth
شیرینی خور بودن /عاشق شیرینی بودن
- to like to eat sweet foods
The girl has a sweet tooth. She loves chocolate.

lie through one's teeth مثل سگ دروغ گفتن
- to lie in a bold manner
The man's story was impossible to believe. He was lying through his teeth.

like pulling teeth سخت و دشوار
- very difficult to do
It was like pulling teeth to try and get the boy to explain why he was crying.

long in the tooth   خیلی پیر

- old

The man was feeling long in the tooth and he did not have much energy.

no skin off (someone's) teeth اهمیت ندادن

- of no interest or concern or trouble to someone

It is no skin off my teeth whether my friend comes to the restaurant with us or not.

pull (someone's) tooth out   دندان کشیدن

- to take someone's tooth out (usually done by a dentist)

I went to the dentist so he could pull my tooth out.

set one's teeth on edge

تن کسی را لرزاندن/مو بر تن کسی راست کردن

- to be unpleasant and to cause an uncomfortable feeling

The idea that we would have to move our office immediately set my teeth on edge.

show one's teeth

قدرت خود را نشان دادن/از کوره دررفتن

- to show one's anger or strength in order to warn someone not to argue or fight with you

Our supervisor showed his teeth when I began to argue with him about my job.

teething problems

مشکلات اولیه/مشکلات شروع کار

- difficulties and problems experienced in the early stages of a project or activity

The new project has many teething problems that we must deal with.

Exercise 37:
Teeth Idioms

1-The bank robber was .... when he was caught.

2-I got to the airport a few minutes late and missed the plane by ....

3-We fought .... to get the route of the new road changed.

4-John eats candy all the time. He must have a ....

5-If John denies it he's ...., because I saw him do it.

6-Getting her to tell me about her childhood was like ....

7-He's a bit .... to be wearing jeans, don't you think?

8-The mayor tried to .... into the new law.

9-Her overbearing manner usually ....

10-Many marriages go through .... in the first few months.

Toe Idioms

dip one's toe in the water

دست خود را با چیزی آشنا کردن/بخت خود را در چیزی آزمودن

- to slowly start to do something new in order to see if you like it or if other people will approve of it
I am doing some volunteer work at the hospital in order to dip my toe in the water and see if I like the medical field.

go toe-to-toe (with someone)

با کسی رقابت تنگاتنگ داشتن

- to be in close and direct confrontation or competition with someone, to be in close combat with someone
The two men went toe-to-toe in their debate.
The wrestlers went toe-to-toe for the championship.

make one's toes curl

باعث خجالت/شرمساری کسی شدن

- to make one feel uncomfortable
The story about the horrible accident made my toes curl.
I was right on my friend's heels as we hurried to the stadium.

on one`s toes   گوش به زنگ /حاضر به یراق

- alert, ready to act
The speaker kept the audience members on their toes by asking many interesting questions.

on tiptoe   روی پنجه پا

- standing or walking on the front part of one's feet
I stood on tiptoe in order to look into the construction site.

step/tread on (someone`s) toes

پا روی دم کسی گذاشتن

- to do something that interferes with or offends someone else
The man is careful that he does not step on anybody's toes at his company.

toe the line/mark

طبق دستور عمل کردن/تمکین کردن

- to follow the rules, to do what one is expected to do
The team members were forced to toe the line when the new coach arrived.

Exercise 38:

Toe Idioms

1-I am doing some volunteer work at the new school to try and .... of working in the education field

2-You have to be .... if you want to be in this business.

3-The very thought of what she said makes ....

4-I came in late and walked .... so I wouldn't wake anybody up.

5-You're sure I won't be .... if I talk directly to her supervisor?

6-Ministers who wouldn't............................ were swiftly got rid of.

Tongue Idioms

bite one's tongue
جلوی زبان خود را گرفتن

- to try hard not to say something that you would like to say (often used when you want to criticize someone)
I always bite my tongue when I am talking with my aunt so that I do not say the wrong thing and make her angry.

cat gets one's tongue
حرف نزدن/لال شدن/جیک کسی در نیومدن

- one is not able to talk because of shyness
The cat got the woman's tongue and she was not able to say anything.

cause tongues to wag
باعث شدن که حرف درآوردن/باعث شدن که شایعه درست کردن

- to give people something to gossip or talk about
The actions of our boss are causing tongues to wag.

find one's tongue
روی کسی باز شدن/به حرف آمدن

- to be able to talk, to find the ability to talk after not being able to talk for a short time
The man could not find his tongue when he was asked to speak at the meeting.

give (someone) a tongue-lashing
ملامت و سرزنش کردن
- to give someone a severe scolding
The mother gave her daughter a tongue-lashing when the daughter returned from school.

guard one's tongue
مراقب حرف زدن خود بودن
- to be careful of what one says
I have to guard my tongue when I am speaking with my friend's parents.

hold one`s tongue
جلوی زبان خود را گرفتن
- to be silent, to not talk
"Please hold your tongue," the teacher said to the young boy.

keep a civil tongue
مودبانه صحبت کردن
- to speak decently and politely
I tried to keep a civil tongue during my argument with the store clerk.

loosen (someone's) tongue
کسی را به حرف آوردن/زبان کسی را باز کردن
- to make someone relax and say something that they normally would not say
I went to the coffee shop with my friend where I tried to loosen his tongue.

on the tip of one`s tongue

چیزی نوک زبان(کسی)بودن

- to be almost able to remember something that you have forgotten
My former teacher's name is on the tip of my tongue.

set tongues wagging

باعث شدن که حرف درآوردن/باعث شدن که شایعه درست کردن

- to cause people to start gossiping
The woman always sets tongues wagging at her office because of the things that she does.

a sharp tongue   زبان تیز و تند

- a way of talking or speaking to others that is unkind or bad or critical
The woman has a sharp tongue and she says very unkind things to other people.

a slip of the tongue   لغزش زبان

- something that is said at the wrong time and is not what you want to say
The clerk's comment to the customer was a slip of the tongue.

speak with a forked tongue　دروغ گفتن
- to tell lies, to try to deceive someone
The man speaks with a forked tongue and you cannot believe what he says.

tongue in cheek　به شوخی/با طعنه
- jokingly, insincerely, mockingly, not really meaning something
The comment by our teacher was tongue in cheek and she did not mean it.

watch/mind one's tongue

مواظب زبان خود بودن
- to not say something, to not be rude
The boy was told by his teacher to watch his tongue.

Exercise 39:

Tongue Idioms

1-I wanted to tell him exactly what I thought of him, but I had to ....

2-Grandpa used to terrify me, both because he was big and fierce-looking and because he usually greeted me by bellowing, "............................?"

3-Witnesses often .... when they hear a reward has been offered.

4-The manager gave his team a .... after they'd lost the game.

5-I felt like scolding her, but I ....

6-John had the answer ...., but Anne said it first.

7-I failed to understand the instructions because the speaker made .... at an important point.

Throat Idioms

at each other's throats
به جان هم افتادن/با هم در افتادن
- fighting or arguing all the time
The two boys were at each other's throats when they entered the room.

cut one`s (own) throat
به خود صدمه زدن/به خود لطمه زدن
- to experience certain failure, to do something that will cause problems now or in the future
My friend is cutting his own throat if he does not make an effort to find a new job quickly.

force/ram sth down sb`s throat
چیزی را به کسی تحمیل کردن
- to force someone to do or agree to something that they do not want or like
The government tried to force the new law down the public's throat.

get/have a frog in one's throat
صدا/گلوی (کسی) گرفته بودن
- to get soreness in your throat that prevents you from talking well
I got a frog in my throat just as I answered the phone to talk to my professor.

get/have a lump in one's throat
بغض گلوی کسی را گرفته بودن
- to feel like there is something in your throat as if you are going to cry
I got a lump in my throat as I listened to the tragic story of the woman's family.

jump down (someone`s) throat
به کسی پریدن/به کسی توپیدن
- to suddenly become very angry at someone
The man's wife jumped down his throat when he came home late.

slit one`s (own) throat
به خود صدمه زدن/به خود لطمه زدن
- to experience certain failure, to do something that will cause problems now or in the future
The man is slitting his own throat to come to work late every day.

stick in (someone's) throat
نتوانستن پذیرفتن/قابل هضم نبودن
- an idea or situation that is difficult for you to accept and irritates or displeases you
The customer's attitude sticks in my throat and I am happy to see him leave.

Exercise 40:
Throat Idioms

1-The neighbors are at .... over who should repair the fence.

2-I can't bear it when someone starts forcing ....

3-I have...........................because I'm frightened.

4-I made the mildest of criticisms and he ....

5-It really .... that I did all the work, and she's getting all the credit.

Thumb Idioms

all thumbs   دست و پا چلفتی بودن
- to be awkward and clumsy, to have a difficulty in fixing things or working with one's hands
The man is all thumbs and he can never fix something without making it worse.

give sb/sth the thumbs up
چیزی را تایید کردن/روی چیزی صحه گذاشتن
- to be in favor of someone or something
The city gave the music festival organizers the thumbs up for the music festival.

green thumb   در باغبانی مهارت داشتن
- a talent for gardening, the ability to make things grow
The man has a green thumb and has a very beautiful garden.

rule of thumb حساب سرانگشتی/قاعده تجربی
- a basic or accepted pattern or rule
It is a rule of thumb in our company that senior managers get bigger offices.

stick out like a sore thumb
(چیز) تابلو بودن/مشخص بودن
- to be obvious and visible
The man sticks out like a sore thumb when he wears his orange hat.

thumb a lift/ride
سواری مفتی گرفتن
- to get a ride from a passing motorist, to ask for a ride from a passing motorist by putting your thumb in the air
We thumbed a ride when our car had a flat tire.

thumb through (something)
تورق کردن/ورق زدن
- to look quickly through a book or magazine or newspaper
I thumbed through the garden catalogue at the store.

thumbnail sketch
(طرح/توصیف و غیره) مختصر/موجز/اجمالی
- a short or small picture or description
The police made a thumbnail sketch of the bank robber.

thumbs up on sb/sth
چیزی را تایید کردن/روی چیزی صحه گذاشتن
- to be in favor of someone or something
I waited to hear if it would be thumbs up on our new policy at work.

turn thumbs down on (something)

چیزی را رد کردن/مردود شناختن

- to disapprove or reject something, to say no to something

The building committee turned thumbs down on our plans to change the office.

twiddle one`s thumbs

وقت تلف کردن/مگس پراندن

- to do nothing, to be idle

The girl twiddled her thumbs all week and was not able to pass her exam.

under one`s thumb

مثل موم در دست کسی بودن/گوش به فرمان کسی بودن

- to be obedient to someone, to be controlled by someone

The woman has her husband under her thumb. He has no freedom at all.

Exercise 41:
Thumb Idioms

1-Mary is ....when it comes to gardening.

2-A new injectable treatment has been ....by the authority.

3-My mother has ....when it comes to houseplants.

4-A good .... is that a portion of rice is two and a half handfuls.

5-My car broke down on the highway, and I had to .... to get back to town.

6-I've only .... this book, but it looks very interesting.

7-Don't sit around .... Get busy!

8-He's got the committee firmly .... - they agree to whatever he asks.

Voice Idioms

give voice to (something)
چیزی را به زبان آوردن/چیزی را بیان کردن
- to put something into words, to express something
The small organization gives voice to the concerns of poor people in the city.

lower one's voice پایین آوردن/کم کردن (صدا)
- to speak more softly
The teacher asked the student to lower his voice.

Exercise 42:
Voice Idioms

1- Participants are encouraged to .... to their personal hopes, fears and dreams.

2- Jane can ...., so I thought she was standing behind me.

3- Please .... or you'll disturb the people who are working.

Multiple choices tests:

1- My mother was (very eager to listen) when I began to talk about my holiday in England.
(a) wet behind the ears (b) in her mind`s eye (c) turning a deaf ear (d) all ears

2- The policeman warned the boy to (stay out of trouble) in the future.
(a) bat an eyelash (b) pay through the nose (c) keep his nose clean (d) see eye to eye

3- The girl (pretended not to hear) her brother's calls.
(a) turned a deaf ear to (b) gave an ear to (c) kept her nose out of (d) set eyes on

4- My father paid (too much) for his new car.
(a) all ears (b) through the nose (c) deaf and dumb (d) under his nose

5- "It is no (concern of mine) if you go to the movie or not."
(a) skin off my nose (b) flea in my ear (c) eagle eye (d) bug in my ear

6- The woman has (good taste in) beautiful art.

(a) eyes in the back of her head for (b) eyes only for (c) an eye for (d) set eyes on

7-I spent the morning (listening to) my friend and his problems.
(a) making eyes at (b) seeing eye to eye with (c) turning a blind eye to (d) lending an ear to

8-The girl had (a look of great happiness) when she won the music competition.
(a) the apple of her eye (b) stars in her eyes (c) her ear to the ground (d) a tin ear

9-The boy`s (surprise was great) when he saw the elephant at the circus.
(a) ear was to the ground (b) eyes were bigger than his stomach (c) nose was in the air (d) eyes popped out

10-The girl at the restaurant was (trying to attract) the boy at the counter.
(a) making eyes at (b) thumbing her nose at (c) lending an ear to (d) turning up her nose at

11-My wallet was (in front of me) and just where I had left it.
(a) under my nose (b) in my mind`s eye (c) out of earshot (d) wet behind the ears

12- I asked my friend to (watch the baby carefully) while I went to the store.
(a) pull the wool over the baby's eyes (b) lay eyes on the baby (c) turn a deaf ear to the baby (d) keep an eye on the baby

13- I told my friend to (not become involved in) other people's business.
(a) open his eyes to (b) keep his nose out of (c) turn up his nose at (d) have an eye for

14- The man (refused to obey) the policeman who told him not to walk across the street.
(a) looked down his nose at (b) feasted his eyes on (c) caught the eye of (d) thumbed his nose at

15- I did not (show any surprise) when I heard that my friend had quit his job again.
(a) get an earful (b) cry my eyes out (c) bat an eyelash (d) believe my ears

16- The man was (very sad) about his friend's death.
(a) wearing his heart on his sleeve (b) taking heart (c) losing heart (d) sick at heart

17-I had (a serious) talk with my friend about his girlfriend.
(a) a heart-to-heart (b) a young-at-heart (c) a heavy-heart (d) a heart-of-gold

18-The man is beginning to (feel discouraged) because he cannot find a job.
(a) search his heart (b) open his heart (c) lose heart (d) wear his heart on his sleeve

19-My sister (very much wants) a new MP3 player for her birthday.
(a) is breaking her heart for (b) has her heart set on (c) crossed her heart and hoped to die for (d) lost heart for

20-(The boy became very frightened) when he went to see the horror movie.
(a) The boy's heart stood still (b) The boy's heart was in the right place (c) The boy's heart was of stone (d) The boy's heart was of gold

21-The girl had a (feeling of unhappiness) when her boyfriend left her.
(a) big heart (b) change of heart (c) heart of gold (d) heavy heart

22-My friend always (talks openly about his feelings) to me.
(a) breaks his heart (b) opens his heart (c) searches his heart (d) crosses his heart and hopes to die

23-The politician is usually very cold but his recent speech was (very sincere and honest).
(a) after my own heart (b) at heart (c) from the heart (d) a heavy heart

24-I (was encouraged by) the fact that so many people volunteered to help with the charity auction.
(a) took heart from (b) broke my heart by (c) lost heart by (d) searched my heart from

25-The man has a (hard and cold personality).
(a) heart that is in the right place (b) change of heart (c) heart of gold (d) heart of stone

26-The man is (very awkward) and he makes things worse when he tries to fix them.
(a) living from hand to mouth (b) high-handed (c) all thumbs (d) close at hand

27-I (hope) that our team will win the championship again this year.
(a) am crossing my fingers (b) am greasing my palm (c) am rapping my knuckles (d) am losing my grip

28-My friend has (a talent for gardening) and grows very beautiful flowers.
(a) a shot in the arm (b) a green thumb (c) an iron fist in a velvet glove (d) a glad hand

29-We did not have any milk (available) so we could not drink any coffee.
(a) hands down (b) on the one hand (c) on hand (d) under my thumb

30-I would (give any amount of money) to get my old job back.
(a) bite the hand that feeds me (b) come away empty-handed (c) get my fingers burned (d) give my right arm

31-My sister never (did any work) around the house when she was a child.
(a) played into my hands (b) lifted a finger (c) got out of hand (d) had her finger in too many pies

32-I have been working (very hard) trying to save money to go to Europe.
(a) under my thumb (b) off my hands (c) my fingers to the bone (d) with open arms

33-The city officials welcomed the group of foreign businessmen (warmly).
(a) under their thumb (b) arm in arm (c) close at hand (d) with open arms

34-I have my boss (under my control) so I can usually get my vacation when I want.
(a) under my thumb (b) with hat in hand (c) off my hands (d) hand over fist

35-My sister's husband has been making money (quickly and easily) since he opened his new business.
(a) near at hand (b) hand over fist (c) first hand (d) high-handed

36-The voters (rejected) the proposal to raise the tax on gasoline.
(a) showed their hand on (b) turned thumbs down on (c) took a hand in (d) laid hands on

37-If I can (get hold of) a video camera, I will take a video of the wedding.

(a) palm off (b) turn thumbs down on (c) lay my hands on (d) wash my hands of

38-My sister (attempted) cooking a pasta dish but it was not successful.
(a) turned thumbs down on (b) waited hand and foot on (c) tried her hand at (d) raised a hand at

39-I want to get the old television (out of my care) so that I can have more room in our apartment.
(a) out of hand (b) wrapped around my little finger (c) under my thumb (d) off my hands

40-The platter of food in the front window (made me want to eat it).
(a) put my foot in my mouth (b) melted in my mouth (c) said a mouthful (d) made my mouth water

41-My uncle (faced his problems bravely) when the bank tried to close his business.
(a) kept a stiff upper lip (b) spoke with a forked tongue (c) shot his mouth off (d) buttoned his lip

42-The name of the new book was (at the point that I could almost remember) but I could not remember it. (a) by the skin of my teeth (b) as scarce as hen's teeth (c) on the tip of my tongue (d) holding my tongue

43-The teacher told the children to (stop talking).
(a) button their lips (b) melt in their mouths (c) leave a bad taste in their mouths (d) say a mouthful

44-I was able to get to the train (just barely).
(a) by the skin of my teeth (b) foaming at the mouth (c) down in the mouth (d) tongue in cheek

45-I heard about the new store (from my friends).
(a) by word of mouth (b) down in the mouth (c) gritting my teeth (d) living from hand to mouth

46-The man was angry and (talked a lot) about the broken furnace.
(a) rammed everything down our throats (b) put his foot in his mouth (c) ran off at the mouth (d) put words in our mouths

47-I had a difficult time to (begin to talk) at the meeting.
(a) find my tongue (b) lick my chops (c) run off at the mouth (d) zip my lip

48-The mayor gave (his support) to the new proposal but he did not really like it.
(a) lip service (b) word of mouth (c) teething problems (d) a bitter pill to swallow

49-I had to (keep silent) although I disagreed with everything that the man said.
(a) show my teeth (b) loosen my tongue (c) throw my voice (d) hold my tongue

50-There is a lot of (anger) between my friend and myself.
(a) new blood (b) bad blood (c) flesh and blood (d) blood, sweat, and tears

51-The woman (refused to help) her son when he lost his job and needed some money.
(a) turned her back on (b) sweat it out for (c) got off the back of (d) put her shoulder to the wheel for

52-When I saw the dead horse it (made me sick).
(a) made my blood boil (b) scratched my back (c) turned my stomach (d) grated on my nerves

53-I cried out (as loud as possible) to stop the child from running into the street.
(a) all in one breath (b) in the flesh (c) straight from the shoulder (d) at the top of my lungs

54-It was wet and cold out so when I returned home I was wet (throughout my body).
(a) shoulder to shoulder (b) neck and neck (c) to the bone (d) behind my back

55-The woman is (trying her hardest) to finish painting her house before it rains.
(a) breaking into a cold sweat (b) out for blood (c) getting under my skin (d) breaking her neck

56-My supervisor (suddenly became angry at me) when I was late for the meeting.
(a) jumped down my throat (b) jumped out of her skin (c) took my breath away (d) risked her neck

57-There was a scandal in the company and the president quickly tried to (protect himself).
(a) save his breath (b) save his neck (c) cut a fine figure (d) throw his weight around

58-The girl never eats and is (very skinny).
(a) skin-deep (b) broad in the beam (c) skin and bones (d) a bundle of nerves

59-My friend never wants to (do anything extra or risky) to help others.
(a) stick his neck out (b) get his back up (c) waste his breath (d) press the flesh

60-He is (hurting his own chances) if he does not take a training course with the other members of the group.
(a) busting a gut (b) venting his spleen (c) thin-skinned (d) cutting his own throat

61-The man at the video store is (an obnoxious person).
(a) a pain in the neck (b) a pat on the back (c) a stab in the back (d) a breath of fresh air

62-The other runners were (following closely behind me) during the marathon.
(a) holding my breath (b) out of breath (c) breathing down my neck (d) sweating blood

63-He gave me (unfriendly treatment) when I saw him at the restaurant.
(a) time to catch my breath (b) the cold shoulder (c) a bone of contention (d) a shoulder to cry on

64-I do not want to have his resignation from the company (as my responsibility).
(a) off my chest (b) over my dead body (c) in my blood (d) on my shoulders

65-My father is always (pressuring me) to help him clean up the yard at home.
(a) pulling his weight (b) splitting his sides with laughter (c) on my back (d) covering his back

66-The car at the showroom is (too expensive for me).
(a) chilled to the bone (b) too rich for my blood (c) a kink in my neck (d) a millstone around my neck

67-The woman who I work with has many habits that (irritate me).
(a) have my words stick in my throat (b) give me the shirt off her back (c) land in my lap (d) get on my nerves

68-The two boys were (fighting) all morning.
(a) at each other's throats (b) back-to-back (c) soaked to the skin (d) head and shoulders above each other

69-I spent several days (adding details to) my proposal for the new children's layground.
(a) saying something under my breath for (b) making a clean breast of (c) drawing blood for (d) putting flesh on

70-When I finally discovered that I had passed the university entrance exam I was able to (relax).(a)huff and puff(b)breathe easy(c)shoot from the hip(d)breathe my last

71-I was (very busy with) work last night so I could not go to a movie.
(a) not breathing a word about (b) wetting my whistle with (c) up to my ears in (d) dead from the neck up with

Answers:

Excercise1:
1) walked arm in arm ❖ 2) cost me an arm and a leg ❖ 3) give my right arm ❖ 4) long arm of the law ❖ 5) shot in the arm ❖ 6) twisted my arm ❖ 7) accepted me with open arms

Excercise2:
1) he's really got his back to the wall now ❖ 2) talking about me behind my back ❖ 3) broke his back ❖ 4) get off my back ❖ 5) pat on the back ❖ 6) stabbed in the back

Exercise3:
1) bit off more than we could chew ❖ 2) bite my tongue ❖ 3) bite my head off ❖ 4) put the bite on me

Exercise4:
1) bad blood ❖ 2) my blood run cold ❖ 3) flesh and blood ❖ 4) in cold blood ❖ 5) in the blood ❖ 6) makes my blood boil ❖ 7) new blood ❖ 8) smells blood ❖ 9) sweated blood ❖ 10) rich for my blood

Exercise5:
1) went in a body ❖ 2) keep body and soul together ❖ 3) over my dead body ❖ 4) body blow

Exercise 6:
1) as dry as a bone ❖ 2) bare bones ❖ 3) bone of contention ❖ 4) close to the bone ❖ 5) cut- to the bone ❖ 6) feel it in her bones

Exercise 7:
1) beating my brains out ❖ 2) brain drain ❖ 3) brain ❖ 4) brainless ❖ 5) brainwash ❖ 6) on the brain ❖ 7) pick your brains ❖ 8) racked my brains

Exercise 8:
1) a breath of fresh air ❖ 2) breathe a word ❖ 3) breathes down your neck ❖ 4) breathed her last ❖ 5) catch my breath ❖ 6) hold your breath ❖ 7) in the same breath ❖ 8) out of breath ❖ 9) took my breath away ❖ 10) wasting your breath

Exercise 9:
1) cheek by jowl ❖ 2) tongue in cheek ❖ 3) turned the other cheek

Exercise 10:
1) chewed out ❖ 2) chewing the fat

Exercise 11:
1) Chin up ❖ 2) take it on the chin ❖ 3) wagging their chins ❖ 4) making chin music

Exercise 12:
1) all ears❖2) bend your ear❖3)had much of an ear❖4)lend ear❖5) play it by ear❖ 6) pricked up his ears❖7) in one ear and out the other❖8) turned a deaf ear❖ 9) Walls have ears❖10) wet behind the ears

Exercise 13:
1) rub elbow with❖2) have enough elbow room ❖3) elbow grease

Exercise 14:
1) all eyes❖2) All eyes are on❖3)apple of her eye❖4) caught my eye❖5) evil eye❖ 6) had her eye on❖7) In my mind's eye❖ 8) public eye❖ 9) in the twinkling of an eye❖ 10) keep your eye on❖11) naked eye❖12) see eye to eye❖13) turn a blind eye❖14) with an eye

Exercise 15:
1) blow up in your face❖2) came face-to-face❖3) face to face❖4) fell flat on her face❖5) fly in the face❖6) in the face of❖ 7) long face❖8) lose face❖9) making faces❖10) On the face of it❖11) red in the face❖12) show your face❖13) slap in the face❖14) staring him in the face

Exercise 16:
1) back on your feet❖2) dragging its feet❖3) find your feet❖4) got cold feet❖5) get a foot in❖6) keep our feet firmly on the ground❖7) on foot❖8) set foot❖9) landed on her feet❖10) six feet under❖11) voted with their feet

Exercise 17:
1) at his fingertips❖2) keeping our fingers crossed❖3) lay a finger on me❖4) lifts a finger❖5) put my finger on it ❖6) slip through your fingers

Exercise 18:
1) tight-fisted ❖2) an iron fist

Exercise 19:
1) bad hair day❖2) curled my hair❖3) getting in my hair❖4) let our hair down❖5) seen hide nor hair of her❖6) splitting hairs❖7) tearing her hair out

Exercise 20:
1) at hand❖2) bound hand and foot❖3) caught red-handed ❖4) changed hands❖5) a firm hand ❖6) gained/got/had the upper hand❖7) goes hand in hand❖8) hand in glove❖9) walking hand in hand❖10) well in hand ❖11) from hand to

mouth❖12) on hand❖13) raise my hand❖14) show your hand❖15) try my hand❖ 16) washed my hands of it

Exercise 21:
1)banging your head against a brick wall ❖2) brought to a head ❖ 3) bury your head in the sand❖4) head over heels in love❖5) head to toe❖6) get it into your head❖7) went over her head❖8) head and shoulders❖9) off the top of my head❖ 10) scratching their heads

Exercise 22:
1) aching heart ❖2) broke heart❖ 3) in a heartbeat❖ 4) eat your heart out❖ 5) followed my heart❖6) a heart of gold❖ 7) the heart and soul❖8) by heart❖9) have the heart❖ 10) strike at the heart❖ 11) young at heart

Exercise 23:
1) Achilles heel❖2) took to his heels❖ 3) digging their heels❖4) bring to heel❖ 5) down-at-heel

Exercise 24:
1) brought to its knees❖2) on bended knee ❖3) mother's knee

Exercise 25:
1) Break a leg ❖2) get his sea legs❖ 3) have a leg to stand on❖ 4) has legs❖ 5) on its last legs❖ 6) pulling your leg❖ 7) shake a leg or❖ 8) stretch their legs

Exercise 26:
1) torn him limb from limb❖2) on a limb❖3) risked life and limb

Exercise 27:
1) button your lip❖2) licked their lips❖ 3) lips are sealed❖ 4) paid lip service❖ 5) on lips

Exercise 28:
1) in the mind ❖2) Bear in mind❖3) blew my mind ❖4) change your mind❖ 5) crossed my mind ❖6) a good mind❖ 7) a piece of my mind❖8) one-track minds ❖9) open mind❖10) in mind ❖ 11) two minds ❖12) lost your mind ❖13) made up my mind❖14) went blank❖15) out of his mind❖16) slipped❖17) speak his mind

Exercise 29:
1) badmouths❖2) big mouth ❖3) word of mouth❖4) down in the mouth❖5) foaming at the mouth❖6) my mouth shut❖7) my mouth water❖8) put my foot in my mouth

❖9)putting words in my mouth❖ 10)a mouthful

Exercise 30:
1) broke my neck ❖2) breathing down my neck❖3)dead from the neck up❖4)millstone around my neck❖5) neck and neckin ❖ 6)a pain in the neck❖7) up to my neck❖8)wring her/his neck

Exercise 31:
1) blew his nose❖2) count noses❖3) follow your nose❖4) had a nose❖5) keep my nose clean❖6) looked down her nose❖7) on the nose❖8) paid through the nose❖9) poking his nose❖10) powder my nose❖11) rub her nose❖12) turned their noses❖13) under her nose❖14) by a nose

Exercise 32:
1)cross the palms with silver❖2)grease palms❖3) itchy palms❖4) palmed off

Exercise 33:
1) the cold shoulder❖2) a chip on his shoulder❖3) a shoulder to cry on❖ 4)shoulder to shoulder❖5) ub shoulders ❖ 6) on her shoulders

Exercise 34:
1) under my skin ❖ 2) jumped out of his skin ❖ 3) saved my skin ❖ 4) skin and bones ❖ 5) thick-skinned

Exercise 35:
1) hard to stomach ❖ 2) can't stomach ❖ 3) butterflies in the stomach ❖ 4) turns my stomach

Exercise 36:
1) blood, sweat and tears ❖ 2) in a cold sweat ❖ 3) the sweat of her brow ❖ 4) sweat blood ❖ 5) to sweat out

Exercise 37:
1) armed to the teeth ❖ 2) the skin of my teeth ❖ 3) tooth and nail ❖ 4) a sweet tooth ❖ 5) lying through his teeth ❖ 6) pulling teeth ❖ 7) long in the tooth ❖ 8) put some teeth ❖ 9) sets my teeth on edge ❖ 10) teething problems

Exercise 38:
1) dip my toe in the water ❖ 2) on your toes ❖ 3) my toes curl ❖ 4) on tiptoe ❖ 5) stepping on her toes ❖ 6) toe the party line

Exercise 39:
1) bite my tongue ❖ 2) Cat got your tongue ❖ 3) find their tongues ❖ 4) a tongue-lashing ❖ 5) held my tongue ❖ 6) on the tip of his tongue ❖ 7) a slip of the tongue

Exercise 40:
1) each other's throats ❖ 2) their views down your throat ❖ 3) a lump in my throat ❖ 4) jumped down my throat ❖ 5) sticks in my throat

Exercise 41:
1) all thumbs ❖ 2) given the thumbs up ❖ 3) a green thumb ❖ 4) rule of thumb ❖ 5) thumb a ride ❖ 6) thumbed through ❖ 7) twiddling your thumbs ❖ 8) under his thumb

Exercise 42:
1) give voice ❖ 2) throw her voice ❖ 3) lower your voice

MC:

1)d	2)c	3)a	4)b	5)a	6)c
7)d	8)b	9)d	10)a	11)a	12)d
13)b	14)d	15)c	16)d	17)a	18)c
19)b	20)a	21)d	22)b	23)c	24)a
25)d	26)c	27)a	28)b	29)c	30)d
31)b	32)c	33)d	34)a	35)b	36)b
37)c	38)c	39)d	40)d	41)a	42)c
43)a	44)a	45)a	46)c	47)a	48)a
49)d	50)b	51)a	52)c	53)d	54)c
55)d	56)a	57)b	58)c	59)a	60)d
61)a	62)c	63)b	64)d	65)c	66)b
67)d	68)a	69)d	70)b	71)c	

References:

http://dictionary.reference.com/longman
Cambridge Collins
http://idioms.thefreedictionary.com/
http://www.idiomconnection.com/
http://en.wiktionary.org/
http://www.englishclub.com/
http://www.merriam-webster.com/oxford
http://www.myenglishpages.com/

About the authors

Dr Azadeh Nemati is an assistant Professor in Iran, majoring in ELT. She is the editor in chief of some international journals and has already published + 10 books and + 30 articles nationally and internationally. She has presented in many international conferences and also supervised some MA theses. In 2010 and 2012-2014 she was selected as distinguished researcher in the University.

Ali Ilani is a M.A of Translation studies from Isfahan University. He has presented papers in national conferences.
E.mail address: ali.ilani@yahoo.com

qu'il porte au front de son perron, par le *Consulat de France*. Le consul actuel, M. le chevalier de Franqueville, a, dans la galerie de son palais, plusieurs tableaux remarquables de divers bons artistes vénitiens, représentant *Archimède tué par le soldat romain*, — *Diogène*, — *Érodias*, etc.; de plus, quelques excellents portraits en pied des rois de France, — *Charles IX, Henri III, Henri IV*; — quelques reines et princesses du temps, et un *Condé*, si l'on s'en rapporte au type des traits. Ces portraits sont évidemment des cadeaux faits, au XVIe siècle, à quelque membre de la famille Cavalli, ambassadeur à Paris. Un Cavalli, du nom de *Jacques*, général de la République, était sculpté en pierre, sur un tombeau de l'église *Saints Jean et Paul*.

Derrière le palais du consulat de France, s'élèvent deux autres édifices qui portent haut deux grands noms du patriciat vénitien : ce sont les palais PISANI et MOROSINI.

Pour les visiter, il faudra débarquer, à droite, au traguetto voisin. Le palais *Pisani*, sur la petite place de ce nom, est celui du doge *Louis Pisani*, promu à la dignité ducale en 1735, et qui régna 7 ans /B. C'est dans ce palais, où il avait son atelier, que s'est suicidé l'infortuné Léopold Robert. (Voir la note A, au *chapitre sur les Iles*).

Le palais voisin, sur le campo ou place *San Stefano*, est celui qui a servi de demeure aux plus grands personnages de l'illustre famille des *Morosini*, laquelle, en outre d'un grand nombre de hauts dignitaires d'État, de cardinaux, d'évêques, etc., a fourni à la République quatre doges, parmi lesquels le dernier fut le célèbre François Morosini, dit le *Péloponésiaque*. Le corps de ce grand général et de ce doge fameux repose dans l'église voisine, à San Stefano, ainsi qu'il est dit au *chapitre sur les Églises*[*].

On verra, en pénétrant dans l'intérieur du palais Morosini, diverses choses intéressantes. D'abord, les portraits des quatre doges de cette famille; puis, aussi ceux de deux filles du même nom qui furent, l'une reine de Hongrie, et l'autre, Constance Morosini, qui porta la couronne de Servie. On se souvient que ce fut une Morosini qui, étant abbesse du couvent de Saint-Zacharie, fit cadeau au doge Pierre Tradenigo, de cette fameuse coiffure, ornée de pierreries, qui devint l'origine de la corne ou

---

[*] Pour ce qui concerne biographiquement François Morosini, voir la fin de la description de la salle du Grand Conseil, au chapitre sur l'*Intérieur du palais ducal*

couronne dogale. (Voir la note B, au *chapitre sur l'Intérieur du palais ducal.*)

Les tableaux, dont sont recouverts les murs, représentent toutes les batailles de François Morosini. C'est un musée complet, une biographie guerrière tracée au pinceau.

Une salle d'armes, tout ornée de drapeaux, d'étendards, d'emblèmes, et de bustes de Morosini divers, a été formée comme un petit Panthéon, à la gloire d'un nom si illustre. Le Péloponésiaque est taillé dans le marbre, sous un dais que soutiennent des trophées et des panoplies.

Dans un couloir obscur, qu'il faut se faire ouvrir, se trouve un immense cadre de bois doré, renfermant un Morosini, *cavaliere della stella d'oro*. Ce cadre est d'une magnificence et d'un travail rares, et les détails rachètent, par la beauté de leur exécution, ce que peut avoir de reprochable le goût de l'époque qui a enfanté cette œuvre remarquable.

Ce palais appartient aujourd'hui à la dernière descendante des Morosini ci-dessus mentionnés (autres branches, ou autres familles, le nom est fort porté dans le nord de l'Italie). La mère de la propriétaire actuelle, laquelle fut la dernière fille directe de ces Césars vénitiens, épousa un grand seigneur allemand. Cette héritière a conservé, avec ce palais et des biens immenses, le double nom germain et vénète de *Guttenbourg-Morosini*.

Quel malheur que l'esprit de la loi salique, étendu aux clauses de l'hérédité, prive les femmes de perpétuer aussi les grands noms dont elles sont les instruments générateurs!

Le *Traguetto de San Vital*, par lequel on est descendu pour voir ces palais, est le plus animé et le plus pittoresque qui soit sur le grand canal. Ses vignes, qui abritent des ardeurs du soleil d'été les gondoliers attendant pratiques, se découpent gaiement sur cet ensemble de palais, de barques, d'eau, de ciel bleu et de maisons rouges *.

L'*Académie des Beaux-Arts*, ou Musée de Venise, qui s'élève sur la rive opposée, donne aux gondoles de ce traguetto une activité rarement interrompue, tant les visiteurs y abondent; aussi est-ce là, avec le Rialto, un des points les plus animés du parcours du grand canal.

Il paraît que le gouvernement autrichien, voulant commémo-

---

* Voir le chapitre intitulé: *Gondoles et Gondoliers.*

rer à Venise le couronnement de l'empereur comme roi lombard, et donner une date monumentale à l'époque où ce souverain vint à Milan poser sur son front la *couronne de fer* d'Agilulphe, de Charles-Quint et de Napoléon, avait projeté de construire un pont à ce point du canal, en face du Musée. Le projet répondait à une utilité incontestable, car le pont de Rialto étant le seul qui soit d'une rive à l'autre, et son éloignement de ce quartier étant fort grand, les communications *di quà dell' acqua* au *di là dell' acqua* ne se peuvent effectuer qu'en gondoles, ce qui est gênant pour tous, et dispendieux pour beaucoup. L'installation de l'Académie des Beaux-Arts sur cette rive trans-marine, les casernes militaires qui sont derrière, et enfin les besoins continuels des habitants de cette rive, eussent rendu l'accomplissement de ce projet extrêmement utile, bien qu'aux yeux de l'artiste et du poète, la physionomie du canal en eût souffert, quelque belle qu'eût pu être la construction de ce pont. L'énorme somme qu'a formée le total des devis et plans, a sans doute fait abandonner ce projet dont on ne parle plus. La restauration de l'antique palais *Foscari*, que nous verrons bientôt, paraît avoir été décidée pour la commémoration dont nous avons parlé. Ce serait d'abord une initiative dont l'art aurait à se réjouir ; ensuite, comme cette restauration aurait pour objet d'ouvrir ce palais aux écoles polythecniques du pays, l'utilité compléterait l'excellence de la mesure qui rendrait à Venise un de ses plus beaux et de ses plus célèbres monuments, prêt à s'abymer sur les deux ombres qui y rôdent mystérieusement en criant autour d'elles ce grand nom, comme un reproche : *Foscari! Foscari!*

Reprenons notre description du grand canal, dont nous a un moment écarté le canaletto de la digression.

Le voyageur ne devra pas visiter en ce moment l'*Académie des Beaux-Arts*, car une pareille visite exige un temps spécial, comme nous en avons fait de sa description un chapitre spécial. Mais il fera bien toutefois de se faire déposer sur la rive élégante et neuve qui s'étend à gauche, devant les bâtiments du Musée. De ce lieu il jouira d'un des plus beaux points de vue qu'offre le prolongement du grand canal. A droite, la perspective des palais déjà examinés, se prolongeant jusqu'à l'embouchure du canal, sur l'extrémité duquel s'élèvent majestueusement les coupoles orien-

---

* Voir le chapitre intitulé : *Gondoles et Gondoliers*.

tales du temple de la *Salute*, se découpant sur le ciel. Au fond, à toute vue, l'on aperçoit les arbres du Jardin public qui termine cette pointe de Venise au sein des lagunes, vers le Lido. L'été, cette partie du ciel offre souvent des teintes lilas, roses, violacées, qui font l'arrière plan le plus charmant au profil des édifices sur lesquels le soleil jette de vives oppositions de lumière et d'ombre.

La perspective de gauche montre le premier coude que forme le cours du canal, encaissé plus particulièrement encore sur ce point que partout ailleurs, de palais historiques fort célèbres : ceux des *Foscari*, *Giustiniani*, *Contarini*, *Mocenigo*, etc.

En regardant à gauche du quai où l'on se trouve, on voit un petit jardin et une terrasse, dépendances du *palazzino* GAMBARA. C'est de cette terrasse, et de l'appartement dont elle dépend, que ce livre a été écrit... déclaration que la majorité des lecteurs nous pardonnera, nous l'espérons, en pensant qu'elle est à l'adresse de quelques-uns de nos amis, pour lesquels seuls, elle peut avoir quelque léger intérêt.

Le vieux Beppo, gondolier émérite, qui depuis de longues années a fait du rez-de-chaussée de ce *palazzino* son quartier-général, est un ancien chef des Nicolotti, qui a ramé sur le *Bucentaure*, pour le dernier doge de la défunte République. C'est de lui dont il est question dans le chapitre *Gondoles et gondoliers*, à propos des épreuves tentées pour entendre chanter les stances du Tasse. Le vieux Beppo loue des chambres... Qu'on nous pardonne ce petit prospectus en faveur d'une industrie, que la beauté de la situation peut du reste rendre agréable à quelques lecteurs. Il est en outre propriétaire de la gondole de lord Byron, et vous en montrera l'écusson de cuivre gravé, avec cette devise :

« *Crede Byron.* »

Ce vieux triton républicain en sait long sur les guerres des factions Nicolottes et Castellanes : c'est un Nicolotto enragé. Mais quiconque sera pressé d'arriver, devra se défier de sa gondole, car Beppo est un vieil asthmatique qui, comme dit George Sand, rend l'âme à chaque coup d'aviron !

Rembarqués dans notre gondole, nous ne tardons pas à trouver à droite une maison d'un aspect original, faisant l'angle d'un petit canal, et qui ressemble à une construction campagnarde, moitié chalet, moitié kiosque. On la désigne souvent comme la demeure antique du doge Marino Faliero, ce qui est une grave erreur. Bien qu'elle ait aussi porté le nom de ce célèbre duc de Venise, ce fut à une autre branche de la famille qu'elle appartint. On a dit ailleurs où se trouvait le palais authentique du doge dont la hache du bourreau trancha le règne*.

Immédiatement à côté, et faisant l'autre angle du canaletto, je trouve un coin de palais interrompu, enchâssé dans une maison disparate. C'est un pendant au fameux palais *Venier del Leone*, qui n'a poussé que jusqu'au soubassement. Milan offre ainsi, en face du musée de Bréra, la demeure inachevée d'une branche des Médicis. Ici ce fut un duc de Modène, d'autres disent de Ferrare, qui avait demandé à la République la permission de se bâtir un palais, et qui fut prié d'en rester là, dès qu'on eut reconnu de quel train il y allait. Le Conseil des Dix n'aimait pas que les étrangers vinssent s'installer aussi somptueusement sur son sol; et il avait ses raisons pour cela. Le duc congédia ses maçons, replia ses plans et fit ses malles. Depuis il s'est trouvé quelqu'un, nullement empêché du reste, qui a élevé cette modeste maison, chaussée dans les vastes fondations de marbre du palais : le tout a conservé le nom de *Casa del Duca*.

Le perron qu'on voit ensuite conduit au théâtre *San-Samuele*. M. le comte Camille Gritti, qui dispose d'un grand nombre d'artistes, y fait de temps en temps représenter l'opéra, lorsque ce noble *impressario* n'a pas de meilleure destination à donner à ses chanteurs. L'intérieur de ce théâtre est fort élégant; il peut contenir environ mille personnes.

Le palais Cozzi, presqu'en face, est charmant; il a une façade chevaleresque qui va parfaitement à son ancienne destination, car ce fut pendant longtemps la demeure des ambassadeurs d'Espagne, près la République. Ce palais avait le droit d'asile pour les criminels civils, mais non pour ceux d'État. L'ambassade française jouissait du même privilège.

Le grand palais Grassi, à droite, est de l'architecture rustique, ionique et corinthienne de G. Massari. C'est un somptueux édifice; la cour en colonnade, les escaliers, les vestibules, sont magnifiques. Il a été acheté, il y a peu d'années, par une société de commerce, qui y a établi ses bureaux, pour environ cent mille francs! il a coûté six fois cette somme à ceux qui l'ont construit.

Palais Rezzonico. Riche et majestueux édifice dont la façade

---

* Voir la fin de la note c du chapitre sur *l'Intérieur du palais ducal*.

offre la réunion des trois ordres *dorique*, *ionique* et *corinthien*. Balthazar Longhena, architecte de l'église de la *Salute*, de celle des *Scalzi*, et de divers autres monuments du XVIIe siècle, en a fourni les dessins. Georges Massari a bâti l'étage supérieur, d'ordre corinthien, et qui se reconnaît être de construction plus récente que le reste de l'édifice, bruni par le temps.

Ce palais, l'un des plus somptueux de Venise, s'il n'est pas des plus purs, comme style architectural, est habité en location. Le premier étage, le plus souvent occupé par des étrangers, possède, au fond du péristyle, un superbe escalier qui donne dans une salle de bal enrichie de fresques fort élégantes de Luca Giordano.

Au second étage, par l'escalier à droite, en entrant sous le péristyle, on trouve une riche collection de tableaux appartenant à M. *J. Querci della Rovere*, qui fait ce commerce artistique.

Cette collection compte, entre autres toiles remarquables, par Rubens : *Apothéose mythologique de sa famille;* — *Portrait de Maurice de Nassau*, deux superbes tableaux de cabinet; — par Van-Dyck : *Portraits des deux peintres Lucca et Cornélius de Wael*, tableau gravé; — par Téniers : *Intérieur d'une étable*, avec figures et animaux; — par Rembrandt : *deux Portraits;* — par Claude Gelée : *un Clair de lune* (tous ces tableaux sont de chevalet) — de l'école italienne, par Pâris Bordone : *la Fille de Palma-le-Vieux*, maîtresse de Titien; — par Guerchin : *une Sainte Marie;* — par J. Tintoret : *une Madeleine;* — par Francia : *une Madone et Jésus à table;* — par Bassano : divers tableaux ; — par Jules Romain : *la Résurrection de Lazare;* — par le Padovanino : *deux Miracles de saint Dominique*, tableaux qui étaient à l'église Saints Jean et Paul ; — par Canaletto : *Diverses vues de Venise;* — par Vasari, l'auteur de la vie des peintres italiens : *l'Olympe;* — par Bonifaccio : *Résurrection de Lazare;* — par Caravage : *saint Sébastien* et une foule d'autres tableaux dont l'énumération serait trop longue.

Tous les étrangers amateurs visitent la collection de M. Della Rovere, lequel possède avec la France, l'Angleterre et l'Allemagne des relations étendues.

Immédiatement après le palais Rezzonico, vient le palazzino CAMERAZZA que signale au regard l'enseigne d'un *magasin d'antiquités*.

M. Antonio Zen en est le propriétaire. Il y a réuni divers genres de collections fort intéressantes. D'abord plusieurs salles de tableaux des principaux artistes de l'école vénitienne, où l'artiste et l'amateur trouveront des œuvres d'un grand intérêt dont nous franchirons l'énumération. Ensuite un vaste assortiment de sculptures en bois : meubles et ornements d'intérieur, cadres, lits, fauteuils, tables, guéridons, corniches, statues, frises, etc. soit en bois naturel, soit peint, soit doré. M. Antonio Zen dirige la réparation et l'ajustement de cette industrie si riche au XV° siècle, avec un goût et une intelligence tout artistiques.

En outre ce magasin contient une collection d'antiquités et d'objets d'art de diverses sortes : verroteries antiques de Murano, armes, ivoires sculptés, étoffes, émaux, estampes, dessins, etc., etc.

M. Zen vient d'ajouter à son commerce d'antiquités une fabrique privilégiée et brevetée dont la perfection rentre tout à fait dans le domaine de l'art. Ce sont des *pains à cacheter* en relief de tout estampes, offrant mille attributs, mille devises, et perdant souvent leur destination première pour devenir des moyens de collection. Ainsi, par exemple, ces reliefs offrent en camées la collection complète des *œuvres de Canova*, — une collection de portraits des *hommes illustres* de l'Italie, — des séries de *bas-reliefs grecs*, etc., etc. Les poinçons sont si finement et si habilement exécutés, que ces estampilles, frappées de toutes manières et couleur sur couleur, sont véritablement dignes de figurer dans des cadres d'artiste ou d'amateur.

Les impressions en or, en argent et en noir d'excellentes planches représentant des vues de Venise, sont les ornements les plus élégants de papier, de livres et d'albums destinés à rappeler Venise à ceux qui l'ont visitée, à la signaler à ceux qui ne la connaissent pas. — Nous engageons donc nos lecteurs à visiter les magasins de M. Antonio Zen, car ils offrent plusieurs sortes d'intérêt.

Le palais Moro-Lin à droite du canal est de l'architecte Mazzoni de Florence. La façade offre les quatre ordres rustique, dorique, ionique et corinthien. On trouve à l'intérieur quelques peintures à fresque auxquelles se rattache le nom de Lazzarini.

Un des meilleurs peintres de la moderne école vénitienne, M. Ludovic Lipparini, professeur à l'Académie des Beaux-Arts, occupe une partie de ce palais, où il a son atelier. Les œuvres de M. Lipparini sont dans les meilleurs salons d'Italie et de Vienne. Nous en avons rencontré plusieurs au palais de M. le chevalier Trevès, au début de ce chapitre.

Il paraît que ce palais fut longtemps la demeure de l'ambassade de France près la République, qui habita aussi plus tard dans les parages de *Cannaregio*.

En face du palais Moro-Lin, sont :

Les palais Giustiniani, édifices du plus bel effet mauresque. Dans l'un deux, celui qui se présente le premier, a logé M. le vicomte de Châteaubriand, lorsqu'il fit à Venise un petit séjour, se rendant en pèlerinage à Jérusalem. M. de Châteaubriand fut fort sévère, peut-être même peut-on dire injuste, pour Venise à cette époque. Madame Renier Michieli que nous avons déjà citée pour son patriotique ouvrage sur les *fêtes vénitiennes*, a répondu au grand écrivain, lequel depuis est loyalement revenu de ses premières préventions.

Dans le palais voisin, qui est aussi des Giustiniani, un peintre renommé, M. Natal Schiavoni, a formé une collection de tableaux qu'on peut visiter, et qui renferme de belles toiles de **Giorgion**, **Bonifaccio**, **Jean Bellini**, **Sébastien del Piombo**, **Titien**, **Paul Véronèse**, **Carlo-Dolci**, **Mantegna** etc., et surtout bon nombre de charmants tableaux de chevalet, de maîtres réputés.

Un des plus célèbres médecins de l'Italie, le docteur Aglietti, publiciste distingué, et ami de lord Byron, a habité le palais Giustiniani-Lolin. Le docteur y avait formé une excellente bibliothèque, une collection de tableaux, et y avait rassemblé un nombre considérable de précieuses gravures. Après la mort de cet homme distingué, qui eut lieu en 1836, lorsqu'il était âgé de soixante-dix-neuf ans, cette rare collection de gravures est devenue la propriété de M. Chevalier Jean Papadopoli de Venise. — Le docteur Aglietti s'était fait l'éditeur des œuvres complètes d'Algarotti, ami du roi Frédéric de Prusse comme le fut Voltaire, et qu'on peut appeler le Fontenelle italien. La confiance qu'avait Byron dans la science d'Aglietti était si grande, qu'il l'appela à Ravenne en 1819, auprès de la belle et célèbre comtesse G..... alors en danger de mort. Le docteur la sauva, et du même coup sauva le poète qui avait juré de se brûler la cervelle si son amie mourait. — Le docteur avait aussi donné ses soins au comte Cicognara pendant sa dernière maladie. Celui-ci laissa par testament le droit à son ami, de choisir ce qu'il voudrait dans sa succession : Aglietti prit *la plume* du célèbre historien de l'architecture et de la sculpture (c).

Le palais Foscari est un des plus beaux de Venise, au point de vue architectural. Sa position aussi est des plus heureuses.

C'est l'œuvre de ce maître Bartoloméo, l'auteur de la belle porte *della carta* au palais ducal. Il date de la fin du XIVe siècle.

Le palais Foscari est formé d'une triple galerie à balcons en cintres aigus, d'un ensemble tout sarrasin. C'est une architecture aussi élégante par les détails que grandiose par les proportions de la masse du bâtiment. Sansovino qui s'y connaissait, et par conséquent était difficile, a beaucoup loué ce majestueux édifice.

Autrefois l'intérieur était de la plus pompeuse élégance. Pâris Bordone, ce délicieux peintre dont les œuvres sont si rares, en avait orné les salles. Aujourd'hui cet intérieur est en ruines. Le gouvernement, ainsi qu'il a été dit plus haut, a dessein de le restaurer pour y établir des écoles scientifiques; on espère que ce projet pourra avoir son exécution.

La République destinait ordinairement ce palais au logement des souverains et des très grands personnages qui venaient visiter Venise. Henri III de France y a passé sept mois. Sa chambre était celle dont les fenêtres sont à gauche du second étage, en faisant face au palais. Casimir et Marie Casimire de Pologne ont habité l'appartement opposé. Les rois de Bohème et leurs fils, les rois de Hongrie, une foule de princes et d'illustres personnages y ont reçu une somptueuse hospitalité.

L'infortuné doge qui a laissé son nom à ce palais, y est mort d'une façon terrible. On verra sa chambre à coucher, la place de son lit... chambre tout ornée de stucs massifs de Vittoria et dont la décoration contraste avec le beau style léger de la façade du palais; ce fut François Foscari qui fit construire à ses frais la magnifique porte *della carta* au palais ducal. Sa famille était des plus illustres : elle a fourni des rois à la Sicile et des princes à d'autres états, avant que *Foscherus* ne devînt *Foscari*[*].

Cette antique et royale demeure est restée longtemps ouverte à tout venant; quelques artistes séduits par sa merveilleuse position y avaient provisoirement établi leurs ateliers. On façonnait des nymphes de terre glaise dans la chambre de Henri III. On convertissait en tout ce qu'il y a de pire le noble boudoir profané de Marie Casimire. Au second, sur la partie reculée du palais, restent encore à cette heure, les seules hôtes obstinément fidèles

---

[*] Les Foscari furent les Stuarts de l'histoire vénitienne.

à cette ruine. Leurs chambres sont à droite, au bout de la galerie. La première pièce dans laquelle on pénètre est un élégant salon d'autrefois, transformé en cuisine. Les tentures ont été arrachées des panneaux; des crampons tordus et à demi sortis des plâtres, indiquent la violence faite aux tableaux pour les détacher de ces nobles murailles. La fumée d'un pauvre feu a jeté un voile de deuil sur les riants ornements du plafond. Les abjects ustensiles d'un misérable ménage sont accrochés aux saillies des sculptures; les fenêtres n'ont plus de vitres.

La seconde chambre est peut-être plus effrayante encore comme douloureux tableau de cette misère présente et de cette opulence passée. Une vieille tenture de damas dont on ne saurait dire la couleur primitive, montre partout le mur nu à travers ses loques; le haut plafond magnifiquement travaillé, semble de Boule. On dirait une ironie! Un lit mesquin, formé de linge roux et de couvertures trouées, est posé *sur des chaises*, faute de bois de lit. Quelques siéges rompus, des tables écloppées et quelques vieilles malles servant de commode, complètent ce piteux mobilier. Un nécessaire de bois des îles, richement garni de délicates incrustations et de bronzes façonnés en écoinçons est là contenant toutes sortes de misérables ustensiles étonnés de s'y trouver. Un tiroir de table sert de buffet. Des assiettes ébréchées, des bouteilles fêlées sont posées çà et là. Deux ou trois poules efflanquées et inquiètes pour leur estomac, errent sous les meubles et se posent sur les bords du beau nécessaire qui fut incontestablement un cadeau royal dans lequel une aïeule des Foscari mit ses bijoux, ses lettres secrètes... et ses parfums. Les fenêtres sont garnies de restes d'auvents dont les planches déjetées laissent passer le vent et la pluie.....

Mais les hôtes de ce misérable appartement? demandera-t-on...

Eh bien! ce sont deux vieilles femmes, infirmes, septuagénaires, que vous pouvez visiter, car votre présence sera une distraction pour elles : Elles sont comtesses! Ce sont les dernières Foscari!

Les *dernières Foscari!*

Leur aïeul, le maître de cette splendide demeure fut plus qu'un doge : il fut un prince illustre. Il a donné l'hospitalité aux souverains du nord, dans ce palais aujourd'hui délabré. En tête du misérable grabat où se couchent leurs descendantes, les Foscari ont autrefois posé le portrait d'un roi [*], qui le leur a envoyé comme une marque de son amitié. Si ce glorieux portrait est encore là, c'est assurément que le brocanteur n'en a pas estimé le peintre, car c'est le dernier tableau qu'aient gardé ces murs violentés !

C'est dans cette chambre que regardent les prunelles fixes du monarque dont une inscription rappelle le passage à Venise, que végètent ces deux nobles vieilles, au milieu de leur misérable ménage en débris, grelotant l'hiver, ardant l'été, soumises à toutes les privations que rendent plus sensibles les infirmités de la vieillesse.....

Sortons ! sortons de ce palais (D) !

Le palais BALBI eut pour architecte Vittoria, en 1582. Il offre les trois ordres rustique, ionique et composite. Le goût ornemental de cet édifice n'est pas assez pur pour que l'on puisse le classer parmi les plus élégants du canal, bien qu'il soit parmi les plus grands. Le campanille de l'église des *Frari* qui se dresse derrière, fait de loin à ce majestueux palais une tourelle du meilleur effet pour la perspective du canal.

C'est à côté du palais *Balbi* qu'on élevait autrefois l'estrade d'architecture volante qui recevait les autorités pour la distribution des prix de regata (voir la fin du chapitre).

Napoléon affectionnait la position du palais *Balbi*, et plus d'une fois il s'appuya sur ses fenêtres, pour jouir des fêtes qu'on lui offrait sur le canal, dont il embrassait alors du regard le double développement.

Le palais CONTARINI, en face, au tournant du canal, est d'une élégante architecture, de l'an 1504, dans le style de Lombardie. Il est d'ordre corinthien, et orné de sculptures qui précisent la renaissance de la bonne architecture [**].

La série d'édifices qui suit est formée de trois palais de la famille MOCENIGO, nom illustre s'il en fut dans l'histoire de la Ré-

---

[*] Frédéric IV, roi de Danemarck, qui en fit présent à Alvise Foscari, son hôte.
[**] Les *Contarini*, famille des plus illustres du patriciat, laquelle a fourni huit doges à la République (c'est le chiffre le plus élevé qui s'attache à un même nom) possédaient cinq palais à Venise : quatre sur le Grand Canal, tous demeures dogales, et un à la *Madonna dell' orto*, à l'extrémité de Venise. Ce dernier est le plus remarquable pour l'intérieur. Il renferme des fresques de Dominique Tiepolo, de Jacques Guarana et de Fossati. On y trouve aussi quatre des meilleurs tableaux de Luca Giordano, dont l'un, le plus remarquable, représente *Énée portant son père Anchise*.

publique, puisqu'en outre de nombreux généraux, ambassadeurs, procurateurs, membres du Conseil des Dix et de sénateurs qui l'ont porté, ce nom a été sept fois couronné par la corne dogale !

Souvent le nom de Mocenigo s'est mêlé à l'histoire de France. Jean Mocenigo fut l'ami particulier et l'un des conseillers de Henri IV. Un Mocenigo provéditeur était gouverneur à Vérone, à l'époque où le roi de France Louis XVIII y était réfugié, et il eut souvent avec le malheureux monarque des affaires dont l'histoire a gardé la trace.

Deux de ces trois palais sont encore occupés aujourd'hui par les descendants directs de cette famille au nom européen. Le premier est devenu la propriété d'un négociant français, M. Charmet. La comtesse Mocenigo mère habite le second ; le troisième est la demeure de M. le comte-docteur Francesco Alvise Mocenigo, chambellan impérial et royal, conseiller d'ambassade, etc, allié récemment à l'une des filles de l'ancien gouverneur de Venise, M. le comte de Spaur.

Ce dernier des Mocenigo possède dans son palais, parmi plusieurs bons tableaux, l'esquisse que fit Tintoret, avant de peindre son immense toile de la *gloire du paradis*, dans la salle du grand conseil, au palais ducal. Ce tableau semble aujourd'hui plus précieux que la gigantesque composition qui l'a suivi, car il n'a pas été, comme la toile de la bibliothèque Saint-Marc, gâté par les restaurateurs.

A de grandes illustrations passées que l'histoire a recueillies, ce palais en ajoute une toute moderne, et que revendique la poésie : c'est tour à tour dans les deux derniers qu'a demeuré lord Byron.

Byron vint habiter là vers le mois de juin 1818. Il avait déjà séjourné à Venise l'année précédente, dans une rue étroite du quartier de la *Frezzeria** chez un marchand de draps, dont la femme fut le premier objet de ses soins à Venise. Cette femme vit encore, et habite Naples (E). Il avait depuis fait une excursion à Rome, et était allé quelques mois sur la *Brenta*, dans un lieu appelé la *Mira*. Ce fut à sa seconde rentrée à Venise qu'il loua

---

* Thomas Moore désigne la *Spezieria*, quartier inconnu à Venise. C'est *Frezzeria* qu'il a voulu dire. La maison qu'habita Byron est celle qu'occupe aujourd'hui M. l'avocat baron *Avesani*.

le palais Mocenigo ; il habita d'abord celui du milieu, puis définitivement le dernier vers Rialto, c'est-à-dire celui qu'occupe aujourd'hui le comte Alvise Mocenigo, alors retenu dans de hauts emplois à la cour de Vienne.

Le noble pair composa durant son séjour dans ce palais, plusieurs de ses œuvres les plus remarquables ; d'abord les premiers chants de *Don Juan* (F), qu'il interrompit ensuite par condescendance aux désirs d'une femme qui avait pris un grand empire sur son cœur, puis le conte intitulé *Beppo*, plus une partie de ses tragédies de *Marino Faliero* et de *Sardanapale* et la *vision du jugement*.

Ce palais, où il reçut son célèbre ami le poète Thomas Moore, a vu d'étranges et bizarres scènes, mêlées, toutes prosaïques qu'elles fussent, aux fièvres et aux transports poétiques de cet immortel génie. Si on ne l'a pas toujours calomnié, au moins a-t-on beaucoup médit de lord Byron, et ses compatriotes, il faut le dire, ont été, soit qu'ils l'envisageassent comme poète ou comme homme, ses juges les plus sévères. De même que toute lumière a ses ombres, tout génie a ses travers. On a les ombres de ses qualités, comme on a les lumières de ses défauts. La classe des gens ternes, en demi-teinte, si nous pouvons hasarder ce mot, natures incapables de grand bien comme de grand mal, ne pardonnent pas à ces organisations d'élite leur excentricité. Eux sont de la plaine ; les autres sont tout montagnes et vallées. La vie passe sur les premiers comme le soleil sur le pays plat, uniformément et avec une égale monotonie chaque jour, tandis que cette même vie, ou plutôt ce même soleil va briser ses rayons en une foule d'accidents inattendus et surprenants, au milieu de cette nature de monts, d'abîmes, de lacs et de cascades qui est l'âme de notre poète..... Mais pardon de la digression ! renvoyons le lecteur aux notes qui lui diront des choses qu'il ignore peut-être sur la vie anecdotique de Byron, et faisons lever l'ancre à notre gondole, depuis longtemps mouillée en face de ces palais, qui reçoivent de l'histoire et de la poésie une célébrité à laquelle il serait difficile de rester insensible (G).

Reprenons notre examen du grand canal, en nous dirigeant à gauche, vers le palais Pisani.

C'est un élégant édifice qui marque une phase du retour du bon goût architectural ; il date du commencement du XVe siècle. Bien que ce ne soit pas la partie la plus pure de sa décoration, la terrasse qui le domine, et dont la rampe élégante semble une couronne marmoréenne posée sur son front, ajoute à l'excellent effet des détails trilobés de cette construction. L'ensemble rappelle les édifices arabes de Grenade, dont l'Alhambra est le désespérant modèle.

On peut visiter le palais *Pisani*. On y trouvera après un escalier élégant, une grande galerie fort coquette, qui regarde ses ornementations répétées à l'infini dans une quantité de miroirs de Venise, dont la réunion présente au premier coup-d'œil l'aspect de glaces gigantesques et presqu'impossibles. Les lustres et torchères sont de Murano. Le *terrazzo* ou parquet en mosaïque de marbre est parfait. Cette galerie donne une idée utile des intérieurs vénitiens aux beaux temps de la République. Dans une salle voisine, on verra le célèbre tableau de Paul Véronèse, représentant *la famille de Darius aux pieds du jeune Alexandre*. C'est une œuvre pleine d'élégance et de charme. A la vérité poétique, que les esprits distingués peuvent seuls sentir, Véronèse n'a pas cru devoir ajouter la vérité matérielle ou locale, qui est à la portée de tous. Ce fut là le système, le travers, la manie des principaux artistes de cette illustre école de Venise qui, moins poétique que celle de Rome, marquera toujours dans l'histoire de l'art, par son merveilleux coloris.

Ainsi, la famille de Darius est vêtue comme l'étaient les belles dames de la République, au temps où vivait Véronèse. La mère a l'hermine patricienne; ses filles si contrariées de froisser leurs belles robes en s'agenouillant, vont certainement au bal chez le doge. Alexandre offre une tentative de costume romain, et c'est le seul du tableau. A ses côtés est un guerrier en cuirasse moyen-âge... Et voyez la bizarrerie! il a la jambe nue et le cothurne des héros antiques; il lui manque un chapeau gibus... alors il aurait les pieds dans l'ère romaine, le torse dans le moyen-âge, et la tête dans le XIXe siècle!

Le peintre français Lebrun a traité le même sujet que Véronèse, et son tableau est populaire par la gravure. Lebrun n'a pas fait d'Alexandre un roi du XVIe siècle; il ne l'a pas flanqué d'un nain bariolé, fagotté en fou de cour; il n'a pas vêtu la famille du vaincu en grandes dames de Trianon, mais tout en donnant à ses figures les costumes des héros grecs, il a posé sous leurs casques des espèces de perruques à la Louis XIV. Chacun sa licence! Au temps de Lebrun, la valeur sociale d'un homme se mesurant aux nombres de bouillons de sa perruque..... Alexandre devait nécessairement être représenté en homme *à tout crins*. On objectera peut-être que Shakspeare a commis dans ses drames d'énormes erreurs de géographie, et qu'il n'en reste pas moins un immense tragique. *Va benissimo!* Mais... ces erreurs qui portaient sur quelques hémistiches de ses tirades, ne nuisaient en rien à la puissance des passions exprimées, tandis que la peinture qui est un art de forme et de couleur a besoin de telles ou telles formules locales et contemporaines aux faits à représenter ; nous demanderons si, remplaçant le splendide palais par une mansarde, l'amante d'Antoine par une grisette, et l'aspic par une paire de ciseaux, on toucherait à la splendeur poétique que présente la *Mort de Cléopâtre* (H) ?

Palais BARBARIGO. La façade et l'entrée de ce palais, contigu au palais *Pisani*, sont sur le canal Saint-Paul. Une aile seule et une terrasse donnent sur le grand canal. On l'appelle aussi à cause de cette terrasse : Palais *Barbarigo alla terrazza*. L'architecture n'offre rien de remarquable : l'intérêt de cette demeure consiste à avoir été longtemps celle de Titien, et à renfermer bon nombre de tableaux, parmi lesquels plusieurs offrent la marche des diverses manières de ce grand artiste.

Titien préféra toujours Venise au séjour des cours étrangères où Léon X, Paul III et Philippe II lui offraient leur royale hospitalité. Il fut l'ami et l'hôte de la famille Barbarigo ; son atelier était la pièce qui donne sur le grand canal.

On verra dans ce palais l'original incontesté de la fameuse *Madeleine*, figure assurément moins idéale que vraie, qu'il a plusieurs fois reproduite. Ce tableau fut trouvé chez Titien au moment de sa mort, car il n'avait jamais voulu s'en séparer. En face est une *Vénus*, sur le sein de laquelle le scrupule d'une Barbarigo avait fait peindre une écharpe, qu'on a maladroitement essayé d'enlever depuis. Le manœuvre chargé de cette opération délicate a enlevé la moitié du sein, et a laissé la moitié de l'écharpe. La *Vénus* comme la *Madeleine* sont un peu chargées d'ornements ; moins de toilette convenait à ces suprèmes beautés, que Titien n'était pas embarrassé de créer belles. On voit aussi un *saint Sébastien* auquel il travaillait entre autres choses, lorsque l'horrible peste de 1578 vint le tuer encore plein de vie et à la veille d'être littéralement séculaire.

Les tableaux du palais Barbarigo, qui sont assez nombreux,

et qui, à côté de Titien, offrent quelques noms recommandables, sont, il faut le dire, en assez mauvais état. Ils semblent enfumés, comme s'ils avaient longtemps fait la décoration d'un boucan. Un plafond qui ressemble aux œuvres de Boule, mérite l'attention, dans la seconde salle. Quelques personnes qui ont des tableaux à vendre, profitent de l'hospitalité de ce palais pour mêler leur marchandise baptisée pompeusement, et plus modestement étiquetée, parmi les œuvres de cette collection.

Le groupe de *Dédale et Icare*, qui est de la première jeunesse de Canova est une composition naturelle et vraie, qui sans avoir l'élévation à laquelle devait atteindre le talent de l'artiste, pendant son séjour à Rome, n'en indique pas moins le retour de la sculpture dans un meilleur goût que celui du XVIIIe siècle, ce groupe n'est plus visible pour la généralité des visiteurs, étant déposé dans les appartements particuliers du propriétaire de ce palais, un Barbarigo; la famille dogale de ce nom demeurait à *Saints Gervais et Protais*.

A l'angle opposé du petit canal, en face du palais *Barbarigo*, un gentilhomme anglais a réuni un splendide mobilier des divers styles du moyen-âge et de la renaissance, enrichi d'une foule de précieux objets d'art, dont la visite n'est accordée qu'aux amis particuliers du propriétaire.

Le palais GRIMANI qui est contigu à l'habitation qu'on vient de désigner, est d'une parfaite élégance dans ses mignonnes proportions; il est orné de marbres disposés avec goût et offre un des plus charmants échantillons de l'art dit *Renaissance*. Ce fut l'habitation du doge *Pierre Grimani*, troisième et dernier doge de ce nom, en 1741, lequel régna 11 ans (J).

Le palais CORNER-SPINELLI, en face, est du XVe siècle, dans le style des Lombards; sombre, austère, d'une élégance sur laquelle l'âge a jeté son voile, il plaît infiniment à l'artiste; ses fenêtres à doubles plein-cintres romains, ses petits balcons d'un goût si original, ses incrustations, ses frises, tout est d'un style plein de gracieuse noblesse. On aime jusqu'à ce perron, cette porte, ces fenêtres basses dont l'aspect est si renfrogné, et invite si peu à entrer..... Tout cela sent ce chevaleresque moyen-âge, où chacun se gardait chez soi, sortant peu, ouvrant moins, et vérifiant tous les matins la poudre de l'escopette en arrêt sous la main!

Après le canaletto et aussi la rue qui coupent cette ligne de la droite du canal, on trouve le palais MARTINENGO à *San Benedetto*, depuis habité par un gentilhomme français, M. de Sivry, dont le nom et le mérite comme collecteur était fort connu à l'étranger. Établi depuis 30 ans à Venise, M. de Sivry y avait formé une galerie de tableaux et une collection d'objets d'arts qui fixaient l'attention des amateurs étrangers et des artistes. Plusieurs toiles en réputation sont sorties de cette galerie pour aller prendre place dans les musées des capitales, ou des cabinets particuliers de premier ordre.

Mort en 1842, M. de Sivry a laissé par legs sa collection et sa galerie à un de ses compatriotes, qui a des droits à hériter aussi de l'excellente réputation dont jouit à l'étranger la *Maison Sivry*.

On y trouvera une galerie contenant divers tableaux des meilleurs maîtres vénitiens, et aussi quelques toiles de peintres du nord.

Parmi les curiosités et objets d'art :

Des meubles de Boule, des plus beaux qui soient en vente à Venise ; — des vases du Japon ; — des porcelaines de Saxe, de Sèvres et de Chine ; — des bois sculptés : meubles, coffres, cadres, etc. — Poteries anciennes, — bronzes antiques, — cristaux et verroteries de Murano, — ivoires, émaux, bijouterie ancienne. De rares éditions du célèbre imprimeur *Alde-Manuce*, — de splendides tapisseries flamandes, exécutées d'après les dessins de Rubens, connues par la gravure ; elles proviennent de l'ancien grand salon du palais *Pesaro* sur le grand canal, etc., etc.

Les circonstances peuvent rendre avantageuses aux visiteurs, leurs acquisitions dans cet établissement d'ailleurs réputé par la loyauté du gentilhomme qui l'a formé, et dont les traditions serviront, il n'en faut pas douter, de base aux opérations de son légataire.

A côté s'élève le majestueux palais GRIMANI, aujourd'hui dévolu à l'administration générale des postes. Il est de l'architecture de San-Michieli, à façade corinthienne. L'architecte eut pour élever cette masse imposante, à surmonter d'immenses difficultés que lui présentait l'irrégularité, et le peu de consistance du terrain. Le nombre des pilotis qui furent enfoncés pour soutenir ces larges assises, est considérable. Le péristyle est d'une majesté toute royale. Il est fâcheux que la mort prématurée de San-Michieli ait amené dans l'ordonnance de la façade quelques changements qui en ont altéré la beauté préméditée. On pourrait peut-être aussi reprocher l'immensité des fenêtres, eu égard aux proportions de l'ensemble. Pour l'harmonie relative, il semble qu'il eût fallu que ce palais eût une arcade de plus en largeur, et un étage de plus en attique. Mais tel qu'il est, ce n'en est pas moins un des édifices les plus imposants et surtout un des plus solides qui soient à Venise. Il portera à travers de longs siècles encore, le nom du célèbre doge dont il fut la propriété. Marino Grimani qui monta sur le trône dogal en 1595, succédant à Pascal Cicogna, est un des rares princes de Venise dont la femme, une Morosini, fut couronnée dogaresse. Le Bucentaure vint s'attacher au perron de ce palais, pour la splendide cérémonie que nous avons décrite au chapitre sur l'*Intérieur du palais ducal*, en parlant des fêtes dont a été témoin la salle du grand conseil [*].

C'est à ce même pérystile qu'abordent aujourd'hui la presque totalité des étrangers qui arrivent par les *bateaux-poste de Mestre*.

Le palais TIEPOLO, de la famille dogale de ce nom, fait face au palais *Grimani*. Il appartient aujourd'hui à M. V. *Camello*, chef d'une riche et honorable famille vénitienne. L'architecture de ce palais est fort élégante. La façade offre les trois ordres dorique, ionique et composite.

L'hôtel royal du LION BLANC, à droite du canal, a été l'objet d'une note, au chapitre intitulé *l'Étranger à Venise*.

Le palais FARSETTI, aussi à droite, qui sert aujourd'hui de résidence à la *municipalité de Venise*, offre un pérystile évidé, dont les colonnes ont pour fût des chapitaux renversés. On voit sur une rampe de l'escalier de ce palais, deux corbeilles de fruits en marbre, qui sont des premières œuvres de Canova, à l'âge d'environ quinze ans. Il les fit pour ce descendant des Faliero, qui habitait auprès de son village, et qui fut son fidèle protecteur et ami. Canova légua ainsi à ce patricien sa première œuvre : ces corbeilles, et plus tard, la dernière que ce digne homme pût recevoir de son protégé : un tombeau. Canova sculpta lui-même le cénotaphe du sénateur Jean Falier, qui est compté parmi ses *bonnes œuvres*, de quelque façon qu'on entende le mot. Il représente une femme éplorée qui appuie son front penché sur le socle du buste offrant les traits de l'homme de bien qui tira des carrières de Passagno, l'obscur ouvrier tailleur de pierre, pour en faire un des plus grands sculpteurs des temps modernes !

[*] Voir pour le doge *Marino Grimani* la note B au chapitre *sur les Églises*, à propos de son tombeau et de celui de sa femme à l'église de *Saint-Joseph* ou des *Salésiennes*.

À côté du palais LOREDAN qui suit*, et dont la colonnade étriquée semble la gageure d'un architecte, qui s'est obstiné à faire entrer son palais et ses arcades entre deux murailles trop étroites, on voit une petite maison modeste, dont l'apparence défie toute supposition de célébrité... C'est pourtant une de celles qui rappellent les plus illustres noms de la République de Venise, et une inscription récemment posée à portée du regard, vous dit ce nom, qui n'est rien moins que celui du conquérant de Constantinople en 1204, le premier doge de cette famille qui en a fourni quatre, le guerrier aveugle auquel un pacha fit crever les yeux : Henri Dandolo. (Voir la note G au chapitre sur l'*Intérieur du palais ducal.*) Cette maison fut pendant plusieurs siècles la demeure de la famille de ce héros, dont la glorieuse postérité subsiste encore aujourd'hui dans la personne de M. le vice-amiral comte Dandolo, qui commandait les forces autrichiennes dans le Levant, lors de l'insurrection grecque. Le vice-amiral a deux fils, héritiers de ce grand nom qui, par le *consul* républicain CONON DAULO, ne remonterait pas à moins de l'an 421, à l'époque du premier établissement de *Rialte*, les historiens considérant *Daulo*, comme étant la souche des *Dandolo* (K).

Le palais BEMBO qui suit, n'est pas le palais dogal de ce nom, mais bien celui de la famille du célèbre cardinal *Bembo*, qui fut comme on sait, avant de recevoir les ordres, l'amant de la trop célèbre Lucrèce Borgia, duchesse de Ferrare, dont l'Arioste a dit, en la plaçant au-dessus de la *Lucrèce* romaine :

« La cui bellezza ed onestà preporre
« Deve all' antiqua la sua patria Roma.** »

Ce à quoi Victor Hugo a donné un bien hardi soufflet par le drame effrayant qu'il a construit, comme un pilori pour la mémoire de cette femme étrange (L).

Ce palais *Bembo* est de proportions nobles et élégantes.

Le palais MANIN ou *Manini*, avec ses arcades vidées, est celui du dernier doge de la République de Venise. Il fut bâti par Sansovino, et a récemment réparé par l'architecte Selva, artiste justement réputé à Venise par d'excellents travaux. On conservait dans ce palais auquel les événements et les révolutions politiques ont donné une touchante célébrité, une bibliothèque de li-

---

* Ce palais n'est pas celui des doges Lorédan.
** *Orlando*, ch. XLII.

vres et de manuscrits fort précieux pour l'histoire de Venise. Il semble que le malheureux propriétaire de cette collection ait été désigné par le destin pour ajouter à tous ces documents glorieux que lui et ses ancêtres rassemblèrent passionnément, leur dernière et triste page.....

L'ex-doge Louis Manini, est mort quelques années après la chûte de cette République aux funérailles de laquelle il présida. Il était monté sur le trône ducal en 1789.

Au second étage de ce palais on trouve la *galerie* BARBINI. Nous énumérerons rapidement les œuvres principales qu'offre cette belle collection :

Paul Véronèse : *Julien l'apostat condamnant sainte Christine*, — *le martyre de cette sainte*. — Capaccio : *saint Thomas et d'autres saints*. — *le martyre de saint Étienne*. Ces quatre toiles, qui sont des plus belles, et que l'Académie des Beaux-Arts de Venise avait obtenues des églises pour lesquelles les artistes sus-nommés les avaient faites, ont plus tard été échangées par ce musée contre une partie des dessins fameux de grands maitres dont il manquait. C'est l'origine la plus respectable que des tableaux puissent avoir.

Pâris Bordone : la *résurrection du Christ*, toile des plus belles qui, placée dans l'église *delle Grazie* fut longtemps jugée de Titien.

P. Veronèse : *Hercule et Mégare*, provenant du palais Sanuto, à Saint-Paul.

Bonifaccio : *l'adoration des mages*, superbe tableau provenant des héritiers d'Irène de Spelimbergo, élève de Titien.

Padovanino : *le sacrifice d'Iphigénie*, provenant de Canova.

Sébastien del Piombo : la *Vierge et des saints*; — Pordenone : une *Judith*; — Strozzi dit le prêtre Genovèse : *Loth et ses filles*, une des belles toiles de cet artiste qu'on peut appeler le Rubens de l'Italie; — le Dominiquin : *Andromène*; — Garofolo, peintre dont les œuvres sont des plus rares : *une sainte Famille*; — Padovanino : *la vie humaine*; — Ribera dit l'Espagnolet, artiste éminent dont les œuvres sont des plus recherchées en Italie : *une parque*, toile curieuse où les étoffes sont peintes fil à fil, et les chairs ride à ride; — Salvator Rosa : *deux paysages*; — Canaletto : diverses *vues de Venise*; — Rosa da Tivoli : *des animaux*. — etc, etc.

Parmi les portraits ou têtes de fantaisie, il faut citer sans trop de choix, la *Violante*, cette fille de Palma le vieux, qui fut la maîtresse de Titien, que tous les grands artistes de ce temps ont peinte, et dont Giorgion s'est inspiré pour le magnifique portrait de la galerie Barbini. Il faudrait des pages entières pour énumérer les mérites de cette splendide peinture et de bien d'autres.

Ainsi le *Gaston de Foix* du même Giorgion, l'un des plus solides et des plus chaleureux coloristes de l'école vénitienne, dont les œuvres sont trop rares. — Un des beaux portraits qu'ait peints Rembrandt — *l'Arioste*, peint par Titien dix ans plus tard que le portrait du même, au palais Manfrin ; — le portrait d'un *légat du pape*, par André del Sarto, provenant de la famille du dernier amiral de la République, Angelo Emo ; — un autre portrait par Giorgion est celui d'un Contarini. — Rembrandt, Pâris Bordone, Titien, etc., ont enfin là plusieurs autres toiles que nous ne saurions énumérer sans manquer aux proportions de cet ouvrage.

Mais deux tableaux méritent surtout une mention spéciale, et on le comprendra, lorsqu'on saura qu'il s'agit de Titien et d'André del Sarto.

Titien pour *la Madeleine*, reproduction presque littérale de celle du palais Barbarigo, et que tous les contemporains de ce grand peintre ont écrit, avoir été reproduite plusieurs fois. Celle-ci appartenait à Canova ; à sa mort, M. Barbini l'acquit de l'évêque frère du grand sculpteur. C'est une toile de la plus admirable conservation, dans laquelle le coloris a toute la fraîcheur d'une œuvre d'hier.

Le tableau d'André del Sarto représente *la Vierge, l'Enfant, sainte Anne, saint Jean et des Anges musiciens.* Cette toile a été déclarée, par beaucoup de connaisseurs, belle comme un Raphaël. Elle est d'assez grande dimension, et de la conservation la plus complète. La gravure en est connue.

Le peu de lignes que l'espace et la nature du plan de cet ouvrage nous ont permis de dire suffira, pensons-nous, pour faire apprécier l'importance de la galerie Barbini. Nous avons eu plusieurs fois l'occasion de regretter, en écrivant ce livre, de ne pouvoir nous étendre à notre gré sur certaines œuvres trouvées dans des galeries commerciales, et cela nous est surtout arrivé ici, à propos de quelques tableaux véritablement hors de ligne et digne des musées. Mais pouvait-on entretenir longuement le lecteur d'œuvres que leur mérite doit particulièrement rendre peu stables entre les mains de celui qui momentanément les possède? Si à cet égard nous avions toute sécurité avec les églises et les musées, n'était-ce pas tout le contraire avec les galeries d'achat, de vente et d'échange?

M. Barbini s'attache à joindre à ses tableaux de prix toutes les pièces qui établissent ce que, par hyperbole, nous appellerons leur généalogie.

Le pont du Rialto fut bâti en 1591, par l'architecte Antoine da Ponte, sous le dogat de Pascal Cicogna. Son arc est de 83 pieds, la longueur transversale de 66. Il est entièrement de marbre; c'est le seul qui soit sur le grand canal, et qui réunisse les deux principaux groupes d'îles qui forment Venise. Son arche unique supporte deux rangs de boutiques qui divisent la largeur du pont en trois rues parallèles, dont la plus large et la plus brillante est celle du milieu. C'est une sorte de bazar pour les oisifs et les étrangers. On y trouve particulièrement des orfèvres qui vendent ces petites chaînes de Venise nommées *jaseron*, dont la solidité semble incompatible avec la finesse extrême, et qui, de l'or le plus pur, ont toujours été un des produits renommés de l'industrie vénitienne.

Ce pont était originairement bâti en bois (1264), c'est encore ainsi qu'il est peint sur le tableau de Carpaccio à l'Académie des Beaux-Arts (1488); mais plusieurs fois détruit par des incendies, il fut enfin construit tel qu'on le voit, en moins de deux ans, et coûta, selon Sansovino, 250,000 sequins. Tous les tailleurs de pierre de la ville furent employés à sa construction. Sansovino rapporte que 12,000 pieux d'ormes, longs chacun de dix pieds, servirent à jeter les premières fondations. La hardiesse de son arc prouve jusqu'à quel point les règles de la statique étaient connues des anciens artistes vénitiens. L'ensemble de ce pont est hardi et majestueux. Ses sculptures de détail sont médiocres. On raconte, relativement à l'incrédulité de quelques gens sur la réussite de sa construction, une anecdote qui malheureusement n'est point littéraire, et ne se peut rapporter. Il y est parlé d'un proverbe peu séant, qui ressemble assez à cette locution triviale de la France : *Quand les poules auront des dents!* lequel proverbe fut appliqué à l'impossibilité présumée de la réussite, dans une œuvre aussi hardie pour le temps. Le pont fini, le défi proverbial fut sculpté dans un coin du monument, par les ouvriers vainqueurs de l'incrédulité..... Cherchez lecteur! passez lectrice (M)!

Le palais des TRÉSORIERS ou *de' Camarlinghi*, qu'on trouve à gauche, aussitôt après avoir franchi l'arche du pont, est une construction de Guillaume Bergamasco, en 1525, d'une irrégularité commandée par les accidents du terrain. Cet édifice a ainsi plusieurs faces. La décoration en est élégante, bien qu'elle ne se rattache à aucun style que celui qui se détermine vaguement sous la dénomination de *composite*. On y a fixé aujourd'hui le *tribunal d'appel*.

En face, à droite du canal, ce grand bâtiment, autrefois déterminé sous le nom de FONDACO DE' TEDESCHI, renferme aujourd'hui la *douane royale et l'administration des finances*.

Cet édifice eut *Frà Gioconde* de Vérone pour architecte; en 1506, un incendie dévora sa première construction, qui datait du XIIIe siècle, et qui était autrefois ornée sur ses faces de fresques peintes par Titien et Giorgion ; il reste à peine quelques vestiges roussâtres, de celles de Giorgion, auprès de la corniche supérieure sur le canal. Titien, selon Vasari, avait peint une autre face du palais, mais il n'en reste nul vestige. La perte de ces peintures est d'autant plus regrettable, que Venise, qui possède si peu de chose de Giorgion, (deux seuls tableaux, à l'Académie des Beaux-Arts), n'a de Titien, en fait de fresque, que celle qui se voit dans le petit escalier voisin de la chapelle du doge au palais ducal, laquelle représente un *saint Cristophe*.

La longue suite de bâtiments délabrés qui s'étend à gauche, et qu'on appelle encore NOUVEAUX ÉDIFICES DU RIALTO (comme on conserve par habitude à un vieillard son nom enfantin), est de l'architecture de Sansovino, en 1555. Les trois ordres, rustique, dorique et ionique s'y réunissent. Les vingt-cinq arcades offrent un développement de 250 pieds. C'était anciennement la résidence de certains corps de la magistrature vénitienne et des offices du commerce. On parle de restaurer ces édifices. En face, à l'angle du Canaletto, on voit :

Le palais MANGILLI, aujourd'hui *Mangilli Valmarana*, bâti par l'architecte A. Visentini, et dont la façade régulière ne ferait pas soupçonner sa grande profondeur. Ce palais offre une curieuse collection de gravures, de tableaux, d'objets d'art, et une nombreuse bibliothèque *.

L'entrée de ce palais n'est pas livrée au public, mais le voyageur intéressé à quel-

Le comte Benedetto Valmarana, qui a en partie formé ces diverses collections, y a réuni entre autre choses fort intéressantes, une suite de médailles de divers métaux, depuis 1400 environ jusqu'à nos jours, représentant la plupart des grands hommes de l'Italie, dans toutes les spécialités. Une collection également intéressante est celle qui offre les principales époques de la vie de Napoléon.

Des bronzes, des bas-reliefs, des ivoires sculptés, des porcelaines, des verreries de Murano, des figurines ont été rassemblés avec goût par le noble comte, amateur éclairé des arts, auquel ont été dédiés plusieurs ouvrages artistiques.

Sa collection de gravures est des plus riches et des plus nombreuses ; elle offre une foule d'épreuves rares. Elle comprend l'œuvre complète du célèbre Bartolozzi de Florence.

La bibliothèque est une des plus précieuses qui soient dans les palais particuliers de Venise. Elle offre la belle collection des classiques latins et grecs ; — tous les ouvrages publiés sur l'histoire de Venise et la majeure partie de ceux de l'Italie ; — tous les ouvrages concernant les beaux-arts italiens ; — la réunion la plus riche des grands travaux entrepris sur l'art européen, éditions à atlas in-folios, publiés soit en Italie, soit en France, soit en Angleterre ; — une curieuse collection de toutes les pièces de théâtre, *libretti* d'opéra, etc., qui ont été représentés depuis trois siècles environ, sur tous les théâtres de Venise, c'est-à-dire depuis la fondation de chacun d'eux ; — enfin, en outre d'une foule de précieux ouvrages de spécialités diverses, une collection volumineuse et originale sous le titre de *Miscellanées*, renfermant une innombrable quantité de volumes, opuscules, brochures sur toutes les matières encyclopédiques, réunies par spécialités et clairement cataloguées comme tout le reste d'ailleurs. Ainsi, du premier coup, le visiteur peut trouver là tout ce qui a été écrit en italien sur n'importe quels détails se rattachant aux grandes divisions encyclopédiques : géographie, histoire, biographie, art, poésie, métiers, sciences, etc., etc.

Au nombre des tableaux du palais Valmarana, il faut signaler comme un des plus précieux que possèdent les collections particulières en Europe, la *déposition du Christ,* un des chefs-d'œu-

qu'une des spécialités qu'il renferme, peut obtenir de la complaisance du comte la permission d'y pénétrer.

vre de Titien, parmi ses toiles de grandeur secondaire. Ce superbe tableau possède ce que nous appellerons un de ses frères, au musée du Louvre à Paris, Titien ayant, à quelques petits changements près, reproduit sa pensée jusqu'à trois fois (le musée Manfrin possède la troisième reproduction).

On trouve dans ce tableau la réunion des qualités précieuses qui distinguent ce grand peintre. Ici le mérite de l'exécution ne le cède en rien à celui de l'invention. La composition est sage, sobre de figures, groupée avec un art admirable. On peut dire que si le génie a disposé la scène, c'est le cœur qui a peint l'expression, car jamais Titien, peintre un peu matériel, comme son école, ne s'est montré aussi religieux par le haut sentiment des figures.

C'est le Sauveur du monde auquel trois de ses disciples rendent les derniers devoirs, et que sa mère et la fameuse pécheresse de l'évangile, accompagnent au tombeau. Il est impossible de mieux rendre l'absence de la vie. Le corps conserve encore la souplesse que la raideur ne remplacera que quelques heures après le trépas. Mais on aperçoit déjà combien s'est accrue la pesanteur de la matière privée de mouvement. L'expression des personnages est d'une noble vérité.

Mengs dont la critique sévère ressemble quelquefois à la partialité, et Vasari qui ne s'extasie guère que devant les productions de l'école florentine, n'eussent pu, en voyant ce tableau, dénier à Titien la qualité de bon dessinateur, comme il est un des plus grands coloristes qui datent dans l'art!

Le tableau, qu'on voit à Paris, appartint au duc de Mantoue, de chez lequel il passa en Angleterre, où M. de Jabach l'acheta et le revendit ensuite au Musée. — La *déposition du Christ* du comte Valmarana (qui ne diffère de celle de Paris que par quelques détails des ajustements) a une généalogie beaucoup plus simple et plus précieuse. Ce tableau lui vient de ses ancêtres de Vicence, qui l'avaient acheté à Titien !

Cette admirable toile a été reproduite plusieurs fois par la gravure et par la lithographie. Elle fût entre autres cas, gravée par Natale Schiavoni et dédiée au célèbre peintre Appiani. Elle fait aussi partie de la collection des *quarante tableaux célèbres de l'école vénitienne*, publiée à Venise.

On voit chez M. le comte Benedetto Valmarana, un flambeau à deux branches qui servait le soir pour ses travaux à Napoléon, pendant son séjour à Venise. M. Emmanuel Cicogna, le célèbre auteur du vaste ouvrage sur les *Inscriptions vénitiennes*, ami de la famille Valmarana, a composé l'inscription suivante, qui a été gravée sur le socle de ce précieux flambeau :

> « Me fortunata! irradiai sovente
> « Napoleone fra l'Adriaca gente. (N).

Un peu plus loin, sur le même côté, s'élève sur son péristyle à jour le :

Palais MICHIELI DALLE COLONNE. C'est aujourd'hui le palais MARTINENGO.

Cette demeure qui porte un des plus grands noms de l'histoire vénitienne *, contient aujourd'hui encore diverses choses dignes d'intérêt.

D'abord de splendides tapisseries de *haute-lice*, tissues d'après les dessins de Raphaël, et représentant les *Batailles d'Alexandre et de Darius*. Ce sont des œuvres magnifiques, et d'une conservation rare; trois chambres en sont garnies.

Une de ces salles renferme une foule d'armures, de hallebardes, de piques et de casques qui appartinrent au doge Michieli et à ses compagnons d'armes, lorsqu'ils furent à la conquête de la Terre-Sainte, et qu'ils prirent Tyr et Ascalon en 1122.

Un étendard de la République, en soie pourpre, portant l'effigie du lion de Saint-Marc, est un glorieux et respectable débris que l'illustre doge a peut-être planté de sa propre main sur les murailles assiégées de l'île de Rhodes.

Enfin un cadre en bois doré, colossal et fabuleux, par sa richesse, le seul rival que nous connaissions à celui du palais Morosini; il renferme le portrait d'un des derniers Barbarigo.

On a aussi réuni dans une chambre les ornements pontificaux et les livres du cardinal Barbarigo, restes saints et pacifiques qui contrastent avec les souvenirs qu'inspire la vue de l'arsenal guerrier de l'autre salle.

A l'angle du traguetto suivant, toujours à droite, on trouve :

Le palais SAGREDO dont l'architecture est dans ce goût arabe si fort en vogue durant le moyen-âge vénitien. Il possède bon nombre de tableaux, de livres et de précieux manuscrits. On peut y voir un magnifique escalier d'André Tirali, sur les murs duquel Pierre Longhi a peint, en 1734, les *Géants foudroyés*,

---

* Voir la note E du chapitre sur les *Églises de Venise*.

décoration très remarquable. C'est aujourd'hui la demeure de l'héritier direct du nom dogal de *Sagredo*, M. le comte Agostino Sagredo, écrivain savant et patriotique, auquel son pays doit de précieuses publications historiques. (Voir la note B du chapitre sur les *Églises*.)

Le délicieux palais appelé : CA' DORO est sur la même ligne. C'est sans contredit l'habitation la plus supérieurement élégante que l'art architectural ait élevée à Venise. Les styles arabe, mauresque, sarrazin et gothique s'y confondent dans un *composite* charmant. C'est évidemment une construction du XIV° siècle. Il est bien fâcheux que ce palazzino n'ait pas été terminé; il lui manque une aile, sa galerie devant être au milieu dans la régularité des plans.

Longtemps on crut que ce nom de *Ca' Doro*, alors d'*Oro*, provenait de quelques ornements dorés qui en ornaient la façade, et particulièrement d'un petit lion en *vedette*, comme on dit en langage blasonnique, lequel se voit encore à l'angle supérieur du toit, au tournant du canaletto, ce lion étant réputé, dans la croyance populaire, pour être en or pur de sequin..... Mais il y a quelques années, la découverte fortuite de quelques documents historiques a prouvé que cette maison avait anciennement appartenu à une famille *Doro*, dont l'un, Henri Doro, fut en 1283 un des rédacteurs du *livre Fractus*, espèce de codicile des premières lois vénitiennes.

Le palais CORNER dit *de la Reine* (*della Regina*), est de l'architecture de Dominique Rossi, rustique, ionique et corinthien. Ce surnom de *la Reine* ne saurait avoir été donné à cet édifice en souvenir *personnel* de Catherine Cornaro (Corner), reine de Chypre, car le simple examen des dates prouve qu'il n'a pu appartenir qu'à sa famille. Ce ne fut pas non plus la demeure des derniers doges Cornaro, (le premier des quatre date de 1365; les trois autres de 1625, 1656 et 1709,) ceux-ci habitaient à *San Benedetto*.

Ce palais est imposant comme masse, mais sera toujours effacé comme détails par la comparaison du palais suivant, qui attire le regard avant même qu'on ne soit arrivé en face pour l'examiner. Le gouvernement autrichien a établi depuis quelques années dans le palais *Corner*, le Mont-de-Piété et la Caisse d'épargne.

Il paraît que le dernier des Cornaro, hôtes de ce palais, l'avait légué en mourant au pape Pie VII, en témoignage de son admiration pour les vertus de ce pontife. Le pape ne sachant trop qu'en faire, en avait accordé la jouissance à quelques ecclésiastiques livrés à l'enseignement. Plus tard ceux-ci voulurent le louer, mais, dit un auteur, « ces bons prêtres ne purent consentir à accepter pour locataires de riches juifs qui se présentaient, » voilà de singuliers scrupules pour le XIX° sciècle ! La France qui est le pays du monde où s'est le mieux opérée aujourd'hui la fusion des aristocraties et des préjugés, a des juifs partout : les fils d'Israël sont à la Chambre des Députés, à l'Institut, à l'Académie, tous ces corps éminents sont ouverts au mérite, quelques soient les Tables de sa loi.

Le palais PESARO est d'une écrasante magnificence. L'architecte fût Balthazar Longhena, l'auteur de l'église de la *Salute*. La splendide décoration de cet édifice est empruntée aux ordres *rustique diamanté*, pour les assises, ionique et composite pour l'élévation.

Nous savons bien que le style de ce palais est loin d'être pur, que l'artiste sévère y trouvera plus long à reprocher qu'à louer, que c'est une expression marquée de la décadence de l'art..... Mais toutes ces raisons artistiques ne sauraient nous empêcher de l'admirer comme un des plus beaux palais qui soient en Italie. Longhena, dont nous avons constaté le penchant à l'emploi des caryatides, en parlant du tombeau du doge Jean Pesaro, à l'église des Frari, a placé encore ici, tant qu'il a pu, des figures en souffrance. Ce sont des Nymphes, des Naïades, des fleuves ramassés en équerre dans les écoinçons supérieurs des fenêtres, et portant du crâne ou du coude, les accablantes lignes des corniches et des entablements. Ce Longuena a été sans pitié pour la pierre. Il a pétrifié ainsi plus de malheureuses créatures sous toutes sortes de charges écrasantes, que l'ange de Milton n'en a délivré sous les ruines de Ghomorre. Sa fantaisie a créé des êtres ou plutôt des monstres auxquels Dieu lui-même n'a pu songer dans la longue énumération des couples que Noé rassembla dans son arche. Cuvier perdrait à les voir, servant de gargouilles ou de défenses à la base du palais Pesaro, le fil initiateur de ses merveilleuses découvertes antédiluviennes. Suivez les assises de l'édifice, et vous y verrez tous les quasimodos des races animalesques. Voilà la tête d'un adapis qui nous fait la langue, — celle d'un cheropotame qui souffle la peste, — celle d'un leophiodan qui cligne de l'œil, — celle d'un palœtherium qui éternue. Au tournant du palais, les monstres sont plus acharnés encore à grincer, mordre, renâcler, geindre, siffler, aboyer. Celui-là est bien sûr ce Mammouth dont Cuvier était si fort en peine (il manquait à sa ménagerie problématique)! et dont le sublime savant n'avait pas même retrouvé un ongle, l'animal étant demeuré gelé sous les monts, depuis les dernières catastrophes du monde. Longhena l'aura vu dans les cauchemars de ses nuits fantastiques. Enfin voilà pour finir et la chose mérite créance, ce ptérodactyle expiré que les Tartares et les Chinois assurent ne pouvoir vivre que sous terre, et à côté le portrait trait pour trait, mais en miniature, du grand mastodonte qui fut détruit *par les dieux*, de peur qu'il ne détruisît l'espèce humaine!

Est-ce assez de grimaces, de contorsions, de niques, de bouches effondrées, de gueules baveuses, de langues venimeuses, de dents incisives, de crocs en arrêt, de mâchoires lippues, de faces pansues, de nez formidables, d'yeux redoutables, d'oreilles flamboyantes, de chevelures rutilantes, de verrues, de cornes, et d'extravagantes impossibilités. Ni Énée, ni Orphée ne s'effrayèrent des menaces que leur firent les larves et les monstres à la porte du séjour où ils cherchaient leur père... Imitons les! Franchissons ce péristyle gardé par la plus complète variété de cerbères qu'ait jamais réunis imagination en délire, et moutons dans ce palais, asile de la science, comme si l'allégorie d'Homère devait se justifier ici, lorsqu'il dit que celle-ci est hérissée à son abord de mille difficultés qu'il faut oser vaincre pour en arriver plus tard à goûter tous ses charmes.

Le *palais Pesaro* est aujourd'hui occupé par un collége arménien, fondé avec une dotation laissée spécialement pour cet objet, par un riche co-religionnaire des moines de Saint-Lazare, du nom de *Raphael*[*]; de même qu'au collége de l'île voisine du Lido, et qu'à celui que les mêmes moines ont à Padoue, les élèves sont des jeunes gens que ces pères savants et dévoués font venir à leurs frais d'Orient, qu'ils instruisent et renvoient dans leur pays, soit comme missionnaires, soit avec la liberté de se vouer à la carrière qui semble leur convenir. Quelques élèves restent attachés au couvent, et se vouent à leur tour au professorat. L'éducation qu'ils reçoivent dans ces trois colléges, est extrêmement complète : elle embrasse les langues mortes et vi-

---

[*] Voir au chapitre sur les *Iles*, ce qui concerne les Arméniens de Saint-Lazare.

vantes, les sciences et les arts. Les pères arméniens ont dans chaque collége un cabinet de physique et d'astronomie.

Ce splendide palais fut abandonné par son possesseur presque immédiatement après la chûte de la République; il se retira à Londres, ne pouvant se décider à voir se développer sur les *pili* une autre bannière que celle du lion de Saint-Marc. Celui qui possédait une demeure dogale, un immense palais à Venise, se réfugia dans quelques chambres à cinq cents lieues de sa patrie..... Il y est mort il y a peu d'années.

Aujourd'hui le *palais Pesaro* appartient à la famille patricienne des Gradenigo. Les arméniens directeurs du collége en recherchent, dit-on, l'acquisition.

Les palais GRIMANI, attribué à San-Michieli; CONTARINI d'ordre dorique et d'un nom illustre; TRON ou TRONO, ionique et corinthien, comme le tombeau de son maître aux *Frari*; BATTAGGIA aujourd'hui PARON, qui est encore de Longhena et qui porte dans sa décoration les croissants d'un Battaggia qui avait vaincu les Turcs, sont tous des édifices remarquables à divers titres. Mais celui de droite, dont le coude encadre en partie un jardin, le palais VENDRAMINI-CALERGI est un chef-d'œuvre qui a peu de rivaux à Venise.

On le croit de Pierre Lombardo, en 1481. La façade corinthienne et composite est ornée de colonnes de marbre grec, et incrustée de serpentine, de verre antique, de porphyre, et autres matières précieuses. L'ensemble de cette architecture est de la plus noble élégance, les meneaux, les arcs des fenêtres sont d'un goût particulier plein de grâce et de force à la fois, et dont le seul palais *Corner-Spinelli*, déjà examiné par nous, avant le Rialto, offre le modèle à Venise. Rien de charmant comme le grand balcon. La seule frise supérieure faisant corniche, laisse peut-être quelque chose à désirer dans son ornementation composée d'aigles, de chevaux apocryphes et peu corinthiens, vu la passion qu'a cet ordre architectural pour l'acanthe.

Deux statues très remarquables d'*Adam* et *Eve*, par Tullius-Lombardo, et qui faisaient partie de la décoration du mausolée du doge André *Vendramini*, dans la grande chapelle de l'église *Saints Jean et Paul*, ont été transportées dans ce palais. On y voit aussi de belles cheminées, et deux colonnes d'un marbre des plus rares, qui ont appartenu a ce fameux *temple de Diane* à Éphèse,

l'une des sept merveilles du monde, qu'Érostrate fit brûler.....
pour se faire un nom !

Le Fondaco de Turchi, à gauche du canal, est une bizarre et très ancienne construction. L'architecture en est, ou en était, dans le goût arabe. C'était autrefois le palais du duc de Ferrare. Au XVII° siècle, la République le destina aux marchands ou navigateurs turcs qui fréquentaient le port de Venise, dans les entr'actes des luttes de ses flottes avec ces *barbares*, comme on dit des Orientaux quand on leur fait la guerre. Il paraît que cet édifice va être réparé, réédifié. La ville fera, dit-on, la façade ; le propriétaire distribuera l'intérieur. Pour le moment les herbes croissent dans les fissures des pierres, et les colonnes de marbre grec chancellent dans leur parallélisme. De petites constructions en galandage ont poussé comme des verrues sur la face de ce monument. Ce n'est plus qu'une espèce d'*olla podrida* de pierres, de marbres, de briques et de plâtras.

Musée Correr à gauche. Un patricien de Venise, mort il y a environ douze ans, et nommé *Théodore Correr*, qui avait passé sa vie à former un ensemble de collections diverses en objets d'art et en curiosités, légua sa maison et le contenu à la ville de Venise, avec une dotation suffisante pour l'entretien de ce musée, dont il serait difficile de désigner précisément l'espèce, et qu'il était convenable de nommer comme on l'a fait en souvenir du donataire.

Le mercredi et le samedi, ce musée est ouvert aux visiteurs. Deux patriciens de Venise, dont les noms ont, par leurs ancêtres, une illustration historique, comme aussi par ceux qui les portent aujourd'hui une valeur personnelle, MM. Marc-Corniani-d'Algarotti, et Foscarini sont : l'un le directeur, l'autre le vice-directeur de cet établissement.

On remarque dans les nombreuses chambres qui composent le musée Correr :

De magnifiques hallebardes pour les fêtes ducales, — ce sont sans contredit les plus belles qui soient à Venise.

Trois grands tableaux de Lazzarini, d'un coloris chaud. Ce sont des sujets mythologiques : *Hercule filant aux pieds d'Omphale;* — *la mort d'Orphée;* — *le centaure Chiron.*

D'élégants modèles de Canova.

Un mannequin à cheval, portant le costume du député de la cité de Venise, lors de la fête du couronnement de l'empereur d'Autriche à Milan. Chaque commune avait ainsi envoyé le sien, portant les couleurs de sa ville. Venise qui a replié la pourpre de l'étendard de Saint-Marc, se blasonne d'*azur* et de *cinople*, bleu et vert — ciel et eau !

Parmi plusieurs intéressants *portraits de doges*, on aime à contempler celui de François Foscari, le plus infortuné des princes de Venise. Une *Madeleine* est dite du Guide.

Une copie de la fameuse *Vénus* de Titien, qui est dans la tribune de Florence, est tout un texte de rêveries.

Le portrait du célèbre poëte et auteur comique *Goldoni*, est de Longhi, auquel on doit déjà celui qui est la propriété de M. Cicogna, l'auteur des inscriptions vénitiennes. Une salle contient une collection fort distinguée de petites toiles de l'école allemande. — Plus loin sont les flamands, parmi lesquels quelques tableaux *déclarés* de *Gérard-Dow*... de *Rubens*... de *Téniers*... Ailleurs une toile très curieuse, représente la promenade du dogé autour de la place Saint-Marc, le jour de son couronnement ; c'est la scène de la course des *arsenalotti*, dont il a été parlé à propos de la place Saint-Marc.

Un diplôme de chevalier anglais, donné à un *Correr*, ambassadeur de la République à Londres, offre la signature originale du roi *Charles I*[er]... le Louis XVI du moyen-âge anglais. Ce parchemin est orné d'enluminures magnifiques.

Un saint Marc en tapisserie, ressemble à s'y méprendre à une bonne peinture dans le style de Palma.

Une délicieuse mosaïque offre l'*Hébé* de Canova. — Divers plâtres et bas-reliefs de ce grand artiste.

Une foule de minéraux. — Des meubles moyen-âge et rococo, incrustés, damasquinés, rehaussés, enchâssés, marquetés.

Une belle collection de plats, dont beaucoup dans le goût de Bernard de Palissy, la plupart exécutés sur des dessins de Raphaël. Deux des plus magnifiques, sont d'un art perdu de Murano!

Un très curieux plan de Venise en 1500, gravé sur bois : épreuve et matrices de tirage. C'est une des choses les plus belles et les plus intéressantes qu'offre cette collection. On y voit de la façon la plus claire la ville, où manquent les divers monuments élevés depuis : ainsi, pas de prison ni de pont des Soupirs, — ni de sommet au Campanille, — ni de *Zecca*, — ni de pont de Rialto en pierre, — ni d'église *della Salute*, — ni de *Rédempteur*, etc., etc. ; les maisons de la place Saint-Marc sont comme les a représentées Gentile Bellini dans son tableau de l'Académie des Beaux-Arts. Cette superbe planche, offre enfin le texte d'une foule d'autres observations pleines d'intérêt. Son magnifique travail prouve que dès le commencement du XVIe siècle l'art de la gravure *sur bois* était déjà fort avancé. L'auteur de cet œuvre remarquable est *Albert Durer*, dont les amateurs recherchent tant les précieuses gravures.

Le *musée Correr* possède aussi des dessins originaux de Raphaël, de Paul Véronèse, du Guerchin, de Michel-Ange, de Jules-Romain, etc., etc.

Puis enfin une riche collection de camées, de médailles, d'onix, de pierres précieuses, d'ivoires sculptés, de bronzes, de gravures, d'émaux, etc., etc. De plus, une nombreuse bibliothèque renfermant bon nombre de manuscrits. On voit donc que ce musée, par la multiplicité des objets de différente sorte qu'il renferme, échappe à toute classification. Il faut admirer la patience, le goût avec lesquels le collecteur donateur a réuni toutes ces choses, dont l'assemblage forme sans contredit une des curiosités les plus intéressantes de Venise.

Le palais LABIA est à l'angle du large embranchement du grand canal, qui va vers Mestre, et prend le nom de *Cannaregio*, l'architecte fut A. Cominelli. La façade offre les trois ordres, dorique, ionique et corinthien. Ce palais a l'aspect d'une demeure abandonnée; on y peut voir une belle salle peinte à fresque par Jean-Baptiste Tiepolo, et trois plafonds en *perspective curieuse*, par J.-B. Cignaroli. On sait que le genre de peinture de décoration, appelé ainsi, est celui qui tend à représenter sur les plafonds et ceintres, des ornements et des constructions architecturales : balcons, galeries, colonnes, volutes, etc., ayant le plus souvent des échappées sur le ciel, toutes choses qui sont faites pour être ainsi suspendues, et qui, placées sous un autre point de vue, seraient incompréhensibles, tant leur lignes sembleraient fantasques et déraisonnables.

La véritable façade du palais Labia, qui en a deux, est sur une place, du côté opposé à l'entrée d'eau. Lord Byron se loue beaucoup dans ses lettres, de l'accueil d'une comtesse Labia qu'il a connu en 1817, à l'époque où il habitait la *Mira*, sur la Brenta. Une notable partie de cette famille patricienne existe encore.

. Il y a peu d'années la moitié ou plus encore du palais Labia fut vendue, pour environ 16,000 francs, au prince Lobscowitz, grand seigneur viennois, qui avait dessein de le faire restaurer et de l'habiter ; mais la mort prématurée du prince a de nouveau remis en question la cause de ce beau palais.

Le palais MANFRIN (ou *Manfrini*) offre après l'Académie des Beaux-Arts, ou musée public, la plus nombreuse collection de tableaux qui soit à Venise.

Chaque salle est munie d'une espèce de *plan à la main* qui sert de guide, sans même que les gardiens du lieu aient besoin d'intervenir. Nous n'entrerons pas dans l'énumération complète de cette galerie, et comme nous avons fait à l'Académie des Beaux-Arts, nous mentionnerons seulement les toiles capitales, ou les plus intéressantes.

Salle A. — La *Vierge et l'enfant Jésus*, par Jean Bellini, peintre dont les œuvres se trouvent en grand nombre à Venise, mais qu'on aime toujours à revoir, tant ses figures ont de sentiment.

Une *Joueuse de Guitare*, par Giorgione (*Giorgio Barbarelli* dit le) on ne saurait répéter pour ce maître ce qu'on dit du précédent relativement à la fécondité. On sait qu'il mourut jeune et que ses principales toiles sont dans le midi de l'Italie.

Salle B. — Un très magnifique *Portrait de l'Arioste*, par Titien, ouvrage d'une vigueur et d'un coloris inimitables, un des plus beaux portraits qu'ait peints ce grand maître.

Moïse faisant jaillir l'eau du rocher, de J. da Ponte, plus connu sous le nom de Léandro Bassano, ou du Bassano.

Le fameux tableau des *Trois portraits* de Giorgione que lord Byron a célébré, malgré son peu de goût pour la peinture.

Le portrait présumé de la reine Cornaro, par Titien, qui a tiré un pompeux parti de la magnificence du costume oriental (Voir la note (o) sur cette reine, au chapitre des *Églises*).

Cérès et Bacchus, par Rubens, illustre chef de l'école flamande, que Venise ne peut guère connaître, tant il est rare dans ses collections, et qu'il faut voir à Anvers et à Bruxelles, comme aussi dans quelques musées d'Allemagne, comme on voit Titien à Venise.

Nous franchirons la *salle C*, et dans la suivante, nous nous arrêterons devant une *Descente de Croix* de Titien, (nous allions répéter le nom de Rubens, tant ces mots, *Descente de Croix* et *Rubens* sont naturellement ensemble !) Cette toile est une des plus intéressantes de Titien, illustre génie qui pour cette fois s'est montré plus religieux que de coutume. Cette composition est touchante et vigoureuse à la fois. Titien a reproduit plusieurs fois, sinon précisément ce tableau, du moins l'ensemble de la pensée ; le Louvre à Paris, et le palais Valmarana, à Venise, possèdent les autres reproductions de ce sujet.

Le *Sacrifice d'Iphigénie* est une des bonnes toiles du Padovanino (*Alexandre Varottari*, dit le).

Un *portrait*, chef-d'œuvre, par Rembrandt, qui de même que son compatriote Rubens, n'est pas commun à Venise.

Un autre *portrait*, par Paul Véronèse ; il semble que ce peintre si éclatant, si théâtral, ait su, en peignant ce portrait, qu'il aurait à se trouver en compagnie de son émule Titien et de Rembrandt pour l'exposition d'œuvres analogues.

Salle E. — Un *Berger*, l'unique tableau de Murillo qui soit à Venise, où l'école espagnole n'est pas plus représentée que l'école flamande.

La *Présentation de Jésus à Siméon* est une des bonnes toiles de Jean d'Udine.

Salle F. — Le tableau le plus remarquable de cette salle est le portrait de *Pordenone* (*Antonio Licinio* dit le) au milieu de ses cinq élèves.

Ce tableau est un des plus estimés du peintre, qui s'y est représenté.

Salle G. — Le *Christ à Emmaüs* de Jean Bellini, fort estimable.

Salle H. — Ici se trouve une réunion fort curieuse et fort précieuse à la fois de panneaux qu'on peut appeler reliques de la naissance de l'art italien ; les Cimabuë et Giotto, sont les premiers anneaux de la chaîne qui continue par Antonello de Messine (le *Christ à la Colonne*), puis Mantegna, et se poursuit par les *portraits de Pétrarque et Laure*, par Jacques Bellini, père de Jean.

Salle K. — La *Présentation de Jésus*, par fra Sébastien del Pimbo, peintre rare à Venise.

La *Fuite en Égypte*, par Augustin Caracci.

La dernière salle offre quelques objets d'histoire naturelle, des émaux, des marqueteries, une bibliothèque, et le registre sur lequel signent à leur gré les visiteurs.

Cette collection est fort bien tenue, et éclairée d'une façon heureuse, car la plupart des salles donnent sur un beau jardin. Le palais **Manfrin** n'est ouvert aux visiteurs que les lundis et les jeudis (o).

Palais GALVAGNA, anciennement *Savorgnani*. C'est un édifice d'un rococo parfait, de l'architecte J. Sardi. Il vient d'être réparé et distribué à nouveau à l'intérieur, par son propriétaire actuel, son excellence M. le baron Galvagna, conseiller intime actuel de l'empereur d'Autriche, président du *magistrat Cameral*, et ancien préfet de Venise sous l'Empire, à l'époque ou cette cité était le chef-lieu du *département de l'Adriatique*.

Bien que ce palais soit dans la même cathégorie que celui du comte Valmarana, c'est-à-dire qu'il ne soit pas ouvert au public, on peut obtenir de la complaisance du propriétaire l'autorisation d'en voir les tableaux, et aussi le magnifique jardin, qu'on doit assurément noter comme une des plus agréables raretés de Venise.

Les salons de M. le baron Galvagna contiennent :

Par Paul Véronèse : un *groupe de Moines* qui ressemble à un Murillo. Un superbe *portrait de femme*, qui rappelle d'une façon étonnante les traits de l'infortunée madame Élisabeth. — Une *Vierge* et plusieurs autres excellentes productions de ce *prince des peintres*, suivant l'expression de Canova. Par J. Tintoret : un charmant tableau de chevalet représentant une scène très compliquée, au milieu de laquelle *David apportant la tête du géant*. On s'étonne de voir ce peintre fougueux et impatient produire un tableau presque flamand. — Plusieurs portraits d'hommes, parmi lesquels il faut surtout remarquer celui du sénateur Malipieri, œuvre magnifique, qui surpasse peut-être le fameux portrait d'Antonio Cappello, du même artiste, à l'Académie des beaux-arts.

Titien, quelques beaux portraits.

Les Palma : d'abord le superbe portrait d'une femme plutôt rousse que blonde, — celui du doge Jérôme Printi et quelques autres toiles.

Jean Bellini. — Une *Vierge à l'enfant*, assurément l'une de ses plus belles toiles, d'une pureté et d'une conservation remarquables.

Un tableau représentant le même sujet est de François Tachori, peintre crémonais, en 1489. Ce fut un élève du précédent ; il avait toute la grâce naïve et le modelé si fin de son maître ; ce peintre est peu connu, et les auteurs spéciaux n'en ont guère parlé. On ne connaissait de lui à Venise que les portes de l'orgue, à l'église ain-Marc, peintures qu'on ne voit plus.

Un autre artiste aussi moins connu qu'il n'eût mérité de l'être, du nom de Bernardino di San Danieli, a aussi représenté une *Vierge à l'enfant*, dans le style de Jean Bellini. C'est une production très rare.

Bassano, — Bonifaccio, — Roch Marconi, — et Giorgione ont là plusieurs portraits excellents. Ceux par Giorgione seront d'autant plus remarqués que les toiles de ce maître sont de toute rareté à Venise.

Jean de Wildens, qui faisait presque toujours les paysages des tableaux de Rubens, a une *scène de masques* sur la glace, très curieuse.

Wouwermans semble l'auteur d'un *combat*, tout à fait dans sa manière.

Il faut aussi noter, à propos des peintres du Nord, deux *scènes campagnardes* dont les animaux sont supérieurement traités, et qu'on croirait d'auteurs flamands, si elles n'étaient signées de Bassano.

Le Tempesta, ce peintre, moitié *Cavaliere*, moitié *Bravo*, est représentée par deux tempêtes. On vit souvent les Italiens donner ainsi aux artistes des surnoms puisés dans la spécialité de leurs travaux, surnoms qui finissaient si bien par prendre la place du nom propre, que la postérité a presque ignoré ce dernier. Le *Tempesta* en est une preuve, comme le peintre *Battaglia*. Le palais Galvagna offre, à l'appui de cette observation, un superbe plafond du cav. *Bambini*, qui reçut ce nom en raison de son grand talent à peindre les enfants.

Padovanino (ainsi surnommé, comme Veronèse, comme Bassano, comme Pordenone, comme Vicentino et tant d'autres, à cause de sa patrie), nous offre ici une Vénus couchée dont le modèle est admirable. L'auteur a sacrifié à l'effet de la figure principale toutes celles qui l'entourent, qu'il n'a pas même pris la peine de finir.

Andrea Schiavoni enfin, ce rival de Salviati au temps de Paul Veronèse, qu'on retrouve aux plafonds de la salle de l'ancienne bibliothèque à la Piazzetta, a laissé une collection nombreuse de toiles remarquables par l'éclat et la chaleur du coloris. Deux sont capitales par leurs dimensions : l'une représente *Moïse offrant les tables de la loi*, l'autre l'*Eglise triomphante*, allégorie.

De magnifiques gravures d'*Audran*, d'après Lebrun (1678), sont de ces cadeaux que faisaient les rois de France aux ambassadeurs de Venise, lesquels, par décret de la République rigoureusement surveillés, ne pouvaient accepter aucun cadeau d'une valeur intrinsèque.

On voit que cette galerie, toute modeste qu'elle s'efforce d'être en se dérobant à la classification des collections ouvertes à l'étranger, n'en est pas moins formée des plus beaux noms de la peinture vénitienne, au grand siècle.

Le palais Galvagna possède une chose plus rare encore que les toiles d'élite de sa collection, et celle-là est l'œuvre toujours belle, toujours jeune, toujours fraîche et harmonieuse du plus grand artiste duquel les Véronèse, les Titien, les Schiavoni se soient inspirés : cet artiste, c'est la nature, — cette œuvre, c'est le magnifique jardin qui s'étend dans des proportions inattendues, derrière le palais !

A Venise, un jardin pareil, si richement formé d'arbustes rares, c'est comme le *Puits aux trois Palmiers* perdu dans le désert, et que Fédéridin-Atar, le poète arabe, fait chercher et trouver à la belle géorgienne Ikaé, au moment où elle allait mourir faute d'un peu d'eau et d'ombre !

En reprenant le Grand Canal, on trouve à droite :

Le palais FLANGINI, élégante construction qui comme plus d'une à Venise, la *Ca' Doro* entre autres, n'est malheureusement pas achevée. Cette irrégularité de quelques palais vénitiens est véritablement curieuse. A Milan, à Florence, à Rome les habitations que des événements publics ou des crises de famille ont contraint d'interrompre, pèchent naturellement par les détails ou par la partie supérieure. Si c'est le calcul du propriétaire qui a proportionné les développements de la construction à ses rentrées de fonds, il pourra manquer un étage, le toit sera venu trop tôt caisser un palais dont l'élévation n'aura pas les proportions voulues. Mais à Venise ce qui manque à l'édifice, au lieu d'être dans son horizontalité, est dans sa perpendicularité ; l'économie, le caprice, la réserve a porté du haut en bas : comme la *Ca' Doro* et plusieurs autres encore, le palais ne bat que d'une aile !

Ainsi, examinez le palais *Flangini*, noble demeure bâtie par la famille du cardinal de ce nom, qui fut sénateur de la République, puis patriarche de Venise. La galerie était évidemment faite pour occuper le milieu, puisque cette galerie traverse dans toute leur profondeur les habitations vénitiennes du moyen-âge, pour livrer accès de droite et de gauche aux appartements latéraux. Pourtant elle est restée sur le côté, et les appartements de la gauche manquent. A l'extérieur nous voyons à cet angle de gauche tout interrompu, tandis qu'à droite les balcons, les corniches, les colonnes, les chapiteaux, tout s'arrondit ou se brise harmonieusement à l'angle; à gauche, au contraire, tout est interrompu, inachevé : chapiteaux, colonnes, corniches et balcons, et toute pierre est en attente. Cela est bizarre. Peut-être les *Flangini* étaient-ils convenus avec quelque voisin qu'il viendrait continuer l'édifice, se réunissant ainsi deux pour bâtir un palais, séparés en dedans, unis au dehors. Nous avons souvent interrogé sur cette bizarrerie de propriétaire bâtissant leurs demeures par tranches du haut en bas, comme on range des livres sur un rayon, et la seule explication qu'on ait pu donner de cette singularité que présente la seule Venise est celle-ci :

On dit que trop pressés de jouir, les propriétaires commençaient à bâtir lorsqu'ils ne possédaient encore qu'une partie du terrain et que le voisin souvent ne voulait plus céder la sienne, ou bien en demandait un prix exorbitant. — Or, le plan ayant été fait dans l'hypothèse où l'on aurait toute l'étendue nécessaire, de là l'irrégularité regrettable de nombreux palais.

L'avant-dernier doge de la République, Paul Rénier, a habité quelque temps le palais *Flangini* (P).

L'église des CARMES DÉCHAUSSÉS (*Scalzi*), qui suit, est décrite au chapitre sur les églises, de même que celles de SAINTE-LUCIE, de SAINT-SIMÉON et JUDAS, et de SAINT-ANDRÉ qui terminent cette partie du grand canal, à la gauche duquel on aperçoit, montrant la tête de ses arbres par-dessus un mur à machicoulis et à créneaux figurés, le jardin du palais Papadopoli.

Maintenant nous reviendrons sur nos pas, pour parcourir de nouveau toute l'étendue de ce canal, et en revoyant chacun de ces palais, de ces édifices dont on a essayé d'offrir l'explication, revue qui ne sera ni sans agréments ni sans intérêt. On lira quelques détails historiques et pittoresques sur le canal lui-même, de l'encadrement seul duquel il a été jusqu'à ce moment parlé. Ce sera en quelque sorte le tour de cette eau qui nous porte, d'être mise en scène.

Parlons d'abord de la *Regata* qui fut de tout temps la fête la plus remarquable dont ce canal ait été l'arène.

La Regata compte parmi les fêtes les plus pompeuses de la République. Elle permettait aux patriciens de déployer un luxe qui était dans leur goût autant que dans leurs moyens. Chacun pouvait en quelque sorte s'y associer, soit en y prenant une part directe, comme acteur dans une gondole, soit seulement en se bornant au rôle de spectateur : expliquons-nous.

La Regata, c'est la fête du grand canal. Des multitudes de barques pavoisées, ornées de tentes, de banderolles, circulaient en tout sens dans toute l'étendue que devaient parcourir les joûteurs, et à tous les palais, à toutes les maisons qui encadrent l'arène aquatique, se montraient dans des toilettes de fête la masse des curieux, appuyés sur des balcons où flottaient de riches tentures. Nous avons dit ailleurs que, de nos jours, on a tenté de rétablir la Regata, la plus originale et la plus poétiquement locale des fêtes vénitiennes. Sous le coup-d'œil, qu'elle offre dans son ensemble, cette fête peut aujourd'hui encore se rapprocher beaucoup de ce qu'elle était autrefois. Nous pouvons donc nous borner à esquisser ce que nous avons vu, par deux fois, nous-même, laissant dans les chroniques le parallèle avec le passé, que les fêtes actuelles font parfaitement comprendre.

Comme, de tout temps, la République considéra la Regata comme un des spectacles les plus originaux à offrir aux princes, aux grands personnages étrangers qui vinrent à Venise, ce fut aussi le genre de fête que le gouvernement actuel voulût ressusciter, lorsque l'empereur d'Autriche, Ferdinand Ier, passa à Venise après son sacre de Milan, en 1838. En effet, c'est là un spectacle que seule Venise puisse offrir, car nulle ville ne présente au même degré qu'elle tout ce qui contribue à en faire la *mise en scène* originale et pompeuse. Outre que ce divertissement est né à Venise, qu'il est fils des lagunes, et que là sont ses véritables traditions, on peut dire que la pompe de ses palais, l'ensemble unique qu'offre le théâtre de cette joûte, contribuent puissamment à la localiser impérieusement dans ce splendide canal, que sillonnèrent autrefois les premiers essais des Nicolotti et des Castellani.

C'est vraiment un spectacle original et beau ! bien qu'à vrai dire le principal attrait de ce spectacle soit dans les spectateurs. En effet, ces quelques gondoles qui, parties d'un même point, font force de rame pour se dépasser mutuellement, et arriver au but avant leurs rivales, sont si vite passées, que n'était la foule accourue là, sur l'eau, aux balcons des palais, ce serait un coup-d'œil bien rapide, un plaisir bien fugitif. Mais, nous l'avons dit, le plus grand spectacle, dans ces fêtes, c'est de voir les spectateurs. Les gondoles qui joûtent, d'une construction particulière, et plus légères encore que celles qui portent la foule autour d'elles, sont montées chacune par deux hommes vêtus de couleurs éclatantes, et rigoureusement parés du bonnet et de la ceinture rouge ou noire des Castellani ou des Nicolotti. Chaque parti a envoyé là ses rameurs les plus forts et les plus adroits. Mais à peine les a-t-on vus venir, qu'ils sont passés déjà... ils ont franchi la grande arche du Rialto, tant chargée de monde qui les acclame, et ils voguent vers Cannaregio, où se trouve planté un poteau dont ils feront le tour, pour revenir vers le milieu du canal où les prix attendent les vainqueurs. Pendant qu'ils ont disparu, examinons cette foule qui nous entoure, c'est un ensemble neuf et original; bientôt les vainqueurs reviendront, nous assisterons à leur triomphe; Nicolotti ou Castellani sont égaux devant le petit porc qui les attend comme prix !

De ce balcon, où l'hospitalité patricienne nous a invités à nous appuyer, regardons au loin, dans tout son développement, le canal qui sert d'arène à cette joûte... Des gondoles en quantité innombrable s'y pressent, et, sur plus d'un point, l'étroite coussive laissée au passage des joûteurs s'est même encombrée. L'eau est presque partout si bien recouverte de barques et de curieux, qu'on traverserait aisément toute la largeur du canal, en escaladant de pavois en pavois. C'est une confusion telle que les gondoliers ne peuvent agiter que bien rarement leur rame, et que tout cela marche on ne sait comment, emporté l'un par l'autre, et un peu par le courant qui monte. Mais comment distinguer les détails de cet ensemble multiforme et multicolore? Les plumes, les rubans, les écharpes, les fraîches toilettes des dames qui encombrent les gondoles, se confondent avec la tenue parée, théâtrale des gondoliers qui, eux aussi, ont des écharpes, des rubans et des plumes. Au milieu de toute cette confusion, on distingue d'autres barques plus grandes, parées comme des temples aquatiques, des jonques, des yacks, et qui, bien que pour la plupart montés par les autorités, ont peine à se faire place dans cette confusion inextricable. Ces grandes barques, qu'ont aussi ornées quelques corporations, quelques sociétés particulières, celles des habitants de Chioggia entre autres, attirent pardessus tout l'attention, par leurs proportions, leur élégance somptueuse ou originale. La plupart ont été décorées sur le modèle des *Bissones* du temps passé. C'est une circonstance de plus pour que cette fête se rapproche infiniment de ce qu'elle était autrefois ; car les palais sont les mêmes, les draperies qui les décorent sont aussi les mêmes qui ont servi dans des temps plus reculés ; quelques détails seuls dans les vêtements des particuliers diffèrent.....

Quant à ces palais, ils sont béants de toutes leurs fenêtres ; et les curieux se sont réfugiés jusque sur leurs toits. Là l'ogive gothique, ou le trèfle mauresque que dessine la pierre, n'encadre plus les familles des avogadors et des procurateurs de la République : ce sont toujours des Vénitiennes qui y jouent gracieusement de l'éventail, et beaucoup sont leurs descendantes. Au surplus, la femme, telle que la mode l'habille aujourd'hui, choque beaucoup moins que l'homme la comparaison des anciens costumes ; et avec leurs longues guipures, les épingles d'or et de pierreries qui brillent dans leurs abondants cheveux, et leur regard de feu, qui est resté le même, ces belles curieuses, sur plus d'un point, peuvent encore faire illusion à celui qui veut essayer de revoir le passé à travers ce présent qui l'entoure. Ces longs tapis de damas, de lampas à fleurs d'or et de soie, qui pendent de chaque fenêtre, de chaque balcon, donnent à l'ensemble de ce coup d'œil un aspect moyen-âge qui séduit et contribue puissamment à l'illusion cherchée... si l'imagination n'est pas distraite de ces essais rétrospectifs par le bras blanc appuyé sur le tapis turc qui recouvre la sculpture de pierre! Mais ce n'est pas tout de voir! l'oreille aussi trouve sa part dans ce beau spectacle (Q).

Les *vivat*, les applaudissements de la foule au passage des gondoles nicolottes ou castellanes, les accords un peu confus des orchestres qui passent dans les barques, ou qui stationnent sur les terrasses, et surtout ce grand bruit indéfinissable qui s'élève de toute foule, de toute agglomération de gens en belle humeur, et qui devient comme la basse de l'harmonie générale ; tous ces bruits enfin, formés de cris, de rires, d'appellations en toutes langues, et de musiques diverses qui jouent trop près les unes des autres des morceaux différents de tons et de mélodie, causent à l'oreille une sensation aussi confuse, aussi bizarre et aussi surprenante que celle qui frappe en même temps les yeux par l'ensemble d'un spectacle aussi original. Pour nous, il est bien certain que rien ailleurs qu'à Venise, n'approche de ce genre de fêtes ; et les spectacles publics que Paris, Londres, Madrid, Pétersbourg, offrent à leurs habitants, quelle que soit leur pompe, ne peuvent approcher de l'originalité poétique qu'offre une Regata de Venise. Aussi conseillons-nous chaudement à tout étranger qui le pourra, soit par une attente de quelques jours, soit par un voyage de quelques heures, de ne pas perdre par insouciance l'occasion de graver dans son souvenir un des rares spectacles populaires qui réveillent le plus puissamment le souvenir de l'éclatant passé d'une ville autrefois dotée de toutes les splendeurs, de toutes les gloires, à laquelle sont restées toutes les poésies, même celle du malheur (R)!

Il est encore un genre de spectacle dont le grand canal est assez souvent témoin, et qu'on appelle *Fresco*. Les autorités l'ordonnent pendant la belle saison, chaque fois qu'il vient à Venise quelque illustre voyageur auquel on ne peut offrir le spectacle d'une Regata. C'est une sorte de *corso* nautique. Deux grandes barques chargées de musiciens partent du jardin du gouvernement, et parcourent lentement toute l'étendue du grand canal, vers le soir, de façon que le retour a lieu la nuit faite. Une innombrable quantité de barques entoure, suit, précède cette musique retentissante, et la confusion est telle que l'eau est littéralement cachée. Les jeunes gens, les dames, les étrangers encombrent ces gondoles, dont les rameurs revêtent souvent la toilette des jours de Regata. Les balcons se garnissent de spectateurs au passage de cette harmonieuse flottille, qui laisse après elle une longue queue de trainards. Lorsque la nuit est faite, on allume, sur bon nombre de barques, des lanternes de couleurs; on lance des fusées, on enflamme des feux du Bengale, qui, dans leurs explosions blanches ou rouges, semblent, soit jeter sur les palais les bleuâtres reflets de la lune, soit les incendier aux projections éclatantes de leur pétillement empourpré.

Si, durant l'hiver, le grand canal n'est plus guère que la rue principale de Venise, qu'on ne franchit que pour ses affaires, ou avec une destination fixe, l'été, et pendant toute la belle saison, c'est une promenade des plus délicieuses, pleine de fraîcheur et de poésie. Alors on le voit sans cesse parcouru, sillonné par les sveltes gondoles des flâneurs et des élégantes, de même qu'ailleurs on trouve le concours fashionable des équipages et des cavaliers. Comme il est souverainement aristocratique et de bon goût d'habiter sur ce grand canal, on y rencontre sans cesse, en outre des promeneurs, la belle société qui va chez elle ou qui en vient. C'est là, plus encore que sur la place Saint-Marc, peu fréquentée des grandes dames, que l'on rencontre ses connaissances. Souvent deux gondoles amies voguent côte à côte, causant sans effort au milieu de ce silence que ne trouble guère le pétillement de l'eau sous l'effort des avirons (s).

Parfois, la nuit, le grand canal retentit d'harmonieuses sérénades. Les officiers des divers corps militaires en garnison à Venise, font de temps à autre, aux belles dames qui habitent cette partie aristocratique de la cité, la galanterie d'envoyer leur *banda* sous les fenêtres des palais. On ne saurait dire quelle poétique magie répand la musique, ainsi jetée dans les échos marmoréens de cette cité sonore... par les belles nuits d'été que les brises de la mer rafraîchissent, et qu'éclairent les étoiles flamboyantes, ou les doux rayons de la lune : c'est la réalisation enchanteresse de tout ce que les poètes ont rêvé de plus délicieux pour enivrer les sens. Les balcons des palais se garnissent de leurs hôtes, avides d'air frais et d'harmonie; et les femmes, vêtues de blanc, y apparaissent, vaguement estompées par l'air blanc, comme ces sœurs d'Ophélia, qui n'ouvraient les yeux qu'aux rayons lunaires, dont l'oreille délicate ne voulait que de célestes musiques, et que le seul parfum des fleurs du Danemarck faisait vivre (T)!

SOMMAIRE DES NOTES

DU CHAPITRE SUR LE GRAND CANAL.

(A) M. *Eugène Bosa*. — (B) Sur le doge Louis Pisani. — (C) Sur le sculpteur moderne L. *Ferrari*. — (D) Le palais Foscari. — Récit des malheurs de cette famille. — Mort du fils du doge. — Mort du doge. — (E) Récit de lord Byron, relativement à ses galanteries de Venise. — (F) Une anecdote récente, à propos de *Don Juan*. — (G) Examen de la vie privée de Lord Byron à Venise. — Extraits de ses lettres à *Thomas Moore*. — La guerra di Candia. — *Margarita Cogni*. — Comment il fit sa connaissance. — Étrange caractère de cette femme. — Ses actes singuliers. — Son portrait. — Anecdote sur une nuit d'orage. — Byron, fils de *Can*. — Menaces sanguinaires. — *Margarita* se jette dans le canal. — Comment Byron s'en débarrasse. — Dédains de Byron pour la langue et la littérature françaises. — Observations à cet égard. — Détails actuels sur *Margarita Cogni*. — Elle vit encore. — Nouvelle et grande passion de lord Byron. — La comtesse G***. — Il quitte Venise. — Portrait de Byron au temps de son séjour dans cette ville. — Ses relations sociales. — Sa mort. — (H) Sur les anachronismes des grands peintres vénitiens. — (J) Sur le doge Pierre Grimani. — Événements curieux de son règne. — Établissement sur le trône d'Autriche de la branche actuellement régnante. — Sur les empereurs germains. — (K) Demeures de diverses célébrités vénitiennes : Titien, — Alex. Vittoria, — Sansovino, — Giorgion, — Bianca Cappello, — J. Tintoret, — Carlo Goldoni, — Canova. — (L) Les cheveux de Lucrèce Borgia jaune-verd. — Le cardinal Bembo et la duchesse d'Este. — (M) Origine de Rialto. — Les premiers consuls. — Sur la fondation de Venise. — (N) M. *Emmanuel Cicogna*. — Ses travaux scientifiques. — Sa bibliothèque. — Un portrait de Goldoni. — Une peinture de Canova. — (O) Dédain de Byron pour la peinture. — Son jugement sur quelques tableaux. — (P) Une anecdote sur l'avant-dernier doge Paul Renier. — (Q) Les femmes de Pélestrina aux Regata. — Sur le parcours de ces jeux. — Les prix. — Le petit porc. — Henri III. — (R) L'exercice de gondolier et les jeunes patriciens. — George Sand et les galants gondoliers. — (S) Assaut de nage sur le Grand Canal, entre lord Byron et ses amis Scott et Mengaldo. — L'exploit de Léandre. — (T) Le palais Albrizzi.

(A) M. *Eugène Bosa* est le *Pigal*, le *Charlet*, l'*Henri Monnier* de la peinture Vénitienne : il peut en devenir le *Teniers*.

D'abord sculpteur comme son père, artiste de mérite, il pétrissait la glaise et raclait le plâtre. Puis il lui prit fantaisie de peindre un tableau du genre ; le tableau fait, il l'exposa ; le tableau exposé, on le lui achète ; le tableau acheté, on lui en commande d'autres.... Bosa jette l'ébauchoir et prend le pinceau. Depuis il y est resté fidèle, comme le succès à lui.

Parmi les grandes compositions, l'adone et diverses églises ont de ses œuvres, mais c'est de ses productions de chevalet dont nous voulons parler.

Bosa voit du premier coup le côté plaisant, curieux, satirique des gens et des choses, c'est un esprit observateur et analogique dont la verve se traduit avec des couleurs. Il y a toujours jusque dans les détails secondaires de ses tableaux, quelque fine réserve, quelqu'ingénieuse remarque dépendante du sujet principal. Il aurait comme Dantan, mis une plume *non taillée* à l'oreille d'un faux homme de lettres qui l'eût tourmenté pour avoir sa charge. Toutes les collections ont quelque chose de Bosa : la *Famille du Pêcheur* est chez la princesse de Lichtenstein, sa *Pêche* chez le ministre d'Autriche Kolowrat. Qui veut avoir un souvenir des types populaires de Venise, des scènes comiques ou révélatrices des mœurs, qui en marquent si vivement la physionomie originale, doit s'adresser à ce jeune peintre, auquel la nature a donné tout l'esprit et l'observation nécessaires, pour exceller dans cette spécialité frappante. Son portefeuille est sans cesse pourvu de charmantes aquarelles dont les albums des voyageurs profiteront, pour emporter quelques traits de la physionomie morale de Venise.

(**B**) Le doge *Louis Pisani* succéda en 1735 à Charles Ruzzini. L'avénement dominant de son règne fut le traité de Vienne, qui mit fin à de longues guerres, et qui céda à l'Empereur Milan, Padoue et Parme.

L'empereur ayant bientôt déclaré Trieste port franc, et le pape ayant suivi cet exemple pour Ancône, Venise se vit tellement menacée dans son commerce, que la République fut obligée d'aviser à l'adoption de dispositions également libérales, bien qu'avec quelques modifications tendant à concilier les intérêts de l'État avec ceux du commerce. Le doge Louis Pisani eut donc la première initiative d'une mesure que l'époque présente a vu adoptée dans son entier et sans réserve, au grand avantage de la prospérité de Venise.

(**C**) Un monument en marbre vient d'être inauguré en mémoire du docteur Aglietti, dans une des salles de l'Athénée vénitienne, à *San Fantino*. C'est l'œuvre du sculpteur Ferrari.

Louis Ferrari de Venise, est regardé par l'accord des critiques comme un artiste appelé à occuper une place très éminente dans son art. Né en 1811 d'un père sculpteur de mérite, Louis Ferrari se révéla d'une façon déjà remarquable, par son beau groupe de *Laocoon*, exécuté en plâtre en 1837, et exposé à Milan dans la même année. Cette composition dans laquelle le jeune artiste devait être écrasé par la classique réputation du groupe antique, lui fit néanmoins tant d'honneur, que M. le comte Paolo Tosi, amateur judicieux des beaux-arts, en commanda l'exécution en marbre. Par malheur ce travail se trouva retardé par la perte du bâtiment qui apportait le bloc de marbre à Venise, et le comte Tosi étant mort dans l'intervalle, les héritiers, au lieu de la statue colossale, nécessaire à la majesté du sujet, ont modifié la commande en un groupe grand seulement comme nature. M. Ferrari y travaille en ce moment.

La *Mélancolie*, commandée par M. le chevalier Uboldi de Milan; — l'*Endymion*, pour la comtesse Erizzo-Maffei (statue dont l'exécution fut aussi retardée par la perte du navire qui apportait les marbres); — Un *David* commandé par M. Trévès, qui possède déjà l'*Ajax* et l'*Hector* de Canova; — Un bas-relief pour le tombeau de la feue princesse Jablanowsky; — Une Nymphe ; — L'ingénieux monument de madame Medin ; — Et plusieurs bustes remarquables parmi lesquels il faut surtout citer celui de la comtesse Thurn-Thunn, sont jusqu'à ce jour les principaux titres de M. Louis Ferrari, à la réputation déjà retentissante dont il jouit dans sa patrie*. Cet artiste n'est pas seulement le texte de brillantes espérances : son présent a déjà plus d'un titre à la célébrité, et il semble appelé à contribuer avec Canova, à faire succéder dans le XIX° siècle l'illustration sculpturale, à celle du pinceau, qui a rendu si glorieuse au XVI° la Venise artistique !

(m) Le palais Foscari offrirait à lui seul le texte de toute une histoire. Ses illustres propriétaires, les malheurs de l'un d'eux, les hôtes couronnés qu'il a abrités, pourraient défrayer tout un livre **.

Nous nous contenterons de citer une anecdote, et de tracer rapidement les derniers événements de la vie du doge François Foscari.

Ce prince se trouvant un jour dans son palais, entouré de grands personnages de Venise, fut frappé par un assassin appartenant à une grande famille dont le nom n'est pas encore éteint aujourd'hui.

Bien que le coupable fut à peu près reconnu comme aliéné, car il n'avait nul motif de haine contre le doge, on lui fit son procès, on le mit à la torture ; après quoi, François Foscari, qui, blessé légèrement, avait vainement demandé la grâce du coupable, dut assister à son exécution qui eut lieu sur une grande barque, amenée en face même du palais où avait eu lieu le crime.

Nous avons dit quelque chose, à propos de la place Saint-Marc, des fêtes éclatantes qui furent célébrées par le peuple à l'occasion du mariage de Jacques Foscari, fils du doge, avec une jeune patricienne. C'est ici le lieu de rapporter comment cette faveur trouva bientôt sa cruelle réaction et dans le peuple et dans le gouvernement même dont François Foscari était le chef.

Voici les faits :

Peu d'années après le mariage si pompeusement célébré par toute une ville, Jacques Foscari fut accusé d'avoir reçu des présents du duc de Milan, Philippe Visconti. C'était violer une des lois rigoureuses de la République. Tout crime prévu par la législation de l'État refoulait n'importe quel dignitaire, au rang de simple citoyen. François Foscari était toujours doge. Il fallut que le père présidât le tribunal devant lequel parut son fils.... Il fallut qu'il assistât donc aux tortures de la question qui lui fut appliquée ; qu'assis sous son dais d'or, ayant à ses côtés les terribles Dix, il prononçât lui-même l'arrêt qui condamnait l'imprudent jeune homme au bannissement perpétuel. L'arrêt du grand Conseil, daté du 20 février 1444, lui assignait pour lieu d'exil Naples de Romanie. Plus tard on changea le lieu du bannissement, et Jacques Foscari put venir demeurer à Trévise, mais avec l'obligation de se montrer tous les jours au gouverneur.

* Tous ces travaux ont leurs originaux en plâtre dans l'atelier de M. L. Ferrari, près l'arsenal ; nous ne saurions trop engager nos lecteurs à aller juger par eux-mêmes, du haut mérite de ces sculptures.

** Un écrivain qui a habité Venise, et un éditeur qui y a passé, s'étaient entendus pour publier un livre sur ce sujet, et dont la vente eut été destinée à apporter quelque amélioration dans la position des *dernières Foscari*. Nous ne pouvons dire d'où sont venus les obstacles qui se sont opposés à l'exécution de ce dessein.

Quelques années après son arrivée à Trévise, où sa femme avait eu permission de le rejoindre, un des membres du Conseil des Dix fut assassiné. Comme on avait vu rôder dans Venise un des valets de Jacques Foscari, cet homme fut arrêté et mis à la torture, mais les bourreaux n'en purent arracher aucun aveu. Alors on fit quérir Foscari lui-même, qui également soumis à la question la plus douloureuse, ne cessa pas d'affirmer son innocence. On ignore quelle nouvelle accusation, celle de magie, croyons-nous, s'étendit sur le patient, si fort dans les souffrances : ne voulant pas le renvoyer de l'accusation, n'osant pas non plus le mettre à mort, on changea le lieu de son exil ; il fut relégué à Canée. Malheureusement il écrivit de cette terre lointaine une lettre au nouveau duc de Milan, pour le supplier de s'intéresser à lui, au nom des services que le doge son père avait rendus à Sforza. Mais cette lettre, confiée à des mains infidèles, suivant quelques chroniqueurs, laissée traîner à dessein, pour motiver son rappel, suivant d'autres, fut remise au tribunal de Venise : dans tous les cas elle fut ravie par un espion des Dix attaché aux pas de l'exilé.

Comme réclamer la protection d'un prince étranger était un nouveau crime aux yeux du gouvernement de la République, une galère fût sur-le-champ expédiée pour chercher le coupable en si dangereuse récidive. Son père était toujours doge, c'est-à-dire chef apparent de l'État, dont la police exerçait toutes ses violences. Jacques Foscari fut soumis à l'estrapade. C'était la troisième fois que, son père régnant, ce malheureux subissait la torture. Il ne fut pas permis au vieux doge de faire observer que le fait dont son fils était accusé cette fois, étant patent et avéré, la torture était une cruauté sans motif et sans excuse !

Après la torture, la première sentence d'exil fut aggravée d'un an de prison. Pourtant, par considération pour le chef de l'État, on accorda au condamné de voir sa famille, avant de disparaître. Il fallut que cette touchante entrevue eût lieu en face des juges qui avaient prononcé la nouvelle sentence ; sans doute ceux-ci voulaient voir comment le doge supporterait cette scène de justice ou d'injustice. La dogaresse et la femme de Jacques Foscari furent amenées, et firent au condamné leurs déchirants adieux... Un père, une mère, l'un octogénaire, l'autre infirme, une jeune femme enfin pressèrent pour la dernière fois dans leurs bras ce corps tout disloqué par les tortures... Examiné, écouté des membres du conseil, le vieux Foscari eut le courage de répondre à son fils qui l'implorait d'user de son pouvoir pour adoucir le sort qui l'attendait :

— Non, mon fils... il faut respecter votre arrêt, et obéir sans murmurer à la République* !

Jacques Foscari fut arraché aux adieux de cette malheureuse famille, et embarqué sur le champ pour Candie.

---

* Un peintre d'un très beau talent, et qui ne peut qu'acquérir encore tous les jours, M. Gregoletti, a fait de ce sujet et de cette scène l'objet d'une grande composition, commandée par l'empereur d'Autriche, et qui a été récemment exposée au jugement des compatriotes de l'artiste. On a généralement reconnu dans ce tableau de hautes qualités de coloris, de dessin et d'expression. M. Gregoletti est un des artistes les plus hauts placés de la moderne école vénitienne, et les divers tableaux que nous connaissons de lui, nous rangent à l'avis de ceux qui le considèrent comme réservé à un très remarquable avenir.

Quelle force terrible avait donc la magistrature d'un État dont le chef était condamné à subir un si déchirant spectacle! à prononcer de telles paroles, qu'on serait tenté d'accuser de férocité! Était-ce vertu patriotique de la part du vieux doge, que cette soumission et cette circonspection! Si sa conduite et son langage révoltèrent ses entrailles de père, comment expliquer que la tyrannie eût obtenu de lui les mêmes résultats que la vertu!

Peu de temps après, on eut la preuve que Jacques Foscari était innocent de l'assassinat du membre des Dix. Mais le véritable coupable fut découvert trop tard... le malheureux était mort en prison *.

Peut-être convient-il, pour la liaison dramatique et historique des faits, de faire suivre ici le récit de ce qui arriva au vieux doge Foscari, après les cruels événements rapportés!

La famille des Lorédan était depuis long-temps en inimitié avec celle des Foscari. Jacques Lorédan, l'un des chefs du Conseil des Dix, semblait surtout l'ennemi personnel du vieux doge. Celui-ci avait essayé de faire cesser ces divisions, en offrant la main de sa fille pour un des fils de l'illustre amiral Pierre Lorédan. Cette offre avait été rejetée. De plus, dans toutes les affaires d'État, les Lorédan affectaient de se montrer en tous points hostiles à Foscari. Par malheur, il échappa un jour à celui-ci de dire que tant qu'il y aurait des Lorédan, il ne serait pas chef de l'État. Par une coïncidence qu'il faut déplorer et croire seulement malheureuse, l'amiral mourut presque brusquement peu de temps après, et fut presqu'aussitôt suivi au tombeau par son frère Marc Lorédan, lequel alors, en qualité d'avogador, instruisait un procès en accusation de péculat contre le gendre du doge.

Dès-lors, quelque vertueuse qu'eût toujours été sa vie, le vieux Foscari se vit secrètement accusé d'un double crime contre cette famille puissante. On raconte que Jacques Lorédan, fils de l'amiral mort, et qui se livrait au commerce comme le faisaient alors presque tous les patriciens de Venise, écrivit sur le livre de ses débiteurs cette formule :

« *Doit François Foscari, pour la mort de mon père et de mon oncle...* »

En face, une page blanche.

Ce Jacques Lorédan ayant été bientôt élu membre des Dix, et ensuite des Trois, ne songea plus qu'à poursuivre l'accomplissement de sa vengeance. Il profita de l'abattement dans lequel était tombé le vieux doge, depuis la fin déplorable de son fils, pour insinuer à ses collègues la nécessité de le priver de ses hautes fonctions. Le dogat était cependant un titre à vie, dont un jugement seul pouvait dépouiller celui qui en était revêtu. Lorédan ne se rebuta devant aucun obstacle, et réussit à ce que le Conseil engageât Foscari à offrir

* Par la manière dont M. Daru, ainsi que l'ouvrage anglais intitulé : *Esquisses de l'histoire de Venise*, ont présenté ces mêmes faits, il semblerait que la culpabilité du jeune Foscari ne fût pas parfaitement prouvée relativement au premier et au dernier des faits reprochés. M. Tiepolo, le consciencieux réfutateur de l'historien français, dit que l'odieux jeté sur le Conseil des Dix, à propos de cette condamnation, doit disparaître devant l'évidente infraction faite par le coupable aux lois de la République. Quant au rôle fort pénible que fut obligé de jouer François Foscari dans cette douloureuse affaire, le réfutateur de l'*Histoire de Venise* dit que sachant la condamnation juste, il fallait bien qu'il s'y résignât comme père, puisque c'était la conscience du doge qui parlait. M. Tiepolo cite toutes les pièces du procès à l'appui de sa réfutation.

sa démission. L'ayant deux fois présentée dans d'autres temps sans avoir pu réussir à la faire agréer, cette fois le vieux doge résolut de faire tête à ses ennemis, et il se refusa à ce qu'on exigeait de lui.

Lorédan redoubla d'ardeur, et fut si bien servi dans sa haine par quelques-uns de ses collègues, également ennemis de Foscari, que de nouvelles sommations ayant vainement été faites au doge pour qu'il se démît de sa charge, le Conseil en séance prononça bientôt que le chef de l'État était *relevé* de son serment, *déposé* de sa dignité, et dans l'obligation de quitter le palais sous huit jours.

Le jour même, Jacques Lorédan fut chargé de faire au doge la déclaration de l'arrêt du Conseil. Il se fit remettre l'anneau ducal qu'il brisa, tandis que le vieillard se dépouillait des insignes de la dignité qu'une odieuse violence lui faisait abdiquer. Dès le lendemain, François Foscari quitta le palais ducal qu'il avait habité pendant trente-cinq ans, au milieu de sa famille. Comme le peuple qui l'aimait l'attendait sur la Piazzetta, pour lui faire un cortége, le Conseil des Dix rendit sur-le-champ un arrêt, qui fût immédiatement proclamé du haut de la galerie, entre les deux colonnes rouges, lequel prescrivit la dispersion de la foule et le silence le plus absolu sur toute l'affaire... sous peine de mort.

Quelques jours après, les électeurs au conclave nommèrent au dogat Pascal Malipieri. Lorsque le 30 octobre 1457, la grosse cloche du campanille Saint-Marc sonna à toute volée pour signaler la nomination de son successeur, François Foscari s'avança sur son balcon pour s'assurer s'il ne se trompait pas; et là, frappé de la plus vive émotion, il tomba raide mort!

Il avait 84 ans.

Alors Jacques Lorédan rouvrit son grand livre, et écrivit sur la page en regard de celle où il avait inscrit la dette terrible qu'il attribuait à Foscari :

— *L'ha pagata!* — Il l'a payée!

(E) Lord Byron s'exprime ainsi sur son séjour à Venise dans ses lettres à son ami Thomas Moore, le célèbre auteur des *Amours des Anges* :

« J'ai loué de beaux appartements chez un marchand de Venise, qui est tout occupé d'affaires, et qui a une femme dans sa 22e année. Marianna (c'est son nom) a toute la légère élégance d'une Antilope : elle a ce grand œil noir oriental qui m'a toujours causé une si vive impression. Ses traits sont réguliers, son nez presqu'aquilin, sa bouche petite, son teint clair, sa peau veloutée avec un coloris fugitif, transparent; le front est remarquablement beau, ses cheveux du noir le plus brillant, sa taille légère, et par-dessus tout, c'est une fameuse cantatrice, scientifiquement parlant. »

Byron fut sérieusement amoureux du bel original de ce portrait. Ses lettres montrent à quel point la nouveauté du lieu et de ces mœurs étrangères s'était emparée de son imagination. Ce fut à grand'-peine qu'il se résolut à s'absenter assez long-temps pour rendre à Rome, la ville immortelle, cette visite rapide, qui a fait jaillir de sa verve un de ses plus beaux titres à l'immortalité.

Indépendamment de plusieurs aides pécuniaires au mari, qui avait fait de mauvaises affaires, il offrit à la dame une belle parure de diamants. Une anecdote, suivant Thomas Moore, prouve qu'elle était son excessive facilité et son indulgence envers ceux qui avaient gagné son cœur. Un écrin à vendre lui ayant été un jour apporté, il ne fut pas peu surpris d'y reconnaître les mêmes joyaux qu'il avait offerts peu de temps auparavant à Marianna, et qui, grâce à quelques circonstances peu sentimentales, étaient retournés chez le bijoutier.

Sans daigner s'enquérir des causes, il racheta l'écrin, et l'offrit de nouveau à la dame, lui faisant un gracieux reproche du peu de prix qu'elle paraissait mettre à ses dons. Il est probable que si elle avait agi ainsi, c'est au contraire parce qu'elle attachait à ces dons beaucoup *de prix*...

Sans doute cet incident aida le lord poète à trouver son logement peu convenable. Il entra donc en arrangement avec le comte Gritti, pour louer le palais de ce patricien sur le grand canal, au prix de deux cents louis par an. Mais une clause du contrat lui ayant déplu au moment de signer, il chercha ailleurs. La comtesse Mocenigo lui ayant fait offrir un des trois palais qu'elle possédait sur le même canal, il s'y établit durant l'été de 1818, et continua d'occuper une de ces demeures tout le temps qu'il resta à Venise.

Quelques anciens amis vénitiens de lord Byron, qui vivent encore, racontent que la cour de son palais était pleine de chiens, de singes, d'oiseaux de proie plus ou moins enchaînés, ce qui ne rendait pas sans danger toute tentative de visite nocturne non aidée de lanterne. Byron avait de ces animaux, des éperviers, des kakatoés, des macaques, jusque dans son appartement, et il s'en divertissait fort. On lit sur son journal alors rempli de toutes les préoccupations que lui donnaient les soulèvements politiques de l'Italie, ce paragraphe curieux : « Je m'aperçois que la corneille est boiteuse ! je ne conçois pas ce qui a pu lui arriver. — Quelque sot aura marché sur sa patte, je suppose. — Le faucon assez vif. — Les chats gras et bruyants. — Pour les singes, je ne les ai pas vus depuis qu'il fait froid. »

Et plus loin :

« Fait une correction aux apophthegmes de Bacon : — Battu la corneille qui volait la mangeaille du petit chat. »

Enfin, pour finir cet état de la ménagerie du noble poète, nous emprunterons à Shelley, son ami, les lignes qui suivent :

« Il y a ici (au palais Mocenigo) deux singes, cinq chats, huit chiens, une corneille, un épervier, des perroquets et un renard ; toute la bande se promène et voltige dans les appartements comme si chacun en était maître.. »

Il est à remarquer que la passion des animaux a été commune à tous les grands hommes d'études : Voltaire comme Beethoven raffolait des chats, Rousseau des oiseaux, Walter Scott des chiens, Shéridan des singes, Goëthe des petits poulets. Byron, qui dans sa première jeunesse aimait fort les oiseaux de proie, finit par avoir tous ces goûts, et pardessus tout celui des chevaux, qui chez lui fut une passion dont Venise, la ville du monde où le cheval peut le mieux être cru un animal fabuleux, dut s'arranger avec le secours des grèves du Lido.

(F) Un singulier hasard nous permet de citer ici une anecdote assez curieuse sur le premier chant de *Don Juan*, que Byron écrivit dans les premiers temps de sa résidence au palais Mocenigo. Voici les faits :

Il y a peu de jours, dans un dîner, la conversation tomba sur le séjour du lord-poète à Venise.

— Avez-vous lu *Don Juan* ? nous demanda assez bas un convive cité par son esprit et son amabilité, qui se trouvait assis près de nous.

— Beaucoup, Monsieur. — Vous rappelez-vous ce qui arriva au héros en Espagne ? — A Séville, cité célèbre par ses oranges et ses femmes... — Très bien. — Avec dona Julia, l'épouse du jaloux Alfonso ?... — Précisément ; vous êtes plein de mémoire ! — Le fait en vaut la peine. — Donc, Monsieur, vous vous rappelez où don Juan fut caché, tandis que le mari bouleversait les meubles pour trouver le galant qu'il croyait fermement dans sa place! — Je me le rappelle on ne peut plus... — Parfait!

— Eh bien, Monsieur, Byron n'a rien inventé : c'est là un fait historique...
— Vraiment? En Italie, peut-être? — En Italie, non loin de Venise. — Je savais l'aventure (continua notre voisin de table) et un soir je la racontai à Byron chez la comtesse Benzoni. Elle lui plut tant, qu'il me la lui fallut répéter cinq ou six fois, et les soirs suivants encore... Puis, un jour il me dit qu'il avait utilisé mon récit... Je le crois bien, Monsieur! il y avait puisé l'idée du poëme de *Don Juan!* et il avait fait de mon histoire le sujet de la première prouesse de son héros!

— De sorte, Monsieur, que c'est à cet épisode que nous devons à Byron une de ses œuvres les plus célèbres, et à coup sûr la plus longue et la plus amusante?

— Il l'a dit! — Et l'aventure a été racontée par lui telle qu'elle a eu lieu?
— Très fidèlement. — Et les héros vivaient à l'époque où Byron apprit la chose?
— Ils vivaient tous... et aujourd'hui, au moment où je vous raconte ce fait, deux d'entr'eux sont à Venise. — Parbleu, voilà qui est curieux!... Don Alfonso et don Juan? — Précisément ceux-là... — Et dona Julia? — Morte! Monsieur... répondit notre voisin d'un ton si triste que nous en fûmes frappé...
— L'anecdote est charmante!

— Je serais bien curieux de voir ce don Juan alors assez svelte, assez fluet pour se tenir caché à l'endroit où... — Eh! Monsieur, il n'a guère grandi... Voyez-le... Il vous verse à boire...

Et en disant ces mots, notre aimable voisin de table prit un flacon de Chypre avec lequel nous bûmes à la mémoire de Julia, qui se nommait sans doute Giulia, et dont le mari n'a jamais lu *Don Juan!*

(G) Il est notoire que la vie de lord Byron à Venise fut fort licencieuse. En quittant l'Angleterre, il s'était concentré en lui-même, opposant à la destinée une noble résistance ; et peut-être sa fermeté s'appuyait-elle sur son peu de sympathie pour ses compatriotes, et sur son indignation contre ceux qui l'avaient traité avec tant d'injustice. Il conservait peut-être aussi un reste de tendresse pour sa femme, et un vague espoir que tout se pourrait pacifier. Mais, quand ses nouvelles tentatives pour une réconciliation avec lady Byron eurent échoué, quand le dernier lien qui l'attachait à sa patrie fut rompu, quand malgré la vie paisible et irréprochable qu'il avait menée à Genève, il trouva que la guerre déloyale et calomnieuse faite à son caractère ne se ralentissait pas, que le même espionnage mesquin et faux qui l'avait persécuté dans ses foyers suivait sa piste dans l'exil, interprétant d'après de cruelles données le silence de ses amis absents, il ne vit plus partout qu'offenses, outrages, ennemis et calomniateurs. Alors se regardant comme banni, hors la loi, *fatigué de son innocence,* il se jeta dans le désespoir, résolu, puisqu'il n'avait pu forcer ses compatriotes à rendre justice à ce qu'il avait de bon, d'élevé dans sa nature, à se donner la satisfaction dangereuse de mettre leur haine au défi, de les braver, de les choquer dans toutes leurs idées de convenances et de décorum... C'est, suivant l'opinion de ceux qui l'ont le mieux connu, à ce sentiment, plutôt qu'à une tendance dépravée, qu'il faut attribuer les extravagances auxquelles il se livra, à Venise, pendant un laps de temps qui, disons-le vite, fut fort court. Ses excès furent de la bravade ; et, chose étrange !

comme si ces excès eussent enflammé sa brûlante intelligence, jamais Byron n'eut plus d'éclat dans le génie que durant cette période si retentissante de ses exaltations et de ses erreurs !

Ces prolégomènes rapides nous ont paru nécessaires, sinon pour faire excuser, du moins pour faire comprendre en partie le train de vie que mena lord Byron au palais Mocenigo particulièrement, et sans autre soudure littéraire pour rattacher l'exposé aux faits, nous en arriverons à la partie anecdotique qu'il peut être intéressant au lecteur de connaître ou de se rappeler, sur les lieux mêmes où s'est écoulée cette phase singulière de la vie d'un des hommes les plus célèbres des temps modernes.

Dans une de ses lettres à Moore, il écrivait ce trait de mœurs populaires, qui a son intérêt particulier dans un livre de la nature de celui-ci :

« C'est un étrange peuple. L'autre jour je disais à une jeune fille : Il ne faut pas que vous veniez demain, parce que Margarita* vient à telle heure, (elles ont toutes deux cinq pieds dix pouces *anglais*, de grands yeux noirs, de belles tailles, faites pour servir de souches à une race de gladiateurs, et j'avais déjà eu quelque peine à les empêcher d'en venir aux mains dans une rencontre précédente). La réponse fut une énergique déclaration d'hostilités contre l'autre, et elle ajouta que leur guerre serait une véritable « *guerra di Candia...* » — N'est-il pas remarquable que les plus basses classes de Venise, hommes et femmes, fassent ainsi de constantes allusions proverbiales à cette célèbre lutte, si glorieuse et si fatale à la République ! »

Cette Margarita fut longtemps la sultane favorite ou plutôt la plus remarquable odalisque du harem de Byron. Elle reçut le surnom de *Fornarina*, de la profession de son mari, moitié meunier, moitié boulanger. Un portrait de cette virago aura son intérêt, puisque ce fut elle qui causa en majeure partie les scandales du palais Mocenigo. Nous ne saurions mieux faire que de laisser parler Byron lui-même :

« Puisque vous désirez savoir l'histoire de Margarita Cogni, je vous la dirai, écrivait-il à un de ses amis.

» Un soir d'été, en 1817, H*** et moi nous promenions à cheval sur les bords de la Brenta, lorsque nous nous avisâmes de remarquer, dans un groupe de paysans, deux filles, les plus jolies peut-être que nous eussions jamais vues. Vers ce temps, il y avait eu grande détresse dans le pays (la Mira) et j'avais donné quelques secours. On se fait avec peu, dans le pays, un grand renom de générosité, et la mienne avait probablement été exagérée, parce que j'étais Anglais. Je ne sais si les femmes remarquèrent que nous les regardions, mais l'une d'elles me cria en vénitien : Pourquoi, vous qui soulagez les autres, ne pensez-vous pas à nous ? — Je me retournai et lui répondis : *Cara, tu sei troppo bella e giovane per aver bisogno del soccorso mio***! Si vous voyiez

---

* Il va être parlé de cette Margarita.

** Lord Byron parlait facilement l'italien, mais il avoue ce qui suit dans une de ses lettres : « Je l'écris négligemment et incorrectement au dernier point. » Ailleurs il dit que son italien écrit est « de véritable *Toscan-Etrusque.* » Pourtant il comptait sans doute se rendre plus tard parfaitement maître de cette langue écrite, car il dit quelque part : « C'est en italien que je prétends composer mon meilleur ouvrage, mais il me faudra bien dix ans pour me rendre suffisamment maître de cette langue. Alors si ma fantaisie et moi, sommes encore de ce monde, j'essaierai ce que je peux réellement faire. »

ma cabane et mon pain, vous ne parleriez pas ainsi, répondit-elle. Ce fut tout pour ce soir-là. A quelques soirs de là, nous les rencontrâmes de nouveau. Nous causâmes. Margarita était mariée, l'autre non. Bref, en peu de rencontres nous fûmes au mieux, et pendant un long espace de temps, elle conserva seule sur moi un ascendant qui lui fut disputé souvent, mais jamais enlevé.

» La raison de cette puissance était en grande partie physique. Son visage était du plus beau type vénitien du vieux temps, de magnifiques yeux noirs, une taille élégante, bien que peut-être un peu trop grande, et vingt-deux ans.

» Elle était d'ailleurs Vénitienne dans toute la force du terme, dialecte, pensées, manières, tout ; ayant au dernier point la naïveté et la gaîté *pantalonne* du pays. Puis elle ne savait ni lire ni écrire, et ne pouvait par conséquent me harceler de lettres, excepté deux fois, où n'ayant pu la recevoir, parce que j'étais malade, elle se fit fabriquer une épître pour ses douze sous, par l'écrivain public de la porte du palais ducal. Sous d'autres rapports, elle était un peu féroce et *prépotente*, c'est-à-dire tyrannique. Accoutumée à se frayer son chemin quand cela lui convenait, sans considération de temps, de lieu, de personnes, si elle trouvait quelque femme sur sa route, elle la renversait d'un coup de poing...

» ... Quand je revins à Venise, l'hiver, elle m'y suivit, et comme elle se savait en faveur, elle me venait voir très fréquemment. Mais son amour-propre était désordonné, et elle n'endurait aucune femme à la *cavalchina*, bal masqué de la dernière nuit du carnaval, où tout le monde va ; elle arracha le masque de madame C*** *, dame de naissance noble et de conduite très régulière, uniquement pour voir à qui je donnais le bras. Vous pouvez vous imaginer quel esclandre ! Mais ce ne fut là qu'une de ses moindres incartades.

» Elle finit par se quereller avec son mari, et se sauva chez moi un beau soir. Je lui dis que cela ne pouvait se passer ainsi ; elle répondit qu'elle coucherait dans la rue, mais qu'elle ne s'en retournerait pas ; qu'il la battait (pauvre tigresse !) et dépensait son argent. Attendu qu'il était minuit, je consentis à ce qu'elle restât ; mais le lendemain venu, il n'y eut plus moyen de la faire déguerpir. Son mari accourut, rugissant, criant, pleurant, et la suppliant de revenir. « Non, certes ! » s'écria-t-elle. Alors il en appela à la police, qui en appela à moi. Je dis aux uns et aux autres de la reprendre, que je n'avais que faire d'elle, qu'elle était venue d'elle-même, que je ne pouvais la jeter par la fenêtre. Elle alla plaider sa cause devant le commissaire, mais on la contraignit de retourner avec ce *becco etico*, comme elle appelait le cher homme, qui avait une phthisie. Mais peu de jours après, elle se sauva de nouveau. Enfin, après force tapage, elle s'établit chez moi, réellement et littéralement sans mon consentement, mais grâce à mon indolence et à mon impossibilité de garder mon sérieux, car si je commençais par me mettre en fureur, elle finissait toujours par me faire rire avec quelque pantalonnade vénitienne, ou quelque tour de sa façon, et la bohémienne savait bien s'y prendre. Elle connaissait ses moyens de persuasion, et les exerçait avec le tact et le succès habituels à la gent féminine : nobles ou roturières, c'est tout un.

» Madame B... la prit sous sa protection ; alors la tête lui tourna. Elle était toujours dans les extrêmes, pleurant ou riant, et si féroce dans ses colères, qu'elle devenait la terreur des hommes et des enfants. C'était, avec la force

---

* Nous supprimons le nom qui est des plus hauts placés.

d'une amazone, le caractère d'une Médée... un bel animal tout à fait indomptable. J'étais la seule personne qui eut quelqu'empire sur elle, et quand elle me voyait tout de bon en colère (ce qu'on m'assure être un effrayant spectacle) elle s'apaisait. Elle avait un millier de caprices ; sous son *fazziolo*, costume du plus bas ordre, elle était charmante. Mais, hélas ! elle soupirait après un *chapeau à plumes*, et tout ce que je pus dire ou faire (et je disais beaucoup) ne put prévenir ce travestissement. Je jetai le premier chapeau au feu, le second au canal ; mais je me fatiguai d'en brûler et d'en noyer, avant qu'elle se lassât d'en acheter, et de faire ainsi d'elle-même une véritable caricature, car ils ne lui allaient pas du tout...

» Ensuite il lui fallut des robes *à queues*... comme aux *donne* de théâtre, ma foi ! Rien ne pouvait la contenter que l'habit *colla coua*, ou *cua*, et comme sa maudite prononciation de ce mot ne manquait jamais de me faire rire, et que là se terminait toute controverse, elle en vint à ses fins, et traîna après elle, dans mes chambres, dans les escaliers, la cour et partout cette diable de queue...

» Elle battait les femmes de ma maison, et retenait mes lettres. Je la surpris un jour en méditation sur une d'elles. Elle cherchait d'ordinaire à découvrir par la forme si elles étaient d'une femme, se lamentait sur son ignorance, et s'était mise résolument à apprendre son alphabet, dans le but, comme elle le déclara, d'ouvrir toutes mes lettres, s'imaginant que la connaissance des signes alphabétiques suffisait pour comprendre toutes les langues.

» Il ne faut pas que j'omette de rendre justice à ses qualités de ménagère : dès qu'elle fut entrée dans ma maison comme *donna di governo*, les dépenses furent réduites de plus de moitié, et chacun fit mieux son devoir. Les appartements furent plus en ordre, ainsi que toutes choses et toutes gens, elle exceptée.

» Qu'avec toute cette extravagance, elle eut assez d'affection pour moi à sa sauvage manière, c'est ce que j'ai plusieurs raisons de croire, et j'en raconterai une. Un jour d'automne, allant au Lido avec mes gondoliers, nous fûmes surpris par une bourrasque, et la gondole courut des dangers. Les chapeaux étaient emportés, le bateau se remplissait d'eau, les rames étaient perdues, une mer roulante, le tonnerre, la pluie à verse, la nuit s'épaississant et un vent furieux. Au retour, après une lutte terrible, je la trouvai en plein air sur les marches du palais Mocenigo, au bord du grand canal ; ses yeux noirs étincelaient à travers ses larmes, ses longs cheveux de jais détachés, trempés de pluie, couvraient son front et son sein... Exposée en plein à l'orage, le vent qui s'engouffrait dans ses habits et sa chevelure, les roulait autour de sa taille élancée... L'éclair tourbillonnait sur sa tête, et les vagues mugissaient à ses pieds. Elle avait tout l'aspect d'une Médée descendue de son char, ou d'une sybille conjurant la tempête qui grondait à l'entour : seule chose vivante à portée de voix en ce moment, excepté nous... *.

« Me voyant sain et sauf descendre sur le perron du palais, voici comment elle me vociféra la bien-venue : *Ah! can della madonna! questo è il tempo per andar al Lido?* (Ah! chien de la madone, est-ce là un temps pour aller

---

* Quelque peintre n'aura-t-il pas la fantaisie de colorer l'esquisse ici tracée par le poëte ?

au Lido?) puis elle se sauva dans la maison, et se soulagea en grondant les gondoliers de n'avoir pas prévu le *temporale*. Je sus qu'elle avait fait le diable pour venir à mon secours, et que le refus de tous les gondoliers du canal l'avait seul empêchée de sortir du port pour me chercher en bateau. Qu'alors elle s'était assise au bas des marches pendant le plus fort de la rafale, sans que rien put réussir à la calmer ou à la décider de bouger de là. Sa joie en me retrouvant était mêlée de férocité, et donnait tout à fait l'idée des transports d'une tigresse bondissant sur ses petits… *.

« Cependant le règne de Marianna Cogni tirait à sa fin. Quelques mois après, elle était devenue tout-à-fait ingouvernable, et un concert de plaintes, quelques-unes fondées, d'autres ne l'étant pas (un favori n'a pas d'amis) me décida à m'en séparer. Je lui dis paisiblement qu'il fallait qu'elle retournât chez elle, (elle avait assez gagné à mon service pour pourvoir à ses propres besoins, à ceux de sa mère, etc.) elle refusa de quitter la maison. Je fus ferme ; elle me menaça de couteaux, de vengeance, etc. Je lui dis qu'avant qu'il fût question d'elle, j'avais vu jouer les couteaux, et que s'il lui plaisait de commencer, il y avait sur la table couteaux et fourchettes à son service, et qu'elle ne réussirait pas à m'intimider. Le lendemain, pendant que je dînais, elle entra (ayant par manière de prologue brisé la porte à glaces), et marchant droit à la table, elle m'arracha mon couteau, me taillant quelque peu le pouce dans l'opération. Voulait-elle s'en servir contre elle ou contre moi?... Je ne sais.... Fletcher, mon valet de chambre, l'ayant prise par les deux bras, la désarma. J'appelai alors mes bateliers et leur dis de préparer la gondole, et de la reconduire chez elle, en veillant soigneusement à ce qu'elle ne se fît aucun mal en route. Elle sembla se calmer et descendit l'escalier tranquillement : je me remis à dîner.

« Tout-à-coup, nous entendîmes un grand bruit. Je sortis, et je trouvai sur le palier les hommes qui la rapportaient : elle s'était jetée dans le canal !...

« Je ne crois pas qu'elle eût le projet de se détruire, mais si l'on songe qu'il était tard, la nuit noire, et qu'il faisait très froid, il semblerait pourtant qu'elle eût quelque diabolique envie de ce genre. On l'avait retirée sans trop de mal, si ce n'est l'eau salée qu'elle avait bue et le bain froid qu'elle avait pris.

« Je devinai son intention de s'impatroniser de nouveau chez moi, et envoyai chercher un médecin auquel je demandai combien il faudrait d'heures pour qu'elle se remît de cette crise. Il le dit. J'exprimai alors avec fermeté mon inébranlable résolution : « Je vous laisse ce temps, lui dis-je, et si ensuite vous ne quittez pas la maison, c'est moi qui la quitterai. »

« Tous mes gens étaient consternés ; de tout temps elle leur avait fait peur, ils me priaient, comme une meute de badauds et de poltrons qu'ils étaient, d'envoyer à la police, de me faire garder, etc., etc. Je n'en fis rien, persuadé que je pouvais tout aussi bien finir de cette manière-là que d'une autre. D'ailleurs j'avais déjà eu à traiter avec des mégères, et je connaissais leurs allures.

---

* Persuadé de l'intérêt que ces détails curieux doivent offrir au lecteur, nous n'hésitons pas à épuiser le récit de lord Byron lui-même, en rapportant un dernier trait qui fit tant de sensation à Venise, et que les échos lointains ont mal répété.

« Je l'envoyai tranquillement chez elle, après son rétablissement, et je ne l'ai jamais revue depuis, excepté deux fois au théâtre, dans la foule. Elle fit encore quelques tentatives pour revenir, mais sans violence. Voilà l'histoire de Margarita Cogni dans tout ce qui a quelque rapport avec moi.

« J'ai oublié de dire qu'elle était fort dévote, et se signait dès qu'elle entendait sonner l'Angelus. »

Peut-être quelque lecteur sera-t-il tenté de remarquer que les souvenirs de Byron ont dans ce livre une part disproportionnée avec ce qu'annonce le titre ; mais notre plan a été, avant tout, de ne rien négliger de ce qui nous semble avoir pour le voyageur quelqu'intérêt, même indirect au cours rigoureux de l'ouvrage. Nous avons essayé, dans plus d'une circonstance, de fournir au touriste les éléments oubliés de causeries, dans une ville ou sur une ville, qui ne peut qu'ajouter à la célébrité dont jouissaient déjà les grands hommes qui l'ont habitée. De ceux-là est Byron. Et puis, nous le dirons franchement, ce poëte et cet homme infusés dans un des plus beaux noms qui soient, a toujours eu toute notre sympathie. Nous n'avons jamais senti de mesquines passions, ni de susceptibilité peut-être permise, à propos de ses dédains plus risibles que sérieux, contre notre langue et notre littérature, qu'il se flattait trop de ne pas connaître, pour ne s'en pas régaler en cachette. Une pareille affectation à l'égard d'un pays qui a eu et qui a encore incontestablement une des premières littératures de l'Europe (nous pourrions citer l'illustre Goëthe, qui a dit la première.... Mais il allait bien à ce génie immense de parler ainsi !) un si grotesque mépris n'est ni chose à courroucer, ni à discuter, ni à blâmer, ni à inspirer des idées de vengeance : c'est à en rire, ne s'y pas arrêter, et passer sur-le-champ de la page où sont ces lignes absurdes et pâles à celles où le poëte redevient lui-même pour l'admirer !

Il faut être plus généreux, d'abord parce que cela sied à toute plume qui formule sa pensée dans la langue que voici, et ensuite par égoïsme et pour soi-même : aboyer contre cette ombre gigantesque, en s'emparant des prétextes que pouvait offrir sa vie de Venise ; essayer de démolir la statue du poëte, en l'accablant des morceaux de l'idole privée, que ses compatriotes ont eux-mêmes renversée, eut été chose aussi mesquine et de mauvais goût que le serait la plume d'un historien des guerres impériales, qui dénierait aux Anglais toute gloire et tout courage, parce que leurs flottes ont quelquefois accablé les nôtres, dont les débris s'en vengeaient si bien du reste dans les rencontres partielles : cette mission d'iconoclaste ne saurait nous convenir. Nous ne voudrions pas faire ici pour un homme qui n'aimait pas la France, ce qu'ailleurs dans des pages historiques, nous n'avons pas fait pour une nation. — Et, puisque la note est ouverte à Byron, épuisons ce que nous trouvons à en dire relativement à son séjour à Venise, avant de clore la page dont son nom nous semble devoir forcer l'intérêt.

Avant de reproduire dans ce volume des pages à propos desquelles l'initiative d'indiscrétion a eu ses auteurs responsables, nous avons voulu savoir à quoi nous en tenir sur la femme qui vient d'y jouer un rôle si fantasque et si local, et qui vit toujours. Dans le cours de nos *Villeggiatures*, aux environs de Venise, nous avons cherché Magarita Cogni, et nous l'avons trouvée. C'est en nous étant bien assuré que la condition où elle vit, la nature de ses idées actuelles et l'obscurité de sa retraite rendraient sans conséquence fâcheuse pour elle la reproduction du récit de Byron, dans un livre fait pour être répandu dans son pays, que nous avons donné place à ce qui la concerne. Dans d'autres circonstances, notre envie de répéter où de raconter s'est respectueusement arrêtée devant des barrières morales que nous semblaient imposer les convenances ; la dernière et la plus célèbre liaison du lord-poète en est l'exemple *.

Ce fut après s'être débarrassé du *bel animal fougueux*, comme il l'a appelé, que Byron ressentit les premières atteintes de cet amour tout différent des précédents par sa durée et son caractère qui vint s'emparer de son âme pour la remplir pendant tout le reste de sa trop courte carrière. Il rencontra pour la première fois l'objet de ce seul et réel grand amour de sa vie, dans l'automne de 1818, chez la comtesse Albrizzi. Elle sortait du couvent pour entrer dans le mariage avec un vieillard, et avait dix-huit ans. L'embrasement de ces deux cœurs fut instantané. La vie extravagante de Byron cessa. Cette jeune femme, une des plus belles qui fut en Italie, et aussi une des plus aimables, opéra cette réforme par quelques regards. Ceux qui ont prétendu que la Comtesse*** était une femme d'intelligence ordinaire n'ont certainement pas lu les pages écrites par elle et publiées par Thomas Moore, pour se prononcer d'une façon si injuste. Son style révèle au contraire le plus fin sentiment d'observation, uni aux plus belles facultés du cœur. Une femme ordinaire n'eût pas eu sur Byron l'immense empire qu'obtint la Comtesse, jusqu'au point de lui faire abandonner la poursuite de son œuvre favorite, *Don Juan*, dont les premiers chants avaient été accueillis avec tant d'enthousiasme en Angleterre.

A dater du développement de cette grande passion, le lord-poète n'habite plus Venise qu'accidentellement, et il finit par l'abandonner tout-à-fait, pour se fixer à Ravenne : nous n'aurions plus le prétexte de l'opportunité locale pour suivre l'auteur de *Marino Faliero* dans les lagunes, et ces lignes ne sont point une biographie. Ce fut sous le prétexte d'aller visiter le *tombeau du Dante* qu'il émigra pour ce nouveau séjour ; c'était en juin 1818. On sait que ce fût sur la demande de son amie de composer quelque chose sur le grand poète italien, qu'il écrivit *La vision du Dante*. Le sujet est un coup-d'œil sur l'Italie à travers les siècles jusqu'à nos jours. Il y fait parler le Dante en personne avant de mourir, et il embrasse tous les faits dans une vue prophétique, comme la Cassandre de *Lycophon*.

Finissons par un portrait physique de lord Byron, à l'époque où il habitait Venise. C'est son ami Thomas Moore qui a tracé ce portrait du poète alors âgé de trente-trois ans.

« Il serait impossible de donner à ceux qui n'ont jamais senti le charme sé-

---

* Margarita Cogni est aujourd'hui une femme de marin de cinquante ans, grande, forte, prouvant encore combien elle a été belle. Ses cheveux grisonnent, son œil est toujours vif. Elle est veuve, et habite à quelques milles en terre ferme. Les bornes de ce livre empêchent de dire tout ce qu'a encore d'intéressant la manière dont elle parle de son illustre amant et maître. D'ailleurs on ne saurait sans mal faire envoyer des curieux importuner cette femme.—On sait, ce que Byron n'a pas dit, qu'au temps où elle s'était installée au palais Mocenigo, son mari vint cinq ou six fois faire tapage pour la reprendre. On avait remarqué que ces velléités matrimoniales lui prenaient particulièrement aux jours où les affaires allaient mal et que la farine manquait. On devine bien que le *Becco Etico* s'en allait radouci d'humeur et le gousset garni, ce qui donnait quelques semaines de répit à la *tigresse*. Byron fut toujours des plus généreux avec ces femmes et leur entourage.

ducteur de ses manières, la moindre idée de ce qu'il devenait sous l'influence de ses émotions d'amitié et de joie. Je fus très frappé du changement qui s'était opéré en lui : il avait beaucoup engraissé de corps et de visage. Ses traits en grossissant avaient perdu quelque chose de la délicate finesse qui les distinguait; les moustaches qu'il avait adoptées depuis peu, pour s'être entendu accuser d'avoir une *faccia di musico*, ainsi que la longueur de ses cheveux bouclés sur son col, qu'il avait des plus beaux ; la coupe nouvelle enfin de ses vêtements, tout se réunissait pour produire cette dissemblance qui m'avait tout d'abord frappée. Il était toujours cependant bien remarquablement beau, et en échange de ce que ses traits pouvaient avoir perdu en idéal, ils avaient gagné cette expression de maligne et badine sagesse, ce tour épicurien de gaîté caustique, qu'il a montré comme une des nouvelles faces de sa nature, douée avec tant de prodigalité. La rondeur des contours rendait aussi plus frappante la ressemblance de son menton et de sa bouche, si admirablement dessinée, avec la portion inférieure du visage de l'Apollon du Belvédère...»

Jamais on ne vit Byron marcher dans les rues de Venise, et plusieurs personnes affirment que ce n'est que d'une fenêtre qu'il ait jamais contemplé les merveilles de la place Saint-Marc, tant il craignait de laisser voir son infirmité (tout le monde sait que Byron boitait); pourtant il nous semble impossible de ne pas supposer qu'il ait souvent admiré les beautés de Venise, la nuit, aux heures où cette cité merveilleuse gagne encore en majesté et en poésie....., et alors que la solitude des rues et des places rassurait pleinement sa coquetterie.

A l'époque où il habitait Venise, Byron selon Moore, avait environ cent mille francs de rentes (quatre mille livres sterling); plus, le produit de ses travaux, et alors il travaillait beaucoup. Il faut dire qu'il était du plus convenable avec le fameux Murray son éditeur et ami, et plusieurs fois il lui arriva de diminuer le prix convenu d'un ouvrage, parce que le déchaînement de la critique lui semblait devoir nuire à sa vente. Un quart de ses revenus était employé à des actes de bienfaisance, ayant une foule de gens auxquels il faisait des pensions mensuelles.

Les salons qu'il fréquentait le plus souvent à Venise, furent ceux des dames Albrizzi et Benzoni. La première, aimable et spirituel auteur des *portraits* (*Ritratti*), charmante œuvre littéraire dans laquelle Byron refusa assez grossièrement de figurer, avait été surnommée par le poète *la Staël de l'Italie*. La comtesse Benzoni, morte en 1839 seulement, est l'héroïne de la *Canzonetta* très en vogue à Venise : *la Biondina in Gondoletta*, qui sous l'accent badin du dialecte vénitien, disait les vérités au fantasque lord. Ce fut chez la comtesse Benzoni, et par elle que lord Byron fut présenté à la comtesse G*** qui devait jouer un si grand rôle dans le reste de sa courte vie [1].

Parmi un grand nombre de Vénitiens ou habitants de Venise qui ont approché lord Byron, M. le chevalier Mengaldo, aujourd'hui avocat très distingué, était de son intimité particulière. Byron cite plusieurs fois M. Mengaldo dans ses mémoires et correspondances. En quittant Venise il lui laissa, comme souvenir de son amitié, une croix de la Légion-d'Honneur, achetée

---

[1] La comtesse G*** vit toujours, elle a fort attiré l'attention à Paris, où elle a fait divers séjours. Il paraît qu'elle s'occupe, ou s'est occupée d'une traduction en italien de quelques parties des œuvres de son illustre ami.

par lui d'un soldat anglais qui l'avait trouvée sur le champ de bataille de Waterloo... Cette relique est d'autant mieux placée entre les mains de M. Mengaldo, que lui-même a été décoré par Napoléon.

On sait que s'étant enflammé d'enthousiasme pour la cause des Grecs, cet illustre poëte mourut à Missolonghi, âgé de trente-six ans à peine, le 18 avril 1824, c'est-à-dire cinq ans après avoir quitté Venise. Ses derniers mots furent, en parlant de la Grèce, pour la sainte cause de laquelle il s'était si complétement dévoué : « Je lui ai donné mon temps, ma fortune, ma santé... Maintenant je lui donne ma vie. »

Le frère de la comtesse G*** reçut le dernier soupir de lord Byron *.

Par une coïncidence singulière, le jour où nous écrivons les lignes précédentes, nous trouvons dans un journal anglais le passage qui suit, extrait du *Morning-Post*, 22 octobre, 1842.

« Lady Noël Byron, veuve de lord Byron, a loué une villa près d'Esthers, appelée *Moore-Place*. Cette dame y vit dans une retraite absolue ; seulement elle rend quelquefois visite à la comtesse de Lovelace, sa fille. »

(**) Nous disons à propos du tableau de Paul Véronèse, représentant *la Famille de Darius aux pieds d'Alexandre*, que l'anachronisme des lieux et des costumes fut le système, le travers, peut-être même le défaut de l'école italienne. Nous savons que bon nombre de personnes traitent ce système avec une indulgence approbative.... pour nous, nous ne saurions voir les choses ainsi. Les peintres vénitiens sont assez grands pour qu'on puisse leur dire leurs vérités, et les flagorneries sont niaises à de pareilles gloires. En effet, ces maîtres, les plus illustres particulièrement, ont, dirait-on, affecté de placer leurs personnages vénitiens, sénateurs, guerriers, grandes dames, dans les compositions les moins susceptibles de recevoir ces comparses. Les tableaux religieux offrent ce criant anachronisme aussi bien que les toiles mythologiques. Religion sacrée, religion païenne, tout empruntait son vestiaire aux siècles républicains de la Vénétie, encore pour quelques mille ans enfouis dans les limbes de l'avenir. Les vierges de l'Évangile ont une cour d'avogadors et de patriciens. Il vaudrait mieux les appeler *Vierges-Vénitiennes*. Peu s'en faut que la *fuite en Egypte* de la sainte Famille ne s'effectue en gondole, et que la récolte de la *Manne dans le désert* n'ait lieu sur les sables du Lido. Pourquoi pas je vous prie? *L'Annonciation de la Vierge* de Véronèse se passe bien dans le vestibule d'un palais vénitien, armorié comme si la Vierge eut porté de *cinople écartelé de gueules, aux trois Bésans d'or, avec couronne comtale* **!

Le chemin de l'anachronisme n'a pas de limite. Il s'étend où l'on veut ; le caprice, l'ignorance, en reculent à leur gré l'horizon. Chez les artistes vénitiens, ce n'était que le caprice. Ils étaient si fiers, et avaient si bien le droit de l'être, de leur glorieuse patrie, qu'ils voulaient localiser même les œuvres

---

* M. Nicolini, poëte florentin, a publié une *vie de lord Byron*, laquelle entre dans de grands détails sur l'intérieur du poëte. Nous sommes restés pour nos emprunts biographiques et anecdotiques entre ceux qu'ont écrit lord Byron lui-même, et Thomas Moore, son ami et confident. Beaucoup des faits que cite longuement M. Nicolini ont été puisés aux mêmes sources.

** Au reste Raphael place la majorité de ses scenes *bibliques* dans de l'architecture *grecque*...

de l'art, pour les rattacher à elle, comme les œuvres guerrières qui en emanaient. Peut-être est-ce la leur raison ; ce serait une raison si noble, qu'il resterait peu de chose à lui opposer. Attribuer ce système à l'ignorance est impossible ; les artistes étaient tous voyageurs, s'ils n'avaient pas déjà la peinture pour les renseigner sur les costumes des nations et des temps passés, ils avaient la sculpture ; les statues, les bas-reliefs ; par ailleurs, les mosaïques et quelques fresques. Lacédémone, Sparte, Athènes et Rome ont laissé les figures de leurs grands hommes, et Titien ne pouvait être embarrassé pour habiller Caligula ou Néron ; la preuve de cela, c'est que son immense amour pour l'anachronisme des costumes lui a fait mettre quelque part un accessoire qui révèle ce qu'il eût pu faire s'il l'avait voulu. Dans sa *Présentation de la petite Vierge au Temple*, l'une des plus belles œuvres à l'Académie des Beaux-Arts, après avoir encombré une partie du tableau de sénateurs vénitiens et de procurateurs de Saint-Marc faisant cortège à sainte Anne et à la Vierge, il jette dans un angle de sa toile, pour faire diversion à l'ombre uniforme d'un escalier, un débris de statue, un torse.... romain. C'est l'extravagance du caprice, ou le caprice érigé en système déterminé.

Nul doute que ce ne soit le parti pris de l'anachronisme des lieux et des costumes, qui donne à l'école vénitienne cette teinte matérielle dont elle ne saurait se défaire même dans ses œuvres les plus idéales. D'ailleurs, elle veut absolument qu'il en soit ainsi. Il y a toujours un chat qui joue avec un coin de nappe, ou avec le fruit tombé de la table de la Cène. — *Vénus* ne peut se passer d'un affreux singe accroupi à l'ombre de la couche moyen-âge, où s'étalent les idéalités de sa voluptueuse beauté. Chaque rose a son ver...., chaque cristal des eaux son limon. Chrétien ou païen, tout personnage céleste pose un pied sur la terre.

(a) Pierre Grimani fut couronné doge en 1741, succédant à Louis Pisani. Son règne fut rempli de guerres fort actives et fort sérieuses, dont nous devons dire quelque chose, car leurs conséquences se rattachent tout directement à la fondation de la présente maison régnante d'Autriche, et par conséquent le lecteur les trouvera ici fort à leur place. Voici l'exposé rapide des faits. La mort de Charles VI ayant fait passer la couronne d'Autriche sur la tête de *Marie-Thérèse*, alors reine de Hongrie et femme du grand-duc de Toscane, *François de Lorraine*, les puissances étrangères voulurent s'opposer à cette succession, que l'empereur mourant avait réglée ainsi à défaut d'héritier mâle, afin d'éviter les conflits, les révolutions qui ne pouvaient manquer de s'élever autour d'un héritage royal sans destinataire direct et fixe. Mais l'Espagne, la Bavière, la Saxe, la Prusse, la Pologne et la Sardaigne, qui toutes avaient des prétendants à opposer à Marie-Thérèse, ou qui espéraient gagner quelque province dans la bagarre, s'opposèrent à ce que le vœu de Charles VI fût accompli en faveur de sa fille. La France elle-même se trouva entraînée à prendre parti, et la lutte commença avec fureur. La République de Venise, vivement sollicitée de prendre aussi part à la guerre, voulut conserver sa neutralité, ayant assez à s'occuper par ailleurs de la surveillance des Turcs. Pierre Grimani, le doge, s'efforça, par des discours que l'histoire a conservés, d'annuler quelques voix qui votaient pour que Venise prît cause dans la lutte.

Au milieu de la confusion des événements, l'électeur de Bavière se trouva un moment élevé à l'empire, sous le nom de Charles VII. Mais la cour de Vienne ayant protesté contre cette élection, les puissances coalisées attaquerent de tous côtés l'Autriche, qui, aidée de la Hongrie, dont Marie-Thérèse était reine, en attendant qu'elle fût impératrice ailleurs, parvint à repousser tous ses ennemis. L'usurpateur fut chassé, erra misérablement et mourut. Les électeurs réunis à Francfort, ville électorale par excellence, nommèrent alors pour empereur *François Ier de Lorraine*, époux de Marie-Thérèse*.

Le traité d'Aix-la-Chapelle (18 oct. 1748), signé par toutes les puissances belligérantes, fut l'acte de reconnaissance générale du nouvel empereur d'Allemagne, aussi paré du titre de roi des Romains. Marie-Thérèse eut par succession les états autrichiens, et telle fut l'origine de la nouvelle dynastie *Austro-Lorraine*, ou Autriche moderne, qui règne aujourd'hui sur la Lombardie et la Vénétie.

La suppression du patriarchat d'Aquilée, qui étendait sa juridiction à la fois sur le Frioul autrichien et sur le Frioul vénitien, fut supprimé vers la même époque, et il fut décidé que l'ancien diocèse serait divisé en deux archevêchés, ayant chacun pour résidence l'un Goritza, pour l'Autriche, l'autre Udine, pour Venise, et que chacun d'eux serait nommé par son gouvernement. Venise, qui jusque là s'était arrangée de façon à nommer toujours le patriarche d'Aquilée, créa archevêque d'Udine le cardinal Dolfin, membre d'une famille patricienne distinguée.

Tels furent les événements principaux qui signalèrent le cours du règne du doge Pierre Grimani. On voit qu'ils eurent pour conséquence de placer sur le trône d'Autriche la maison qui aujourd'hui règne sur Venise.

(м) A ce propos, nous offrirons ici l'indication des habitations restées célèbres à Venise, par le séjour de personnages éminents.

—Maison de Titien, *Campo Rotto*, n° 5326.—C'est là que ce grand peintre, que Buonarotti a appelé le *confident de la nature*, mourut de la peste, le 27 août 1576. C'est par cette porte que sont passés apprentis pour sortir peintres, les élèves nombreux de l'immortel coloriste : D. Campagnola, C. da Conegliano, Orazio di Castelfranco, Andréa Medola, dit le Schiavone, Bonifazio, Alexandre Varottari, Tintoret, Paris Bordone, etc., etc., pour l'Italie.

Les autres nations chez lesquelles retentissait la gloire de Titien, lui confièrent leurs élèves, devenus maîtres eux-mêmes sous les noms de : Diodore Barent et Jean Calcar, pour la Flandre, — Christophe Svartz et Em. Amberger pour l'Allemagne, — Paolo Roelas et Fernandez de Navarete pour l'Espagne, etc.

---

* Francfort, sur le Mein, est bien en effet la ville électorale par excellence, car suivant M. Victor Hugo, dans son bel ouvrage sur le Rhin, elle a élu 45 empereurs de 911 à 1806, c'est-à-dire les trois Conrad, les sept Henri, les quatre Othon, l'unique Lothaire, les quatre Frédéric, l'unique Philippe, les deux Rodolphe, l'unique Adolphe, les deux Albert, l'unique Louis, les quatre Charles, l'unique Wenceslas, l'unique Robert, l'unique Sigismond, les deux Maximiliens, les trois Ferdinand, l'unique Mathias, les deux Léopold, les deux Joseph, et enfin les deux François, presque tous glorieux empereurs qui pendant neuf siècles ont traversé l'histoire du monde, l'épée de saint Pierre dans une main, et le globe de Charlemagne dans l'autre.

Et aujourd'hui le voyageur peut voir dans la fameuse salle dite le *Kaisersaal*, à Francfort, les quarante-cinq bustes de ces empereurs, les uns coiffés de lauriers comme des Césars romains, les autres fleuronnés du diadème germanique, portant tous sur leur piédouche les deux dates qui ouvrent et ferment leur règne.

De tels souvenirs rendent cette humble maison plus grande et plus illustre que le plus splendide palais du riche.

— Maison d'ALEXANDRE VITTORIA, *Calle della pietà*, n° 3799. — Né à Trente en 1525, élève de Sansovino, aussi honnête homme qu'il devint grand artiste. Il reçut aussi des leçons de Titien. Architecte moins remarquable peut-être que sculpteur habile, il aimait à pétrir le *stuc*, et les palais de Venise, celui des doges en particulier, sont pleins de ses magnifiques travaux.

Cette maison a subi de nombreuses altérations, ou transformations. Au temps de Vittoria, elle était extérieurement ornée de sculptures, de médaillons, et son jardin, cultivé de la main même du grand artiste, était renommé à Venise par la réunion de plantes rares que son bon goût y avait réunies.

Vittoria est mort dans cette maison, dans un âge très avancé.

— L'habitation de SANSOVINO était aux Procuratives voisines de la tour de l'Horloge.

Jacques Fatti, appelé Sansovino à cause de son affection pour son vieux maître de ce nom, naquit à Florence en 1479, et vint à Venise en 1523, sur les instances du doge André Gritti. Ce doge, qui savait tout le mérite de Sansovino, voulait lui confier la restauration de la grande coupole de Saint-Marc; il lui fit donner le titre d'*architecte des procurateurs*, ce qui entendait la surintendance de la Basilique, du Campanille, de la place, des édifices contigus et de tous les hôpitaux dont les procurateurs avaient l'administration. On lui fixa une pension honorable, et on lui assigna le logement dont on a parlé plus haut. Plusieurs biographes de peintres ont cité Sansovino, parce qu'en outre de ses deux arts il fit des dessins, et eut une grande influence sur la peinture de son temps, étant aussi élève d'André del Sarto. Il paraît qu'il fournit quelques cartons pour les mosaïques de Saint-Marc ; Zanetti suppose que ce fut pour celles qui ornent les parois de l'autel du *Sacrement*.

Sansovino, comme beaucoup de grands artistes de ces temps, était un homme de joyeuse vie, fêtant ses amis, mais sans débauche pourtant. Il prit pour femme une Vénitienne, des plus belles qui fussent. Ses travaux furent immenses en nombre, inattaquables en beauté. Les principaux sont la *Zecca* ou hôtel des Monnaies, la *Loggietta*, au pied du Campanille, le superbe bâtiment de l'ancienne bibliothèque, sur la Piazzetta, le palais Corner, sur le grand canal, l'église des Grecs, celle de Saint-Géminien, autrefois située au fond de la place Saint-Marc (et dans laquelle il fut d'abord enterré, avant d'être *provisoirement* transporté au *séminaire patriarchal, alla salute*).

Sansovino était aussi sculpteur excellent. Les églises de Venise sont riches de ses œuvres. Il mourut dans le logis désigné, à l'âge de 93 ans, solide dans la vie comme tous ses grands émules de gloire aux XV° et XVI° siècles.

— La maison de GIORGION, au campo *di San Sylvestro*, se reconnaît aux dernières traces de fresques qu'on remarque auprès de la corniche. George Barbarelli, dit Giorgion, né en 1478, à Castelfranco, près Trévise, vint de bonne heure étudier à Venise, sous Jean Bellini. On sait quelle gloire il acquit par l'éclatante beauté de son coloris, bien que mort tout jeune encore. Giorgion était d'humeur galante, musicien et un peu poète. Il réunissait souvent ses amis dans cette maison, qui retentit de chants et de concerts. La façade, ornée par ce grand peintre lui-même, représentait des groupes d'enfants en clair-obscur, avec des allégories poétiques et musicales. Il mourut là en 1511, de chagrin d'avoir perdu une femme qu'il idolâtrait.

— La maison de BIANCA CAPPELLO rappelle une histoire des plus populaires. Elle est située non loin de celle de Giorgion, *al ponte storto*, le pont tordu *.

Cette Bianca a vu depuis quelques années son histoire se prêter à toutes les formes de la littérature. On l'a mise en vers, en prose, en nouvelle, en drame, en roman : nous allons rapidement la mettre en note.

Barthelemi Cappello, patricien, eut de sa femme, une Morosini, cette célèbre Bianca, née en 1548. Elle perdit sa mère ; son père se remaria à Lucrèce Grimani, et sa jeunesse ne fut pas très attentivement surveillée. Donc, étant à son balcon, elle voyait souvent à la fenêtre d'une maison située en face (et qu'on prétend être celle dans le goût gothique qui lui est opposée) un galant et beau jeune homme de Florence, nommé Pietro di Zenobio Bonaventuri. Elle s'éprit de lui, comme lui d'elle, de telle sorte que la belle Bianca ne tarda pas à permettre à son amant de lui exprimer de près des sentiments d'abord déclarés par le télégraphique manège des amoureux à distance. La nuit, le palais Cappello recevait mystérieusement Bonaventuri, ce qui ne fit qu'augmenter la passion de la jeune patricienne, qui, plutôt que de perdre son amant, lequel devait retourner à Florence, consentit à le suivre... à fuir avec lui parents et patrie. Il était bien convenu qu'on se marierait dès l'arrivée à Florence.

Ce fut dans la nuit du 28 au 29 novembre 1563, qu'eut lieu cette fugue sans accompagnement.

Nous ne parlerons pas du scandale que cet événement fit éclater dans la ville. A Florence, l'amant de Venise était devenu époux. Franchissons les détails, consignons les faits. Peu d'années plus tard, Bianca devint veuve. On assure que du vivant de son époux, elle recevait déjà les soins de François de Médicis, grand-duc de Toscane. Les choses n'en allèrent que mieux, l'obstacle-époux mort. Et si bien allèrent-elles, ces choses, que le grand-duc voulut que Bianca devint grande-duchesse. François demanda cette main chérie à la République, qui s'empressa de la lui accorder, espérant peut-être qu'ayant ainsi une de ses créatures au centre de la Toscane, elle pourrait faire un jour de cet état ce qui lui avait si bien réussi avec une de ses filles, reine de Chypre.. Mais Bianca Cappello eut d'autres destinées que la trop faible Catherine Cornaro, et la République de Venise ne retira de cette union d'autre avantage que l'amour-propre de voir une de ses filles porter une couronne, comme autrefois deux Morosini en Hongrie et en Servie, et en Orient une Cornaro.

Voici le portrait qu'a tracé de Bianca Cappello *Montaigne*, dans le journal de son voyage, t. 2, page 59 ; à son arrivée à Florence, Montaigne ayant été admis à la table du grand-duc :

« Cette duchesse, — dit-il dans un langage assez cru, — est belle à l'opinion italienne, un visage agréable et imprieux, le corsage gros et tetins à souhait. Elle semble bien avoir la suffisance d'avoir engeôlé ce prince, et de le tenir en sa dévotion longtemps... Le grand-duc mestoit assés d'eau, elle quasi poiniut, etc. »

---

* Le palais est l'authentique demeure de cette femme si bizarrement célèbre. On nomme aussi de ce nom de *palais Cappello*, le palais *Trevisani*, splendide édifice situé derrière l'église Saint-Marc, et qui appartint seulement à sa famille. Devenue grande duchesse de Toscane, Bianca acheta ce palais en 1578, et en fit cadeau à Victor Cappello, son frère.

Cet édifice, dans le style des Lombardi, est de la plus noble élégance. Il est décoré de marbres précieux, et marque l'époque où renaquit la bonne architecture.

Le Tasse chanta cette femme aventurière et séduisante, dans le dialogue qu'il lui dédia sous ce titre : *Il Rangone*. Il la proclame de *non usata virtu*, vertu peu commune ; c'est le pendant de l'éloge de Lucrezia-Borgia par l'Arioste !

Au reste, il est difficile de croire que Bonaventuri n'ait pas su la liaison de sa femme avec le Grand-Duc, dont il avait reçu un emploi particulier. Il paraît que pour se consoler de ce qu'il perdait chez lui, il allait courir dehors les bonnes fortunes, car il périt dans un rendez-vous galant où l'avaient, dit-on, attiré pour le faire assassiner, les parents de sa femme.

— La maison de TINTORET, — *Calle larga*, n. 3162, après le pont *Dei Mori*.

J. B. Robusti, qu'on appelle *Tintoretto*, de la profession de son père, naquit en 1512, fut de bonne heure élève de Titien, sous lesquels il fit les rapides progrès qui le firent déclarer maître à son tour. Ailleurs, à propos de ses tableaux de l'Académie des Beaux-Arts, il a été parlé longuement de ce peintre énergique, dont le caractère violent et la peinture se ressemblent.

Cette maison devint la propriété de la famille allemande Casser, qui l'acquit de Dominique, fils de Jacques Tintoret, et à laquelle elle appartient encore aujourd'hui. — Le grand artiste y mourut en 1594, âgé de quatre-vingt-trois ans, après avoir peint une quantité de tableaux trop considérable pour que bon nombre ne lui soient pas arbitrairement attribués, bien que de son fils et de ses élèves.

— La maison de CARLO GOLDONI, le Molière italien, est ainsi indiquée par lui-même dans ses intéressants mémoires :

« Je nacquis à Venise, en 1707, dans une belle et grande maison située
« entre le pont des *Nomboli* et celui de la *Donna onesta*, au coin de la rue
« de *Ca' cent' anni*, paroisse de Saint-Thomas (*San Tommaso*). »

Carlo Goldoni a illustré les lettres de sa patrie au siècle dernier. Il réussit à bannir de la scène italienne la mauvaise comédie, à laquelle il fit succéder les peintures si vives des mœurs, des ridicules et des vices de son temps. C'est à lui qu'on peut le mieux appliquer le fameux *castigat ridendo mores*.

Pourtant, Goldoni n'était pas heureux dans sa patrie. La langue française lui étant très familière, il résolut de se rendre à Paris, en 1761, où il savait quelle hospitalité recevait en tout temps le mérite étranger. En effet, sa destinée s'y améliora au point que parmi les emplois il fut honoré de celui de lecteur du roi Louis XVI. Il écrivit pour la scène française, et allait peut-être prendre sa place dans la littérature de Molière... Mais la révolution vint abattre toutes les fortunes et bien des têtes... Goldoni était doué des plus nobles sentiments du cœur ; il ne survécut point à l'horrible trépas de ses bienfaiteurs, et mourut en 1793.

Venise lui a élevé un cénotaphe sous le péristyle du grand théâtre de *la Fenice*.

— Maison de CANOVA, au *Campo Gallo*, auprès de la place Saint-Marc.

Cette modeste demeure, que signale au passant une table de marbre, est celle où ce grand artiste passa de longues années, et dans laquelle il mourut le 13 octobre 1822.

Son portrait, et la collection des gravures représentant ses œuvres, garnissent sa chambre mortuaire. Cette maison, où sont religieusement conservés les souvenirs du grand homme, appartient aujourd'hui à un de ses parents, M. Francesconi, propriétaire du *café Florian*.

(1.) Tous les voyageurs en Italie savent aujourd'hui que la *bibliothèque Ambroisienne* de Milan possède dix lettres d'amour de Lucrèce Borgia, adressées à celui qui devint le cardinal Bembo, lesquelles lettres sont accompagnées d'une boucle de cheveux blonds (cheveux blonds... la tigresse !)

Lord Byron fut le premier peut-être qui parla de cette curiosité, en 1816, s'arrêtant à Milan quelques jours. Il s'exprimait ainsi dans sa lettre à M. Murray : « Quand on va à Venise, s'arrêter à Milan est être *en quarantaine*... J'ai cependant vu la cathédrale, qui est superbe, et la bibliothèque, qui est fort riche. J'ai été charmé d'une correspondance conservée ici, dont toutes les lettres sont d'amour et originales, entre Lucrèce Borgia et le cardinal Bembo [*]. Je suis resté cloué dessus, et sur une boucle de cheveux de la dame, les plus charmants, les plus beaux que l'on puisse imaginer : je n'en ai jamais vu de plus admirables [**]. Si je puis par quelqu'*honnête* moyen me procurer quelques-uns de ces cheveux, j'essaierai. »

Dans une autre lettre, Byron dit :

« La tresse est blonde et belle, *j'en ai volé un seul cheveu*, que je garde comme une relique. Je n'ai pu avoir copie des lettres, c'est chose prohibée, ce dont je ne m'inquiétais guère... mais c'est impraticable ; il a fallu me contenter d'en apprendre quelques-unes par cœur... »

Quelques années plus tard, un voyageur littéraire ayant parlé de ces lettres et de ces cheveux, en faisant cette ingénieuse remarque : « Que la garde d'un tel dépôt semble étrangement confiée aux docteurs de l'Ambroisienne, qui sont prêtres. » On cessa de montrer lettres et cheveux aux visiteurs, et aujourd'hui même on les nie. Il faut toutes sortes de protections pour les voir, et les cheveux blonds semblent comptés.

Selon le docteur Oltrocchi, ancien préfet de l'Ambroisienne, qui a écrit une dissertation sous ce titre : *Les premières amours de Pierre Bembo* (Venise, 1738), la liaison de ce patricien avec la duchesse de Ferrare, commencée en 1503, ne dura guère que trois ans. Pourtant il continua de correspondre avec elle jusqu'en 1517, lors même que Lucrèce Borgia, revenue de ses égarements, dit Oltrocchi, ne se contentait plus d'un seul prédicateur par jour, mais en voulait deux.

Plus tard, Bembo épousa une des plus jolies femmes de Venise, nommée Morosina, dont il eut plusieurs enfants, et qui mourut douze ans après. Alors il se rangea tout à fait, devint un homme pieux, et, en 1539, le pape Paul III l'éleva à la dignité de cardinal. Son buste, qu'on voit à l'église *del Santo*, à Padoue, où il résida longtemps, fut exécuté sur les conseils de Titien et de Sansovino. Il fut enterré à Rome, derrière le maître-autel de la Minerve, entre

---

[*] Byron eut pu noter que Bembo n'était pas cardinal alors, et qu'il ne reçut les ordres que trente ans plus tard.

[**] Celui qui écrit ces lignes a aussi vu ces cheveux, qu'on ne montre plus qu'avec les plus grandes difficultés à *l'Ambroisienne*, et il présume qu'ils ont beaucoup changé depuis 1816, car il les a trouvés d'un *jaune verdâtre*, pas si charmants qu'ils sont apparus à Byron. En moins de cinquante ans, des cheveux qui grisonnent et blanchissent sur le front qui les porte, peuvent bien perdre quelque peu de leur blond cendré en passant en mèche à travers trois siècles.

deux papes de la famille des Médicis. Son tombeau lui fut érigé par Torquato, qu'il avait eu de Morosina.

Bembo, avant l'époque où il revint de ses erreurs, fut un des assidus de l'ex-reine de Chypre, Catherine Cornaro, alors retirée à Asolo ; il composa pour elle une foule de poésies fades et maniérées comme ses lettres de l'Ambroisienne.

(w) *Rialto* vient de *Riva alta*, *Rivo alto*, c'est-à-dire le point où la terre baignée des lagunes était la plus haute. On disait les îles *Realtines*.

Chassés de leur sol, comme on l'a dit, par l'invasion des Barbares, que dirigeait Attila, les habitants de la Vénétie se réfugièrent sur ces groupes d'îles que les sables et les vases remués par les fleuves avaient formées à quelque distance de la côte. Il s'en trouvait une qui déjà servait de port et d'entrepôt au commerce de Padoue, laquelle par conséquent offrait quelques établissements maritimes, c'était Rialte. Ce fut là que les Vénètes, effrayés, se réfugièrent avec leurs familles. Ils y bâtirent quelques édifices. En 421, ils élevèrent une église à saint Jacques. Cette église, qui subsiste encore de nos jours dans son origine, après quatorze siècles, a été réparée, rebâtie plusieurs fois, mais toujours conservée dans sa forme primitive.

Durant cette même année, un décret du sénat de Padoue ordonna la réunion sur ce seul point de tous les habitants répandus sur les îles environnantes, afin d'y fonder une ville et de construire une flotte*. Ces fugitifs, que Cassiodore, ce ministre-poëte du roi ostrogoth Théodoric, a comparés à ces oiseaux qui font leur nid au milieu des eaux, ne se doutaient pas sans doute qu'ils fondaient une puissante République, laquelle un jour dominerait l'Italie, prendrait Constantinople, conquerrait une grande partie de l'Orient, résisterait à la ligue des plus grands rois, ferait le commerce du monde enfin, et durerait puissante et forte pendant quatorze siècles !

Attila revint ; les émigrations de la terre ferme se multiplièrent, le malheur organisa les Vénètes en société, bien que par leur nombre ils se vissent forcés de s'éparpiller sur diverses îles. Ils élurent leurs premiers magistrats, ces *tribuns* desquels datent plusieurs grandes familles du moyen-âge, dont les descendants sont arrivés jusqu'à nos jours ; mais Rialte resta la capitale. — C'est le lieu même où s'élève aujourd'hui le pont dit du *Rialto*.

Tout ce qui se rattache au développement de cette colonie devenant bientôt une illustre république, est consigné ailleurs.

(w) M. le chevalier Emmanuel Cicogna (citadino veneto), conseiller extraordinaire de l'académie des Beaux-Arts de Venise, secrétaire au tribunal d'appel de cette ville, est une des notabilités littéraires de l'Italie moderne. Son magnifique ouvrage sur les *inscriptions vénitiennes* (*delle inscrizioni veneziane raccolte ed illustrate*), est une œuvre de patriotisme qui témoigne de la plus rare érudition. Dans cette œuvre laborieuse, M. Em. Cicogna a entrepris de mettre en lumière toutes les inscriptions, devises, légendes, épitaphes, etc, qui existent à Venise et dans ses îles, dans les églises, les monuments publics, les palais, les salles, partout enfin où s'est appliqué le style lapidaire ou délinéatoire, sacré ou profane, en quelque langue que ce soit. Le

---

* Ce décret qui porte la date de 421 (!!!) est assurément le plus ancien monument de l'histoire de Venise. Il provient de la bibliothèque des Camaldules du couvent de *Saint-Michel*, aujourd'hui le cimetière de la ville.

tout est cité, expliqué, commenté, annoté, complété par le récit des faits ou circonstances originaires, et chaque enceinte ainsi parcourue par le savant linguistique est préalablement l'objet d'une notice historique et archéologique.

De 1824 à l'époque présente, 5 volumes grand in-4° à deux colonnes, de cet important ouvrage, qui en aura environ 10, ont paru. M. Em. Cicogna publie ce vaste et savant ouvrage à ses propres frais, animé par la passion de l'art et de la science, et par le plus vif amour de son illustre patrie. Ce dévouement à ces belles choses : patrie, science et art, reste dans toute sa pureté, car loin d'être récompensé matériellement de ce long et immense travail, son estimable auteur ne retrouve pas même dans la vente des exemplaires le remboursement de ses frais d'impression !

Avant d'entreprendre cette laborieuse publication, M. Cicogna, qui a en outre publié une foule d'opuscules et de brochures de circonstance sur une foule de faits de science archéologique et d'art, s'était occupé d'un autre travail fort important sur le *Décaméron* de Boccace. Il avait entrepris de l'annoter aux doubles points de vue de la langue et de l'histoire, et d'y centraliser les variantes des meilleures éditions. Ce travail, bien que déjà très avancé, a été abandonné par son auteur, lorsqu'il se décida à entreprendre celui des *Inscriptions vénitiennes*. M. Cicogna possède dans sa bibliothèque 104 éditions différentes du *Décaméron* de Boccace, parmi lesquelles une d'*Alde Manuce*, datée de 1522, très rare, puisque cet exemplaire et celui de la bibliothèque de Saint-Marc sont les seuls qui soient à Venise.

L'auteur des *Inscriptions vénitiennes* possède une collection fort précieuse de manuscrits et d'éditions curieuses. Sa bibliothèque monte à 8,000 volumes, dont plus de 1,500 manuscrits, presque tous inédits. Ces manuscrits, italiens et latins, se rattachent en partie à l'histoire de Venise, depuis le XIIe siècle jusqu'à nos jours. M. Em. Cicogna a réuni et formé seul cette rare collection, que distinguent des volumes extrêmement précieux. Sans fortune patrimoniale, cet estimable savant a accompli dans les circonstances les plus difficiles ce prodige de goût, de savoir, d'ordre et d'économie. Faisant, des appointements que lui rapporte sa modeste place de *secrétaire d'appel*, trois portions égales, il en donne une à sa famille, qui n'est pas fortunée, la seconde sert à son entretien, et la troisième est employée à l'acquisition de tous ces trésors bibliographiques et historiques qui l'ont mis à même d'écrire son laborieux ouvrage des *Inscriptions vénitiennes*, et ont fait de ce savant écrivain un des hommes les plus instruits qui soient sur tout ce qui concerne son illustre patrie.

Cité déjà par plusieurs écrivains étrangers, et connu des savants français et allemands, M. Em. Cicogna méritait cette mention plus développée dans un ouvrage qui a pour but de faire connaître Venise au voyageur d'élite. Nous la terminerons par un coup-d'œil sur les particularités les plus curieuses de la bibliothèque si noblement formée par cet homme si modeste et d'une érudition si éminente à la fois.

— Manuscrit original de l'*Histoire de Venise*, par Bernard Giustiniani (latin) 1489, — avec l'édition imprimée devenue fort rare.

— Manuscrit original de l'*Histoire de l'île de Crète* (Candie), par Joannes Meursius.

— Manuscrit original inédit des *Annales vénitiennes* (Annali veneti) de Stefano Magno, 5 vol. in-4°.

— Manuscrit autographe des *consulti* de fra Paolo Scarpi, ouvrage très célèbre.

— Fragments autographes d'architecture, par Palladio, avec annotations aussi autographes de Scamozzi, ouvrage des plus précieux, des deux plus célèbres architectes qui aient orné Venise.

— Grandes séries de documents sur les grandes familles patriciennes, arbres généalogiques, etc.

— Poésies autographes de G. Bologni de Trévise, en 1500, 8 volumes in-folio.

— Collection d'inscriptions romaines antiques, attribuée à ». Gioconde de Vérone, avec dessins relatifs.

— Manuscrit sur les guerres des Nicolotti et des Castellani, en 1600, avec une superbe gravure du pont de *Pugni*, avant la lettre (combat allégorique ou fantastique des deux factions).

— Collection de rapports d'ambassadeurs vénitiens près des diverses cours étrangères ; autographes.

— Lettres autographes d'un grand nombre de célébrités historiques.

— Manuscrits dits : *commissioni ducali*, avec de superbes miniatures.

— Collection d'*annales vénitiennes*, manuscrites, inédites (procès-verbaux des séances du sénat et du grand conseil), et une foule d'autres raretés ou curiosités bibliographiques et autographiques.

Parmi les livres imprimés il faut citer à la hâte, sur près de 7,000 volumes, d'abord la collection de 104 éditions différentes de Boccace, des éditions précieuses de Nicolas Janson, un des premiers imprimeurs établis à Venise, plusieurs des Manuces, etc., une foule de précieuses éditions des classiques grecs et latins, un grand nombre d'ouvrages sur les beaux-arts ; la collection des nouvelles et romans publiés en Italie de tous temps ; une quantité d'ouvrages historiques ; 600 volumes d'opuscules encyclopédiques, et enfin une foule de livres précieux que le célèbre Van-Praet a cités dans ses sévères mentions des bibliothèques étrangères. M. E. Cicogna possède en outre, parmi d'intéressants objets d'art, deux portraits, fort précieux, l'un, fort curieux, l'autre. Le premier est celui du célèbre vénitien *Carlo Goldoni*, ce poète comique si plein de verve et d'*humour* que les italiens s'obstinent à désigner encore sous le titre de : *avvocato* [1]. Ce portrait est d'Alexandre Longhi, et c'est une toile excellente, qui n'a jamais été ni copiée, ni gravée, un portrait inédit. On sait que Goldoni habita longtemps la France, où il fut comblé des marques de la plus honorable hospitalité, et lecteur particulier du roi Louis XVI. — Il écrivit pour la scène française la charmante comédie intitulée : *le Bourru bienfaisant*.

Le portrait que possède M. Cicogna fut évidemment peint avant le départ pour la France du célèbre écrivain. Un fait le prouve, c'est que Goldoni perdit un œil pendant son séjour au-delà des monts. Il raconte lui-même, dans ses intéressants mémoires, comment ce malheur lui arriva. Il se rendait de Paris à Versailles, où l'appelait son devoir auprès du roi. Pour abréger le temps, il lisait dans son carrosse. Tout à coup il se sent pris d'un éblouisse-

---

[1] Le mot *humour* est intraduisible en français, et cette langue n'offre pas même son équivalent. Selon la signification anglaise, Rabelais serait tout *humour*, et Sterne en aurait beaucoup. Les écrivains actuels Méry et Alphonse Karr, offrent une grande teinte d'humour.

ment... Le livre lui échappe des mains ; il le ramasse, veut essayer de lire encore, mais tout n'est que confusion à ses regards. La page est blanche... l'air, la campagne, tout est gris ! La crise se passe enfin, et le poëte reconnaît qu'il n'y voit plus que d'un œil !

Cette infirmité le frappa ainsi sans accident, sans douleur... Ce fut une sorte de miracle terrible... L'œil, dont les matières étaient mêlées, restait hideux : le poëte le voila de sa paupière.

L'autre portrait, que garde l'estimable savant et l'écrivain érudit dont nous avons cru juste d'entretenir un moment notre lecteur, est celui d'un négociant nommé Amédée Svayer, peint environ en 1790 par... Canova, qui peignit peu... qui peignit trop !

(●) Lord Byron a parlé de la galerie Manfrin dans ses lettres à ses amis. On sait que l'illustre poëte se déclarait franchement incompétent dans le jugement à porter sur les œuvres de la peinture et même de la statuaire. Quelques jours avant de visiter la galerie de Florence, il écrivait : « Je ne connais rien à « la peinture, soyez-en sûr. De tous les arts, c'est le plus artificiel et le moins « naturel, c'est celui à l'aide duquel il est le plus facile d'en imposer à la sot- « tise humaine. Je n'ai jamais vu de ma vie une statue ou un tableau qui n'ait « été une lieue au moins en-deçà de mon idée et de mon attente. Mais j'ai vu « beaucoup de montagnes, de mers, de fleuves et de sites, et deux ou trois « femmes qui allaient une lieue au moins au-delà ! »

Cela prouve que le noble lord était poëte, et poëte souvent sensuel bien plus qu'artiste, et voilà tout.

Au reste, voici comment il rend compte lui-même de la visite qu'il fit au palais Manfrin, au mois d'avril 1817 :

« Aujourd'hui j'ai vu ce palais réputé par sa collection de tableaux ; parmi « eux est un tableau de l'*Arioste* par Titien, qui surpasse tout ce qu'on peut « attendre des ressources de la peinture (une lieue au-delà, sans doute !) c'est « la poésie du portrait, et le portrait de la poésie. Il y a là aussi quelques « honorables dames âgées de plusieurs siècles, dont j'oublie les noms, mais « dont je me rappellerai toujours la figure : je n'ai jamais vu plus de beauté, « de douceur et de dignité sur un visage. Il y a là aussi une mort du Christ « qui passe pour le chef-d'œuvre de Titien (en 1817 peut-être !) et dont Bona- « parte offrit en vain cinq mille *louis* (quelques années plus tard, il eut pu en « offrir cinq mille *napoléons*). Comme je ne suis pas connaisseur, je ne dis « rien de ce tableau, et j'en pense encore moins (une lieue en-deçà) Il y a « aussi dans cette collection un portrait original de Laure et Pétrarque, abomi- « nables tous deux. Pétrarque a non seulement le costume, mais les traits et « l'air d'une vieille femme. Laure ne ressemble pas du tout à une jeune ni à « une belle personne *. Ce qui m'a le plus frappé dans cette collection, c'est la « parfaite ressemblance des figures de femmes avec celles que l'on rencontre « aujourd'hui en Italie. La reine de Chypre et la femme de Giorgion, surtout « la dernière, sont des Vénitiennes du temps où j'écris ; ce sont les mêmes « yeux, la même expression de figure, et, à mon avis, il n'y a pas de femme « plus parfaite. Vous observerez toutefois que je ne me connais nullement en

---

* Ces portraits sont, il faut le dire, de la première enfance de l'école italienne, il faut les juger *relativement*, comme cela est si souvent obligatoire dans les arts.

(*Note de l'auteur*).

« peinture, et *que je la déteste*, à moins qu'elle ne serve à me *rappeler*
« quelque chose que j'aie vu, ou *que je puisse voir un jour.* »

En vérité, Byron fait positivement étalage de son peu d'aptitude à juger la peinture. Il dit pourtant dans une autre lettre de 1820, c'est-à-dire écrite trois ans après ce qu'on vient de lire :

« Je suis peu versé dans la peinture, et je m'en inquiète peu ; mais parmi
« les peintres, je préfère surtout les vénitiens, et par-dessus tout Giorgion. Je
« me rappelle très bien son *Jugement de Salomon*, dans la galerie Mares-
« chalchi. »

(ʀ) On lit dans un ouvrage sur l'Italie : PAUL RENIER, l'avant-dernier doge de Venise, habile négociateur à Vienne et à Constantinople, s'était aussi distingué comme un des deux procurateurs de Saint-Marc, arbitres incorruptibles à la justice desquels recouraient même les étrangers, et qui étaient parfois choisis pour tuteurs des enfants de grandes maisons italiennes [*].

« .... Renier tenta avec courage d'arrêter la décadence de la dignité suprême dont il était revêtu. On doit regretter que M. Daru ait aussi faiblement esquissé cette austère et noble physionomie. Lorsqu'il était question d'introduire dans le gouvernement quelque nouveauté, Paul Renier la combattait d'ordinaire par ces mots : « Le Grand Conseil, le Sénat, le Conseil des Dix, le Conseil du Doge, le Doge lui-même, regardent comme funeste une telle proposition. » Un soir, à une fête brillante, de jeunes patriciens discutaient sur l'admission d'une débutante au théâtre de *la Fenice*. L'un d'eux s'avisa plaisamment de la combattre par la formule favorite du Doge : « Le grand Conseil, etc. » Mais celui-ci, de la table de *Tarocco* peu éloignée, où il était assis, fit partir un redoutable *signori !* annonçant qu'il avait tout entendu, et le groupe effrayé se dispersa sur-le-champ. »

(s) Autrefois les femmes de l'île de *Pélestrina* (environ 6 lieues de Venise), près Chioggia) concouraient aussi au prix de la Regata ; mais leur participation à ces joûtes n'a pas suivi le XVIIIᵉ siècle.

L'étendue des courses était d'environ *trois milles*, ou une lieue, commençant à l'extrémité orientale de la ville, près du jardin public actuel. Elle se prolongeait tout le long de la Riva, du grand canal, et tournant un poteau ou *paletto*, planté dans l'eau à Cannaregio ; elle revenait par le même grand canal jusqu'au palais Foscari, où les premiers arrivés gagnaient les prix dans l'ordre de leur vélocité. Ces prix se distribuaient par les mains des autorités, sur une estrade élégamment construite entre les palais Balbi et Foscari. Les récompenses consistaient en bourses contenant diverses sommes, pendues à des bannières de soie. Le premier prix obtenait la rouge, c'est-à-dire la plus honorable, puisqu'elle était de la couleur de l'étendard de Saint-Marc. La seconde de ces bannières était bleue, la troisième verte et la dernière jaune. C'était avec ce dernier prix qu'était remis, au lieu d'une bourse, le petit porc dont il a été parlé ailleurs, et duquel l'image était brodée sur la bannière.

L'annonce d'une Regata fit toujours une grande sensation à Venise. Les partis se préparaient à cette joûte par des exercices de rames, qui formaient comme les répétitions du spectacle promis. Les patrons de maison, les patriciens affranchissaient de tout service ceux de leurs gens qui devaient y prendre

---

[*] C'est sur une donnée semblable que Fenimore Cooper a bâti son roman vénitien *le Bravo*.
(*Note de l'auteur.*)

part. C'était, d'ailleurs, une chose de fort bon goût, que d'avoir pour gondolier un *prix de Regata*.

La veille du jour solennel, le joûteur recevait les encouragements de tous ses amis. On lui montrait avec orgueil les portraits et les bannières des vainqueurs de son parti, et la nuit se passait presqu'en libations accompagnées de vœux fervents pour le succès de celui qu'on abandonnait ensuite seul à sa *veillée des armes*, comme autrefois l'on faisait des écuyers qui devaient chausser l'éperon de chevalier.

Au reste, on se figurera mieux de quelle importance étaient ces joûtes dans l'esprit du peuple, lorsqu'on saura que le jour enfin arrivé où la lutte devait avoir lieu entre les rivaux d'élite des deux partis Castellani et Nicolotti, chaque candidat au prix recevait la bénédiction paternelle, embrassait solennellement femme et enfants, souvent pleurant d'émotion, et qu'un vieux gondolier, jadis vainqueur dans ces tournois, lui remettait la rame de bon bois choisi, légère et flexible, avec laquelle il devait lutter de vitesse avec ses rivaux, et tenter d'ajouter aux archives de son parti l'illustration d'un prix nouveau !

Au lieu de départ, un cordage barrait le passage à tous ces impatients joûteurs. Au coup de canon d'usage, la corde tombait, et chaque gondole s'élançait sur la lagune, comme ces coursiers trop longtemps retenus au poteau de l'hippodrôme. Partout, sur leur passage, le peuple battait des mains ; les femmes agitaient leurs écharpes, des acclamations les saluaient comme des stimulants. Le prix enfin gagné, la bannière était plantée sur l'avant de la gondole, et les vainqueurs paradaient comme des chevaliers heureux, le long du grand canal, aux applaudissements du peuple, au bruit des musiques militaires qui chantaient leur victoire...

Mais comme toute victoire entraîne une défaite, tout vainqueur supposait un vaincu... Ceux-ci, pendant que leurs heureux rivaux étaient acclamés, essayaient de s'échapper du théâtre de leur défaite, en se faufilant par les petits canaux voisins... Ce qui n'empêchait pas les huées et les sifflets de la multitude de les poursuivre jusqu'à ce qu'ils eussent disparu...

Lorsqu'en 1574, Henri III vint à Venise, il lui fut offert une splendide Regata, dont il voulut fournir les prix, ce qu'il fit avec une munificence toute royale. L'ex-roi de Pologne, et futur roi de France, assista à la fête, des fenêtres de l'appartement qu'il occupait au palais Foscari, dans la plus belle situation du grand canal.

(m) L'exercice de la rame ne fut pas seulement pratiqué par les gondoliers dans le moyen-âge, mais bien aussi par les bourgeois et par les jeunes patriciens : ce qui était un métier pour les uns était un passe-temps, un plaisir pour les autres. C'eut presque été une honte alors, de n'être pas en état de guider une de ces embarcations ; les jeunes patriciens s'associaient plusieurs ensemble pour payer l'équipement d'une gondole et les soins du vieux gondolier chargé de l'entretenir, et de leur donner ses conseils.

Aujourd'hui encore, à Venise, l'on voit quelques jeunes gens *dilettanti* de ce genre d'exercice. Vêtus d'une manière élégante et leste, ils paradent sous le balcon des dames qui respirent le frais du soir. Ce sont là les cavalcas des vénitiennes, et ces divertissements, ces moyens de prouver sa force, sa grâce, son adresse, ont une bien autre poésie que l'équitation. Un des exercices des gondoliers amateurs, consiste à lancer à toutes rames leur esquif vers un quai, un mur, ou la base d'un palais, et, lorsqu'il lui reste à peine une toise à franchir, de l'arrêter brusquement, en faisant, à l'aide des avirons, un prompt et vigoureux contre-effort. . S'ils manquaient leur coup, puissamment poussée comme elle l'est, par une force qu'on cherche d'autant plus à précipiter que le triomphe s'augmente de la difficulté, la frêle gondole se briserait en éclats contre le mur que dans son ardeur, à peine comprimée, elle arrive parfois à effleurer... C'est un exercice élégant, adroit et courageux, qui vaut bien celui d'arrêter brusquement un cheval lancé ventre à terre. C'était certainement un des moyens les plus employés pour captiver l'attention des femmes, et peut-être un des plus heureux. Les femmes aiment et aimeront toujours ce qui est courageux, chevaleresque et périlleux. Elles jouissent très particulièrement des émotions qu'on leur donne, et il est difficile que les *donneurs d'émotions* ne reçoivent pas en échange quelques pensées d'elles...

Pendant le séjour que fit à Venise, en 1834, la femme célèbre connue sous le nom populaire de *George Sand*, deux rameurs dilettantes venaient souvent faire assaut de vigueur et de grâce sous les fenêtres de son appartement, à l'*Hôtel-Royal*, quai des Esclavons. La barque vingt fois par minute se précipitait du large vers les degrés de la rive, et s'arrêtait comme par magie au moment où il semblait que sa proue dût voler en éclats ! Ce jeu plaisait beaucoup à l'illustre femme, et elle dit dans ses *Lettres d'un voyageur*, « qu'elle s'afflige plus de le voir tomber en désuétude, que de la perte du luxe et des richesses de Venise. » C'est l'hyperbole de la poésie !

(■) Byron, dont le nom revient forcément et souvent dans ces lignes consacrées au grand canal, l'a parcouru à la nage dans toute son étendue, et voici dans quelles circonstances.

Un défi avait été lancé entre le poète et deux de ses amis les plus intimes : M. Alex Scott, de Londres, et M. Mengaldo, de Venise, tous deux excellents nageurs. Voici comment lord Byron lui-même raconte cette joute fashionable, dans une lettre à Murray :

« En 1818, le chevalier Mengaldo, gentilhomme de Bassano *, bon nageur, voulut s'essayer avec mon ami Alexandre Scott, et moi-même. Comme il paraissait y mettre du prix, nous y consentîmes. Etant tous trois partis de l'île du Lido, nous nous dirigeâmes vers Venise. A l'entrée du grand canal, Scott et moi étant de beaucoup en tête, nous ne vîmes plus notre ami étranger, ce qui n'était d'aucune importance, sa gondole le suivant pour le recueillir. Scott nagea jusque passé le Rialto, où il sortit, moins parce qu'il était fatigué, qu'à cause du froid, étant resté quatre heures dans l'eau sans s'arrêter ou prendre relâche, excepté en nageant sur le dos, ce qui entrait dans nos conventions. Je continuai ma course jusqu'à *Santa Chiara*, ayant parcouru toute la longueur du grand canal (indépendamment de la distance du Lido), et je pris terre à l'endroit où la lagune se rouvre à Fusine. J'avais été dans l'eau, sans aide ni arrêt, et sans toucher terre ou barque, *quatre heures vingt minutes*, à ma montre. M. Hoppner, notre consul général, assistait à cette partie, et fut notre témoin pendant presque toute la course, ainsi que plusieurs autres personnes. Mes compagnons furent *quatre heures* dans l'eau : Mengaldo pouvait avoir trente ans, et Scott vingt-six. »

On sait que Byron, renouvelant l'exploit de Léandre, traversa quelques années auparavant l'Hellespont, passant ainsi d'Europe en Asie, en une heure et

---

* Byron se trompait. M. Mengaldo est de Coneghano.

dix minutes. Byron semble lui-même considérer la chose comme peu extraordinaire, car il dit dans une de ses lettres :

« Qu'un jeune Grec des temps héroïques, amoureux et en pleine jouissance de la vigueur de ses membres, ait mené à bien pareille entreprise, ce n'est ni étonnant, ni chose à mettre en doute... »

(**T**) Bien que la marche de cet ouvrage nous ait conduit à parler plus particulièrement des palais du grand canal (et c'est en effet là qu'ils se trouvent en plus grande quantité, et parmi eux les plus beaux et les plus intéressants de Venise), nous ne devons pas omettre de désigner au lecteur quelques autres demeures de l'intérieur de la ville, qui méritent soit une mention, soit une visite.

Ainsi, par exemple, le palais Albrizzi, campo Albrizzi, à *San Apollinare*. C'est la demeure du comte Carlo Albrizzi, neveu de la célèbre madame Albrizzi, surnommée par Byron la Staël de Venise. Ce palais, du XVIe siècle, est d'un extérieur peu harmonieux peut-être, mais l'intérieur pourra donner à l'étranger l'idée de ce qu'était une demeure patricienne aux derniers siècles de la République. La longue galerie, toute enrichie des stucs de Carpofero et de Castelli, les salons tapissés de glaces de Venise à riches bisots, les plafonds, les portes, les angles chargés de sculptures en stuc, la somptueuse élégance du mobilier, l'aristocratique présence des grands portraits de famille, tout fait de cette demeure majestueuse une des choses les plus intéressantes à visiter qui soient, pour celui qui veut comprendre l'ancien patriciat vénitien.

VIII

L'ACADÉMIE DES BEAUX-ARTS.

SOMMAIRE.

Notions sur l'école de peinture vénitienne. — Ses principaux artistes depuis sa fondation jusqu'à sa décadence. — Examen des bâtiments de l'Académie des Beaux-Arts. — Les toiles curieuses ou capitales. — Conclusion.

NOTIONS SUR L'ÉCOLE DE PEINTURE VÉNITIENNE ET SUR SES PRINCIPAUX ARTISTES.

Nous n'avons pas la prétention d'entreprendre ici une histoire de l'école vénitienne. Un volume entier n'y suffirait pas; et les bornes que nous avons dû nous imposer pour que chaque spécialité qu'aborde cet ouvrage n'empiétât point sur les proportions de l'ensemble, ne nous accordent que quelques pages. Mais d'un autre côté, comme la peinture possède une grande part dans l'intérêt qu'offre Venise, nous désirions aussi nous conformer à la proportion de cet intérêt : c'est pourquoi, prenant une sorte de *mezzo termine*, comme on dit, nous avons, à l'aide des ressources typographiques, concilié les deux nécessités : — offrir des développements suffisants pour l'homme du monde voyageur, en peu d'espace.

Ainsi nous avons réussi à parler de tous les artistes illustres ou distingués qui ont marqué de leur nom les diverses phases de l'école vénitienne. Nous nous sommes arrêtés sur chacun de ces noms, suivant l'importance qu'il a dans l'art, parcourant ainsi toute la période qu'embrasse la peinture vénitienne, depuis sa naissance, son enfance, ses développements, sa force, sa virilité et sa décadence, jusqu'à sa décrépitude, et l'on peut presque ajouter sa mort...

Et afin que le lecteur puisse accorder quelque confiance aux opinions et aux jugements qu'offrent ces notions, nous le prévenons que les éléments en ont été consciencieusement puisés dans les meilleurs ouvrages sur la matière, et que notre office se réduit presque ici à celui de compilateur. Ceci exposé, entrons franchement en matière.

Celui qui entreprendrait d'écrire l'histoire complète de l'école vénitienne, devrait nécessairement remonter aux premières mosaïques. Ici notre but ne pouvait être que de présenter au lecteur quelques notions qui l'aident dans ses appréciations des tableaux qu'offrent les édifices publics et les galeries particulières de la ville dogale, nous devons nous occuper principalement d'esquisser tout ce qui est relatif à la *renaissance de l'art*, aux phases principales de sa croissance, de sa floraison et de sa décadence.

Les chroniqueurs font remonter les premiers essais de la peinture vénitienne au XIe siècle, à l'époque où le doge Dominique Silvio appela des mosaïstes de la Grèce, pour orner la basilique de Saint-Marc. Les cartons de ces mosaïques furent les premiers essais de cette école au berceau, qui devait devenir si célèbre. Parmi les premières œuvres qu'ait laissées le XIIIe siècle, les historiens citent le cercueil en bois de la *bienheureuse* Julienne, peint en 1262, et que garda précieusement le couvent de San-Biagio, à la *Giudecca*. L'auteur des peintures de ce cercueil, qui fut *Martinello di Bassano*, peut être considéré comme le Cimabuë de l'école vénitienne [*]. Les artistes qui s'échelonnèrent dans la transmission des époques suivantes furent : *Stefano Pievano*, duquel on cite un tableau de 1281 ; — *Thomas de Modène*, — *Alberegno* et *Esegrenio*, qui peignirent tous à la *détrempe*. En 1300, l'exemple de *Giotto* répandit parmi ces premiers peintres, que nous appellerons les *tâtonneurs de l'art*, une heureuse émulation. *Giotto* était à Padoue en 1306, où il exécutait des travaux qui ont laissé des traces jusqu'à nos jours. Les artistes vénitiens étudièrent sa grâce naïve et le grandiose que ce célèbre précurseur de l'art savait si bien allier ensemble.

Juste de Padoue et *Guariento* furent des imitateurs de *Giotto*. Le dernier brillait en 1360. L'État vénitien lui donna de nombreuses commandes. On conserve de lui à Bassano une fresque représentant un crucifix. Le chœur des *Eremitani* de Padoue fut décoré par lui. *Altichieri* et *Sebeto* de Vérone continuèrent la

---

[*] Ce cercueil est décrit dans la collection florentine des *Opuscules scientifiques*, 1808

chronologie des peintres dont Venise utilisa le talent. Ces artistes suivirent d'assez près les traces de Giotto. *Jacques de Vérone*, qui est à peu près du même temps, a laissé, dans l'église de Saint-Joseph de Padoue, bon nombre de fresques restées presque intactes, bien qu'elles datent de 1397. *Gio. Miretto* exécuta dans le même temps une partie des fresques de la fameuse *salle d'audience du palais de justice*, citée comme la plus grande qui soit au monde.

Tous ces peintres qui peignirent à la fresque ou à la détrempe (la peinture à l'huile n'était point encore connue), tous ces peintres, disons-nous, suivirent le style de *Giotto*, furent de son école. Les artistes qui s'en écartèrent datent de 1400. Ce furent d'abord des miniaturistes, dont les ouvrages se trouvent sur les manuscrits du temps, et qu'on peut voir à la bibliothèque Saint-Marc. Puis, en fait de peintres de grand style, *M. Paolo*, d'abord, dont la basilique Saint-Marc conserva un panneau à plusieurs compartiments, offrant le Rédempteur mort, et les Apôtres; — *Laurent*, Vénitien, qui a laissé un tableau d'autel à *Saint-Antoine del Castello* (1358), tableau qui fut payé à l'auteur trois cents ducats d'or; — *Semitecolo*, dont la bibliothèque capitulaire de Padoue a quelques tableaux (1367); — *Angelus* et *Catarinus*, aussi Vénitiens, et dont le couvent du *Corpus Domini* conserva des panneaux, sont aussi des artistes qui s'éloignèrent de la manière de *Giotto*, et dont les œuvres curieuses attestent déjà l'indépendance de l'école vénitienne.

Stefano Pievano, qui, dans un tableau d'autel de l'*Assomption*, sembla devancer le coloris vénitien (1381); — *Jacopo d'Alberegno*, dont la famille n'est pas éteinte à Venise, et duquel on a retrouvé un tableau, il y a peu d'années; — et *Tomaso*, dit de Modène, dont M. Ascanio Molin possédait une *sainte Catherine*, sont des artistes que les chroniques indiquent comme les jalons de l'histoire de l'art, vers la fin du XIVe siècle. Le XVe siècle vit se développer, d'une façon plus tranchée, le mérite d'une école qui préparait peu à peu la route que devaient, un siècle plus tard, parcourir *Giorgion* et *Titien*. Le nouveau style prit naissance à Murano, île voisine de Venise. On cite de cette époque *Quirico* et *Bernardino* de Murano, auxquels succéda bientôt (1400) cet *Andrea*, qui des premiers se fit remarquer par le dessin des pieds et des mains, non moins que par l'observance des plans relatifs de ses figures. Cet artiste fut le maître des *Viva-*

rini, ses parents, qui sont, avec *Giotto*, les peintres restés les plus populaires de l'enfance de la peinture.

De ces Vivarini, dont les générations artistiques remplirent plus d'un siècle, *Louis* fut le premier à noter. *Giovanni* et *Antonio* le suivirent de près. L'*Académie des Beaux-Arts* possède quelques œuvres de ces artistes, œuvres d'un coloris si frais, si éclatant, qu'eu égard à leur date, cette conservation semble un problème.

Bartolommeo Vivarini fit les premiers essais que vit l'Italie dans ses peintures à l'huile. Il peignit pour l'église de *San Giovanni et Paolo* un *saint Augustin* entouré d'autres saints, qui porte la date de 1473. Il avait l'habitude de placer dans ses compositions, presque toutes divisées en compartiments, un chardonneret (*vivarino*) par allusion à son nom de famille.

En même temps que ces artistes, tous de Murano, florissait à Venise *Gentil.* de Fabriano, qui fit, au premier palais ducal incendié, une bataille navale que les chroniqueurs du temps ont fort admirée. Ce *Gentile* fit des élèves dont les noms sont restés ; *Jacopo Nerito* fut des meilleurs. *Nasocchio* et enfin *Jacopo Bellini* eurent le même maître ; *Jacopo* fut le père et aussi le modèle d'un autre Gentile qui a laissé un nom dans la peinture anecdotique.

Jacopo est plus connu pour avoir procréé *Giovanni* et *Gentile-Bellini*, que comme artiste. Mais nous n'en sommes point encore chronologiquement arrivés à ces célèbres peintres.

Jacopo ou *Jacobello del Fiore* est à tort accusé par Vasari, cet historien si inexact et si partial de la peinture italienne, d'avoir planté toutes ses figures sur la pointe des pieds, à la manière grecque. La collection *Manfrin* possède une madone de cet artiste, laquelle est une œuvre de 1436. Ce fut le premier artiste qui entreprit de faire des figures grandes comme nature. Ses compositions eurent une dignité et une élégance rares dans les productions de ces époques. *Giacomo Morazone*, qui a laissé un tableau d'autel dans la petite île de *Sainte-Hélène*, près Venise, fut le plus heureux des compétiteurs de *Jacobello del Fiore*.

Parmi les meilleurs élèves de ce dernier peintre, il faut citer *Donato* et *Carlo Crivelli*. Bien qu'ils peignissent le plus souvent hors de Venise, ces deux artistes ne manquèrent jamais de signer *Venetus*. *Carlo Crivelli* fut des premiers à animer ses compositions par quelques paysages, et il emprunta le coloris de l'école du *Pérugin*. Il peignit à la fin du XVe siècle.

Si nous ne nous étions pas borné à ne citer que les artistes positivement nés ou fixés à Venise, ou à Murano, nous eussions eu à multiplier ces pages, en mentionnant tous les noms des sectaires de l'école vénitienne naissante, à Bergame, Vicence, Brescia, Vérone, Padoue, Trévise, etc. Nous tenant donc rigoureusement à la Cité qui fait spécialement l'objet de notre attention, nous en arrivons à un artiste qui se fit un grand nom dans l'enseignement, le *Squarcione*, que ses contemporains ont surnommé le *premier maître des peintres*. Le *Squarcione*, a formé de compte fait, 137 élèves. Cet artiste, qui par lui-même a peu produit, avait la manie des voyages, et, étant allé en Grèce, il en rapporta une foule de curiosités dont il forma une sorte de musée, dans lequel il rassemblait et instruisait ses élèves, en leur plaçant sous les yeux d'excellents modèles en fait de torses, bas-reliefs, statues, urnes, vases, etc. C'est ainsi qu'en instruisant ses élèves par l'étude de ces modèles plutôt que par celle de ses propres œuvres, il se fit une haute position et un nom. Il faisait exécuter de cette façon sous ses yeux les commandes qui lui étaient faites, et s'enrichit plus que ne le fit en peignant lui-même aucun artiste de son temps.

Bien que dès-lors on fit déjà usage de toiles à Venise, tandis qu'ailleurs on employait encore les panneaux de bois, on ne peignait encore qu'à la détrempe. C'était un genre très propre à la conservation des teintes, ainsi qu'on en juge par les tableaux qui nous sont restés de ces époques. Le défaut de ce genre de peinture était son incompatibilité avec le moëlleux et l'union des couleurs.

Nous voici arrivés à l'introduction de la peinture à l'huile dans l'école vénitienne. Les frères Van-Eyck, d'Anvers, furent les inventeurs de ce mode nouveau, qui devait tant profiter à la gloire de l'école de Venise. Ces Van-Eyck peignirent leur premier tableau pour l'église de *Saint-Martin*, à Ypres, où il se voit encore, bien qu'il date de 400 ans. Leur seconde œuvre, un *Christ entouré de Saints*, qui est à l'église de *Saint-Bavon*, de Gand, fit tant de bruit en Europe, qu'*Albert Durer*, *Antonello de Messine* et *Jean de Maubeuge* firent exprès un pèlerinage en Flandre pour le voir, et, disent les chroniqueurs, en *baisèrent* dévotement la bordure. Le plus important des tableaux des Van-Eyck a passé quinze ans au musée du Louvre, à Paris.

Ce fut pendant le séjour qu'il fit à Anvers, qu'*Antonello de Messine* parvint à surprendre le secret des procédés des frères flamands ; il revint aussitôt à Venise, et peignit une tête de sainte, qui fut le point précis de départ de cet art nouveau pour l'Italie.

L'*Académie des Beaux-Arts* de Venise possède quelques petits panneaux de ce Messinois, lesquels datent de 1475 environ. Bientôt après, le secret des Van-Eyck et de Jean de Bruges se trouva dévoilé, et voici comment. *Giovanni*, ou *Jean Bellini*, ayant pris le costume et le titre d'un gentilhomme, s'introduisit dans l'atelier d'*Antonello de Messine*, sous prétexte de faire exécuter son portrait, et surprit ainsi les procédés de l'artiste. Dès-lors, ce nouveau système de peinture se répandit, et Antonello le voyant divulgué, fut le premier à enseigner à ses élèves le mode de préparation des couleurs, ainsi que les procédés particuliers à leur emploi.

Les premières compositions de la peinture à l'huile sont d'une remarquable simplicité. Les artistes ne songeaient guère alors à s'élever jusqu'au genre historique ; ils se contentaient de placer une madone sur un trône, de l'avoisiner de quelques Saints, et de jeter à droite et à gauche quelques jours de draperie, pour déguiser leur inhabileté à peindre des fonds de paysage ou de perspective. Pourtant, dès-lors, on cessa de représenter des figures droites et nulles d'action, on essaya de combiner quelques groupes pittoresques. De petits anges instrumentistes furent ajoutés aux compositions, pour augmenter leur charme et leur sentiment : l'*idée*, enfin, commença à se faire jour dans le sujet représenté. Et le progrès se développant toujours, on vit bientôt le paysage si redouté des premiers peintres, et l'architecture souvent calculée de façon à continuer dans la fiction celle de la localité qui recevait le tableau, comme on le voit dans le célèbre tableau de *Jean Bellini*, à l'église de *San Zaccaria*.

Il faut se hâter de le dire, ces progrès de style furent presque totalement dûs à *Jean Bellini*, peintre illustre dont les œuvres sont heureusement en bon nombre à Venise. Il fut ce qu'on peut rigoureusement appeler le premier, chronologiquement parlant, des peintres vénitiens. Doué d'infiniment de sentiment et de goût, il en arriva bientôt à accomplir ces œuvres si châtiées, si finies que présentent les collections et les temples de Venise. *Jean Bellini* créa, peut-on dire, pour son pays, cette peinture patiente et minutieuse à l'égal des Flamands, mais qui eut sur ceux-ci l'avantage d'être expressive et sentimentale au plus haut point. Presque dès l'abord grand coloriste, il indiqua le premier le chemin que suivit bientôt après l'école tout entière.

Jean Bellini dans le nombre véritablement prodigieux de ses ouvrages, dont l'exécution remplit l'espace compris entre les années 1464 et 1516, présente une gradation marquée dans ses progrès, qui furent en même temps ceux de son école. Dès l'abord, et lorsqu'il peignait encore à la *détrempe*, il s'efforça d'ennoblir son style. Il perfectionna peu à peu son dessin, et arriva souvent à la pureté. *Giorgion*, qui parut alors, fit accomplir de nouveaux progrès à Bellini, qui s'attacha à varier ses compositions, à donner plus de rondeur à ses figures, plus d'éclat à ses teintes, et à passer de l'une à l'autre d'une façon plus naturelle. Ce qui manqua à ce grand artiste, ce fut un peu plus de délicatesse ou de moelleux dans les contours. Il faut dire néanmoins que ni *Pietro Pérugin*, , ni *Ghirlandajo*, ni *Mantegna*, ne dépassèrent d'aussi loin que lui les limites du style ancien.

Lorsque Louis XI vint à Venise, parmi les présents qui lui furent faits était *un Christ* de Jean Bellini, que Paris a conservé*.

On raconte que Mahomet II ayant vu quelques tableaux de *Jean Bellini*, désira en posséder faits expressément pour lui, et demanda qu'on lui envoyât l'artiste. Mais le sénat ne voulut pas consentir à se priver du plus grand peintre de l'époque, et offrit au sultan de lui *prêter Gentile Bellini*, frère du premier, dont Mahomet dut se contenter, et auquel il fit exécuter une foule de travaux. On connaît l'anecdote relative à ce peintre devant lequel le sultan fit trancher la tête d'un esclave, pour lui faciliter l'exécution d'une *décollation de saint Jean*.

Gentile Bellini était l'aîné de *Jean*, et il mourut dix ans avant lui. Gentile était doué de facultés plus limitées que celles de son jeune frère, mais il n'en arriva pas moins, par son application, à occuper un rang très honorable dans l'école. Il sembla se vouer plus particulièrement à ce que nous appellerons la *peinture*

---

* Le musée du Louvre à Paris possède de Jean Bellini : *Son portrait* uni à celui de son frère, — *la Vierge, l'enfant Jésus et saint Sébastien*, — *La réception à Constantinople, d'un ambassadeur de Venise*, tableau qu'il est vraisemblable d'attribuer à Gentile Bellini, eu égard à son séjour auprès de Mahomet II.

anecdotique. Il représenta des scènes populaires, des cérémonies de son temps, des processions, des miracles, et dans ce genre de peinture il a exécuté des choses extrêmement précieuses aujourd'hui pour l'histoire des mœurs, les costumes, les constructions, etc. Dans ces tableaux, dont quelques-uns sont de très grande dimension et offrent les figures par centaines, l'ordonnance des groupes est d'un bon effet, et tout respire la vérité, la vie. Observateur minutieux, *Gentile Bellini* variait ses formes avec autant de diversité que la nature, et il faisait figurer dans ses compositions des hommes trapus, chauves, contrefaits, suivant qu'il s'en rencontre immanquablement dans une grande foule. Il fut des premiers à entrer dans la voie peu louable de l'anachronisme, en introduisant dans ses tableaux des personnages sacrés vêtus à la vénitienne et même à la turque.... *Gentile Bellini* revenu à Venise, en 1501, y mourut âgé de quatre-vingts ans.

VITTORE ou VICTOR CARPACCIO, né à Venise, selon les uns, à Capo-d'Istria près Trieste, selon les autres, fut le concurrent des Bellini. Il travailla concurremment avec eux aux peintures du palais ducal que les incendies ont détruites, en 1576 particulièrement. Les œuvres de ce peintre ont du naturel et de l'expression. Son talent a surtout la plus grande affinité avec celui de *Gentile Bellini*, et plusieurs tableaux de ces deux artistes placés dans la même salle, au musée de Venise, serviront, pensons-nous, à faire ressortir la vérité de cette observation. Il a manqué à *Carpaccio* un peu de vigueur dans le ton des chairs, et plus de douceur dans les contours.

Lazzaro Sebastiani, *Giovanni Mansueti*, *Pietro Veglia* et *Francesco Rizzo*, tous élèves des précédents, furent des artistes qui ne renoncèrent point suffisamment au style suranné de la vieille école, pour que dans leur uniformité de style on ne pût pas les prendre souvent l'un pour l'autre. Ils ne firent accomplir aucun progrès à l'école, à l'art, et nous ne les avons mentionnés qu'afin de ne pas laisser de lacune dans les initiations de la chronologie.

Marco Baraiti, né de parents grecs, fut un rival de Jean Bellini, plus heureux peut-être que Carpaccio. Mieux que Bellini, il eut l'art de lier ses fonds avec les figures, et il donna à ces dernières des formes sveltes et pleines d'élégance. Né dans le Frioul, *Marco* vécut à Venise. La majeure partie de ses tableaux ont malheureusement été endommagés par le temps, et le plus complètement conservé était une *Descente de Croix* de l'abbaye de Sesto en Frioul.

Un élève de Jean Bellini, et qui fut même son parent, s'appelait *Bellin Bellini*. Il imita adroitement le style de son maître, et il n'est pas douteux que bon nombre des madones de Jean ne soient de ce *Bellin*. — Un autre élève de Jean Bellini fut un *Girolamo Mocetto*, qui a laissé des gravures sur cuivre fort rares de nos jours. Un de ses tableaux est au musée Correr.

Un riche citoyen de Venise, du nom de *Vincenzo Catena*, se distingua à la fin du XVᵉ siècle, dans le portrait et le tableau de chevalet. Son style se rapprochait de celui de *Giorgion*, peintre illustre dont nous n'avons pas encore parlé, nous réservant sa mention pour l'époque où se développera son influence sur l'école italienne. Une *Sainte Famille* reconnue pour le chef-d'œuvre de ce dilettante de peinture, faisait partie de l'ancienne galerie du palais *Pesaro* sur le grand canal. L'église *San Maurizio* possède aussi une toile de ce *citadino veneto*.

Girolamo de Santa-Croce, envers lequel les historiens de la peinture vénitienne se sont montrés fort injustes, soit par leur oubli, soit par leurs dénigrements, mérite une bonne part dans la mention de son époque. La plupart de ses meilleurs ouvrages, en résistant aux outrages du temps, prouvent qu'il fut l'un des peintres d'alors qui se rapprochèrent le plus du style de Giorgion et de Titien. Venise possède plusieurs de ses tableaux, parmi lesquels une *Cène* à *San Martino*, et un *Rédempteur* à *San Francesco della Vigna*, ouvrages où se révèlent la plus grande précision de goût et un charme indéfinissable dans les teintes.

Pour observer une marche régulière, dans ce qui concerne ce rapide exposé de l'histoire de la peinture à Venise, il est bon de mentionner quelques peintres que Jean Bellini forma, bien qu'ils se répandissent plus tard dans les provinces vénètes et lombardes. Sans trop insister sur le mérite particulier à ces artistes, nous nous contenterons de les nommer, afin que le lecteur sache de qui ils procédèrent.

Nous aurons d'abord *Conegliano*, ainsi nommé de sa ville natale, dont il reproduisit l'aspect montueux dans les fonds de tous ses tableaux. Son véritable nom était *Gianbattista Cima*. Son style, analogue à celui de Jean Bellini, l'a fait souvent confondre avec son maître. *Cima de Conegliano* est exact, gracieux, plein de vivacité dans ses mouvements et dans ses teintes. Son tableau de l'église de *Santa Maria dell' Orto* à Venise, présente l'ensemble de ces qualités. Cet artiste a immensément produit, et son œuvre est d'autant plus nombreuse que son fils *Carlo Cima*, ayant réussi à imiter son style, les œuvres de l'un sont assurément confondues avec celles de l'autre.

Victor Belliniano, — *Giovanni Martini*, — *Pellegrino di San Daniello*, — *Marco Belli*, — *Jacopo Montagnana*, — *Andrea Mantegna*, — *Niccolo Pizzolo*, — *Bono et Ansovini di Forli*, — *Bernardino Parentino*, — *Girolamo del Santo*, — *Lorenzo di Landinara*, — *Marco Zoppo*, — *Dario de Trévise*, — *Gregorio Schiavone*, — *Girolamo de Trévise*, — *Lauro de Padoue*, — *Maestro Angelo*, — *Matteo del Pozzo*, — *Francesco da Ponte*, — les deux *Montagna*, — *Giovanni Speranza*, — *Veruzio*, — *Gio. Bonconsiglio* ou *Marescalco*, — *Liberale*, — *Domenico Morone*, — *Francesco Morone*, — *Girolamo de' Libri*, — *Gio. Carotto*, — *Matteo*, — *Pasti*, — *Fioravante Ferramola*, — *Paolo Zoppo*, — *Andrea Previtali*, — *Antonio Boselli*, — *Giangiacomo* et *Agostino Gavarii*, — *Jacopo degli Scipioni* et deux ou trois autres encore peut-être, furent les disciples de Jean Bellini à Venise, artistes dont quelques-uns devinrent fameux et glorifièrent les villes des provinces lombardes et vénitiennes qui les avaient vus naître. Comme leurs œuvres et l'appréciation de leur talent appartiennent à l'histoire particulière de chacune de ces villes, nous avons dû nous borner à ces hommes, afin de laisser sans lacune cette rapide, mais fidèle chronologie.

Mais nous voici arrivés à la seconde époque de la peinture vénitienne, époque où brillèrent tous les grands noms qui ont fait cette école si glorieuse et si féconde. Nous allons parler de *Giorgion*, de *Titien*, de *Tintoret*, de *Bassano* et de *Paul Véronèse* !

Ce fut vers l'an 1500 que commencèrent à se révéler ces génies qui, effaçant tous les peintres qui les avaient précédés, devaient plus tard faire le désespoir de leurs successeurs. Bien que, par des voies diverses, ces nouveaux artistes arrivèrent tous à une grande gloire, en se ressemblant néanmoins tous par la vérité, l'éclat et la solidité du coloris, mérite qui forme le caractère le plus décidé de l'école vénitienne.

Cette belle époque de l'art commence à *Giorgio Barbarelli* de Castelfranco, que l'on appela *Giorgione*, par augmentatif et en raison, disent les historiens, *qu'il avait une élévation peu commune dans l'esprit, aussi bien que dans la taille*. L'un des premiers disciples de J. Bellini, il s'efforça d'abandonner cette minutieuse recherche de détails, pour y faire succéder la largeur du style, la fermeté de la touche et cet art enfin qui consiste à produire un grand effet de saillie à quelque distance. *Giorgion* continua toujours d'agrandir sa manière, en traçant des contours plus larges, des raccourcis plus neufs, des expressions de visage plus animées. Ce fut ainsi que l'élève fit, dans son art, des découvertes dont son maître lui-même profita plus tard ; le dessin de *Giorgion* n'était pas ce que les peintres appellent *serré*, c'est-à-dire qu'il n'avait pas de prétention à une extrême pureté. Cependant ses figures sont bien construites. Ce fut un très grand coloriste ; sa peinture possède un relief étonnant et une grande franchise. Il obtenait les plus beaux effets avec une extrême sobriété de moyens. Le sang paraît circuler dans les chairs qu'il modèle, qualités qui ressortent à un haut degré dans la seule toile que le musée de Venise possède de lui, et qui représente une sorte de naufrage fantastique dont il sera parlé en son lieu.

Giorgion peignit de nombreuses fresques sur les façades des maisons de Venise, et sur la sienne propre, ainsi qu'il sera expliqué ailleurs. Il ne reste aujourd'hui que de vagues vestiges de ces œuvres effacées par le temps.... pour n'accuser que lui. Mais si, par ce qu'on serait tenté d'appeler une indifférence coupable, le musée ne contient presque rien de ce grand peintre, les collections particulières en sont assez bien fournies, ce qui permettrait sans doute, de faire quelques sacrifices pour enrichir l'*Académie des Beaux-Arts* de quelque œuvre vraiment digne de ce grand artiste, qui fut assurément une des gloires de l'école vénitienne, puisqu'il lui ouvrit, peut-on dire, les portes d'une ère nouvelle.

Les peintures à l'huile de *Giorgion* sont d'une excellente conservation. On peut en attribuer la cause au fort empâtement de ses couleurs et à la fermeté de son pinceau. Ses portraits (il en a beaucoup fait), sont admirables d'expression, ainsi que pour les airs de tête, la grande fraîcheur de la carnation, quoiqu'il aimât l'usage des teintes un peu vives, un peu *montées de ton*, comme on dit en style spécial. Les tableaux composés de *Giorgion* sont très précieux, étant peu nombreux, puisque ce grand artiste mourut jeune. On cite comme son chef-d'œuvre un *Moïse sauvé des eaux* qui était à Milan, dans le palais archiépiscopal.

A son talent de peintre, *Giorgion* joignait celui de musicien. Il chantait et jouait de plusieurs instruments. C'était une âme tendre et impressionnable. Il mourut, comme Raphaël, à l'âge de trente-trois ans, en 1511, de chagrin d'avoir perdu une femme qu'il aimait. On ne saurait trop déplorer la perte si précoce d'un artiste qui eût incontestablement accompli de grands chefs-d'œuvres s'il avait eu, comme tant d'artistes du moyen-âge, le bonheur de parvenir à une grande vieillesse *.

Si, avant de passer aux rivaux ou compétiteurs de *Giorgion*, nous donnons un coup-d'œil à son école, nous trouvons, parmi ses compétiteurs, *Pietro Luzio* de Feltre, qui d'élève chercha à devenir son rival, et qui fut précisément celui qui lui enleva cette femme qu'il aimait éperdûment, et dont la perte causa sa mort. Ce *Pietro Luzio*, que les historiens ont aussi désigné sous le nom de *Zarato*, avait aidé Giorgion à exécuter les fresques de l'entrepôt des Allemands (*Fondaco de Tedeschi*) auprès du Rialto, fresques auxquelles travailla également *Titien*. Ce *Luzio* ou *Zarato* mourut soldat dans les guerres de Zara.

L'artiste le plus célèbre de l'école de Giorgion est *Sébastien* de Venise, que l'emploi qu'il exerça plus tard à Rome, a fait appeler, *fra Sebastiano del Piombo*. D'abord élève de Jean Bellini, il passa à Giorgion, dont, on l'a dit, le génie novateur avait réagi sur son maitre. *Sébastien* imita Giorgion avec beaucoup de bonheur, dans les tons et la transparence des couleurs. Son tableau du maître-autel à l'église de *San Crisostomo* à Venise, fut d'abord attribué à son maitre, tant on y retrouva le faire de celui-ci. Mais tout en restituant, plus tard, ce tableau à *Sébastien*, les écrivains ont persisté à croire que Giorgion y fut pour quelque chose.

Sébastien del Piombo n'était pas doué du génie de l'invention, il manquait de promptitude dans les idées, et ses compositions à plusieurs figures témoignent de sa lenteur de conception et de

---

* Paris possède de *Giorgion* plusieurs toiles, qui sont par bonheur des plus importantes qu'il ait laissées : *Un concert champêtre*, — un magnifique *portrait*, — *Salomé recevant la tête de saint Jean-Baptiste*. — *Jésus et des Saints écoutant un vieillard*, — de plus un tableau bizarre représentant un *portrait d'homme* reproduit en divers sens par des miroirs de Venise.

son irrésolution. Plus heureux dans les sujets simples, il fit une grande quantité de portraits. Il est difficile de voir des mains plus belles, des tons de chairs plus rosés, des accessoires mieux choisis, et l'on a cité de lui, comme une œuvre d'une beauté peu commune, un portrait de l'*Arétin*, dans lequel il peignit cinq nuances diverses de noir, imitant avec exactitude le velours, le satin, la bure, etc.

Sébastien abandonna Venise dès qu'il fut dans toute la force de son talent. Voici les circonstances de cette émigration : Michel-Ange alors jaloux de la gloire qui entourait Raphaël, avait conçu le projet de tenter d'opposer au peintre des *Loges* quelque réputation nouvelle qui tînt celle de son rival en échec. Ayant eu occasion de voir un tableau de *Sébastien*, il entreprit expressément le voyage de Rome à Venise, pour conférer avec lui. Il parvint à décider le jeune artiste, dont l'examen des ouvrages l'avait enchanté, à abandonner sa ville pour celle de Rome, lui promettant son appui, et lui faisant entrevoir l'avenir le plus brillant dans la ville des papes-artistes. Le Vénitien se laissa gagner, partit avec son embaucheur, et dès lors Michel-Ange exalta partout le peintre nouveau, afin d'enlever à Raphaël le plus que possible de cette attention dont on l'entourait. On rapporte que pour mieux établir la rivalité projetée, Michel-Ange dessina un Christ mort que *Sébastien* peignit ensuite, tableau qu'on opposa aux œuvres du fils d'Arezzo. On sait que l'auteur de la chapelle Sixtine ne peignait pas à l'huile ; or, importuné par le retentissement qu'avait à côté du sien le nom de Raphaël, il avait ainsi essayé d'opérer une diversion à l'opinion publique, à propos des toiles à l'huile de son rival, en lui opposant un peintre du même genre, fait pour être accueilli d'une manière éclatante. *Sébastien* n'avait donc été choisi, par lui, que comme un instrument propre à servir sa jalousie. Mais malgré les qualités incontestables de son talent, *Sébastien* ne put lutter contre le génie immortel dont on le posait rival. Pour le consoler de quelques défaites que les instigations de Michel-Ange avaient rendues plus éclatantes, eu égard aux prétentions qui les avait amenées, Clément VII le revêtit de l'emploi de *scelleur du plomb*, d'où lui vient ce surnom *del Piombo* qui prit presque la place de son nom. S'étant ensuite fâché avec Michel-Ange dont il avait fini par reconnaître les ruses, il abandonna la peinture pour se vouer entièrement aux devoirs de sa charge qui l'enrichissait mieux que l'art, et il cultiva en outre la poésie. Il mourut à Florence, en 1547, âgé de 62 ans. La plus grande partie de ses tableaux est aujourd'hui dans les Musées de Naples et de Florence, dans quelques galeries particulières, et dans deux ou trois églises de Venise. Nous avons parlé du tableau de l'église *San-Crisostomo*; le palais *Manfrin* possède de lui une *Circoncision*. Le musée de la ville où *Sébastien* avait complété ses études et déjà acquis de la gloire, n'a rien de lui. La *Galerie nationale* de Londres compte trois toiles capitales de *Sébastien del Piombo*.

D'autres élèves de l'école de Giorgion furent *Giovanni d'Udine*, *Francisco Torbido*, Véronais, surnommé *le More*, artistes qui imitèrent habilement le coloris de leur maitre. Divers autres artistes de ce temps, s'ils ne furent pas positivement les élèves de Giorgion, furent au moins ses imitateurs. Tous tinrent de J. Bellini, car la manière vénitienne, jusqu'à *Tintoret*, ne consista point à inventer des choses nouvelles, mais plutôt à perfectionner celles déjà trouvées. On place encore, parmi les disciples de Giorgion, trois Bergamasques, qui sont : *Laurent Lotto* (dont un portrait fort curieux existe à Venise, chez M. le conseiller Sernagiotto, à *San-Crisostomo*. Ce portrait est peint par *Lotto*, lui-même, en 1526. — Le *Palma* et *Cariani*. — *Lorenzo Lotto*, bien qu'il fût de Bergame, signa *Pictor Venetus*. Sa manière est toute vénitienne dans l'ensemble, forte dans les teintes, riche dans les vêtements, un peu montée de ton dans les chairs, très analogue enfin, à celle de Giorgion. Pourtant *Lotto* eut le pinceau moins franc que celui-ci, et affecta des formes plus sveltes, donnant à ses têtes une expression plus paisible, une beauté plus idéale. Il a souvent dans les fonds de ses tableaux un certain bleu-clair qui, s'il n'est pas bien d'accord avec les figures, les détache cependant, et les représente aux yeux de la manière la plus vive. *Lotto* a peu peint à Venise, bien qu'élève de son école. Bergame a de ses meilleures œuvres.

Jacopo Palma, dit *le Vieux*, pour le distinguer d'un autre *Jacopo*, son petit-neveu, fut regardé comme le compétiteur de *Lotto* par quelques historiens. Enthousiasmé de la méthode de Giorgion, il imita la transparence et la vivacité de sa couleur; plus tard il chercha à se rapprocher de Titien alors à sa première manière, empreinte d'une douceur qu'il perdit plus tard en acquérant d'autres qualités. Le caractère général des productions de *Palma le Vieux* est l'exactitude, le fini, l'union des teintes au point que les coups de pinceau y sont inaperçus. Il reproduisit souvent les traits de *Violante*, sa fille, qui fut la maîtresse de Titien*.

Palma le Vieux a laissé beaucoup de madones, la plupart avec d'autres saintes, sur des toiles oblongues, usage commun à plusieurs peintres de ce temps, ce qui fait que le vulgaire des connaisseurs, dès qu'ils voient une manière qui tient le milieu entre la sécheresse de Jean Bellini et le moelleux de Titien, nomment sur-le-champ *Palma*, surtout lorsqu'ils trouvent des visages bien arrondis et bien coloriés, un paysage touché avec soin et une couleur rose qu'ils emploient plus fréquemment que le rouge dans les vêtements. C'est ainsi que le nom de *Palma le Vieux* a une très grande popularité, tandis que beaucoup d'artistes de son style ne sont reconnus que lorsqu'ils ont la précaution d'écrire leur nom au bas de leurs tableaux.

Rocco Marconi fut un des bons élèves de Bellini. Il se fit remarquer pas l'exactitude du dessin, la douceur du coloris et son habileté de pinceau. Par malheur ses physionomies offrent une rudesse incompatible avec la distinction et avec l'élégance. — Un autre artiste de la même école est *Paris Bordone* qui, distingué par la noblesse de sa naissance, eut dans le style une certaine élévation encore rare à cette époque. D'abord ardent imitateur de Giorgion et enfin peintre original, doué d'une grâce inimitable, ses figures paraissent si riantes par leur coloris, que c'est ce qu'on peut appeler un peintre séduisant et sympathique. Il ne manque ni de finesse dans le dessin, ni de goût dans le choix de ses costumes, non plus que de jugement dans ses compositions. On considère comme son chef-d'œuvre le tableau du *Pêcheur rapportant l'anneau du Doge*, qu'on verra à l'*Académie des Beaux-Arts*. — Les madones de *Paris Bordone* sont reconnaissables à l'uniformité de la physionomie. Invité à se rendre à la cour de François II, il y fit à la grande satisfaction de ce souverain, des œuvres gracieuses et ingénieuses, qui l'enrichirent. Un de ses fils qui fit un tableau de *Daniel* pour l'église de *Santa*

---

* Un des plus beaux portraits qui soient de cette *Violante*, est la propriété de l'auteur de ce livre, qui l'a acquis à Venise, et auquel on passera ces trois lignes d'amour-propre, tendant à révéler qu'il possède un des plus remarquables portraits qu'ait peints Giorgion.

Maria Formosa de Venise, prouva combien peu il s'approchait du talent de son père (A).

Un autre artiste qui a porté les noms multiple de *Gio. Antonio Licinio*, de *Sacchiense*, et de *Cuticello*, jusqu'à ce qu'ayant été blessé à la main par un de ses frères, il renonça à tous les noms de sa famille pour se faire appeler *Regillo* d'abord, puis enfin *Pordenone*, du nom de son lieu natal, s'inspira aussi d'abord de la manière de Giorgion. *Pordenone* n'est guère connu que de nom dans le midi de l'Italie, tandis que la Haute-Italie possède de lui des compositions des plus belles. Dans le Frioul, et à Pordenone surtout, on trouve de cet habile artiste des œuvres qui surprennent. Son tableau de *Santa Maria dell' Orto*, à Venise, passe pour des meilleurs qu'il ait produits : il représente un *Laurent Giustiniani*, personnage qui fut canonisé. Le *saint Augustin* qui fait partie de la composition semble véritablement étendre un bras hors du tableau.

Le *Pordenone* a peint dans les châteaux du Frioul une quantité de fresques. On en montre même de lui jusqu'à Gênes, dans le palais Doria. Il était plus heureux dans les figures viriles que dans celles des femmes. Tout ce qu'il a produit révèle un esprit plein de vigueur dans la conception des idées, un art infini dans la manière de les varier et une intelligence profonde des passions. Enfin, cet artiste qui se plaisait à affronter les plus grandes difficultés de la peinture, se fait encore remarquer par la hardiesse de ses raccourcis, la magie de ses perspectives et ses étonnants reliefs. *Pordenone* sembla se surpasser à Venise. Sa rivalité avec le Titien, ou plutôt son inimitié contre lui, fut un stimulant qui le servit. D'un autre côté on pense que cette émulation ne fut pas non plus inutile au Titien, de même que la concurrence de Michel-Ange fût un bien pour Raphaël ; ce n'est pas peu pour la gloire du *Pordenone* que d'avoir lutté contre l'illustre artiste, et cela suffirait pour lui assurer une seconde place dans l'école vénitienne. Ce peintre fut honoré par Charles V, du titre de chevalier, puis appelé ensuite à la cour d'Hercule II, duc de Ferrare, où peu de temps après il mourut, croit-on, empoisonné.

Nous ne nous arrêterons pas à examiner l'école de Pordenone. Nous avons hâte, comme le lecteur sans doute, d'en arriver à *Titien*, ce *Tiziano Vecellio*, qui fut, selon quelques-uns, la plus grande gloire, et selon tous, une des plus grandes gloires de l'école vénitienne.

Titien fut d'abord, comme Giorgion, élève de J. Bellini. Ce fut d'abord pour Venise un spectacle bien intéressant, que la lutte de ces deux émules, cherchant à qui le premier arriverait à quelque perfectionnement de l'art. Mais, par malheur, Giorgion, comme on l'a dit, ne put continuer cette noble lutte, et il mourut sans avoir eu le temps de persévérer dans la voie où l'art auquel il avait donné une si nouvelle impulsion, devait bientôt faire des pas de géant, conduit par ses émules qui eurent le bonheur de lui survivre.

Giorgion mort, *Titien* et Sébastien del Piombo restèrent les maîtres de l'art à Venise ; ce sont eux, et le premier surtout, qui vont lui donner l'élan qui immortalisera leur école. Et comme si tout devait forcément contribuer à isoler *Titien* dans son œuvre de régénérescence, Sébastien émigra pour Rome, comme on l'a dit, au moment où il obtenait à Venise ses premiers et éclatants succès.

Débarrassé de Giorgion, par une mort prématurée, et de Sébastien, par l'émigration, *Titien* resta donc seul chef de l'école vénitienne.

Avant d'avoir été l'élève de J. Bellini, *Titien* avait reçu les premières notions de Sébastien Zuccati, père de ces Zuccati qui exécutèrent de si belles mosaïques dans la basilique Saint-Marc. Il avait reçu du ciel un esprit solide, calme, judicieux, porté au vrai plutôt qu'à la nouveauté et à l'originalité, avantage qui forme les vrais peintres comme les littérateurs dont les œuvres doivent vivre.

Dès le début de sa magnifique carrière, il avait un moment semblé hésiter entre la manière trouvée par Giorgion, le style de Gentile Bellini, et celui des Flamands dont quelques tableaux lui étaient tombés sous les yeux à Venise. Mais si l'examen de ses premières œuvres semble révéler cette hésitation, on voit que le grand artiste ne tarda pas à opter pour le genre où il entraîna bientôt toute son école.

Le premier parmi les peintres, peut-être, *Titien* comprit qu'il est nécessaire de faire un choix raisonné dans la nature qu'on veut rendre, car il vit qu'il y a des objets dont les couleurs locales sont très belles, mais qui sont dégradés par les reflets, par la porosité des corps, par les différentes teintes de la lumière, etc. Il reconnut aussi, que dans chaque chose il y a une foule de demi-teintes, ce qui le conduisit à la connaissance de l'harmonie du coloris. Enfin, il observa, et ceci fut une de ses découvertes les plus fécondes, que dans la nature chaque objet offre un accord particulier de transparence, d'opacité, de rudesse et de poli, et que tous ces objets diffèrent dans le degré de leurs teintes et de leurs ombres. Ce fut à l'aide de ces observations profondes, qu'il chercha et toucha souvent la perfection de l'art. Plus tard, son esprit sans cesse en travail, l'amena à un système qui hâta singulièrement la maturité éclatante de son talent : il en arriva à prendre, si l'on peut dire, dans chaque partie, *le plus* ou *le tout*, c'est-à-dire que d'une carnation qui offrait beaucoup de demi-teintes, il ne forma qu'une seule demi-teinte, et qu'il n'employa presque aucune demi-teinte dans la reproduction-modèle qui en offrait peu. Véronèse depuis imita et compléta ce système, à l'aide duquel ces grands peintres enrichirent leur magnifique coloris, sans rival, dans l'école italienne.

Titien peignait admirablement les enfants et les femmes. Ces chairs fermes et roses s'animaient sous les caresses de son pinceau, il aimait à les modeler, à leur donner tout le fini possible ; il peignait les femmes en homme sensuel, en amant. Il leur donnait des coiffures, des ajustements d'une élégance pittoresque ; il les plaçait dans ces naïves attitudes, dans ces heureuses négligences, qui, sans être précisément la grâce et l'élégance, plaisent à l'œil, charment, attachent à la contemplation d'un tableau.

Titien s'acquit une grande et juste prééminence dans la peinture du portrait. Charles-Quint, suivant les propres expressions de cet empereur, reçut trois fois l'immortalité de ses mains. François I*er*, Paul III, l'Arioste, l'Arétin, semblent, par lui, respirer sur la toile. Par ailleurs, il a rarement été surpassé pour le paysage. Ses sites, composés de peu d'objets, mais d'objets bien choisis, les formes de ses arbres convenablement variés, leur touche légère et moëlleuse ne se ressent pas de sa manière, et tout en avouant que Poussin et Claude Lorrain sont ses rivaux dans ce genre, on ne peut disconvenir qu'aucun peintre n'a jamais plus largement représenté les paysages destinés à former, ce que nous appellerons la *mise en scène* de ses tableaux.

Avec *Titien*, l'école vénitienne entra tout à fait dans le matérialiste, auquel elle arriva la première. Après s'être révélée avec la même naïveté que les écoles florentine, romaine et lombarde, celle de Venise ne tarda pas à recevoir l'influence du luxe matériel que les richesses des praticiens répandaient dans Venise.

Les Vénitiens, conquérants et pillards, affichèrent une somptuosité orientale et sensuelle que l'art de l'époque dut nécessairement refléter. C'est peut-être là le secret de l'éclatant coloris de cette école, en même temps que c'est la raison certaine de son manque de spiritualisme. Une Vierge de *Titien* est toujours une femme, tandis qu'une femme de Raphaël respire une essence divine. *Titien* a beau mettre des ailes à ses anges, pour les élever aux cieux.... leurs pieds cherchent toujours la terre!

C'est pour cette raison que ses Vénus, ses bacchantes, ses femmes enfin sont si voluptueuses. Sa *Vénus* de la galerie de Florence est considérée comme la rivale de la statue grecque.

On a beaucoup argumenté sur le coloris et le clair obscur de *Titien*. On prétend qu'il obtenait l'éclat de sa couleur par des *impressions* fort claires, sur lesquelles, en posant couleur sur couleur, il obtenait l'effet d'un voile transparent, et rendait ses teintes non moins douces que brillantes. Il ne procédait pas autrement à l'égard des ombres les plus fortes; il les glaçait à sec, les renforçait et donnait de la vigueur à chaque extrémité formant le passage aux demi-teintes. Il employa les ombres avec beaucoup de discernement, évitant, dans le nu principalement, la trop grande vigueur des teintes sombres et des masses d'ombre trop fortes, bien qu'elles se rencontrent quelquefois dans la nature.

Titien, si l'on en croit ses contemporains, n'étendait sur sa palette que des couleurs simples et en petit nombre; mais il savait choisir celles qu'une plus grande variété distingue et détache entre elles. Il savait merveilleusement saisir les moments les plus favorables à leur opposition. C'est pour cela que rien de violent ne choque dans ses toiles. La diversité des couleurs qui figurent les unes à côté des autres semble un accident naturel, tandis qu'elle est un effet de l'art le mieux combiné. Sa maxime favorite était que celui qui veut être peintre doit bien connaître trois couleurs et s'en rendre maître : le *blanc*, le *rouge*, le *noir*, et que lorsqu'il a des chairs à peindre, il ne doit pas prétendre à réussir du premier coup.

Titien fut le premier à observer que le *rouge* rapproche les objets, que le *jaune* retient les rayons de la lumière, que l'*azur* fait ombre et convient aux reflets obscurs. Il ne connut pas moins bien l'effet des couleurs grasses; c'est ainsi qu'il parvint à donner le même éclat de ton et la même vigueur de coloris aux ombres et aux demi-teintes qu'à la lumière même, et à distinguer, avec une incroyable variété de demi-teintes, les carnations diverses et les différentes superficies des corps. Enfin, personne ne connut mieux que lui l'équilibre des trois couleurs principales que nous avons nommées et desquelles dépend l'harmonie des tableaux. Cet équilibre est d'une excessive difficulté à mettre en pratique, et Rubens lui-même n'en atteignit pas la perfection, quelque bien d'ailleurs qu'il sut colorer.

Les inventions et les compositions de *Titien* portent l'empreinte de son caractère; il ne fit jamais rien sans consulter la nature. Il était généralement circonspect, quant au nombre des figures, et il mettait dans sa manière de les grouper une adresse ingénieuse, qu'il définissait lui-même par la comparaison d'une grappe de raisin dont les grains multipliés forment un tout d'une forme arrondie, tandis que les intervalles qui les séparent donnent de la légèreté à l'ensemble, et que les détails y sont marqués par les ombres, les demi-teintes et les clairs, selon que la lumière les frappe plus ou moins. On ne trouve dans ses compositions aucun contraste qui soit forcé, aucun mouvement prononcé qui ne soit nécessaire à l'action. La plupart des personnages y conservent une dignité, un maintien tel, qu'ils semblent respecter chacun la classe dont ils font partie. Ceux qui aiment le style des bas-reliefs grecs, où tout est nature et bienséance, préféreront les compositions graves de *Titien* aux productions spirituelles de Paul Véronèse ou à l'énergie de Tintoret, dont il sera parlé bientôt.

Titien ne fut égalé par personne dans l'art du paysage, et pourtant il ne se servit jamais de cette ressource que comme d'un ornement à ses tableaux. Ses paysages servaient à agrandir ses figures, ou à concourir à l'effet dramatique de la scène représentée, comme dans le *saint Pierre, martyr*, de l'église de *San Giovane e Paolo*, son chef-d'œuvre peut-être....

En résumé, par l'ensemble de ces immenses qualités, autant que par son immense influence sur son époque, et l'importance de son œuvre, *Titien* est regardé, par beaucoup de personnes, comme le chef de l'école vénitienne.

Titien peignit à Rome, où il entreprit un voyage de curiosité, pour juger de la validité des succès que Michel-Ange faisait à Sébastien. Il passa ensuite plusieurs années en Allemagne où il peignit Ferdinand et toute sa famille. De retour à Venise, il y reçut la visite de Henri III, auquel il offrit quelques tableaux, restés à Paris depuis cette époque. *Titien* s'acquit d'abord une fortune, dont il usa noblement. Les grands étaient ses amis, il les traitait chez lui, frayant de pair avec la plus haute aristocratie vénitienne.

Le sombre roi d'Espagne, Philippe II, correspondait avec lui, et ne cessait de lui demander instamment de ses ouvrages. Le roi se lamenta fort de la perte d'un navire qui lui en apportait un, et déclara qu'il s'en désolait plus qu'il ne l'eût fait de la perte de son *armada*. Mais il paraît que l'artiste traitait assez lestement sa majesté à laquelle il réclamait hautement son argent, lorsque les paiements de Philippe étaient en retard.

C'est que plus tard *Titien* devint nécessiteux ; sur la fin de sa carrière son fils naturel, nommé Pomponio Vecelli, gaspilla presque tous les biens qu'il s'était amassés. Le vieil artiste s'estima heureux alors d'être recueilli par la famille Barbarigo dont il était depuis longtemps l'ami, et il mourut de la fameuse peste qui ravagea Venise, en 1576, âgé de quatre-vingt-dix-neuf ans. Il était né à Cadore, sur les confins du Frioul, en 1477. On l'enterra dans l'église des *Frari*. Lorsque la peste le surprit, il peignait un *Christ au tombeau* que l'on verra à l'*Académie*, et que la mort l'empêcha de terminer.....

Les derniers moments de la vie de *Titien* furent affreux, si l'on en croit un historien biographe. Il expira, dit-il, sur la même couche que son premier fils et disciple chéri, Horace, qui ne put lui fermer les yeux. Une bande de voleurs, profitant de la dispersion des magistrats, empêchés par le fléau qui désolait la ville, força sa maison, la pilla et enleva, aux regards mourants de l'artiste, jusqu'à ses œuvres préférées, et qu'à aucun prix il n'eût voulu céder. Dès que les communications furent rétablies entre Milan et Venise, son autre fils, Pomponio, prêtre fort peu recommandable, accourut vendre à vil prix les meubles, les bijoux, les tableaux qui avaient échappé aux larrons, ou que la justice avait recouvrés. Il dissipa en peu de mois l'héritage paternel, et ne rougit point de vendre jusqu'à la petite maison patrimoniale de Cadore, où était né son illustre père..... Ce fils indigne laissa même sans une pierre, et dans une déplorable incertitude, le lieu précis de sépulture de celui auquel le XIXe siècle aura élevé un monument tardif[*].

Le musée du Louvre possède beaucoup de tableaux du Titien, les principaux sont :

On lit dans l'histoire que la République, menacée dans son existence par la célèbre ligue de Cambrai, se voyant obligée d'appeler sous les armes tous les citoyens, en exempta Titien, ainsi que le célèbre Sansovino, qui venait de bâtir la bibliothèque et la monnaie (*Zecca*) (B).

Il paraît que Titien ne fut pas aussi bon maître qu'il était grand peintre. Soit qu'il ne sut point supporter l'ennui inséparable de la profession d'enseigner, soit qu'il craignit de se préparer un rival, toujours est-il qu'il ne consentait qu'avec difficulté à donner des préceptes. Il se montra toujours très sévère à l'égard de Paris Bordone, qui brûlait du désir de l'imiter; les historiens disent même qu'il le persécuta, et il chassa de son atelier Tintoret, auquel il trouvait de trop grandes dispositions. De plus, il eut l'adresse de faire embrasser la profession de marchand à son propre frère, qui montrait un singulier talent pour la peinture. Aussi n'y a-t-il qu'un très petit nombre d'artistes qui puissent se dire ses élèves, mais beaucoup, en étudiant ses œuvres, ont été indirectement ses disciples.

Nous mentionnerons rapidement les artistes qui procédèrent de Titien : — *Niccolo di Stefano*; — *Francesco et Horazio Vecellio*, frère et fils de *Titien*, dont le premier fut détourné de l'art, tandis que le second se voua à l'étude de l'alchimie, après s'être distingué dans le portrait; — *Marco Vecellio*, neveu et véritable élève de *Titien*, fut celui qui lui fit le plus d'honneur. Titien l'aimait, ils se quittèrent peu; il est resté de ses peintures au palais ducal; — *Tizianello*, fils du précédent, fit partie de l'école dite de décadence : — *Fabrizio Vecellio* n'est connu qu'à Cadore, berceau de cette famille d'artistes ; — *César Vecellio*, frère du précédent, est plus connu comme graveur que comme peintre; — un *Tommaso Vecellio*, découvert depuis peu, ne mérite nulle mention.

Bonifazio ou *Bonifaccio* a laissé des œuvres qu'on a parfois confondues avec celles de Titien (témoin le tableau représentant la *première session du Concile de Trente*, au Louvre). Il a emprunté à la force de Giorgion, à la délicatesse de Palma, et au mouvement de Titien. Il a laissé une œuvre nombreuse, dont le musée

---

*Le portrait de François I*er*, — le Titien et sa maîtresse, — Alphonse d'Alvalos portant la main sur le sein de sa maîtresse, — le Christ assis à la porte du prétoire, — un Christ au tombeau, — les pèlerins d'Emmaüs, — la Vierge et l'enfant Jésus, — une autre Vierge, dite du lapin blanc, — sainte Agnès présentant à Jésus la palme du martyre, — saint Jérôme dans sa grotte, — la première session du Concile de Trente*, attribué par quelques personnes à Bonifaccio, et enfin quelques autres toiles et plusieurs portraits.

de Venise, le palais ducal et les églises offrent des pages importantes. Son grand tableau des *Marchands chassés du temple*, qui figurait autrefois au palais des doges, passa pour son chef-d'œuvre. C'était un don fait à la ville de Venise par la noble maison de Contarini. L'Angleterre possède aujourd'hui les *Triomphes* tirés des poésies de Pétrarque. Une *Sainte famille*, restée à Rome et qui appartient au prince Rezzonico, est citée comme une œuvre admirable. La scène est représentée dans l'atelier de saint Joseph, et tandis qu'il dort, et que la Vierge s'occupe des travaux de son sexe, une troupe de petits anges sont autour de l'enfant Jésus, et jouent avec les instruments de la profession du saint : l'un d'eux dispose deux morceaux de bois en croix... Idée ingénieuse qui a été plusieurs fois imitée par l'*Albane*.

Bonifaccio est un peintre d'un sentiment délicieux, d'un caractère charmant, d'une angélique douceur, qui en est arrivé comme couleur aux plus puissants effets. S'il n'a pas toute l'énergie ni le style éminent de Titien, son maître, comme coloriste, il peut marcher son égal, et bien qu'elles inspirent un autre ordre de pensées, ses toiles, pour la plupart, ne sont pas inférieures à celles de celui qui peut passer pour l'inventeur du coloris, dans l'école générale italienne. *Bonifaccio* est largement représenté à l'Académie des Beaux-Arts, et nous aurons souvent occasion de constater les qualités éminentes qui lui méritent une si belle part dans la peinture vénitienne au XVIe siècle.

Andrea Schiavoni, qu'on a quelquefois désigné sous le surnom de *Medula*, suivit les traces de Titien pour le coloris, mais avec une certaine vivacité qui lui est propre. Peu de génies sortirent des mains de la nature avec de semblables dispositions pour l'art, et l'on rapporte que son père s'en aperçut lorsque, le conduisant encore enfant à la ville, il le vit si empressé de se mêler parmi les peintres. Mais *Andrea Schiavoni* était pauvre, et longtemps il fut obligé pour vivre de se faire employer par les maçons à colorier les façades des maisons nouvelles. Titien le mit plus tard un peu en crédit, en le proposant pour quelques travaux à la bibliothèque Saint-Marc. Tintoret l'appuya aussi, de sorte que, son mérite aidant, il perça et prit dans l'art la place qui lui revenait.

Le dessin fut toujours, chez *Schiavone*, la partie la plus faible. Du reste, ses compositions sont heureuses, ses mouvements naturels, son coloris, plein de charme, a quelque chose de la doucœur d'André del Sarto, enfin, la fermeté de son pinceau est digne d'un grand maître. Ce ne fut pourtant qu'après sa mort que ses œuvres furent estimées comme elles le méritaient véritablement. Ses peintures, dont la plupart représentaient des sujets mythologiques, prirent des places choisies dans les collections. A Venise, S. E. le *baron Galragna* possède une collection de tableaux d'*Andréa Schiavone*, parmi lesquels sont de ses productions capitales.

Nous aurions à mentionner des centaines de peintres, si nous tenions à enregistrer tous ceux qui procédèrent ou dépendirent de l'école vénitienne. Nous n'avons tenu qu'à offrir la chronologie de ceux qui furent les initiateurs des grandes époques de l'art, depuis son enfance jusqu'à sa plus glorieuse virilité. Il nous reste donc à parler de quelques artistes de cette grande phase du XVIe siècle, que suivit bientôt une décadence qu'il nous suffira d'esquisser à grands traits, pour avoir offert au lecteur une idée de l'école italienne, proportionnée aux diverses spécialités qu'a abordées ce livre. Nous croyons que ces notions sur la peinture vénitienne et ses artistes principaux, suffiront pour guider l'étranger dans la visite ou l'appréciation des œuvres de peinture qu'il est appelé à voir. Celui que ses goûts prononcés, son état, les besoins de son instruction porteraient à en désirer plus que ce qu'il nous était possible d'offrir ici, pourra recourir aux écrivains qui ont fait de la peinture italienne l'objet spécial de leurs études et de leurs travaux [*].

Il est temps de parler de *Jacques* ou *Jacopo Robusti*, qui, fils d'un teinturier de Venise, n'est guère connu dans l'art que sous le surnom de *Tintoretto* ou *Tintoret*.

Il montra tout d'abord de si surprenantes dispositions que son maître, Titien, en fut dit-on jaloux, et l'éloigna de son atelier. Mais *Tintoret*, qui obéissait à sa vocation, ne se rebuta point à cet obstacle, et tout en ayant à se plaindre des procédés de Titien, il n'en continua pas moins à tenter tous les moyens possibles pour voir et étudier les tableaux de celui qu'il admirait, et qu'il voulait imiter. Son ambition était de réunir le dessin de Michel-Ange et la couleur de Titien.

Tintoret arriva de bonne heure à une certaine habileté, dont

---

[*] Nous croyons devoir désigner ici les principaux de ces ouvrages, *Vasari*, qui a écrit sur les artistes italiens un long ouvrage plein de partialité pour certaines écoles, et des inexactitudes duquel il faut se défier.—*L'abbé Lanzi*,—*Ridolfi*,—*Antonio Zanetti*,—*Boschini*, etc.

il abusa plus tard, il faut le dire. Ayant de nombreux travaux à exécuter, chargé d'une grande famille aux besoins de laquelle il lui fallait subvenir, il terminait promptement ses compositions, ce qui cause une grande irrégularité dans l'ensemble de son œuvre. Cette œuvre est immense, et Venise seule offre par centaines des toiles baptisées du nom de *Tintoret*. Après Rubens, qui de compte fait a laissé 1310 tableaux connus par la gravure [1]. *Tintoret* est certainement l'un des peintres les plus féconds qui aient été. Il ne mena pas la vie heureuse et élégante de Titien, ni de Paul Véronèse : il avait dans le caractère une irascibilité, une certaine fougue qui se révèlent souvent dans les produits de son pinceau, et qui lui ont parfois fait accomplir des œuvres qui, si l'on peut s'exprimer ainsi, semblent peintes par un homme en fureur. Aussi le surnomma-t-on l'*Irato*. Il est resté à ce propos une anecdote fort connue, qu'il faut pourtant rapporter. *Tintoret* était fort lié avec l'Arétin, ce poète cynique et ce pamphlétaire renommé du XVIe siècle, dont nous avons parlé ailleurs. Aigri par quelques propos que le satirique personnage avait débités sur son compte, *Tintoret* le pria de venir chez lui pour qu'il fît son portrait. L'Arétin, enchanté, se rendit avec empressement au rendez-vous. Mais à peine posait-il que *Tintoret* s'arma tout à coup d'un pistolet avec lequel il ajusta le poète. Surpris, effrayé surtout, celui-ci s'écria : Qu'allez-vous faire?

« — Ne craignez rien! dit bientôt le peintre, ayant avant tout laissé la frayeur produire son effet sur le poète, blême d'émotion, et finissant par mesurer la tête (qu'il devait peindre avec le pistolet, rassurez-vous... je ne veux pour cette fois que prendre votre mesure! »

Cette scène rendit l'Arétin plus circonspect. M. Ingres a peint un charmant petit tableau avec cette anecdote.

Au reste malgré la violence de son caractère, *Tintoret* jouissait d'une considération assez générale à Venise. Souvent les doges le consultèrent sur des mesures artistiques à prendre, sur des choix d'artistes, des plans à adopter, des programmes de fêtes populaires, etc. — On voit encore, à Venise, la maison où mourut ce grand artiste, en 1594. Il est parlé de cette maison, en son lieu, comme de celle de Titien, Giorgion, Vittoria, Sansovino, etc.

[1] Un Flamand patient a calculé, en compulsant tous les tableaux connus de Rubens, que cet immense artiste a mis au monde-peint 14,864 personnages;

Si de cet aperçu biographique nous passons à l'examen du talent de *Tintoret*, nous dirons avec tous ceux qui se sont occupés de critique artistique, que l'irrégularité des productions de cet artiste le rend un des plus difficiles qui soient à analyser, surtout dans peu d'espace. Essayons cependant.

On l'a dit, l'éducation de Tintoret se fit plutôt par l'inébranlable fermeté de sa vocation, que par la faveur des circonstances. Il étudia beaucoup par lui-même ; il dessinait souvent ses modèles à la lumière d'une lampe, afin d'obtenir des ombres plus fortement prononcées, et apprendre ainsi à donner de la vigueur au clair-obscur. Il se fit admettre dans les hôpitaux pour étudier l'anatomie, en assistant à la dissection des cadavres. Son imagination, secondant ses études, il fit ainsi de rapides progrès. D'abord son exécution fut soignée, parce que chaque tableau était pour lui comme une étude nouvelle ; mais dès qu'il se vit arrivé à un certain résultat, il ne songea plus guère qu'à *produire* ; pourtant de temps en temps il donna encore à ses toiles une application particulière, et de ce nombre est le *Miracle de saint Marc*, toile des plus remarquables qu'on verra à l'*Académie des Beaux-Arts*, et que beaucoup considèrent comme son chef-d'œuvre. *Tintoret* avait trente-six ans lorsqu'il produisit ce tableau.

La grande facilité à produire, le besoin de le faire sont incompatibles avec le soin dans l'exécution, et de là sont nées les peintures médiocres qu'a laissées ce grand homme, dont la réputation posthume a encore eu à souffrir de toute les œuvres étrangères à son pinceau, et peut-être en partie de son fils *Dominique*, qui lui ont été attribuées. C'est du reste ce qui fit dire à *Annibal Carrache* que le *Tintoret*, dans beaucoup de ses ouvrages, est au-dessous de lui-même. *Paul Véronèse* qui avait une réelle admiration pour son talent, répétait souvent qu'il faisait un tort infini aux autres professeurs, en peignant ainsi sans mesure et sans application, et que c'était porter atteinte à la dignité de l'art. Mais, comme le dit Lanzi, ces remarques ne peuvent tomber que sur un certain nombre de ses tableaux, dans lesquels il fut arrêté sans trop de réflexion à la première idée venue, et qu'il a exécutés d'habitude. On y voit souvent une multitude de figures superflues ou mal groupées. En général il ne faut pas chercher dans ses figures cette majesté sénatoriale qu'on trouve dans Titien et Véronèse, car le plus souvent Tintoret prenait ses modèles dans le peuple sans trop de choix pour la distinction des physionomies. C'est ainsi que souvent ses plus graves personnages ressemblent aux gondoliers du canal.

Dans les procédés du peintre, Tintoret suivit une autre méthode que Titien, pour son coloris particulièrement. Il ne se servit pas de ces impressions blanches et préparées en plâtre, mais de surfaces obscures, autrement disposées. Ni le choix des couleurs ni le ton général ne sont ceux de Titien. Le bleu de mer ou le cendré sont généralement les nuances qui dominent chez lui, et autant elles concourent à l'effet du clair-obscur, autant elles nuisent à la douceur de l'ensemble. Une certaine teinte vineuse se montre dans ses chairs, et dans ses portraits particulièrement. Les proportions des corps offrent aussi de grandes différences. Tintoret n'aimait point les formes pleines et arrondies de Titien; il chercha à leur donner plus d'agilité et finit par les rendre souvent trop sveltes. Les draperies sont ce qu'il a le plus négligé dans ses peintures; il est rare d'en trouver où les plis ne soient pas arrangés en longs tuyaux tout droits, ou s'il veut les faire voltiger, c'est toujours sans naturel et sans grâce.

Pourtant il n'est guère d'œuvre de Tintoret où l'on ne retrouve le maniement du pinceau d'un grand maître, un certain goût original qui perce de toutes parts dans le jeu de la lumière, dans les raccourcis difficiles, dans les accessoires de fantaisie, dans le relief et jusque dans la grâce des teintes. Ces diverses qualités, si elles ne se présentent pas toujours réunies dans ses toiles, sont au moins visibles dans tout ce qu'il a peint. On est presque généralement d'accord que c'est chez le Tintoret qu'il faut étudier le mouvement (c).

En résumé, avec son dessin par fois incorrect, exagéré, tourmenté comme l'est souvent celui de Rubens; dans sa fougue de pensée, dans sa verve de pinceau qui fait qu'il n'a pas toujours frappé juste en frappant fort, Tintoret demeure sans contredit un des plus grands maîtres de l'école vénitienne : il a laissé des toiles de premier ordre, bien qu'il ne se soit jamais élevé au vrai beau, calme et puissant du Titien*.

Tintoret eut un fils nommé Dominique et une fille du nom de Maria, tous deux artistes. Dominique s'efforça de suivre les traces de son père, mais il n'en eut pas le génie. Il est à peu près

---

* Paris possède de Tintoret trois *portraits*, dont le sien, — une *Suzanne au bain*, — une *Cène*, — un *Christ mort* porté par des anges.

certain que ce qu'il a produit de meilleur est aujourd'hui attribué à *J. Tintoret*. Ses portraits néanmoins eurent souvent un mérite réel. Pourtant *Dominique* étant de bonne heure tombé dans la *manière*, la recherche, le style déplorable enfin qui marqua la phase suivante de l'art, et qui commençait à poindre alors, les connaisseurs attentifs ne peuvent guère être dupes du charlatanisme ou de l'erreur qui font attribuer à *Jacques* les œuvres de son fils. — *Maria* ou *Marietta Tintoret* excella véritablement dans le portrait. Elle fut appelée à la cour de l'empereur d'Occident, Maximilien, et enfin à celle de Philippe II d'Espagne. Elle mourut jeune; et n'a guère laissé que son nom.

Le *Bassano*, ainsi nommé du nom de sa patrie (son nom était *Jacopo da Ponte*), naquit à peu près en même temps que J. Tintoret, et fut à Venise l'élève de Bonifazio. Mais contraint, par des malheurs domestiques, à venir se fixer dans sa patrie, il perdit le goût de la haute peinture, et replia son talent à la reproduction des objets qu'il avait sans cesse devant les yeux. Bassano était un pays de foires, où abondait le bétail, les troupeaux, les gens de campagnes. Tel fut le style qu'adopta définitivement cet artiste, après avoir accompli dans un autre quelques œuvres estimables. Il ne s'inspira plus que de la nature et de la simplicité, comme les Flamands, auxquels parmi tous les peintres italiens il a le plus ressemblé. En général les procédés pratiques du *Bassano* offrent de près une sorte de négligence qui ne présente qu'un empâtement confus, dont, en s'éloignant, on voit jaillir une étonnante magie de coloris. Le *Bassano* affectionnait les clartés douteuses, et il possédait au plus haut degré le talent de les faire servir à l'harmonie. C'est ainsi qu'au moyen de jours savamment ménagés, de demi-teintes répétées, et d'une absence complète de tons noirs, il accordait merveilleusement les teintes les plus opposées. Ses figures ont en général peu de lumière, mais elles sont fortement prononcées dans les endroits où elles font angle, comme à l'extrémité des épaules, aux coudes, aux genoux, etc. Ses couleurs brillent comme des pierreries, surtout les couleurs vertes, elles ont un éclat d'émeraude qui ne semble appartenir qu'à ce peintre.

Nous avons dit qu'au début de sa carrière, le *Bassano* sembla prétendre à l'élévation du style. Quelques-unes de ses peintures, exécutées à fresque sur la façade du palais Michielli, annonçaient d'heureuses dispositions en ce genre; mais bientôt il en arriva à la manière qui l'a rendu le plus populaire. Il prit le parti de reproduire presque toujours les mêmes sujets. Ce furent des traits de l'ancien et du nouveau Testament, des festins bibliques, avec une profusion d'ustensiles de cuivre : l'*Arche de Noé*, le *Retour de Jacob*, l'*Annonciation*, le tout accompagné d'une grande quantité d'animaux. Quand ses tableaux sont profanes, ils représentent des marchés de bestiaux, des travaux rustiques, des saisons, des basses-cours, etc.

Le *Bassano* passe généralement pour avoir manqué d'habitude pour le dessin des extrémités, de sorte qu'on remarque dans ses tableaux qu'il évitait autant qu'il pouvait d'introduire des mains et des pieds. Enfin, sa manière plut généralement, et il fut chargé de travaux pour la plupart des cours d'Europe, et pour celle de Vienne particulièrement. — Il avait un talent singulier pour peindre ce qu'on appelle vulgairement les *trompe-l'œil*, et au point qu' Annibal Carrache fut abusé par un livre peint sur une table, et qu'il étendit la main pour le prendre.

Le *Bassano* enseigna son art à quatre de ses fils, qui firent à leur tour d'autres élèves, de sorte que son école se soutint pendant plus d'un siècle. *Léandre* et *Francesco da Ponte* furent les meilleurs de ses disciples.

Parlons enfin de l'une des plus grandes gloires de l'école vénitienne, de celui de ses maîtres, qui résume le plus de sympathies générales, nous avons nommé *Paul Véronèse* !

Paul Cagliari, né à Vérone, en 1532, d'un père sculpteur, reçut de sa patrie le surnom de *Véronèse*, sous lequel il est si célèbre. Il vint de bonne heure à Venise, étudier sous Titien des œuvres duquel il se passionna. Doué d'une imagination des plus riches, et d'une très grande somptuosité dans le goût, il sut voir dans la nature autre chose que ce qu'y avaient jusque-là vu ses devanciers. Titien et *Véronèse* étant incontestablement les deux sommités de l'école vénitienne, bien que dans des voies différentes, un essai de rapprochement entre leurs talents n'est pas hors de lieu ici, pour précéder la visite de leurs œuvres si nombreuses à *l'Académie*.

Titien, on l'a dit, dessinait et modelait avec un grand soin les détails. *Véronèse* l'emportait sur lui pour l'ensemble du mouvement à donner aux figures. Le premier peignait admirablement une tête, une main. Le second construisait plus habilement un homme. Les chairs des Vénus et des Madeleines de Titien sont peut-être plus amoureusement rendues. — Les groupes de Véronèse ont plus d'ampleur et de noblesse, tout en restant parfaitement dans le vrai. En résumé, en égard à la voie dans laquelle il marchait, Titien n'eut pas produit les admirables plafonds que *Paul Véronèse* a peints au palais ducal, et qui sont assurément des plus belles choses qu'ait accomplis ce pompeux coloriste.

L'église de *Saint-Sébastien*, à Venise, possède les premiers ouvrages de *Paul Véronèse*. C'est là qu'on peut étudier les germes de son talent. On y trouve déjà ces airs de tête qui sont comme un cachet qui lui est propre. Ce furent ces premières peintures qui lui valurent les encouragements et les commandes du Sénat. Un voyage qu'il accomplit à Rome, conduit par l'ambassadeur Grimani, lui fit beaucoup de bien, et les peintures qu'il exécuta bientôt au palais ducal témoignèrent d'une éclatante maturité de talent. Ces peintures, que le lecteur a déjà vues sans doute, sont assurément des plus belles dont puisse s'enorgueillir une école.

S'il fallait énumérer les grandes œuvres dans lesquelles *Paul Véronèse* a produit les éclatantes qualités de son magnifique talent, il nous faudrait citer tout ce dont s'enorgueillissent les musées des capitales européennes. Les Français possèdent au Louvre l'une de ses plus merveilleuses pages, ce *Festin chez Simon*, généralement appelé *Noces de Cana*, qui fut d'abord peint pour le réfectoire des Servites, mais dont plus tard la République de Venise fit hommage à Louis XIV. Ce tableau passe avec raison pour un des plus incontestables chef-d'œuvres de *Véronèse*, et ce n'est pas un médiocre sujet d'orgueil pour le musée Parisien que de le posséder.

Des premiers, *Paul Véronèse* introduisit dans ses compositions cette noble et élégante architecture qui ajouta à leur pompe souvent théâtrale. Il déploya dans ses sujets une somptuosité, un appareil, une profusion élégante et grandiose, qui semblent se faire le reflet le plus brillant des mœurs vénitiennes, si fastueuses à cette époque. — Ce grand homme peignit beaucoup, bien que sa vie ne se prolongeât pas au-delà de soixante ans. Il faut dire que chacun de ses tableaux est digne de lui, bien que le vulgaire des connaisseurs lui ait parfois attribué des œuvres qui ne procédaient que de son école. Sa méthode de faire des fonds clairs, et d'employer autant qu'il le pouvait des teintes vierges, a beaucoup contribué à la conservation et à la fraîcheur de son coloris. Le palais ducal offre de ces toiles en plafonds, qui sont encore si éclatantes et si fraîches, après trois siècles, que l'on peut, sans la moindre exagération, dire qu'elles semblent peintes d'hier.

On dit qu'il est encore plus facile de trouver intactes des peintures de cet immortel artiste, à Vérone, dont le climat est plus favorable à la conservation de la peinture ; la famille *Bevilacqua*, dont les ancêtres l'avaient protégé, a gardé de ses excellents travaux. Il peignit une assez grande quantité de tableaux pour les églises, mais on peut dire que son génie était plus profane que sacré, et que son matérialisme s'accordait particulièrement bien à la reproduction des scènes historiques ou mythologiques, où il se permettait, sans façon, les plus bizarres anachronismes du temps, des costumes et des mœurs, comme le firent d'ailleurs une foule de grands artistes de ces temps-là.

Le portrait lui a parfaitement réussi. Ses Vénus, ses Adonis, ses Nymphes, ses Amours sont pleins de volupté, et l'on y admire, outre l'agrément des formes, les délicieux caprices des coiffures et des ajustements.

Riche, considéré, magnifique dans ses manières, au dire des historiens, *Paul Véronèse* était spirituel, beau, galant. C'est ainsi que, par on ne saurait dire quelle divination, on se le représente en voyant ses ouvrages.

Il eut, dit-on, de grands succès à tous les titres : ce fut un des hommes à la mode de son temps. La pompe de la vie vénitienne d'alors ne contribua pas peu à donner à ses compositions cette somptuosité qui les signale presque toutes, même jusque dans le style religieux, qui semblerait réclamer plus de simplicité. Il mourut âgé de moins de 60 ans, à Venise, en 1588, et fut enterré à *Saint-Sébastien*, église pleine de ses œuvres qui lui forment pour ainsi dire une éloquente épitaphe. Les monuments vénitiens, le palais ducal surtout possèdent une grande partie de l'œuvre de *Véronèse*. Paris a compté au musée du Louvre vingt-deux toiles de ce maître, mais la moitié a été rendue à la suite des traités, en 1815 (G).

Paul Véronèse a eu de nombreux imitateurs. *Benedetto Cagliari*, son plus jeune frère, ses deux fils *Carlo* et *Gabriel*, ont contribué à populariser son école. Du vivant de *Paul*, ils l'aidaient dans les accessoires de ses toiles, dans l'architecture, etc. *Benedetto* passe pour avoir peint une grande partie de ces chiens que le *Véronèse* faisait si volontiers entrer dans ses compositions pour rompre l'unité des lignes. *Paul* mort, ses divers disciples se réunirent et exécutèrent bon nombre d'œuvres dans le style du maître, œuvres qui se rencontrent assez communément à Venise, et dont l'*Académie des Beaux-Arts* offre plusieurs répétitions. Ces disciples de *Paul* signèrent souvent : *Hæredes Pauli Caliari Veronensis fecerunt.*

Franchissant les nombreux imitateurs de ce grand artiste, nous chercherons dans l'école vénitienne les noms des peintres qui se trouvent le plus particulièrement représentés dans l'*Académie des Beaux-Arts*, dont ces lignes sont comme l'avant-propos analytique.

Mais disons-le d'abord, l'école vénitienne arrivée à ce degré de splendeur, fut comme l'astre qui, lorsqu'il ne monte plus, décline : Titien Tintoret, Véronèse, furent son *Zénith*. De même que les deux écoles florentine et romaine commençaient à décliner alors que celle de Venise s'élevait, de même celle-ci décrut à son tour, tandis que l'école de Bologne allait briller de son plus grand éclat, et, chose étrange ! à l'aide des grands modèles vénitiens !

Un peintre qu'on pourrait indifféremment appeler le dernier de la bonne époque — ou le premier de la mauvaise, c'est *Jacopo Palma*, surnommé *le jeune*, pour le distinguer de son grand-oncle, dont nous avons parlé en son lieu. Né en 1544, il émigra à Rome, où il étudia Michel-Ange et surtout les clairs obscurs de Polydore; puis il revint à Venise, où il exécuta des travaux excellents tous empreints des sévères principes de l'école romaine. Malgré cela, les grandes commandes allaient toutes à Tintoret et à Paul Véronèse, qui étaient alors dans toute la maturité de leur talent. Mais s'étant lié avec *Vittoria*, tout-puissant alors dans la départition des travaux même des peintres, et celui-ci ayant à se plaindre du peu de déférence que lui montraient Tintoret et Véronèse, il favorisa *Palma-le-Jeune*, qui ne tarda pas à se voir surchargé de commissions. Bientôt, la mort des deux grands peintres l'ayant laissé plus indépendant encore, il commença à travailler avec négligence, expédiant la besogne au plus vite, dans le seul but d'en toucher le prix. Une foule de ses tableaux ne semblèrent plus que des ébauches.

Dans ses bonnes productions, *Palma-le-Jeune* présente des qualités qui lui eussent valu une très belle place dans l'art, s'il eût eu plus de conscience comme artiste. Ainsi ses teintes sont souvent fraîches, suaves, transparentes, moins gaies que celles de Véronèse, mais plus riantes que celles de Tintoret. Il employait la couleur avec parcimonie, et pourtant ses tableaux se conservent mieux que d'autres plus empâtés. Il eut, à un haut degré, le talent d'animer les figures. Son dessin laissa à désirer, et ses compositions ne sont pas toujours suffisamment méditées. Néanmoins, le *Châtiment des Serpents*, qu'on voit à Venise à l'église *San-Bartolommeo*, est magnifique, et inspire vraiment la terreur.

Le *Palma* fut imité par beaucoup d'artistes sans nom, auxquels nous ne nous arrêterons pas, ayant à en finir avec ces notions destinées seulement à éclairer les voyageurs, gens du monde qui doivent pénétrer dans le musée vénitien. Pourtant, il est parmi ces élèves un homme dont le nom n'a pas été sans gloire dans ce principe de dégénérescence de l'école vénitienne, c'est *Andrea Vicentino*. Il n'eut que peu de goût, mais prouva une très grande habileté à manier les couleurs, de même que dans l'invention des sujets. Il a laissé au palais ducal beaucoup de toiles représentant les fastes de la République. Il est rare de trouver de ses ouvrages où ne s'offre pas quelque perspective ou quelque figure empruntée aux grands maîtres, mais néanmoins il a su donner aux sujets qu'il a traités un caractère de grandeur suffisante pour établir sa réputation. Son pinceau est délicat, moelleux, et d'un grand effet. Sans doute il ne fut pas très habile dans la préparation de ses toiles, car ses tableaux ont singulièrement noirci. — Il eut un fils du nom de *Marco*, dont le talent ne fut qu'un reflet de celui de son père.

L'*Aliense*, dont le véritable nom était *Antonio Vassillacchi*, était né dans l'île de Milos. Il apporta du beau climat de la Grèce un génie formé pour les beaux-arts, et une vaste imagination. On assure que Paul Véronèse, qui devina ce peintre, le renvoya de son atelier par jalousie de son avenir. Pourtant l'infatigable ardeur de l'*Aliense* triompha de tous les mauvais vouloirs dont il était entouré; mais ayant voulu s'isoler des souvenirs de Véronèse, dans la voie duquel il eut très probablement atteint les plus hautes destinées, il tomba dans la *manière*. J. Campagna, alors très puissant dans les affaires d'art, le protégea, de même que Vittoria avait soutenu *Palma-le-Jeune*, et il lui obtint de nombreuses commandes pour le palais ducal, où ces œuvres sont encore aujourd'hui, et quelques-unes sans contredit parmi les meilleures.

Tommaso Dolobella, — *Pietro Mera*, — *Malombra*, — *Girolamo Pilotto*, sont des peintres secondaires qui suivirent le style de Palma-le-Jeune, en l'amoindrissant. Les maniéristes qui suivirent ne figurant guère à Venise, n'ont pas besoin d'être nommés. D'autres les suivirent, que l'on désigna du nom de *ténébreux*, et qui ne s'imposent guère davantage à notre mention. Mais comme il est difficile qu'un siècle se déprave entièrement, l'on vit encore de temps en temps poindre quelques hommes qui s'efforçaient d'être les soutiens du bon style, au milieu de cette décadence. A leur tête, il faut placer *G. Contarini*, qui resta un observateur exact de la méthode de Titien. Pourtant il ne parvint pas toujours à rectifier ou à embellir la nature qu'il copiait ; mais il coloria d'une manière conforme au bon goût et aux principes de celui qu'il songeait à imiter. Il se montra très habile dans la perspective verticale. Beaucoup de ses travaux se répandirent dans les galeries d'Allemagne, et il reçut la chevalerie de Rodolphe II. Ses sujets favoris étaient ceux qu'il tirait de la mythologie, et il possédait assez d'érudition pour les bien traiter. Il réussit souvent dans le portrait, et on raconte qu'ayant fait celui de Marco Dolce, lorsqu'on apporta le cadre à la maison, les chiens et les chats du logis firent à la peinture des fêtes comme à leur maître en personne.

Le *chevalier Contarini* a laissé quelques belles toiles au palais ducal, dans la salle dite des *Quatre portes*.

Alessandro Varotari, fils de *Dario*, peintre médiocre, se fit une certaine gloire sous le surnom de *Padovanino*. Il fit ses premières études d'après les fresques de Titien, restées à Padoue. Il continua à Venise ses études sur ce grand maître, et se pénétra si bien de son caractère, qu'il a été à la tête des imitateurs de ce grand peintre. Les dames, les chevaliers, les armes et les amours (*le donne, i cavalier, l'armi e gli amori...* comme dit l'Arioste) et surtout les enfants, étaient les sujets que préférait le *Padovanino*. On peut vanter ses paysages, qu'il a traités avec supériorité, dans ses petits tableaux particulièrement. Il possédait la science du raccourci. Son architecture est majestueuse et riante à la fois; des Vénus y sont représentées de tous côtés. Il usa bien des demi-teintes, et modela gracieusement les chairs. Sans doute il ne fut pas très habile à préparer les toiles et les couleurs, car la majorité de ses tableaux ont noirci, les ombres s'en sont accrues. Venise possède un assez bon nombre d'œuvres de *Padovanino*.

Pietro Liberi, qui succéda au Padovanino dans ses efforts pour soutenir l'honneur de sa patrie, est regardé par beaucoup comme le dessinateur le plus savant de l'école vénitienne. Ses études à Rome sur l'antique, sur Michel-Ange et Raphaël, celles qu'il accomplit à Parme sur le Corrège, et à Venise, sur les artistes les plus fameux, lui donnèrent un style qui tenait de toutes les écoles, style qui plut en Italie, et surtout en Allemagne, d'où il revint honoré des titres de *comte*, de *chevalier*, et possesseur d'une fortune assez considérable pour figurer à Venise. Il a peint dans le style gracieux beaucoup de tableaux de cabinet dans lesquels il exprime tantôt des fables qu'il est aisé de reconnaître, tantôt des caprices, et quelquefois des allégories si obscures, qu'aucun Œdipe ne pourrait entreprendre de les interpréter. Il peignit plus souvent qu'aucune autre chose des Vénus dans le goût de Titien, ce sont ses chefs-d'œuvre, elles lui firent donner le surnom de *Libertino*. — *Marco Liberi*, son fils, chercha à l'imiter, mais ne s'éleva jamais au-dessus de la médiocrité. Ce ne fut qu'un copiste intelligent de son père.

Au XVIIe siècle, la peinture amoindrissant toujours son genre, malgré les efforts de quelques artistes que nous avons nommés, tomba de la haute peinture historique, sacrée, ou du grand genre mythologique, dans le paysage, les batailles de petite dimension, les animaux, les fleurs, les fruits, le caprice, la peinture facétieuse, l'illusion pittoresque, les *trompe-l'œil*, etc. Les styles étrangers à Venise y firent invasion et détruisirent ce qui pouvait rester de son individualité si glorieuse au XVIe siècle. De loin en loin encore on vit surgir quelques efforts vers le bon style : *Gregorio Lazzarini*, par exemple, se distingua pour la pureté de son dessin, sans jamais avoir quitté Venise. — *Giambattista Tiepolo* passa pour le dernier Vénitien qui se soit fait un nom retentissant. Il obtint de grands succès non-seulement en Italie, mais aussi en Allemagne et en Espagne, où il mourut peintre de la cour. Ses fresques furent réputées. Sa manière de distribuer les couleurs était telle, que dans les occasions où les autres peintres choisissent les nuances les plus vives, il se servait de teintes pâles, et même quelquefois ternes; puis les rapprochant d'autres teintes nettes et brillantes, mais cependant naturelles, il donnait à ses fresques un effet, une douceur et un éclat qui peut-être n'a pas d'autre exemple. On en trouvera des preuves nombreuses à Venise, et en particulier au palais *Labbia*, à l'angle du grand canal et de *Cannaregio. Tiepolo* eut laissé un nom immortel si ses vastes compositions eussent offert une correction égale dans tous leurs détails.

Un Français du nom de *Louis Dorigny*, élève de Lebrun, vint de bonne heure se fixer à Venise, dont il étudia assidûment l'école. Il mourut à Vérone, en 1742, après avoir peint pour les différentes églises de Venise divers travaux qui ne sont pas sans mérite. — *Rosalba Carriera* fit avec une supériorité réelle le portrait au pastel, ainsi qu'on le verra à l'*Académie des Beaux-Arts*. — *Antonio Canal*, plus généralement appelé le *Canaletto*, fils d'un peintre de décors de théâtre, a laissé des productions fort recherchées de nos jours. Il avait une facilité de pinceau qui dégénéra parfois en abus, tant ses *vues de Venise* lui étaient demandées. Il réussit admirablement à rendre non-seulement les édifices, mais aussi la nature vénitienne, et il popularisa ainsi sa noble et belle patrie dans l'Europe entière. *Canaletto* se servait de la *chambre-optique* pour l'exactitude de ses vues, qu'il arrangeait ensuite au point de vue pittoresque et poétique.

Ainsi donc, pour résumer en peu de lignes les pages qui précèdent et en offrir en quelque façon la synthèse, nous procéderons ainsi :

Initiateur pour la peinture à l'huile : *Antonello de Messine* dont le Musée de Venise possède quelques petits panneaux fort curieux ; — les *Bellini*, justement célèbres par le haut mérite d'expression de leurs œuvres ; — *Carpacci*, — *Roch Marconi*, peintres encore naïfs et pleins de sentiments, qui devinent déjà les secrets de la couleur ; — puis arrivent *Giorgion* dont le génie opère de véritables découvertes dans l'art, mais qui meurt trop jeune pour achever son œuvre ; — *Sébastien del Piombo*, émule de Giorgion, s'avance dans les mêmes voies que lui, mais ne tarde pas à émigrer pour Rome, laissant *Titien* seul continuateur de Giorgion ; — *Titien*, génie immortel, poursuit, complète, achève l'œuvre que Giorgion avait commencée ; — *Palma-le-Vieux*, — *Tintoret* et *Paul Véronèse* se révèlent, rivalisant tous d'efforts, d'inspiration, de génie, ils rivalisent presque aussi de gloire ! Avec ces grands hommes l'école vénitienne est au plus haut point, au zénith de sa splendeur ! C'est le XVIe siècle qui éclate sur le monde, noble et grandiose époque climatérique des âges qui répand une ardente et somptueuse floraison sur l'Europe artistique! — Le grand siècle passe, il enveloppe tous les grands hommes dans les plis de son linceul.... C'est vainement que *Dominique Tintoret* peint des toiles dont les âges futurs feront souvent le tort à la mémoire de son père, en les lui attribuant..... Les fils et neveux de Paul Véronèse; — *Palma-le-Jeune*, — *Pordenone*, — le *Padovanino* essaient bien de conserver les bonnes traditions du grand siècle; — le *Vicentino*, — l'*Aliense*, — *Liberi* luttent de tous leurs efforts contre l'envahissement des fausses doctrines et du *maniérisme*, mais si quelques-uns ont opposé la fermeté du rocher au courant de la décadence qui coule sur l'école de Venise, la plupart manquent de force, de génie pour soutenir cette lutte, et sont emportés par lui.... C'en est fait de la grande et sévère peinture vénitienne! Le haut sentiment des maîtres est perdu, les idées ont changé, les révolutions qui s'opèrent partout dans la politique européenne se reflètent sur l'art, la dégénérescence est complète, elle plane sur Venise, ainsi que sur le midi de l'Italie, où, après les papes-mécènes, on voit Jules Romain et les Carraches succéder à Michel-Ange et à Raphaël! — De transition en transition successives, l'école vénitienne en est arrivée à des paysagistes, à des peintres de fleurs ou de nature-morte, le style n'est plus, partout se reflètent les fatales influences du *rococo*, qui veut admirer n'a plus qu'à se retourner vers les œuvres du grand siècle.... C'est aussi là, par bonheur que les peintres de l'âge moderne ont tourné les yeux!

Pour finir nous croyons devoir parler d'un art qui prit beaucoup d'accroissement durant le dernier siècle. Nous voulons parler de l'art de restaurer les tableaux qui mérite aussi, de l'époque présente, quelque reconnaissance, puisqu'il a aidé le grand siècle à nous léguer quelques travaux que le temps avait essayé d'altérer ou de détruire. Ce genre d'industrie était plus nécessaire à Venise que dans toute autre ville, parce que son climat, nuisible aux peintures à l'huile, ne cesse de les altérer par l'influence des sels dont il est chargé. Le gouvernement songea à pensionner de vieux artistes pour qu'ils prissent soin de les nettoyer, sans que l'on fut obligé de substituer une peinture nouvelle à une ancienne. Un atelier spécialement affecté à ce travail fut ouvert en 1778 dans une immense salle de *San Giovanni et Paolo*. Les opérations, faites à chaque tableau, furent exécutées avec un soin incroyable. Lorsque le tableau n'arrivait pas à l'atelier trop altéré par le temps (comme l'était par exemple le *Martyre de saint Laurent* du Titien), il retournait à sa place tout rajeuni et en état de vivre encore pendant une longue suite d'années.

Maintenant, pour clore ce travail sur l'école vénitienne et sur ses artistes les plus remarquables, nous voudrions essayer d'expliquer à ceux de nos lecteurs qui n'ont pas eu lieu de faire des études spéciales sur l'art (et c'est particulièrement à ceux-ci que ces pages sont adressées), nous voudrions, disons-nous, tenter d'indiquer ce que l'on entend par ces mots : *couleur, coloris*, mots qui expriment la grande qualité prédominante de l'école vénitienne, qualité qui a le plus particulièrement fait sa gloire.

En effet, le *coloris* des peintres vénitiens fut le plus vrai, le plus brillant, le plus solide de tous ceux des diverses écoles d'Italie. C'est ce mérite qui constitue le caractère le plus décidé des peintres vénitiens. On a essayé d'en attribuer la cause au climat, en disant qu'à Venise et dans le territoire qui l'environne, la nature même colore les objets de teintes plus vives qu'ailleurs : faible raison que l'on peut anéantir d'un seul mot, puisque les Flamands et les Hollandais, qui vivent sous un ciel si différent, ont acquis des droits aux mêmes éloges. On ne saurait recourir avec plus de fondement à la qualité des matières colorantes : on sait que Giorgion et Titien n'employaient qu'une très petite quantité de couleurs, et que celles-ci n'étaient ni cherchées ni choisies ailleurs que chez les marchands de Venise. Si l'on voulait toutefois opposer à cette circonstance qu'alors on vendait des couleurs plus pures qu'on ne l'a fait depuis, peut-être cette objection pourra-t-elle avoir quelque poids, car on lit dans la vie d'*Orbetto*, que beaucoup de peintures d'alors se perdaient par la mauvaise qualité des couleurs que les marchands ne se faisaient point scrupule d'altérer. A Venise, on tenait tellement au bon choix des couleurs que l'on voit le chapitre du couvent de *San Giorgio Maggiore*, commandant un tableau à Paul Véronèse, mettre pour condition dans le marché, qu'il n'y emploierait que de l'*outre-mer* pour le ciel.

Si la qualité des couleurs est véritablement pour quelque chose dans le mérite de coloristes qu'ont eu les artistes vénitiens, il est naturel de se demander comment il peut se faire que les matériaux les plus purs tombassent précisément entre leurs mains, et entre celles des Flamands leurs imitateurs, tandis qu'ils étaient si rarement le partage des autres écoles, même d'Italie. Il semble plus raisonnable d'attribuer le mérite du coloris vénitien au mécanisme, à la façon d'employer les matières. Disons aussi qu'on était généralement dans l'usage de préparer avec du plâtre les panneaux et les toiles que l'on voulait peindre, et ce fond blanc, favorable à toutes les teintes dont l'artiste jugeait à propos de le recouvrir, contribuait à les faire paraître toutes également brillantes, fleuries et d'une merveilleuse transparence : cet usage, que la paresse et l'avidité concoururent à faire abandonner, aurait, suivant l'avis de quelques critiques, beaucoup servi les anciens peintres. Mais les Vénitiens, outre l'emploi de ce procédé, en pratiquèrent un qui leur fut tout particulier. La plupart d'entre eux, pendant ces trois derniers siècles, ont peint beaucoup moins par *empâtement* que par *touches*, et chaque couleur étant une fois mise à sa place, et renforcée sans être trop tourmentée ou trop lustrée, les teintes restaient toujours vierges et dans toute leur netteté ; c'est un travail qui exige non seulement la promptitude de la main et de la pensée, mais encore une méthode prise de bonne heure. Les avantages de cette méthode sont saillants : elle aide à éviter la dureté, en même temps qu'elle fait mieux ressortir la peinture dans l'éloignement. Cette manière de peindre qu'on appelle de *touche*, rend les maîtres vénitiens infiniment plus difficiles à copier que les autres.

Jamais on ne connut plus parfaitement qu'eux l'art d'unir les couleurs, de les harmoniser, de les faire contraster, et c'est une des causes pour lesquelles tous leurs ouvrages ont un aspect si riant et si pompeux, ceux de Titien et de ses contemporains en particulier. Cette supériorité ne se borna pas seulement aux chairs, pour les couleurs desquelles les peintres de l'école de Titien ont surpassé tous ceux des autres écoles, mais elle s'étendit jusqu'aux vêtements, car il n'est pas d'espèce de velours ou d'autre étoffe de soie, de gaze, etc., qu'ils n'aient imité avec la plus grande vérité, surtout dans les portraits, genre qui était alors fort en vogue à Venise, et à la faveur duquel nous devons de connaître aujourd'hui les traits de tous les grands hommes de ces temps-là. Les ornements les plus riches n'y étaient point épargnés, et c'est même sans doute à cet exercice qui exige une grande attention pour saisir la ressemblance que l'on doit en partie la vigueur et le naturel auxquels ces coloristes parvinrent. Ils se distinguèrent en outre par leur talent à imiter toute espèce de travaux en or, en argent, en métal quelconque, de sorte que l'on ne saurait trouver dans les poètes des descriptions de palais, de salles de festins ou de galeries qui surpassent en magnificence ce qu'offrent les tableaux vénitiens. Enfin l'architecture qu'ils introduisirent dans leurs compositions, leur donna un caractère de somptuosité que l'on ne rencontrait point ailleurs, bien que les peintres du XVe siècle eussent déjà fait quelques tentatives pour enrichir les leurs. Et c'est là un art qui leur fut d'un grand secours pour distribuer avec avantage, pour varier et faire ressortir les groupes de leurs figures. — Mais revenons au *coloris*, que nous voudrions tenter d'expliquer au commun des lecteurs, les artistes ayant à cet égard des opinions arrêtées que nous ne prétendons ni changer, ni modifier par des aperçus nouveaux.

On prétend que ces mots : couleur, harmonie du coloris expriment une chose qui se sent, mais ne saurait s'exprimer. — Nous ignorons si nous sommes assez heureux pour être doué du sens nécessaire pour la sentir... Mais nous allons essayer de l'expliquer.

Procédons par une image :

Figurons-nous une place publique couverte de monde, où toutes les couleurs, toutes les nuances seront représentées dans les constructions, dans les vêtements de la foule, les aspects de la nature ;

Ou bien encore, imaginons-nous un vaste paysage, dans lequel tous les tons, toutes les teintes que peuvent offrir les montagnes, les eaux des lacs, le ciel, les arbres, les fleurs, seront rassemblés.

Faisons planer sur cette place publique — ou sur ce paysage, un soleil ardent. Toutes les couleurs, les nuances, les teintes reçoivent de cette abondante lumière une harmonie d'éclat, de clair-obscur et d'ombre qui variera dans tout l'ensemble et jusque dans les moindres détails, si un nuage vient à voiler un instant le soleil — et cependant le vert, le rouge, le bleu de tout à l'heure, seront toujours bleu, rouge et vert !

Que le ciel se couvre entièrement — qu'il se charge de nuages pluvieux, qu'un orage menace, et les couleurs éclairées d'abord d'une façon par le grand soleil, puis d'une autre par le simple passage d'une nuée sur l'astre, vont encore recevoir une autre modification d'harmonie, et elles resteront cependant encore et toujours telles que nous les avons nommées.....

Eh bien! l'artiste qui possède le talent ou le don de l'*harmonie du coloris*, est celui qui fait tenir compte de ces causes, de ces principes; qui répand sur sa toile une harmonie heureuse entre toutes les nuances et les teintes qui s'y trouvent, quelque puisse être l'éclat obligé de quelques-unes d'entre elles. Tout dans son tableau est vu sous la même influence de lumière, soit à travers les grises pénombres d'un soleil couvert et orageux, soit sous les éclatants rayons d'un soleil au zénith, soit aux mourantes lueurs d'un crépuscule, soit enfin sous les pâles projections de la lune.

Le peintre qui n'est pas coloriste est celui qui place un objet qui semble éclairé par une certaine sorte de lumière, dans un tableau dont l'ensemble est illuminé d'une autre sorte; — celui dont la composition offre des parties inharmoniques entre elles par le ton; — qui donne à certains objets l'éclat, la porosité, la transparence que peut seule procurer la lumière du soleil dans une scène éclairée, par exemple, par la lumière artificielle d'une lampe. L'homme qui *sait voir* la peinture est aussi vivement choqué de ce désaccord dans l'harmonie d'un tableau, que le peut être une personne musicalement organisée, qui entend une mesure fausse dans une symphonie, une note hors de ton dans une gamme. Et pour en finir avec cette tentative d'explication sur l'accord du coloris, nous nous emparerons de ce rapprochement entre l'harmonie des couleurs et celle des sons, pour dire que dans tout tableau, un œil exercé sait trouver sur-le-champ la couleur qui lui donne ce que nous appellerons le *diapazon* de l'ensemble, de même que dans un orchestre, une oreille musicale saisit la note qui révèle dans quel ton on joue. Ainsi, par exemple, dans le *Repas chez Lévi*, de Paul Véronèse, que l'on verra bientôt, dans l'*Assomption* de Titien, comme dans la *Présentation au Temple*, du même peintre, ce sont les robes rouges de certaines figures principales qui sont en quelque façon le *la* de l'harmonie générale. Ces teintes rouges, qui servent de base à tout le reste du coloris, sont la clef, le diapazon qui fait comprendre et apprécier tout le reste; — ôtez-les de ces toiles, ou bien remplacez-les par un autre ton, même également rouge, et vous aurez sans aucun doute la fausse note qui trouble toute votre harmonie.

Le mot *coloris*, *richesse de couleur*, est plus difficile à expliquer encore que l'*harmonie du coloris*. Pour rester dans la comparaison musicale déjà évoquée, nous essaierons d'exprimer ce que nous comprenons nous-même en disant qu'il y a entre un bon et un mauvais coloriste la même différence qu'entre un bon et un mauvais compositeur. Celui qui n'est pas né pour peindre mélange mal ses couleurs, comme celui qui n'est pas né pour composer groupe mal ses notes. La gamme des couleurs comme la gamme des sons, qui ont produit sous le pinceau de Véronèse les *Noces de Cana*, et sous la plume de Rossini *Guillaume Tell*, ont servi à peindre bien des tableaux désagréables à voir, et à écrire bien des partitions fâcheuses à entendre. Le rouge, le bleu, le vert, le jaune, le blanc et le noir, ont revêtu de leurs teintes combinées d'aussi laides choses que les notes *ut, re, mi, fa, sol, la, si*, en ont exprimées dans des combinaisons inhabiles.

On naît coloriste comme on naît poëte. Les artistes vénitiens, favorisés par ce qu'on serait tenté d'appeler des *dons locaux*, ont eu cette poésie ; dans d'autres circonstances, le travail, l'étude, peuvent faire acquérir les moyens mécaniques ; mais le génie spécial de cette chose est inné, et ne s'obtient guère, du moins est-ce là l'avis général, bien qu'un peintre moderne, très grand coloriste à coup sûr, M. Delacroix, prétende l'enseigner.

Un jour nous regardions peindre un artiste médiocre, qui copiait le *saint Pierre martyr* de Titien, à Venise. Il était alors occupé à modeler deux petits anges splendidement éclairés par un rayon de lumière céleste.

— Pourquoi ne faites-vous pas ces chairs aussi chaudes, aussi lumineuses que dans le modèle ? demandâmes-nous.

— Si je savais mélanger mes couleurs de manière à arriver à ce résultat, — répondit l'artiste, — je serais Titien !

Ceci peut faire comprendre ce que c'est que le coloris. Nous renforcerons cette citation par une seconde.

Nous trouvant en face d'un tableau de Paul Véronèse, à côté duquel on avait exposé une copie récemment faite par un moderne, nous fîmes à un amateur très distingué qui était avec nous, cette question :

— Qu'est-ce que le coloris ?

Notre compagnon indiqua les étoffes des vêtements, drapant pompeusement sur la figure principale du modèle :

— C'est le velours de soie — répondit-il, puis se retournant vers la copie il ajouta : — et voilà le velours de coton...

Cette réponse spirituelle nous semble résoudre la question ; mais toutefois, malgré nos efforts pour expliquer cette grande qualité de l'école vénitienne, nous craignons bien que le lecteur ne se demande encore : Qu'est-ce que le coloris?

Maintenant, entrons à l'*Académie des Beaux-Arts*, qu'il est plus rationel d'appeler le Musée de Venise.

ACADÉMIE DES BEAUX-ARTS.

Ce musée est une création de fraîche date. On l'inaugura en 1807. On en doit l'idée et la fondation au zèle éclairé de quelques amis sérieux des beaux-arts, entr'autres le comte Léopold Cicognara.

Cette riche collection est en majeure partie formée des œuvres les plus distinguées qu'il a été possible de réunir, dans la destruction des couvents, des églises et la ruine des palais. Aussi est-ce un musée tout vénitien ; les écoles étrangères n'y sont guère représentées que par quelques toiles secondaires. On le sait, chaque ville d'Italie possède ainsi son musée peint par ses fils. Venise est donc le lieu où il est le plus aisé d'étudier la grande école vénitienne.

Suivant nous, on n'a pas jusqu'à présent fait tout ce qu'on pourrait pour centraliser cette école, encore éparpillée aujourd'hui dans une foule d'églises secondaires, au sein de l'ombre qui empêche de voir les toiles, et de l'humidité qui les détruit. Ailleurs nous nous sommes plus longuement expliqué à cet égard ; pour le moment, il convient de reprendre le cours de nos explications *.

Le palais des Beaux-Arts est situé sur le grand canal, dans une partie des anciens bâtiments de la *Confrérie de la Charité*, *Scuola di Carità*. Le quartier a gardé ce nom de *Carità*. C'est un assemblage de bâtiments sans unité, composés de plusieurs ailes élevées à différentes époques. L'ancienne église de la Charité, d'abord bâtie en bois, était l'une des premières qui eut pris date à Venise. En 1198, comme elle tombait en ruines, Marc-Julien en refit les fondations en marbre à ses frais, et l'argent des fidèles servit à poursuivre et achever la réédification. Dès 1345, les bâtiments servirent de centre à une confrérie des Beaux-Arts dont les statuts sévères expulsaient quiconque ne fournissait pas

* Voir la note X au chapitre sur *les églises*.

une œuvre quelconque d'une importance fixée par avance. La peste du XVe siècle dispersa cette société savante, qui eut beaucoup de peine à se reconstituer plus tard.

Divers incendies détruisirent les bâtiments du couvent, relevés ensuite selon le style des époques. Palladio construisit dans les ordres dorique, ionique et corinthien, la belle colonnade en briques rouges de la cour. Il est fâcheux que cette élégante construction ne décore pas la partie de l'édifice qui se prolonge sur le grand Canal, elle y serait d'un fort bon effet.

Une petite façade de marbre blanc dans le goût corinthien, que surmonte une renommée assise sur le lion de la cité, signale l'Académie des Beaux-Arts au passage sur le Canal. George Massari est l'architecte de cette partie toute moderne de l'édifice.

On pénètre le plus ordinairement au Musée par l'ancienne petite porte de la Confrérie, qui est ornée dans le goût gothique, et surmonté d'un bas-relief autrefois dorée, représentant la *Vierge*, *l'Enfant-Jésus* et quelques saints. Ce bas-relief est de 1345, et fort estimable pour l'époque où il fut sculpté.

L'entrée par la façade grecque n'est accessible que les 1er et 15 de chaque mois ou pendant les jours où a lieu, dans les salles de l'Académie, l'exposition des peintures modernes. Aussi avons-nous cru devoir, dans notre examen des tableaux, suivre la marche qui s'accorde le mieux avec celle des entrées la plus généralement livrée aux visiteurs.

Après avoir franchi les couloirs inférieurs et l'escalier tournant, nous arrivons devant la petite porte des salles que nous franchissons, pour entrer dans l'intérieur de l'Académie. Tournant à gauche, sans nous arrêter pour le moment aux dessins d'architecture qui recouvrent ces premiers murs, nous arrivons par une seconde porte au couloir qui précède les salles neuves, et dans lequel sont exposées diverses toiles de maîtres flamands, ou attribuées à leur école. Le premier tableau important qui frappe est un portrait représentant :

Antonio Capello, admirable tableau de TINTORETTO, qui provient des salles des *Procuratives neuves*, aujourd'hui Palais-Royal. Il est impossible d'arriver à la plus parfaite imitation de la nature, par une plus grande sobriété de moyens que ne l'a fait l'artiste dans ce chef-d'œuvre. On sent, à contempler ce patricien, combien sa lourde robe de velours lui pèse sur les épaules, et ses cheveux collés à son front appellent le passage du mouchoir qu'il tient à la main. C'est la nature dans sa reproduction la plus vivante. Dans ce portrait, *Tintoretto* a été l'égal de Titien.

A côté se trouve une jolie toile de CARAVAGE (*Amérighi*), représentant des *joueurs d'échecs*. L'attention qu'expriment les visages est parfaite.

Un autre magnifique portrait situé plus loin, et représentant le patricien *Jacques Soranzo*, est de TITIEN. Il provient, comme celui peint par Tintoretto, des salles des *vieilles Procuratives*. Il serait difficile de se prononcer entre ces deux portraits hors de ligne, et tout ce qu'on peut répéter sans cesse, c'est qu'ils sont admirables. Les mains de ce dernier sont d'un inimitable modelé. Ces deux portraits ont été copiés des centaines de fois, et presque toujours quelque chevalet nouveau les avoisine. Il existe peu de modèles plus précieux à étudier.

Nous passerons sans nous arrêter sur le BONIFACCIO, placé plus loin, et qui représente *la Vierge, l'Enfant-Jésus* et plusieurs saints ; nous trouverons d'autres tableaux plus capitaux de ce peintre, dont le nom n'est écrit ici que pour prendre date en même temps que Tintoret et Titien. Au même titre, nous citerons seulement en passant ce JEAN BELLINI, qui représente le même sujet. En ajoutant à ces quatre noms celui de *Paul Véronèse*, nous aurons tout d'abord les hommes qui résument le plus particulièrement l'école vénitienne dans le Musée dans lequel nous entrons.

En effet, ce RIBERA (*l'Espagnolet*) qui suit, et qui représente le *martyre de Saint Barthélemi*, est un des rares tableaux étrangers qui soient dans cette galerie, et *le seul* qui y représente l'école espagnole. Nous avions donc raison de dire que nous entrions dans un musée vénitien. Ce *saint Barthélemi* a séjourné dix-huit ans *au Louvre*, à Paris, où il était connu sous le nom de *l'Écorché*.

A côté et comme pour faire opposition à cet horrible martyre, et reposer les yeux attristés, est une *Vénus au repos*, inspirée par le Titien. Elle est de CONTARINI, et fort connue par la gravure. A peu de différence près, ce peintre a reproduit plusieurs fois cette Vénus, comme Titien les siennes, et sa fameuse *Madeleine*.

Cette galerie offre plusieurs tableaux assez estimables, dont on ignore les auteurs, ce qui, au lieu d'un nom de peintre, a fait écrire au bas ce mot *ignoto* (inconnu) *.

Les quatre bustes de marbre ancien qui sont placés dans les pilastres sur la droite de cette galerie, proviennent de l'ancienne salle du *Conseil des Dix*. Ils sont de styles grec et romain.

Entrons maintenant dans la première grande salle, et commençant notre examen par la gauche, nous trouvons pour premier tableau UNE CÉRÉMONIE PUBLIQUE du CARPACCIO. C'est une de ces toiles curieuses qui sont la passion des archéologues, des historiens et des artistes, tant sont précieuses les révélations qu'elles font. Au second plan, on voit le pont du Rialto, qui était encore construit en bois en 1480, époque où peignait l'artiste. (Le Rialto de pierre, tel qu'il est aujourd'hui, ne date, comme il est expliqué ailleurs, que de 1591, sous le dogat de Pascal Cicogna). La forme des gondoles du temps, la manière dont elles étaient garnies, le costume si pittoresque et si galant des *barcaroli*, celui des principaux personnages de la scène, tout est assurément de la plus complète exactitude, et par conséquent du plus vif intérêt. On remarquera la forme évasée des cheminées, qui, suivant les termes d'argot scientifique, sont en *trompe à canonnières*, forme toute particulière à Venise, et qui se voit encore aujourd'hui assez communément comme de grands entonnoirs sur les toits des maisons. Venise passe pour la première ville où ait été inventé ce moyen de se débarrasser de la fumée... Jusqu'à présent nous avions cru devoir accorder la primauté de l'invention aux boucaniers de l'île de la Tortue.

A côté de cette curieuse toile est un portrait très chaud, très animé, par GIORGION. Il représente un noble Vénitien. Ce portrait, et une espèce de marine qui porte le nom de *Miracle de saint Marc*, que nous trouverons bientôt, sont malheureusement les seules toiles de ce maître que possède ce musée. Giorgion était du même âge que Titien, et il était entré le premier dans

---

* Il y a peu de temps un touriste, sans doute peu artiste, racontant ses *Impressions de Voyage* dans le journal de son département, dit que le Musée de Venise possédait beaucoup de tableaux d'un certain *Ignoto*, artiste doué d'un talent *très souple*, attendu qu'il avait abordé tous les genres, depuis la composition des légumes, de nature morte, et les portraits de poissons rouges nageant dans un bocal, jusqu'à la peinture historique et sacrée... Cette remarquable souplesse de talent faisait faire à ce don Quichotte des peintres méconnus, une superbe philippique en faveur de cet *Ignoto*, qu'il reprochait à Venise n'avoir pas mieux connu... Le mot eût été spirituel, s'il n'eût pas été celui d'un ignorant en fait d'art et de langue.

cette voie qu'a bientôt adoptée l'école tout entière, en se préoccupant par-dessus tout du coloris. Giorgion mourut trop jeune pour avoir accompli tout ce qu'il pouvait faire, c'est à dire de grandes et importantes compositions. Titien, son rival, lui survécut plus de cinquante ans... Il a eu le temps de s'immortaliser, il a vécu assez pour se faire immortel! Les belles fresques qui existaient autrefois sur la façade appelée *Fondaco de' Tedeschi*, auprès du pont de Rialto, et dont on découvre à peine aujourd'hui les derniers vestiges, étaient de Giorgion et de Titien.

À côté du portrait de *Giorgion*, se dresse une toile de Paul Véronèse; mais la composition en est si confuse, l'ensemble si terne, que nous préférons la franchir, en attendant la prochaine et belle occasion d'admirer ce grand peintre.

Une statue colossale représentant *Hercule qui lance Lycas dans la mer*, est le modèle original de Canova. Le marbre est à Rome, chez le prince Torlonia. Il faut toute la force de pression d'Hercule pour tenir si bien sa victime, en ne lui prenant que le bout du pied, au lieu de la cheville au bas de la jambe. De mauvais plaisants ont comparé la poitrine de ce colosse à un *matelas piqué*.

Dans l'angle de la salle, nous trouvons un délicieux portrait d'homme par *Van Dyck*. Les cheveux, la barbe, tout est d'une touche admirable. Ce Van Dyck, comme le Ribera, est le seul de son auteur que possède l'Académie des Beaux-Arts.

Nous voici arrivés à l'une des plus belles pages que TITIEN compte dans son œuvre, c'est à dire la PRÉSENTATION AU TEMPLE. Ce magnifique tableau, et sa célèbre *Assomption* que nous verrons plus tard, sont les deux toiles capitales de ce peintre au Musée de Venise.

La *Présentation au Temple* est d'une ordonnance qui ne manque pas de singularité. L'escalier du temple occupe la moitié du premier plan; une élégante colonnade corinthienne, quelques autres édifices en perspective, une pyramide, un paysage montagneux et d'un superbe effet, sont ce qu'on pourrait appeler la décoration de la scène représentée. Le ciel est des plus simples, sans idéal, et comme on en voit tous les jours, tant il est vrai que même dans les sujets religieux, où un peu d'idéalité, de poésie ne nuit pas, les Vénitiens restaient obstinément *peintres matérialistes*. Nous citerons encore à l'appui de cette proposition cette figure de vieille femme, qu'on dit représenter la mère du p intre, assise à l'ombre de l'escalier, avec des volailles mortes et un panier d'œufs.... figure d'un matériel d'idée et d'exécution qui semble placée là à deux pas de la Vierge, comme pour empêcher le comtemplateur de laisser sa pensée s'élever dans les zônes des mystères religieux !

Des groupes de personnages en habits vénitiens occupent toute la gauche du tableau. Celui de *l'avogador*, ou robe rouge, et des trois autres figures vêtues de noir, est merveilleux. Ce sont les portraits de quatre patriciens amis de l'auteur. L'expression des physionomies, l'élégance moelleuse des draperies, les combinaisons du coloris, tout est superbe. Derrière eux est un vieillard qui fait l'aumône à une pauvresse qui porte un enfant. Ce groupe est d'un naturel exquis; le petit garçon, qui s'élance pour tendre aussi la main est pris sur le fait. Sainte Anne est au pied de l'escalier avec une autre femme.; ce sont deux superbes figures, peu chrétiennes, sans doute... mais enfin superbes. La petite vierge isolée sur les marches du temple n'a peut-être rien de bien divin; c'est une petite fille tout à fait de la terre; et s'il n'était pas convenu qu'on doit accepter une école ou un grand peintre avec certains défauts, qui sont comme les ombres, propres à faire mieux ressortir les parties éclatantes de son talent, ce serait ici le cas d'une légère restriction d'éloges en face de ce magnifique tableau. Le pontife et son diacre, au haut de l'escalier, sont nobles et supérieurement peints.

Titien fit cette splendide toile, l'une des plus remarquables de son œuvre et des plus précieuses qui soient à Venise, pour l'église de *Saint-Jean-l'Évangéliste*. Une note, que nous avons trouvée dans un manuscrit écrit en 1564, par Gianjacopo Fontana l'architecte, monument qui fait partie de la collection du palais ducal, dit que ce tableau fut payé à son auteur environ 3,000 fr. de notre monnaie actuelle.

Un *Jésus au jardin*, de MARCO BASAITI, tableau qui suit le précédent, est une composition d'un style simple et beau. Les disciples étendus à terre dorment bien; c'est une belle toile. Elle fut peinte pour l'église de *San-Giobbe*, en 1510. Fort endommagé par l'humidité, ce tableau a été restauré avec assez de bonheur.

La *Procession sur la place Saint-Marc* est un des tableaux les plus précieux que possède Venise. Son auteur GENTILE BELLINI, qui, comme on l'a dit, vécut longtemps à Constantinople, auprès de Mahomet II, n'a nécessairement pas dans l'école vénitienne la même importance que son frère *Jean*; mais ses toiles, consacrées à la *pénitence anecdotique* de son temps, sont des plus curieuses qui soient aujourd'hui. Nous nous arrêterons un moment devant celle-ci, qui vaut certainement bien la peine d'être examinée et expliquée, car elle se lie étroitement à ce que l'on a précédemment vu de Venise.

Terminé en 1496 et restauré avec beaucoup de bonheur, il y a une quinzaine d'années, ce tableau représente une sorte de miracle qui se passa sur la place Saint-Marc pendant une procession de la Sainte-Croix. Le fait, l'anecdote est celle-ci : Un marchand de Brescia, nommé *Jacopo Salis*, étant tombé d'un étage, s'était cassé la jambe et ne pouvait plus marcher sans le secours de béquilles. Se trouvant sur la place Saint-Marc au moment où passait la procession de la *Confrérie de Saint-Jean*, portant la relique de la Sainte-Croix, il fit vœu à cette relique, et le lendemain il marcha librement, sans conserver de trace de sa blessure.

Ce tableau offre le texte d'une foule d'observations intéressantes, par les changements qui sont survenus dans les monuments qu'il représente. Nous enregistrerons les principales. En commençant par la gauche, nous remarquerons d'abord qu'on n'y voit point la *Tour de l'Horloge*, qui aujourd'hui livre accès dans la *Merceria*. Cette tour fut bâtie fort peu de temps, sans doute, après l'époque où Bellini peignit son tableau, car elle date de 1496. Quant à la Basilique elle-même, les dorures que le peintre y a représentées changent beaucoup l'aspect qu'elle a maintenant. Avec l'attention la plus obstinée, on ne pourrait aujourd'hui retrouver sur les six clochetons de la façade, non plus que sur les ornements en feuillage ou sur les statues des arceaux, les traces de l'or que, pour céder au goût de peinture du temps, sans aucun doute, Gentile Bellini a répandu sur son tableau.

Quelques chapitaux des colonnes du premier rang et d'autres ornements offrent de nos jours quelques traces de l'or dont ils étaient alors recouverts. Quant aux chevaux de Corinthe, ils portent encore de nombreux témoignages de la matière dont l'antiquité, et peut-être aussi de nouveau le moyen-âge, avaient recouvert leur bronze âgé de plus de deux mille ans.

Les mosaïques de la façade de la Basilique ont changé depuis l'époque où peignait l'artiste. Sur les neuf qu'offrent les deux étages, une seule, la première au rez-de-chaussée à gauche, est restée la même, et son ancienneté frappera les yeux de quiconque la remarquera sur le monument. Elle représente l'église Saint-Marc, avec quelques figures. Seule elle est donc antérieure à la fin du quinzième siècle.

On remarquera que les trois gaules d'enseignes plantées devant la Basilique, et sur lesquelles la république de Venise hissa longtemps les étendards de ses pays conquis, n'ont point sur ce tableau les magnifiques bases de bronze que l'on admire aujourd'hui. En effet, ces piédestaux ne furent sculptés par Alexandre Leopardo qu'en 1505.

La *Loggietta*, ce délicieux petit monument, accolé, on ne sait pourquoi, au pied du campanille dont le tableau présente la base sur la droite, manque aussi dans la décoration de la place Saint-Marc d'alors, puisque ce charmant édifice ne fut construit qu'en 1540, par Sansovino. Cinquante ans plus tard, et la tour de l'horloge, la base des piliers, et la loggietta eussent pu être placées dans l'œuvre de Bellini.

Il nous reste maintenant à remarquer que l'aile droite de la place, celle qu'occupent aujourd'hui les *Procuraties neuves*, partait alors de la base même du campanille, s'avançant conséquemment sur la place beaucoup plus qu'aujourd'hui. En regardant au-dessus de la porte, dite *della Carta*, et en cherchant les derniers plans du tableau, on apercevra l'aile du palais qui donne dans la cour, au-dessus de l'escalier des Géants actuel, et dont l'architecture est rehaussée de dorures. Aujourd'hui cette perspective est cachée par un petit mur de marbre blanc et rouge, comme la muraille du palais qui a été élevée sur la porte *della Carta*, après l'incendie de 1577.

L'angle du palais ducal ne présente d'autre changement à ce que l'édifice est aujourd'hui que la grande fenêtre, nue de nos jours, par suite d'incendies qui ont altéré cette partie du palais, et qui au temps de Bellini offrait encore une distribution de meneaux, de colonnettes et de trèfles dans le goût mauresque de la galerie même du palais ducal. On remarquera aussi que le pavé, en dalles de nos jours, figure en briques à l'époque où peignait Gentile Bellini.

Voilà en somme les observations qu'offre l'architecture de ce tableau. Quant à la composition de la scène qu'il représente, elle est admirable de fini et de sentiment. La naïveté, l'expression, le mouvement bien saisi des figures, la disposition des groupes; tout est parfait. Le dessin de toutes ces figures est délicieux. Aussi cette toile n'offre-t-elle pas seulement un très grand intérêt archéologique pour l'étude des mœurs, des coutumes et des bâtiments de l'époque, mais est-ce une œuvre d'art très remarquable.

La GLOIRE DU PARADIS, toile de PARIS BORDONE, qui suit celle dont nous venons de parler, est une composition un peu *olympienne*, qui se rattache plus au fabuleux qu'au sacré par l'ordonnance, mais qui n'en est pas moins délicieusement peinte. Plus tard nous retrouverons cet artiste dans une grande toile qui figure avec droit parmi les plus remarquables du Musée de Venise.

Au-dessus de la porte qui conduit dans la seconde salle, extérieurement et intérieurement, sont des statues de M. Jacques Martini, membre de l'Académie des Beaux-Arts. Celle qui fait face à l'Hercule de Canova représente une *Minerve*; la seconde, dans l'intérieur de la salle où nous entrons, est une personnification de la *peinture vénitienne*.

La salle suivante nous offre, en continuant toujours notre examen par la gauche, un tableau de LEBRUN, représentant *La Madeleine aux pieds du Sauveur*.

Cette toile a été envoyée de Paris, en échange de quelques tableaux vénitiens restés à Paris. Le ministre français chargé de la restitution des objets d'art enlevés de Venise par Napoléon, ayant paru craindre qu'un nouveau transport ne devînt fatal aux tableaux réclamés, proposa en leur lieu une toile française, dont, disait-il dans sa curieuse dépêche, le Musée de Venise *manquait absolument*... La substitution fut acceptée, et ce fut ce tableau de Lebrun qui fut envoyé à Venise.

Une belle toile voisine, signée de MARCONI, est sans contredit l'une des plus belles de cette riche salle, et c'est une grande injustice commise par les ouvrages sur Venise que de ne l'avoir pas mentionnée. C'est un Christ au pied de la croix, qui, pour être signé d'un peintre peu connu, n'en est pas moins extrêmement remarquable. Il règne dans les figures une naïveté et un sentiment exquis, le coloris et le dessin sont d'une grande finesse; et ce tableau, dans son ensemble, a la plus grande analogie avec la première manière vénitienne, tout en offrant la couleur forte et brillante des maîtres postérieurs. La figure blonde agenouillée devant le Christ est admirable.

Venise ne possède de ce grand peintre qu'une autre toile, placée dans la riche église de Saints-Jean-et-Paul (*San-Giovanni-e-Paolo*), tableau également capital, qui représente le *Christ au milieu des apôtres*. Rocco Marconi est absolument inconnu en France, bien que malgré la rareté de ses compositions il mérite une place très distinguée parmi les peintres de la première phase de l'école vénitienne.

Un *Massacre des innocents*, par Bonifaccio, voisin du tableau dont on vient de parler, est une composition d'un haut style, qui provient des chambres de la magistrature, à Rialto. Les têtes impassibles et belles des bourreaux, l'expression de celle des mères, l'effroi instinctif des enfants, le beau choix de types vénitiens des hommes; tout contribue à faire de ce tableau une chose des plus belles. La mère si brutalement renversée au premier plan, et qui essaie de cacher son enfant, est superbe. On raconte qu'un riche étranger, qui s'était passionné pour ce tableau, ayant fait des démarches extravagantes et vaines pour l'acheter, feignit de vouloir au moins en emporter une copie. Cette copie faite, et assez bien réussie dans l'imitation du ton général du tableau, le maniaque osa offrir, et cela moyennant une somme considérable, de substituer la copie à l'original dans la salle du Musée et de lui livrer celui-ci.... On pense bien que cette offre folle fut repoussée. L'étranger revient depuis tous les printemps revoir le *Massacre des innocents*, et passe à l'Académie des Beaux-Arts presque tout le temps de son séjour à Venise.

La grande toile suivante, représentant *Un repas chez Lévi*, auquel assiste Jésus-Christ, est dans la manière de Paul Véronèse, et signée de ses élèves, ses fils, ses héritiers (*Eredi di Paolo Veronese*). Ce tableau provient du réfectoire de l'ancien monastère de Saint-Jacques à la Giudecca. C'est une grande composition qui offre quelques belles parties; l'architecture en est surtout d'un style large et tout à fait dans la manière et le goût des grandes toiles de Véronèse, qui, sans nul doute, se faisait aider dans ces parties de ses tableaux par ses élèves. L'imitation du maître a été poussée jusqu'à l'admission des chiens, des singes dans la composition. Le repas offert à Jésus est interrompu par quelque incident, qui jette une certaine confusion dans l'ensemble. En somme, c'est un tableau qui n'a guère que ses dimensions pour fixer l'attention d'un voyageur qui tient à ne s'arrêter que devant les choses vraiment belles.

Sébastien Florigerio, qui peignait en 1533, nous offre ici

un panneau dans lequel se trouvent trois têtes d'évangélistes pleines de sentiment. Ce peintre a peu produit, et est conséquemment peu connu.

La Descente de croix, de Luca Giordano, qui suit, est un tableau réputé, qui semble cependant avoir plus d'extravagance dans la couleur que de vraie beauté. Le peintre a cherché, sans pouvoir le leur dérober, le secret des grands coloristes vénitiens, ce qui n'empêche pas son tableau d'être d'une exécution très habile. C'est, du reste, un des rares tableaux d'école étrangère qui soient à l'Académie des Beaux-Arts. *Giordano* peignait à Naples, où est restée la *Consécration du mont Cassin*. La débauche l'empêcha de donner à son talent tout l'éclat dont il était évidemment susceptible. Il mourut en 1707.

Nous voici arrivés au morceau capital de cette salle, la *Grande Cène* de Paul Véronèse, ou plutôt son *Dîner chez Lévi*; car une *Cène* ne doit offrir que la réunion des douze apôtres autour du Sauveur.

Ce tableau fut peint pour le réfectoire du monastère de Saints-Jean-et-Paul. C'est là une grande et bien majestueuse composition! Théâtral dans son ensemble, comme beaucoup des toiles de l'auteur, ce tableau est une des plus belles pages de la peinture vénitienne. L'architecture en est superbe, l'ordonnance générale noble et aussi incidentée que peut l'être la majesté d'un tel repas. Ces habits vénitiens dont, par un anachronisme sur lequel nous nous sommes expliqués ailleurs, Véronèse aimait tant à affubler ses personnages de tous les temps, revêtent sans nul doute une foule de portraits de l'époque où cette toile a été peinte. Il y a là des têtes qu'on n'invente pas, mais qu'on copie. Le majestueux personnage à la tunique rayée, qui se tient contre une des colonnes de droite, tout *maître-queux* qu'il soit de la cérémonie, est bien certainement un portrait, et un portrait superbe. Du côté opposé, on cite généralement comme représentant Paul Véronèse lui-même, un majordome vêtu de vert et fort noblement posé. Mais cette tête ne ressemble réellement à aucun des portraits qu'on connaît de Véronèse.

Ce grand tableau offre la plus belle réunion qui soit possible des qualités les plus précieuses du coloris. Par ailleurs, sa composition n'a rien qui le rattache à l'art conventionnel, et c'est au contraire la nature, la nature vue noblement et dans ses ressources les plus variées. Le ciel, d'un ton rose, peu en harmonie peut-être avec le reste du tableau, semble avoir été repeint.

Le chat qui joue sous la table, les chiens, le nain qui sont au premier plan où entre le Christ, démontrent la vérité de cette observation que l'école vénitienne, et Paul Véronèse en particulier, ne cessaient pas d'être naturalistes même dans l'exécution des sujets qui sembleraient devoir le moins appartenir aux vulgarités de la vie terrestre. Ce tableau a fait le voyage de Paris; c'est le pendant des fameuses *noces de Cana* que le musée du Louvre a conservées, et que l'on doit préférer de beaucoup encore au *Repas chez Lévi*.

La Vision de l'Apocalypse, qui suit, est une fantasque composition de Palma le Jeune. C'est un sujet hardi, représenté avec verve. Le ciel y est en parfaite harmonie avec la sombre étrangeté du sujet.

Le saint Jean dans le désert est une des plus chaudes peintures de Titien. La tête seule peut sembler d'un caractère un peu étrange pour le personnage, car c'est plutôt celle d'un bravo que celle de l'ami du Christ. Le reste est d'une merveilleuse beauté. On trouve toujours quelque chevalet de copiste devant ce *saint Jean*, et nul modèle ne convient mieux pour l'éclat du coloris et la beauté du modelé.

Au-dessus du *saint Jean* est un saint Pierre de Palma le vieux, qui serait beaucoup mieux à sa place s'il prenait celle du saint Diacon de Padovino, placé un peu au-dessus, et qui prie *une main sur l'œil*.

Nous voici arrivés à l'une des plus originales compositions de Paul Véronèse, si magnifiquement représenté à l'Académie des Beaux-Arts de Venise. C'est une Annonciation, tableau d'architecture, comme il aimait tant à en ordonner, où les personnages sont presque accessoires.

C'est qu'en effet, si l'on cherchait la vérité locale, on aurait le droit de trouver d'un luxe aussi improbable que bizarre par l'anachronisme du temps qu'il représente, ce vestibule servant de logis à la femme du menuisier Joseph. Mais il est évident que ce caprice du peintre a eu ses motifs, et nous n'en voulons d'autre preuve que ce blason placé à la base d'une des colonnes, et qui démontre assez clairement que le palais représenté est celui de l'homme qui a commandé le tableau. L'ange qui vient annoncer à la Vierge comment la grâce de l'Esprit-Saint est tombée sur elle, est peut-être un peu massif, un peu empêtré dans ses etoiles rougeâtres... Mais Marie! qu'elle est divinement belle! combien son pur visage exprime bien la joie pudique et l'orgueil secret qu'elle éprouve, en apprenant le mystère de sa maternité?... Mais, nous le demandons, est-ce là un tableau chrétien?

La figure de la Vierge de Titien, dans sa célèbre *Assomption*, ne vaut pas, pour nous, celle de Véronèse.

Le supplice de dix mille martyrs sur le mont Ararat, en Arménie, est une des plus bizarres inventions de Carpaccio. Carpaccio n'est connu qu'à Venise, qui possède la presque totalité de ses tableaux. Celui-ci est des plus bizarres et d'une complication étrange : c'est presque de la peinture chinoise pour l'effet. Les bourreaux ont placé les martyrs dans les positions les plus variées du crucifiement et de la torture; ils les clouent, les scient, les accrochent, les hissent, les tenaillent dans les inventions les plus singulières. Les corps expirants ou expirés pendent des arbres comme des fruits. Dans le haut du tableau, au milieu des branchages, on aperçoit une sorte de *terre promise*, où se promènent, sans avoir l'air d'être très heureuses, des petites figures rougeâtres. Il y a dans ce tableau, très fini du reste par les détails, une absence complète de coloris, et le dessin en est plus bizarre que correct. C'est néanmoins dans son ensemble un tableau fort curieux.

Un miracle de saint Marc, espèce de marine fantastique, située dans l'angle du salon, est la seule œuvre, qu'avec le portrait du noble vénitien que nous avons vu dans la salle précédente, possède du Giorgione le musée de Venise. Ce miracle, dans lequel se confondent des monstres marins et des hommes bizarres, ne se comprend guère. Les nus sont restés d'un éclatant coloris, tandis que tout le reste, ciel et mer, a noirci au point de faire une choquante disparate dans l'harmonie du tableau. Tels qu'ils sont aujourd'hui, ces hommes ont l'air d'être éclairés à l'intérieur comme des lampes de nuit. Un guide étranger, que nous avions eu occasion de parcourir, désigne ce tableau comme représentant le *Naufrage de la Méduse*. Rien ne manque à ce mot!

Au-dessus de ce tableau est un Véronèse, représentant saint Luc et saint Jean. Le bœuf qui porte un des évangélistes est beau comme un Paul Potter; mais le ciel de ce tableau a évidemment changé.

Cette salle se termine par le tableau réputé la dernière œuvre du Titien. C'est là, à coup sûr, une scène bien intéressante, qui l'est beaucoup plus qu'un petit tableau qui précède, et qui est désigné comme première œuvre du grand peintre (*prima opera*). Un peintre a-t-il une première œuvre? quant à la dernière, elle existe incontestablement, et l'intérêt qu'elle inspire augmente si la mort est venue glacer la main qui la peignait avant que la dernière touche y fût donnée. C'est ce qui arrive pour cette déposition du Christ (*Cristo deposto*). Ce tableau un peu confus, un peu *estompé* dans ses teintes, si l'on peut dire, semble bien l'œuvre alourdie d'une main que guide une vue affaiblie par un si grand âge, car, on le sait, lorsqu'il fut enlevé par une peste de Venise, peignant peut-être ce tableau, Titien avait quatre-vingt-dix-neuf ans! — Palma le jeune termina l'œuvre inachevée du peintre séculaire; une inscription tracée dans l'architecture du premier plan l'indique: *Quod Titianus inchoatum reliquit, Palma reverenter absolvit. Deoque dicavit opus.*

Les colonnes qui supportent les frontons de la porte, proviennent du fameux mausolée érigé par Scamozzi à la mémoire du doge da Ponte, dans l'église détruite, dont ce musée a pris la place. Elles sont d'un magnifique granit oriental.

En rentrant dans la salle de l'HERCULE, dont tout un côté a déjà été examiné dans ce qu'il offre de plus intéressant au point de vue historique, ou de plus remarquable comme art, nous trouvons à gauche:

UNE SCÈNE D'INTÉRIEUR, par LAZARE SÉBASTIANI, très curieuse pour les costumes et les décorations intérieures du temps. C'est un miracle de la Sainte-Croix, qui sauva du naufrage un nommé Antonio Riccio, auquel ses amis viennent faire visite pour le féliciter sur son heureux retour.

Un autre MIRACLE DE LA SAINTE-CROIX, par MANSUETI, représente à côté, le moment où une procession passant sur un pont fut arrêtée au passage par une force inconnue et irrésistible... La sainte relique allait passer devant un blasphémateur placé dans la foule au-delà du pont. C'est un tableau dont le principal mérite est historique et archéologique.

SAINTE URSULE EN GLOIRE, sur des faisceaux de palmes et recevant de Dieu le prix de son martyre, est un fort beau tableau de VITTOR CARPACCIO.

La grande toile qui précède la porte est une des plus curieuses que possède cette collection. C'est un pendant du tableau de la *Place Saint-Marc* de Gentile Bellini. Celui-ci offre une scène très étrange. Une procession portait à l'église Saint-Laurent la relique de la Sainte-Croix, lorsqu'en franchissant le pont où la foule était amassée, le religieux qui portait l'objet saint le laissa tomber dans l'eau..... ou y tomba lui-même. Aussitôt d'autres religieux se jetèrent dans le canal pour rattraper la relique, et ce fut André Vandramine qui la repêcha. L'agitation des frères sur le pont, l'effroi recueilli des dévotes (qui par parenthèse sont toutes blondes), l'étrange spectacle qu'offrent ces moines nageant, empêtrés dans leurs robes, et soufflant l'eau devant eux comme des tritons, tout contribue à faire de ce tableau une des plus bizarres compositions que puisse présenter la peinture anecdotique, à laquelle Gentile Bellini semble avoir particulièrement voué son pinceau.

De cette salle nous reprendrons la porte de la galerie qui nous y a amenés, et nous donnerons un rapide coup-d'œil aux petites pièces qui renferment presque toutes des œuvres modernes ou quelques anciennes toiles d'un intérêt secondaire. Puis nous quitterons cette partie du musée, et, traversant les couloirs, nous trouverons, toujours à gauche, la

PINACOTECA-CONTARINI.

C'est une collection de tableaux dont quelques-uns ne sont pas sans intérêt, collection qui fut offerte en don à l'Académie des Beaux-Arts de Venise, par l'amateur de peinture dont le nom a été donné à cette petite galerie. Ce qu'elle présente de plus remarquable, peut-être, c'est une rare collection de bois sculptés, et particulièrement de fauteuils recouverts en tapisserie, dont les bois sont d'une admirable originalité. Ces nègres, placés dans toutes les positions qu'a pu inventer le caprice de l'habile sculpteur, le mélange heureux des teintes du bois, mélange d'autant plus curieux que l'artiste s'est plu à percer aux genoux les vêtements de toutes ces figures pour faire paraître l'ébène, la finesse et l'expression des physionomies tout contribue à faire de ces sculptures des œuvres aussi remarquables que profondément originales. Ces bois furent sculptés par *Brustolon* de Venise.

En quittant la *Pinacoteca-Contarini*, nous nous dirigeons toujours à gauche, et nous trouvons la petite salle des peintures gothiques. Le plafond sculpté, peint et doré est superbe. L'aspect de cette salle, toute brillante d'or et de peintures éclatantes, a quelque chose qui surprend ; les tableaux qu'elle renferme, restaurés avec art, ont reconquis un éclat qui pourrait tromper sur l'époque d'où ils proviennent. Si la plupart de ces panneaux ne sont pas remarquables comme art, ils le sont certainement par les procédés qu'ils indiquent, le mélange de l'ornementation dorée et aussi de la saillie, avec la peinture des figures. Ce sont, pour la plupart des œuvres des frères Giovanni et Antonio de Murano, et des Vivarini, qui peignaient au quinzième siècle dans les églises secondaires de Venise. Un riche amateur de l'art, qui les avait en partie rassemblées, M. Ascanio Molin, en a fait don à l'Académie des Beaux-Arts, avec plusieurs autres tableaux de dates postérieures. Le plus intéressant peut-être de tous ces tableaux est celui d'Antonello de Messine, représentant une *vierge lisant*, panneau qui est considéré comme une des premières œuvres qu'ait produite à Venise la peinture à l'huile. Antonello était venu à Venise enseigner son secret à son ami Domenico, lequel s'en servit à Florence, et fut assassiné par Andrea del Castagno, auquel il avait refusé d'expliquer ses procédés.

Maintenant nous pénétrerons dans la dernière grande salle de ce musée, la première qu'on visiterait si l'on arrivait à l'Académie des Beaux-Arts par la grande entrée et l'escalier principal, très rarement livrés au public, comme il a été expliqué.

En continuant toujours notre examen par la gauche, nous trouvons tout d'abord un beau portrait, représentant un *Mocenigo*, peint par Tintoret. Ce portrait et celui d'*Antonio Cappello*, que nous avons vu au commencement de notre visite au musée, sont les plus beaux qu'ait à Venise ce peintre célèbre.

La VIERGE et les SAINTS de *Paul Véronèse* est une toile qui offre une délicieuse harmonie de couleurs. Ce tableau provient de la sacristie de l'église *San Zaccaria*.

Le PÊCHEUR *qui présente au doge l'anneau de saint Marc* est le chef-d'œuvre de PARIS BORDONE. C'est un délicieux tableau qui captive longtemps les regards ; l'entente générale de la composition, le coloris fin, le dessin si gracieux, tout contribue à faire de cette toile une des plus belles qui soient à l'Académie. Le groupe de patriciens de gauche offre un choix de têtes du plus beau type vénitien. A voir les personnages assis aux côtés du doge, on ne peut pas douter qu'ils ne soient des portraits. Toutes ces figures sont pleines de sentiments, d'attention. Le vieux pêcheur qui a trouvé dans le ventre d'un poisson, pêché au Lido, l'anneau ducal que le doge jetait dans la mer à chaque anniversaire de ses fiançailles avec l'Adriatique, est d'un mouvement plein de naturel. Le coloris de toute cette scène est d'une délicieuse harmonie ; c'est enfin un superbe tableau.

On ne saurait trop dire pourquoi *Pâris Bordone* a placé cette scène dans une architecture de fantaisie lorsque Venise était si riche de monuments. Cet anachronisme, cette fantaisie, ce défaut, si c'en est un, est la seule chose reprochable de cette séduisante toile. Fenimore Cooper, dans son *Bravo*, roman peu exact sur les institutions et les localités de Venise, a mis en chapitre une scène inspirée par ce tableau, dont parle son héros, le vieux pêcheur Antonio. Cooper cite le tableau comme étant au palais ducal ; il y était effectivement autrefois.

L'ADORATION DES MAGES, tableau qui fut peint par *Bonifaccio* pour une des salles du conseil des Dix, est l'un des plus beaux de ce maître. La figure du roi maure, placé au milieu, est superbe. Le groupe de la Vierge et de l'enfant est populaire, tant il a été souvent copié, gravé, lithographié. Le fonds, ciel et paysage, sont d'un très bel effet.

Les fils et le frère de *Paul Véronèse* ont, à l'académie des Beaux-Arts, un certain nombre de toiles, sur lesquelles nous ne nous sommes pas arrêté. Voici, de *Carlo Cagliari*, un Christ portant sa croix, qui rappelle, en quelques points, le faire de son célèbre père. Carlo Cagliari n'eut pas le temps de réaliser les espérances que l'on fondait sur lui, car il mourut, à l'âge de 25 ans, par excès d'application au travail. Son père disait qu'il deviendrait un plus grand peintre que lui... Est-ce un excès de modestie chez Paul Véronèse, ou aveuglement d'un homme qui aimait immensément ce fils ?

MARCONI, dont nous avons déjà admiré une belle toile, à côté du tableau moderne de Lebrun, a peint un *Rédempteur* plein de sentiment et de poésie. Ce qu'on connaît de ce maître fait vivement regretter qu'il n'ait pas travaillé davantage.

SAINTE CHRISTINE *battue des verges* est une œuvre qui n'offre pas l'éclat et la puissance de coloris, ordinaire au Véronèse. Peut-être cette toile est-elle ternie par le rapprochement de celle qui suivra, après :

LA MORT D'ABEL, dessin confus et extravagant de Tintoret [*].

---

[*] Lanzi dit, à propos de ce tableau, et de l'*Adam et Eve* qu'on voit en pendant :

Nous voici arrivés à l'œuvre capitale d'un des plus grands artistes de l'Italie, d'un des plus merveilleux coloristes de l'école vénitienne. Nous avons nommé L'Assomption de Titien!

M. Louis Viardot, dont les opinions, en fait d'art, ont tant de poids, prétend que la grande Cène, du même peintre, toile immense qui est enfouie dans le réfectoire du couvent de l'*Escurial*, en Espagne, est encore supérieure à l'*Assomption*. Titien, qui passa sept ans à peindre cette Cène, pour le roi, Philippe II, la déclara, paraît-il, son chef-d'œuvre. Pour ceux qui n'ont pu comparer ces deux grandes pages de l'art, l'*Assomption* passe pour la plus belle œuvre de Titien que possède l'Italie. On sait que sa découverte est toute récente. Peinte pour l'église des *Frari*, de Venise, cette magnifique toile y avait été oubliée, lorsqu'il y a peu d'années, le comte Cicognara, qui a tant fait pour l'art vénitien, ayant soupçonné la valeur de cette toile sous les teintes enfumées qu'y avaient répandu les cierges allumés et le défaut d'entretien, se fit hisser pour l'examiner, en nettoya un coin, et finit par proposer en échange, à l'église, un tableau *tout neuf*, qui fut accepté avec empressement. Le comte Cicognara avait découvert l'*Assomption* du Titien!

Cette prodigieuse toile, tant admirée et qui mérite si bien de l'être, ne saurait être *expliquée* : elle doit être *sentie*. Inutile, donc, d'en énumérer les beautés; tout le monde comprendra la majesté du Père éternel, la beauté de cette Vierge, dont les admirables proportions se devinent si bien sous les draperies de son vêtement, la grâce divine des petits anges, la vigoureuse réalité des personnages restés sur la terre. Par un tour de force de coloriste, qui donne à Titien, comme à Véronèse, Rubens et Murillo, le sceptre de cette science parmi tous les peintres du monde, l'auteur de l'*Assomption* a trouvé moyen de prodiguer le rouge dans sa toile, sans choquer en rien le regard par l'éclat de teintes qu'il a su entourer d'une harmonie parfaite. Un peu plus d'idéalité dans la figure de la Vierge, et ce tableau aurait au moins ému, fait rêver ceux que le manque des plus simples connaissances de la peinture pourrait priver d'admirer en conscience.

Depuis la découverte de l'*Assomption* du Titien, il en est fait journellement des copies entières ou partielles. C'est un fécond

« Tintoret déjà adulte, en peignant ces toiles pour l'église de la Trinité, traça les corps d'après nature, en les couvrant d'une espèce de grillage de fil... et il les embellit par une certaine grâce des contours qu'il avait acquise en copiant des reliefs. »

sujet d'étude pour les artistes. L'étranger qui arrive à l'Académie des Beaux-Arts, ne manque pas non plus de s'informer aussitôt où est ce chef-d'œuvre, devant lequel sont toujours rangées les chaises qui témoignent de la vive attention qu'on lui apporte. On parle de construire une salle nouvelle, pour y placer l'*Assomption*, la place qu'elle occupe aujourd'hui semblant ne pas renfermer toutes les conditions nécessaires d'élévation et de lumière pour la montrer sous son aspect le plus avantageux.

Bien qu'il y ait encore de fort belles toiles à passer sous nos yeux, il nous semble, après avoir conduit le lecteur devant la célèbre Assomption, être dans la position de ces spectateurs qui auraient assisté, dans un théâtre, au dénouement d'un drame palpitant, et auxquels on voudrait ensuite montrer quelques scènes oubliées de l'intrigue. Cette fois, l'admiration est lasse, et il ne nous reste qu'à franchir rapidement les toiles qui terminent l'examen de cette dernière salle.

Un très beau tableau, de Cima, représente Marie parmi les Saints. — Un autre, du Pordenone (Antonio Licinio), où l'on remarquera les lignes des trois ou quatre figures du second plan, qui toutes rappellent le portrait de *Dante*.

Un superbe Jean Bellini, représentant une *vierge*, une des plus grandes toiles de ce maître, laquelle mérite un examen attentif; puis, enfin, sur la façade opposée à l'*Assomption* du Titien : Le Miracle de saint Marc, œuvre capitale de Tintoret, au musée de Venise. Un esclave étant condamné au supplice, il invoqua saint Marc; et celui-ci, apparaissant par les airs, délivra l'esclave des liens et des entraves dont on l'avait enveloppé.

Ce tableau, qui est très renommé, est une fougueuse composition qui offre plus encore que toute autre toile de Tintoret, l'énergique manière de ce peintre farouche et passionné. En effet, il semble que l'artiste ait peint ce tableau dans un état d'orgasme continuel. Partout on y sent la fièvre, le délire d'un pinceau fougueux, la verve d'un homme colère et impatient. Tintoret, abstraction faite de tout parallèle de talent, est, sous certains points de vue de fécondité et d'énergie, le Rubens italien. *Le Miracle de saint Marc* est une des expressions les plus complètes du talent de Tintoret, et en même temps une des œuvres où les défauts ont le moins d'exagération. Ici son dessin, souvent si extravagant, si confus, n'est que hardi et animé. La scène, bien qu'elle offre beaucoup de personnages, a une unité parfaite. Le corps de l'esclave, couché nu à terre, est d'un raccourci véritablement admirable. La même situation n'a pas été vaincue avec le même bonheur dans la figure de saint Marc suspendu dans les airs, et qui a plutôt l'air d'un homme qui se jette par une fenêtre que d'un saint qui descend du ciel. Mais il faut aussitôt recommencer à louer, si l'on continue l'examen. Il y a sur la gauche la tête barbue d'un guerrier qui *sort* véritablement du cadre. S'il est vrai, comme on le dit parmi les artistes, que ce soit chez Tintoret qu'on doive étudier le mouvement, c'est surtout en face de cette toile qu'on peut le croire. Il y règne une animation extraordinaire, et la passion de celui que ses contemporains appelèrent le *furioso*, l'*irato*, y est admirablement exprimée. L'effroi, l'étonnement, animent tous ces visages, tous ces gestes ; le coloris est partout d'une vigueur incroyable, les clairs-obscurs pleins de magie, et la hardiesse de la touche poussée à sa dernière puissance... C'est vraiment un magnifique tableau ! si magnifique, que lorsqu'on l'admire, on a peine à croire que le même Tintoret soit l'auteur d'une foule de compositions qu'on rencontre à chaque pas dans les monuments de Venise, et qui n'ont aucune espèce de liens de parenté avec le superbe *Miracle de saint Marc.*

Avec cette surprenante composition, finira pour nous l'examen des tableaux les plus remarquables du musée de Venise, ne jugeant pas que sa grande dimension soit un titre suffisant à cette toile signée PADOVINO, et représentant les NOCES DE CANA, pour nous arrêter plus longtemps dans une salle où nous trouvons réunis l'*Assomption* du Titien, — le *Pêcheur* de Pâris Bordone, et le *Miracle de saint Marc*, qu'il serait aussi fort juste d'appeler le *Miracle du Tintoret!*

Notre revue des tableaux est finie. Nous croyons consciencieusement n'en avoir pas omis qui offrissent un intérêt réel comme art ou comme curiosité. Le musée de Venise, de même que tous les musées possibles, offre du remplissage, ou des toiles que le nom de leur auteur ne suffit pas toujours pour recommander à l'attention de ceux qui ne peuvent consacrer leur temps qu'à l'examen du vrai beau. Quitte avec la peinture vénitienne, dont on aura désormais une idée assez splendide, nous retournerons sur nos pas pour franchir une petite porte placée à gauche de l'*Assomption*, et nous arriverons dans une petite salle appelée :

Salle des réunions académiques, pièce d'un aspect bizarre, dont les murs de stuc sont incrustés sur divers points de marbres précieux, de jaspe, et de bas-reliefs en bronze; et au haut, de quelques peintures de Titien. Les bas-reliefs proviennent de diverses églises démolies; ils sont des belles époques de l'art, et signés de Donatello, de Riccio, de Camelio, etc.; un petit *saint Jean-Baptiste*, sculpté en porphyre, mérite toute attention.

Mais ce qu'offre sans contredit de plus intéressant cette salle singulière, et d'une décoration si hasardée, c'est une urne de porphyre, placée au fond sur une petite console, et qui contient *la main droite* de Canova, le plus grand sculpteur italien des temps modernes. L'inscription : — *Dextera magni Canovæ* — est simple et convenable. Au-dessous du vase qui contient cette main immortelle, on a placé le *ciseau* du grand sculpteur. Ces souvenirs sont touchants, nobles, et bien dignes d'intérêt. Par ordonnance supérieure, dans le cas où l'Académie des Beaux-Arts de Venise viendrait à être supprimée ou transférée dans une autre ville, la main de Canova devra être remise au temple de Possagno, patrie du grand sculpteur, pour être réunie au reste du corps. Son cœur se trouve dans l'église des *Frari*, sous le grand monument de marbre blanc dont Canova avait lui-même tracé le dessin pour Titien, sans soupçonner qu'il lui servirait un jour. Étrange destinée du corps de ce grand génie, dont chaque lieu veut posséder un débris, et qui se trouve ainsi divisé sur trois points : ici la main, là le cœur, plus loin ses entrailles! ses œuvres partout!

A côté de cette pièce, que rend intéressante le nom de Canova, en est une autre rarement ouverte, qui contient une belle collection des dessins des plus célèbres peintres de l'Europe, Léonard de Vinci, Raphaël, Michel-Ange. Ils sont un don provenant de la galerie Bossi de Milan, renforcé de diverses acquisitions et d'échanges. Une médaille de marbre a été posée dans cette salle pour témoigner la reconnaissance de l'Académie envers le comte de Cicognara qui a tant fait pour elle.

En franchissant la salle où est l'*Assomption*, nous raconterons sur son superbe plafond doré une singulière anecdote.

Un certain *Cherubino Ottale*, membre de l'ancienne confrérie, dans une partie des bâtiments de laquelle est placé ce musée, avait offert de dorer à ses frais, et *en or de sequin*, le plafond de la bibliothèque. Mais plus vaniteux encore que généreux, il avait demandé qu'une inscription mentionnât dans l'avenir sa libéralité. Cette spéculation d'amour-propre lui fut refusée, et voici comment il esquiva le refus : il fit sculpter dans chaque compartiment du plafond un petit ange à huit ailes, de sorte que son nom, *Chérubin Ottale,* se trouva répété à l'infini sur l'acte même de sa spéculative munificence. Aujourd'hui la table où eût été gravé le don du bourgeois vénitien eut disparu. — Le plafond et Chérubin Ottale traversent les siècles !

Nous repasserons par la petite salle des peintures gothiques, et dans le couloir, nous donnerons un coup-d'œil dans les salles des modèles de sculptures, qui se présentent, encore à notre gauche, puisque la gauche a constamment été notre fil d'Ariane.

Ces salles, dont la fondation ne remonte pas à trente ans, offrent tous les modèles des statues ou sculptures célèbres répandues dans les principaux musées d'Italie, de France, d'Allemagne et d'Angleterre. Beaucoup, les marbres du Parthénon et ceux d'Égine entre autres, qui sont des présents des rois d'Angleterre et de Bavière, au noble Cicognara, ont été offerts par lui à l'Académie des Beaux-Arts. Parmi les plâtres de statues célèbres, on remarque le *Gladiateur combattant,* dont l'original est à Paris; le *vieux Centaure* et l'*Hermaphrodite*, dont les originaux sont aussi au Louvre, l'*Apollon* du Belvéder et le *Méléagre*, statues auxquelles notre peintre David a fait une si grande réputation, en les choisissant pour types de sa manière; — les *Vénus Callypige* et de Médicis, — l'*Hercule de Farnèse,* — la *Niobé,* — le groupe de *Castor* et *Pollux,* — l'*Antinoüs,* — le *Rédempteur*, de Michel-Ange, etc. Plus divers monuments de Canova.

En rentrant dans le corridor, pour sortir par la même porte, qui nous a donné accès dans l'Académie des Beaux-Arts, nous trouvons, sur tous les murs, les cadres qui contiennent une nombreuse collection de dessins d'architecture, originaux du célèbre architecte Quarenghi, qui ont été offerts en don à ce Musée.

Maintenant, si nous voulons, en quittant cette collection, dire quelques mots rapides sur les absences qu'on doit y regretter, nous citerons en masse les écoles flamande et espagnole, qui n'y figurent, la première, que par des œuvres douteuses, et dans tous les cas sans importance; la seconde, par une seule toile, le *saint écorché*, de Ribera. Quant à l'école française, elle n'y compte guère que par la toile de Lebrun. Il en est de même des maitres romains, florentins et lombards, qui sont presque étrangers au catalogue. On doit donc, répétons-le, considérer cette Académie des Beaux-Arts comme un véritable *Musée vénitien*, car c'est un Panthéon élevé presque aux seules œuvres de son illustre école !

SOMMAIRE DES NOTES

DU CHAPITRE SUR L'ACADÉMIE DES BEAUX-ARTS.

(A) **Antonio Solario, dit le Zingaro. — Il appartient à l'école de Venise. — Anecdote sur sa vocation. — Ses amours. — Il devient célèbre. — (B) Liste des tableaux les plus importants de Titien. — (C) Liste des tableaux les plus importants de Paul Véronèse. — (D) Liste des tableaux les plus importants de Tintoret.**

(A) Le peintre Vasari dont l'ouvrage intitulé : *Vies des peintres, sculpteurs et architectes*, est si connu, et qui vient d'avoir les honneurs d'une traduction française, fut loin d'être un écrivain consciencieux. Son livre, tout utile sous bien des rapports et amusant qu'il soit, a propagé bien des erreurs sur les hommes dont il traite. Sa qualité de Florentin, d'élève de Michel-Ange l'ont rendu très malveillant pour les écoles de peinture romaine et vénitienne, et les inexactitudes sur les grands artistes de ces écoles, de la plupart desquels il fut cependant le contemporain, prouvent le peu de soin qu'il apportait dans la partie de son ouvrage qui ne traitait pas de ses sympathies*.

C'est ainsi que le biographe des artistes italiens a omis ou négligé de parler d'un peintre vénitien, dont les œuvres encore visibles aujourd'hui à Naples particulièrement, et dont l'influence surtout, sur la marche de l'art à son époque, ne méritaient ni cette injustice, ni cet oubli. Nous voulons parler d'Antoine Solario, plus connu dans l'art sous le nom de *Zingaro* (Bohémien) sans doute à cause de sa vie longtemps errante.

Il est vrai que cet artiste fut depuis compris par Dominici dans sa *Vie des artistes napolitains*. Mais Vasari ne pouvait ignorer qu'il fut Vénitien, et d'ailleurs qu'il fût de Naples ou de Venise, le biographe l'a omis, tandis que les plus médiocres artistes florentins ont trouvé place dans son œuvre.

Le Zingaro était donc, sur la foi de Dominici, considéré comme un fils des Abruzzes, lorsqu'un incident vint, il n'y a pas très longtemps, restituer à l'école de Venise le grand artiste. M. l'abbé Louis Celotti, amateur distingué des arts, découvrit sur une belle et précieuse madone, cette signature :

« *Antonius de Solario* VENETUS, *fecit.* »

---

* Par exemple, Vasari fait mourir Léonard de Vinci entre les bras de François Ier, les peintres modernes font des tableaux de cet épisode, et pourtant quand Léonard de Vinci mourut, le roi était loin de lui, à Saint-Germain!

Antoine Solario le Zingaro est donc définitivement Vénitien, rendons-le donc à sa patrie, par quelques détails biographiques qui ont assez de romanesque pour qu'on s'étonne que Vasari les ait négligés.

Les Solario étaient d'obscurs serruriers à Venise vers la fin du XIV⁰ siècle. Notre Solario reçut dès ce temps le surnom de *Bohémien*, attendu qu'il allait exercer son métier partout où il trouvait de l'ouvrage. C'est ainsi que limant ici, perforant là, il arriva jusqu'à Naples. Un peintre du nom de *Colantonio* qui avait quelques verroux à remettre, fit monter le Zingaro qui offrait ses services par les rues. Ce Colantonio n'était pas un artiste obscur, loin de là ! son style qui participe à la fois de Giotto pour le sentiment, et des Flamands pour le fini, peut se juger encore de nos jours à la galerie de Naples où est son *St-Jérôme* ôtant l'épine de la patte de son lion. Le Zingaro eut, pour son travail, à revenir plusieurs fois chez le vieux peintre, lequel avait une fort belle fille. Celle-ci reconnut que le serrurier à travers les teintes bistrées que son métier répandait sur son visage, était un fort beau garçon. Le beau garçon et la belle fille s'aimèrent, se le dirent, s'entendirent et le Zingaro n'osa rien de moins que de demander au peintre la main de sa fille. Le vieux Colantonio rit de la prétention et répondit à l'artisan : «Tu auras ma fille lorsque tu peindras comme moi. » Le bonhomme fier de son talent, ne trouva probablement pas d'autre impossibilité à opposer au présomptueux Zingaro.

Cette réponse-là devait valoir à Venise un grand peintre !

— Eh bien soit ! répondit le serrurier au cœur tendre. — Je demande dix ans... si votre fille consent à attendre.

— J'attendrai ! — dit celle-ci. — Le vieil artiste rit de plus belle, regarda avec orgueil la toile qu'il peignait, et qui semblait un défi insurmontable aux prétentions amoureuses du Zingaro. Mais comme un pareil prétendu lui semblait d'un voisinage dangereux, et qu'il lui semblait assez passionné pour user de quelque moyen peu séant pour escompter les dix années d'attente, il sut s'arranger de façon à ce que le Zingaro s'en allât hors de Naples, en chasse de son futur talent.

Notre amoureux avait alors vingt-sept ans. Il jeta au loin lime et marteau, et prit pinceau et palette. Son intention était de venir étudier à Venise sa patrie, mais en passant à Bologne, il vit sur les façades de quelques maisons de belles Madones qui lui plurent, et de l'auteur desquelles il voulut recevoir les premières leçons. Il s'en informa, apprit que c'était un certain Lippo, surnommé *Dalle Madonne*, à cause de son mérite dans cette spécialité. Le Zingaro raconta son amour à l'artiste, qui voulut bien s'intéresser à ce roman, et l'admit parmi ses élèves. Cette main habituée aux pesants travaux de l'enclume eut fort à faire pour acquérir la légèreté nécessaire au travail du pinceau. Mais il avait apparemment en lui le génie de la peinture, et ce génie qui avait dicté à l'artisan l'orgueilleuse réponse faite à Colantonio, lui aplanit bien des difficultés. Bientôt le Zingaro devint l'exemple de l'atelier, par son assiduité, ses progrès, et en peu de temps il put aider son maître dans la production de ses nombreuses Madones.

Après être devenu peintre, de serrurier qu'il y était arrivé quatre ans auparavant, le Zingaro quitta Bologne, afin d'étudier les diverses écoles qui commençaient à florir alors. Il vint enfin à Venise, où se signalaient alors les frères Vivarini, ces premiers créateurs du coloris vénitien. Il travailla assez longtemps sous eux, et fit dès-lors quelques-unes de ces Madones dont le tées inspirées sont évidemment le portrait fait de souvenir de celle qu'il espérait conquérir le pinceau à la main. Puis après avoir encore étudié sous d'autres maîtres réputés, des diverses écoles Lombardes et Florentines, il reprit le chemin de Naples, dix ans moins quelques mois après l'époque où il s'y était acheminé pédestrement, le sac aux outils de fer sur le dos.

Arrivé à Naples, et sachant que le vieux Colantonio, plus vieux que jamais et toujours passionné de son art, était toujours de ce monde, il s'arrangea de façon à lui mettre sous les yeux deux de ses derniers tableaux. Colantonio loua ces peintures avec enthousiasme ! Là-dessus le Zingaro lui demanda s'il ne donnerait pas sa fille (qui mûrissait...) à l'auteur de ces tableaux ? — Sans nul doute ! — répondit le bonhomme dans l'extase. — Eh bien ! depuis dix ans ma fiancée, qu'elle soit enfin ma femme ! — s'écria l'artiste. — Je suis ce Zingaro que vous avez repoussé, ces tableaux renversent tous les obstacles que vous aviez mis entre nous !

Colantonio ne revint pas sur sa parole, et le Zingaro eut désormais à toute heure la belle Forta pour modèle de ses Madones.

Bientôt il devint peintre de la Cour. On voit aujourd'hui à Naples, une assez grande toile, qui représente une vierge sur un trône, entourée de plusieurs saints, laquelle offre aussi le propre portrait du Zingaro sur un second plan, et à côté un fort laid vieillard, qui est Colantonio, coupable de lui avoir fait si longtemps attendre son bonheur. La vierge offre les traits de Forta.

Le Zingaro a beaucoup travaillé dans les monastères. Il peignit dans la chapelle de l'ancien couvent de Monte-Oliveto où le Tasse se réfugia, *la vie de J.-C. et de la Vierge*. Aujourd'hui ce couvent est affecté à diverses administrations napolitaines, et le jardin est devenu halle.

Son plus important ouvrage est sans doute la grande fresque du cloître Saint-Severin, encore vive et fraîche après quatre siècles, les paysages en sont charmants. Elle représente *la vie de saint Benoist*.

Le Zingaro peignait une foule de petits tableaux qu'on recherchait fort dans toute l'Italie. Il orna une foule de bibles et de précieux manuscrits. Celui des tragédies de Sénèque dont chaque miniature offre le sujet des pièces, œuvre curieuses qu'on voit chez les PP. de saint *Philippe de-Neri*, à Naples, est du Zingaro, dont la main merveilleuse après avoir longtemps manié le lourd marteau, peignait tantôt d'immenses fresques, tantôt les plus délicates miniatures.

Cet habile artiste mourut à Venise, en 1476, âgé de soixante-treize ans. Il fit école. Ses peintures, d'un dessin très pur, où la perspective a déjà des effets qui annoncent le style prochain de Titien et de Raphaël (seconde manière) sont fort estimés des collecteurs. *

(■) Les tableaux les plus importants du Titien, répandus dans les musées, les églises, ou les collections d'Italie, sont :

A Milan, au musée de la *Bibliothèque Ambrosienne*. — Une *adoration des Mages*.

Au musée de *Bréra*. — Quelques petites toiles sans importance.

---

* Les Flamands ont un peintre du nom de *Quentin Metrys* qui, de même que le *Zingaro*, fut d'abord forgeron, et qui, mis au défi par le père de la femme qu'il aimait, laissa lime et marteau pour pinceau et palette. Il a excellé dans le métier comme dans l'art, ainsi que le prouvent le *puits de fer* d'Anvers, œuvre du marteau de Metrys, et le tableau de *Inhumation du Christ*, production de son pinceau.

A Parme. — Le *Christ traîné par le bourreau*, belle répétition avec quelques changements du même sujet qui se trouve dans l'église de *Saint-Roch* à Venise.

A Florence, musée Degl' Uffizi. — Deux *Saintes familles*. — Une *Sainte Catherine martyre*. — Une femme demi nue appelée la *Flore*. — Deux *Portraits*, du duc et de la duchesse d'Urbin. — Le *Portrait* du sculpteur Sansovino. — Une esquisse de la *Bataille de Cadore*, d'autant plus précieuse que le tableau a péri dans un incendie.

A la Tribune — Les deux célèbres *Vénus*. — Un *Portrait* du cardinal Beccadelli.

Au Palais Pitti. — Une *Madeleine*. — Un *Christ*. — Le *Mariage de sainte Catherine*. — Une *Bacchanale*. — Les *Portraits* de André Vésale. — De Philippe II d'Espagne. — De l'Arétin. — De Louis Cornaro. — Le cardinal Hippolyte de Médicis.

A Gênes, au palais ducal. — *Junon et le Paon*.

Au palais Durazzo. — Une *Madeleine*.

A Rome, musée du *Vatican*. — Une *Vierge glorieuse*. — Le *Portrait* d'un doge de Venise.

Au palais *Borghèse*. — Une *Sainte Famille*. — Les *Trois Grâces*. L'*Amour sacré et l'Amour profane* — Le *Retour de l'enfant prodigue*, (ce dernier tableau peut être de Bonifaccio.)

Au palais *Doria*. — Une *Madeleine*. — Une *Léda*. — Le *Sacrifice d'Abraham*.

Au *Capitole*. — Le *Baptême du Christ*. — La *Femme adultère*. — La *Vanité*.

A Naples, au musée des *Studi*. — *Paul III et Octave II*. — Portrait d'*Erasme*. — Celui de *Philippe II* — Une *Madeleine* — *Danaé*.

A Venise, — Églises *Saints-Jean-et-Paul*. — *Meurtre de saint Pierre martyr*.

Église des *Jésuites*. — Le *Martyr saint Laurent*.

Église *Santa-Maria della salute*. — La *Descente du Saint-Esprit*. — La *Mort d'Abel*. — Le *Sacrifice d'Abraham*. — *David tuant Goliath*. — *Saint Marc entre quatres saints*. — Les *Quatre Évangélistes*. — Les *Quatre docteurs*.

Église *San-Rocco* ou *Saint-Roch*. — L'original du *Christ traîné par le bourreau*, dont la reproduction est à Parme.

A la confrérie de *San Rocco*. — Une *Annonciation*.

Église des *Frari* (où est enterré Titien.) — Une *Adoration de la Vierge*.

Église de *San-Sebastian*. — Un *saint Nicolas*.

Église *San-Marziale*. — *Tobie conduit par l'ange*.

Palais Ducal. — *Saint Christophe* (fresque). — La *Foi du doge Grimani*.

Palais *Royal*. — Le *passage de la mer Rouge*. — La *Sagesse couronnée*.

Au musée ou *Académie des Beaux-Arts*. — La *déposition de la croix* (son dernier ouvrage). — La *Présentation au temple*. — L'*Assomption de la Vierge*. — *Saint Jean dans le désert*. — Une *Vieille femme*, (réputée sa mère).

(c) Les toiles les plus remarquables que Paul Véronèse ait laissées dans les collections particulières ou dans les édifices d'Italie, sont :

L'ACADÉMIE DES BEAUX-ARTS.

A Milan. — Musée de *Brera*. — *Noces de Cana*, (tant de fois reproduites). — *Jésus entre Marthe et Marie* — Une *Adoration des Rois*.

A Florence. — Palais *Pitti*. — Les *Adieux de Jésus à la Vierge*. — Une *Présentation au temple*. — Un *Saint Benoist*. — Quelques portraits.

A Gênes. — *Palais Ducal*. — *Olinde et Sophronie*. — *La Madeleine aux pieds du Christ*.

Au palais *Durazzo*. — Le *mariage de sainte Catherine*.

A Rome, au *Vatican*. — Une *sainte Hélène*.

Palais *Borghèse*. — *Saint Jean dans le désert*. — *Saint Antoine*.

Palais *Doria*. — Une *Déposition de croix*. — Divers portraits.

A Naples. — Musée des *Studi*. — *Moïse sauvé des eaux*. — *Portrait du cardinal Bempo*.

A Venise. — Église *Saints-Jean-et-Paul*. — La *Nativité*.

Église du *Rédempteur*. — Le *Baptême du Christ*.

Église *Saint-Pierre*. — *Saint Pierre et saint Paul*.

Église *Saint-François de la vigne*. — Une *Madone*.

Église *Saint-Sébastien*. — Un *plafond*. — *Histoire d'Esther* — *Deux martyres de saint Sébastien*. — *Martyre de Marc et Marcelin*.

Église *Sainte-Catherine*. — *Mariage de sainte Catherine*.

Palais ducal. — *Apothéose de Venise*. — *Retour d'André Contarini*. — La *Prise de Smyrne*. — La *Défense de Scutari*. — *L'Enlèvement d'Europe*, (un de ses chefs-d'œuvre). — Diverses grisailles.

Palais-Royal. — *Venise allégorique*. — Le *Christ au jardin des Olives*. — *L'institution du rosaire*. — *Adam et Ève pénitents*.

Musée ou *Académie des Beaux-Arts*. — Le *Souper chez Lévi*. — *L'Annonciation*. — *Sainte Christine battue des verges*. — *Sainte Christine dans le lac*. — *Sainte Christine adorant les idoles*. — *Quatre évangélistes*. — La *Vierge entre deux saints*. — Diverses grisailles et autres toiles secondaires.

Le Tintoret compte dans les grandes villes d'Italie les tableaux suivants, parmi les *plus importants* de son œuvre immense.

A Bologne, au musée ou *Pinacothèque*. — Un *saint Pierre*.

A Florence, au *Palais Pitti*. — Une *Descente de croix*. — Une *Résurrection*. — Une *Madone*. — *L'Amour né de Vénus et Vulcain*. — Quelques portraits.

Rome. — Palais *Doria*. — Le *Christ chez les Pharisiens*. — Quelques portraits.

Au *Capitole*. — Une *Madeleine*.

Naples. — Musée des *Studi*. — La *Vierge et l'enfant*. — Un portrait.

Venise. — Saints *Jean-et-Paul*. — Deux *Mises en croix*. — Deux *Vierges*.

Église des *Jésuites*. — Une *Assomption*.

Église *Santa-Maria dell'Orto*. — *Sainte Agnès ressuscitant le fils de Sempronius*. — *Saint Pierre devant la croix*. — La *Présentation à la Vierge* — *L'Adoration du veau d'or*. — Les *Prodiges précurseurs du Jugement dernier*.

Église *Santa-Maria della salute*. — *Noces de Cana*.

Église *San-Giorgio Magiore*. — La *Cène*. — La *Manne*. — La *Résurrec-*

tion. — Le Martyre de Saint Étienne. — Un autre Martyr. — Le Couronnement de la Vierge.

Église de L'Ascension. — La Flagellation.

Église Santa-Maria del Carmine. — La Présentation de Jésus au Temple.

Église Saint-Roch. — Saint Roch dans le désert. — Saint Roch devant le pape. — L'Annonciation. — La Probatique.

Salles de la confrerie de Saint-Roch. — La Mise en croix, toile immense. — Une Visitation — Quelques plafonds.

Église San-Zaccaria. — Naissance de saint Jean-Baptiste.

Église San-Sebastiano. — Le Châtiment des serpents.

Église San Marziale. — Saint Marziale avec d'autres bienheureux.

Palais Ducal — Une vingtaine de tableaux, sans compter les portraits. — Le plus grand, un des plus grands tableaux qui soient, est sa *Gloire du Paradis*, dans la salle du grand conseil. Les principaux parmi les autres tableaux de Tintoret au palais des doges, sont: *Mars chassé par Pallas.* — *Ariane couronnée par Vénus.* — *La Forge de Vulcain.* — *Mercure et les Grâces.* — *Saint Louis et saint Grégoire.* — *Saint André.* — *Charles-Quint recevant les ambassadeurs à Parie.* — *La Bataille de Zara.* — *La Victoire de Sorranzo* — *Celle de Murcello sur les Aragonais.* — *Venise au milieu des divinités,* etc.

Au Palais-Royal. — *L'Adoration des Mages.* — *Saint Joachim chassé du Temple.* — *Saint Marc sauvant un Musulman du naufrage.* — *L'Enlèvement du corps de saint Marc.*

Musée ou *Académie des Beaux-Arts.* — *Miracle de saint Marc.* — *Vierge dans sa gloire.* — *Meurtre d'Abel.* — *Adam et Ève.* — *Le Christ sortant du tombeau.* — *La Vierge et l'Enfant.* — *Une Assomption.* — *Un Christ en croix*, et quelques autres toiles secondaires, plus quelques beaux portraits.

IX

L'ARSENAL.

SOMMAIRE.

Coup-d'œil général. — Porte sculptée. — Statues. — Les lions d'Athènes. — Entrée dans l'arsenal. — Salles d'artillerie. — Curiosités historiques. — Armes, instruments, machines de toute sorte. — Étendards. — Le premier obus. — La couleuvrine d'un dilettante. — Les clés qui n'ouvrent pas. — Casques de torture. — La clé empoisonnée. — L'*ostacolo* du tyran de Padoue. — Le casque d'Attila... — L'armure de Henri IV. — Absence de l'épée. — Profanation — Le tombeau de l'amiral Emo, par Canova. — La salle des modèles. — Le *Bucentaure*. — Description de la cérémonie à laquelle il servait. — L'anneau dogal et l'Adriatique. — Formule de la prise de possession, ou fiançailles symboliques. — Fête, enthousiasme populaire. — Les *Arsenalotti*. — L'hymne du Bucentaure. — Singulier privilège des rameurs du doge. — Les divers Bucentaures. — Colonnes rostrales. — Le tronçon de mât et le duc de Bordeaux. — Un musée de canons disparu... — La quinquerème brisée... — Danger des choses techniques. — Des dates importantes de l'histoire de l'arsenal. — Son action, son influence, ses destinées. — Les flottes qui en sont parties. — Ses agrandissements. — La *Tana*. — Le cadeau de galériens. — Apogée. — Personnel. — Études. — Physiologie des Arsenalotti. — Leurs privilèges. — Leur bizarre galanterie envers Henri III de France — Les chefs de la flotte. — Des diverses constructions. — Les cales couvertes. — Le ministre Forfait. — Les fonderies. — Ressources fabuleuses de l'arsenal pour Lépante. — Phases de décadence. — Conclusion.

Nous allons parler du plus glorieux, du plus utile des monuments de Venise, de cette enceinte qu'on peut appeler *une ville dans une ville,* d'où s'élancèrent les flottes qui plus d'une fois, en repoussant l'invasion des Ottomans, sauvèrent la civilisation de l'Italie, et peut-être même de tout le midi de l'Europe !

Tel qu'on le voit encore aujourd'hui, l'arsenal de Venise peut répondre à la haute idée qu'on se fait de l'ancienne marine de sa République. S'il a perdu sa vie, son animation, c'est toujours un cirque immense, renfermant les établissements les plus beaux ; et il sera facile à l'imagination de celui qui connait l'histoire de Venise, de repeupler tous ces ateliers de leurs ouvriers innombrables, d'entendre ces forges retentir sous les coups du marteau sonore, de voir bouillir le fer en fusion dans les fonderies de canons, et de bâtir sous les calles couvertes, les puissants squelettes de vaisseaux, de la mise à l'eau desquels s'informait avec anxiété le Turc !

Des murailles puissantes, des tourelles, des bastions défendent de tous côtés cette noble enceinte, qui n'a pas moins de deux milles de tour. Commencé en 1304, par André Pisano, l'arsenal de Venise fut continué par divers architectes, suivant les progrès que firent durant ces derniers siècles les constructions spéciales. Mais procédons par ordre, et, avant tout, arrêtons-nous devant la porte de terre, où l'art est représenté d'une façon intéressante, en même temps que l'antiquaire aurait, au besoin, à y éclaircir un point jusqu'à présent resté aussi obscur que l'est la véritable origine des quatre chevaux de bronze qui surmontent le portail de Saint-Marc.

Cette porte est élégante, sans être aussi imposante qu'on aurait pu l'attendre d'un établissement comme l'arsenal de Venise. Elle fut construite en 1460, et vers la fin du XVIe siècle, les élèves de Sansovino firent les sculptures qui en décorent l'arc supérieur. Au sommet on plaça une statue de *sainte Justine*, sculptée par Jérôme Campagna, en mémoire de la bataille navale de Lépante, que la flotte vénitienne remporta sur les Turcs, en 1571, le jour de la fête de cette sainte. Les diverses statues profanes qui surmontent la balustrade, et qui ne sont pas sans élégance et sans grâce dans leur manière, datent aussi du XVIe siècle. Voilà pour l'artiste ; — vient maintenant la part de l'antiquaire.

Quatre lions de marbre, rangés par progression de taille, sont placés là comme les Cerbères de l'enceinte. François Morosini, le *Péloponésiaque*, les transporta en 1687, du mont Hymète, près d'Athènes, dans sa patrie. Comme art, ils sont de toute médiocrité, pour ne pas dire plus ; comme archéologie, ils sont d'une rare curiosité. Le plus grand vient du Pyrée, ou port d'Athènes : deux inscriptions entourent sa crinière usée par les siècles, dans lesquelles inscriptions on a trouvé ces mots : *Lion consacré à Athènes*, représentés par des caractères que des difficultés typographiques nous empêchent de reproduire ici. Enfin, qu'il soit runique ou pélasgien, comme l'ont prétendu quelques savants; ou grec, comme le veut Canova, toujours est-il que c'est un monument de la plus haute antiquité. Il faut bien croire, dans tous les cas, s'il est véritablement grec, qu'il a précédé l'époque où cette nation eut un art si brillant, qu'il est enfin antérieur au siècle de Périclès. Alors rien n'empêcherait d'accepter la version qui en fait un monument de la bataille de Marathon, circonstance qui ferait remonter sa date à tout près de cinq cents ans avant l'ère chrétienne... total deux mille trois cent cinquante ans.... C'est un âge respectable! Les chevaux de bronze sont de beaucoup les cadets de ce lion vingt-trois fois séculaire!

Le second de ces lions, couché, mais qui veille toujours, regardait autrefois tout ce qui se passait sur la route de la ville d'Athènes au Pyrée. C'était une des sentinelles du chemin, comme les sphynx de granit du désert égyptien, contemporains des obélisques. Ce lion aussi est contemporain du premier cité, et de plus son compatriote, peut-être même son frère! Il a pu devoir le jour au même ciseau, car ils ont ensemble un air de famille : la beauté n'est pas leur type!

Les deux autres prétendus lions qui suivent sont d'une race apocryphe, dont le seul mérite est évidemment l'antiquité. Les diverses inscriptions que portent les bases de ces quatre animaux, ont été gravées à Venise (A).

Après avoir franchi la porte que garde un soldat de marine, curieux de voir la permission de l'autorité spéciale, ou le reçu du passeport délivré par la police, dont doit être armé tout étranger qui veut pénétrer dans l'enceinte, il donnera un premier coup-d'œil d'étonnement sur les vastes proportions de la partie de l'édifice qui s'offre à lui; puis il se fera sur-le-champ conduire aux salles d'armes destinées à la marine et à l'artillerie de terre. Là se trouve une sorte de musée d'un intérêt spécial et historique, qui balance en plus d'un point, par la richesse des souvenirs, notre célèbre musée d'artillerie de Paris, si vanté, et si digne de l'être. Nous ferons avec le lecteur le tour des deux salles de la marine, qui sont les plus curieuses.

Nous y trouvons : — les trois armures des commandants auxquels la République avait confié ses conquêtes de Chypre, de Candie et de Morée, qui étaient les généraux *Duodo*, pour la première; *Morosini*, pour la seconde; *Zeno*, pour la dernière.

— Les flèches de combat des anciens Vénitiens, dont ils se

servirent jusqu'au XVIe siècle, ainsi qu'on peut le voir dans plusieurs tableaux de batailles navales au palais ducal, et particulièrement à la salle du grand conseil, dans ceux qui représentent le combat où les Vénitiens firent prisonnier Otton, fils de l'empereur d'Orient, et les deux conquêtes de Constantinople (1203 et 1204); les carquois de peau rouge dans lesquels étaient placées ces flèches, bien autrement redoutables que celles que la mythologie prête à son Cupidon et à son Amour, portent doré le lion de saint Marc.

— Les arbalètes du XVIe siècle, qui servirent à la bataille de Lépante. Elles sont un progrès bien sensible déjà sur les arcs et les flèches des conquérants de Constantinople. C'est le milieu entre l'arme sauvage perfectionnée par les Romains, et le fusil actuel. Au reste, le bout de bois ferré que lançaient ces arbalètes, n'était pas beaucoup moins redoutable que les balles modernes, si l'on en juge par la façon dont est criblée une cuirasse placée là, et que le prince héréditaire Alexandre de Russie, dans une visite qu'il fit à l'arsenal en 1838, s'amusa à cribler de dards, d'un bout à l'autre de cette salle.

— Des hallebardes turques, prises à Lépante.

— Un grand fanal provenant de la galère du commandant des Turcs, à la même bataille. La poupe de sa galère en portait trois semblables. Ceux des officiers subalternes étaient plus petits, comme l'indiquent les échantillons que l'on verra plus tard.

— Les casques, morions, etc., qui servirent aux officiers de *Henri Dandolo*, à la première conquête de Constantinople (1203). Ces casques ont donc 650 ans.

— Une grande bannière de soie rouge, brodée et enluminée, prise sur les Turcs, à la bataille de Lépante, en 1571 (an 858 des Turcs.

— Des étendards, des oriflammes conquis par les Vénitiens, dans les guerres de la Morée, sur les mêmes adversaires.

— Boulet ou bombe de pierre avec son obus, tels qu'ils servaient dans les luttes contre les Génois commandés par Doria. Ces machines étaient de l'invention du général Victor Pisani, dont la statue est voisine (B).

— Les épées que les papes envoyaient à chaque nouveau doge élu. Elles sont couvertes d'inscriptions suivant les temps. C'est d'une de ces épées dont le pape fait la remise au doge, dans le tableau de Bassano qui se voit dans la salle du grand conseil, au palais ducal.

— Une magnifique couleuvrine, fabriquée par le fils du doge Pascal Cicogna, celui qui fit bâtir en marbre le pont de Rialto. Cette belle arme se divise en onze morceaux ou fractions du tube. Elle est de fer poli damasquiné, et orné de reliefs en cuivre, autrefois doré. Cette couleuvrine est d'une extrême élégance de forme et d'ornements. Le couvre-lumière offre un groupe charmant. Le jeune patricien Cicogna, qui était *dilettante* de ce genre de travail, fit celle-ci pour l'offrir à un ambassadeur turc, à Venise; mais son père s'opposa à ce don. Napoléon fit essayer cette pièce au Lido; on trouva que sa portée était d'un mille et demi. Elle fut longtemps dans une des salles du palais ducal, parmi d'autres objets curieux. Sa translation à l'arsenal est assez récente.

— Divers modèles des premiers canons, offrant les initiations curieuses de cette arme, alors à sa naissance (C).

— Un porte-mèche de galère, extrêmement compliqué et fort intéressant à se faire expliquer.

— Un fusil ou machine à vingt coups, qui se plaçait sur la poupe des galères, tout chargé, prêt à faire feu, et braqué sur les forçats *pour les maintenir en respect*.

— La cuirasse, le casque, le bouclier, la cotte de mailles qui servirent au doge Sébastien Ziani, en 1177, lorsqu'il combattit l'empereur Barberousse. Cet équipement est d'un superbe travail.

— Le bassin et les clés d'argent doré qui furent présentés à Napoléon, en 1807, lorsqu'il fit sa première visite à l'arsenal. Ce sont, comme toujours en pareilles circonstances, des clés de parade; leur office est tout moral au figuré.

— Deux casques de torture du *Conseil des Dix*. Des pointes de fer étaient piquées dans la tête du patient, tandis que le juge, assis à côté, prêtait l'oreille à une petite ouverture, pour entendre les aveux arrachés par la souffrance.

Collection fort curieuse d'armes et d'instruments de torture ayant appartenu au fameux tyran de Padoue, Francesco Carrara, avant l'adjonction de cette ville aux états de la République.

Une des curiosités de cette collection est une clé qu'il portait souvent à la main, et qui contenait un mécanisme étrange, qu'un ressort mettait en mouvement, et qui faisait sortir de l'extrémité des petites pointes causant une blessure insensible, mais... empoisonnée. Lorsque Carrara avait résolu de se débarrasser de quelqu'un, il le touchait légèrement du bout de sa clé, et l'homme mourait quelques heures après, sans qu'on devinât pourquoi ni comment. C'est ainsi qu'il fit mourir le général lombard Rusconi, qui, dans une fête publique, rôdait trop près d'une femme sur laquelle le tyran avait des vues. Un officier civil qui le contrariait un jour dans une assemblée, eut le même sort. On ne saurait dire à quel nombre de victimes cette clé *a ouvert les portes de la mort*.....

— Un instrument plus bizarre peut-être, est celui qu'on a désigné sous le nom naïf d'obstacle (*ostacolo*), et dont le même Francesco Carrara rassurait sa jalousie, lorsqu'il s'éloignait du logis. L'armoire contient en outre une foule d'autres objets et instruments à l'usage de ce tyran (D).

— Un casque de fer, qu'on prétend avoir appartenu à Attila, et qui a été trouvé dans les fouilles d'Aquilée, île située à environ cinquante milles de Venise, vers la terre ferme, et où l'on sait que ce chef de barbares descendit lorsqu'il poursuivit les Italiens dans les lagunes, au Ve siècle, avant la fondation de Venise. Outre qu'il est bien difficile de savoir si ce casque a véritablement appartenu à Attila, il semble aussi qu'il soit d'une bien parfaite conservation, pour être âgé de plus de treize siècles!

— Le chanfrein du cheval aura sa part dans notre incrédulité.

— Une des choses les plus supérieurement intéressantes dans cette collection curieuse, c'est l'armure de notre roi Henri IV, donnée par lui à la République, à l'époque où il demanda d'être compris parmi les patriciens de la grande cité. Dans sa lettre d'envoi, Henri déclara que l'épée qui accompagnait l'armure, était celle qu'il portait à la bataille d'Ivry. Cette noble épée a disparu... On l'a remplacée par une autre, ayant appartenu on ne sait à qui, et qui n'a pas même le mince mérite d'être du même temps que l'armure. Cette épée obscure devrait être retirée de ce trophée, où sa présence est un anachronisme et une profanation. La véritable épée d'Henri IV a été perdue en 1797, à l'époque de la chute de la République, et lorsque cette armure passa du palais ducal à l'arsenal. L'armure est simple, solide, faite pour un homme qui se battait, et qui ne se bornait pas à parader sur un cheval de luxe. Elle porte, damasquinée sur la poitrine, l'ordre du Saint-Esprit. Sa vue rappelle ce vers de *la Henriade* :

« Leur fer et leurs mousquets composaient leur parure. »

— En face de l'armure du roi-chevalier, on trouve le monument de marbre du grand amiral de la République, Angelo Emo, mort en 1792, celui qui fut ce que l'on peut appeler un des derniers Vénitiens. Ce monument est un des premiers ouvrages de Canova, auquel il fut commandé par le sénat. C'est une œuvre d'une construction extrêmement élégante et poétique. Le radeau qu'on voit au pied de la colonne rostrale qui porte le buste de l'amiral, était une invention de ce célèbre Vénitien, dont il fit un usage heureux dans une crise où il sauva la vie d'un grand nombre de ses gens en péril (F).

En quittant les salles d'armes, et après avoir traversé une partie de l'enceinte de l'arsenal, c'est-à-dire les quais, les ponts, les chantiers et les cales couvertes, nous montons à la salle des modèles, dont les proportions sont assez vastes pour qu'on puisse tracer sur son pavé le gabarit, le plan d'un grand vaisseau. Sa longueur est de cent quatre-vingts pieds, sa largeur de soixante. Cette salle renferme une quantité considérable de modèles de toutes sortes, représentant : vaisseaux, frégates, avisos, galères, brigantins, etc. Mais l'objet le plus intéressant de cette collection, c'est le modèle parfaitement exact du *Bucentaure*, vaisseau particulier des doges de la République, splendide navire de parade, sur lequel ils montaient dans les circonstances solennelles. Nous nous arrêterons un moment sur ce sujet, l'un des plus intéressants qui soient parmi les traditions perdues et les usages brisés de la République vénitienne (G).

Lorsque Venise, puissante par sa flotte autant que par sa diplomatie, eut réussi à se placer à la tête des puissances maritimes, elle voulut, reine de l'Adriatique, sacrer annuellement sa royauté maritime. Ce fut alors que fut construit le *Bucentaure*, splendide vaisseau d'apparat, impropre à la navigation, mais destiné seulement à être mu par les rames au sein des lagunes, aux jours des solennités les plus grandes.

Or, parmi ces solennités dont Venise était si amoureuse, ses fiançailles annuelles avec la mer étaient la plus imposante et la plus bizarre à la fois. Tous les dignitaires de l'État en grand costume, tous les ambassadeurs des puissances étrangères accompagnaient le doge sur le *Bucentaure*, amené devant la Piazzetta à grands branles de cloches, à grands sons de trompes, et aux cris d'enthousiasme de la multitude. L'embarquement avait lieu en face des deux colonnes de granit, et tous les personnages invités à la cérémonie prenaient place dans l'étage supérieur de ce palais flottant, qui avait cent pieds de long, et qui était complètement doré depuis le sommet jusqu'à la ligne d'eau, depuis la poupe jusqu'à la proue. Ses mâts ne servaient qu'à déployer par les airs des étendards de pourpre, offrant le lion de saint Marc brodé en or. Le doge tenait dans un petit salon, à l'arrière, assis auprès d'une fenêtre qui plongeait sur la mer. Le patriarche de Venise était à ses côtés.

Remorqué par vingt barques, et monté en outre par des rameurs choisis parmi les ouvriers de l'arsenal, qui, seuls, avaient le privilége de former son équipage, le *Bucentaure* s'avançait majestueusement vers le Lido, aux acclamations d'une foule enthousiaste, aux accords d'une musique guerrière, au bruit du canon et des cloches, et suivi, précédé, entouré de mille barques, pirogues, péotes, gondoles ou bissones remplies de monde : patriciens, bourgeois, seigneurs, étrangers, gens du peuple, toutes les classes enfin ! Quelques galères, montées par des grands, se tenaient plus voisines du vaisseau ducal. Le *Gastaldo* ou doge des Nicolotti[*] montait aussi sa barque, en tête de la petite flottille des pêcheurs et des gondoliers. Toutes ces embarcations étaient ornées, enjolivées par des draperies, des pavillons, des guirlandes de fleurs, des tentes de toutes couleurs et de toutes formes. Les gondoles qui portaient les courtisanes se faisaient surtout remarquer par la singularité de leur décoration, puisqu'elles étaient obligées de porter à la poupe et à la proue des lanternes allumées dans des globes rouges qui aidaient à les faire luire, sans être éclipsées par l'éclat du soleil. La quantité d'étoffes précieuses qui traînaient dans l'eau ce jour-là, derrière les barques de toute sorte, était incroyable (H). Qu'on s'imagine sur toute cette flotte multiforme et multicolore, glissant sur l'eau bleue des lagunes, couverte d'un resplendissant soleil, mille cris d'enthousiasme, les musiques mêlant leurs accords, tous ces bruits de délire qui s'élèvent d'une multitude heureuse, fière de la cérémonie qui va s'accomplir, et laissant éclater ses transports par tous les moyens que procurent l'exaltation et l'enivrement... Quel orgueil d'être Vénitien ce jour-là !

Enfin, la splendide flottille et le vaisseau dogal qu'elle accompagnait arrivaient à la pointe du Lido, vers la passe qui donne sortie sur la pleine-mer. Le *Bucentaure* s'y avançait majestueu-

---

[*] Voir la fin du chapitre *Gondoles et Gondoliers*.

sement, les forts des îles tiraient à toutes volées, les musiques retentissaient plus vives, chaque campanille de Venise battait toujours ses cloches infatigables, dont les sons affaiblis par la distance, ne ressemblaient plus qu'à une vague harmonie de bronze... et le vaisseau touchait la limite tracée pour son glorieux pèlerinage; il tournait la poupe vers la mer. Alors tout le monde, grands et peuple, patriciens et pêcheurs se découvrait... c'était l'instant suprême. L'évêque se levait de son siége d'or et de pourpre; il bénissait un gros anneau dont l'énorme chaton d'onix, de lapis et de malachite offrait gravé le livre de saint Marc, puis il le donnait au doge. Alors un grand vase plein d'eau lustrale était épanché dans la mer au lieu où devait tomber l'anneau, et le doge, en le jetant dans l'Adriatique prononçait en latin ces paroles en présence des ambassadeurs de toutes les puissances européennes réunies.

« *Mer! nous t'épousons en signe de notre véritable et perpétuelle domination*.* »

Et cette union allégorique sanctionnait les liens qui unissaient cette mer et cette ville, de même que l'eau bénite était comme une sorte d'invocation pour qu'elle préservât les fils de la cité qui s'exposaient sur elle (1).

Cet acte accompli, le *Bucentaure*, toujours accompagné de son innombrable flottille de galères et de barques de toute sorte, revenait vers la ville, cotoyant la rive. Alors tout le monde entonnait l'hymne de l'hymen de l'Adriatique, vieille chanson vénitienne qui datait des premiers temps de cette cérémonie, et qui, il faut le dire, ne tarda pas à n'être plus comprise, bien que l'on s'attachât toujours à en conserver religieusement les sons. C'est ainsi qu'à Rome le patriotisme superstitieux avait respecté les vers de Saliens, bien qu'Horace lui-même ne pût les comprendre.

Enfin on arrivait à la Piazzetta, mais on abordait cette fois en face de la porte du palais ducal, où descendaient tous ceux qui devaient monter le *Bucentaure*, y compris les rameurs ou *Arsenalotti*.

Tous les dignitaires de l'État, les ambassadeurs étrangers qui avaient reconnu la puissance de Venise sur l'Adriatique, en assistant à ces fiançailles mystérieuses et symboliques prenaient

---

* *Desponsamus te, mare, in signum veri perpetuique dominii.*

place à un immense banquet servi dans la salle du grand Conseil. Quant aux Arsenalotti, ouvriers patriotes et estimables, qui jouissaient seuls du privilége de ramer sur le vaisseau ducal, ils dînaient aussi au palais, présidés par le Gastaldo des Nicolotti, et le doge, celui qu'on nommait aussi le duc de Venise, envoyait un présent à chacun d'eux, quatre flacons de vin muscat grec, une boite de *confetti*, ornée de ses armes, une outre singulier présent, remplie de drogues propres à les guérir dans les accidents de leur métier, et enfin des monnaies d'argent. Les Arsenalotti avaient en outre le singulier privilége de pouvoir emporter tout ce qui avait servi à leur repas, c'est-à-dire les gobelets, les assiettes, les couverts, le linge, enfin tout ce qui couvrait la table (J).

Le modèle que conserve l'arsenal peut donner une idée assez exacte de ce qu'était cet étrange et splendide navire qu'on pouvait appeler un palais flottant, attendu qu'il ne fait guère naître l'idée d'une navigation sérieuse. On y voit la fenêtre par laquelle le doge jetait dans la mer l'anneau béni par le patriarche. C'est un curieux et poétique souvenir, dont il faut savoir gré à celui qui a eu l'idée de conserver ainsi la figure du vaisseau détruit. Il paraît qu'il n'y a jamais eu en tout, dans la longue série de siècles pendant lesquels s'est maintenue cette cérémonie dont nous avons parlé, que trois Bucentaures se succédant les uns aux autres. Le premier, construit en 1520, servit jusqu'en 1600. Alors fut construit le second, plus grand, plus riche, et enfin l'année 1725 vit inaugurer le troisième, qui fut détruit en 1797. Par qui?... Nous n'osons le dire!

Deux colonnes rostrales élevées, l'une en honneur de *Morosini*, l'autre au nom d'*Emo*, dernier amiral de la République, dont on a vu le tombeau de marbre dans des salles d'armes, contribuent à la décoration de cette salle, dans laquelle on voit aussi la chaise dorée qui servait au doge dans le second Bucentaure, celui du dix-septième siècle. Il ne reste du dernier qu'un tronçon de mât qui a été planté dans la salle qui servait autrefois à le contenir. Ce tronçon de mât a été souvent taillé par les voyageurs enthousiastes, comme les pierres de la mosaïque manquent à saint Marc partout où a pu atteindre l'outil porté par une main presque sacrilége. On montre la place où manque une coquille enlevée par un des amiraux actuels pour l'offrir au duc de Bordeaux lors de sa visite à l'arsenal de Venise, en 1841.

La dorure du dernier Bucentaure coûtait dix-huit mille sequins, c'est-à-dire environ deux cent vingt mille francs.

La salle où l'on conserve ce dernier débris du vaisseau ducal ou dogal, contient aujourd'hui toutes les barques d'apparat des autorités et des princes de la domination actuelle. On en verra une qui date de l'empire français, et sur l'avant de laquelle perche un aigle, auquel il a pu suffire de rajouter une tête pour faire de l'oiseau de Napoléon l'aigle autrichienne. Les murs sont garnis de pavois d'anciennes galères qui démontrent toute la somptuosité de ces embarcations perdues

Une curiosité malheureusement disparue de l'arsenal, c'est une collection de canons de toute espèce, depuis l'origine de cette arme, lorsqu'elle était encore en cuivre jusqu'au bronze sonore, puis en fer, adopté de nos jours. On y voit toutes les diversités des fusions des matières mélangées, la multiplication des formes et des calibres. Une époque surtout avait laissé dans cette curieuse collection des armes fort remarquables par l'auxiliaire de l'art venu en aide au génie guerrier. Les unes représentaient des colonnes simples ou cannelées, armées de leurs chapiteaux à la culasse; d'autres des serpents, des basiliques, des animaux fantastiques à corps longs, dont la tête vomissait la décharge, toutes œuvres d'un excellent dessin. Les Vénitiens les avaient recueillies comme trophées de leurs victoires, et témoignages curieux des initiations progressives de l'art. L'avidité a dispersé, fondu ce précieux musée.

On a aussi détruit le modèle de la curieuse *quinquérème* par laquelle *Victor Fausto* avait réussi, en 1529, à reproduire les fameuses quinquérèmes romaines. Ce travail était si beau, si parfait, qu'on en parla dans le monde savant de toutes les nations d'Europe. Ce chef-d'œuvre a été brisé, anéanti... Non, les Goths, Wisigoths, Ostrogoths et tout ce qui y rime, ne furent pas les seuls Vandales dont l'art ait eu à déplorer le passage dans ces villes privilégiées de la noble et poétique Italie.

Le reste de l'arsenal mérite un examen d'ensemble plutôt qu'une analyse de détails. Pour en expliquer chaque construction, il faudrait entrer dans des narrations d'une théoricité devant laquelle, pour notre part, nous ne reculerions certainement pas, puisque la main qui tient cette plume a aussi tenu un *sextant* et une épée d'officier de marine... mais ce serait probablement le lecteur qui s'effaroucherait des gabarits, des maîtresbaux, des cavornes, des civadières, du goudron, des mâts de beaupré, de mizaine et d'artimon, des drisses, des hunes, des anspects, des carlingues et mille autres choses d'un maritime parfait, qu'il nous faudrait faire entrer dans nos lignes. Il n'y a qu'un grand génie comme Dante qui ait su rendre intéressantes et belles des strophes toutes criblées de ces mots (x).

Nous donnerons donc à tous ces édifices majestueux le genre d'attention qui nous semble le mieux leur convenir, c'est-à-dire qu'au lieu de les décrire poutre à poutre, pierre à pierre, nous essaierons d'aider à l'impression générale que celui qui les voit et qui nous lit doit emporter de ce majestueux ensemble.

Ce fut vers le commencement du douzième siècle que les Vénitiens ayant à armer un certain nombre de voiles pour expédier en Terre Sainte, aux sièges de Ptolémaïs ou Saint-Jean-d'Acre, de Sidon et de Bérythe, le doge Ordelafe Falier jeta les premiers fondements d'un établissement pour la marine de guerre. Ce n'est pas que de cette époque seulement date la marine de long cours des Vénitiens, car dès l'année 558, ils avaient en mer de nombreux navires, et la partie orientale de la ville possédait plusieurs chantiers de construction, dirigés par d'habiles ingénieurs. Ravenne avait été enlevée à l'assaut par leur flotte longtemps avant que Charlemagne ne montât sur le trône, et au commencement du neuvième siècle, leur marine allait réduire les Sarrasins, les Hongrois et les Esclavons, après avoir jeté l'épouvante sur toutes les côtes de la Dalmatie. Enfin, on trouve dans les feuilles de l'histoire que les bâtiments dont les Vénitiens se servaient étaient déjà supérieurs en tonnage et en mâture aux vaisseaux si vantés des Grecs, ces navigateurs par excellence.

L'arsenal de Venise s'agrandit donc de siècle en siècle, suivant les besoins de la force conquérante qu'il représentait. En 1569, on l'entoura des hautes murailles qu'on voit et on le fortifia. Alors il passa avec raison pour le plus beau, le plus vaste du monde. De nos jours encore, sa célèbre corderie n'est dépassée en proportions, parmi toutes les nations maritimes, que par celle du port de Toulon, qui, de compte fait, a quarante pieds de plus en longueur. Cette corderie, qui fut longtemps un des bâtiments les plus vantés et les plus curieux de l'arsenal de Venise a encore conservé de nos jours le nom de *Tana* qui, suivant les étymologistes, lui vient du port ainsi nommé dans l'Arménie d'une ville appelée Tanay par Ptolémée, parce qu'elle est située sur les bords du fleuve Tanaïs aujourd'hui le *Don*, les fleuves ne disparaissent pas ! Or, comme c'est là que dans les premiers siècles de la marine, les Vénitiens allaient s'approvisionner de chanvre, on donna le nom à l'édifice où ce chanvre se convertissait en câbles et en cordages.

Pendant longtemps, aux époques où la marine vénitienne se créait, les hommes manquaient pour les chantiers et pour les ateliers ; les voiles furent cousues par des femmes. Plus tard, lorsque le territoire de la République s'étendit sur la terre ferme et par les conquêtes transmarines, cette enceinte eut jusqu'à seize mille ouvriers. L'histoire rapporte que dans maintes circonstances, l'arsenal de Venise, à court de bras, recevait avec gratitude le singulier présent de quelques centaines de galériens, présent que lui faisaient les puissances alliées de la République. Au reste, cette immense population de l'arsenal, était au besoin aussi militaire qu'ouvrière, et nous la voyons dans une foule de circonstances s'armer et marcher sur le continent, comme par exemple en 1514 pour la défense de Padoue contre l'Autriche. Mais il est vrai que cette époque fut celle où les forces de Venise reçurent leur apogée. Au dix-huitième siècle, l'arsenal ne comptait plus qu'environ trois mille ouvriers, et, sur les derniers temps de la République, on n'y voyait guère que deux mille cinq cents hommes auxquels, dans les circonstances extraordinaires, on adjoignait les diverses spécialités d'ouvriers qu'on rencontrait dans la ville et les *facchini*. Pendant la domination française ce nombre a pu se relever parfois jusqu'à quatre mille. Aujourd'hui il n'est guère que de douze cents, y compris deux cent quatre-vingts galériens civils et militaires qui suffisent pour l'entretien de la flottille autrichienne, qui ne s'élève guère à plus de vingt-cinq ou trente voiles armées, dont quatre frégates huit corvettes, autant de brigs et divers minces bâtiments légers (L).

Dans les beaux temps de la République, les ouvriers de l'arsenal, les Arsenalotti, comme on les appelait ; formaient une classe d'artisans d'élite. Ils n'étaient guère que trois mille, inscrits comme titulaires, auxquels s'adjoignaient, suivant le besoin des travaux, d'autres ouvriers, non titulaires, qui firent, parfois, monter le personnel, occupé dans l'arsenal, à des chiffres très élevés ; mais, le noyau de cette armée de travailleurs, c'était toujours les Arsenalotti. Ils s'instruisaient dans les diverses spécialités de leurs travaux, par les cours et les écoles que la République établissait au milieu d'eux. On y professait les mathématiques, l'architecture navale et civile, le pilotage, les langues étrangères, l'économie et l'histoire naturelle, en ce qui touchait la science des bois, et, enfin, l'hydrodinamie, si nécessaire pour le bon gisement des lagunes et des rivages.

Les Arsenalotti étaient les meilleurs patriotes qui fûssent. Le gouvernement les aimait et les protégeait. Ils portaient à la République une affection d'enthousiasme, et ne l'appelaient que : « *Notre bonne mère.* » Les ateliers ne s'ouvraient et ne se fermaient qu'aux cris de : « *Vive saint Marc!* » Dans toutes les circonstances un peu épineuses, c'étaient les Arsenalotti qu'on faisait agir. Les doges aimaient à s'en entourer. Chaque fois qu'il y avait réunion du grand conseil, un détachement de ces hommes d'élite stationnait aux portes du palais ducal, ou dans le petit édifice appelé *Loggietta*. C'étaient les leurs qui gardaient le trésor de Saint-Marc, ainsi que la Banque et le palais de la Monnaie (*Zecca*). Dans les incendies, les premiers secours venaient d'eux; ils avaient le dépôt et le maniement des pompes, et c'étaient eux qui, habiles dans les exercices du corps, abattaient, au besoin, les édifices sacrifiés pour empêcher les progrès du désastre. Ils jouissaient de plusieurs priviléges. On a vu qu'ils portaient le nouveau doge à sa nomination, en lui faisant faire ce fameux tour de la place dont il a été parlé. Eux seuls, aussi, ramaient sur le Bucentaure, à ses noces symboliques avec la mer, et l'on a vu comment le doge les traitait, au palais ducal, après la cérémonie. Leurs fils pouvaient être admis, dans la corporation de l'arsenal, à 18 ans, et ils étaient appliqués à la spécialité pour laquelle ils montraient le plus de disposition. Enfin, l'État les considérait comme des sujets fidèles, dévoués, sur lesquels on pouvait toujours compter dans les crises, dans les circonstances importantes. Un Arsenalotto devint *procurateur de Saint-Marc*, comme il a été dit dans une anecdote citée au sujet de la place.

A l'époque du voyage que le roi Henri III, de France, fit à Venise, en 1574, lorsque, abandonnant le trône de Pologne, il allait ceindre la couronne que lui avait laissée Charles IX, il lui fut donné un grand repas dans une des salles de l'arsenal, qu'il avait désiré visiter. Pendant que le roi était à table, et sous ses yeux, les Arsenalotti commencèrent, construisirent et armèrent une petite galère, sur laquelle l'auguste visiteur fit le tour du bassin de l'arsenal. L'histoire, qui a enregistré ce fait, a omis de dire que, sans doute, cette galère était un édifice tout construit à l'avance, démonté, et rebâti sous les yeux du prince. Ce n'en est pas moins une galanterie maritime fort originale.

Un mot sur les chefs de la flotte, pour finir cet aperçu rapide, à propos du personnel de l'arsenal.

Les trois principaux officiers de la marine étaient : le *généralissime de mer*, qui avait une autorité supérieure sur toutes les colonies de la République. Son pouvoir était immense, il pouvait condamner souverainement aux galères tous ses subordonnés qui n'étaient pas nobles, et, au besoin, faire mettre à la chaîne un patricien, en attendant jugement...

Après lui, venait le *provéditeur de la flotte*, élu de deux ans en deux ans, et dont les fonctions étaient toutes administratives et civiles ; enfin :

Le *capitaine du golfe*, c'est-à-dire, le chef de l'escadre, qui avait la garde et la police de cette Adriatique, de la domination de laquelle les Vénitiens étaient si jaloux, domination que consacrait, d'année en année, la cérémonie du doge au Lido.

Les commandements des vaisseaux étaient toujours donnés à des patriciens. Jamais un étranger au sol de Venise ne pouvait commander sur la flotte, tandis que l'on voyait la généralité des hauts emplois des troupes de terre confiée à des officiers de Terre-Ferme. Les jeunes nobles servaient plus particulièrement dans la marine.

Si, du personnel nous passons au matériel, nous dirons que, longtemps, la marine vénitienne ne fût formée que de galères, de galéasses et autres vastes bâtiments, dont la rame, autant que la voile, était l'auxiliaire locomotif. Mais, vers le milieu du quatorzième siècle, les Vénitiens, ayant vu des navires d'un autre genre de construction, sortis du port de Bayonne, ils reconnurent les qualités supérieures de leur coupe, de leur voilure, et ils s'empressèrent de construire des bâtiments sur les modèles bayonnais (M). Alors, l'arsenal vit s'élever une autre forme de chantiers et de calles couvertes, imitées depuis dans tous les ports guerriers des grandes nations maritimes, et en France particulièrement. Pendant l'occupation française, le ministre de la marine, Forfait, ayant examiné le plan de ces calles, les condamna, comme offrant plus d'inconvénients que d'avantages. Mais l'ingénieur vénitien, Solvini, ayant victorieusement réfuté le ministre dépréciateur, Napoléon ordonna que des calles couvertes, comme celles de Venise, fussent élevées dans les ports de Cherbourg, de Toulon et de Brest. Plus tard, Forfait se rendit à l'évidence des avantages qu'offraient ces abris pour la bonne construction des vaisseaux.

Au reste, les vaisseaux des Vénitiens passaient pour faire un bien plus long service que ceux de toutes les autres nations, et il est évident que la manière dont ils étaient construits entrait pour beaucoup dans cet avantageux résultat. L'arsenal, outre huit calles d'eau, contenait cent autres calles ou hangards, sous lesquels les navires, en construction ou en réparation, se trouvaient à l'abri de la pluie et du soleil, tandis que leurs bois nus étaient soumis aux travaux nécessaires. Lorsqu'ils prenaient l'eau, ce n'était qu'après avoir reçu les couches d'apprêts indispensables pour leur conservation dans l'humidité.

Cependant, bien qu'ils connussent un autre genre de construction, il faut dire que les Vénitiens n'abandonnèrent que fort tard l'usage d'un certain nombre de galères, ou de bâtiments à rames, dont les avantages ressortaient pour eux de la difficulté de naviguer, par toutes sortes de vents variables, dans le golfe étroit de l'Adriatique.

Les fonderies de canons et d'obus, aujourd'hui inoccupées, virent, autrefois, les premiers essais de ces machines qui suivirent la découverte ou l'adoption de la poudre. Une machine à forer, fort ingénieuse, y fut introduite par les Alberghetti, qui se succédèrent par génération dans la direction de ces fonderies. Chaque spécialité avait ainsi à sa tête des hommes spéciaux, si habiles et si actifs, que les travaux, souvent gigantesques, qui sortirent de cette enceinte, pourraient sembler fabuleux. C'est ainsi, par exemple, que, bien qu'en partie dévoré, en 1569, par un incendie, l'année suivante, l'arsenal fournit cette puissante flotte qui détruisit la marine des Turcs, dans le golfe de Lépante !

Enfin, vers les dernières années du quinzième siècle, lorsque la découverte du cap de Bonne-Espérance vint compromettre la prospérité des marines italiennes, Venise comptait un effectif de près de *quarante mille marins*, montant *trois cents trente* gros navires de guerre, sans compter les vaisseaux marchands et les galères de même tonnage qui étaient en quantité proportionnée à l'immense commerce de la République.

Mais la découverte du Cap de Bonne-Espérance fit une blessure terrible à la vitalité de l'arsenal et du commerce de Venise.

Cette république florissante atteinte au cœur de ses relations et de ses ressources les plus précieuses, vit sa marine, dès-lors, ne faire que languir jusqu'à son dernier moment. Alors, furent, peu à peu, dépeuplés ces chantiers où résonnaient si confusément les coups de la hache, le grincement des scies, le choc des marteaux contre les clous des carènes ! Les immenses ateliers de toutes sortes, menuiserie, clouterie, sculpture, armureries, peinture, voileries, furent peu à peu délaissés, à mesure que diminuaient les besoins de cette marine condamnée à l'inactivité commerciale, comme déjà elle semblait avoir d'elle-même renoncé à l'activité guerrière. La France, l'Angleterre, la Hollande, le Portugal et l'Espagne, s'étaient emparés du commerce des mers nouvelles, où le génie des découvertes avait planté les tentes de la civilisation européenne. Venise, longtemps supérieure aux autres nations maritimes, était enfin égalée par toutes !

Comme tout ce qui est du monde matériel, aussi bien que du monde moral, a son point culminant de floraison et d'épanouissement, pour se replier et se flétrir ensuite... Comme le soleil, qui s'élève radieux jusqu'à son zénith, puis baisse peu à peu, pour disparaître dans les ondes... Comme tout ce qui naît, enfin, et doit mourir, la République de Venise avait, aux XVe et XVIe siècles, fait comme l'astre : elle avait touché à son zénith. La découverte des terres transocéaniques, en portant les préoccupations spéculatives de l'Europe vers les latitudes tropicales, ruina donc Venise. Cette cité cessa d'être le centre entrepositaire entre l'Occident et l'Orient, et elle perdit le monopole des denrées que le Nord alla lui-même chercher dans l'Inde ; tandis que, longtemps, Venise les avait fournies à tous, par ses ramifications du Levant. Le développement des autres marines retira bientôt à celle de Venise l'avantage des comparaisons. Enfin, la paix de Passarowitch, signée pour mettre fin aux longs débats de l'Orient, en restituant aux Turcs ce que la République avait conquis sur eux, fut le dernier coup porté à la marine de cette cité, à laquelle la concurrence enlevait tous ses privilèges maritimes, et l'avantageux monopole de fournir à l'Europe entière tous les produits asiatiques et africains.

Comme tout ce qui tombe, la décroissance de la marine vénitienne fut dès-lors rapide. Pourtant, à l'époque où le sort de la guerre la livra à la France, on trouva encore, sur les chantiers de l'arsenal, treize vaisseaux et sept frégates, mais dont la construction était presque abandonnée depuis longues années. De ces treize vaisseaux, deux étaient commencés depuis l'année 1752, deux autres depuis 1743, les autres, enfin, durant les trente premières années du siècle. La plupart avaient donc déjà acquis, sur chantier, plus que l'âge qu'un vaisseau peut atteindre dans la mer!

Au point de vue commercial, la marine vénitienne était encore forte de près de trois cents bâtiments et de huit mille matelots. Puis, ce commerce tomba à rien..... Aujourd'hui, il semble renaître.

Mais, devant le magnifique passé qu'offre l'histoire de cet arsenal célèbre, qui oserait dire que l'avenir ne lui réserve pas encore de brillantes destinées! Qui sait quels événements couve cet Orient, vers lequel se portent, de plus en plus, les regards de l'Europe entière, et qui pourrait dire si les rares avantages de sa position géographique ne réserve pas à cette enceinte illustre, un rôle efficace dans ces conflits dont peut-être est gros le siècle qui portera, jusque sur les rives du Talaïpare, la civilisation du Nord, passant par l'isthme de Suez enfin tranché! (n).

SOMMAIRE DES NOTES

DU CHAPITRE SUR L'ARSENAL.

(A) **Les divers lions de Venise, au point de vue de l'art.** — (B) **Invention des mortiers et des bombes.** — (C) **Description du premier canon.** — (D) **Carrara l'empoisonneur.** — (E) **L'armure de Henri IV et son histoire.** — **Bons rapports de ce roi avec la République.** — **Réclamation de Louis XVIII à Vérone.** — **Sur l'épée disparue.** — (F) **Sur l'amiral Emo.** — **Désintéressement de Canova.** — **Mad. Albrizzi.** — (G) **Étymologie du mot Bucentaure.** — (H) **Parallèle du luxe républicain avec celui de nos jours.** — (I) **Sur la prise de possession de la mer.** — (J) **Sur les droits des Vénitiens à propos de l'Adriatique.** — **L'audace de ses prétentions.** — (K) **Le Dante expliquant l'arsenal.** — (L) **Ce qu'était la marine de Venise à diverses époques.** — **Destination de ses escadres.** — **Sur la proportion des navires.** — (M) **Sur les galères** — **Leur armement.** — **Premier emploi de la poudre à canon.** — (N) **Apogée du commerce de Venise.** — **Énumération des objets de son commerce et de ses relations.** — **Citations singulières.** — **Apogée des conquêtes de Venise.** — **Énumération.** — **Sa force à l'époque du traité de Passarowitch.** — **Conclusion.**

(A) Il faut convenir que si le Vénitien qui n'a jamais quitté ses lagunes en était réduit à se représenter le roi des animaux par les simulacres de pierre, de bronze ou de marbre, qu'il en trouve dans la cité de saint Marc, il serait exposé à se former une étrange idée de ce noble et puissant quadrupède, qui est aussi le plus beau de tous les animaux. Le lion de la colonne à la Piazzetta n'est qu'un emblème ; comme reproduction de la nature, il est au-dessous de la critique. Les divers lions de la Basilique, de la Tour de l'Horloge et autres monuments, sont des chats-tigres, des chiens caniches, tout ce qu'on voudra enfin, excepté des lions. Les plus curieux peut-être, comme animaux d'un fabuleux risible, sont ceux de marbre rouge, qui font la garde d'un air si maussade sur la petite place à gauche de la Basilique de Saint-Marc. Nous ne constaterons pas l'indignité de tous les autres lions qu'on rencontre à chaque moment sur une foule de bas-reliefs, et qui ne sont pas moins apocryphes. Quant à ceux de l'arsenal, malgré la proportion imposante des deux principaux, ils sont aussi fort loin d'offrir la moindre idée du majestueux animal qu'ils ont la prétention de reproduire. Les faces de ces monstres sont d'un patibulaire rien moins qu'effrayant, et quant aux deux derniers, si leur antiquité ne les rendait pas si respectables, il serait bien permis de leur rire au nez, à propos de leurs prétentions léoniennes !

(B) L'histoire dit que le 6 janvier 1380, le général Victor Pisani, dont on a vu la statue à l'arsenal, remporta un avantage considérable sur les troupes génoises, qui gardaient l'île de Brondolo située à 28 milles de Venise, et qui depuis assez longtemps déjà causaient par leur attitude, quelques inquiétudes aux Vénitiens. Ce fut vers ce moment que Pisani fit l'essai de ses machines appelées *Bombardes*, et dont un modèle est conservé dans une des salles d'artillerie à l'arsenal. Ces bombardes lançaient des boulets de marbre du poids de cent quarante à deux cents livres. A cette époque on ignorait encore que la quantité de poudre nécessaire pour chasser de tels projectiles, ne peut s'enflammer à la fois, et que conséquemment l'effet en est infiniment diminué, puisqu'une portion seule de la matière inflammable agit sur le projectile. Lorsque Pisani inventa ces machines, la dépense que nécessitait leur usage était telle, que l'on ne les faisait fonctionner *qu'une fois par jour*, ce qui rendait leur concours bien peu efficace, car leur tir était des plus incertains. Néanmoins le hasard favorisa sensiblement les Vénitiens, car un jour que Pierre Doria, général de l'armée génoise, visitait les travaux de retranchements de Brondolo, un des boulets de marbre de la machine de Pisani, renversa un mur dont la chute écrasa ce chef ennemi. Napoléon Grimaldi, qui lui succéda au commandement, jugeant la position désespérée, conçut l'idée bizarre et hardie de couper l'île par un canal, et ayant réussi à y faire passer tous les navires, il gagna ainsi la haute mer, abandonnant le blocus.

(c) Voici comment un auteur du temps décrit le premier canon qu'il eût vu et qui servit aux Vénitiens dans leurs luttes contre le duc d'Autriche, en 1376.

« C'est, dit-il, un gros instrument de fer, ayant une large ouverture et
« percé dans sa longueur. On y fait entrer *une pierre* ronde sur une *poudre*
« *noire* composée de soufre, de salpêtre et de charbon. On allume cette
« poudre par un trou, et la pierre est lancée avec une telle force, qu'il n'y a
« point de mur qui lui résiste. On croirait que c'est Dieu qui tonne. »

(D) Francesco Carrara, tyran de Padoue, est un des hommes qui ont causé le plus de souci à la République, dont il se montra aussi longtemps que possible l'ennemi acharné. Non-seulement il fournissait des vivres et des secours de guerre aux ennemis de Venise, mais encore il cherchait sans cesse à agrandir son état par des empiétements sur les limites qui le séparaient du territoire soumis aux doges, et à mesure qu'il gagnait un point de terrain, il y élevait un fort. La République, lasse de ce voisinage tracassant, résolut d'en finir avec lui, et se disposa à l'attaquer. Mais Carrara, s'il n'était pas le plus fort, était le plus perfide, et il chercha les moyens de nuire dans l'ombre à des ennemis qu'il ne pouvait combattre en plein jour.

Il trouva moyen de lier des rapports avec un moine de l'ordre de Saint-Jérôme, qui avait des relations avec les mécontents de l'État, comme il s'en trouve toujours, et ensuite avec des sbires de bas étage, propres à être les instruments de sa haine et du mécontentement de ceux auxquels il s'associait. Le projet de Carrara, était d'exercer contre Venise une infâme vengeance, en faisant poignarder plusieurs patriciens qui avaient été ses ennemis les plus violents dans les conseils, et en faisant empoisonner les puits, pour punir le peuple qui s'était déclaré contre ses envahissements. Venise possédait alors comme aujourd'hui, des puits publics, que le défaut d'eau douce avait fait construire pour recevoir celle de la pluie, et le contenu des tonneaux que des bateaux allaient remplir dans les canaux de la Brenta.

Mais par bonheur le Conseil des Dix fut averti à temps de ces horribles projets. Les agents et émissaires de Carrara furent arrêtés et appliqués à la torture, et bientôt après leur supplice fut ordonné. On posa des sentinelles à tous les puits publics pour rendre les condamnés plus odieux au peuple, en prouvant qu'ils avaient voulu les empoisonner. Le 10 mai 1372 ces misérables furent, dit l'histoire du temps, *traînés dans les rues, attachés à la queue d'un cheval fougueux*, et ensuite écartelés. L'incident de ce cheval *fougueux*, est une des curiosités de l'histoire des supplices vénitiens.

Carrara s'étant mis sous la protection du roi de Hongrie, échappa pour cette fois à la juste vengeance de la République. Plus tard il s'adjoignit aux Génois pour attaquer Venise, et le général vénitien Thadée mourut touché de sa terrible clé empoisonnée. Plus tard, poursuivi par les armes victorieuses de l'État, il fut amené prisonnier à Venise et obligé d'implorer à genoux le pardon du Doge. — Il finit plus tard par être étranglé dans un cachot.

(E) L'armure de Henri IV à l'arsenal nous semble mériter une note dans laquelle nous expliquerons tout ce que nous savons au sujet de cette noble relique.

Les guerres civiles déchiraient la France. Henri III pour combattre les Ligueurs avait été contraint d'appeler à son aide Henri roi de Navarre, chef des Huguenots. Mais assassiné par un moine fanatique en 1589, il laissa le trône au Navarrois, qui voulut se faire proclamer sur-le-champ. Mais ses droits ne semblaient pas universellement reconnus par ce peuple que divisaient la guerre civile, le fanatisme religieux et les instigations de l'étranger.

Henri IV reçut l'excommunication du pape. Le duc de Savoie et le roi d'Espagne essayèrent tous les moyens possibles pour entraver le chemin du trône à ce Huguenot, et ils firent tous leurs efforts auprès de la République de Venise, pour qu'elle refusât à le reconnaître comme nouveau roi. Aussi lorsque l'ambassadeur de celui que le pape déclarait hérétique arriva à Venise, on affecta de ne le point inviter aux cérémonies religieuses, afin de prouver qu'on ne l'admettait que sous le rapport temporel.

Mais malgré les suggestions des ennemis de Henri, les chefs de la République ayant délibéré, finirent par se déclarer pour lui, et le reconnurent avec éclat. Ce fut l'objet d'une fête, et l'on étala partout le portrait du Béarnais. Une fois dans cette voie, les Vénitiens s'y abandonnèrent si franchement, que beaucoup de sujets de la République prirent du service pour le roi de France contre la Ligue. Ce fut à la suite de ces vives démonstrations de sympathie et de bonne alliance que Henri reconnaissant, envoya à la République cette armure et cette épée.

Mais les Vénitiens ne furent pas en reste de bons procédés, et non-seulement ils prêtèrent au roi les sommes que les malheurs du temps lui rendaient nécessaires, mais encore l'ambassadeur de la République reçut ordre de brûler les titres de ces prêts, ce qu'il fit en présence de Henri.

Les bons rapports ayant continué entre ces deux puissances, lorsque Henri IV épousa Marie de Médicis, il témoigna le désir que son nom fût inscrit sur le *Livre d'Or* du patriciat vénitien. La République reçut cet honneur avec empressement. Ainsi le roi de France et sa postérité furent admis au rang des nobles de la République... On ne prévoyait guère alors que le nom qui ajoutait tant d'éclat à cette liste de beaux noms, comme étant celui de la plus ancienne maison de l'Europe royale, dût un jour en être effacé.

En 1795, Louis XVIII était exilé à Vérone. Le Directoire de France considéra le séjour de l'auguste prince sur les terres de la République vénitienne, comme un grief, et il fit demander son expulsion à l'ambassadeur Quérini. Le Sénat eut la faiblesse d'y consentir. La notification fut, dit-on même, faite avec peu d'égards. La réponse du roi fut noble et résignée. — Je partirai, — ré- « pondit-il, — mais j'exige qu'on me présente le livre d'or pour que j'en ef- « face le nom de ma famille, et je réclame l'armure dont l'amitié de mon « aïeul Henri IV avait fait don à la République. »

On a vu que l'armure de Henri n'avait pas été rendue. Quant à l'épée, Louis XVIII ne l'emporta pas non plus à l'armée de Condé, car il est prouvé que cette noble lame ne disparut, comme il a été dit dans le texte du chapitre, qu'en 1797, à l'époque où l'armure passa du palais ducal à l'arsenal. Quelques personnes ont émis l'opinion que cette épée pourrait bien être l'une de celles qui sont aujourd'hui au cabinet des médailles de la bibliothèque royale de Paris. Il résulte d'un double examen des choses et des dates, l'impossibilité de cette version : de l'examen des choses, en ce que de ces deux épées, l'une est une arme de parade ornée de camées, qui n'alla jamais avec une armure de combat, et qui n'avait pu être portée par le prince à la bataille d'Ivry, comme il le déclara en l'envoyant à la République ; l'autre n'est guère qu'un couteau de chasse, l'examen des dates d'ailleurs suffit pour trancher la question. Le catalogue du musée où sont ces épées, témoigne qu'elles y furent déposées le 27 avril 1797 (8 floréal an V), provenant du garde-meuble de la couronne. L'entrée des Français à Venise est du 16 mai, nulle main française ne la rendit donc à sa patrie. Que sera devenue cette arme? Elle n'était pas assez précieuse pour être détruite, fondue ; qui sait si elle ne pend pas à quelque clou dans une boutique de bric à brac, receleuse des vols des révolutions ; dans tous les cas il semble que les spoliateurs de Venise eussent beaucoup mieux fait, tant qu'à piller, de reprendre l'armure de Henri IV, relique précieuse pour nos musées, plutôt que d'emporter le respectable symbole de cette malheureuse ville, le lion de saint Marc, qui n'était pour Paris ni un objet d'art remarquable, ni une conquête d'une valeur précieuse.

(v) Emo et Canova ! voilà le rapprochement de deux grands noms qui mérite bien une note.

Angelo Emo rendit de grands services à sa patrie, dans une foule de circonstances, et particulièrement dans les guerres de la République contre les Barbaresques. Il bombarda Suza, Biserte et Tunis. Lorsqu'une tempête eut fait naufrager sa flotte à Eléos, il entra au Sénat, et dit : J'offre tous mes biens pour réparer la perte que vient de faire la République !

C'est une remarque intéressante à faire, en même temps qu'elle a une portée assez significative aux yeux de la politique, qu'après l'immense rôle que l'arsenal de Venise a joué dans l'histoire de cette cité, et de toute l'Europe entière, une des dernières illustrations de cette République, fut un marin.

Lorsque le Sénat décréta le monument de son amiral, Canova ne voulut aucun prix de son travail. Ce grand artiste se montra toujours aussi désintéressé lorsqu'il s'agissait de travaux patriotiques. Mais le monument fini, le Sénat lui alloua une pension viagère de cent ducats, et il fut frappé une médaille représentant le mausolée d'Emo, dont une épreuve en or de la valeur de cent séquins lui fut offerte. Il paraîtrait qu'en 1797 le paiement de la pension de Canova éprouva quelques entraves. Mais Napoléon qui en fut informé par hasard, écrivit à l'artiste pour l'assurer qu'il allait prendre soin de ses intérêts. En effet Canova jouit désormais de sa pension jusqu'à la cession de Venise à l'Autriche. Cette pension lui fut conservée par le nouveau gouvernement, à condition que Canova dirigerait à Rome, son séjour de prédilection, quelques élèves que la maison d'Autriche y entretenait.

Dans une description du monument d'Emo à l'arsenal, faite par la comtesse Isabelle Theotocchi-Albrizzi, femme spirituelle et amie de Canova, qui a passé en revue tout l'œuvre de l'illustre sculpteur, elle affirme que le buste est d'une parfaite ressemblance. L'auteur est désigné par elle sous son titre aristocratique de *Marquis Canova*. Il eût été plus juste, mais non moins hors de propos, de le désigner comme marquis d'Ischia, puisque c'est le titre qu'il reçut du pape, avec une rente figurant les revenus du marquisat.

(a) L'étymologie du mot *Bucentaure* semble provenir de *Ducentorum*, navire à deux cents rameurs dont les historiens de l'antiquité font mention. On a aussi pensé à la composer de la particule augmentative *Bu* et de *Centauro*, *Centaure* navire fameux dont parle Virgile dans la description des jeux funèbres célébrés par *Énée* en l'honneur de son père.

(m) Un grand luxe aux beaux temps de la République, consistait dans les fêtes et cérémonies qui autorisaient la barque, la *Bisonne* parée, à laisser traîner dans l'eau des étoffes précieuses, de soie, de tissus orientaux, brodés d'or ou d'argent, suivant l'ostentation qu'on voulait mettre dans ce dédaigneux sacrifice des ornements de l'embarcation, qui devaient conséquemment être renouvelés à chaque épreuve. Il y a loin, il faut bien le dire, de ces temps de profusion et de gaspillage, à nos jours de parcimonie, où l'on voit dans les *Regates les Bissones* et les gondoles parées en percale et en gazes de couleur traîner dans le canal, suivant la mode ancienne, des pans de ces mesquins tissus que l'eau fait déteindre, et dont elle enlève les étoiles de papier d'or ou d'argent que l'économie y avait collées.

(n) L'usage de prendre possession de la mer, (à part l'idée particulière de domination qu'y attachaient les Vénitiens), la cérémonie tendant à se rendre les dieux favorables, se retrouve chez les anciens. Athénée rapporte que les Syracusains y jetaient tous les ans un vase rempli de parfums, et des guirlandes de fleurs. Le doge debout sur la proue du Bucentaure ne rappelle-t-il pas Énée qui :

* Stans procul in prorâ, pateram tenet, extaque salsos,
* Porricit in fluctus, ac vina liquentia fundit. *

(a) Il est très formellement établi que les Vénitiens se considérèrent longtemps comme les maîtres absolus de l'Adriatique. Ils ne négligèrent jamais une occasion de faire reconnaître aux autres nations leur suprématie à cet égard, et dans plus d'une circonstance même, ils se conduisaient, pour soutenir cette prétention ou ce droit, comme ils l'eussent fait à propos de terres conquises par les armes, et dominées par le pavillon de la République. Ils commencèrent par faire reconnaître ces droits imaginaires sur l'Adriatique, par les plus faibles puissances, dont ils protégèrent les intérêts, et dans lesquelles ils entrèrent comme souverains de ce golfe. Puis leur suprématie ainsi consacrée par les faibles, ils parvinrent, en se faisant forts de cette première reconnaissance, à la faire aussi accepter, ou tolérer par les puissances qui, à la rigueur eussent pu la leur contester. L'histoire nous offre une foule de cas, où des demandes furent adressées à la République pour obtenir le libre passage de marchandises, de convois d'approvisionnements sur les eaux dont

Venise s'était déclarée la Reine, et c'était afin que cette royauté fût toujours bien établie et incontestée, qu'avait lieu cette bizarre cérémonie annuelle des fiançailles du doge avec l'Adriatique. Comme tous les ambassadeurs étrangers assistaient à cette prise de possession morale, la puissance suprême de Venise sur le golfe, était diplomatiquement reconnue et cette investiture arbitraire dans son origine semblait à chaque cérémonie nouvelle recevoir un degré de plus dans la légalité.

Ce à quoi la République visait très particulièrement, c'était d'empêcher que des bâtiments de guerre étrangers naviguassent sur les eaux dont elle était la souveraine avouée. Chaque fois qu'il se présentait une occasion de soutenir son privilège à cet égard, elle s'en emparait avec empressement. Elle contraignit pour ce faire les Turcs à lui demander un traité. Le roi Ferdinand de Naples ayant envoyé quelques galères sur les côtes de la Pouille, elle le fit sommer de les retirer. Le pape Pie II ayant voulu expédier à Ancône deux galères pour y prendre deux cardinaux, elle lui refusa le passage sans plus de raison qu'elle n'en mit dans la même sévérité à l'égard du roi de France qui avait voulu faire entrer des vaisseaux armés dans ces eaux longtemps ouvertes à toutes voiles. La République voulait contraindre les bâtiments commerciaux à venir se faire visiter chez elle, et l'on voit la reine Béatrix de Hongrie, réclamer du Sénat comme une galanterie, qu'on lui accordât le transit de bijoux et objets d'arts qu'elle faisait venir d'Italie pour son usage. Un dernier fait suffira enfin pour faire apprécier le despotisme que Venise avait réussi à exercer sur ces eaux dont son audace et sa fermeté l'avaient rendue maîtresse.

En 1630, époque où la République se trouvait déjà fort déchue de sa puissance, et où les marines des autres nations étaient déjà infiniment plus fortes que la sienne, l'ambassadeur d'Espagne prévint le sénat que l'infante Marie devait se rendre de Naples à Trieste, sur la flotte napolitaine, pour épouser le roi de Hongrie, fils de l'empereur. Le Sénat crut voir dans cette communication la tentative d'une prétention contraire à ses droits, aussi offrit-il sa flotte pour le voyage de l'infante. Mais la cour de Madrid allégua que les navires vénitiens avaient été infectés de la peste (ce qui était vrai), et insista pour que la marine du roi son frère transportât la princesse. La République resta inébranlable, envoya son amiral à l'entrée du golfe pour repousser les Espagnols s'ils se présentaient, bien que la guerre que Venise soutenait par ailleurs eût considérablement diminué les forces dont elle put disposer sur cette mer qu'elle déclarait son empire. Enfin, l'infante finit par demander le passage sur la flotte vénitienne...

La République ayant encore réussi, dans cette grave circonstance, à faire reconnaître sa suprématie, ne manqua pas d'entourer la princesse espagnole d'honneurs et de magnificences, ainsi qu'elle aimait à le faire chaque fois que se présentait l'occasion d'afficher le luxe et le faste. Mais avouons qu'à une époque où la faiblesse de la République devenait de plus en plus sensible, par la supériorité que les autres puissances avaient acquise sur cet élément, que la cérémonie du Bucentaure était censée représenter comme la propriété de Venise, cette cérémonie devenait presque ridicule, et que ce n'était plus qu'une vaine prétention, dont la raison et l'esprit de convenance auraient dû faire cesser la poétique, mais presque burlesque représentation, peu d'accord d'ailleurs avec le progrès des idées aux derniers siècles.

(⁎) Le Dante a décrit l'arsenal de Venise, et a su rendre harmonieux et d'une consonnance imitative, les mots souvent baroques qui précèdent sa description. En voici un passage :

> *Quale nell' arzana de Veneziani,*
> *Bolle l'inverno la tenace pece,*
> *A rimpalmar li legni lor non sani,*
> *Che navicar non ponno ; a'n quella vece,*
> *Chi fa suo legno nuovo, e chi ristoppa*
> *Le coste a quel che più viaggi fece ;*
> *Chi ribatte da proda, e chi da poppa,*
> *Altri fa remi, ed altri volge sarte,*
> *Chi terzeruolo ed artimon rintoppa......*
>
> (INFER., cant. XXI.)

Veut-on avoir une idée de ce qu'était déjà la marine des Vénitiens au treizième siècle ? Plus tard nous l'examinerons lorsqu'elle eut atteint son apogée presque fabuleuse.

En 1200, l'importation et l'exportation des marchandises employait plus de trois mille bâtiments de toutes grandeurs, dans le nombre desquels figurait une partie de la marine de guerre, attendu que pour ne pas laisser ses marins oisifs pendant la paix, en même temps que pour aider ceux qui ne possédaient pas de bâtiments en propre, l'État prêtait ses voiles aux besoins du commerce, tant que la guerre n'en réclamait pas les services. Ainsi les galères ne trafiquaient point pour le compte du gouvernement, mais étaient louées aux spéculateurs.

Voici en résumé quelles étaient les destinations des escadres vénitiennes :

L'une, qui faisait voile vers le Nord, se partageait en trois divisions : la première, longeant les côtes du Péloponèse, allait vendre à Constantinople les marchandises grecques et vénitiennes, la seconde allait acheter les productions de l'Asie arrivées par le Phase sur la côte méridionale du Pont-Euxin jusqu'à Trébisonde ; la dernière, enfin, se dirigeant vers le Nord, pénétrait dans la mer d'Azoff et allait jusqu'à l'embouchure du Tanaïs chercher le chanvre, le poisson sec pêché en abondance aux bouches de ce fleuve, et les denrées d'Orient qui y arrivaient par la mer Caspienne, ainsi que les produits apportés par les caravanes russes et tartares. A leur retour, ces deux divisions approvisionnaient Constantinople et divers ports de la Romanie, de la Grèce, de l'Archipel, et rapportaient à Venise ce qu'il fallait conserver pour les besoins de l'Europe.

Les côtes de la Syrie étaient parcourues par une seconde escadre. Celle-ci touchait à Alexandrette, port d'Alep, en vertu d'un traité commercial entre le Soudan et la République. Béryte, port de Damas, les voyait ensuite, avant leur retour par Famagouste en Chypre, puis Candie, où ils prenaient du sucre, dont cette île produisait beaucoup alors, enfin la Morée, points divers où ils échangeaient les denrées du Levant contre celles qu'ils avaient à fournir à l'Occident.

Enfin, la troisième escadre sillonnait les mers d'Égypte et chargeait les marchandises de l'Asie arrivées par la mer Rouge. En échange, les Vénitiens offraient les produits du commerce de la mer Noire, et particulièrement les esclaves des deux sexes, et surtout les belles Géorgiennes et Circassiennes.

Ainsi, dès cette époque, il n'était pas un point de l'Orient ouvert aux marines européennes que les flottes parties de l'arsenal de Venise n'allassent visiter. Mais il était une campagne plus longue encore que leurs vaisseaux entreprenaient, et qui leur faisait franchir le détroit de Gibraltar pour entrer dans l'Océan, si peu sillonné alors. Cette flotte, qu'on appelait la flotte de Flandre, touchait à tous les ports de la côte de Naples, de la côte d'Afrique, où, attendue annuellement, on lui préparait les objets d'échange ; puis, quittant la Méditerranée, elle côtoyait le Portugal, l'Espagne, la France, et entrait dans les ports de l'Escaut jusqu'à Anvers, puis allait à Londres continuer ses échanges, ses ventes, ses achats, qui roulaient sur toutes les denrées, tous les produits connus. C'est ainsi que les villes anséatiques, les peuples septentrionaux, se trouvaient approvisionnés de tout ce que l'Orient produisait, en échange des industries du Nord rapportées au Levant. On pense bien que les produits particuliers des fabriques de Venise entraient pour une bonne part dans ces affaires immenses, et que ses merveilleuses étoffes de laine, de soie et d'or, les glaces, les verreries, et une foule d'autres industries locales, avaient de larges écoulements dans ce vaste système commercial. Les palais des princes du Nord ne s'ornaient que des œuvres élégantes qui sortaient des manufactures de Venise. Arrivé à ces envahissements progressifs qui le mirent en rapport avec tous les points de l'Europe, de l'Afrique et de l'Asie où un port était creusé, le commerce des Vénitiens fut à son apogée. Et qu'on n'aille pas se figurer que ces navires comptés par centaines, par mille, peut-on même dire, fussent semblables à ces prétendues escadres que, dans d'autres circonstances, l'histoire représente se battant entre les rives rétrécies de la Brenta, du Pô ou de l'Adda. Aux XIII et XIV siècles, les navires qui étaient à la tête des flottes vénitiennes offraient des coques de *mille à douze cents tonneaux*. L'État prêta à la marine marchande jusqu'à trente galères de *quinze cents et de deux mille tonneaux*, dont les cargaisons, évaluées en monnaie de notre temps, se multiplièrent de cent mille ducats d'or, en *dix sept cent mille francs* environ, pour chaque navire !

(m) Les galères vénitiennes étaient d'une construction extrêmement hardie. Leurs proportions étaient telles, qu'en outre de leur fort équipage de rameurs et de matelots, elles portaient deux cents soldats. Il y en eut qui offraient jusqu'à 175 pieds de quille, pieds de Venise, ce qui équivaut à environ deux cents pieds français, la mesure vénitienne ayant dix lignes de plus que celle qu'on nomme chez nous pied-de-roi, en souvenir du pied de Charlemagne, qui, comme on sait, était presque géant. Ces énormes bâtiments n'avaient que deux voiles. D'autres galères plus légères, faites pour les évolutions des batailles, n'avaient que cent trente-cinq pieds vénitiens de long, et portaient trois mâts et trois grandes voiles latines. La rame était l'auxiliaire de ces voiles hors de proportion, par leur peu d'étendue, avec la masse qu'elles devaient mettre en mouvement.

Les rames étaient garnies par les chiourmes. Les historiens parlent de galères vénitiennes qui avaient jusqu'à trois cents hommes d'équipage, et cent rames. Ils parlent aussi de coques de transport pouvant contenir jusqu'à mille hommes. Il faut la révélation de bâtiments pareils pour comprendre le traité que la République fit avec saint Louis pour le transporter en Afrique avec son armée ; Louis IX avait dix mille fantassins et quatre mille chevaux, et le transport s'effectua avec quinze navires seulement !

Au reste, les Vénitiens avaient une telle opinion de l'avantage de leurs bâ-

L'ARSENAL

tments de guerre, que ceux qui en prenaient le commandement juraient de ne pas éviter tout combat qui ne serait pas présenté par plus de vingt-cinq galères ennemies.

Les galères de proportions légères étaient ornées ou armées, à leur avant, d'un éperon de fer, appelé *rostre*, d'où est très probablement dérivé l'éperon ou taille-mer de fer poli qu'ont jusqu'à ce jour conservé les gondoles. On voit dans quelques vieux tableaux le ... ort qui lie entr'elles ces superfétations de galères et des barques des lag...

Les galéasses ou navires de guerre p... une grosse poutre garnie de fer, suspendue à le... grand mât, et qui, la... ée à point sur le pont des bâtiments légers de l'ennemi, réussissait souvent à les entr'ouvrir. Lorsqu'on attaquait une forteresse ou un rempart, des tours de charpente s'élevaient sur les ponts, pour rapprocher les attaquants du point à enlever. Les armes dont se servaient les soldats des galères et galéasses, étaient l'arc, la fronde, le javelot, armes de jet remplaçant en quelque sorte les projectiles. Les matelots qui combattaient le plus souvent corps à corps, se servaient de la hache, du sabre, de la lance, et étaient préservés ainsi que les soldats, des coups ennemis, par des casques, des cuirasses et des boucliers. On a vu dans les salles d'armes de l'arsenal tous ces instruments offensifs et défensifs.

Le feu grégeois qu'on avait longtemps cru une invention moderne, était fort utilisé par les marins vénitiens vers le X° et le XI° siècle. Un auteur sicilien rapporte que dans le combat que le doge Dominique Silvio livra devant Durazzo en 1084, à Robert Guiscard, les Vénitiens firent usage d'un feu *qui brûlait dans l'eau*, et incendiait les navires en dessous de leur flottaison. Quant à la poudre à canon il est douteux, comme l'ont prétendu quelques écrivains, que les Vénitiens en eussent trouvé l'usage avant les autres peuples, car il eût fallu pour cela qu'ils en apprissent le secret des Sarrazins, le tenant eux-mêmes de quelque peuple asiatique. Dans tous les cas, les Vénitiens se tinrent à cet égard au niveau de ce que firent les autres peuples de l'Europe, et leurs constructions se modifièrent pour recevoir des canons et obus en même temps que chez les peuples du nord. Vers la fin du XV° siècle, les galères de moyenne dimension étaient armées d'un grand canon de chasse de vingt-cinq livres de balles, de deux de douze, de six fauconnaux de deux, et de six autres petites pièces qu'on nommait *smerigli*. Dès l'année 1401, les Vénitiens pour mieux utiliser les découvertes meurtrières qu'ils avaient adoptées, avaient créé une école de *bombardiers*, et celui qui remportait trois fois le prix dans une même année, recevait à vie une pension de douze cents ducats.

(N) Un rapide coup-d'œil sur le point d'apogée du commerce de Venise, comme aussi sur l'étendue de ses conquêtes aux époques où la République brilla du plus vif éclat, nous semble avoir dans ces pages un intérêt qui ne sera pas contesté.

Parlons du commerce d'abord, et des époques florissantes de la cité qui nous occupe, car aussi bien les renseignements manqueraient-ils, si l'on cherchait à remonter à une époque reculée, attendu que les premiers historiens de Venise ne croyaient pas les détails relatifs au commerce, dignes de l'histoire.

L'étendue du territoire soumis à la République étant fort peuplé, la majeure partie des produits du sol y était consommée. Les seuls articles dont le pays fournit en assez grande quantité pour en permettre la vente à l'étranger, étaient le fer, le cuivre, le mercure, l'huile, le poisson sec, le sel, l'indigo, les fruits secs, et dans les bonnes années le bled et enfin les bois de construction. Mais le véritable commerce de Venise, celui qui faisait sa richesse et le rendait partout sans concurrence, c'étaient les produits de ses manufactures qu'elle imposait au luxe, à la consommation d'une foule de pays avec lesquels elle trafiquait de denrées qu'elle consommait elle-même, ou dont elle faisait en d'autres pays l'objet d'un nouveau négoce. Ainsi les marchés du Levant recevaient des draps, des toiles, de la thériaque, des verreries en quantité, des quincailleries, des miroirs, et particulièrement des étoffes de soie, article pour la fabrication duquel Venise resta fort tard sans rivale. C'est ainsi que ses produits s'infiltraient peu à peu dans l'intérieur des pays sur lesquels Venise les déposait ; l'industrie de cette cité pénétra jusque sur des points où la civilisation était si l'on peut dire de contrebande. Vasco de Gama par exemple, trouva les verroteries vénitiennes en usage à Calicut, où elles servaient de monnaie.

Chose plus étrange! au temps ou sir Macartney vit la Chine, les mandarins chinois et tartares portaient sur leurs vêtements comme marques de distinction, des boutons de pâte de verre de Murano.

Les objets que les Vénitiens rapportaient du Levant, pour en faire en même temps que de leurs produits locaux un nouveau commerce avec le nord, étaient la soie brute, (qu'ils fabriquaient,) le coton, la laine, le tabac, les cuirs la cire, les drogueries de toutes espèces, le café, le sucre et surtout les délicieux vins de l'Archipel.

Le commerce de Venise avec l'Angleterre consistait, en outre des denrées demandées parmi celles qui ont été énumérées, en raisin sec dit de Corinthe, dont les abondantes récoltes se faisaient aux îles de Zante et de Céphalonie. L'Angleterre lui donnait en retour des étoffes de laines grossières, de l'étain, de la morue. Aux Hollandais elle achetait des épiceries, et des poissons secs des mers du nord.

Avec la France, la République ne faisait que le commerce des objets de luxe, desquels s'enrichissaient les palais royaux, dont plusieurs sont encore garnis de tapisseries, de mérinos et de cristaux de Venise. En résumé, peu de navires français venaient dans l'Adriatique, et il résulte de l'examen des registres d'un ancien consul de Venise, que pendant un laps de quatorze ans, il n'entra que cent deux voiles françaises dans les lagunes. C'est moins de huit par an. Au reste la France et Venise n'ont jamais eu de traité de commerce ensemble. L'article que la première eût le privilége de fournir en plus d'abondance à la seconde en échange de ses objets de luxe, ce fut le sucre terré, qu'on raffinait ensuite à Venise.

Ainsi pendant plusieurs siècles, cette ville née des eaux, cette République issue des tribuns, fut l'intermédiaire obligé qu'eurent l'occident et l'orient ; le nord lui confiait le soin de l'approvisionner de ce que le seul midi fournissait; et ce que l'une et l'autre de ces extrémités livraient à l'état brut, elle l'ouvrait, le fabriquait pour aller l'offrir à la nation dont les produits particuliers l'attendaient en échange. Ce fut pendant longtemps une position unique au monde comme elle restera à jamais sans pendant possible dans l'histoire des nations.

Quant à ses conquêtes, elles ne furent pas au-dessous des prospérités inimaginables de son commerce. Énumérons celles que lui procurèrent la fortune de ses armes dans les mers orientales, sans nous arrêter à une époque plutôt qu'à une autre, en enregistrant en masse toutes les terres sur lesquelles l'étendard de saint Marc a flotté.

Nicopolis, en Asie mineure ; Lazi, sur le Pont-Euxin ; Héraclée, dans le nord du bassin de la Propontide ; OEgos-Potamos, et Rodosto ; Nicomédie, Gallipoli dans l Hellespont ; sur l'Hèbre de Thrace, Adrianopolis, aujourd'hui Andrinople ; dans le détroit des Dardanelles, Sestos, Abydos ; la majeure partie du Péloponèse ; les îles de Scio, de Ténédos, de Nègrepont ; presque toute l'île d'Eubée ; Egine dans le golfe Salonique ; Mégalopolis dans la Laconie ; Colonne et Méthone ; Patre, aujourd'hui Patros Lépante ; enfin toutes les îles de la mer Ionienne, depuis Zante jusqu'à Corfou.

Puis, en outre d'une fraction notable de la célèbre capitale de l'empire oriental, cette Constantinople où la bannière fleurdelysée de France mêla ses plis à l'étendard empourpré de saint Marc, la République comptait encore sous sa domination :

Sur la côte orientale du golfe Adriatique : Zara, Spalato, et toutes les îles Dalmates ; la côte d'Albanie ; dans la Morée, Coron, Moron, Naples de Romanie ; Argos dans l'Archipel, une foule d'autres petits points ou îles secondaires, une partie des côtes de la Syrie et presque toute la chaîne d'îles et de ports qui s'étendent depuis la pointe de la Morée jusqu'au fond de l'Adriatique. En outre, elle possédait en feudataires les îles de Lemnos, de Scopulo et presque toutes les Cyclades ; Paros, Nio, Melos, Naxos, Tine, Andros, Micône et Stampolie ; enfin, elle comptait parmi ses possessions les plus glorieuses Candie et le royaume de Chypre.

Par les possessions terrestres que nous allons aussi énumérer, elle se vit maîtresse de tout le littoral depuis l'embouchure du Pô jusqu'à l'extrémité orientale de la mer Méditerranée.

En terre ferme, les traités, le sort des armes lui avaient soumis les villes ou provinces suivantes, outre le littoral des lagunes, qui lui était tributaire :

Les provinces de Brescia, de Bergame, de Créma, de Vérone, de Vicence, de Padoue ; la marche Trévisane, y compris le Feltrin, le Bellunois et le Cadorin ; la Polésine de Rovigo ; la principauté de Ravennes ; le Frioul moins Aquilée, l'Istrie moins Trieste.

Cet ensemble de possessions a plus d'une fois donné à la République jusqu'à quatre millions de sujets!

En 1719, après la paix de Passarowitch, qui fixa les destinées de Venise, cette République possédait encore :

Le Dogat, c'est-à-dire les îles et le bord des lagunes ;

Et sur le continent italien, les provinces de Bergame, Brescia, Créma, Vérone, Vicence, Rovigo, Trévise, Feltre, Bellune et Cadore ; au nord du golfe l'Istrie et le Frioul ; à l'est, la Dalmatie vénitienne avec les îles qui en dépendent ; une partie de l'Albanie ; enfin, dans la mer Ionienne, les îles de Corfou, Paxos, Sainte-Maure, Céphalonie, Thiaqui (ou Ithaque), Zante, Asso, les Strophades et Cérigo.

En 1797, Venise était une préfecture française, — en 1815 elle devint une vice-capitale autrichienne.

X

LES ÉGLISES.

SOMMAIRE

Observations préliminaires sur ce chapitre. — *Église de Saint-Zacharie* ; visite annuelle du doge, il y est tué ; tableaux de J. Palma, de Jean Bellini, de Tintoret ; sculptures de A. Vittoria. — *Église grecque de Saint-George* : mosaïques, rite grec ; note plaisante — *Église de Saint-François-de-la-Vigne* : statues de Titien Aspetti, de Vittoria, A. Gaï, etc ; tableaux de Joseph Salviati, J. Palma, le Vicentino, Jean Bellini, Antoine de Négrepont, Valentin Lefèvre, Paul Véronèse, J. Santa-Croce, Gregoletti, etc ; monuments et autels de Scamozzi et de divers anonymes — *Église Saint-Pierre* : antiquités ; tableaux de Basaïti, Paul Véronèse, Liberi, A Bellucci, J Pellegrini, Padovanino, G Lazzarini, L. Giordano ; sculptures de Clément Moli, Michel Angaro ; mosaïques de Zuccato ; beau campanile. — *Église de Saint-Joseph* : tableaux de J. Tintoret, Paul Véronèse ; tombeaux de Jérôme Grimani, par A. Vittoria, du doge et de la dogaresse Marino Grimani, par Scamozzi ; sculptures de D. de Salò et de Campagna — *Église de Saint-Martin* : tombeau d'Erizzo ; tableaux de J. Palma, Pablo Casai, Mathieu Ponzone, J. Santa-Croce ; sculptures de Tullius Lombardo. — *Église de Saint-Jean in Bragora* : peintures de Palma, Carpaccio, Paris Bordone, Léonard Corona, Cima, Vivarini. — *Église Sainte-Marie-de-la-Pitié* : fresque de J.-B. Tiepolo. — *Église de Saint-George-Majeur* : son architecture ; monuments du doge Léonard Doná, de Laurent Venier, du doge Dominique Michieli, du procurateur Vincent Morosini, du doge Marc-Antoine Memmo ; peintures de J. Bassano, J. Tintoret, Léandre Bassano ; sculptures de Michelozzi, Campagna, Boselli, etc ; colonnes précieuses ; magnifique chœur en bois sculpté ; portrait de Pie VII, sacré dans ce temple ; couvent attenant ; quelques mots sur l'île. — *Église della Salute* : son architecture, son architecte ; façade ; peintures : Luca Giordano, J. Salviati, Bruscorci, Padovanino, Basaïti, J. Tintoret, Vivarini, Titien, etc. ; sculptures de Just de Curt, André Alessandro ; merveilleux tableaux de Titien dans la sacristie ; autels, grilles, candélabres, etc. ; édifice attenant ; séminaire patriarcal ; tombeau de Sansovino par A. Vittoria ; réflexions. — *Église de Saint-Luc* : tableau de Paul Véronèse ; portrait de l'Arétin. — *Église de Saint-Eustache* : peintures de Bambini, Balestra, Tiepoletto, Lazzarini, Verona. — *Église de la Madeleine* : extérieur — *Église de Saint-Job* : peintures de Paris Bordone, Jean Bellini.— *Église des Carmes-Déchaussés* : architecture extérieure et intérieure ; richesse extraordinaire des marbres ; mauvais goût ; sculptures et chapelles de Vismani, fra Pozzo, etc ; peintures de Jean Bellini ; réflexions. — *Église de Saints-Siméon et Jules* : architecture ; un mot de gondoliers. — *Église du Nom-de-Jésus* : extérieur. — *Église de Saint-André* : un tableau de Paul Véronèse. — *Église des Zitelle* : peintures de J. Palma, l'Aliense, F. Bassano. — *Église du Rédempteur : de la Giudecca* ; architecture extérieure et intérieure ; réflexions ; peintures de F. Bassano, P. Véronèse, J Tintoret, Jean Bellini ; sculptures de J. Campagna ; sur le sens artistique — *Église de N.-D.-du-Rosaire* : un tableau de J. Tintoret. — *Église*

Saint-Geremi-et-Prophètes architecture; peintures de J. Palma, J. Tintoret, réflexions; sculptures remarquables d'auteurs inconnus. — *Église de Saint-Sébastien* : elle est vouée à Paul Véronèse, ses tableaux y sont en grand nombre; buste de ce grand peintre, son tombeau, son épitaphe; réflexions, autres peintures par Titien, Bonifaccio, Tintoret. — *Église de Saint-Nicolas* : colonnes de marbre rare; peintures de J. Palma et des élèves de Paul Véronèse. — — *Église de N.-D.-des-Carmes* : peintures de J. Tintoret, J. Palma, Padovanino; mausolée du général J. Foscarini; le Campanille; confrérie attenante. — *Église de Saint-Barnabé* : peintures de Marc Vicentino, Varottari, J. Palma, Paul Véronèse. — *Église de Saint-Pantaléon* ; peintures de Paul Véronèse, Vivarini, J. Palma; tabernacle remarquable. — *Église des Jésuites* : peintures de J. Palma, J. Tintoret, Padovanino, Bonifaccio; tombeaux de la famille Cornaro, du patriarche F. Morosini. — *Église de Saint-Jacques dall'Orio* : peintures de Paul Véronèse, F. Bassano, J. Palma, Tizianello, Padovanino, André Schiavone, Laurent Lotto, etc. — *Église de Sainte-Marie Mater Domini* : peintures de J. Tintoret et Bonifaccio ou Palma. — *Église de Saint-Cassien* : peintures de J. Tintoret et de L. Bassano. — *Église des Frari* : architecture; façade; pierre de Titien; réflexions sur Titien; peintures de Jean Bellini, A. Vicentino, Salviati, Pordenone, Angarini, etc; tombeaux de Almeric d'Este, Jacques Barbaro, Marc Zeno, François Bottari, Benoist Brognolo, Jacques Marcello, Pacifico, Paul Savello, Benoist Pesaro, les doges François Foscari et Nicolas Tron, père de Melchior Trevisani, Jacques Pesaro, du doge Jean Pesaro, et enfin de Canova; détails, réflexions, liste des principaux souscripteurs, etc. — *Archives des Frari* : coup-d'œil sur les salles, curiosités, autographes précieux, le livre d'or, etc, etc. — *Église et confrérie de Saint-Roch* : architecture, peintures de J. Tintoret, Titien, André Schiavone, Pordenone, Vivarini; sculptures de maître Buono, Venturino, etc. — *Confrérie de Saint-Roch* : vouée aux œuvres de J. Tintoret; architecture et sculptures de Tullius Lombardo, A. Scarpagnino, Sansovino, Jérôme Campagna; cariatydes curieuses par F. Pianta; le grand *Crucifiement* par J. Tintoret; détails divers, réflexions, etc. — *Église de Saint-Paul* : peintures de S. Salviati, J. Palma, Paul Véronèse, J. Tintoret, etc.; sculptures de A. Vittoria; Campanille, son bas-relief curieux. — *Église de Saint-Sylvestre* : peintures de J. Tintoret, Paul Véronèse, J. Santa Croce, etc. — *Maison de Giorgion*. — *Église de Saint-Jean-l'Aumônier* : peintures de Titien, J. Palma, Bonifaccio, etc. — *Église de Saint-Jacques du Rialto* : la première église bâtie à Venise; ses diverses reconstructions; sculptures d'A. Vittoria et de J. Campagna. — *Église des Saints-Apôtres* : chapelle Cornaro; autel de la famille Zorzi; peintures de César de Conegliano et des élèves de Paul Véronèse; buste du comte J. Mangilli; réparations. — *Église de Saint-Jean Chrysostôme* : superbe tableau de Sébastien del Piombo et de Jean Bellini. — *Église de Saint-Sauveur* : architecture; monuments de A. Dolfin et de sa femme, avec des sculptures de Campagna; du doge François Venier, par Sansovino; des doges Laurent et Jérôme Priuli; de la reine de Chypre, Catherine Cornaro; peintures de Titien, Jean Bellini, etc, le cloître attenant de Sansovino. — *Confrérie de Saint-Théodore*. — *Église de Saint-Julien* : par Sansovino, ornée par A. Vittoria; réflexions; peintures de Paul Véronèse et J. Palma. — *Église de Saint-Moïse* : architecture de mauvais style; réflexions; peintures de J. Tintoret. — *Église de Saint-Fantin* : peintures de J. Palma, J. Tintoret, et divers mausolées secondaires. — *Confrérie de Saint-Jérôme* : athénée vénitien. — *Église de Saint-Étienne* : tombeaux de F. Morosini, le *Péloponésiaque*, de Dominique et d'Angelo Contarini, d'Alvisano, du fameux médecin J. Suriani, etc. — *Église de Saint-Vidal* : un tableau de Carpaccio. — *Église de Saint-Maurice* : temple neuf; détails; sculptures de Dominique Fadiga. — *Église de Sainte-Marie-du-Lys* : façade bizarre; tableau attribué à Rubens; monument Contarini; peintures de J. Tintoret, Ch. Loth, Salviati et dal Moro. — *Église Sainte-Marie-Formosa* : architecture; peintures de Palma-le-Vieux, B. Vivarini, L. Bassano; les fiancées. — *Église de Sainte-Marie-des-Miracles* : architecture; sculptures de J. Campagna, Pyrgotèles. — *Église de Saints-Jean-et-Paul* : explication préalable, observations; architecture; monuments, mausolées, cénotaphes, tombeaux de Pierre Mocenigo, doge; Jérôme Canal; doge R. Zeno; Melchior Lancia; Marc-Antoine Bragadino; Alvise Michieli; des doges Bertucci et Sylvestre Valier; Benit Saido; Nicolas Orsino; Edward Windsor; doge Michel Morosini, doge Léonard Lorédan; doge André Vendramini; doge Marc Cornaro; Jacques Cavalli; Victor Cappello; doge Antoine Venier; Agnès Venier; Léonard da Prato; doge Pascal Malipieri, J.-B. Bonelo; doge Michel Steno; Louis Trevisano; Pompée Giustani; doge Thomas Mocenigo; doge Nicolas Marcello; Horace Baglione; marquis de Chastelier; doge Jean Mocenigo; doges Alvise Mocenigo et Jean Bembo. Les peintures sont de : Jean Bellini, Lazzarini, J.-B dal Moro, Bonifaccio, Bassano, Vivarini, J. Tintoret, Dominique Tintoret, J Palma, Marc Vecellio, Carpaccio, Titien *saint Pierre martyr* Vitraux colorés, autels, statues, bas-reliefs, etc, etc — L'hôpital civil — La statue de Colleoni — *Église des Jésuites* : architecture, emploi singulier du marbre; tombeaux d'Horace Farnese; doge Pascal Cicogna; Jean Priam; peintures de P Liberi, J Tintoret, J Palma, Titien Sculptures de J. Campagna Tabernacle en lapis-lazuli — *Église de Sainte Catherine* : peintures de Paul Véronèse, J Tintoret, J Palma, Vicentino — *Église de l'Abbaye* : peintures de Cima de Conegliano, Damien Mazza, élève de Titien; sculpture curieuse de M. Barthélomée. Chapelle neuve. — *Église de Sainte-Marie de l'Orio* : architecture, réparations, façade; **peintures de J Tintoret**; tombeau de Jérôme Grimani; réflexions. — *Église de Saint-Martial* : **peintures de Titien et de J. Tintoret**. — *Église de Saint Félix* : architecture; **peintures de J Tintoret**; réflexions sur la fécondité de ce maître.

Il fut un temps où le nombre des églises, de même que celui des ecclésiastiques, était hors de toute proportion avec la population de cette cité. Ainsi, vers le milieu du dernier siècle, on comptait encore plus de cent églises ou chapelles desservies, et il y avait un prêtre pour 54 habitants, tandis qu'en Espagne, pays fort dévot, on n'en comptait qu'un sur 74, et, en France, un sur 150. Un travail statistique, publié en 1827, démontre que de nos jours, la population ecclésiastique n'est plus à Venise que dans le rapport d'un à 216 habitants.

Malgré le grand nombre d'églises qui ont été déviées de leur destination depuis les derniers siècles, elles restent encore aujourd'hui dans un nombre disproportionné avec celui des habitants de cette ville.

Ainsi, outre la basilique Saint-Marc, on en trouvera ici près de SOIXANTE, qui toutes offrent, à différents degrés, un intérêt artistique ou historique.

Nous avons cité, décrit toutes celles qui possèdent des mausolées, des sculptures, des tableaux ou une architecture dignes d'attirer l'attention du savant, de l'homme du monde, ou de l'artiste.

Sans doute, nous eussions pu faire des suppressions dans cette ample nomenclature; mais, outre la difficulté qu'il y avait à tracer des catégories d'admission et d'exclusion, nous avons pensé que parmi nos lecteurs, les artistes surtout avaient intérêt à suivre dans sa fécondité l'œuvre d'un peintre éparpillée partont, ou que tel tableau, souvent enfoui dans un lieu secondaire, méritait son intérêt. Nous avons donc enregistré tout temple qui offre quelque chose de remarquable, soit intérieurement, soit extérieurement.

Chaque tombeau illustre a été l'objet d'une note, où sont tracés quelques traits saillants de la vie du héros auquel l'art a fait de plus ou moins somptueuses sépultures.

Quant à une classification, nous n'en avons cherché d'autre que celle qui résulte de promenades par quartier. Ainsi, dans notre chapitre, les églises se présentent dans un ordre qui en facilite l'examen successif, et qui permet de reprendre cet examen à tel point qu'il a plu de le laisser, pour ne pas faire naître la fatigue d'esprit qui résulte inévitablement d'une prolongation d'attention portée sur des choses qui se ressemblent.

Ailleurs, dans l'examen du grand canal, nous avons évoqué la description offerte ici de certaines églises qui, cherchées par le lecteur à la table des matières, viendrait ainsi naturellement se ranger dans l'ordre des monuments qui font partie de ce magnifique *corso liquide*.

Quant à signaler le degré d'intérêt qu'offrent les uns parmi les autres ces temples nombreux, c'était faire le procès de ceux que, par les raisons déjà citées, nous avions cru devoir aussi mentionner, malgré leur ordre secondaire. Il suffira au lecteur de jeter un rapide coup-d'œil sur l'ensemble de ces descriptions pour juger, par leurs dimensions, les notes qui les accompagnent et les noms d'artistes qui y brillent, du degré d'intérêt que méritent les églises dont elles traitent.

Donc la longueur de la description est en raison de l'intérêt artistique ou historique qu'offre l'édifice. — Rien ne nous semble plus clair.

ÉGLISE DE SAINT-ZACHARIE.

(San-Zaccaria).

L'architecture en est plus singulière que vraiment belle; on en ignore l'auteur, bien que plusieurs ouvrages penchent à l'attribuer à Martin Lombardo, qui vivait vers le milieu du XVe siècle. La façade est enrichie de marbres de prix. Sur la porte, qui est ornée de sculptures élégantes, on voit la statue de saint Zacharie, par A. Vittoria. L'ancienne église de ce saint, et le couvent dont elle était la dépendance, dataient du commencement du IXᵉ siècle C'est là que pendant de longues successions d'époques, avait lieu cette visite du doge, le jour de la fête du saint, visite qui valut au duc de Venise, Pierre Gradenigo, le don que lui fit l'abbesse Morosini de cette coiffure si richement ornée dont on forma la couronne des doges ou *corne dogale* (Voir la note B du chapitre sur l'*Intérieur du Palais Ducal*).

Ce même doge, qui pour avoir voulu ménager tous les partis politiques, les avait fâchés tous, fut massacré à la porte de cette église, lorsqu'il venait d'y assister à la fête annuelle du saint. Cet événement eut lieu en 868. La catastrophe arrivée au doge amena un décret par lequel il fut décidé qu'à l'avenir tous les dignitaires de l'État ne viendraient plus à l'église du couvent qu'en barques dorées.

Les diverses choses intéressantes que contient cette église sont :

Sur le bénitier, à droite en entrant : une statue de *saint Jean-Baptiste*, par A. Vittoria.

Sur le premier autel : tableau de J. Palma, représentant la *Vierge et quelques saints*.

Sur le second autel, sculpté par A. Vittoria en 1590 : *saint Zacharie*, du même J. Palma.

La chapelle qui suit, en continuant toujours à droite, servait de chœur aux religieuses, du temps de l'ancienne construction.

Sur le mur : — la *Vierge et des saints*, toile de J. Palma-le-Vieux, maladroitement restaurée.

Dans la chapelle située au bout du corridor voisin :

Trois autels enrichis de sculptures en bois doré, sont ornés de peintures curieuses et rares des frères Jean et Antoine Muranesi, qui vivaient vers le milieu du XVᵉ siècle.

Rentré dans l'église, le maître-autel, qui est richement orné de marbres, offre un beau tabernacle et quatre charmants petits tableaux de J. Palma. Les fresques de la voûte sont de Pellegrini.

Le chœur de cette église est riche et élégant à la fois ; les quatre autels sont placés en demi-cercle. On voit sur le troisième une petite toile très estimée de Jean Bellini, représentant la *Circoncision*.

En s'approchant de la sacristie, on trouve le monument funéraire du célèbre sculpteur *Alex. Vittoria*, mort en 1608, à l'âge de 82 ans. Ce monument, et le buste qui le surmonte, sont de la main même de Vittoria, artiste laborieux, dont les œuvres sont très répandues à Venise, et particulièrement au palais ducal. Ce fut le plus habile élève de Sansovino, et l'on peut dire le dernier grand artiste du XVI⁰ siècle.

La sacristie offre une des si nombreuses toiles de J. Tintoret, représentant *la Naissance de saint Jean-Baptiste*.

Rentré dans l'église, et achevant le tour commencé, on trouve à droite, sur le premier autel, un des plus remarquables ouvrages de Jean Bellini, représentant *la Vierge, l'enfant Jésus et quatre saints*. Cette toile admirable date de 1505. Elle a fait le voyage de Paris en 1797, en compagnie d'autres chefs-d'œuvre, qui dénotent du bon goût de ceux qui présidèrent au choix des tableaux à emporter. 1815 l'a rendu à Venise, comme la presque totalité des tableaux réclamés, comme on sait, par Canova. Pourtant, quelque remarquable que soit encore ce tableau, les restaurations l'ont suffisamment altéré sur plusieurs points, pour qu'on n'y retrouve pas partout le haut mérite de coloris du célèbre fondateur de l'école vénitienne.

Les murs de Saint-Zacharie offrent beaucoup d'autres toiles d'auteurs moins célèbres, mais qui ne sont pas sans intérêt pour le visiteur dont la peinture est l'art favori.

ÉGLISE GRECQUE DE SAINT-GEORGE.
(San-Giorgio.)

L'architecte de cette élégante petite église, n'est rien moins que J. Sansovino. Elle date du milieu du XVI⁰ siècle. La porte, d'ordre dorique est fort élégante. L'architecture intérieure de ce temple est tout à fait en accord avec le rite qui s'y pratique. On y remarquera quelques mosaïques faites à différentes époques, et qui ne sont pas sans mérite.

Si l'on peut assister à un office grec, on sera surpris du caractère singulièrement mystérieux qui y préside. Les officiants sont cachés dans le sanctuaire, et ils n'apparaissent que lorsque les vastes rideaux de l'autel s'ouvrent, c'est-à-dire pour certaines oraisons. (Voir la fin du chapitre sur les moines arméniens de l'île de Saint-Lazare*.

---

* Un auteur contemporain dit que « le sanctuaire des églises grecques est défendu aux « femmes; les animaux en sont aussi repoussés, mais non pas les chats, dit-il, qui sont « indispensables à la destruction des souris... » Pour n'être pas plus sérieux que notre auteur, nous demanderons comment il se fait que les souris y pénètrent, si les animaux en sont si soigneusement repoussés?

ÉGLISE SAINT-FRANÇOIS DE LA VIGNE.

(San-Francesco della Vigna.)

C'est un beau monument de Sansovino, en 1535, moins la façade corinthienne, qui est d'André Palladio, qui refit en 1562 celle de son collègue qui avait été endommagée par la foudre. Les deux statues de bronze représentant Moïse et saint Paul, sont de Titien Aspetti. Ces statues sont loin d'être irréprochables, et leurs proportions colossales ne font que rendre leurs défauts plus choquants. Les deux rayons de feu du législateur des Hébreux, et l'espèce de capuchon supérieur, sont de l'effet le plus bizarre.

Il y a beaucoup de choses à voir dans cette église, nous tâcherons de les désigner avec clarté et exactitude.

Sur les deux bénitiers de l'entrée: *Saint-Jean-Baptiste*, qu'on rencontre planant sur l'Eau-Sainte dans toutes les églises de Venise, *Saint François d'Assise*, deux œuvres d'Alex. Vittoria. Première chapelle à droite, sur l'Autel: *Saint Jean-Baptiste, Saint Jacques* et quelques autres, tableau estimé de Joseph Salviati.

Sur la muraille à droite: *Le Sauveur et la Vierge avec quelques saints*, par J. Palma. — A gauche, la *Madeleine aux pieds du Christ*, par le Vicentino.

Seconde chapelle: sur la muraille de gauche: — La *Vierge à l'annonciation*, dans la manière de Jean Bellini, par Pennacchi, (faussement attribuée à Jean Bellini).

Troisième chapelle, sur l'autel: — La *Vierge en gloire*, par J. Palma.

Quatrième chapelle: Une *Résurrection* par Paul Véronèse.

Cinquième chapelle: Le *Baptême de J.-C.* de J.-B. Franco, dit *Semolei*.

Sixième chapelle, sur l'autel: — La *Vierge Marie adorant l'enfant Jésus*, toile minutieusement peinte au commencement du XVe siècle, par le frère Antoine de Nègrepont.

Dans la grande chapelle on trouve deux splendides monuments jumeaux, tout en marbre, attribués à Scamozzi. — Celui de droite fut érigé en 1474 à *Triadano Gritti*. — Celui de gauche au doge *André Gritti*, qui fut neveu du premier, et mourut en 1538 (A).

En continuant vers le côté gauche de l'église, on trouve la

chapelle *Giustiniani*, entièrement ornée de marbres sculptés, sans traces de noms d'auteurs. Sur l'autel on admire en guise de tableau, une suite de compartiments offrant divers saints ; sur le devant de l'autel est le *Jugement universel*. — Sur les murailles les *Douze apôtres* et les *quatre évangélistes*, et enfin au-dessus de ces sculptures seize tables, où est figurée la *Vie du Christ*.

L'ensemble de ces sculptures forme sans contredit un des plus beaux monuments de l'art au XVe siècle. Toutes les recherches ont été inutiles, pour en découvrir les auteurs qui durent se suivre de près dans la succession de leurs travaux, où se révèle une évidente unité d'époque.

Le baptistère voisin de cette splendide chapelle, offre dans son voisinage un petit tableau qui représente *La Cène de J.-C.* C'est une copie de la fameuse Cène de Paul Véronèse dont la République fit hommage au roi Louis XV de France, qui l'avait vainement demandée aux Servites. Cette copie est de Valentin Lefèvre.

Le corridor voisin communique dans la Chapelle Sainte (*Capella Santa*, sur l'autel de laquelle est un tableau peint en 1507, par Jean Bellini, lequel représente la *Vierge, l'enfant Jésus et quelques saints* ; sujet favori de ce grand artiste initiateur.

En passant dans la sacristie on trouve un curieux tableau peint à l'huile sur marbre, par Paul Véronèse, et qui représente :—*N. D. au milieu des anges*.

En revenant dans l'église, on trouve à droite une chaire que surmonte un tableau de Jérôme Santa-Croce, représentant : — *Le Sauveur et le Père Éternel*.

La première chapelle qui suit est ornée sur l'autel d'un Paul Véronèse : — *N. D. et quelques saints*. Ce tableau est fort estimé dans l'œuvre immense de son laborieux auteur.

La seconde chapelle offre : — *Une vierge entre saint Antoine et saint Bernard*, par Joseph Salviati.

La troisième chapelle est orné de la statue en marbre de *saint Gérard Sagredo*.

Les monuments de la muraille sont, à droite : Celui du doge *Nicolas Sagredo*. — A gauche du patriarche *Alvise Sagredo*, œuvres de A. Gai, en 1743 (B).

La quatrième chapelle possède trois statues de saints, par Vittoria.

La cinquième chapelle offre sur l'autel : — *Une adoration des*

Mages, par le peintre actuel Ange Grego Letti, artiste vénitien qui a récemment reproduit sur toile, l'ancienne œuvre détruite par l'humidité, et peinte en 1564 par Frédéric Zuccaro.

Les statues des côtés de l'autel sont de Titien Aspetti, les fresques de voûte de la chapelle, par J.-B. Franco.

ÉGLISE SAINT-PIERRE.
(San-Pietro.)

Ancien et vaste temple qui fut jadis, et à dater des premiers siècles de la République, la *Cathédrale* de Venise, le siège patriarchal n'étant passé à la basilique Saint-Marc, que beaucoup plus tard. Cette église fut en partie rebâtie en 1621, par l'architecte Grapiglia. La façade d'ordre composite, est dans le goût de Palladio, l'architecte françois Smeraldi l'a dessinée.

En pénétrant dans cette vénérable église, on trouve à droite après la seconde chapelle; une chaire en marbre de toute antiquité, ayant la forme d'un siége et qui passe vulgairement pour avoir servi à saint Pierre dans l'église d'Antioche. D'autres prétendent que c'est le trône de quelque chef africain. Dans tous les cas le marbre porte une inscription arabe que les savants déclarent deux versets de l'*Alcoran* ou du *Coran*, comme on voudra dire.

Le troisième autel porte un tableau de Marc Basaiti, représentant: — *Saint Pierre avec d'autres saints*.

Après cet autel on trouve: — *Saint Pierre, saint Paul et saint Jean*, par Paul Véronèse.

La chapelle à côté du chœur à droite du visiteur offre sur le mur de droite: — *Le châtiment des serpents*, par Pierre Liberi.

La grande chapelle offre sur les côtés; à droite: — *Saint Laurent Giustiniani qui délivre Venise de la peste*, œuvre de A. Bellucci. — à gauche le *même saint faisant l'aumône*. Ce tableau est le chef-d'œuvre de Grégoire Lazzarini, qui le peignit en 1691.

Les fresques de la voûte sont de Jérôme Pellegrini.

Le maître-autel, dessiné par Longhena est orné de sculptures de Clément Molé, qui datent de 1649.

On trouve derrière l'autel, le portrait de *saint Laurent Giustiniani*, patriarche de Venise en 1452, dont les restes reposent en cet endroit.

En continuant le tour du temple, nous trouvons bientôt la

belle chapelle Vendramini, richement garnie de marbres sculptés par Michel Ongaro, sur les dessins généraux de Longhena.

Le tableau de l'autel, est un des meilleurs ouvrages de Giordano, il représente : — *N. D. et les âmes du purgatoire.*

Une grille ferme la chapelle de tous les saints. La mosaïque en forme de tableau qui est sur l'autel, fut dessinée par J. Tintoret, en 1570, et exécutée par Arminio Zuccato, dont le nom est si célèbre à la basilique Saint-Marc. Cette mosaïque représente *tous les saints.*

Le deuxième autel en revenant dans l'église offre un tableau dont le sujet est : —*Le martyre de saint Jean l'Évangéliste,* œuvre de Padovanino que Michel Schiavone semble avoir compromise en la retouchant.

En sortant, on examinera le superbe clocher qui tient à l'église, et qui fut réédifié en 1474.

ÉGLISE SAINT-JOSEPH.

(San-Giuseppe.)

Cette église, qu'on appelle aussi des *Salésiennes* (Salesiane), offre quelques monuments des plus grands maîtres. Le bas-relief extérieur du fronton de la porte est de Jules del Moro.

Le premier autel, à droite en entrant, offre : *Saint-Michel archange* et le *sénateur Michel Buono,* par J. Tintoret.

Dans le chœur, derrière le maitre-autel, on trouve sur l'autel, une *nativité de J.-C.,* peinte par Paul Véronèse.

A gauche, sur le mur : — le mausolée du sénateur *Jérôme Grimani,* sculpté par A. Vittoria, en 1570.

En revenant dans l'église, et en continuant à droite, on trouve, sur le premier autel, un bas-relief représentant la *sainte Famille,* œuvre estimable de Dominique de Salò, en 1571.

Ensuite se présente le splendide tombeau du doge *Marino Grimani* et de la *dogaresse,* sa femme, dont il est question à propos de son couronnement, dans la description de la salle du *grand Conseil,* au palais ducal. Ce magnifique mausolée est de l'architecture de Scamozzi. Les statues, les bronzes et divers ornements, sont de Campagna (c).

ÉGLISE SAINT-MARTIN.

(San-Martino.)

Elle est attribuée à l'architecte Sansovino, vers le milieu du XVIe siècle. On remarque, à droite après la seconde chapelle, le tombeau du doge *F. Erizzo*, sculpté, en 1653, par Mathieu Carmero.

Le tabernacle de la grande chapelle est orné de peintures élégantes de Palma. Dans une niche à droite, on remarque un petit tableau ancien, de fort beau style, représentant une *annonciation*, d'auteur *ignoto* (inconnu).

Les fresques de cette chapelle sont de Fabio Canal.

En continuant le tour de l'église, on trouve, près de la chaire, les fonds baptismaux, charmant ouvrage de Tullius Lombardo, en 1484.

La dernière chapelle, du même côté, possède sur son autel un tableau de Mathieu Ponzone, représentant *saint Jean l'Évangéliste*. La tribune de l'orgue est enrichie d'une *Cène*, excellent ouvrage de Jérôme Santa-Croce, en 1549.

ÉGLISE SAINT-JEAN EN BRAGORA.

(San-Giovanni in Bragora.)

A droite en entrant, on voit, auprès de la première chapelle, une petite toile, dans le style de Palma-le-Vieux, représentant *sainte Véronique*.

Après la chapelle : la *Vierge et deux saints*, sur fond d'or, par Vivarini, l'un des plus remarquables peintres dits gothiques. Les *saints* suivants sont du Carpaccio.

Dans la deuxième chapelle, toujours à droite, une *Cène* de Paris Bordone, excellent peintre, dont le seul et déplorable défaut est d'avoir produit trop peu.

A chaque côté de la porte de la sacristie : la *flagellation* et le *couronnement d'épines*, par Léonard Corona.

Dans la grande chapelle, on trouve à droite : *Constantin et sainte Hélène soutenant la croix*, par Cima; — à gauche, la *Résurrection de J.-C.*, par Vivarini, en 1498.

Derrière le maitre-autel, une grande toile représentant le

Baptême de J.-C., œuvre du même Cima, de Conégliano, assez heureusement restaurée depuis peu.

En retournant, toujours à droite, on trouve deux toiles de J. Palma : le *Christ lavant les pieds des apôtres* ; — le *Christ conduit à Pilate*.

ÉGLISE SAINTE-MARIE-DE-LA-PITIÉ.
(Santa-Maria-della-Pietà.)

C'est une élégante construction de forme ovale, dont l'architecte fut Georges Massari. Le plafond, à fresques, est de J.-B. Tiepolo. Un hospice d'enfants-trouvés est contigu à cette église. Les jeunes filles y reçoivent une éducation musicale.

ÉGLISE SAINT-GEORGE-MAJEUR.
(San-Giorgio-Maggiore).

Ce magnifique temple n'a pu être complètement achevé par son illustre architecte André Palladio, qui le commença en 1566. Scamozzi, qui le termina en 1610, apporta quelques modifications regrettables au premier plan, qui eût pu valoir à Venise une rivale de la fameuse église du *Rédempteur*, chef-d'œuvre du grand architecte du seizième siècle ! La façade, d'ordre composite, ornée de statues de marbre, est d'un excellent effet pour l'aspect général qu'offre cette partie de Venise, vue de la Piazzetta. Le soleil couchant, qui chaque soir jette sur cette façade blanche ses teintes variées, et empourpre plus vivement son élégant campanille rouge, contribue au ravissant effet que produit l'île Saint-George-Majeur, dans la décoration panoramatique des lagunes.

La grande porte du temple est intérieurement ornée de deux magnifiques colonnes de marbre grec veiné, qui sont de l'effet le plus élégant et le plus somptueux.

Au-dessus de cette porte est le monument du doge *Leonard Donà*, mort en 1612 (D).

Les *quatre évangélistes*, en stuc, par Vittoria, qui aimait à employer cette matière, avoisinent la porte.

Sur le côté, à droite, est le monument du général et procurateur *Laurent Veniero*, mort en 1667.

Premier autel : *Nativité de Jésus-Christ*, par J. Bassano.

Second autel : crucifix en bois du meilleur élève de Donatello, nommé Michelozzi. C'est une des belles choses de cette église. C'est un présent que, pendant qu'il était réfugié à Venise, Cosmes de Médicis, dit le Père de la Patrie, fit à cette chapelle. Michelozzi était le compagnon fidèle, jusque dans l'exil, de Cosmes, et c'est pour cet habile artiste que le Florentin avait fait bâtir une bibliothèque qu'il remplit de livres, bibliothèque qui fut ensuite laissée aux bénédictins de Saint-George, et malheureusement dispersée lors de la suppression du couvent.

Sur le troisième autel on trouve : les *Martyres de quelques saints*, — J. Tintoret.

Quatrième autel : la *Vierge couronnée*, — toujours Tintoret...

Sur les parois de la grande chapelle on trouve, à droite : la *Cène de Jésus-Christ*, — à gauche la *Manne tombant dans le désert*, tous deux plus que jamais du Tintoret!

Le maître-autel est fort beau, incrusté et garni de marbres précieux et de bronzes. L'Aliense l'a dessiné, Campagna l'a exécuté. Le Rédempteur, posé sur le globe que soutiennent les évangélistes, est une composition qui exprime noblement le triomphe de l'Évangile : c'est à la fois une belle pensée et un beau travail. Sur un des pilastres on voit une inscription qui semble porter bien loin la doctrine des indulgences ; il y est dit que : *Le pardon de tout crime sera accordé à celui qui visitera cette église !* Les deux anges latéraux sont de Boselli.

Le chœur, derrière l'autel, est une œuvre magnifique, qui mériterait à elle seule une excursion à l'île, pour être admirée. Les tableaux de bois sculpté de ces stalles d'une conservation si parfaite, représentent la vie de saint Benoist ; c'est l'œuvre d'un Flamand, nommé Albert de Bruges, et non de *Brule*, comme on l'a écrit par erreur. Un Flamand seul pouvait concevoir et exécuter une œuvre de ce genre, si longue et si minutieuse.

Dans un petit corridor à droite, lieu bien mesquin pour une destination pareille, on trouvera le monument en marbre érigé en 1637 seulement, au célèbre doge *Dominique Michieli*, mort en 1128. Ce doge fut, pourrait-on dire, et le saint Bernard et le Godefroi des croisades vénitiennes Vainqueur de Jaffa, conquérant de Tyr, d'Ascalon et de Jérusalem, et de bien d'autres lieux, il sut faire respecter l'étendard de Saint-Marc par les orgueilleux empereurs d'Orient. Ce fut lui qui rapporta des îles de l'Archipel les deux grandes colonnes de granit de la Piazzetta. Comme il avait ravagé la Dalmatie, il eut pour épitaphe cette ligne pompeuse : *Terror Græcorum jacet hic* (E) !

En retournant dans l'église on trouve, à droite, sur le premier autel, la *Résurrection de Jésus-Christ, et les portraits de divers sénateurs vénitiens...*, par Tintoret.

Au-dessus de la porte qui suit : le mausolée du procurateur *Vincent Morosini*, mort en 1588.

Sur le second autel : le *Martyre de Saint-Étienne*, Tintoret.

Les deux candelabres en bronze sont des œuvres de la fin du XVIIe siècle.

Troisième autel : un *saint George*, peint par Mathieu Ponzone.

Quatrième autel : une statue de la *Vierge*, œuvre médiocre à laquelle on regrette d'accoler le nom de Campagna.

Enfin, sur le cinquième autel : le *Martyre de sainte Lucie*, par Léandre Bassano.

A côté se trouve le monument du doge *Marc-Antoine Memmo*, mort en 1615 F.

En 1800, l'évêque d'Imola fut couronné pape en conclave dans cette église, sous le nom de Pie VII. C'est ce pontife auquel Napoléon donna tant à faire. On sait où, comment, quand et pourquoi. Le portrait du pape et au-dessus de la porte intérieure. Ce noble et bon visage offre un touchant souvenir de cette papauté douce, faible et persécutée, si différente de la violence pontificale du XVIe siècle !

Ce beau temple ne sert guère aujourd'hui. Il n'a, ou ne pourrait avoir pour fidèles, que quelques douaniers de l'entrepôt, car aujourd'hui les bâtiments de l'ancien couvent servent de magasin pour les marchandises nationales. Le gouvernement italien avait autrefois établi dans la petite île Saint-George-Majeur le *port franc*, mais, en 1830, la franchise a été étendue à tout Venise.

On pourra visiter encore le premier cloître, qui est d'une élégante architecture ionique, et un bel escalier de Longhena. Le réfectoire, et des celliers très vastes, sont de Palladio.

L'île de Saint-George-Majeur était autrefois habitée par des Bénédictins. Le doge Pierre Ziani ayant eu la douleur de voir son fils déchiré par des chiens dans cette île, fit renverser l'église et le couvent, en 1205. Mais comme cette conduite déplut au peuple, il releva l'un et l'autre à ses frais, et pour mieux exprimer le regret qu'il éprouvait d'avoir cédé à un premier mouvement de désespoir, il se fit bâtir à Saint-George une maison où sa famille habita quelque temps. Plus tard, l'église menaçant ruine, on en confia la reconstruction à Palladio, qui en fournit les plans, commença sa construction, mais mourut avant de l'avoir achevée, circonstance qui a nui à quelques détails de son ornementation intérieure.

EGLISE DE SAINTE-MARIE DE LA SANTE.
(Santa-Maria della Salute).

Nous décrirons simplement cette magnifique église, renvoyant le lecteur aux notes, pour ce qui se rattache à son histoire.

Ce temple fut commencé en 1631, comme monument votif de la célèbre peste de 1630, qui enleva à Venise plus de quarante mille habitants.

L'architecte fut Balthazar Longhene, qui eut à enfoncer 1,200,000 pilotis pour consolider le terrain destiné à recevoir ce grand édifice. La façade est d'un ordre *composite*, qu'on aurait le droit de déclarer beaucoup trop *composite*, peut-être... car, belle en plusieurs parties, elle est ailleurs gâtée par la superposition et l'adjonction d'ornements d'un goût qui émane pleinement de la décadence de l'art. Mais ce n'est là rien encore, auprès de tout ce qui fut fait à la fin de ce même siècle, si fatal à l'architecture comme aux autres arts! les révolutions du goût se révélèrent partout, alors. La force est ce qui se montra d'abord, précurseur de la pureté, qui engendra ensuite ce mauvais goût, qui se crut le bon. San-Micheli précède Palladio, comme Lucrèce précède Virgile; Corneille, Racine; Bourdaloue, Massillon : puis vient l'autre phase Sénèque, Claudien, Marini, Longhena. Palladio bâtit le *Rédempteur*, ce dernier *la Salute*, qui heureusement ne date que de l'aube du mauvais goût... Mais plus tard Longhena en a fait de belles!

Malgré les imperfections d'une partie de ses détails (et surtout l'odieuse adjonction des limaçons de pierre qui déguisent si mal à propos les contreforts de l'élévation principale!); malgré, disons-nous, quelques parties d'un goût contestable, pour ne pas dire plus, l'ensemble de ce temple est plein de grandeur et de majesté. Il s'élève sur un espace bien dégagé, et sur l'avant duquel se déroulent avec noblesse plusieurs chutes de marche dont l'eau du grand canal baigne les dernières. Sa double coupole, son double clocher ou campanille, dessinent dans l'air et dans l'eau, de quelque côté qu'on les regarde, des lignes d'une grâce orientale pleine de noblesse et de poésie. De loin, les détails de mauvais goût s'effacent ; ces hélices frustes qui ont l'air de monstrueux coquillages antédiluviens, ces statues si singulièrement atournées, toutes ces rocailles de pierre qui interrompent si mal à propos la pureté des lignes générales, s'estompent au regard, et on ne voit qu'un ensemble plein d'une grandiose élégance. Il est bien certain que l'effet de cette belle partie, la plus belle qu'offre Venise, perdrait immensément si l'église de *la Salute*, comme on dit communément, n'était pas là pour terminer majestueusement la pointe de l'île qui lui sert de base, et pour commencer dignement ce grand canal, qu'on peut appeler un *musée de palais*.

Sans nous arrêter aux cent vingt-cinq statues qui peuplent tous les caprices ornementaux de l'extérieur du temple, nous en franchirons la porte pour examiner l'intérieur qui est d'une coupe peu commune. Il est de forme octogone, que circonscrit un autre octogone : sur le premier s'appuie, par les longues jambes de ses colonnes, la haute coupole coiffée d'un turban de plomb ; dans le pourtour du second octogone, se dressent six autels secondaires, la porte d'entrée et la travée qui conduit au maître-autel formant transept, et que coiffe la seconde coupole. Il y a de l'antique dans cette coupe, et elle rappelle, aux proportions près, ces petits temples romains qu'on rencontre dans le royaume de Naples, sur la côte splendide et riante qui s'étend de Baïes à Pouzzoles.

Lorsqu'on bâtit cette église, les grands artistes auxquels l'école vénitienne devait son illustration, faisaient partie des générations ensevelies..... Le gouvernement comprit que l'art était alors dans des mains trop inhabiles, pour que leur concours fût digne d'apporter ses œuvres au temple élevé à la gloire de la libératrice de Venise. On eut alors l'idée d'enlever à des églises obscures une partie des chefs-d'œuvre dont elles avaient été enrichies dans des temps où la fécondité des maîtres répandait les œuvres à

---

* L'église de la *Salute* a été gravée, dessinée et peinte des milliers de fois, comme faisant partie d'un des plus magnifiques points de vue duquel put s'inspirer l'art. Il est donc impossible, et il en est de même pour tous les grands monuments vénitiens, si souvent reproduits par les artistes, de voir ce temple *pour la première fois*. Nous rappellerons surtout que le Musée du Louvre possède une vue de la *Salute*, peinte par le célèbre Canaletto, si habile à traduire les monuments et la nature de Venise. Ce magnifique tableau est dans la dernière travée du Musée parisien, sous le n° 901.

profusion autour d'eux. C'est ainsi que Titien particulièrement arriva dans ce temple, représenté par ses diverses manières ou époques, et que ce fut encore comme un nouveau Panthéon élevé à son génie !

Commençons donc l'examen, ou plutôt, vu le manque d'espace, le catalogue des œuvres d'art qu'offre cette église.

Les trois tableaux des trois autels de droite sont de Luca-Giordano. Ils représentent : *la Présentation*, — *l'Assomption* et *la Naissance de la Vierge*.

On remarquera les charmantes grilles qui défendent ces autels : on les croirait dessinées par Metzis-Quentin ! La richesse du maître-autel ne sauvera pas le mauvais goût de sa décoration. Tout y est de marbre de Carrare. Les statues, les sculptures sont de Juste de Curt. S'il avait pensé de son temps comme on pense aujourd'hui, sur le goût de son époque, nous saurait-il gré de le nommer ?

Le grand candélabre en bronze, posé sur un soc de marbre noir trop massif pour le style du bronze, est d'André Alessandro ; on le considère comme le plus beau qui soit en Lombardie, après celui d'André Riccio, qu'on admire dans l'église de Saint-Antoine à Padoue. Pour nous, nous préférons le modèle de ceux qu'on voit dans la basilique Saint-Marc, en face de l'autel voisin de la porte qui communique au palais ducal, bien que ceux-là n'aient pas six pieds de haut, et que leur style offre de bizarres particularités pour pareil lieu. — Les six candélabres également de bronze de l'autel, sont évidemment du même Alessandro.

Le plafond du chœur est orné de trois grands ovales représentant *Élie*, — *la Manne*, — *Abachuc*, peints par J. Salviati.

Les huit petits cartouches ou ovales du même chœur sont de Titien, et des plus beaux ; ils représentent *les Évangélistes* et *les Docteurs de l'Église*.

Dans le corridor qui conduit à la sacristie, on trouve plusieurs tableaux, parmi lesquels il faut remarquer celui peint sur marbre noir, représentant : *le Christ mort*, par Brusasorci (H). La *Descente de croix* sculptée est évidemment une œuvre du XVᵉ siècle.

Dans la sacristie, l'autel porte une *N.-D. della Salute*, par Padovanino.

A droite de cette chapelle : *Saint Sébastien*, par Basaiti ; — à gauche, *saint Marc au milieu de quatre saints*, œuvre du *premier style*, de Titien.

En tournant le dos à la chapelle, on voit, sur la muraille à droite, *les Noces de Cana*, par J. Tintoret. — Du côté opposé, deux tableaux représentant : *Exploits de David*, par Salviati.

Au-dessus de la porte principale, *la Cène de Jésus-Christ*; et aux côtés, *Saül menaçant David*, trois œuvres de Salviati. Les divers autres tableaux de Palma, Salviati et Vivarini sont secondaires. Les peintres Jacques de Valesia, Jérôme de Trévise et Pennacchi, sont des noms peu familiers que ces œuvres ne sauraient nous imposer.

Passons donc au plafond, merveille de l'art, où Titien éclate dans toute sa gloire, par trois tableaux de son meilleur temps : *la Mort d'Abel*, — *le Sacrifice d'Abraham*, — *David vainqueur du géant*. On pourra en toute conscience, si l'on est muni d'une lorgnette, gratifier ces belles œuvres du temps qu'on aura dérobé à l'examen des autres, bien que beaucoup trop haut placées, fort mal éclairées, la plus grande partie de leur mérite puisse échapper au visiteur. Ce serait une détermination utile et intelligente que celle qui donnerait à ces magnifiques toiles un emplacement plus digne d'elles.

En retournant dans l'église, et reprenant à droite en sortant du chœur, on trouve sur le premier autel : *la Descente du Saint-Esprit*, œuvre de Titien, alors âgé de soixante-quatre ans (1541).

Sur le deuxième autel : *Venise devant saint Antoine*, par Liberi. Sur le troisième : *une Annonciation*, attribuée au même artiste.

Le couvent qui tient à l'église *Della Salute* est un bel édifice qui fut construit, en 1670, sur les dessins de Longhena. En 1818, on y fixa le *séminaire patriarchal*.

L'oratoire contient de bonnes sculptures du XVe siècle. Mais ce que cet oratoire offre de plus intéressant, c'est le tombeau du célèbre architecte Sansovino, surmonté de son buste fort ressemblant, par A. Vittoria, son meilleur élève.

Ce tombeau a longtemps été dans la petite église de *Saint-Géminien*, œuvre de Sansovino, — qui s'élevait autrefois, comme il a été dit, au milieu de l'édifice moderne appelé *Fabbricca nuova*, au fond de la place Saint-Marc. Après la démolition de cette église, en 1807, par ordre de Napoléon, qui voulut régulariser la place, les restes du grand architecte furent, par les soins de l'Académie des Beaux-Arts de Venise, transportés à l'église Saint-Maurice, d'abord, puis en 1820, et à la prière de monseigneur Moschini, préfet des études au séminaire patriarchal, déposés enfin dans la chapelle de cet édifice. On dit que le tombeau de Sansovino s'élèvera définitivement à Saint-Maurice, église nouvelle qui rappelle beaucoup par sa façade celle de Saint-Géminien, abattue sur la place Saint-Marc. N'est-il pas étrange de voir les cendres de ce grand artiste qui, fugitif du sac de Rome, fut errant toute sa vie, errer à leur tour depuis longtemps, cherchant, attendant un tombeau stable! Comprend-on que le célèbre auteur de tant de mausolées, de temples, d'édifices magnifiques, n'ait pas lui-même, pour sa dépouille agitée, un dernier et définitif asile?

La bibliothèque du séminaire compte environ treize mille volumes. Les fresques et les tableaux sont peints par les professeurs et les élèves de l'Académie des Beaux-Arts de Venise.

ÉGLISE SAINT-LUC.

(San-Luca.)

C'est une construction de la fin du XVIe siècle. Le tableau du maître-autel représente *saint Luc écrivant l'Évangile*. Il est de Paul Véronèse.

Sur le mur de gauche est un portrait de Pierre Arétin, qui est enterré dans cette église, sans qu'on sache précisément à quel endroit, cette église ayant été bouleversée et rebâtie depuis que les restes du poëte effronté y eurent été déposés, on ne sait trop pourquoi (1).

Le buste en marbre auprès de la chapelle de gauche est celui du peintre bavarois Charles Loth, mort en 1693, et enterré dans cette chapelle.

ÉGLISE SAINT-EUSTACHE.

(San Eustachio.)

Elle fut bâtie en 1698 par l'architecte Jean Grassi. La façade d'ordre composite, qui date de 1709 seulement, est de Dominique Rossi. Elle n'offre de peintures que des artistes secondaires : Bambini, Balestra, Tiepoletto, Lazzarini, Verona. Un crucifix en marbre est de Joseph Torretti.

ÉGLISE DE LA MADELEINE.
(Della Maddalena.)

C'est une œuvre singulière et élégante à la fois de Thomas Temanza, vers le milieu du dernier siècle. La façade est d'ordre ionique; l'intérieur ne renferme rien d'intéressant.

ÉGLISE SAINT-JOB.
(San-Giobbe.)

Elle date du milieu du XVe siècle, et fut réparée vers la fin du XVIe. Le dernier autel à droite offre un tableau de Paris Bordone, dont le peu de fécondité a souvent été déploré. Il représente *trois Saints*.

Dans la sacristie, on trouve, à droite en entrant : *la Vierge entre sainte Catherine et saint Jean-Baptiste*, par Jean Bellini.

Les sculptures en marbre qui ornent le chœur et les deux chapelles de gauche, ainsi que la grande porte, méritent d'être examinées. — Elles sont du XVIe siècle.

ÉGLISE DES CARMES DÉCHAUSSÉS.
(Degli Scalzi.)

Elle est l'œuvre de cet architecte Longhena, qui bâtit *la Salute* cinquante ans auparavant, alors que le faux bon goût ne faisait encore que poindre dans la belle et noble école formée par Palladio. On le voit, durant ces cinquante ans, la décadence a fait du progrès, et l'église *des Scalzi* est une de ses expressions les plus frappantes !

Après tout, laissant de côté, s'il est possible, son mauvais goût, sa lourdeur et la complication de ses ornements, on ne peut se dispenser d'admirer la richesse des matériaux mis en usage*. L'aspect général de cette église n'est même pas sans quelques rapports avec la fameuse *Chartreuse de Pavie,* bien que cette der-

---

* Cette église rappelle ce mot d'un célèbre peintre à un médiocre, en contemplant une Vénus, que ce dernier avait recouverte de bijoux et environnée d'étoffes précieuses : *Ne pouvant la faire belle, vous l'avez faite riche !*

mère soit un monument admirable en tous points, son style une fois accepté. En effet, on trouve ici les plus riches matériaux de l'art architectural, réunis à profusion. Après s'être extérieurement équarri en assises, le marbre a revêtu toutes les formes pour la décoration intérieure. Il s'étend en plaques sur les murailles; il se tourne en colonnes, se façonne en chapiteaux, s'arrondit en voûtes, se brise en angles, se profile en retombées, se courbe en cintres, se denticule en corniches, s'épanouit partout où il peut en ornements fleuris et contournés; puis s'étendant comme un tapis sur les marches des autels, il coule sur le parvis du temple en dalles que creusent des épitaphes et sculptent des armoiries plus ou moins nivelées par les pas des fidèles..... rouge, vert, blanc, noir, veiné, jaspé, pointillé, uni. Le marbre, dans ce temple, est partout et sous toutes les formes, modelé en statues et en caryatides, tourné en candelabres, fouillé en fleurs et en fruits, filé en rayons sur la tête glorieuse de la madone qui regarde tout ce marbre multiforme et multicolore avec ses blanches prunelles de marbre de Carrare!

L'église des *Déchaussés* fut commencée par l'architecte sus nommé, en 1689. Sa façade est de J. Sardi, corinthienne et composite. Le seul marbre de Carrare y a été employé.

Dans la seconde chapelle à droite, on remarquera un magnifique autel (toujours une fois ce style admis) dessiné par Fra Joseph Pozzo. La statue de sainte Thérèse est de Baldi. Le plafond est de Tiepoletto.

On fera bien de passer d'une chapelle dans l'autre par les petites portes intérieures garnies de volets de marbre fixes, d'une idée bizarre. En architecture, ces fausses portes ont absolument le même mérite qu'ont en peinture ce qu'on appelle *trompe-l'œil*.

La grande chapelle est de Viviani et Fra Pozzo. Derrière le maître-autel on trouvera un Jean Pellini, représentant *la Vierge et l'enfant Jésus*, sujet si fréquemment reproduit par ce grand peintre.

Dans son ensemble comme dans ses détails, cette église est fort riche, et il y a été fait preuve de talent, sinon de pureté de goût, par les divers artistes qui y ont concouru, et qu'il faut moins accuser sans doute que l'erreur de l'époque artistique où ils ont vécu. Somptueuse, éclatante, marmoréenne comme elle l'est, nous comprenons très bien que cette église plaise infiniment à beaucoup de Vénitiens peu versés dans l'histoire et les exigences de l'art. Nous ne leur en ferons pas de reproche; car, après tout, c'est peut-être un tort que de croire que le vrai beau n'est pas ce qui plait aux généralités..... tandis que l'art pur ne s'adresse véritablement qu'aux plus faibles minorités de la société. Quoi qu'il en soit, un esprit véritablement recueilli et religieux ne pourra nier que nulle pensée sainte et chrétienne n'est inspirée par cette décoration théâtrale, et que le style gothique produit sur l'esprit et sur l'âme, même d'un être indifférent, un tout autre effet, émane, si l'on peut dire, une bien autre puissance religieuse !

L'église *des Scalzi* est la *Notre-Dame-de-Lorette* vénitienne !

ÉGLISE DE SAINTS-SIMÉON ET JUDAS.
(SS.-Simeone et Giuda.)

C'est un élégant édifice moderne, bâti en 1781 par Jean Scalfarotto. La façade est ornée d'un vestibule d'ordre corinthien; les bas-reliefs qu'on y observe qui sont de François Penco, dit Cabianca, représentent le martyre des deux saints titulaires.

Le maître-autel est orné d'un beau tabernacle. Dans un cabinet qui tient à la sacristie, on voit un *purificatoire* en marbre, assez curieux. Il fût sculpté par Jean Marchiori, qui a donné ses propres traits à un des bustes de l'ornementation.

On peut reprocher le peu de grâce de la courbe trop allongée du dôme extérieur, (que les gondoliers comparent à ce *melon d'eau* qu'ils aiment tant, comparaison exacte, couleur et forme).

ÉGLISE DU NOM DE JÉSUS.
(Del nome di Gesu.)

C'est un joli édifice moderne, dont l'intérieur est sans intérêt. Il a été bâti par l'architecte A. Selva.

ÉGLISE SAINT-ANDRÉ.
(Sant-Andrea.)

Elle possède un tableau de Paul Véronèse, représentant *saint Jérôme dans le désert*. Par malheur, ce tableau a été fort endommagé par l'humidité, ce qui est d'autant plus regrettable que c'était un *des plus beaux nus* qu'ait peints Paul Véronèse. Au reste, cette église située à l'extrémité de Venise, est presque tou- toujours fermée.

ÉGLISE DES ZITELLE.
(Attenante à l'hospice des Incurables.)

Palladio en fut l'architecte, vers l'an 1586. La façade est corinthienne, l'intérieur est octogone. On y voit: *le Christ au jardin*, de J. Palma, *la Vierge, saint François et le patricien Frédéric Contarini*, par l'Aliense, (artiste souvent rencontré au palais ducal). Le tableau du maître-autel, représentant *la Présentation de la vierge Marie* est de F. Bassano.

Dans l'hospice voisin, on entretient charitablement de pauvres filles de condition honnête.

ÉGLISE DU RÉDEMPTEUR.
(Del Redentore.)

Le *Rédempteur* s'élève vers le milieu de l'île dite de la *Giudecca*, anciennement nommée *Spinalunga* (longue-épine), à cause de sa forme sans doute. Le nouveau nom de cette île, *Giudecca*, lui vient de ce que ce fut là que s'établirent les premiers Juifs venus dans les lagunes. Le temple du *Rédempteur* est le chef-d'œuvre du célèbre architecte Palladio, qu'on peut appeler le Virgile, le Racine, le Raphaël de l'architecture.

Cette église date de 1578. Sa façade est d'ordre composite; les ailes sont corinthiennes. Les deux statues de *saint François* et de *saint Marc* sont des œuvres de J. Campagna. Bâtie après un vœu fait par les Vénitiens à l'époque de la terrible peste de 1575, qui ravit à la capitale plus de quarante mille habitants, cette superbe église est d'un style plus pur que celle de la *Salute*, édifice construit plus tard dans des circonstances semblables (1).

Tout homme qui sent et comprend l'art devra éprouver une vive sensation de plaisir à contempler l'intérieur majestueux, simple, noble, pur et élégant tout à la fois de ce superbe temple. Après deux siècles et demi de date, il semble fait d'hier, tant ses proportions gracieuses ont de puissance et de solidité. Le jeu de la lumière y est départi avec un art admirable. Byron a dit quelque part que là. Je soir, la prière des capucins lui a semblé la scène d'église la plus religieuse, la plus poétique et la plus pittoresque que temple chrétien lui ait jamais présentée.

La forme de l'église du *Rédempteur* est une croix latine. Le premier autel à droite offre la *Nativité de Jésus-Christ*, par F. Bassano.

Deuxième autel : *Baptême de Jésus-Christ*, des élèves de P. Véronèse.

Troisième autel : la *Flagellation*, de J. Tintoret.

Le maître-autel, qui date de 1679, est surchargé d'ornements de mauvais goût, qui retracent la décadence de l'art, et contrastent fort avec la noble et pure simplicité du monument. Les statues en bronze de *saint François* et *saint Marc* sont de Jérôme Campagna.

Dans la sacristie, l'on trouvera trois tableaux caractérisant les diverses manières de Jean Bellini. Le premier à droite représente *la Vierge, l'enfant Jésus et deux Saints*. Celui du milieu, le même sujet avec *deux Anges*; le dernier, le même sujet avec *deux Saintes*. La composition du premier de ces trois tableaux est la plus animée; le second est le plus remarquable. Les anges qui jouent de la mandoline sont d'une exécution vraiment céleste. Ce tableau jouit d'une grande et juste célébrité. Jean Bellini fut, on le sait, à Titien, ce que le Pérugin fut pour Raphaël. Mais les figures de Bellini ont plus de sentiment et de grâce naïve encore que celles du précurseur de l'immortel peintre des Loges.

En retournant dans l'église, on trouve, en continuant par la droite, sur le premier autel : une *Descente de croix* de J. Palma. Sur le second : la *Résurrection*, par F. Bassano. — Sur le dernier enfin, l'*Ascension de Notre Seigneur*, par Tintoret.

Il est souvent arrivé que des voyageurs fussent déçus en arrivant dans ce temple si vanté, et plusieurs ont la bonne foi d'en convenir. Leur peu d'aptitude à goûter les beautés de cet édifice naît immanquablement de leur manque de connaissances artistiques, lequel cependant est remplacé chez beaucoup de personnes par *le sentiment inné* du vrai beau. — Malheureusement le développement du *sens artistique* est souvent toute une éducation à faire. Mais les jouissances auxquelles mène cette éducation sont immenses, et nul ne devrait reculer devant la possibilité de l'acquérir par de bonnes lectures et la fréquentation de personnes instruites sans pédantisme, qui peuvent ouvrir aux yeux du néophyte tout un monde nouveau, plein de joies, de sensations et d'émotions délicieuses, qui jusque-là était resté obscur pour lui! C'est ce qui a fait dire avec raison à Léopold Robert, dans ses précieuses Lettres, que « bon nombre de gens trouvent des beautés sublimes, là où un plus grand nombre n'aperçoit rien. »

ÉGLISE DE NOTRE-DAME DU ROSAIRE.
(Santa-Maria del Rosario.)

Bâtie par Georges Massari, avec une façade d'ordre composite. Le tabernacle du maître-autel est fort riche, et offre des colonnes de lapis-lazuli d'une dimension rare.

Au premier autel à droite, en sortant du chœur, on voit *un crucifix* par J. Tintoret. Les statues et les bas-reliefs de la décoration générale sont de Jean-Marie Morlaiter.

ÉGLISE SAINTS-GERVAIS ET PROTAIS.
(Santi-Gervasio e Protasio.)

Bâtie dans le courant du XVIe siècle, dans le style de Palladio, avec une façade corinthienne, cette église est élégante et richement ornée. On dirait un temple grec consacré à ceux que Chateaubriand a surnommés les *Oreste* et *Pylade* chrétiens.

On remarquera sur le second autel à droite un *saint Grisogone à cheval*, sur fond d'or, qui est évidemment du XIVe siècle. Le quatrième autel dans l'aile offre *une Annonciation* de J. Palma.

Le devant de cet autel est orné de bas-reliefs en marbre d'un excellent travail du XVe siècle, dont par malheur l'auteur est inconnu. Cela est d'autant plus regrettable, que ce bas-relief offre une singularité rare : les figures sont détachées du fond où s'arrêtent ordinairement les contours, par une mortaise qui les isole, et en fait de véritables statues.

Dans la chapelle du Saint-Sacrement, on remarque l'autel, orné de belles sculptures dans le style des Lombards. Au-dessus est un tableau représentant *la Vierge et l'enfant Jésus*, lequel est attribué à Jean Bellini..... sans doute à cause du sujet qu'il représente, si familier à ce peintre.

Au côté droit : *le Christ lavant les pieds des Apôtres*, — attribué à J. Tintoret. Pour notre part, nous croyons que Tintoret a déjà suffisamment d'œuvres authentiques, sans qu'on lui en attribuc d'équivoques.—A gauche, *la Cène* est formellement déclarée de Tintoret. Avec ce peintre, on compte par centaines! On ferait bien, pour la gloire incontestable qu'il s'est acquise par de belles et fortes œuvres, de ne pas charger son œuvre d'une foule de compositions apocryphes qui, par leur accumulation toujours présente, n'importe de quel côté on se retourne à Venise, finissent par fatiguer l'oreille des gens nerveux auxquels on répète toujours ce mot inévitable : Tintoret! Tintoret!

ÉGLISE SAINT-SÉBASTIEN.

(San-Sebastiano.)

L'architecte en est Sébastien Serlio, en 1506. On attribue la façade à Sansovino. Elle est d'ordre corinthien, et fort élégante.

Cette petite église est d'un grand intérêt, comme berceau de la gloire de Paul Véronèse. Ce furent les travaux qu'il accomplit là qui appelèrent sur lui l'attention des juges compétents, et qui lui valurent les premières commandes du sénat. Le vestibule possède sur son autel un *saint Nicolas* de Titien.

Dans l'église, sur la première chapelle, petit tableau : *la Vierge et l'enfant Jésus*, par Paul Véronèse. — Sur la seconde chapelle : groupe sculpté par Thomas Lombardo, élève de Sansovino, ouvrage estimé. — Troisième chapelle : *Jésus-Christ crucifié et les trois Marie*, peint en 1565 par Paul Véronèse.

Le mausolée de *Livius Podacataro*, archevêque de Chypre, mort en 1555. C'est une œuvre riche et majestueuse de Sansovino.

Le maître-autel de la grande chapelle offre : *le Premier martyre de saint Sébastien*, par Paul Véronèse, en 1560. — Sur les côtés, à droite : *le Second martyre du Saint*. — A gauche, celui de *Saints Marc et Marcelin*, que saint Sébastien encourage : excellents ouvrages du même artiste, en 1565.

Auprès de l'orgue, le buste de Paul Véronèse, sculpté par C. Bozzetti. Au-dessous est la pierre qui recouvre le tombeau du grand peintre. L'épitaphe indique qu'il mourut le 19 mai 1588. Il est remarquable qu'à Venise, les deux plus grands peintres de son école célèbre, Titien et Véronèse, soient plus mesquinement enterrés qu'une foule de chefs de *condottieri*, ou de patriciens, dont souvent tout le mérite résida dans le nom qui leur était échu [*]. Ceux qui *font* le leur n'ont-ils pas, *à la rigueur*, autant de mérite que ceux qui le *reçoivent* tout illustre, comme un héritage de leurs aïeux?

L'orgue a été dessiné par le grand artiste dont cette église est en quelque sorte le Panthéon; Vittoria l'a sculpté en 1560. Véronèse a aussi peint les panneaux et la tribune.

Dans la sacristie, on voit un plafond entièrement peint par le même artiste, au début de sa carrière, c'est-à-dire en 1555. On n'y retrouve guère que les premiers germes de son talent pour les airs de tête, la variété des draperies et des mouvements. Dans tout le reste, son pinceau semble encore timide, et il paraît plutôt capable d'unir les teintes avec soin que d'acquérir une touche franche et légère. Mais il commença peu de temps après à se montrer plus libre et plus gracieux à la fois, dans son *Histoire d'Esther* des soffites du plafond, qu'on verra bientôt. Le mur de droite de cette sacristie offre une *Échelle de Jacob*, de Bonifaccio. Celui de gauche: *Jonas sortant de la baleine*, la *Résurrection*, du même peintre; et *le Châtiment des Serpents*, par... Tintoret.

Si l'on monte à l'étage des galeries, on verra les murailles peintes par Véronèse dans sa première manière. Les quatre statues de stuc sont de Jérôme Campagna, en 1582.

En redescendant dans l'église, il reste à voir après la chaire, dans la seconde chapelle, toujours allant à droite: *le Baptême de Jésus-Christ*, de Véronèse (1565).

Le même artiste, qui fut presque à lui seul le décorateur de cette église devenue son tombeau, a aussi peint le plafond en trois compartiments, où il a représenté l'*Histoire d'Esther et de Mardochée*. On a récemment restauré ces toiles. Il est déplorable d'observer que la presque totalité des autres œuvres de l'illustre artiste sont fort endommagées par l'humidité, cette *rouille* de la peinture!

ÉGLISE SAINT-NICOLAS.
(San-Nicolo.)

Cette église est l'une des plus anciennes de Venise.

L'autel de la troisième chapelle, à droite, est orné de quatre colonnes de marbre stalactite, appelé *goccia di Corfou*. Il est fort rare.

---

[*] Ce reproche va cesser d'être fondé pour Titien... Mais Véronèse! Mais Sansovino?

Six autres colonnes d'un remarquable marbre grec, extrêmement poli, séparent d'une façon toute particulière la nef du chœur, au transept.

Bien que cette église renferme beaucoup de tableaux, il n'y en a guère de premier ordre. Un *saint François* de J. Palma, et plusieurs sujets par les fils et élèves de Paul Véronèse, sont les plus dignes de remarque. La première chapelle à côté de la grande, à gauche, offre un bel autel de marbre de choix, sur lequel, en guise de tableau, est un bas-relief estimé, dans le style de Lombardi.

ÉGLISE DE NOTRE-DAME DES CARMES.

(Madonna del Carmine.)

Son architecture, style moyen-âge, est de 1348. La façade extrêmement simple offre une porte d'ordre ionique.

Sur le premier autel à droite, on voit un tableau représentant *la Présentation de l'enfant Jésus au vieux Siméon*, par J. Tintoret, peint à la manière de Schiavone, et que Vasari, trompé, prit pour un ouvrage de ce dernier maître. Bien que d'ordinaire, Tintoret soit un peintre fougueux, hardi comme Bossuet, il a su aussi comme lui être parfois délicat et doux [*]. Les femmes peintes par Tintoret, dans ce tableau, sont d'une charmante délicatesse.

Dans la sacristie est une *Annonciation* de J. Palma. A gauche, une petite copie du grand *Crucifiement* de Tintoret, qui se voit à la confrérie de l'église Saint-Roch. Les meilleurs tableaux de l'église sont : *la Multiplication des pains, la Vierge dans une gloire*, de J. Palma; — *une Notre-Dame de la pitié*, du bon style vénitien, est peut-être de Corona; un superbe et grand tableau de *saint Libéral* faisant délivrer deux hommes condamnés à mort, est du Padovanino, en 1637.

Au-dessus de la grande porte est le mausolée en marbre, qui fut érigé au général Jacques Foscarini mort en 1602; sa statue est au milieu. C'est un très beau monument.

Le clocher de cette église menaçait de tomber à la fin du XVIe siècle, un habile architecte du nom de Joseph Sardi, entreprit de le redresser en 1688. Aujourd'hui, cette masse énorme, sans être dans une perpendicularité irréprochable, est au moins fort

---

[*] Dans le songe de la *Princesse palatine*, par exemple, où le grand orateur devient d'une éloquence si contrastante à son emportement ordinaire.

solide, et ne menace plus les toits voisins comme le font plusieurs campaniles de Venise.

La confrérie des Carmes, qui tient à l'église, est un bâtiment du XVIIe siècle, d'ordre corinthien. Tiepolo a peint le plafond de la salle supérieure ; il y a en outre quelques autres tableaux secondaires.

ÉGLISE DE SAINT-BARNABÉ.
(San-Barnabà.)

Elle date de 1749, architecte Laurent Boschetti ; façade d'ordre composite.

Elle offre une *Naissance de la Vierge*, de Marc Vicentino ; sur le maître-autel, *saint Barnabé entouré d'autres saints* ; bel ouvrage de Darius Varottari, le père et le maître du Padovanino. Sur les parois de droite et de gauche : le *Christ portant sa croix* ; *la Cène*, deux œuvres de J. Palma.

En reprenant le tour de l'église, on trouve sur le premier autel, une *Sainte Famille*, petit tableau de Paul Véronèse.

ÉGLISE DE SAINT PANTALÉON.
(San-Pantaleone.)

Bâtie en 1684 par l'architecte François Comino.

Cette église offre quelques beaux tableaux et de bonnes sculptures. Sur l'autel de la seconde chapelle à droite : *Saint-Pantaléon guérissant un enfant*, par Paul Véronèse. Sur les parois des côtés : *Martyre de Saint-Titutaine* ; *un miracle du même saint*, par J. Palma ; sur le mur gauche de la troisième chapelle, *saint Bernardin*, un des derniers ouvrages de Paul Véronèse.

Le tabernacle du maître-autel est magnifique. C'est l'œuvre de Joseph Sardi.

A la chapelle *Notre-Dame-de-Lorette*, le Couronnement de la Vierge est de Vivarini en 1444 ; l'autel en marbre est un excellent travail du milieu du XVe siècle.

ÉGLISE DES TOLENTINI.

Bâtie en 1595 par F. Scamozzi. La façade d'André Tirali, artiste du XVIIe siècle, a été altérée par quelques détails de mauvais goût, Tirali ayant eu la prétention de modifier les plans de Scamozzi.

Cette église est fort curieuse par ses tableaux et ses scupltures. Parmi d'autres toiles du Padovanino, de Santo Pezanda, de Bonifaccio, de J. Palma, etc. on remarquera sur le même côté les mausolées en marbre de la famille Cornaro, érigés en 1720. On y a figuré l'offre faite au doge Barbarigo, par Catherine Cornaro, en 1490, de la couronne de l'ile de Chypre, dont elle était reine. Voir la note (Q), sur l'église de *Saint-Sauveur*.

On voit dans la sacristie : *saint Marc descendant du ciel pour délivrer un esclave ;* esquisse modèle, peint par Tintoret, pour le grand tableau sur le même sujet, qui est à l'académie des Beaux-Arts. A gauche, dans la grande chapelle est l'immense mausolée en marbre du patriarche François Morosini, mort en 1678. C'est le plus étrange et le plus curieux monument qu'on puisse voir. Il est de Philippe Parodi, élève de Bernini, et offre tout le mauvais goût bizarre du XVIIe siècle. La figure du Temps enchaîné, le squelette, les détails enfin, aussi bien que l'ensemble de cette composition semblent vraiment conçus et exécutés par un cerveau en délire.

J. Palma, fort répandu dans les églises de Venise, se retrouve ici plus fécond que partout ailleurs : *le Rédempteur, la Vierge et saint Pierre ; sainte Apolline, saint Barnabé, l'Annonciation, la Visitation,* et plusieurs autres compositions sont de cet artiste.

ÉGLISE SAINT-JACQUES DA L'ORIS.

Temple des plus anciens, rebâti en 1225, puis restauré par Sansovino. On y trouve un *saint Laurent*, par P. Véronèse ; un *saint Jean-Baptiste, saint Augustin et Notre-Dame dans une gloire,* par F. Bassano, une colonne de verd antique, d'une dimension extraordinaire, quelques toiles de J. Palma, Tizianello, Padovanino, André Schiavone, Laurent Lotto, et enfin, auprès de la porte de la sacristie, un tableau oval, représentant les *quatre Vertus théologales*, lesquelles, ainsi que les *quatre Docteurs* environnants, sont de Paul Véronèse.

Les peintures de la sacristie sont toutes de J. Palma.

ÉGLISE SAINTE-MARIE-MATER-DOMINI.

Bâtie dans le style du Lombardi, et achevée par Sansovino. L'intérieur contient : *l'Invention de la Croix*, par J. Tintoret, la *Cène de Notre-Seigneur*, et une grande et belle toile attribuée par les uns à Palma le Vieux, par les autres à Bonifaccio, mais qui suivant les anciens écrivains sur la peinture, doit être positivement de Palma. Dans cette belle composition, le peintre a essayé de se rapprocher de la première manière si douce de Titien, et il y a réussi. C'est sans nul doute une des meilleures toiles qu'ait laissées Jacopo Palma, dit le Vieux.

ÉGLISE SAINT-CASSIEN.
(San-Cassan.)

Le premier autel à droite offre un très beau tableau de Palma le Vieux, restauré récemment avec beaucoup de bonheur.

Toutes les toiles de la grande chapelle sont de J. Tintoret; celles de la chapelle de droite, de L. Bassano.

ÉGLISE DES FRARI.
(Santa-Maria de' Frari.)

C'est un grand et bel édifice, bâti vers 1250, par Nicolas Pisano, ou de Pise, ce qui, comme on voit, lui donne un âge assez raisonnable. Ce temple est une sorte de succursale de l'église de Saints-Jean et Paul, pour les mausolées qui y sont nombreux et somptueux.

La façade offre une porte ornée d'élégantes arabesques ciselées sur les renflements du tympan. Une autre porte sur un des côtés de l'édifice est en tour ronde; on y a habilement ménagé l'épaisseur du parpaing.

Dans l'intérieur du temple, on trouve à droite en entrant une urne qui renferme les cendres d'*Alvise Pasqualigo*, dont la célébrité résiste à quelques recherches.

Entre le premier autel qui est richement sculpté, et le second qui doit disparaître bientôt, on trouvera au pied des marches une dalle blanche, uniforme à toutes celles du parvis, et que distingue seulement cette inscription :

« QUI GIACE IL GRAN TIZIANO VECELLIO
« EMULATOR DE ZEUSI E DEGLI APELLI. »

C'est en effet sous cette simple dalle, plus touchante dans sa simple humilité que bien des monuments splendidement élevés à des grandeurs équivoques, que reposent les restes de l'illustre Titien, l'une des plus grandes gloires, et le chef, peut-être, de la célèbre école de peinture, dite l'école Vénitienne*!

On l'a déjà dit, Titien mourut séculaire, (à un an près!) emporté par la fameuse peste de 1575; celle qui fit élever le temple du *Rédempteur*. Il semble qu'il ait fallu ce terrible fléau pour enlever ce robuste vieillard, que la mort a saisi un pinceau à la main. Par une exception toute spéciale, le Sénat, qui faisait anéantir dans la chaux vive tous les cadavres des pestiférés, ordonna que celui du Titien fût préservé de la destruction. Les circonstances au milieu desquelles ce grand peintre est mort, auront sans doute empêché qu'on fît à ses illustres restes un tombeau digne du nom qu'ils avaient porté.

A la fin du siècle dernier une souscription avait été ouverte pour élever enfin un monument à l'émule de Véronèse, et Canova s'était chargé de dessiner un projet de monument, qu'il s'engageait à exécuter sans frais. La chute de la République empêcha la mise à exécution de ce noble projet; depuis, cette question a souvent été soulevée, et une date toute récente l'a vue résoudre. L'empereur d'Autriche vient d'ordonnancer l'érection de ce tardif monument, qui fera face à celui de Canova, et s'élèvera en place du second autel. Une telle initiative est honorable pour ceux qui l'ont prise**.

Après le troisième autel, sur lequel se trouve un tableau altéré de J. Salviati, on voit:

Le monument d'*Alméric d'Este*, général au service de la République, mort en 1666. Le général y est représenté dans une statue emperruquée, et vêtue à la Louis XIV. Ce monument est d'une belle ordonnance, il a un aspect guerrier et imposant. Le marbre noir fait bien dans une application semblable.

L'autel suivant est orné d'une superbe statue de *saint Jérôme*, chef-d'œuvre de A. Vittoria. La tête représente, dit-on, le portrait de Titien, à 90 ans. Les deux statues latérales en stuc n'ont guère l'air d'être du même auteur.

* Un seul artiste pourrait disputer ce titre à Titien, c'est Paul Véronèse. Ces deux illustres artistes ont poussé l'école à son plus haut degré de splendeur.

** Voir pour Titien, appréciation de son talent, et détails biographiques, la note de l'exposé sur les grands peintres vénitiens, qui précède l'examen de l'Académie des Beaux-Arts.

L'urne sépulchrale de *Jacques Barbaro*, mort en 1511, fait nombre. — L'autel suivant a un tableau de J. Palma. Les trois monuments de marbre, érigés à *Marc Zeno*, évêque de Forcello, mort en 1641, — A *François Bottari*, mort en 1702, — et à *Benoît Brugnolo*, célèbre littérateur, mort en 1505, sont de mérite divers. L'aile de l'église offre l'élégant mausolée de *Jacques Marcello*, mort en 1484. — Il est dans le style du Lombardi. — Près de la porte de la sacristie, le très riche et très élégant mausolée gothique du bien-heureux *Pacifico*, de la famille patricienne Bon, mort en 1437. Les côtés sur lesquels s'appuient les retombées des ogives surbaissées, les dorures harmoniées par le temps, les détails minutieux de ce monument, et jusqu'à sa forme peu commune, le recommandent à l'attention du visiteur artiste.

La statue équestre de *Paul Savello*, prince romain au service de la République, comme général, et mort les armes à la main en 1405, est d'un très bon effet. — La porte de la sacristie est formée d'un mausolée élégant plus que splendide, élevé au général *Benoît Pesaro*. Ce monument qui est de Lucile du Bregni, date de 1500 environ. La statue du général est de Laurent Bregno.

La sacristie de l'église des Frari est intéressante. Une grande armoire en face de la porte d'entrée, contient une foule de reliques précieusement conservées. Le retable de l'espèce d'autel qu'elles surmontent, est orné de sculptures en marbre, par Cabianca.

L'autel au fond, possède un fort beau tableau de Jean Bellini, *la Vierge, l'enfant Jésus et des Saints*. Ce tableau date de 1488. Les figures sont pleines de sentiment. l'enfant seul est un peu raide ; il est campé sur ses hanches, (qu'on nous passe la vulgarité du rapprochement), comme un tambour-major ! A droite, en retournant vers la porte, on verra une superbe pendule en bois sculpté, offrant la vie de l'homme.

En rentrant dans l'église, et en continuant à droite, on voit sur une petite chapelle, une poupée habillée, comme on en rencontre assez fréquemment dans les églises italiennes. Ce saint en extase au-dessous d'un Saint-Esprit, en reçoit des rayons qui semblent autant de ficelles, pour le faire mouvoir comme un pantin..... Il faut convenir que ce genre d'ornement a bien peu de dignité !

La grande chapelle offre trois tableaux : Un *Crucifix*; — le *Paradis*, — et le *Jugement dernier*, par André Vicentino.

Le monument de droite est celui de l'infortuné doge *François Foscari*, mort de douleur en 1457, en entendant sonner la cloche de Saint-Marc, qui proclamait le couronnement du successeur qu'on lui avait donné violemment к......

Ce monument est pompeux, et d'une belle ordonnance. On aime à chercher sur le cercueil les traits de ce malheureux vieillard, dont l'histoire inspire tant de sympathie. — Antoine et Paul Breguo sont les artistes auxquels on doit ce mausolée.

En face, est celui du doge *Nicolas Tron*, mort en 1473 (1), après un règne fort court et fort pacifique. Ce monument, divisé en quatre ordres est d'une grande splendeur. C'est une chose singulière à remarquer, que les mausolées des doges dont le règne fut le plus court, sont les plus pompeux. La statue du duc de Venise est d'Antoine Breguo. Les détails de cette architecture sont très élégants.

Le maître-autel, richement orné de marbres, offre un tableau représentant *l'Ascension*, par Salviati.

La chapelle suivante possède une Vierge de Pordenone; dans l'autre, est le monument élevé à *Melchior Trevisano*, général fameux de la République, mort en 1500. Ce monument est d'une noble simplicité, qui gagnerait à la disparition des fresques et faux ornements qu'on a placés sur le mur.

En face de ce monument est une *Nativité*, peinte vers 1700, par le comte Ottavio Angarani. Son seul mérite, si c'en est un, vient d'être née d'un pinceau patricien.

Le chœur, en bois, avec 150 stalles, est un superbe travail de marqueterie et de sculpture. L'auteur est Marc de Vicence, en 1468. La clôture de ce chœur, en marbre richement sculpté, est un remarquable ouvrage de 1475, lequel aujourd'hui a besoin de réparations.

En reprenant le côté de l'église qu'on n'a point encore visité, on marche sur les tombes anonymes d'un moine et d'un évêque. Usées par les pas des passants, les deux statues en demi-relief qu'on a si imprudemment sculptées dans ces pierres, font aujourd'hui la plus drôle de mine. L'évêque mitré est camard, et le moine tonsuré aussi. Ils sont même tous deux *camards du menton*, comme eut dit le Pévéril de Walter Scott, qui trouvait que la vieille Megg avait le *menton aquilin*.

Près de là, on trouve un riche monument en marbre, érigé à la mémoire de Jérôme Vénier, au XVIIe siècle. — La chapelle Saint-Pierre a un autel gothique fort élégant, sans retable; c'est évidemment une œuvre du commencement du XVe siècle. — L'urne de marbre, placée entre les deux fenêtres de cette chapelle, contient les restes de Pierre Miani, évêque de Vicence, en 1464. — *Le saint Jean-Baptiste* du baptistaire est un chef-d'œuvre de Sansovino, qui l'exécuta âgé de plus de 75 ans; c'est-à-dire dans le même temps que ses deux statues colossales de *l'Escalier des Géants*, qu'on ne peut guère louer.

Le mausolée qui suit dans la nef de l'église, est celui de *Jacques Pesaro*, homme saint et guerrier, qui fut à la fois évêque et général; — bénissant d'une main, tuant de l'autre; massacrant le corps et sauvant l'âme!

Le sculpteur a représenté le prélat-capitaine, couché sur son tombeau, dans l'attitude d'un homme qui rêve, bien plutôt que dans celle d'un mort. En le voyant ainsi, appuyé sur le coude, on pense involontairement au berger de Virgile:

« *Tityre, tu patulæ recubans*... etc. »

Le grand tombeau du doge *Jean Pesaro* est, avec celui des Valier, à *Saints-Jean et Paul*, le plus formidable qui soit à Venise (M). Ce tombeau donne un exemple de plus à notre remarque sur la proportion fastueuse des monuments de certains doges; laquelle semble en raison inverse de la durée ou de l'importance de leur règne. Moins la place que l'homme s'est faite dans l'histoire est grande, plus on lui en a fait avec sa sépulture.

Ce splendide mausolée est de Balthazar Longhena, l'architecte de l'église *Della Salute*. C'est le même goût, encore développé par la marche de ce déplorable XVIIe siècle, si extravagant dans l'art. Marchio Barthel a sculpté cette masse, vers 1670. Les statues en sont maniérées comme toutes celles du temps, qui semblaient sous ce rapport, la pétrification des contemporains de ce siècle *Phœbus*. Les nègres en cariatydes, qui supportent d'un air si maussade le grand entablement, montrent à leurs genoux misérables, qu'il n'est pas impossible d'incruster du marbre noir *sous* du marbre blanc. Au jugement dernier, je plains Balthazar Longhena; l'imprudent bourreau de tous ces condamnés, si les caryatides qu'il a fatiguées pendant des siècles, se révoltent contre lui. Tous ces hercules, ces nègres athlétiques, et jusqu'à ces puissantes femmes aux larges flancs, robustes créatures auxquelles il a distribué la corvée de supporter sur leur tête, sur leur dos, sur leurs épaules, ou à la force de leurs poignets, une notable partie de ses monuments, lorsque sera arrivé le jour de déposer leur fardeau, devront exercer contre ce pauvre architecte une bien terrible vengeance! Laissant à la première fanfare de la trompette, crouler portes et tombeaux, voûtes et corniches, tympans et archivoltes, impostes et architraves, tous ces colosses portefaix, toute cette population exténuée, écrasée, exaspérée, et par trop longtemps pétrifiée, s'emparera du malheureux signor Longhena, et demandera à Dieu la faveur de veiller à son purgatoire, pour les avoir ainsi à demi scellés dans le mur, sous des poids énormes, pendant de longs siècles qui leur escomptaient leur enfer.

A côté de ce mausolée dogal, est le monument artistique de Canova. Celui-ci, par ses lignes, son style, son ordonnance, tranche complètement sur toutes les constructions analogues, qu'offrent les temples vénitiens. Cette pyramide de Carrare contient le cœur du grand artiste.

Le dessin général est de Canova lui-même, qui l'avait conçu pour Titien, sans soupçonner qu'il servirait un jour à la consécration de sa propre gloire. Il a été érigé en 1827; les sculpteurs sont: M. Louis Zandomeneghi de Vérone, pour les deux figures groupées de la Peinture et de l'Architecture; M. Bartholomée Ferrari, de Vicence, pour la sculpture que porte l'urne; M. Jacques de Martini, Vénitien, pour les deux génies qui sont à l'extrémité droite du monument; M. Joseph Fabbris, de Bassano, pour le grand génie de gauche; M. Rinaldo Rinaldini, de Padoue, pour le lion qui est fort beau, et le génie qui porte le flambeau à droite derrière la Sculpture; enfin, M. Antoine Bosa, de Bassano, pour le bas-relief qui surmonte la porte du tombeau. Il est à regretter que l'absence d'un plan fixe ait amené quelques irrégularités dans les proportions relatives des figures de ce monument. — Pareil défaut ne se fera pas sentir dans celui qu'on va élever à Titien, le plan général devant être suivi par chaque artiste exécuteur des figures, pour l'harmonie de l'effet général. Le plan adopté a été celui de M. Zandomeneghi, fourni par lui en concours.

Ce monument a coûté 102,000 francs, somme fournie par une souscription européenne. L'Angleterre, seule, admiratrice passionnée du grand artiste, dont elle possède plusieurs des plus beaux ouvrages, a fourni le quart de la somme. La France, l'Allemagne, et l'Italie ont souscrit pour le reste*. Malgré l'exagération ordinaire des inscriptions sépulcrales, on peut dire que celle-ci :

« *Ex consolatione Europæ universæ.* »

n'est pas au-dessus de la vérité. Il y a même plus que l'Europe qui ait contribué à l'édification du monument : l'Amérique y a fourni son obole !

Quelques personnes ont critiqué le mouvement donné à ces statues affligées, se fondant sur ce que la statuaire appliquée aux actes vulgaires de la vie : marcher, gravir des degrés, etc., perd de sa noblesse. Quoi qu'il en soit, la figure de la pleureuse qui porte l'urne, et semble devoir entrer dans le tombeau si poétiquement entr'ouvert, est fort belle ; elle est de M. B. Ferrari.

Canova est un nom qui resplendit tellement dans le nouveau siècle de Venise, que nous avons cru devoir nous étendre un peu sur le compte de ce grand artiste et de cet homme de bien, dans la note (N).

Enfin, le dernier monument remarquable de ce temple, lequel fait partie de la décoration architecturale de la porte d'entrée, c'est

---

* Voici quelques-unes des souscriptions notables par leurs signataires : Autriche : la maison impériale et royale, — MM. le prince de Metternich, comte d'Appony, comte Zichy, prince Esterhazy, etc., etc. — France : Le roi Charles X, — les ducs de Fitz-James et de Montmorency, — les peintres baron Gérard et baron Gros, — M. Quatremère-de-Quincy, — plusieurs membres éminents du corps supérieur diplomatique français, le marquis de Caraman, les barons de Reyneval et de Bois-le-comte, — l'architecte Fontaine, etc., etc., etc. — Angleterre : le corps de l'Académie des Beaux-Arts, — lord Byron, et une foule de grands personnages. — Les rois des Pays-Bas, de Bavière, de Danemarck, de Prusse, de Portugal, de Saxe, etc. — L'empereur de Russie et une foule de grands personnages : les Galitzin, les Demidoff, les Potoski, les Rosamowski, les Anikeff, etc. — Enfin en Italie, une immense quantité de princes et de grands personnages, d'artistes et de citoyens recommandables parmi lesquels les célébrités suivantes : Manzoni, Marchesi, Sanquirico, Camuccini, etc., etc. — Et enfin pour Venise, environ deux cent cinquante personnes, parmi lesquelles nous citerons : les Albrizzi — G. Ancillo, ami de Canova — les Balbi — G. Berti — Bosa — l'évêque Canova — Cicognara — les frères Dubois — les Contarini — Corner — Correr — les Erizzo — Ferrari — les Foscarini — Francesconi — les Giovanelli — Giustiniani — Grezano — Gerra — les Grimani — les Iranowich — les Levi — Manin — Mengaldo — Mimaud — Morosini — Mulazzani — Paulucci — Papadopoli — Perucchini — les Pesaro — abbé Pianton — Priuli — Quadri — les Renier — A. Ruel — les Sacerdoti — Schiavoni — Selva — Serpos — de Sivry — Soranzo — de Thurn — les Treves — les Valmarana — C. Vianello — les Zopetti, etc., etc. — Les villes de Vicence, Padoue, Vérone, Trieste, comme toutes celles de la Lombardie, ont envoyé leurs listes couvertes des noms les plus distingués.

celui érigé à la mémoire de Jérôme Gazzoni, général de la République, mort en 1688. Ce monument est orgueilleux comme le siècle de Louis XIV, dont la statue du général porte la perruque et le costume !

Le couvent attenant à l'église des Frari sert aujourd'hui de dépôt aux archives du Gouvernement ancien et nouveau. Il est fâcheux que cette collection riche et au plus haut point intéressante ne puisse pas être livrée au public, pour ce qui regarde les époques de la République. Ces archives, fort bien tenues, du reste, sont divisées en 280 salles et cabinets, et s'élèvent à 8,664,709 volumes ou cahiers, c'est-à-dire qu'elles présentent la plus énorme masse de papier écrit qui soit rassemblée au monde !

Une partie des archives du *Conseil des Dix* fut dévorée par l'incendie de 1508. — mais il reste les copies des arrêts. Les pièces à l'appui ont été détruites avec les originaux. Les inquisiteurs d'état ont laissé peu de choses : ce tribunal écrivait peu, tout en faisant beaucoup de besogne.

Pour obtenir la permission de fouiller dans ces immenses et précieuses archives, il faut recourir jusqu'à Vienne.

C'est là qu'est le fameux LIVRE D'OR, nomenclature sévère du patriciat vénitien. Il forme une série de volumes reliés en velours rouge, sur lesquels on inscrivait toutes les naissances et les mariages des patriciens. Le livre d'or fut institué en 1315, pour fixer la noblesse vénitienne, lui former un codex d'admission et d'exclusion. Quelques princes étrangers y furent admis : Henri IV, entr'autres, comme on sait. La noblesse créée de l'État y fut admise aussi bien que celle qui puisait son origine dans les illustrations guerrières.

Ces précieuses archives possèdent une foule d'autographes des plus curieux, des lettres de Charles-Quint, François Ier, Henri IV; — la correspondance curieuse où l'ambassadeur de la République à Paris raconte à son Gouvernement l'assassinat de ce prince; des lettres de Bonaparte, etc., etc. Une partie de ces archives a été transportée à Paris en 1797, et c'est là que M. Daru, de l'Académie française, a pu les consulter pour écrire son *Histoire de Venise*.

ÉGLISE ET CONFRÉRIE DE SAINT-ROCH.
(San-Rocco).

Ce temple, par ses reconstructions, a plusieurs dates. La partie la plus ancienne est celle que forment la grande chapelle et celles plus petites qui lui sont latérales. Cette portion, élevée par maître Buono, architecte fort occupé à Venise au XVe siècle, date de 1490. Le reste de l'église fut reconstruit tel qu'il s'offre aujourd'hui, et suivant les anciens plans, par J. Scalfarotto. La façade, qui est fort élégante, dans son double ordre corinthien et composite, est de B. Maccaruzzi. Le coup-d'œil qu'offre la réunion des divers bâtiments de cette place est à la fois élégant et majestueux; c'est bien là le quartier d'une ville artistiquement célèbre !

L'intérieur de Saint-Roch offre un grand nombre de tableaux, mais, par malheur, la plupart ont souffert. A droite, en entrant, on trouve d'abord l'*Annonciation*, par J. Tintoret; — après le premier autel : *La Probatique*, par J. Tintoret; — au-dessus : *Saint Roch dans le désert,* par Tintoret.

Sur la chapelle qui est à la droite de la grande est : *le Sauveur traîné par le bourreau,* de Titien; superbe toile qui cause une vive impression par le contraste des deux visages. Une copie en bas-relief est à côté. On a cru devoir mettre des moustaches et de la barbe au bourreau... Titien a bien su le rendre terrible et repoussant sans cet artifice mélodramatique. — Au-dessus : *Dieu au sein des Anges,* est d'André Schiavone.

Sur les parois de la grande chapelle : quatre grands tableaux représentant : *Quelques traits de la vie de saint Roch.....* par Tintoret.

La coupole avait d'abord été peinte à fresque par Pordenone, et les petits enfants qu'on voit aux côtés de l'autel sont de cet artiste. Mais l'ensemble de cette fresque endommagée a été refait par Joseph Angeli.

Le maître-autel est très riche et très élégant; les dessins en sont, dit-on, de maître Buono, architecte primitif de l'église. Venturino les exécuta au commencement du XVIe siècle. On remarquera la beauté des incrustations du devant d'autel. Une urne placée au milieu de cet autel, et qui est ornée de peintures attribuées à Vivarini, contient les restes de saint Roch. La statue qui est au-dessus, représentant le même saint, est de maître Buono, à la fois architecte et sculpteur.

Dans le corridor de la sacristie est la statue de *Pelegrino Boselli Grillo,* de Bergame, général au service de la République, mort en 1517. — Sur le mur voisin est une fresque du Pordenone, représentant *saint Sébastien*, laquelle appartenait autrefois à la façade de l'ancienne église reconstruite.

Dans l'église, toujours en se dirigeant à droite, on trouve un *saint Martin à cheval*, et *saint Christophe et l'enfant Jésus*, œuvre estimée de Pordenone, artiste éminent dont le défaut n'est pas la fécondité, du moins à Venise.

Sur le mur de la grande porte, nous trouvons pour finir, comme nous avons commencé, *saint Roch devant le pape*. Tintoret.

La CONFRÉRIE de Saint-Roch, édifice contigu à l'église, mérite d'être examiné. L'extérieur est d'une architecture élégante, ornée, et d'un excellent goût. Il fut commencé en 1517 par P. Lombardo, d'autres disent Sébastien Serlio. Les divers changements opérés sur les premiers dessins, dans le cours de l'exécution, sont de divers artistes : maître Buono, J. Lombardo, A. Scarpagni, dit le Scarpagnino, et J. Sansovino. La façade qui donne sur le canal est plus particulièrement de l'auteur du premier modèle ; celle de la place, qui est fort belle, richement incrustée de marbres, et qui offre des détails charmants dans son ensemble corinthien, est de Scarpagnino.

On déclare que toutes les peintures qui couvrent les murs de la salle du rez-de-chaussée sont de J. Tintoret.

» Aimez-vous Tintoret? on en a mis partout. »

Pauvre Tintoret ! les baptiseurs de tableaux le traitent vraiment comme s'il n'avait pas été un grand artiste ; ils lui auraient fait peindre, si on les en croyait, en long et en large, plus de toile qu'il n'en faudrait pour recouvrir toute la ville de Venise !

Passons sur ces tableaux de quelques élèves de temps à autre conseillés ou retouchés par le maître, et après avoir donné un coup-d'œil à la statue de *saint Roch*, placée sur le maître-autel, et qu'on attribue à Jérôme Campagna, franchissons le magnifique escalier de Scarpagnino, qui conduit à l'étage supérieur. Cet escalier d'une confrérie de marchands, est placé au-dessus de celui de Versailles, par une plume de laquelle on doit accepter ce jugement. Le fait est qu'il est d'une grande beauté, et qu'il répond aux magnificences de la salle supérieure où il conduit. Sur le palier, au milieu de cet escalier, sont deux tableaux : l'*Annonciation* du Titien, et la *Visitation* de J. Tintoret, excellentes œuvres de deux grands artistes. A l'extrémité de l'escalier on remarquera les belles sculptures qui ornent les piédestaux des colonnes, lesquels offrent quelques faits de l'histoire sacrée.

La salle supérieure est majestueuse et riche comme les salles du palais ducal. On vous dira que toutes les peintures qui la décorent sont... Vous devinez de qui!

Sur le mur en face de l'escalier on remarque les troisième et cinquième tableaux, représentant : *la Résurrection de Jésus-Christ,* — *la Cène des Apôtres,* — Tintoret.

En face du dernier : *la Multiplication des pains et des poissons,* — Tintoret.

Sur l'autel : *saint Roch* dans une gloire, — Tintoret.

A droite, à gauche, devant vous, derrière vous, sur votre tête : partout Tintoret.

L'autel est un fort bel ouvrage de François de Bernardina, en 1558.

Les statues de *saint Jean-Baptiste* et de *saint Sébastien* sont de Jérôme Campagna.

On remarquera sur la balustrade deux autres statues du même artiste, qui n'ont pu être achevées ; les médaillons en bronze doré de l'autel sont de Sansovino : ce sont des travaux charmants.

Le pourtour de cette belle salle est garni d'un lambri orné, sur lequel ressortent de bizarres cariatydes : ce sont des épisodes de la vie de saint Roch, des symboles de métiers, des figures attributives d'un dessin curieux, bizarre, hardi, d'une exécution excellente par sa franchise et sa spirituelle naïveté, si l'on peut dire. Ces sculptures, qui ressemblent fort à l'art flamand, sont de François Pianta. Celles des figures qui ornent le plan de la salle qui fait face à l'autel sont de Michel-Ange, de Florence, artiste secondaire qu'on a fait l'étrange et lourde erreur de confondre avec Michel-Ange Buonarotti, le contemporain et le rival en gloire de Raphaël !

On fera bien d'examiner une à une ces bizarres statues ; elles offrent toutes le texte de quelque observation singulière ou plaisante.

Le plafond est d'une fort belle distribution : il marche de pair, pour l'ensemble et l'effet, avec ceux des palais des doges. En se plaçant vers la partie qui avoisine la façade de l'édifice, on trouve les sujets suivants :

Adam et Ève, — *Moïse faisant jaillir l'eau de la roche,* — *Jonas sortant de la baleine,* — *le Châtiment des serpents,* — *le*

Sacrifice d'Abraham, — la Chute de la manne, — la Pâque des Juifs, toutes œuvres de... Tintoret.

Dans la chancellerie, petite pièce qui s'ouvre entre l'escalier et l'autel, on verra une superbe tapisserie représentant *saint Pierre*; on croirait voir un tableau. La porte du fond, qui conduit aux archives, est ornée de deux colonnes d'un marbre très précieux, qu'on nomme *lumachelle*. Dans la salle des archives, il y a une mosaïque de Jean Novello, représentant *l'Annonciation*. Dans la chancellerie est le masque en cire du doge *Léopold Mocenigo*, qui était membre de la confrérie de Saint-Roch. La famille du doge a donné sa coiffure ou corne pour en orner ce masque, moulé sur nature.

Dans la grande salle, étrangement appelée *l'albergo* (l'auberge), est le grand tableau du *Crucifiement,* œuvre immense de Tintoret, terminée en 1565, et qui, avec la grande composition de *la Gloire du Paradis,* dans la salle du Grand-Conseil, au palais ducal, forme les deux plus immenses toiles qu'ait entreprises l'école vénitienne.

Bien qu'un peu altéré par le temps, le *Crucifiement* sera admiré avec raison comme une œuvre aussi remarquable par le gigantesque de la composition, que par la hardiesse, la fougue, la vigueur presque constamment heureuse de l'exécution. Il existe de ce tableau capital une fort bonne gravure, par Augustin Caracci.

Le plafond, divisé en six compartiments, offrant les *confréries de Venise,* est aussi de Tintoret, de même, au reste, que toutes les autres peintures de cette salle. En sortant, on verra au-dessus de la porte de l'*albergo* le portrait de cet artiste fabuleusement fécond, peint par lui-même en 1572.

ÉGLISE SAINT-PAUL.

(San-Paolo.)

L'architecte David Rossi, a été chargé de la réédification de ce temple, qui fut d'abord bâti au XVe siècle. Quatre tableaux de Salviati en ornent la nef. Ceux de la grande chapelle sont de J. Palma, de même que *la Conversion de saint Paul,* au maître-autel. Les statues de bronze sont de A. Vittoria.

Dans la chapelle à gauche de la grande : les *Fiançailles de la vierge Marie,* par Paul Véronèse.

Tintoret fait acte de présence dans cette église par une *Cène*. Tintoret distribuait dans les édifices vénitiens ses innombrables tableaux, comme on fait de cartes de visite !

Sur le clocher, à l'extérieur, on trouve sculpté à la base un bizarre monument de l'histoire vénitienne. Ce sont deux lions ; l'un est enveloppé d'un serpent qui menace de l'étouffer, l'autre tient entre ses griffes une tête qui paraît avoir été tranchée d'un corps humain. Comme art, il n'en faut pas parler, bien que ce soit un travail daté du bon temps, c'est-à-dire le XVe siècle. Quant au fait auquel cette sculpture fait allusion, c'est selon toute apparence la conspiration du duc de Milan, Philippe Visconti, dont les armes étaient une couleuvre, et le général Carmagnola, décapité pour avoir trahi la République. La culpabilité de Carmagnola est regardée comme incertaine par Manzoni, dans sa tragédie de ce nom, laquelle tragédie, toute hardie et éminemment poétique qu'elle soit, ne nous semble pas valoir son *Adelchi*. (*Voir la note au chapitre sur l'intérieur du palais ducal*).

ÉGLISE SAINT-SYLVESTRE.

(San-Silvestro.)

Bâtie vers le milieu du XVe siècle, reconstruite en partie à la fin du XVIIe.

Après la chaire, sur l'autel, *Le Baptême de Jésus-Christ*, par J. Tintoret. Le maître-autel est d'une décoration pesante, par Henri Meyring, à la fin du XVIIe siècle, époque de la reconstruction de l'église. En revenant vers la porte on voit sur le premier autel : *Le Christ* dans le jardin, par J. Tintoret.

Après le second autel : *L'adoration des Mages*, par Paul Véronèse, en 1571. — Sur le quatrième autel, est un tableau très remarquable de Jérôme Santa-Croce, représentant *Saint Thomas de Cantorbéry, au milieu de quelques saints*.

En sortant de cette église, on verra sur une maison, qui fut celle de Giorgione, célèbre peintre vénitien, quelques vestiges des fresques dont il l'avait décorée. (*Voir les notes sur les principaux artistes de l'École vénitienne, en tête du chapitre sur l'Académie des Beaux-Arts.*

ÉGLISE SAINT-JEAN-L'AUMONIER.

(San-Giovanni-Elemosinario.)

Elle est de l'architecture de Scarpagnino, en 1527. C'est un édifice élégant, et dont les détails ont du fini.

Le maître-autel possède un Titien, représentant *le saint titulaire, qui distribue des aumônes*. On voit dans cette église, diverses autres toiles de J. Palma, Léonard Corona, et Bonifaccio.

ÉGLISE SAINT-JACQUES DE RIALTO.

(San-Jiacopo di Rialto.)

Cette église fut autrefois la première bâtie à Venise, lorsque Rialto était le centre de l'occupation des lagunes. Nous disons *fut autrefois*, parce que, bâtie primitivement en 421, cette église a été reconstruite en 1194, puis en 1531; mais on a soigneusement respecté et conservé sa place primitive[*].

Deux tableaux de Marc Vecellio, fils de Titien, un bel autel orné de bronzes et de marbres, la statue de *saint Jacques*, par A. Vittoria; une autre statue colossale de *saint Antoine abbé*, œuvre de Jérôme Campagna, sont les détails intéressants de ce temple, d'une si remarquable origine.

ÉGLISE DES SAINTS-APOTRES.

(Dei SS.-Apostoli.)

Elle fut rebâtie en 1575, puis réparée au milieu du XVIIIe siècle, par l'architecte Joseph Pedolo.

La chapelle Cornaro est un débris de l'église primitive, d'une architecture très élégante, ornée de sculptures et de beaux marbres, en 1540, par Guillaume Bergamasco.

---

[*] L'origine de cette église est ainsi expliquée par une voyageuse spirituelle, madame la baronne de Montaran, dans ses fragments intitulés : *Naples et Venise*.

« *Entiopo Condiotto*, maître de barque, avait construit sur Rialto une maison de bois; le feu y éclata pendant la nuit. L'incendie fut rapide et violent, *Condiotto* ne pouvant parvenir à l'arrêter, se prosterna en terre, invoqua le secours du ciel, et fit vœu de bâtir une église sur ce même lieu, si Dieu venait à son aide. Une pluie soudaine survint, et l'habitation du pêcheur fut sauvée. Fidèle à sa promesse, *Condiotto* jeta les premières fondations d'une chapelle qui fut achevée en 421. »

On remarque dans cette chapelle, deux forts beaux mausolées, élevés à la mémoire de deux membres de la famille Cornaro. Autrefois, les restes de la reine de Chypre, qui était une Cornaro, reposaient aussi dans cette église. Ils ont été transportés à l'église *Saint-Sauveur*.

Dans la chapelle qui est à droite de la grande, on voit un autel curieux, qui appartient à la famille patricienne Zorzi, et qui a été transporté là du cloître abandonné des Jésuites. La matière est définie sous le titre de *pierre de touche*. Sur la droite, dans la grande chapelle, on remarque une *Cène*, peinte en 1595, par César de Conégliano. Il est à regretter que ce soit là le seul ouvrage de cet artiste, à Venise.

En face est : *La Manne dans le désert*, tableau commandé aux élèves de Paul Véronèse, et qu'il termina lui-même.

A gauche de cette grande chapelle, est le monument du comte *Joseph Mangilli*, mort en 1811. Le buste est d'Angelo Pizzi (o).

Cette église a été récemment restaurée et réparée, ainsi que la chapelle Cornaro, par le zèle et aux frais des nobles vénitiens Antoine Zen, et comte Charles Michieli, aidés du chanoine-abbé mitré, monseigneur Pianton.

ÉGLISE SAINT-JEAN CHRYSOSTOME.
(San-Giovanni-Grisostomo.)

Elle est de l'architecture de Tullius Lombardo, en 1483. On y remarque deux très beaux tableaux : A droite, en entrant, sur le premier autel, *trois saints*, par Jean Bellini, en 1513; sur le maître-autel : *Saint Chrysostome et d'autres saints*, œuvre célèbre de Sébastien del Piombo, artiste éminent, et trop peu fécond.

Ce tableau fut attribué par quelques-uns à Giorgione, qui était le maître de Sébastien, tant on y retrouvait le style de celui-ci. On peut supposer qu'il en fut aidé, car il est reconnu que Sébastien del Piombo manquait naturellement de promptitude dans ses idées, et que ses compositions à plusieurs figures accusent sa lenteur et son irrésolution. Quoiqu'il en soit, le tableau en question est incontestablement un chef-d'œuvre.

Voir la note sur ce peintre, au chapitre *Académie des Beaux-Arts*.

EGLISE SAINT-SAUVEUR.
(San-Salvatore.)

Ce temple, commencé par Spavento et Tullius Lombardo, fut achevé en 1534, sous la direction de J. Sansovino; les lanternes des coupoles sont de V. Scamozzi, en 1569. Enfin, comme si tous les architectes connus eussent dû chacun à leur tour, mettre la main à cet édifice, Longhena en fit la façade d'ordre composite, à Attique, en 1663.

On y voit plusieurs beaux monuments : Celui d'*André Dolfin* et de sa femme, attribué à Jules dal Moro, orné de deux bustes de Jérôme Campagna; le second autel à droite est très beau; J. Campagna en est le sculpteur.

Plus loin : le mausolée du doge *François Vénier*, mort en 1556. C'est une belle œuvre de Sansovino, alors octogénaire, auquel on doit aussi les deux statues de l'urne (P); l'autel suivant est encore de Sansovino. Le tableau qui le décore est une œuvre de la vieillesse de Titien. — Dans l'aile de droite est le grand et riche mausolée de *Catherine Cornaro*, reine de Chypre, sur lequel on voit un bas-relief qui représente cette reine offrant sa couronne au doge. La dalle qui recouvre ses restes, est aux pieds du monument. Elle mourut à Venise en 1510 (Q).

Le maître-autel de Guillaume Bergamasco, est élégant et riche, des colonnes de verd antique le soutiennent. — Le tableau de cet autel est une *Transfiguration de Jésus-Christ*, ouvrage peint rapidement, comme par un homme qui sait qu'il doit bientôt mourir. Derrière ce tableau est une sorte d'*Icone*, ou tableau de métaux précieux, avec des figures en relief: Il date de 1290. On l'expose dans les jours solennels.

Dans la chapelle de gauche, après la grande, on trouvera *une Cène à Emmaüs*, chef-d'œuvre de Jean-Bellini.

Dans la seconde aile de l'église, est un monument élevé à la mémoire de trois cardinaux, *Marc, François*, et *André*, de la famille Cornaro.

Le dernier monument, aussi noble qu'élégant, et qu'on attribue à César Franco, est celui érigé aux doges *Laurent et Jérôme Priuli*; les statues des deux saints sont de Jules dal Moro R.

Le couvent attenant à cette église, a été érigé en caserne. Il y a un beau cloître de Sansovino. En sortant de l'église de *San-Salvatore*, on voit sur la même place un autre édifice, dont la façade est aujourd'hui celle d'une église ; c'est l'ancienne.

CONFRÉRIE DE SAINT-THÉODORE.

De l'architecture de Longhena. Cet édifice est aujourd'hui devenu une sorte de musée d'antiquités, qui a son intérêt, et au sujet duquel nous renverrons le lecteur à la note (s).

ÉGLISE SAINT-JULIEN.
(San-Giuliano.)

Cet église est de Sansovino, ornée par A. Vittoria, vers l'an 1555. Sa façade, dorique et ionique offre, au-dessus de la porte, une excellente statue en bronze, par Sansovino, représentant *Thomas Rangone*, de Ravennes, philologue et physicien célèbre au XVe siècle, dont la générosité contribua à l'érection de ce temple. Il est remarquable que Florence et Venise, parmi toutes les autres villes d'Italie, se distinguent ainsi par la mémoire que font à chaque pas leurs monuments, touchant des capitaines ou des artistes célèbres, tant il est vrai que ces villes doivent leur illustration à leurs guerriers, à leurs artistes, et à leurs littérateurs. Ces gens-là, fils de leurs œuvres, se sont illustrés par le pinceau, la plume, le ciseau, ou l'épée des batailles, et leurs villes ont voulu que le bronze ou le marbre, présentassent ainsi la date où fut fondée leur généalogie. Par contre, à Rome particulièrement, la pierre en relief ne représente guère que des rois, des empereurs, toutes les aristocraties du rang, puisant leur premier mérite dans la naissance.

On trouvera dans l'église Saint-Julien, sur le premier autel à droite : *Jésus-Christ mort*, par Paul Véronèse. Un autre tableau du même grand artiste se trouve sur un des côtés de la chapelle, à gauche de la grande : c'est une *Cène*.

Les peintures du plafond sont de J. Palma.

ÉGLISE SAINT-MOÏSE.
(San-Mosè.)

Le corps de l'édifice est d'un architecte inconnu, du XVIIe siècle.

Il est fâcheux pour l'amour-propre de celui qui a dessiné la façade, que son nom ne soit pas aussi enfoui dans le mystère: Clouons-le à ce pilori de mauvais goût : Il s'appelait *Alexandre Trémignan*, il florissait dans le siècle dont ces ornements qui ornent si mal, portent le cachet et la date : XVIIe siècle !

Est-il possible de croire qu'une pareille façade ait reçu les éloges de son époque !

La majeure partie des ornements de l'intérieur sont du même style de décadence ; l'autel à droite de la grande chapelle, offre un tableau de J. Tintoret: la *Vierge Marie avec l'enfant Jésus.* Le même Tintoret se retrouve sur la chapelle de gauche, par: *Jésus-Christ lavant les pieds des apôtres.*

ÉGLISE SAINT-PANTIN.

(San-Fantino.)

C'est une construction simple et élégante de l'école des Lombards, au commencement du XVIe siècle. Le chœur a été refait en 1564, par J. Sansovino.

On voit en entrant à droite, le monument du célèbre médecin *Parisano*, mort en 1609 ; c'est l'œuvre de Jules dal Moro.

Plus loin, entre les fenêtres, est un *Christ mort*, de J. Palma, presque aussi commun dans les églises de Venise, que l'inévitable Tintoret. Dans la grande chapelle sont les monuments de *Bernardin Martini*, mort en 1518, et de *Vinciguerra Dandolo*, mort en 1517.

Le petit tableau au-dessus de la porte de la sacristie, est de Jean Bellini : il représente nécessairement *La Vierge et l'enfant-Jésus*.

CONFRÉRIE DE SAINT-JÉROME.

(Aujourd'hui Athénée vénitien.)

Édifice qui offre de belles et curieuses peintures, et qui est aujourd'hui occupé par une société littéraire distinguée par les connaissances éminentes de ses membres, dont plus d'un est célèbre en Italie.

ÉGLISE SAINT-ÉTIENNE.

(San-Stefano.)

C'est un temple vaste et imposant, qui date de 1325. On y remarque plusieurs tombeaux parmi lesquels le plus célèbre qui soit, protège l'un des plus grands noms de l'histoire de Venise : *François Morosini le Péloponésiaque*, doge et capitaine de la République, un de ses immortels héros. (*Voir la fin de la description de la salle du Grand-Conseil, au chapitre sur l'intérieur du palais ducal*).

L'inscription de ce noble tombeau, qui s'étend sur les dalles au milieu de l'église, et que décorent simplement le bonnet ducal et les trophées des victoires sur les Ottomans, est simple : *Francisci Mauroceni, Peloponesiaci Venetiarum principis ossa*, 1694. On se souvient que ce grand capitaine mourut de fatigue et d'épuisement à Napoli di Romania, comme fit plus tard lord Byron.

Les autres tombeaux importants de Saint-Étienne sont : le monument d'*Alviano*, célèbre général de la République, qui figura avec honneur dans la guerre contre la ligue de Cambrai ; — celui de *Dominique et Angelo Contarini*, (oncle et neveu). Le premier mort général en 1650, le second, célèbre magistrat, mort en 1657. Ce tombeau date du XVIIe siècle. — Le mausolée du fameux médecin *Jacques Suriani*, est du meilleur goût.

ÉGLISE SAINT-VIDAL.

(San-Vitale.)

La façade corinthienne de cette église est de haute proportion ; placée de façon à être vue, elle ferait bon effet. Elle est de l'architecte André Tirali, en 1700. L'intérieur n'offre rien de remarquable. Le tableau du maître-autel, représentant *saint Vidal à cheval*, est du Carpaccio.

ÉGLISE SAINT-MAURICE.

(San-Maurizio.)

C'est une église nouvelle. Le patricien Pierre Zaguri, mort en 1806, se proposant de rappeler l'église de Saint-Géminien de

Sansovino, qui s'élevait quelques années auparavant sur la place Saint-Marc, en face de la Basilique, donna le dessin de celle-ci. Plus tard l'architecte Selva, et après la mort de celui-ci, en 1819, le patricien Diedo, s'occupèrent de l'achèvement de ce temple, dans les premiers plans duquel il fut fait quelques modifications nécessaires.

Toutes les sculptures de l'intérieur sont dues au ciseau de Dominique Fadiga, artiste vénitien en réputation.

Au milieu de l'église est le tombeau de *Pierre Zaguri*, dont il vient d'être parlé.

ÉGLISE SAINTE-MARIE DU LYS.
(Dite Marie Zobenigo.)

L'incroyable façade de cette église, est une des œuvres les plus étranges de la décadence de l'art, au XVII° siècle. Elle est comme le reste de l'édifice, de Joseph Sardi, que nous nommons ici à cause de son état de récidive en fait d'architecture de ce goût. Elle est garnie de statues représentant divers membres de l'illustre famille vénitienne de Barbaro.

L'intérieur possède dans la sacristie, un tableau représentant *la Vierge et l'enfant-Jésus avec saint Jean-Baptiste*, qu'on a eu l'idée d'attribuer à Rubens.

Vittoria a sculpté dans l'église deux monuments jumeaux, surmontés des bustes de *Jules et Justinien Contarini*.

En revenant du chœur dans l'église, on trouve à droite sur le premier autel, le *Sauveur*, par J. Tintoret.

Quelques autres toiles sont de Charles Loth, — Salviati et Jules dal Moro.

ÉGLISE SAINTE-MARIE-FORMOSA.

On la croit fondée par Paul Barbetta, au XIV° siècle. Au XVII°, elle fut presque rebâtie en entier dans le style de Sansovino. Cette église a deux façades, la meilleure, qui est l'œuvre d'un architecte inconnu, au XVI° siècle, est celle qui regarde le pont. La statue qui surmonte la porte, est celle de *Vincent Capello*, célèbre général de la République, mort en 1541. Des bustes de la même famille Capello, ornent l'autre façade.

Les diverses peintures du premier autel à droite, sont des

meilleures qu'ait produites Palma-le-Vieux. — Le second autel offre des tableaux de B. Vivarini, c'est-à-dire, de la fin du XVᵉ siècle.

Une *Cène de Jésus-Christ*, est de Léandre Bassano. — Les mosaïques qu'on remarque à la voûte d'une chapelle, furent dessinées par J. Palma.

On regrette de ne pas trouver dans cette église quelque tableau retraçant la fameuse histoire des fiancées, dont ce temple fut le lieu de consacration.

ÉGLISE SAINTE-MARIE DES MIRACLES.
(Santa-Maria de' Miracoli.)

C'est une église dans le style grec, d'une pureté et d'une élégance architecturales qui sentent le XVᵉ siècle, et font honneur à P. Lombardo qui en est l'auteur. La façade corinthienne et ionique est gracieuse et riche. De nombreux marbres la décorent. L'intérieur, bien que l'humidité ait fait ses ravages sur plus d'un point de la décoration des détails, est fort élégant,

Deux statues de Jérôme Campagna : *sainte Claire* et *saint François*, sont sur les deux autels latéraux de la grande chapelle.

Celle-ci est magnifique : escalier, rampe, autel, retable, tout est en beau marbre, admirablement travaillé.

La statue en marbre, de la Vierge qui est au-dessus de la grande porte, semble peu digne de l'habile architecte vénitien du XVᵉ siècle, auquel elle est attribuée, lequel avait pris le nom antique de Pyrgotèles, célèbre sculpteur contemporain d'Alexandre. L'origine grecque de la famille Lascari, dont il était membre, avait porté l'artiste vénitien, dit Morelli, à prendre un nom, que la statue que nous voyons n'est pas faite pour rendre illustre.

ÉGLISES SAINTS-JEAN ET PAUL.
(Santi-Giovanni e Paolo.)

Ce temple est le Panthéon vénitien.

Saint-Denis, républicain et aristocratique, les épitaphes de ses magnifiques tombeaux sont des pages de la grande histoire de cette cité vénète!

Si ailleurs tout débris fut un monument, ici toute poussière fut un grand homme!

C'est, il faut le reconnaitre, une chose singulièrement imposante et belle, que cette église vouée aux cendres illustres: *Viris illustribus cineres!* Toute cette histoire de marbre et de pierre, écrite en bas-reliefs et en statues, par les grands artistes des grands siècles, fait de ce temple un splendide musée sculptural et lapidaire, en même-temps qu'un Plutarque matérialisé!

Les chevaliers et les doges, les condottieri et les généralissimes fièrement plantés sur leurs tombeaux, semblent les garder eux-mêmes, et attacher leurs prunelles de pierre sur le visiteur, pour qu'il s'incline avec respect. Plus d'un semble avancer vers vous sa longue épée, dont la seule vue semble une menace. A côté, des princes de Venise, au profil dantesque, sont couchés sur des catafalques, portés par des processions de figurines éplorées, tandis que plus loin, un capitaine fameux qui a frappé de terribles coups sur la couleuvre des Visconti, se tient armé comme un bourreau, et cambré comme un archer, sur un cheval doré qui se cabre au milieu des ogives et des arabesques trilobées, végétation sculpturale et marmoréenne qui semble avoir poussé par les airs, pour entraver sa course aérienne!

Plus loin encore, à côté d'évêques agenouillés qui prient, sont des armures vides : le corps qui les remplissait est tombé en poussière dans l'urne qui est au-dessous! Plus d'un mausolée est anonyme : la pierre est rongée à l'endroit du nom, comme si le temps avait voulu faire justice d'une fausse gloire. Mais le feuillet de l'histoire où ce nom est écrit, n'est point déchiré, car l'histoire est l'inviolable gardienne de la belle renommée : elle seule, sténographe infatigable, enregistre, bien et mal, gloire et honte, illustration et infamie, tout ce que dicte par le monde la grande voix des événements!

Saints-Jean et Paul! *Santi-Giovanni e Paolo!* C'est un grand nom. Les poètes l'ont fait entrer dans leurs vers, parce que toute poésie réclame ce qui est illustre et fécond en nobles émotions. Mais ils ont à l'aide de leur imagination, bâti dans ce temple un tombeau qui n'y pouvait entrer, car c'eût été le pilori d'un traître, Marino-Faliero, l'extravagant vieillard, entre Bragadino et Morosini[*]! Est-ce que Marcus Adipius est jamais entré au Ca-

---

[*] Byron et Casimir Delavigne, dans leur tragédie sur ce doge.

pitole? Est-ce que le Panthéon où reposent Bayard et Duguesclin, s'est jamais ouvert pour recevoir un connétable de Bourbon!

Mais, entrons dans ce temple fameux, et ne soyons ni choqués ni étonnés de voir l'homme occuper tant de place dans la demeure de Dieu. Plus d'un de ces guerriers tournés les mains jointes vers le maître-autel, l'ont bien servi dans les croisades, à côté des premiers barons chrétiens, auxquels Saint-Louis confia l'épée bénite !

Commençons donc cet important examen de monuments, dont les rivalités de familles patriciennes expliquent le luxe, et qui sont non-seulement de magnifiques souvenirs historiques, mais aussi comme les bornes milliaires, ou plutôt millénaires du chemin suivi par le bon et le mauvais goût, à travers les champs de l'art.

Mais avant tout, quelques mots sur le bâtiment qui prête ses voûtes à ce musée funéraire.

On ignore quel fut au juste l'architecte de ce temple. Quelques chroniqueurs l'attribuent à Nicolas Pisano, qui vivait au XIIIe siècle, d'autres à quelque père dominicain de cet ordre savant, qui au moyen-âge fournit plus d'un bon architecte. En tout cas, cette basilique ne fut consacrée qu'en 1430. La façade n'a pas été achevée, et c'est d'autant plus fâcheux, que si elle l'eût été dans le goût de la porte, en partie exécutée, c'eût assurément été un beau monument de plus que nous eût légué le riche et fécond moyen-âge. Le tympan porte dans ses renflements des ciselures délicatement fouillées, qui sont du plus beau goût ogival.

Le premier monument qu'on trouve à droite, en entrant dans le temple, est celui du doge *Pierre Mocenigo*, dont le nom illustre se reproduit jusqu'à sept fois dans la chronologie des princes de Venise (v). Trois Mocenigo reposent à Saints-Jean et Paul. Pierre mourut en 1476.

Ce mausolée majestueux est d'une belle ordonnance ; les ornements en sont délicats et élégants, mais les quinze statues qui s'y échelonnent sous toutes les allégories possibles, sont d'une médiocre exécution. Ce monument est l'œuvre de Lombardo père et fils.

Le petit monument de *Jérôme Canal* est un ouvrage du XVIe siècle. — Au-dessous est celui assez modeste, érigé en 1590, au doge *Ranieri Zeno*, dont le règne fut signalé par toutes les vicissitudes de la guerre avec les Génois (v).

L'autel suivant offre un grand tableau qui fut autrefois une des belles œuvres de Jean Bellini, mais qui, maladroitement restauré, a beaucoup souffert. Il représente *la Vierge, l'enfant Jésus, et quelques saints*. Ce tableau a perdu tout son éclat de coloris, et il est déplorable de voir ses bords s'écailler, et annoncer une destruction prochaine (x).

Le monument de *Melchior Lancia*, est un obélisque-engagé, qui offre un ensemble original. La statue de femme qui est assise au pied serait d'un bon effet, si elle avait une expression de physionomie un peu plus en harmonie avec sa mission, qui est évidemment d'être inconsolable !

Le mausolée de *Marc-Antoine Bragadino*, rappelle une des plus touchantes illustrations de l'histoire de Venise ; c'est le tombeau d'un guerrier-martyr, comme Paul Erizzo, qui fut scié en deux par les Ottomans. L'urne placée sous le buste du brave général, contient sa peau ; une fresque en camayeu vert, peinte sur le mur, derrière le haut du monument, représente Bragadino au moment où Mustapha le fait écorcher (y).....

Ce monument est d'un ensemble médiocre : le célèbre défenseur de Famagousta méritait mieux. C'est l'œuvre d'un artiste qui a le bon goût d'être anonyme, en 1596.

De chaque côté de l'autel suivant, sont accrochés, échelonnés, groupés, entassés sur le mur, les *ex-voto* des souffrances soulagées par le saint titulaire. Ces actions de grâce, formulées par des bras, des mains, des jambes, des pieds en bois, en peinture, figurant plaies et bosses, sont les témoignages de la reconnaissance des fidèles soulagés dans leurs souffrances. Les écloppés guéris, ont fait hommage au saint, de leurs béquilles inutiles. Revienne le mal, ils pourront les emprunter au saint !

Le tableau de l'autel, qui représente en neuf compartiments : *le Christ mort, l'Annonciation*, etc. est une œuvre célèbre du Vivarini.

Le mausolée d'*Avise Michieli*, que son épitaphe déclare être mort en 1589, en prononçant un discours, devant le Sénat, est dans le goût de la renaissance, flanqué de deux petites statues maniérées qui ne sont pas sans grâce (z).

La chapelle suivante est d'un aspect fort riche, par les marbres, les stucs, les peintures et les statues qui la décorent. Le tableau de l'autel est de Liberi, et déclaré de sa première manière, heureusement qu'il en a changé !

On verra dans une petite chapelle à gauche, les fonds baptismaux ornés d'un charmant tableau de Lazzarini, offrant *saint Jean-Baptiste*, comme c'est le lieu. Ce tableau est excellent. Il est frais, lumineux, et rappelle Véronèse.

Le colossal mausolée des *Valier* est magnifique dans l'ensemble, mais reprochable dans les détails. Ce qui y choque surtout, au premier coup-d'œil, c'est l'affreuse draperie jaune, si mal drapée, et d'un goût si extravagant, qui tombe derrière les trois statues des hôtes de ces tombeaux, qui sont : le doge *Bertucci Valier* mort en 1658 (AA). — Son fils, le doge *Silvestre Valier*, mort en 1700 (BB), et enfin la femme de ce dernier.

L'architecte de ce monument fut André Tirali. L'ordonnance principale de l'ensemble est noble et majestueuse, surtout dans toute sa partie inférieure. Malheureusement le mauvais goût du commencement du XVIIIe se fait sentir dans les ornements, et surtout dans le style des statues et des bas-reliefs. Pourtant, ce n'est pas sans produire un certain effet grandiose et solennel, que tant de marbre est employé !

La chapelle suivante, qui est du même André Tirali, architecte du tombeau Valier, est ornée de grands bas-reliefs, représentant la vie de *saint Dominique*. Ils sont de Joseph Mazza, de Bologne. Le premier à droite est en bois, les cinq autres sont en bronze.

Dans l'aile de l'église à droite, on trouvera la statue équestre du général de la République, Nicolas Orsino de Pitigliano, mort en 1509. — Au-dessous, est un curieux tableau allégorique, représentant *saint Marc assistant à la conscription maritime de Venise*. C'est une œuvre de J. B. dal Moro. Il est le plus souvent fort bizarrement éclairé par le reflet des vitraux coloriés de la grande fenêtre voisine.

Au-dessus de la porte de sortie, est la médiocre statue du général *Denis Naldo*, mort en 1510.

La grande fenêtre offre une chose rare à Venise : des vitraux coloriés. Ceux-ci sont du XVIe siècle, par Jérôme Mocetto, sur les dessins de B. Vivarini. Ils sont assez beaux pour faire regretter que le même artiste n'en ait pas laissé d'autres dans les nombreuses églises de cette ville. Ils représentent des saints guerriers d'un beau dessin. Le soleil qui passe à travers ces figures, leur met de la flamme dans les prunelles et les fait vivre...

La ligne du maître-autel est formée de cinq chapelles. — Dans la première, toujours à droite, est le mausolée d'un officier anglais, nommé *Edward Windsor*, mort en 1574. L'autel en marbre noir, dessiné par Vittoria, est d'un bon effet. Le Christ en marbre blanc s'y dessine d'une façon lugubre qui fait rêver. Les statues de bronze sont détestables.

Sur la gauche est un tombeau anonyme. Le guerrier couché dessus, est bien heureux d'être de pierre, sans quoi il tomberait infailliblement...

La seconde chapelle offre un tableau de Lazzarini: *La manne dans le désert*. Le fond de cette chapelle est d'une grande élégance architecturale. Les vitraux y font leur effet accoutumé, et le badigeon des sculptures aussi; c'est-à-dire, que les uns sont charmants, et l'autre affreux. L'autel dans le goût rococo, est fort gracieusement composé.

A gauche est un tombeau sans nom..... Soyez donc un héros de votre temps! frappez donc à bras raccourci sur les Turcs et à tour de bras sur les Génois, pour que la pierre ne conserve pas plus de trace de votre nom, un moment illustre, que la mer n'en a gardé du sillage de votre vaisseau vainqueur!

Un tableau de J. Tintoret, si noir qu'il soit devenu, représente encore un peu: *la Vierge, quelques saints, et quelques sénateurs*.

La grande chapelle du milieu est fort riche. A droite se dresse le magnifique monument du plus élégant gothique, élevé au doge *Michel Morosini*, mort en 1382 (cc). Les chapelettes latérales, toutes enfouies de saints, le cercueil en *chou frisé*, la petite mosaïque du fond, l'ensemble et les détails enfin de ce charmant mausolée du XVIe siècle, en font un des plus remarquables que possède ce temple, où tant de pierres bizarrement ou splendidement groupées et taillées, ont asile. On remarquera le type dantesque du doge, couché sur son cercueil, remarque souvent offerte, du reste, par ces profils de vieillards.

Le mausolée du doge *Léonard Lorédan*, un des doges de Venise dont le règne fut le plus long. Il mourut en 1521 (DD).

Ce monument par son style, contraste avec son voisin si recueilli, si religieux. Il n'en est pas moins d'une grande et noble élégance. Cependant, le monument gagnerait en austérité, qualité qui convient à ces emblèmes de la mort, si les trois statues du milieu, et particulièrement celle du doge, avaient une dignité calme, au lieu du mouvement, de l'agitation qui les travaille. On ne comprend pas ce grand étonnement du doge, qui se traduit par un geste dépourvu de cette noblesse qui convient à l'art, et à un tel personnage. Cette statue fut sculptée par Jérôme Campagna dans sa jeunesse, sur les dessins de Danese Cataneo, auteur des autres sculptures de ce beau mausolée.

Le maitre-autel de cette chapelle est d'un style large et imposant. Il est de Mathieu Carmero, en 1619. Les fenêtres du fond ont des vitraux coloriés et de belles verrières, qu'on a la bizarre idée de cacher avec des rideaux de coton rouge. Les rideaux rouges sont la passion dominante des églises de Venise ; deux candelabres de bronze dont on ne parle pas, et qui sont d'un dessin gracieux et léger, nous semblent valoir ceux de la *Salute*, dont on parle beaucoup.

Le grand mausolée du doge *André Vendramin*, mort en 1478 (EE). Ce monument, attribué à Alexandre Léopardo, l'auteur des bases en bronze des trois piliers de la place Saint-Marc, est assurément l'un des plus magnifiques qui soient à Venise, et même dans toutes les églises possibles. L'ordonnance générale en est noble et élégante; les détails d'un fini délicieux. Quelques-unes des statues même, en sont spirituellement atournées, bien que cette partie de la sculpture soit la chose reprochable de ce mausolée, comme dans presque tous du reste.

Deux statues, représentant *Adam* et *Eve*, primitivement placées à chaque bout du cercueil, ont été transportées au palais de la famille Vendramini, sur le grand canal, et remplacées par les deux saints qu'on voit. Ces statues sont de Laurent Bregno ; *Adam* et *Eve*, étaient de Tullius Lombardo *.

Le mausolée du doge *Marc Cornaro* qui suit, n'est pas sans élégance gothique (FF).

Le parvis de cette grande chapelle, comme les dalles de beaucoup d'autres parties des églises vénitiennes, est formé de pierres tumulaires, de marbres sépulcraux, recouverts non pas seulement d'épitaphes en partie effacées, mais aussi de sculptures blasoniques et ornementales, et parfois même de longues figures

---

* Dans son grand et magnifique ouvrage sur les monuments de Venise, le chevalier Cicognara cite ce monument comme le plus parfait qu'ait produit l'art vénitien.

cléricales, couchées dans leur demi-relief, et que le frottement continuel des pas des fidèles a rendues camardes.

La chapelle suivante est sans intérêt : les tableaux, bien que de Bonifaccio, de Bassano, et de Vivarini, sont tellement obscurcis et effacés par l'absence de surveillance, qu'ils sont presque perdus pour l'art, ils sont à peu près passés à l'état d'énigme, quant aux sujets qu'ils représentent. — Les tombeaux de cette chapelle sont anonymes : est-ce justice ou injustice rendue par le temps ?

La cinquième chapelle enfin, offre à droite le monument du général *Jacques Cavalli*, dans l'écusson duquel un *cheval empenné*, pour écrire en style spécial, forme *arme parlante*. Ce tombeau est l'œuvre de Jacobello, artiste vénitien. Les sculptures ont été peintes et dorées... Ce sont des mignardises qui ne vont pas à la mort. Le général dort éternellement, la tête portée sur un griffon, son chien à ses pieds, comme un chevalier de Charlemagne. Un élève de Titien, du nom à oublier de Lorenzino, a peint sur le mur une atroce décoration de théâtre, dont le temps n'a pas encore suffisamment fait justice*.

Le groupe en marbre, sur le haut du mur à droite, en quittant cette chapelle, est une idée noble et touchante : c'est le général *Victor Capello* à genoux devant sainte Hélène, excellent ouvrage de Antoine Dentone, en 1480. Ce groupe provient de l'église de Sainte-Hélène.

La porte suivante est surmontée du mausolée érigé au doge *Antoine Vénier*, mort en 1400 GG. Son règne fut très long, en comparaison de celui de la plupart des princes de Venise promus à la dignité suprême, dans un âge toujours avancé. — La décoration gothique de ce monument le mêle singulièrement à l'ornementation corinthienne de la porte qu'il domine.

La *chapelle du Rosaire*, est véritablement superbe, dans son ensemble, bien qu'une partie de sa décoration appartienne à la décadence de l'art. Le pourtour est garni de lambris en bois, à caryatides, qui sont d'un beau faire. Tous les tableaux supérieurs sont intéressants par les sujets qu'ils représentent, autant que

---

* Ce Lorenzino est pourtant le même dont Lanzi a écrit ce qui suit :

« Une fin prématurée vint interrompre la course d'un élève de Titien, qui marchait à la célébrité, et qui mourut à vingt-quatre ans, après avoir fait concevoir les plus brillantes espérances. Ce fut ce Lorenzino, qui dans l'église de Saints-Jean et Paul, fit autour d'un tombeau plusieurs ornements et deux grandes figures encore estimées aujourd'hui, par leur régularité, leur mouvement et leur coloris. »

par leur exécution. Celui qui est au-dessus de la porte, représente la *Sainte-Alliance*, grand acte politique, qui amena la célèbre et stérile victoire de Lépante. On y trouve les portraits du *pape Pie V*, — du *roi Philippe d'Espagne*, — et du doge *Alvise Mocenigo*. Derrière eux sont leurs généraux : *Marc-Antoine Colonna*, — *Sébastien Vénier*, et ce jeune et bouillant *Don Juan d'Autriche*, tant aimé de l'empereur Charles-Quint, que, selon M. Casimir Delavigne, l'ex-empereur sortit de son couvent de Saint-Just, pour le protéger contre les vexations de Philippe II, dont il était frère naturel*. — L'auteur, Dominique Tintoret, fils du tant fécond Jacques Robusti, s'est représenté dans l'angle inférieur du tableau.

Le tableau suivant offre la fameuse *Bataille des Curzolaires*, remportée en 1571, et en actions de grâce de laquelle cette chapelle a été enrichie de tout ce qu'on y remarque. Ce tableau est, ou du même Dominique, ou de son père Jacques; perplexité qui permet de penser que sur l'immense quantité de toiles mises sur le compte du vrai Tintoret, bon nombre seront effrontément déclarées de lui, bien que du fils Dominique, ou même d'autres élèves !

Le grand tableau du mur qui fait fait face à l'autel, est un *Crucifiement* annoncé Jacques Tintoret sans hésitation.

L'autel est à quatre faces, dans un goût assez reprochable. C'est l'œuvre de Jérôme Campagna, qui fit certainement une très belle chose pour son temps? Qui a raison, qui a tort, de cette époque ou de la nôtre? Un appel rétrospectif au XVe siècle déciderait la question.

Les bas-reliefs en marbre de Carrare qui ornent le circuit de l'autel, sont des œuvres curieuses, patientes, admirablement fouillées et détachées, de plusieurs artistes du XVIIIe siècle. Sans doute ces œuvres sont d'un style peu estimable, elles portent l'empreinte du faux goût de leur époque, et pourtant on comprend parfaitement que la délicatesse de leur travail, l'expression de certaines physionomies, la minutie toute flamande des accessoires, fassent impression sur un bon nombre de visiteurs qui ne se croient pas privés de connaissances artistiques.

Le plafond, d'une disposition qui rappelle ceux des salles du

---

* Voir la comédie très remarquable, intitulée *Don Juan d'Autriche*.

palais ducal, est un peu altéré. Les peintures *sunt* ou *fuerunt*, comme dit Fulgencius, par J. Palma et J. Tintoret. Le temps et l'humidité sont en train d'en finir.

En revenant dans l'église, nous trouvons à droite le mausolée d'*Agnès Vénier*, femme du doge Antoine Venier, dont on voit le tombeau sur la porte qu'on vient de franchir. L'illustration de l'époux a motivé ce luxe de famille. Agnès ne fut pas une amazone ; elle mourut gothique comme naquit son tombeau.

La statue équestre en bois doré ou dédoré, qui suit, est celle du célèbre général de la République, *Léonard da Prato*.

En continuant le tour de l'église, on trouve un grand *Crucifiement*, de J. Tintoret, la quatorzième reproduction de ce sujet par le même artiste. Ce tableau qui semble avoir été beau, est ce que nous appellerons *endommagissimé*, si nul Vauvenargue ne s'y oppose.

Le lambris inférieur est une évidente continuation de celui de la chapelle *du Rosaire*. L'architecte aura mal pris ses mesures, en aura fait trop sculpter, le surplus a été mis là.

Sur la porte de la sacristie sont trois bustes de bronze, placés là en 1621. Ce sont les portraits du *vieux* et du *jeune Palma*, et au milieu celui de Titien. Le tombeau de Palma junior, mort en 1628, est voisin. Quant au Titien, dont le piédouche porte ce seul nom comme la plus éloquente phrase, est jusqu'au moment où l'on écrit ces lignes, le seul monument qu'il ait, dans une ville toute remplie de ses admirables productions, et au milieu de tant de mausolées fastueux élevés à des hommes dont parfois le rang fut le seul mérite ?

La sacristie est entourée de tableaux noircis par le temps, et dont les auteurs sont : J. Palma, Léandre Bassano, et Marc Vecellio. Un *Christ portant sa croix*, semble, à travers sa restauration, être de Louis Vivarini ; — le plafond en stuc rehaussé de peintures compromises par l'humidité, a été fort élégant, et assez peu dans le style religieux.

En rentrant dans l'église, nous trouvons à droite le monument du doge *Pascal Malipiero*, mort en 1461. C'est un monument de ce qu'on appelle la renaissance, qui serait beaucoup plus beau sans les espèces de rideaux qui dominent le cercueil, et qui sont de lignes peu élégantes (HH).

Le *Couronnement de la Vierge Marie*, tableau placé au-dessous, est une fort belle œuvre attribuée à Carpaccio.

Plus loin, dans le haut, est le monument du sénateur *J. B. Boncio*, mort en 1508, dans une rixe entre les Castellani et les Nicolotti, au milieu de laquelle il s'était jeté dans un but de conciliation.

Au-dessous, sont deux niches où reposent : à droite, le doge *Michel Steno* (II), mort en 1413, et qui offre aussi ce profil caractérisé qui est celui de Dante Alighieri; — à gauche dort, couché sur son tombeau comme un Burgrave, celui qu'on appela le *jeune Louis Trevisano*, qui mourut en effet dans l'*adolescence*, ainsi que le déclare l'épitaphe. Le sculpteur, en ce cas, eut pu faire le mort moins barbu. Le petit amour debout auprès du cadavre de pierre, est, par ses *accessoires* et son expression, une singulière figure à placer là.

Sur la ligne supérieure, on verra ensuite le mausolée du *général Pompée Giustiniani*, mort sur le champ de bataille, comme Bayard, en 1616. La statue équestre est de François Tirilli, de Feltre.

Le mausolée de style gothique, est celui du doge *Thomas Mocenigo* (JJ). Ses restes, peuplés de saints en oraison, ses frises, ses meneaux, font de ce mausolée un ensemble élégant et riche. Pourtant sans les courtines qui surmontent le catafalque, il serait mieux.

Le monument voisin du doge *Nicolas Marcello*, mort en 1474 (KK), est un souvenir bien pompeux pour un vieillard si obscur. On ignore l'auteur de ce beau travail, qui est évidemment de la fin du XV° siècle.

L'autel suivant est celui auquel appartient de fondation le fameux tableau de *saint Pierre, martyr*, de Titien; tableau des plus célèbres duquel les plus grands maîtres convinrent, dit Algarotti, « qu'il ne leur avait pas été possible d'y trouver un défaut. » Arrêtons-nous donc *!

Le sujet de cette œuvre merveilleuse, la mort d'un moine dominicain, nommé Pierre de Vérone, qui fut assassiné dans un bois en revenant d'un concile avec un autre moine. Pierre fut canonisé et sa fin tragique prit place dans les légendes de l'église.

Ce tableau a eu tous les genres d'honneurs qui peuvent être dévolus à une œuvre d'art. D'abord un décret spécial du sénat,

---

* Cette toile, célèbre parmi les célèbres, figure le plus souvent possible à l'Académie des Beaux-Arts, sous le très légitime prétexte d'entretien et d'études, en attendant qu'elle y séjourne tout à fait, comme nous espérons que cela arrivera.

défendit *sous peine de mort*, aux dominicains, possesseurs de l'église de le vendre jamais, et il faut dire qu'il justifie pleinement une mesure aussi arbitraire en tout autre cas. Dominiquin en fit une imitation qu'on voit à la Pinacothèque de Bologne; il fut gravé dix fois, copié par répétitions innombrable, même récemment encore, au nom du gouvernement français. Enfin, Paris l'a possédé quinze ans, ce qui n'est pas un médiocre honneur, car on sait avec quel rare discernement fut fait le choix des œuvres que les traités permirent à la France de prélever dans les monuments vénitiens. Pendant son séjour au Louvre, ce magnifique tableau a subi l'opération régénératrice du *rentoilage*, opération dont la parfaite et heureuse réussite, en le faisant passer d'un bois vermoulu sur une toile neuve, lui a rendu une nouvelle vie, et tout l'éclat de la jeunesse (LL).

Quant à la composition et à l'exécution de ce superbe tableau, nous ne saurions qu'en exprimer faiblement le mérite. La mystérieuse horreur du paysage, au milieu de laquelle les arbres conservent une sorte d'idéal et de beauté, le saisissant effroi du moine qui s'enfuit, la mystique résignation du martyr que frappe le bourreau, donnent à toute cette scène si forte et pourtant si simple, un pathétique inexprimable. Les anges supérieurs qui montrent au saint la palme céleste, sont comme tout le reste de ce chef-d'œuvre, d'un incomparable coloris, qualité dont le nom seul de Titien semble devenu le synonyme.

Le *saint Pierre, martyr*, mériterait une salle à part à l'Académie des Beaux-Arts, comme celle qu'on projette de construire pour placer à un point de vue et dans une lumière convenable, l'*Assomption* du même artiste, que plus d'une personne ne jugent pas supérieure au splendide tableau dont nous venons de parler.

La statue équestre élevée au général *Horace Baglione*, mort en 1617, suit l'œuvre de Titien. Elle est pleine de mouvement, et l'ennemi que le cheval écrase lui sert ingénieusement de caryatide.

Une *Nativité de Jésus-Christ*, déclarée de Paul Véronèse, peut sembler revêtue d'un baptême apocryphe.

Le dernier autel, est une œuvre élégante de Guillaume Bergamasco, en 1523. La statue de *saint Jérôme* qui le décore est de A. Vittoria.

Dans l'angle de l'église est un monument récemment élevé au *marquis de Chasteller*, mort en 1825, général d'artillerie et commandant la ville et la forteresse de Venise. Le style de cimetière de ce monument, contraste avec tous ceux qui font de ce temple un splendide musée funéraire.

Le tombeau du doge *Jean Mocenigo*, mort en 1485, est grandiose dans sa composition-renaissance. Les sculptures en sont médiocres : c'est la partie faible de tous ces tombeaux. Tullius Lombardo est l'auteur de ce mausolée (MM).

Quant à celui des doges *Aloise Mocenigo* et *Jean Bembo* (NN), dessiné par Grapiglia, il fait si complètement la décoration de la porte de l'église, qu'il n'a pas l'air d'un monument particulier. Au reste, l'ordonnance en est grande et majestueuse. Ici finit l'examen de ce célèbre temple, où l'on peut dire que le patriciat vénitien a lutté de faste dans la mort comme dans la vie !

La façade de l'hôpital civil, autrefois *Confrérie de Saint-Marc* est superbe. Le fini des détails, les incrustations de marbre précieux, la porte si délicatement fouillée, tout dans ce grand monument fait le plus grand honneur à Lombardo, son architecte, en 1485. Sur cette place est la

STATUE DE COLLEONI.

Ce monument érigé à la mémoire de Barthélemi Colléoni, de Bergame, célèbre général au service de la République, mort en 1475, est un dessin hardi et élégant. La statue équestre en bronze, fut fondue par Alexandre Léopardo, d'après le modèle d'André Verocchio, artiste fameux de Florence, qui fut peintre, sculpteur et architecte, et le maître du Pérugin et de Léonard de Vinci (oo).

ÉGLISE DES JESUITES.

(Dei Gesuiti.)

C'est un temple du dernier siècle, à façade corinthienne, ornée de statues médiocres. Les architectes furent D. Rossi et J. B. Fattoretto.

L'intérieur de cet édifice est fort riche et d'un aspect qui surprend. On est d'abord porté à croire que ces arabesques vertes et blanches qui enveloppent les colonnes, sont des étoffes lampassées comme celles dont on voit souvent recouvrir l'architecture aux jours de fête, dans les églises vénitiennes. Mais on reconnaît bientôt que tout est marbre et incrustations surprenantes ; que ces draperies qui enveloppent la chaire, sont de marbre, que ce tapis bariolé de vert et de jaune qui recouvre les degrés du maitre-autel est aussi de marbre, et qu'enfin partout le marbre richement incrusté de couleurs qui s'y dessinent en belles arabesques, a conquis ici la place et l'emploi ordinairement réservé aux étoffes. Si ce n'est pas d'un art, d'un goût bien pur, ce n'en est pas moins une décoration fort splendide et fort élégante.

Dans la chapelle à droite de la grande, est le monument érigé à Horace Farnèse, général de la République, mort en 1666. — Sur l'autel est un tableau représentant *la Prédication de saint François Xavier*, par P. Liberi.

Le maitre-autel est d'une grande richesse; les colonnes en verd antique qui supportent le dais, sont élégantes, peut-être la masse supérieure est-elle un peu lourde. Le tabernacle a du lapis-lazuli.

Dans la chapelle de gauche est le monument du doge *Pascal Cicogna*, celui à qui on doit le pont actuel de Rialto, il mourut en 1595 (PP). Ce monument est de J. Campagna.

Dans la sacristie sont deux tableaux de J. Palma, entre lesquels la *Circoncision de Jésus-Christ*, par J. Tintoret. — Le plafond est de J. Palma. — Sur le premier autel à droite en rentrant dans l'église : L'*Assomption*. Tintoret. — Dans la dernière chapelle : Le *Martyre de saint Laurent*, tableau qui fit de 1797 à 1815 le voyage de Paris. Il est de Titien. On peut encore étudier dans ce tableau, par malheur fort altéré, de quelle manière Titien retraçait habilement les divers effets de la lumière. En effet, l'artiste a exprimé ici de façons différentes la clarté du feu, celle des flambeaux, et enfin celle aussi d'une lumière céleste qui descend sur le martyr. Titien sut aussi choisir très habilement l'heure de la journée où l'action se passa, comme il aima souvent à peindre ses scènes dramatiques vers le soir, qui produit toujours des accidents de lumière favorables à la peinture.

Le mausolée au-dessus de la porte est celui de *Jean Priam*, œuvre magnifique de André Lezze.

ÉGLISE DE SAINTE-CATHERINE.

(Santa-Catterina.)

C'est un très vieux temple plusieurs fois réparé, en partie réédifié qui offre quelques bonnes peintures. Les plus remarquables sont :

Le tableau du maître-autel : *Fiançailles de sainte Catherine*, par Paul Véronèse. — Parois de cette chapelle : Six tableaux représentant *Divers traits de la vie de cette sainte*, par J. Tintoret, l'inépuisable et l'inévitable.

Les autres toiles sont de Vivarini, J. Palma, Vicentino.

Cette église fait partie du vaste édifice du Lycée royal qui lui est contigu. Ce Lycée possède une bonne bibliothèque, et des cabinets d'histoire naturelle et de physique expérimentale.

ÉGLISE DE L'ABBAYE.

(L'Abbazia.)

La façade est de Clément Moli, en 1660.

Un *Saint Jean-Baptiste et saint Mathurin*, de Bonifaccio, l'*Ange Raphaël, Tobie*, etc., œuvre précieuse de Cima, de Conegliano, et *Sainte Christine couronnée*, de Damien Mazza, sont les seules peintures intéressantes de ce temple. Mazza, élève de Titien, a la chaleur et l'énergie du maître. Par malheur cet artiste mort fort jeune, n'a guère produit. Cette église ne possède pas de Tintoret.

La *Vierge qui accueille les dévots*, est une sculpture curieuse, en haut-relief, qu'on doit à l'artiste qui a élevé la belle porte dite *Della Carta* au palais ducal : maître Bartoloméo. Il faut noter que cette sculpture puise son principal intérêt dans la date qui lui est assignée, (XIVᵉ siècle) époque où cet art avait complètement à renaître.

Le prieur de cette église, monseigneur le chanoine Pianton, vient de faire pratiquer des réparations importantes, une chapelle élégante, où le stuc et les marbres contribuent à la décoration qui est du meilleur effet. Le vénérable abbé-mitré vient de l'orner de plusieurs châsses précieuses; il compte faire beaucoup encore et rendre bientôt ce temple de plus en plus riche et élégant.

ÉGLISE SAINTE-MARIE DE L'ORTO.

(Santa-Maria dell' Orto.)

Elle date de 1350. Depuis quelques années elle menaçait d'une destruction totale; le tonnerre étant tombé sur cette église en

1828, renversa une partie de son élégant clocher oriental sur la voûte de l'édifice qu'il effondra en partie. C'était enfin un temple délabré, ruiné, dont les tableaux s'altéraient avec une rapidité plus grande que partout ailleurs.....

On entreprit de la restaurer, de reconstruire plusieurs parties de l'édifice, et ce travail s'achève au moment où l'on écrit ces lignes.

La façade anciennement ornée d'un *Saint Christophe* sur la porte, et latéralement de douze apôtres divisés par six, a été maçonnée, grattée, peinte, réparée, badigeonnée. Les statues attribuées à maître Bartholomée, qui fit la porte dite *Della Carta* au palais ducal, remises à neuf par le racloir, ressortent aujourd'hui sur le fond rose des murailles, c'est tout à fait coquet et pompadour !

Les deux morceaux capitaux que possède la peinture dans ce temple, sont les immenses toiles de la grande chapelle, par J. Tintoret. Elles représentent, à droite : *Les Prodiges qui précéderont le jugement dernier*; — à gauche : *L'adoration du veau d'or et Moïse recevant les tables de la loi*. Ces œuvres colossales par la composition sont du début de la carrière de Tintoret. Elles offrent une fougue, une audace qui sont les qualités propres à ce grand peintre, dont la fécondité réelle ou prêtée a seule parfois compromis la gloire. On ne saurait croire qu'il ait peint *seul* tant de toiles la plupart si colossales, et le doute même s'attache aux deux compositions que nous voyons ici, bien que leur ensemble sinon leurs détails, soit d'un grand maître.

Au milieu du pavé de cette chapelle, est le tombeau de *Jérôme Grimani* un des grands noms de la République.

Dans les autres chapelles : *Sainte Agnès*, — *La présentation de la Vierge au temple*, sont d'excellentes œuvres de la maturité du talent de Tintoret. Le premier de ces tableaux a fait un séjour au musée du Louvre de Paris, de 1797 à 1815.

Il était grand temps qu'on songeât à réparer cette église, ne fut-ce que pour les pauvres tableaux obligés de l'habiter; déjà plusieurs autres chefs-d'œuvre que possédait cette église, ont été en partie perdus, et ceux qui avaient le mieux résisté étaient atteints de ces symptômes alarmants, qui, une fois déterminés, sont une dévorante maladie, qui ne tarde pas à ronger et anéantir les tableaux, comme l'agonie fait des hommes (QQ) !

ÉGLISE SAINT-MARTIAL.
(San-Marziale.)

Cet édifice du XVIIe siècle possède : *Saint Martial et d'autres Saints*, de J. Tintoret, et *Tobie guidé par l'ange*, de Titien. C'est le premier ouvrage qu'on connaisse du style particulier de ce grand artiste. Titien avait trente ans lorsqu'il peignit ce tableau.

ÉGLISE SAINT-FÉLIX.
(San-Felice.)

Elle est du style de Lombardi. Les deux portes sont extérieurement ornées avec élégance. L'intérieur n'offre rien de remarquable qu'un nouveau Tintoret : *Saint Démétrius*.

Notons que dans notre revue des églises de Venise, nous avons rencontré 268 toiles qui portent le nom de ce grand maître ! Mais, nous l'avons déjà dit, il faut absolument être persuadé que cette œuvre immense n'est pas de ce seul maître. Une grande quantité de tableaux, soit de son fils Dominique, soit de ses élèves ou contemporains ayant sa manière, lui ont été attribués, aux dépens de sa gloire, véritablement grande dans bon nombre d'œuvres authentiques. De plus, il est évident que J. Tintoret se faisait aider. Certes il n'a pu peindre lui seul des toiles de la dimension immense de la *Gloire du Paradis*, au palais ducal; du *Crucifiement*, à la confrérie de Saint-Roch; du *Veau d'or* et son pendant, à Sainte-Marie de l'Orto. Véronèse et Titien se aussi évidemment fait aider dans beaucoup de leurs œuvres, et l'on ne cite guère en Italie, parmi les plus grands peintres, que *Léonard de Vinci* qui n'ait jamais eu de collaborateurs. C'est ce qui explique que pendant sa longue vie, ce maître ait si peu produit. Raphaël lui-même, selon l'opinion de *Léopold Robert*, consignée dans ses lettres, n'aurait pas été seul à produire le nombre déjà assez considérable de tableaux qu'il a laissés, étant mort à trente quatre ans. Léopold Robert, qui avait fait de profondes études sur le peintre des *Loges*, remarque qu'avec l'immense et riche imagination dont Raphaël était doué, il est impossible de croire qu'il n'eût pas varié un peu la physionomie et l'expression de ses nombreuses *Madones*, d'où le célèbre artiste français conclut que l'immortel peintre du Vatican, faisait exécuter des copies de ses tableaux modifiées sous ses yeux, en y donnant seulement peut-être après coup la retouche du maître.

SOMMAIRE DES NOTES

DU CHAPITRE SUR LES ÉGLISES.

(A) Le doge André Gritti. — Évènements historiques de son règne. — François Ier à Pavie. — Un cartel extravagant. — (B) Alvise Sagredo. — Saint Gérard Sagredo. — Il a la tête tranchée. — (C) Sur le doge Marino Grimani. — Henri IV et le scrutin. — Un précurseur de Mathurin-Bruno. — Actes du doge. — Un homme qui fait de l'or. — Les chiens de l'alchimiste. — La pendaison. — (D) Sur le doge Léonardo Donà. — Il est excommunié. — La guerre des Uscoques. — Difficultés pour la nomination d'un nouveau duc. — (E) Sur le doge Dominique Michieli. — Évènements de son règne. — Il commande les armées. — Anecdote sur le blason des Michieli. — Une descendante de ce doge. — Erreur de son épitaphe. — (F) — Sur le doge Marc-Antoine Memmo. — Les vaincus se pendent. — Encore les Uscoques. — (G) Sur les pestes de Venise. — Détails chronologiques et statistiques. — Fondation de l'église *Della Salute*. — (H) Le peintre Brussasorci. — Anecdote sur un tableau peint sur marbre noir. — (I) Sur la mort de l'Arétin. — (J) Anecdotes sur la peste de 1575. — Mesures prises par la République. — Fondation de l'église du Rédempteur. — Description pittoresque de la *Sagra* et réflexions qui en découlent. — Les *Frittole*. — Les soupers en gondole. — Les illuminations. — (K) Sur le doge François Foscari. — Évènement de son règne. — Son palais. — (L) Sur le doge Nicolas Tron. — Ses richesses. — (M) Sur le doge Jean Cesaro. — Mort de Cromwel. — Évènements divers. — (N) Canova. — Sur sa naissance. — Ses dispositions. — Son éducation. — Ses études de l'art. — Anecdotes. — Ses œuvres classées par genre. — Sur les plus célèbres. — Anecdote. — Canova homme privé. — Détails particuliers. — Sa mort. — De son monument. — (O) Sur le comte Mangilli. — (P) Sur le doge François Venier. — L'abdication de Charles-Quint. — (Q) Sur Catherine Cornaro, reine de Chypre. — Intrigues de Cour. — On la fait abdiquer. — Sa retraite à Asolo, et ses occupations littéraires. — Ses portraits. — (R) Sur les doges Laurent et Jérôme Priuli. — Politique de l'époque. Ses grands artistes. — (S) Coup-d'œil pittoresque sur le musée Sanquirico. — (T) Du mariage des douzes fiancées, dites les *Maries*. — Horrible coup de main des pirates. — Vengeance des époux dépossédés. — Les fiancées remplacées par des poupées. — Indignation populaire exprimée par des navets. — Les navets mis en interdit par la République. — Sur le doge. — (U) Pierre Mocenigo. — Ses services. — (V) Sur le doge Ranieri Zeno. — Évènements de son règne. — Perte de Constantinople. — (X) De l'abandon des tableaux dans les églises. — Réflexions critiques et moyens proposés. — L'hôpital des tableaux. — Conclusion sur cet objet. — (Y) Marc-Antoine Bragadino. — Sa défense de Famagouste. — Trahison de Mustapha. — Bragadino est écorché et empaillé. — Un esclave vole sa peau et la rend à la République. — (Z) Sur le doge Alvise Michieli. — (AA) Sur le doge Bertucci Valier. — Évènements de son règne. — Le général Lazare Mocenigo. — Dégradation de deux patriciens. — (BB) Sur le doge Sylvestre Valier. — (CC) Sur le doge Michel Morosini — Ses richesses. — (DD) Sur le doge Léonard Lorédan. — Grands évènements de ce long dogat. — Choix inattendu de son successeur. — (EE) Sur le doge André Vendramini. — Son origine. — Beau décret durant la peste. — (FF) Sur le doge Marc Cornaro. — Évènements de l'époque. — (GG) Sur le doge Antoine Venier. — Ses succès. — Trait de justice de ce doge. — (HH) Sur le doge Pascal Malipieri. — Date de la création des Inquisiteurs d'État. — (II) Sur le doge Michel Steno. — Le pre-

LES ÉGLISES. 531

mier pape vénitien. — Constructions de l'époque. — (JJ) Sur le doge Thomas Mocenigo. — Il désigne son successeur. — On en choisit un autre. — Il paie volontairement une forte amende. — (KK) Sur le doge Nicolas Marcello. — Citation de Machiavel. — Horrible massacre de Turcs. — (LL) Explication de l'opération dite rentoilage, pour les tableaux. — (MM) Sur le doge Jean Mocenigo. — Difficultés de l'époque. — Guerre de Ferrare. — Les exploits du comte Robert Sanseverino. — (NN) Sur le doge Jean Bembo. — Haut exemple de justice contre un ambassadeur. — (OO) Citation de l'historien Daru sur Colleoni. — Citation de Byron sur le même. — Anecdote sur le sculpteur du monument. — (PP) Sur le doge Pascal Cicogna. — Origine de sa noblesse. — Assassinat de Henri III. — Construction du pont de Rialto. — (QQ) Sur Marietta Robusti, fille de J. Tintoret.

(A) *André* GRITTI, tour à tour général, amiral, négociateur et provéditeur à l'armée, servit constamment sa patrie, dans ces différentes charges, avec un courage et un talent qui plus tard lui valurent sa nomination au rang suprême. Il se trouva mêlé aux luttes qu'eurent ensemble, dans le Milanais, les troupes de Charles-Quint et l'armée de François Ier de France, et était fort partisan de ce dernier. Ce fut contre son gré, que la République, sommée d'opter entre l'une ou l'autre alliance, se rangea du côté de l'empereur d'Espagne. Les historiens disent que l'élévation d'André Gritti, justement qualifié d'illustre, fut une espèce de galanterie faite à la France dont Venise abandonnait à regret l'alliance, pour s'attacher à la fortune de son adversaire, le futur moine de Saint-Just.

Chargé de chaînes à Constantinople pendant son ambassade, prisonnier de guerre à Brescia, victime du désastre d'Agnadel et de la Motta, André Gritti était digne par ses malheurs autant que par sa bravoure, de recevoir la plus haute des récompenses civiques : le bonnet ducal. Il pouvait montrer les marques des fers qu'il avait portés pour sa patrie, ainsi que les blessures reçues au siège de Padoue. Ses négociations, comme diplomate, n'étaient pas moins glorieuses.

Ce fut dans une retraite contre un corps d'armée que présidait André Gritti, que fut tué le chevalier Bayard, le héros *sans peur et sans reproches*.

Les succès des armées françaises en Italie, contre les Impériaux, donnèrent aux Vénitiens à se repentir d'avoir abandonné l'alliance de François Ier. Celui-ci essaya de se les rattacher, sans rancune pour leur premier abandon. Voyant sa fortune guerrière flotter sur les légions royales, la République fit comme le pape, elle passa de Charles-Quint à François. Mais la fortune est femme, inconstante par conséquent. François Ier l'a dit et écrit lui-même. « Le roi de France ayant eu le tort de diviser son armée, en la partageant entre un coup de main sur Gênes, et une expédition dans le royaume de Naples, se trouva trop faible pour entreprendre le siège de Pavie. Il le fit cependant. Le 24 février 1525, il attaqua cette place défendue et protégée par une armée quadruple de la sienne..... Il fut vaincu, blessé, fait prisonnier... Tout fut perdu *fors l'honneur !*

Lorsque la nouvelle de ce désastre arriva à Venise, où elle répandit la

« *Souvent femme varie*
« *Bien fol est qui s'y fie.* »

consternation, le doge André Gritti répondit à l'envoyé par ces paroles de Saint-Paul :

« Nous nous affligeons avec ceux qui pleurent! »

On sait que le roi-chevalier acquit sa liberté par le traité de Madrid (connu sous le nom de traité de Cognac) le 22 mars 1526, c'est-à-dire après un peu plus d'un an de captivité.

Malgré ce revers, la République tenait toujours secrètement pour l'alliance française, et après une foule d'alternatives guerrières, la captivité de François étant expirée, elle tenta diplomatiquement de s'allier franchement au roi, contre l'empereur Charles-Quint, qui à vingt-six ans se trouvait le prince le plus puissant de l'Europe. André Gritti eut beaucoup d'influence dans les déterminations favorables à la France, et Venise aida puissamment de ses soldats l'expédition tendant à conquérir le royaume de Naples, afin de dégager les fils du roi de France, restés en otages entre les mains des Espagnols. Lautrec commandait pour François Ier. Profitant de cet affaiblissement des forces vénitiennes, Charles-Quint envoya le duc de Brunswich attaquer les frontières de la République. Le général de cette armée, parodiant le cartel envoyé à Charles-Quint par François Ier, fit appeler en duel le doge Gritti, alors octogénaire. Ce qui était d'un chevaleresque merveilleux entre roi et empereur jeunes et vaillants tous deux, n'était qu'une ridicule bravade vis-à-vis d'un vieillard. Gritti voulait pourtant accepter... Ses conseils l'en empêchèrent. Le général impérial fut battu, chassé des provinces vénètes et s'enfuit honteusement, tandis que l'armée franco-vénitienne obtenait les plus brillants succès dans le royaume de Naples.

Venise après de longues vicissitudes nées de la difficulté de sa position entre le roi et l'empereur, reconquit cependant sa tranquillité et son indépendance. Il est juste de dire qu'au milieu de ces circonstances difficiles, la fermeté et le courage du doge portèrent d'excellents fruits. Il fut sans contredit l'un des princes de Venise dont le règne fut le plus glorieux pour la République et pour son chef. Tous les historiens sont unanimes à cet égard, il mourut de vieillesse en 1538, après un dogat de 15 ans. Pierre Lando fut son successeur.

André Gritti est représenté au Palais-Ducal, dans la salle dite du *Collège*, sur un tableau de J. Tintoret, qui le place à genoux devant la Vierge et l'enfant Jésus.

Il existe un éloge de ce prince de Venise, écrit par Mélisso Cipridio *Pastor-Arcade*.

(■) *Alvise* SACREDO fut ambassadeur de la République en France et en Savoie, sénateur, membre du Conseil des Dix et ministre d'État, ou *savio del consiglio*. On venait de le nommer ambassadeur à Constantinople, lorsqu'un mois après, le poste de patriarche de Venise se trouvant vacant, il y fut promu.

Saint Gérard SACREDO, après la mort de son père, en 1020, se fit moine au couvent de Saint-George-Majeur, sous le nom de Gérard. Bientôt il devint supérieur du couvent, ce qui ne l'empêcha point d'abandonner ce poste, pour suivre l'exemple de son père qui prit part aux croisades. Il partit donc pour la Palestine. Mais en passant par la Hongrie, le roi Saint-Étienne le retint, le créa évêque de Chonad, et lui fit prêcher la foi catholique. Le roi de Hongrie étant mort, l'État fut en proie aux révolutions, et comme Gérard Sagredo ne voulut pas se soumettre à l'usurpateur, il fut lapidé, et mourut martyr. Il eut la tête tranchée. La Hongrie le tient comme apôtre. Saint Gerard Sagredo était un savant, et San-ovino cite ses sermons avec de grands éloges.

(c) Le doge *Marino Grimani* succéda à Pascal Cicogna. Son élection eut cela de remarquable qu'étant marié, on fit avec une pompe extraordinaire le couronnement de la dogaresse, laquelle repose dans le même tombeau que son époux. (Voir la fin de la description de la salle du Grand-Conseil, au chapitre *Intérieur du Palais-Ducal*, où les fêtes de ce couronnement sont décrites.)

Ce fut sous le dogat de M. Grimani que le roi Henri IV de France, épousant Marie de Médicis, fut inscrit sur le livre d'or comme patricien de la République. Il y eut à cet effet, le 2 avril 1600, une séance solennelle dans la salle du *Grand Conseil*, au palais ducal, séance présidée par le doge, et à laquelle siégèrent quatorze cent trente-neuf patriciens. On voit au bas de l'acte authentique qui formule cette séance, que le scrutin eut quatorze cent vingt affirmations et dix-sept opposants, plus deux indécis ou neutres. Nous avons vu les noms de ces dix-sept opposants; plusieurs descendants vivent, nous ne les nommerons pas, quelque insignifiant du reste que soit le reproche de manque de bon goût et de convenance, qui puisse être adressé à leurs aïeux.

Le règne de ce doge fut marqué par l'opposition au pape Clément VII qui pour empêcher César d'Este, fils équivoque d'Alphonse II, de monter sur le trône de Ferrare, écrivit à ce doge, « qu'il était prêt à sacrifier jusqu'au dernier calice de ses églises, et à aller mourir sur les fossés de Ferrare, le Saint-Sacrement à la main. »

Une longue paix suivit cette menace de guerre sans résultat; César d'Este ayant volontairement cédé Ferrare au pape belliqueux. En 1398 un aventurier, une sorte de *Mathurin-Bruno* du temps, se présenta au doge, se donnant pour le roi Sébastien de Portugal, poursuivi par la haine des Espagnols. Il raconta qu'il avait survécu à la bataille d'Alcazer, où l'on avait cru qu'il était mort; il fit ses preuves devant le Sénat, en se montrant au courant de plus d'une négociation secrète, et on allait peut-être aviser à le favoriser, lorsque l'ambassadeur d'Espagne fournit des preuves de son imposture, demandant son arrestation. Le prétendant, passa deux ans dans les prisons de Venise, vainement réclamé par des religieux portugais qui ayant besoin d'un chef pour maintenir l'inquisition, le déclaraient prince authentique... Grimani fit demander à ces religieux s'ils persisteraient à reconnaître leur roi si on leur présentait un nègre. Plus tard, embarrassé de ce personnage, le doge le fit évader. Surpris en Toscane, il fut plus tard livré par le grand duc, à ses ennemis.

Marino Grimani eut plutôt un règne de législateur que de guerrier. Il prit plus d'une mesure utile à l'État, et fit prospérer les finances. Sous son dogat, un Cypriote du nom de Marc Bragadino, prétendit avoir trouvé le secret de faire de l'or, ou la pierre philosophale, comme on dit plus littérairement. Comme tous les les souverains firent leurs efforts pour faire venir cet homme dans leurs états, Grimani lui fit dire qu'il était plus juste qu'il optât pour la ville dont il était né sujet. On lui fit un accueil magnifique, un palais lui fut ouvert; tout le monde, même les plus grands personnages, lui firent leur cour, le traitant d'*illustrissime*. Ce charlatan avait deux énormes chiens, chargés de lourds colliers d'or, et comme il s'en faisait suivre partout, le peuple était persuadé qu'ils étaient pour quelque chose dans la science de l'alchimiste ; que c'étaient deux génies, deux démons que par sa puissance il avait fait sortir de l'enfer pour le servir... pour en faire ses collaborateurs peut-être... Mais il arriva que l'imposture du Cypriote fut reconnue, et on ne se fit aucun scrupule de le pendre haut et bien. Afin de ne laisser subsister rien qui prêtât aux superstitions du peuple, les deux chiens infernaux furent brûlés comme on l'est dans le lieu d'où on les croyait évadés. Cette triple exécution ne fut suivie d'aucune manifestation surnaturelle.

Le doge Marino Grimani mourut le 26 décembre 1605. La dogaresse l'avait précédé au tombeau. Son frère, le sénateur Jérôme Grimani fut uni à eux sous le même marbre.

(■) La reconnaissance de ce doge, arbitrairement appelé *Leonardo* DONATO ou DONÀ, fut protestée par le pape Paul V. Comme on passa outre, sans égard pour les raisons qu'alléguait le nonce, le Pontife lança l'excommunication sur le chef de la République.

Donà, procurateur de Saint-Marc, connaissait la cour de Rome, car il y avait été sept fois ambassadeur. Tout son règne fut une longue lutte diplomatique avec le pape, qui s'était fâché pour quelques sévérités pratiquées contre des ecclésiastiques, accusés de *chasser au testament*...

La fin du règne de Donà fut signalée par la guerre contre les Uscoques, hardis pirates qui ravageaient les possessions Dalmates. Les longues discussions avec le Saint-Siège virent aussi leur terme, au triomphe de la République, qui eut de son parti moral toutes les puissances d'alors. Donà mourut la même année que Henri IV, qui avait toujours été pour Venise un allié fidèle et puissant.

Leonardo Donà est peint dans un tableau de la salle dite de la *Bussola*, au Palais-Ducal ; saint Marc le présente à la Vierge.

(■) Ce fut le second doge de cette illustre famille qui a joué un si grand rôle dans l'histoire de la République. Quinze ans auparavant (1096) Vital Michieli, avait fait appareiller le premier armement qu'eût mis en mer la République : il était formé par deux cents voiles.

Le dogat de Michieli fut la date des guerres les plus acharnées et les plus extraordinaires de l'histoire du moyen-âge. Elles ensanglantèrent presque tout le globe, depuis l'Égypte jusqu'à la Livonie, depuis l'Irlande jusqu'à l'Indostan. L'Asie surtout vit des luttes fabuleuses. Les croisades en sont les plus belles pages.

Dominique MICHIELI secourut les Chrétiens d'Orient. Imploré par Baudouin II, roi de Jérusalem, il tint au sénat un discours plein de générosité et d'ardeur martiale, que les historiens ont conservé. Michieli se mit lui-même à la tête de l'armée, en 1122, pour aller à la rencontre des Sarrasins. Le combat eut lieu devant Jaffa, et les Vénitiens furent vainqueurs. Le doge fit personnellement des prodiges de valeur.—De là s'étant rendu à Jérusalem, l'assaut de Tyr fut décidé, et le doge voulut encore y commander en personne. Il a été raconté à propos du tableau de la salle du Scrutin, au palais ducal, comment le doge sachant ses troupes soupçonnées par les Alliés, fit démonter les gouvernails et les agrès de ses vaisseaux, pour prouver qu'ils devaient vaincre ou mourir !

Tyr, Ascalon et d'autres places encore, tombèrent au pouvoir du doge. En revenant de ces conquêtes, ayant eu à se plaindre de l'empereur Jean Comnène, il entra dans l'archipel et mit à feu et à sang Rhodes, Samos, Paros, Scio,

Lesbos, Andros et une foule d'autres places de l'empire grec, et livra au pillage de ses soldats ces villes réduites. C'est de ces îles qu'il fit enlever les deux colonnes de granit qui s'élèvent sur la Piazzetta, servant de piédestal au lion ailé de saint Marc, et à saint Théodore, l'ancien patron de Venise.

De cet épisode provient, dit-on, le surnom *Delle Colonne*, donné au doge Dominique Michieli.

Dans ses dernières expéditions l'argent ayant manqué au doge Michieli pour solder ses troupes, il étouffa les mécontentements par un moyen bizarre, dont le résultat fut bien glorieux pour lui. Il fit mettre en circulation des petits morceaux de cuir frappés à son chiffre, et ayant ordonné à tous les pourvoyeurs de recevoir cette nouvelle monnaie, il garantit sur son honneur de les échanger contre les valeurs qu'elles représentaient, à son arrivée à Venise. La confiance qu'il inspirait fit admettre cet expédient; au retour dans sa patrie, le doge acquitta tout ce crédit de cuir, en l'échangeant contre de l'or. En mémoire de cet expédient si ingénieux et si efficace à la fois, le doge eut le droit de faire entrer dans ses armoiries de famille, quelques pièces de monnaie. Ces *signes*, suivant le mot blasonique, ne valent-ils pas bien les cinq balles des Médicis.

C'est le doge Dominique Michieli qui rapporta de l'île de Scio, le corps de saint Isidore, qui fut déposé en grande pompe dans la chapelle qui porte encore aujourd'hui ce nom, dans l'église Saint-Marc.

Cet illustre guerrier mourut à Venise en 1128, après avoir abdiqué sa dignité disent quelques historiens. Pendant presque la totalité de son règne, il se plaça valeureusement à la tête des flottes et des armées. Il mourut épuisé par ses glorieuses fatigues. Jamais héros ne mérita mieux son épitaphe : *Terror Græcorum jacet hic*. Il est à remarquer que par ailleurs l'inscription de ce tombeau erre, en rendant les exploits de Michieli contemporains de l'empereur Manuel. Ce fut avec Baudouin que le doge général eût affaire. Manuel ne monta sur le trône d'Orient que plusieurs années après la mort de Dominique Michieli.

Madame Justine-Renier-Michieli, l'auteur de l'excellent ouvrage intitulé : *Origine delle feste veneziane*, écrivain qui a porté l'amour de sa patrie jusqu'au fanatisme, était descendante de Dominique Michieli. Cette femme supérieure a fait époque dans la dernière société vénitienne; elle est morte il y a peu d'années. Elle a traduit Shakspeare en italien.

(x) Le choix d'un doge pour succéder à Léonardo Donà, fit une espèce de révolution dans Venise. Il y avait plus de deux cents ans que l'ancienne noblesse en avait fourni son chef à l'État, dix-neuf familles s'étant coalisées pour exclure constamment de la première dignité les maisons puissantes, dont l'orgueil était devenu choquant. On lit que les inquisiteurs d'État favorisaient sous main ce système d'exclusion contre des familles dont on redoutait l'influence. Ce fut *Marc-Antoine Memmo* qui fut élu, après les scènes les plus orageuses. On prétend que l'un des membres de la coalition adverse, du nom de Veniero, se pendit de désespoir de n'avoir pu empêcher cette nomination.

Deux grandes guerres se développèrent sous le dogat de Memmo : Celle contre les Uscoques, race de pirates dont l'histoire se mêle plusieurs fois d'une façon sanglante à celle de Venise,* et enfin les hostilités qui naquirent des

---

* Le mot *uscoque*, en langue dalmate, signifie *transfuge*.

contestations élevées entre les maisons de Savoie et de Gonzagues, pour la possession du Monferrat. Ces Uscoques étaient des habitants de la Croatie, de la Dalmatie et de l'Albanie, qui, chassés par les invasions des Turcs, se réfugièrent sur les points les plus inaccessibles des côtes, et là, manquant de tout, se mirent à faire les forbans par nécessité autant que par humeur guerrière.

Comme ils causèrent quelque préjudice au commerce de Venise, le doge Memmo envoya des forces pour les soumettre ; mais ils se réfugièrent sur le territoire autrichien, qui leur donna asile. Cela fit naître quelques dissentiments avec l'Autriche, et bientôt les événements qui signalèrent ce règne. L'histoire dit que pendant l'espace de trente ans, ces bandits coûtèrent à la République, vingt millions d'or, tant en prises qu'en déprédations.

Un traité passé avec les Turcs, délivra la République de ces barbares ennemis. Le traité fut signé l'année même de la mort du doge, dont le règne avait été rempli par les luttes avec les Uscoques. Le successeur de ce prince fut Jean Bembo. L'élection du précédent avait fait cesser la longue exclusion qu'éprouvaient les anciennes familles, dont pas une, on l'a dit, n'avait été promue à la dignité suprême, depuis plus de deux siècles. Ce fut pour la haute aristocratie un nouveau succès, que d'être parvenue à faire nommer Jean Bembo, dont l'origine remontait aux premiers âges de la République. Pourtant il y eût un assez vif combat électoral avant d'en arriver à la conclusion de cette nomination, car elle nécessita quatorze scrutins. — Pourtant cette fois il paraît que personne ne se pendit.

(G) Venise a subi de terribles pestes, fléaux mystérieux qui furent pour elle bien autrement redoutables que les guerres, qui ne décimaient point pareillement sa population. En 1348, des Génois apportèrent en Sicile, des bords de la mer Noire, une maladie contagieuse, qui fut le premier fruit du commerce avec les Turcs. La peste gagna la Toscane, puis le nord de l'Italie, et s'abattit sur Venise : elle y fit d'effroyables ravages, puis, ayant passé les Alpes, elle couvrit de ses ailes lugubres l'Europe entière, et dépeupla l'Irlande. C'est de cette peste, connue sous le nom de *peste de Florence*, dont Boccace a fait la description dans son *Décaméron*. Il prétend qu'elle ravit à Florence 100,000 habitants, Naples en perdit 60,000, Sienne 80,000, Gênes 40,000. De compte fait, ce terrible fléau coûta à l'Europe les TROIS CINQUIÈMES de sa population !

A Venise, la peste dura six mois. On ignore à quel chiffre exact purent s'élever les pertes que la République fit de ses sujets, mais on peut s'en faire une idée en sachant que la moitié des patriciens périrent. On juge quels ravages plus grands se firent dans le peuple !

Douze ans après, le fléau se représenta ; mais comme s'il était allé s'endormir dans les monts neigeux de la Norwège, cette fois il vint du Nord vers le Midi. Venise n'en fut pas la plus maltraitée.

En 1415, pareille calamité revint à la suite d'une longue et malheureuse guerre, et cette fois, sévissant avec rage, elle fit périr trente mille personnes. Ce fut à l'occasion de ce retour du fléau que la République proclama cette belle loi qui défendait à tout dignitaire de l'État de quitter Venise tant que la peste y régnerait...

Soixante ans plus tard, le fléau se déclara de nouveau, répétition de calamités qui dénote le peu de précautions sanitaires prises à cette époque. Cette fois, ce furent les Turcs eux-mêmes qui l'apportèrent en Italie. A Venise, elle dura plus de six mois. Pendant ses plus grands sevices, il mourut 450 personnes par jour. Malgré la loi qui défendait aux nobles de quitter la capitale, beaucoup se réfugièrent dans les îles, où ils espéraient échapper à la contagion. Le conseil de l'État se vit réduit à 80 membres... Cette peste emporta le doge André Vendramino.

En 1575, le fléau se présenta encore. Venise perdit plus de quarante mille habitants. Titien, le peintre presque séculaire, fut enlevé par cette contagion, lorsqu'il peignait encore. Ce fut cette peste qui immortalisa en Lombardie le célèbre cardinal Borromée. Les Vénitiens, en action de grâce de la cessation du fléau, élevèrent la magnifique église *du Rédempteur*, à la Giudecca, chef-d'œuvre du célèbre Palladio (Voir la note concernant la description de cette église). Enfin, une des dernières calamités dont fut frappée la toujours renaissante Venise, fut le fléau de 1630, qui enleva 682,000 habitants dans l'ensemble des provinces soumises à la République, et pour la libération duquel fut élevé le splendide édifice que nous examinons. Il n'y avait pas un an que la contagion s'était envolée, que déjà le doge Nicolas Contarini, accompagné du patriarche Giovanni Tiepolo, en posait la première pierre. On choisit pour cette cérémonie le jour anniversaire de la fondation de Venise elle-même.

Le fléau ayant presque miraculeusement cessé de sévir le jour où le vœu fut solennellement fait à la Vierge, pour l'érection du temple, il fut placé sous l'invocation propre à commémorer la circonstance ; de là son nom. Longtemps à chaque anniversaire, le doge et les principaux dignitaires de l'État, se rendirent à *Santa-Maria della Salute*, pour entendre une messe commémorative, et de nos jours encore, cette messe se dit annuellement. C'est pour le peuple un jour de fête : un pont de bateaux est jeté sur le grand canal, de façon à réunir les deux rives, et depuis le matin jusqu'à la nuit, l'église devient le but d'un populeux pèlerinage. Les marchands ambulants, les industriels des rues, profitent de la circonstance pour exercer leur commerce, et cette fête, dite *Sagra*, par son animation et son grand concours de monde, devient une des récréations populaires qui jettent quelques heures de bruit et de confusion dans ce quartier ordinairement si calme et si solennel !

(**m**) Dominique Brusasorci fut regardé comme un des bons peintres de l'école de décadence. Il s'attacha à l'étude de Giorgion et de Titien, et rappela quelquefois ces maîtres. Il fit beaucoup de fresques pour les palais de la terre-ferme. Sa composition de la *Fable de Phaéton* au palais ducal de Mantoue, et sa *Cavalcade de Clément VII et de Charles-Quint*, à Vérone, sont regardées comme des œuvres supérieures. — Son fils, *Felice Brusasorci*, se fit un autre style, qu'il acquit en partie dans ses études à Florence, auprès de Ligozzi. Il eut plus de grâce et de délicatesse ; ses figures rappellent celles de Paul Véronèse, bien que d'un type plus allongé. Vérone possède dans ses églises beaucoup d'œuvres de ce Félice. Il ne peignit point à fresque, mais il adopta un autre genre, genre tout de caprice, sur *pierre de touche*, qui lui a fait produire quelques compositions originales. Il se servait adroitement du marbre même pour produire les ombres. Le petit tableau qu'on voit dans le vestibule de la sacristie de l'église *della Salute*, est un des plus délicatement peints que Brusasorci ait laissés dans cette manière. On raconte une singulière anecdote au sujet d'un autre tableau plus grand, mais également peint sur *marbre noir*, et qui figurait il y a longtemps déjà, dans cette même église. Il avait été commandé à l'auteur par la confrérie de l'ancien couvent de la Charité, et voici en quelles circonstances. Il y avait au-dessus du maître-autel de l'église une grande plaque de marbre noir dont l'effet déplaisait au prieur, et il fit mander un peintre, frère d'un des moines, et qui était en quelque façon ami du couvent. C'était Brusasorci. Il fut convenu que l'artiste peindrait un sujet qui enrichît de ses couleurs cet emplacement sombre et de mauvais effet. Brusasorci se fit hisser vers le marbre et peignit le tableau dont on parle. Mais lorsqu'arriva le moment de régler les comptes, le prieur se prévalut des nombreux dîners que l'artiste avait faits depuis longtemps au réfectoire du couvent, pour éliminer tout paiement. Le peintre fit tout ce qu'il put pour obtenir raison, mais, n'y réussissant pas, il finit, après avoir épuisé tous les moyens de la terre, moins le papier timbré, qui est une agréable invention des temps modernes, que les siècles passés ne connaissaient pas, il finit, disons-nous, par dire qu'il s'en remettait à la justice de Dieu, qui ne laisserait pas cette déloyauté impunie...

Or il arriva que peu de jours après, le prieur étant assis dans sa stalle du chœur, et se complaisant dans l'examen du tableau qui ne lui avait rien coûté et qui décorait si bien l'endroit en question, il s'aperçut que les couleurs étaient déjà ternies... qu'il y avait comme un léger nuage sur le tableau. Le prieur attribua cet incident au temps un peu gris qui éclairait mal la peinture, et continua ses oraisons. Mais le lendemain, chose étrange! malgré qu'il fît le plus beau soleil vénitien, le tableau lui sembla presque effacé... Les lignes du dessin, les dégradations du coloris, ne lui apparurent plus que comme vues à travers un brouillard... Enfin, le troisième jour, le prieur s'étant rendu de grand matin dans l'église, pour juger les progrès du phénomène, vit avec effroi que l'ancienne plaque de marbre noire avait remplacé la peinture qu'il avait refusé de payer, et au sujet de laquelle Brusasorci s'était déclaré s'en remettre à la justice de Dieu !

Effrayé, la conscience en désordre, l'esprit frappé par cette espèce de miracle, le prieur fit appeler le peintre, et sans presque lui mot dire, il lui compta la somme convenue avant le travail commencé. Sans lui parler de ce qui s'était opéré de surprenant dans l'église, il le congédia, évitant même qu'il pût communiquer avec personne du couvent.

Le lendemain le prieur, au moment où il regardait avec regret son marbre noir d'où était miraculeusement disparu un tableau qu'il avait payé, ne fut pas moins étonné qu'auparavant, en retrouvant la plaque vaguement recouverte des mêmes pénombres de couleurs et de lignes indécises que la veille du jour où tout avait disparu. Le jour suivant, le tableau fit un retour proportionné vers son état primitif, et enfin, le troisième matin, le prieur, aussi surpris que charmé, retrouva l'œuvre rayonnante, éclatante de coloris et aussi belle qu'au moment où l'artiste en avait retiré son échafaudage une semaine auparavant.

Le prieur resta vivement frappé du miracle que Dieu avait accompli pour lui faire rendre justice au peintre, et bien persuadé en même temps que s'il ne s'était pas décidé à payer, le tableau eût disparu pour toujours...

Mais comme il pourrait se faire que le lecteur ne partageât point la crédulité du déloyal prieur, nous lui confierons, sans pour cela vouloir porter la moindre atteinte à la considération que méritent en une foule d'autres cas les miracles, que Dieu n'était pour rien dans celui-ci. En voici le mystère : chaque nuit, par ordre de Brusasorci, son frère le moine, à l'aide d'une échelle, appliquait sur le tableau haut placé, une couche d'une sorte de gaze noire, dont semblait s'estomper le coloris, et dont les plis, superposés les uns sur les autres, finirent par l'effacer entièrement. Le tableau payé, les gazes disparurent une à une, et voilà comment Dieu voulut que justice fût rendue à l'artiste dans son droit.

A la destruction du couvent de la Charité, le marbre noir passa où nous le trouverions encore aujourd'hui, s'il n'était tombé, il y a quelques années, du crampon de fer oxidé qui le retenait mal au mur. Il fut brisé de façon à ce qu'on ne pût en tenter la restauration.

(a, *Pietro Bacci*, tel est le véritable nom du bâtard d'un gentilhomme d'Arezzo, qui reçut de sa patrie le nom d'*Aretino*, l'Arétin. On n'est pas bien d'accord sur la manière dont mourut ce libelliste si moqueur, si spirituel et si scandaleux, faut-il dire, contradictoirement avec la sainteté de sa sépulture. Des biographes assurent que l'Arétin, qui, comme on sait, fut l'ami de Titien et de Sansovino, expira dans un accès de fou-rire qui lui prit en écoutant le récit d'une bizarre aventure arrivée à une de ses sœurs, laquelle était tout effrontement courtisane vénitienne. Ce serait une fin digne de la naissance illégitime et de la vie déréglée de ce poète pamphlétaire. Mais à Venise, on conserve une anecdote qui contredirait le genre de mort rapporté par les biographes. Selon cette anecdote, Pierre Arétin aurait été mis à mal par ce que valût, dit-on, à l'Europe, la découverte de l'Amérique ; et ayant, par les soins de son entourage, reçu l'extrême-onction, il dit en riant, ce vers que la bouffonnerie italienne peut rendre moins impie qu'il ne semble :

« *Guardatemi d'a topi, or che son unto !* »

c'est-à-dire :

Préservez-moi des rats, maintenant que je suis huilé.

Les chroniqueurs disent que l'Arétin était fort distrait lorsqu'il avait le cerveau en travail de quelqu'œuvre nouvelle. On ne sait s'il faut placer parmi ses distractions involontaires cet hommage qu'il fit un jour d'un livre obscène qu'il avait composé, à un cardinal auquel il prétendait offrir ses discours sur la *philosophie d'Épictète*. Le cardinal s'en scandalisa fort, et tenta de faire exiler l'impudent poète. Une autre fois, il se trouva dans une réunion assis entre un homme et une femme ; il faisait la cour à la femme, et était jaloux de l'homme qui passait pour être du dernier mieux avec l'infante. Après avoir parlé alternativement avec tous deux, il se tourna du côté de celle dont il eut voulu écarter un rival gênant, et lui tint un propos qui ne pouvait être adressé qu'à l'homme, et qui dévoilait les indiscrétions de l'amant. C'était une question épineuse... à laquelle la femme ne répondit pas, mais dont elle se souvint assez pour chasser l'indiscret auquel l'Arétin avait cru s'adresser. Le galant ayant su ce qu'avait fait l'écrivain, se fâcha, il fallut se battre. Mais l'Arétin eut encore une distraction ... il pourfendit son adversaire avant que celui-ci ne fût prêt à se défendre. Bref, il lui fallut se sauver à Florence, et sans le crédit de Titien, qui s'employa pour lui, il n'eut probablement jamais pu remettre le pied à Venise.

On voit dans l'église de *Santa-Croce*, à Florence, un tombeau qui porte le nom de l'*Arétin* : inutile de dire que celui-là n'est pas notre burlesque personnage. Cet autre Arétin fut un historien, poète fort chaste, que madame de

Staël a eu le tort de confondre avec son cynique homonyme, celui qui pesait la chaîne d'or de Charles-Quint au poids de la sottise qu'elle était destinée à faire oublier.

(J. De toutes les villes d'Italie, Venise fut la plus sujette à la peste. Cela s'explique par le commerce actif et etendu qu'elle faisait dès les premiers siècles avec les Turcs du Levant et les villes de l'Asie. Il faut ajouter à cela que, n'ayant aucune police médicale, le fléau naissait souvent dans des circonstances où des précautions sanitaires l'eussent étouffé. Régulièrement, Venise subit la peste trois ou quatre fois par siècle.

Parmi les dates les plus mémorables des ravages causés par ce fléau, il faut citer 1575, année qui, de même que 1630, enleva à la capitale de la République plus du quart de ses sujets. La peste de 1630 fit bâtir l'église *della Salute*, celle de 1575 fit élever le *Rédempteur* [*].

Durant la précédente calamité, la contagion fut telle que quatrevingt-dix familles nobles furent éteintes (parmi lesquelles seize avaient des doges pour ancêtres), et la population diminua tellement, qu'on fut obligé d'appeler des étrangers pour repeupler la ville.

Ce fut alors seulement qu'on reconnut la nécessité de fonder un grand établissement, un hospice pour recevoir et isoler les personnes qui, dans l'avenir, seraient attaquées du fléau. Ce premier édifice fut élevé sur un des écueils des lagunes où habitaient des moines de Sainte-Marie-en-Nazareth, de là l'azareth, *Lazzaretto*, par corruption de langue, suivant les chroniques. Ce bâtiment a contenu jusqu'à dix mille personnes. Tout spacieux qu'il fût, l'expérience a prouvé qu'il ne suffisait pas encore, et on en éleva un second sur un autre îlot voisin, lequel reçut le nom de *Lazzaretto nuovo*. En 1575, ces deux hospices suffirent à peine pour contenir tous les gens attaqués du fléau.

Durant les six mois d'été que dura cette dernière peste, ses sévices furent affreux. Il fallut souvent renoncer à donner la sépulture aux cadavres, qu'on se bornait à jeter dans les canaux, d'où la marée les emportait vers les lagunes, et les rapportait souvent décomposés par le poison corrosif ou putrifiés par la chaleur. Une mort en entraînait cent autres. Une foule d'habitants quittèrent leurs demeures pour vivre dans des barques, au hasard, errant autour de la ville sur laquelle le fléau mystérieux étendait ses ailes palpitantes. Cette population flottante s'éleva à plus de dix mille individus, que resserrait dans des limites marines le pavillon de saint Marc, développé sur quelques galères placées en limites. Ceux qui tentaient de franchir ce cordon sanitaire, étaient sur-le-champ pendus aux antennes des galères...

Le Lido fut aussi choisi comme un lieu de refuge qu'assainissait l'air bienfaisant de la mer. On y improvisa des constructions. Des barques renversées, des galères échouées servaient d'asiles nocturnes à ceux qui espéraient échapper à la contagion, en renonçant à toutes les douceurs, à toutes les nécessités même de la vie. Par ordre du Gouvernement, les prêtres, les médecins, les sages-femmes circulaient sans cesse partout où s'était portée la population ; les médicaments et les consolations spirituelles étaient distribués aux souffrants et aux découragés...

Le Sénat et le peuple avaient solennellement décrété qu'à peine le fléau

---

[*] C'est cette peste qui ravagea Milan, et dont les scènes horribles sont si admirablement décrites, dans les Fiancés (*Promessi sposi*) du célèbre Alex. Manzoni.

cesse, on élèverait un temple en mémoire, en reconnaissance du bienfait obtenu de la miséricorde céleste. La peste cessa... Elle avait fait quarante-cinq mille victimes ! Le patriciat vénitien était à demi éteint. Les populations de terre ferme ayant reçu des avantages, vinrent repeupler la capitale, et aussitôt on s'occupa de l'érection du temple voté à Dieu. Louis Mocenigo étant doge et Trevisano, patriarche, la première pierre fut posée. Sur cette première pierre de la piété et de la reconnaissance, Palladio éleva par les airs assainis ce temple fameux dont la haute coupole d'étain porte à son sommet, dessinée sur le fond bleu du ciel, la croix latine du rédempteur du monde !

Et n'est-ce pas chose surprenante et admirable à la fois, que de voir ainsi Venise, échappant à peine aux plus terribles désastres, retrouver subitement sa force et sa richesse pour élever des monuments grandioses, la *Salute*, *Saint-George*, le *Rédempteur*, édifices élégants comme les œuvres grecques, solides comme les travaux romains ! La ligue de Cambrai lui donne à combattre toute l'Europe, hommes et trésors, cette seule ville suffit à tout. Bientôt elle rentre en possession de tous ses domaines, restaure ses places, élève des palais, fonde des églises, élève monuments et trophées sur ses désastres ! de ses ruines mêmes germent des prospérités nouvelles ! Un incendie dévore son arsenal ? moins d'un an s'écoule, et le Turc étonné en voit sortir deux cents voiles qui vont détruire sa flotte et abaisser le Croissant sous la griffe du lion ailé, dans le golfe ensanglanté de Lépante !

La fondation de l'église du Rédempteur devint l'objet d'une fête nouvelle à ajouter au calendrier vénitien. Chaque année, une messe solennelle, à laquelle assistaient et le doge et toute la seigneurie, était pompeusement célébrée dans ce temple, érigé, pour ainsi dire, comme un splendide mausolée sur les innombrables victimes du désastre. Et comme le peuple se rendait en foule à cette solennité, le Gouvernement, afin de faciliter les communications entre la ville et la Giudecca, que sépare l'une de l'autre ce large canal qui est presque une lagune, le Gouvernement, disons-nous, fit chaque année construire un immense pont supporté par des bateaux, réunissant les deux rives. Alors le peuple, même le plus économe ou le plus misérable, put aller faire ses dévotions au temple ouvert tout le jour à la piété.

Mais, comme l'observe judicieusement le savant auteur des *Scènes de Venise* *, le Vénitien aime les fêtes, le plaisir : « D'année en année, à mesure « que chaque anniversaire s'éloignait davantage de la date de sa fondation, la « gaîté, qui est le fond du caractère vénitien, s'allia peu à peu aux sentiments « de la piété, puis finit par avoir une si bonne part dans la fête, que la visite « au temple ne fût bientôt plus que le prétexte : s'amuser, se divertir, fut le « but. Aujourd'hui la *Sagra*, ou fête du Rédempteur, est un jour et une « nuit d'amusements et d'allégresse expansive. »

En effet, s'il est quelque âme pieuse qui se souvienne que le temple est ouvert à la prière, c'est durant le jour qu'elle y va accomplir son religieux pèlerinage. Mais la nuit appartient aux gens de gaîté et de plaisir. Chaque heure qui s'écoule après le tomber du soleil, marque les degrés du tumulte et de l'animation. Vers minuit, la fête est à son apogée. Le pont de bateau semble faire couler la population de Venise dans cette île, qui en regorge, en déborde. Les jardins de la Giudecca sont illuminés de façon à favoriser les plaisirs de

---

* M. Pierre-Gaspard Moro-Lin, traduit en français par M. Léopold Crinalovich.

cette jeunesse avide de plaisir. Les lanternes de toutes nuances se festonnent aux arbres, se suspendent aux corniches, se groupent en étoiles, en rosaces : on dirait parfois le soleil qui regarde la fête à travers des vitraux de couleur !

Les marchands de *frittole* ont dressé là leurs cuisines de bivouac, et leurs comptoirs ambulants, sur lesquels resplendissent de grands plats de cuivre, dont un antiquaire ferait cas. Leur pâtisserie populaire grésille et frémit dans les flots d'une graisse bouillante, dont l'odeur vous saisit à la gorge, comme pour resserrer le passage où votre imprudente fantaisie de gentleman pourrait vous entraîner à digérer ces âcres frittole. Le peuple s'en régale... Nous avons toujours pensé que les gens délicats perdent une foule de jouissances. L'homme du peuple est plus heureux le nez dans un grand verre de vin bleu et épais, que l'homme du monde qui porte à ses lèvres un verre ciselé où l'on a parcimonieusement épanché le chambertin violet ou le château-margaux couleur de rouille. Son grossier tabac noir et caporal délecte mieux son palais sensuel que ne le font pour le dandy les feuilles ambrées du manille ou du pur havane, dont la fumée fait rêver. Ajoutez à cela la disproportion qui existe entre l'or que coûtent ces jouissances aristocratiques et de mode, et la vraie somme de bonheur qu'elles rapportent, et dites-moi si celui qui à toute heure et pour si peu, tient à la portée de ses lèvres son gros vin et son fort tabac, n'est pas plus heureux que celui qui a appris à dédaigner ces choses, et qui court à la poursuite de jouissances plus raffinées, pour lesquelles ont été exercés ses sens et ses désirs, sans pour cela qu'il ait la possibilité de s'en réjouir à sa guise... En vérité le gondolier, l'artisan qui dédaigne nos raffinements sensuels a peut-être raison !

Mais j'en étais aux frittole que le peuple croque avec volupté, en buvant son *piccolit* de Conegliano ou du Frioul. Toutes les boutiques foraines, comestibles et petits riens qui se débitent dans les fêtes, sont ornées de lanternes de papier de toutes formes et de toutes couleurs. Une immense flottille de barques, de gondoles, qui ont apporté là les gens du bel air, circulent le long de la rive portant des convives et des musiques. Car si l'on soupe dans les jardins, sous les treilles qui font des toits de feuilles et de ceps enroulés aux familles venues par le pont, ou aux gens qui aiment les aises du terrain solide ; les élégants, les lions, la *jeunesse dorée*, comme dit Béranger, l'ermite-poète, préfère se faire servir dans les gondoles que recouvre une tente élégante, éclatante, toute frangée de lanternes variées de couleurs. La gaze, la mousseline, la soie, entourent les convives de leurs rideaux transparents, et du sein de ces gondoles, où brille l'argenterie et les cristaux avec les fleurs et les vins de la table, s'élèvent les rires, les joyeux propos, les refrains, au milieu desquels éclatent de temps à autre, comme les salves d'artillerie dans le cours d'une fête, les détonations des bouchons de champagne !

Car le vin de Champagne, ce pas significatif de la civilisation moderne *, joue un grand rôle dans ces soupers de barques, qui sont une invention et un usage propres à la seule Venise. Au devant de la barque où les brillants jeunes gens et les belles jeunes femmes se livrent à ce prosaïque plaisir, au milieu de toute cette poésie, un gondolier, qui semble le dragon de quelque soupi-

---

* On se rappelle l'exclamation de ce navigateur, qui à la recherche de traces d'habitations sur une côte où il abordait en explorateur, trouva dans le sable un bouchon à vin de Champagne, et s'écria : « Mes amis, nous sommes dans un pays civilisé ! » En effet, à peu de distance de la côte, était une factorerie anglaise.

rail de l'enfer, jette de temps en temps dans un trépied mystérieux des poudres qui s'enflamment et jaillissent en flammes rouges et vertes, ou pétillent en étincelles d'or et de saphir. Ces explosions de feu du Bengale embrasent la nuit. Pour un moment, toutes les plus vives lanternes semblent clore leurs paupières, ne pouvant supporter cet éclat... Puis la diabolique poudre consommée, l'illumination des festons et des guirlandes reprend l'éclat de ses regards aux mille couleurs.

On comprend que toutes ces barques se croisant en tout sens, ce.te foule de toute classe, où se rencontrent en quantité ces belles jeunes filles qui ont des yeux plus brillants que le jour, plus noirs que la nuit, et d'abondants cheveux plus noirs que leurs yeux encore ; ces tentes, ces jardins illuminés, ces embrasements de l'air, ces mille reflets des lanternes de couleurs, fleurs lumineuses qui s'épanouissent partout, et jouent dans les eaux, ces chants, ces interpellations joyeuses ou comiques d'une barque à une autre, ces musiques de cuivre qui accompagnent les riches, la majesté originale du pays, la poésie de l'heure et de la saison, tout enfin contribue à faire de cette fête un spectacle dont doit se souvenir celui qui l'a vu une fois. Impossible à saisir pour le peintre, cette scène ne peut guère non plus se raconter. On n'y danse pas ; on s'y promène, et on y mange. Cette dernière occupation qui chez certains peuples à la digestion pesante, serait tout à fait incompatible avec toute gaîté et toute animation, est au contraire babillarde et vive. Ils ne sont pas gourmands à la manière d'Apicius ou des dîneurs du Directoire, époque à jamais mémorable de la goinfrerie, comme dirait Rabelais ; ils le sont comme Comus. Le rire et la saillie à laquelle leur charmant dialecte se prête si bien, sont les assaisonnements de ces repas galants ; et vraiment il serait difficile, en assistant comme convive et comme observateur à une semblable fête, de s'imaginer qu'elle a été fondée à propos d'une peste !

(xx) Le doge *François* Foscari monta sur le trône ducal après Thomas Mocenigo, lequel avait supplié le Sénat de lui donner un tout autre successeur, pronostiquant que si Foscari était nommé, on aurait sur-le-champ la guerre, « Alors, ceux qui avaient dix mille ducats, n'en auront plus que mille, » dit le doge orateur. « Ceux qui avaient dix maisons, n'en auront plus qu'une ! » Ce qui n'empêcha point que ce fut précisément le procurateur Foscari qu'on choisit pour doge.

Il fut couronné en 1423, et mourut en 1457, son règne fut l'un des plus longs qu'ait subis la République, puisqu'il dura 34 ans.

A l'élection de Foscari on acheva de supprimer la part que jusque-là le peuple avait encore eue dans les nominations de doge. La formule en vigueur était celle-ci : « Nous avons élu un tel pour doge, s'il vous est agréable. » Un sénateur demanda : « Et si le peuple disait non, que feriez-vous ? » Il fut arrêté que désormais on se bornerait à dire : « Nous avons élu pour doge le patricien un tel. »

Les principaux événements de ce long dogat furent : — Une peste dès la première année. — Une nouvelle guerre avec les Turcs, à cause de Salonique. — L'embauchage du général Carmagnola, qui quitta pour la République le service du duc Visconti. — Les guerres avec ce dernier. — La prise de Brescia. — La bataille de Macalo. — L'élévation au pontificat du cardinal vénitien Condalmier. — Les nouvelles guerres contre le duc de Milan. — La trahison de Carmagnola. — Son procès, sa mort. — François Sforza à la tête de l'armée vénitienne. — La croisade contre les Turcs. — La bataille de Varna. — La mort de Philippe-Marie Visconti. — L'invasion des Français dans le Milanais. — La ligue d'Italie. — La prise de Constantinople par les Turcs. — Les accusations portées contre le fils du doge. — Les malheureuses tentatives réitérées de François Foscari pour quitter le pouvoir, etc.

Ce doge était un homme de résolution, ayant l'âme guerrière et l'esprit législateur. Sous son règne, la République eut des phases de succès inouïes. Le grand conseil usa envers lui d'une cruauté sans exemple, à propos des fautes de son fils, et causa ainsi sa fin déplorable. Son magnifique palais du grand canal, le plus délabré qui soit aujourd'hui à Venise, s'ouvrit souvent pour offrir une splendide hospitalité aux princes et aux grands personnages qui visitaient Venise. — Ailleurs on trouvera tout ce qui complète ce qu'offrait à dire ce grand nom : François Foscari. *

(L) *Nicolas* TRON ou *Trono*, succéda en 1471 au doge Christophe Moro ; il avait alors 74 ans. Il s'était enrichi à Rhodes, en y faisant le commerce, ce qui prouve qu'à cette époque le commerce n'était pas encore interdit aux patriciens. On peut se faire une idée de l'immense différence qui existait alors dans l'appréciation de l'argent, en voyant que la fortune de ce doge ne montait qu'à 80,000 ducats, c'est-à-dire un peu moins de 500,000 francs ; pour le temps c'était énorme, aujourd'hui ce ne serait que modeste.

Au reste on cite des patriciens qui, au commencement du XV° siècle, jouissaient d'un revenu de plus de 400,000 fr., ce qui est véritablement énorme, et équivaut à plusieurs millions de nos jours.

Nicolas Tron n'eut pas un dogat guerrier. Il s'occupa d'administration. Ce fut lui qui le premier mit son effigie sur les pièces de monnaie, de la valeur d'une livre, lesquelles prirent de fait le nom de *Troni*. Mais la jalousie aristocratique ne permit pas que cet usage se perpétuât, et ce prince mort, on ne mit plus sur les monnaies que le nom du doge, sans effigie. Seulement on y figura parfois un doge à genoux devant saint Marc.

Nicolas Tron mourut en 1473, après un règne de 20 mois seulement. Son successeur fut Nicolas Marcello, vieillard octogénaire.

(M) *Jean* PESARO régna moins de trois ans. Il avait succédé à Bertuce Valiero en 1657. Jean Pesaro avait l'humeur guerrière. Comme procurateur il parla souvent pour des déterminations belliqueuses, et fit le sacrifice d'une partie de sa fortune pour aider aux armements contre les Turcs.

C'est sous le dogat de Pesaro que mourut le célèbre Olivier Cromwell, protecteur d'Angleterre, homme extraordinaire qui faillit donner à sa patrie un IX Thermidor.

Le cardinal Mazarin entretint correspondance avec Jean Pesaro, voulant mettre la République dans ses intérêts. La paix des Pyrennées fut aussi un des grands faits politiques de cette époque. Le mariage de Louis XIV avec l'infante d'Espagne ; l'avènement au trône de Charles II d'Angleterre, eurent aussi pour date le dogat de Jean Pesaro, qui mourut en 1664, des suites d'une chute qu'il fit en descendant un des escaliers secrets du palais ducal.

(N) CANOVA. Au pied Alpes vénètes, entre Bassano et Trevise, et plus près encore du petit pays d'Asolo, s'éparpille en désordre un petit village du nom de Possagno. C'est là qu'en 1757, d'autres disent en 1760, naquit Antonio Canova, dont le nom euphonique et harmonieux semblait fait pour la glorieuse

---

* Voir au chapitre sur le *Grand Canal* la note (D) relative aux *Foscari*.

popularité qu'il devait acquérir un jour. Son père était un simple tailleur de pierre, comme presque tous les habitants du pays, et comme un oncle qui l'adopta plus tard, car la pierre, le marbre sont communs dans ces montagnes et il semble que ce soit pour les animer que Dieu ait fait naître là ce Prométhée. Son père mort, Angela Zardo sa mère remariée, Tonino, ainsi qu'on l'appelait, aida longtemps son oncle le tailleur de pierre, dans les fatigues de son rude travail, et ne se doutait pas qu'un jour ces mêmes carrières, fouillées avec la mine pour le service des villes voisines, rendraient des blocs de marbre pour lui élever un temple! Mais le génie s'ignore-t-il lui-même, parce que l'occasion ne lui a pas encore été offerte pour se révéler? Du haut des collines alpestres qui dominent la vallée où s'étendait son village, que de fois le jeune ouvrier aura contemplé l'Italie se déroulant à ses pieds, verte et fleurie dans les plaines du Lombard-Veneto, bleue et scintillante sur l'Adriatique! Ignorait-il alors les destinées presque royales que lui préparait l'avenir? Un éclair translucide ne lui montrait-il pas dans le vague de l'avenir tous ces dieux olympiens et tous ces rois de la terre, qui devaient sortir un jour par lui des blocs que son marteau d'ouvrier venait d'équarrir? Ne devinait-il pas qu'il deviendrait gentilhomme, commandeur de tous les ordres de l'Europe, et bien plus que tout cela, grand artiste? Prévoyait-il, ce jeune manœuvre d'un pauvre tailleur de pierre, que de secrètes pensées animaient peut-être quand passait devant lui quelque équivoque beauté des montagnes, que la princesse Borghèse poserait un jour nue devant lui?

Comme toutes les grandes vocations qui couvent, un hasard révéla celle de Canova. Conduit par son oncle le tailleur de pierre à la campagne d'un seigneur vénitien, pour y raccommoder un puits, il pétrit un lion avec une avalanche tombée des Alpes dans la vallée. Le patricien voit l'œuvre de l'enfant, il l'interroge, s'y intéresse, l'enlève à son parent et l'envoie comme apprenti chez un sculpteur obscur de Venise. Ce fut peu de temps après son admission dans l'atelier de ce sculpteur, c'est-à-dire âgé de quinze ans environ, qu'il fit les deux corbeilles de fruits qu'on voit encore au palais Farsetti, palais qui sert aujourd'hui de résidence à la municipalité. Bientôt après, Venise examina une Eurydice en pierre tendre qu'il avait taillée dans une inspiration de quelques jours. La généreuse ville voulut qu'il allât à Rome, et elle lui fit 300 ducats de pension. Sa première œuvre sérieuse dans la ville des papes, est un groupe de *Dédale et Icare* venu au palais Barbarigo de Venise, et qui annonce tout ce que le sculpteur réalisera un jour. « On crut, tant les membres étaient étudiés, qu'il les avait moulés sur nature, » dit un historien, observation très peu judicieuse au fond, car quiconque s'occupe d'art sait que toute partie coulée sur le corps humain n'est guère bonne qu'à être copiée ensuite, et ne s'ajusterait pas harmonieusement dans une œuvre d'art.

Thésée vainqueur du Centaure, le monument funéraire de *Laurent Ganganelli*, et plusieurs autres beaux travaux, lui valurent à vingt-cinq ans une réputation déjà presque européenne.

Ce que le peintre David avait fait en France pour la peinture, après la détestable école de Vanloo, Canova le fit en Italie pour la sculpture, après le chevalier Bernin. Comme le grand peintre des *Horaces*, et sans aucun doute entraîné par les idées de celui-ci, Canova choisit une des phases de l'art grec pour en faire le *criterium* de ses travaux. A l'imitation de David, il eut peut-être le tort de laisser le grand siècle de Périclès et le souvenir de Praxitèle et de Phidias, pour adopter une phase de la décadence de l'art antique dont la conséquence fut d'inspirer au sculpteur italien comme au peintre français une forme un peu conventionnelle. David avait déclaré que rien n'était plus beau dans l'art grec que l'*Apollon* et le *Méléagre*, et on le crut sur parole, bien que Châteaubriand ait déclaré ces statues *trop vantées*. Canova accepta aussi cette déclaration, et plia son génie à la reproduction un peu uniforme de ces types, au lieu d'aller puiser dans tous ceux qu'offre la riche nature où avaient puisé les Phidias de l'antiquité.

Mais une fois engagé dans cette voie, à laquelle il est resté fidèle pendant toute sa carrière si laborieuse et si pleine de gloire, Canova fut servi à souhait par les tendances grecques du Directoire et de l'Empire, qui valurent à la France de si détestables œuvres de la part des imitateurs de David. Les affreux meubles, les horribles étoffes, les odieux tableaux qui sortirent d'une école dominée par un homme de génie! Vanloo et les siens n'étaient plus, c'est vrai! mais on avait les plagiaires de David, comme Canova eut les siens, et il fallut toute l'éclatante supériorité des deux maîtres, pour ne pas faire haïr les Grecs et les Romains, qu'ils avaient soulevés de leurs cryptes funéraires.

La peinture française, tout en reconnaissant les immenses services que David a rendus à l'art, en le faisant violemment sortir de la mauvaise voie où il était engagé, a fait depuis sa réaction contre l'école grecque et romaine. Canova ne semble pas appelé de longtemps encore à subir la même destinée; ses œuvres jouissent dans toute l'Europe, et en Italie particulièrement, d'une célébrité qui protége de toute critique l'école dont elles émanent. Et puis, les sculpteurs ne se sont pas multipliés en Italie comme l'ont fait en France les peintres après David. Enfin, lorsque beaucoup de toiles représentant des Spartiates et des Lacédémoniennes sont retournées la face contre le mur, tous les Ajax et les gladiateurs de Canova sont toujours sur pied, le casque en tête, le glaive au poing, n'ayant à se défendre que contre le temps, moins fatal aux œuvres d'art que les idées ou les modifications du goût!

L'œuvre de Canova est immense : elle compte plus de 160 morceaux, dont 53 statues, 12 groupes, 14 sarcophages, 8 grands monuments, 9 figures ou compositions colossales, 54 bustes et 26 bas-reliefs. Murat, Ferdinand d'Autriche, les archiducs de Florence, le régent d'Angleterre, les derniers Stuarts, les premiers Bonaparte, madame Lætitia, le pape, toutes les cours, tous les grands, ont tenu à honneur d'ordonner à son ciseau ou de poser devant lui. Sa vie fut une des plus glorieuses, des plus honorées que puisse ambitionner un artiste honnête homme. S'il ne fut pas ambassadeur comme Rubens, des mains royales attachèrent à sa poitrine tous les ordres chevaleresques; toutes les pensions, tous les titres, tous les parchemins des académies lui furent prodigués. A son retour de Paris, où il avait été réclamer les objets d'art italiens ravis par la conquête aux musées de sa patrie, le pape le créa marquis d'Ischia, avec un revenu de 1500 ducats, et le nomma inspecteur-général des beaux-arts et antiquités de Rome. Padoue lui élève ingénieusement une statue, en le représentant sculptant celle du procurateur Capello, pour ne pas frauder ouvertement la loi qui défend que pareil honneur soit dévolu à un homme vivant. Le procurateur est connu de peu, le sculpteur seul donne son nom au monument érigé à tous deux... Rome n'eût pas mieux fait au temps où la fortune réclamait le bronze de ses grands hommes!

Parmi les œuvres si nombreuses de Canova, il est des sujets qu'il s'est plu à reproduire plusieurs fois, comme l'ont fait de certaines compositions heureuses quelques grands peintres. Tel est le buste de *Béatrix*, dont le premier exemplaire, si l'on peut dire, fut un présent du grand sculpteur au comte Cicognara, son ami constant et partial jusqu'au fanatisme, contrairement à la maxime de Platon sur l'amitié. M. Ballanche, dans son livre sur la *Palingénésie sociale*, raconte de quelle façon Canova sentit naître en lui l'inspiration sous l'empire de laquelle il modela cette divine Béatrix. Ce fut une dame française qui eut la gloire et la puissance d'inspirer aussi heureusement l'artiste. A la vue de cette femme, Canova fut transporté de cette émotion religieuse que donne le génie et la sensibilité, et la Béatrix du Dante passa bientôt des vagues régions de la poésie dans le domaine réalisé des arts. Certes, il est flatteur pour les femmes françaises que ce soit l'une d'elles qui ait révélé au premier sculpteur de l'Italie le type idéal et mystérieux rêvé par son plus grand poëte. La femme à laquelle Canova dut cette sublime inspiration est madame Récamier.

Cette femme célèbre possède aussi une Béatrix de la main de Canova.—Une troisième reproduction est en Angleterre

L'Hébé qu'a si poétiquement chantée Pindemonte, a été reproduite par Canova jusqu'à quatre fois, bien qu'avec de légers changements. L'une est à Venise, une autre chez l'empereur de Russie, une troisième dans le cabinet de lord Cawdor; la marquise Guicciardini de Florence possède la quatrième.

Chargé de faire une Vénus pour remplacer celle de Médicis, enlevée de Florence par le droit des vainqueurs, Canova eut la modestie de se refuser à ce que sa statue occupât le piédestal devenu libre de la Vénus absente ou exilée... Il fit trois copies de cette Vénus, l'une pour le roi de Bavière, l'autre pour le marquis de Landsdown, la troisième pour M. Thomas Hope [*].

L'honneur que Canova avait tenu à éviter pour sa Vénus, à la tribune de Florence, arriva contre son gré à Rome, pour un *Persée*, œuvre de sa jeunesse, qui fut placé sur le socle de l'*Apollon*, alors en voyage à Paris. Le Persée reçut le surnom de *Consolateur*, jusqu'au retour du dieu qui le fit descendre de son trône, et le destitua de son titre.

Un des deux athlètes nus qui sont voisins du Persée, rappelle une anecdote citée par Missirini, l'un des biographes de Canova. Napoléon se trouvant avec quelques-uns de ses courtisans, en face de cette statue qu'on disait lui ressembler, s'écria, après avoir examiné l'attitude un peu forcée et les membres d'une rudesse un peu vulgaire de l'athlète :

— Canova croit-il donc que je remporte mes victoires à coups de poing?

Le cheval qui porte aujourd'hui la statue de Charles III fut plusieurs fois retouché par l'artiste, suivant les destinations que lui donnèrent les plus singulières vicissitudes politiques. Moulé d'abord pour porter Joachim, il fut

---

[*] On cite comme très authentique une anecdote relative à une de ces Vénus. La princesse de Borghèse, une des femmes les plus admirablement belles de son temps, voulut bien poser comme modèle devant le grand artiste. Une femme de la haute société que blessait sans doute cet excès de complaisance de l'illustre beauté, l'aborda un soir dans un salon, quelques jours après l'exposition publique de sa statue, et alors que cette œuvre nouvelle était l'objet de toutes les conversations.

— Est-il vrai, ma chère, que vous ayiez posé devant Canova sans aucun vêtement?

— Mon Dieu, oui, répondit ingénuement l'aimable modèle, et je vous assure que je n'avais pas froid, car il y avait un bon feu dans l'atelier de Canova !

décide plus tard qu'il supporterait Napoléon, puis l'Autriche le promit à un de ses empereurs, et ce fut enfin sous Charles III qu'il escalada son piédestal.

Le prince Torlonia, de Rome, possède le marbre d'Hercule jetant Lycas dans la mer, dont le premier plâtre est déposé dans une des nouvelles salles de peinture, à l'Académie des Beaux-Arts de Venise. C'est la figure la plus colossale qu'ait modelée le grand artiste.

Parmi les tombeaux qu'on doit à Canova, celui de Rezzonico (patricien de Venise, d'abord évêque de Padoue, puis pape sous le nom de Clément XIII), qui est à Saint-Pierre de Rome, est l'un des plus remarquables par le grandiose architectural et la beauté de presque toutes les figures. Cette œuvre, qui lui avait coûté 8 années de travail, mit le sceau à sa réputation ; il était alors âgé de 37 ans. Comme ce peintre de l'antiquité qui se mêlait à la foule pour entendre le jugement que portaient les curieux sur son œuvre exposée, Canova, déguisé en abbé, se faufila dans le public, le jour du mercredi-saint de l'an 1795, où son œuvre fut découverte aux projections ardentes de la grande croix de feu qui, ce jour-là, illuminait Saint-Pierre. Par ce qu'il entendit, il eut lieu de juger qu'il était le sculpteur sans rival de son siècle.

Comme homme, Canova fut un des plus estimables que l'on puisse citer. Il conserva toute sa vie la plus profonde reconnaissance envers le patricien Faliero de Venise, qui l'avait arraché à son village pour lui faire entreprendre ses premières études. Les faits qui prouvent la délicatesse de ses sentiments, la bonté de son cœur, sont innombrables. Il fournit pendant de longues années à l'entretien, dans les états romains, de trois jeunes gens pauvres : un peintre, un sculpteur, un architecte. Il fonda des prix académiques, alloua des fonds pour les formations d'instituts archéologiques, et donna souvent de très fortes sommes qui grevaient sa fortune, pour la formation ou l'entretien des hôpitaux. Son désintéressement dans ses marchés d'art était remarquable. Les bustes des grands artistes du XVI⁰ siècle, qu'on voit dans deux des salles du palais des Conservateurs à Rome, sont exécutés par lui et à ses frais. Il a souvent refusé le paiement de travaux faits pour les villes, ou pour célébrer la gloire de quelques grands hommes de la patrie. Ayant ainsi dérangé sa fortune, lorsqu'il était déjà vieux, il fut obligé de se remettre au travail avec une ardeur toute juvénile et véritablement infatigable. C'est alors qu'il fit les deux grandes statues qu'on voit à Venise au palais de M. le chevalier Treves, qui les a achetées du frère de l'artiste. Ses dépenses avaient toutes eu pour cause la noble libéralité de son caractère, et c'est au point que rarement il employait pour lui un peu de cet or qui, prix de son travail, ne semblait que passer entre ses mains, pour soulager les malheureux et encourager les jeunes artistes. Il était simple comme un vrai fils des Alpes, et aima toujours l'humble village où il avait péniblement manié le marteau et roulé les blocs de pierre. Il venait une fois par an se reposer à Possagno, au sein de sa famille, enrichie par lui, et au milieu d'une population dont il faisait l'orgueil.

En 1819, Canova conçut l'idée d'élever dans la proximité de son pays natal un temple qui devint un jour une sorte de musée de ses œuvres. Il mit à l'accomplissement de cette pensée une sollicitude que n'arrêta pas le délabrement de sa fortune. Canova pensait élever ainsi dans son village un monument qui, excitant la curiosité des étrangers, fût de sa part comme une œuvre de charité perpétuelle par le bien que le passage des curieux pourrait faire au petit pays. Les plans du temple, fournis par l'ingénieur vénitien Selva, furent retouchés par lui-même ; le marbre de l'édifice fut fourni par les carrières où tout enfant il avait sué à rouler les grosses pierres que son père devait équarrir. Canova, avons-nous dit, voulait faire de ce temple un musée des divers moulages de ses œuvres, et il comptait mettre lui-même la main aux ornements, aux sculptures des autels, et modeler les douze apôtres de grandeur colossale que l'on a été réduit à peindre depuis. Dans le plan primitif conçu par Canova, l'église devait contenir les œuvres sacrées sorties de son ciseau, tandis que la galerie supérieure eût reçu les sujets profanes. Mais la mort vint surprendre le grand artiste et l'homme vertueux avant qu'il ait eu le temps de réaliser tout son projet.

Canova mourut à Venise, qu'on doit considérer comme sa véritable patrie, le 13 octobre 1822, dans la petite maison Francesconi, située campo San-Gallo, au n 989, à deux pas de la place Saint-Marc. Une inscription en marbre, placée au-dessus de la porte, désigne cette demeure du plus grand sculpteur des temps modernes.

Continué, terminé, doit-on dire, malgré les reproches que l'on serait peut-être en droit d'adresser aux exécuteurs testamentaires de Canova pour tout ce que leur participation à cet édifice a laissé à désirer, le temple de Possagno est placé dans une situation véritablement heureuse. Sa colonnade domine le village, comme une couronne corinthienne posée sur le berceau de l'immortel sculpteur. C'est une copie assez exacte du Panthéon de Rome. Comme dans les temples antiques, le jour n'y pénètre que par la voûte. Le marbre dont il est bâti est d'un blanc éclatant, veiné de nuances rousses et roses. Il y a vraiment quelque chose de touchant à rencontrer ce temple au milieu des convulsions des monts alpestres, temple élevé à Dieu par un seul homme, qui revient ainsi aux humbles lieux de sa naissance, en y bâtissant son tombeau !

On rapporte que les jours de fête ou de repos, les habitants du village, qui savaient combien Canova sentant sa fin approcher, avait hâte de voir le temple terminé, accouraient se mêler aux ouvriers, rouler les blocs, équarrir le marbre, l'extraire des carrières, et cela avec un enthousiasme qui avait gagné même les femmes, les vieillards et les enfants ! Mais, quoiqu'on fît pour en précipiter l'achèvement, le grand artiste mourut en 1822 avant que sa tombe ne fût prête. Plus tard, le monument fut terminé avec les fonds désignés par sa succession, et par les soins de son frère même, l'évêque Canova. Le tombeau qui renferme une partie des restes du sculpteur est un sarcophage grec, très simple, très beau, dont il avait lui-même laissé le dessin. L'inscription est celle-ci : *Hic Canova*. Toute la pompe lapidaire qui eut énuméré ses titres et ses honneurs, n'eut pu être plus superbe peut-être que cette simple parole.

Le temple de Possagno renferme un groupe en bronze du *Christ au tombeau*, qui est une des plus froides pensées de l'artiste*. On a eu le mauvais goût d'y placer aussi une peinture peu digne du grand nom qui, si modeste dans la partie de l'art où il s'est illustré, avait eu la faiblesse de quitter un moment le ciseau pour la palette. Canova avait, dit-on, une bonne opinion de ce tableau, qu'il commença en 1797, et qu'il retoucha en 1821. Étrange

* Il faut absolument mentionner, malgré tout ce qu'inspire de respect la gloire de Canova, que cette froideur, l'absence de la passion, ne laissent pas que de se faire observer souvent dans l'œuvre générale de cet artiste, et que c'est là l'arme principale à l'aide de laquelle on a tenté depuis quelques années de faire revenir un peu l'opinion sur le compte de celui que l'*Italie* a proclamé le *Phidias moderne*.

erreur des grands artistes : Girodet, dit-on, qui jouait horriblement du violon, se fâchait lorsque, étourdi par les sons faux qu'il tirait avec l'archet, un visiteur ne lui offrait de félicitations que sur la peinture.

Ce fut en octobre 1825, que le tombeau de Canova étant prêt, son corps y fut déposé.

Lorsque la nouvelle de cette grande perte de l'art parvint à Rome, Pie VII ordonna un grand service à l'église des Saints-Apôtres, et y présida lui-même. Une souscription fut spontanément ouverte pour subvenir aux dépenses d'un monument public à élever à Venise au plus grand sculpteur des temps modernes, et les rois et les empereurs, alors réunis au congrès de Vérone, s'inscrivirent les premiers sur la liste. Les fonds arrivèrent de partout, jusque de l'Amérique, reconnaissante d'un magnifique portrait de Washington qu'avait modelé l'artiste dont on déplorait la perte. Ce monument est la reproduction à peu près exacte de celui qu'il avait lui-même créé pour l'archiduchesse Marie-Christine. Par un autre rapprochement curieux, il se trouve que ce même monument avait primitivement été dessiné par Canova, pour servir de tombeau au Titien, alors qu'une souscription ouverte en 1794 avait projeté de donner un asile monumental aux restes du grand coloriste de l'école vénitienne. Mais la chute de la République vint entraver l'exécution de ce projet, et le dessin funéraire de Canova fut exécuté pour lui-même vingt-cinq ans plus tard. Ce monument, qu'on voit dans l'église des Frari, à Venise, ne contient que le cœur de Canova.

Rome a élevé dans le sein de son académie de Saint-Luc, une statue à Canova. Elle est l'œuvre d'un habile sculpteur espagnol, nommé Alvarez, qui demanda à la faire gratuitement, par reconnaissance pour le grand homme, qui lui avait rendu quelques services à l'époque de l'occupation de Madrid par nos armées, alors que, se trouvant dans le besoin, il désirait vendre en Italie quelques-unes de ses œuvres d'atelier.

On peut dire de Canova que, si son cœur est aux *Frari*, sa main au musée, ses entrailles à Possagno, ses œuvres sont dans toute l'Europe, et sa gloire partout le monde !

(o) Le comte *Joseph* MANGILLI fut un amateur très éclairé des beaux-arts, et en même temps un savant. Il s'occupa d'une façon supérieure d'agronomie rurale et d'agriculture. Ce fut lui qui commença la belle collection de livres, d'éditions rares et de manuscrits qu'a depuis continuée son gendre le comte B. Valmarana, au palais de ce nom. Les Mangilli, comme les Valmarana, ont eu plusieurs généraux illustres dans leurs familles (Voir la description du palais à *Valmarana*, au chapitre sur le *Grand Canal*).

(p) *François* VENIER ne régna que deux ans, et son dogat n'est signalé par nul événement particulier à l'histoire de Venise. Il avait succédé à Marc-Antoine Trévisani, doge pieux qui n'occupa le trône qu'un an, sa vie ayant, dit-on, été abrégée par les austérités de la pénitence.

Ce fut sous le dogat de François Venier qu'eut lieu la mémorable abdication de Charles-Quint, qui renonça à l'empire en faveur de son frère Ferdinand, et à ses autres domaines pour son fils don Philippe II. Cet empereur, qui avait gouverné l'Europe, s'en fut construire et régler des horloges dans le cloître de Saint-Just...

Le doge François Venier est représenté *à genoux devant Venise*, dans un tableau allégorique qu'on voit dans la salle du Sénat, au palais ducal.

(**p**) L'histoire de la vénitienne *Catherine* CORNARO, reine de Chypre, n'est pas des moins curieuses qu'offrent les chroniques de la République.

Vers le milieu du XVe siècle, un fils naturel du roi Jean de Portugal, nommé Jacques, lequel avait les droits du temps à la souveraineté de Chypre, s'était vu contraint de prendre les Ordres, pour céder le rang suprême à la sœur de Jean, qui y prétendait. Mais ce prince, peu satisfait de sa mitre, aspirait en secret à la couronne, dont on l'avait privé par cette ruse masquée de la religion. Il s'était lié d'amitié avec un patricien de Venise, nommé André Cornaro, alors exilé à Chypre, pour quelques folies de jeunesse. Comme ce seigneur était le confident des regrets et des désirs de cet ecclésiastique sans vocation, il arriva qu'un jour il lui montra le portrait d'une de ses parentes, Vénitienne d'une grande beauté. Jacques s'enflamma à cette vue, et fit à son ami mille questions, auxquelles celui-ci répondit de façon à enflammer davantage sa curiosité. Cette parente était Catherine Cornaro, fille du propre frère d'André, l'exilé de la République.

Comme l'archevêque faisait bon marché de ses vœux, et ne voyait d'obstacle dans son union avec celle dont il devint ainsi éperdument amoureux, que dans la différence des rangs, André Cornaro cita au premier des exemples qui offraient les plus puissants seigneurs épousant des patriciennes de Venise. Une Morosini, (et les Cornaro valaient ceux-ci), avait pris place sur le trône de Hongrie, et elle avait été dotée par la République*.

De plus, Jacques aspirait à être roi. De quel secours ne lui serait pas la République, sur un trône disputé !

Bref, Jacques un peu poussé par son ami André, ourdit sourdement une petite trame conspiratrice..... mais l'affaire fut éventée et Jacques obligé de fuir.

Sur ces entrefaites, la sœur du roi Jean, reine, comme héritière légitime, se maria à un duc de Savoie. Jacques le prétendant que cet incident éloignait plus que jamais du trône, s'en fut intriguer contre le roi et la reine en possession, et particulièrement auprès du soudan d'Égypte, l'île de Chypre relevant d'une puissance musulmane. Il fit remarquer que la couronne allait ainsi passer dans la maison de Savoie, qu'il était déshonorant pour le soudan de le souffrir, etc., etc. Pendant ce temps, Jacques était toujours amoureux de la Vénitienne Catherine, dont il avait le portrait.

Comme le prétendant ajoutait à toutes ses doléances, les nombreuses promesses dont les princes ne sont jamais avares en pareille situation, il finit par toucher le soudan, qui écrivit au duc de Savoie, que s'il ne quittait pas au plus vite le trône de Chypre, pour le céder à Jacques son protégé, il aviserait à l'en chasser.

Comme le roi et la reine de Chypre ne parurent pas prêter une oreille très soumise aux ordres arbitraires du soudan, Jacques obtint de ce dernier une armée, débarqua sur l'île, et, aidé des intrigues de son ami André Cornaro, il en chassa les souverains récalcitrants, qui se réfugièrent à Rhodes, puis à Naples.

Jacques prit donc possession du trône qu'il avait convoité. Alors il se rap-

---

* Le roi Étienne de Hongrie désirant resserrer ses liens d'amitié avec les Vénitiens, épousa Thomasine Morosini, mariage dont naquit le prince André, qui régna ensuite, et fut, à cause de sa mère, appelé *le Vénitien*.

pela combien il était amoureux de la belle Vénitienne, et la fit demander en mariage. La République la lui accorda avec une riche dot hypothéquée sur les villes de Famagouste et de Cerines. La jeune reine fut transportée à Chypre sur une escadre vénitienne, entourée de pompe et d'honneur. Le roi de Chypre l'épousa : c'était en 1469.

Trois ans après, Jacques de Lusignan mourut ; la reine était enceinte. Quelque temps après elle mit au monde un prince *beau comme le jour*, dirait Perrault, tant cette histoire ressemble à un conte de fée.

On devine bien que la République avait le plus que possible accaparé la puissance de l'île, et que la nouvelle reine fût soutenue dans ses nouveaux droits, contre les tentatives de la princesse dépossédée, qui eut une velléité de réclamation.

Or, comme tout n'est qu'heur et malheur en ce monde, que les médailles ont leurs revers, les jours leurs nuits, les fleurs leur ver, et les clairs ruisseaux leur fange, il arriva que tout n'alla pas si bien dans l'île, qu'il paraissait au loin. — Un parti favorable aux anciens maîtres dressa sa tête dans l'ombre, et parvint à étendre ses ramifications jusqu'à Naples, où l'archevêque de Nicosie, ambassadeur cypriote, réussit à obtenir l'appui de la Cour pour tenter une restauration. Bref, les choses furent si bien et si adroitement menées, qu'une nuit que la flotte vénitienne était au large, André Cornaro, ministre de la reine, ayant été appelé près d'elle par un faux avis, reçut un poignard dans le cœur en se rendant à cet appel. Le palais fut investi, et les conjurés se saisirent de la reine Catherine et de son royal enfant !

Mais l'amiral Mocenigo dont la flotte louvoyait dans les environs, ayant été prévenu de ce qui se passait, arriva à toutes voiles, défit, dispersa les rebelles, remit sa compatriote sur son trône, et occupa l'île de façon à retirer aux mécontents toute envie de recommencer. Pour plus de sûreté, on ne laissa dans l'île que les gens formellement dévoués à la reine. Peu après, le petit prince mourut.

Alors, pour mieux consolider la position de la reine, désormais isolée et sans compétiteur ni héritier, la République résolut d'envoyer à Chypre cent familles nobles, auxquelles elle donnerait des revenus d'encouragement. Mais ces tentatives d'émigration ne furent du goût de personne, et, chose peut-être sans exemple dans l'histoire de ce sévère gouvernement, l'arrêté du conseil resta sans exécution.....

Bientôt la République trouva que le royaume de Chypre serait bien mieux à l'abri des prétendants et des convoitises étrangères, s'il entrait tout directement sous sa domination. On fit comprendre l'affaire à la reine Catherine, qui aimait régner, qui menait joyeuse vie à sa manière, dans le climat voluptueux et doux de cette île charmante, que la fable donne à Vénus pour patrie ; elle fit conséquemment la sourde oreille. Alors la République lui expédia son propre frère, George Cornaro, porteur d'une invitation de soumettre par l'abdication, ses États aux lois de Venise......

Quoiqu'il lui en coûtât beaucoup, la reine vit bien qu'il fallait obéir. Pour donner une sorte de formalité à son abdication, on réunit un conseil en présence duquel elle déposa sa couronne... Une messe solennelle fut chantée, durant laquelle on bénit l'étendard de saint Marc ; la reine le remit elle-même à l'amiral vénitien, qui le fit arborer aussitôt sur le palais, et la République prit possession de l'île, le 26 février 1489. Il semble que c'était le destin de cette île d'être usurpée par ses protecteurs : Ainsi firent aussi d'elle les Romains, après Ptolémée.

L'ex-reine de Chypre revint à Venise. Le doge et la seigneurie se rendirent au-devant d'elle. Elle fut accueillie avec de grands honneurs; on lui assigna pour retraite une villa magnifique à Asolo, laquelle était en même-temps un château fort..... On l'y entoura d'hommages..... et de gardiens.

C'est ainsi que l'île de Chypre put voir son étendard aux tours d'argent, flotter sur un des piliers de la place Saint-Marc.

Il paraît, selon les chroniqueurs du temps, que dépossédée ainsi de son royaume, par la politique de ses compatriotes, Catherine Cornaro dans sa retraite de la montagne d'Asolo, chercha à se distraire de la perte de ses grandeurs par la culture du bel esprit, et par la métaphysique sentimentale, alors à la mode dans la littérature italienne. Ce fut chez elle une sorte d'hôtel de Rambouillet au pied des Alpes vénètes. De là furent écrits ces fameux *Asolani* de Bembo, galimathias double et triple, lesquels éclos sous les yeux de l'ex-reine furent dédiés à la fameuse Lucrèce Borgia, qui, de même que Marguerite de Bourgogne aimait les *petits vers*, la tigresse !

Aujourd'hui il reste encore quelques traces de l'ancien château de la reine Cornaro, ils s'élèvent à Barco, lieu aujourd'hui peu accessible. On en a fait une ferme avec ses dépendances. On trouve encore quatre colonnes de la façade. Une grange qui peut-être fut le salon où l'on disserta jadis si subtilement du bel esprit, offre encore quelques traces de peintures. Il en est une dans ces ruines, qui est au moins singulière, elle représente une femme à cheval sur un homme, bridé et mené par elle. *La regina col suo marito*, dit le cicerone du lieu, peu sûr de l'assertion.

Titien a fait deux portraits de Catherine Cornaro, qui sont restés. L'un est à Brescia, l'autre à Venise. Le premier, qui fait partie de la galerie Martinengo-Colleoni, est admirable de vérité, mais d'une expression un peu vulgaire, pour une illustration pareille. Le second, qu'on voit au palais Manfrini, est plus séduisant. Les traits de cette femme célèbre y sont plus *sympathiques*, comme on dit si bien en Italie, et le grand peintre a tiré un parti superbe de la magnificence orientale du costume. Pourtant, bien que ce portrait soit, de tradition, considéré comme celui de la Cornaro, nous osons élever un doute, depuis que nous en avons vu un troisième, au pays même d'Asolo, lequel fut authentiquement donné par la reine elle-même aux ancêtres des détenteurs actuels. Là, Catherine Cornaro est une petite femme brune, et d'aspect pétulant, dont la physionomie s'accorde bien mieux avec ce qu'on sait de cette vie étrange, que la majestueuse *Blonderie* du portrait Manfrin.

On comprend par l'histoire authentique que nous avons rapportée, combien est apocryphe la scène du tombeau de Catherine Cornaro, qui représente cette reine *offrant* son royaume à la République dans la personne du doge.

(■) *Laurent* et *Jérôme Priuli* se succédèrent dans la dignité dogale. Le règne du premier subit deux grands fléaux, la famine et la peste. La peste de 1556 ne fut pas de celles qui datèrent d'une façon si déplorable dans l'histoire de Venise. Quant à la famine, elle fit prendre à ce doge une mesure fort sage, qui consista à rendre à la culture une grande quantité de terrains que le besoin de bras pour la guerre avait fait abandonner.

Dans l'année même où mourut Laurent, après un dogat de trois ans seulement, l'Europe fut pacifiée par le traité de Catau-Cambrésis, qui réconcilia l'empire, la France, l'Espagne, et l'Angleterre. Gênes fût reconnue libre. Le duché de Milan et le royaume de Naples restèrent à Philippe II, roi d'Espagne, et fils de Charles-Quint.

Jérôme succéda sans obstacle à son frère Laurent, dans la suprême magistrature. Le dogat de ce prince fut pacifique, mais non pas pour cela moins glorieux. Il fut la date d'une foule de mesures d'ordre intérieur, et de lois profitables à la prospérité du pays. Alors parurent les fameuses lois somptuaires, et en même temps des ordonnances relatives aux abus du jeu, dont la licence était scandaleuse alors. Les frontières furent fortifiées sur plusieurs points importants. Par ailleurs, cette époque reçut une célébrité non moins précieuse que celle des batailles et des conquêtes ; Sansovino, Titien, Tintoret, et Paul Véronèse décoraient les temples bâtis par les Scamozzi et les Palladio, et Jacques Palma peignait les deux doges frères, en *adoration devant le Sauveur*, dans une de ses meilleures compositions, qu'on voit aujourd'hui dans la salle du Sénat, au palais ducal.

(■) Cette collection, connue sous le nom de *Musée Sanquirico*, est la plus vaste et la plus étrange qui soit à Venise, et il serait fâcheux que l'étranger partît sans l'avoir visitée. Entrons-y. — Franchissons ce péristyle tout encombré de sculptures et de tableaux, faisant antichambre en attendant qu'ils puissent être admis en haut, et franchissons lentement l'escalier qui conduit aux salles supérieures.

Partout : à droite, à gauche, en haut, en bas, des tableaux, la plupart se rattachant à l'histoire de Venise. Voici une curieuse et rare collection de portraits de doges, la plus complète qui soit à Venise, après celle du palais ducal, bien entendu. Marino-Faliero, dont nul édifice n'a conservé l'image, le doge traître à sa patrie, après la mort dramatique duquel un décret fut publié, qui défendait à tout citoyen de conserver sa coupable image ; Faliero le décapité, enfin, y figure..... Cela vous étonne ? vous connaissez bien peu en ce cas les ressources des antiquaires ! Demandez à l'ingénieux propriétaire de cette vaste collection, un petit morceau de la *peau de Bragadino*, et il n'est pas impossible qu'il vous le présente !

Entrons dans la grande salle supérieure. Quel capharnaüm ! quel fouillis, peinture, sculpture, armes, antiquités de tous les pays, meubles, histoire naturelle, curiosités indigènes et étrangères, tout est là ! Le fameux chapitre du cabinet de l'antiquaire dans la *Peau de Chagrin*, de M. de Balzac, n'est qu'un bien faible inventaire, en comparaison de tout ce qui se déroule ici sous nos yeux ; Walter-Scott, lui même, qui avait pourtant vu le palais des Thermes du maniaque Dusommerard à Paris, n'a pas rêvé spectacle pareil, pour le décrire dans *Quentin-Durward*, ou, dans son *Antiquaire*. Ici une bacchante de marbre jauni, regarde avec dédain une minerve casquée, qui n'est que de pierre. Un cheval de bois, vêtu d'une peau clouée, donne du nez ou du chanfrein sur la gorge d'une Madeleine peinte par on ne sait qui, dont une vieille hallebarde crève la toile ; — Une cuirasse du XIIIe siècle, sert de plat, pour contenir des pouces, des nez, et des oreilles de statues amputées ; — Un casque romain coiffe une paire de bottes à la Cromwel ; — Un faune libertin regarde langoureusement une momie égyptienne ; — Un vieil étendard de la République jette son ombre sur un crocodile désempaillé ; — Un coffre sculpté, qui rappelle le tonneau des Danaïdes, sert d'appui à un bas-relief en plâtre égratigné ; — L'armure d'un Croisé a pour épée le couteau de chasse d'un mignon de Louis XIII ; — Un jeu d'échiquier d'ébène et de nacre voit son personnel en déroute, et renversé par la chute du carquois d'un sauvage Zélandais ; — Un hibou plane les ailes étendues, sur la statue renversée d'un Adonis sans nez, qui parodie Prométhée ; — Des épées à coquilles, à enroulement, des croisettes, des dagues, trébuchent en se cramponnant accrochées les unes aux autres, dans l'angle d'un bahut, peu sûr lui-même de son équilibre ; — Des pans de damas et de lampas, servent de nappe à des étrusques ébréchés comme de vieilles tours ; — Les plumes d'un panache de chevalier dalmate sont plantées dans une cuirasse de Murano, qui s'étoile au choc d'un reliquaire vide, — Un Anglais visiteur a tracé son nom sur la poussière d'un tableau, et un vieux missel s'est refermé sur une souris prise au piège, pour avoir voulu goûter du latin ! — Plus loin, enfin, une araignée en védette a tendu sa toile entre le sein d'une Vénus callypige du plâtre le plus pur, et la griffe crochue d'un singe qui, la bouche remplie de foin, convoite la déesse !

Demandez au propriétaire du lieu une boucle de cheveux d'Attila, ou quelques poils de la barbe du doge Anaphertus... il a votre affaire dans un vieux portefeuille ; et si le portefeuille vous plaît, il se trouve qu'il a appartenu au terrible François Carrare, seigneur de Padoue. — Désireriez-vous par hasard la *durandale*, cette fameuse épée pourfendeuse d'hommes, si bien emmanchée par le bras de Roland. Laissez le temps de voir comment la décrit l'Arioste, et on vous la fournira. — Voici la corne ducale que le doge Jean Soranzo portait en robe de chambre, en petite cérémonie. — N'avez-vous pas par hasard entendu parler d'une fameuse épée, octroyée en don à la République, sa féale amie, par très haut et très puissant seigneur Henri de Béarn, chef du parti huguenot, celui

> .... qui régna sur la France
> Et par droit de conquête et par droit de naissance.

Henri IV, enfin, roi de Navarre et patricien de Venise. Cette épée, dit-on, a disparu en 1797, au milieu des troubles qui signalèrent la chute de la République. Eh bien, voici... non pas cette épée fameuse, qui tailla aux mains du roi *moult* ennemis à Yvry, mais le clou auquel elle était accrochée, dans l'*armatura* du palais ducal.

Dans cette salle retirée sont des choses plus précieuses encore, — si c'est possible.

Plusieurs anneaux ducaux retrouvés au fond de la mer par des poissons, à la pointe du Lido, à l'endroit où le Bucentaure portait le doge pour son mariage allégorique et platonique avec l'Adriatique, au son de musiques féeriques ; ce sont d'antiques reliques, dont vous vous étonnerez qu'on trafique. L'histoire est une belle chose ! et le commerce aussi.

La vieille porte sur laquelle Galilée, dans sa prison, traça avec du charbon les immortelles figures astronomico-célestes à l'aide desquelles il découvrit la rotation du monde. Le fameux : « *E pur si muove !* » fut inscrit au bas. — *N. B.* Le temps a effacé de cette planche toutes les élipses et les caractères qu'a pu y tracer ce génie incompris.

La plume avec laquelle Pétrarque eut écrit son *Traité des remèdes contre la fortune*, si Laure ne lui avait pas servi de secrétaire.

La queue empaillée d'une sirène, animal fabuleux.

Un pinceau dont Paul Véronèse ne voulut pas, pour peindre l'*Enlèvement d'Europe*.

Un carreau de vitre à travers duquel a passé le jour qui éclaira la seconde prise de Constantinople.

La queue du rat qui a mangé un coin du *saint Pierre martyr* de Titien, avant que ce sublime tableau ne fut rentoilé à Paris.

Une fiole de l'eau des Dardanelles, détroit où est passée, il y a trois cents ans, la flotte vénitienne qui gagna la fameuse bataille de Lépante. Et enfin, une foule d'objets authentiques et curieux dont l'énumération serait aussi longue que les désirs qu'on pourrait exprimer. En prévenant quelques jours d'avance, il n'est rien qu'on ne puisse se procurer dans ce rare et encyclopédique musée. Il a des ramifications, des connivences, des correspondances partout, jusque dans l'antiquité, qui lui expédie franc de port tout ce qu'on peut souhaiter d'historiquement rare et de fabuleusement curieux. Les ressources du propriétaire de ce *museo* sont si grandes à cet égard, que lui demandassiez-vous le premier baiser que Bonaventuri donna à la belle patricienne Bianca Cappello, qu'il y réfléchirait avant de déclarer la livraison impossible!

(r) Cette église fut pendant de longs siècles le lieu de célébration d'une fête fort intéressante, et dont l'origine se rattache à l'anecdote historique que nous allons rapporter.

De même que les anciens Romains, les premiers Vénitiens attachaient au mariage une véritable importance politique. Afin d'y encourager les jeunes gens, le Gouvernement entourait les célébrations d'une sorte de pompe qui avait fini par faire centraliser les cérémonies dans un temple destiné, à certain jour de l'année, à voir s'accomplir la fête dont il va être parlé.

Une petite église, située sur ce qui était alors l'île d'Olivolo, et qui est celle qu'on appelle aujourd'hui *Sainte-Marie-Formose*, avait donc été choisie pour voir célébrer, le jour de la Purification de la Vierge, tous les mariages qui se présentaient. Chaque fiancée arrivait là, portant dans son *arcella* (l'escarcelle d'autres contrées et d'autres temps), sa petite dot en monnaie d'or ou d'argent, suivant son importance. Les époux futurs arrivaient à leur tour, en compagnie de leurs parents et de leurs amis. La messe était dite par l'évêque, on écoutait ensuite un sermon sur les devoirs conjugaux, puis chaque couple recevait la bénédiction épiscopale et nuptiale; après quoi on s'en allait au logis faire un bon repas, se livrer aux danses, aux amusements de circonstance, qui éclataient ce jour-là dans toute la ville, comme une fête générale.

Plus tard, la constitution de l'État étant immuablement fixée, les richesses et la prospérité de la population augmentant toujours, on décréta que douze jeunes filles de mœurs irréprochables et d'une figure choisie, prises au sein d'honnêtes familles pauvres, seraient dotées par l'État et mariées dans une pompeuse cérémonie, à laquelle présiderait le doge et les grands dignitaires de l'État.

Afin de donner plus d'éclat à la fête, et d'exciter davantage la bonne émulation des jeunes filles, en les honorant de toutes façons, il fut décidé qu'on ajouterait à leur simple parure blanche des bijoux de prix, des pierreries, des joyaux appartenant à l'État, et qui serviraient à les orner, mais pour la cérémonie seulement; l'acte religieux accompli, pierreries et couronnes durent rentrer au trésor, et chaque jeune fille ne garder que sa dot.

Or, c'est peu de temps après l'époque où les choses furent réglées ainsi (en

944, que des pirates de Trieste, avides de rapines comme tous pirates, et jaloux de l'agrandissement de Venise, comme tous rivaux, traînèrent la plus noire des trahisons, dirons-nous, pour conformer notre style à la chose. La nuit qui précéda la fête des mariages, ils vinrent s'embusquer dans les bâtiments obscurs de l'île d'Olivolo (une des 70 îles dont le corps de Venise est formé), puis le matin, lorsque tout le monde fut rassemblé dans l'église, ils se précipitent dans le temple par toutes les issues à la fois, et, le sabre à la main, l'injure à la bouche, la convoitise dans le regard et l'espoir dans l'âme (âmes bien noires assurément!) ils se jettent sur les jeunes filles agenouillées aux pieds de l'autel, se saisissent de leurs personnes épouvantées et éplorées, s'assurent qu'elles sont munies de leurs *arcelles* et ornées des joyaux dont il a été parlé, puis, nouveaux Romulus, ils enlèvent ces nouvelles Sabines à la barbe de leurs fiancés, qui n'avaient pour toute défense contre .. he attentat, que les guirlandes de fleurs dont étaient ornés leurs fronts, l'indignation bien naturelle en face d'un procédé pareil !

Les douze fiancées, ces belles jeunes filles si sages et si parées, sont lestement posées dans les barques, et les pirates les emportent à *tire de rames* vers la lagune, qui offre un libre champ à leur fuite pour Trieste.

Mais le doge Candiano III, sensible à cet affront, et non moins sensible peut-être à la disparition des joyaux de l'État qu'à l'enlèvement de ses sujettes, excite les fiancés, si brutalement dépossédés, à se venger d'une trame aussi noire et aussi effrontée... Sa voix est entendue, le premier moment d'étonnement et d'effroi est passé, tous les hommes se précipitent, le doge en tête, hors du temple, et ils s'élancent courageusement... vers l'intérieur de la ville, pour exciter leurs concitoyens et enflammer leurs cœurs au combat, et à la poursuite de lâches ravisseurs. Bientôt les barques s'arment et se réunissent, les frères, les pères et les futurs époux des fiancées sont renforcés d'une foule de citoyens déterminés : on détache les barques, on s'élance sur les canaux, sur la lagune, le vent s'est mis à souffler du côté de leur vengeance; ils aperçoivent les infâmes ravisseurs qui, à l'abri d'un petit port du Frioul, vers Caorle, se sont arrêtés pour partager les bénéfices des mariages préparés pour d'autres... et le butin Mais les poursuivants les rejoignent, les attaquent avec fureur, les combattent, les terrassent ou les écharpent... Bref, il n'en reste pas un ! « Le doge, dont la vengeance n'est pas *suffisamment assouvie*, or-
« donne que leurs corps soient tous jetés à la mer, pour les priver de sépul-
« ture, et pour ôter à leurs parents et à leurs amis les moyens de leur *rendre*
« *aucune espèce d'honneur.* » Ainsi s'exprime la chronique. Pour perpétuer la mémoire de cet événement, on donna au petit port où avait eu lieu la reprise de possession, le nom de *Porto delle donzelle*, nom qu'il a conservé jusqu'aujourd'hui.

La chronique ajoute : « On ramena en triomphe les vierges consolées, au-
« cune des fiancées n'a rien perdu... toutes reviennent intactes dans les bras
« de leurs mères. »

Après quoi la cérémonie recommença, et, heureusement menée à fin, elle reçut ce jour-là un lustre qui fit décréter que chaque année à pareil jour la fête des mariages serait l'objet d'une célébration plus pompeuse et plus mémorable, à cause de l'exploit qu'il fallait consacrer dans l'avenir.

C'est cette fête que pendant de longs siècles l'église de Sainte-Marie-Formosa vit s'accomplir sous ses voûtes. On continua de la célébrer par une messe d'actions de grâce, même lorsque les mariages ne se firent plus. Le doge se

rendait à l'église, accompagné de la seigneurie, et le curé, venant au-devant de lui, lui offrait au nom de ses paroissiens des chapeaux de paille dorée, des flacons de vin de Malvoisie et des oranges. On ne sait au juste pourquoi cette cérémonie fût appelée *Fête des Maries*. L'auteur des *Feste veneziane* émet cette opinion : « Ne pourrait-on pas dire que ce fût parce que la plupart des
« filles enlevées portaient le nom de Maria, nom très commun à Venise? Peut-
« être aussi fût-ce parce que la victoire remportée sur les Triestains eut lieu
« le jour de la Purification, ou parce que la cérémonie avait lieu dans la seule
« église qui fut alors dédiée à la Vierge. »

Plus tard, dans son amour pour les fêtes publiques, Venise finit par s'emparer de celle-là, et la rendre fort célèbre. On accourait de toute la province pour y assister. Venise, divisée en 6 parties, choisissait dans chaque quartier les deux jeunes filles les plus remarquables par leur beauté et leur vertu. Le doge sanctionnait le choix. Chaque paroisse se chargeait de vêtir, de parer sa *Marie*, et, la chose faite, on les réunissait toutes. La fête durait plusieurs jours ; on commençait par une promenade en barques, en se rendant chez le doge. Celui ci, après avoir bien reçu les jeunes filles, les joignait à son cortége, et tout le monde se dirigeait vers l'église Sainte-Marie-Formosa. Après la messe et les actions de grâces en souvenir de l'événement rapporté, les douze Maries, qui ne se mariaient plus, revenaient dîner chez le doge. Après quoi, elles parcouraient le grand Canal, objets d'envie, d'admiration pour toutes et pour tous. Une musique brillante les accompagnait. Les premières familles invitaient les jeunes filles à s'arrêter, à se rafraîchir dans leurs palais, et leur faisaient de beaux présents.

Mais peu à peu l'abus se mêla à cette fête religieuse et touchante, où la vertu, la pureté des mœurs et la beauté étaient proclamées et honorées. Il paraît que la fraude et l'intrigue se mêlant au choix, à la nomination des Maries, il s'en glissa plus d'une qui n'avait pour toute recommandation que sa beauté. Les jeunes gens se permirent des quolibets, il y eut même, semble-t-il du moins dans ce que laissent entrevoir les chroniques, quelque scandale... Alors, le Gouvernement n'osant pas supprimer cette fête, qui était l'une de celles que le peuple affectionnait le plus, s'imagina, pour éviter à l'avenir toute scène affligeante, de supprimer les Maries, et de leur substituer, — l'histoire le dit — de leur substituer douze mannequins, douze poupées, habillées comme les fiancées de Sainte-Marie-Formosa, et destinées à représenter les jeunes filles ravies par les Uscoques. Cette substitution fut extrêmement peu du goût de la multitude, qui, dit la chronique « fit tout ce qu'elle put pour exprimer le mépris que lui inspiraient ces mannequins. » On les siffla, on les hua ; si le gouvernement constitutionnel eut été inventé, ont les eut charivarisés ! La chronique assure qu'on les poursuivit avec une « grêle de navets, raves, et autres choses désagréables. » On conçoit que la majesté de la cérémonie reçut dès-lors une grave atteinte, aussi laisserons-nous parler la chronique, pour expliquer ce qui fut fait : « Le grand Conseil fit en 1549 *un dé-*
« *cret en faveur de ces statues de bois*, décret qui défendit de jeter, pen-
« dant la fête des Maries, navets, fruits, légumes, ou *quoi que ce soit*, sous
« peine de payer une somme d'un ducat d'argent, la première fois, et d'un
« ducat d'or la seconde. Cette loi mit fin à *de pareils excès*, mais elle n'ef-
« faça point le mépris que le peuple avait conçu pour ces magots, et comme
« rien ne peut détruire un sentiment populaire, la multitude se vengea de la

« contrainte que lui imposait la loi dite *des navets*, en leur substituant un
« proverbe qui existe encore de nos jours, celui de donner le nom de *Maria*
« *di ligno* (Marie de bois) à toute femme maigre, froide et insipide. »

De toute cette cérémonie, il ne resta plus, aux derniers temps de la République, que la visite du doge à Sainte-Marie-Formosa. Un poëme curieux et manuscrit, sur toute cette histoire et cette fête, par trois Vénitiens, existe encore à la bibliothèque Saint-Marc. Les auteurs sont MM. Carlo Gozzi, Danielo Farsetti et Sébastiano Crotta. C'est une lecture des plus bizarre et des plus amusante.

(T. Pierre Mocenigo, brave guerrier qui commanda si glorieusement les flottes de la République dans l'Archipel, succéda, en 1474, à Nicolas Marcello, doge obscur, dont le nom n'est conservé par l'histoire que pour la régularité chronologique. L'élévation au dogat de Pierre Mocenigo fut un témoignage de la reconnaissance de sa patrie, pour les services signalés qu'il lui avait rendus, en Orient, particulièrement devant les Turcs, et dans l'intimidation de l'île de Chypre.

Pierre Mocenigo fut le second doge de cette illustre famille, qui devait en fournir sept à la République, jusqu'en 1763, c'est-à-dire presque jusqu'à la chute de cet État de quatorze siècles. Il mourut, après deux ans seulement de règne, emporté par une maladie contractée durant ses dernières campagnes.

(V) *Ranieri* ou *Renier* Zeno, monta sur le trône dogal en 1252, succédant à Marino Morosini. Il fut un des derniers doges dans l'élection duquel, selon l'historien Dandolo (illustre doge lui-même!), on laissa intervenir le peuple.

Le dogat de Zeno fut rempli par une guerre continue entre les deux Républiques de Venise et de Gênes. Une haine, née de la jalousie du commerce que faisaient ces deux états, faillit souvent compromettre l'existence de tous deux. Gênes, sans territoire comme Venise, tirant comme elle toute sa prospérité de la navigation, voulait avoir le privilége de fournir à l'Europe les produits de l'Asie, à une époque où la découverte de la boussole n'avait pas encore ouvert aux nations aventureuses les solitudes de l'Océan. Venise avait une prétention égale ; de là ces haines et ces guerres interminables qui coûtèrent tant d'hommes et de millions à ces deux Républiques, courageuses jusqu'à la démence.

Zeno institua la *capitainerie du golfe*, c'est-à-dire un chef maritime chargé de garder les eaux de l'Adriatique, et d'empêcher à toute flotte d'y pénétrer sans l'autorisation de la République. Ce despotisme, tout arbitraire qu'il semblât dans son origine, fut si bien défendu et surveillé par les Vénitiens, que le golfe finit par être fermé et gouverné comme une ville, et que cette prise de possession étant admise enfin comme droit de propriété, on vit tous les ambassadeurs étrangers reconnaître la suprématie républicaine sur les eaux adriatiques, par la symbolique cérémonie du Bucentaure, ou des fiançailles du doge avec la mer (*Voir la note J, au chapitre sur l'Arsenal de Venise*).

Un grand revers signala les dernières années du règne de Zeno, ce fut la perte de Constantinople. Saint-Louis préparant sa seconde et déplorable expédition pour l'Afrique, s'adressa à ce doge pour le transport de ses troupes ; la République fournit six vaisseaux. Ce fut pour l'élection de Laurent Tiepolo, successeur de ce prince, que fut pour la première fois adoptée la forme du scrutin à l'aide de l'urne et des billets nominaux. Zeno mourut appauvri par les sacrifices qu'il avait faits pour subvenir pour sa part aux armements contre les Génois. Il régna seize ans. C'est un des longs règnes des ducs de Venise.

(x) Nous ne saurions laisser passer ce nouvel exemple de la déplorable dégradation des précieux tableaux dans les églises sans formuler notre opinion sur cet abandon, et nous le ferons nettement, parce que le cas nous semble grave.

Les églises d'Italie, celles de Venise particulièrement, possèdent une foule de tableaux des époques curieuses ou glorieuses de l'art, lesquels, généralement, s'y détériorent ou s'y perdent. L'humidité, les rigueurs des saisons, que rien ne conjure dans ces vastes demeures, la fumée des cierges, le manque de surveillance et d'entretien, tout enfin conspire contre la durée des chef-d'œuvres, en même temps que leurs beautés, le plus souvent enfouies dans l'ombre des chapelles ou placées à des hauteurs inabordables à l'œil, sont perdues pour le public. Le tableau, qui est un capital, se ruine, s'annule, s'éteint, et presque personne ne jouit de sa vue, qui est la rente que doit produire ce capital !

Cet état de choses paraîtra encore plus déplorable si l'on songe que tout ce que l'Italie, le monde même possèdent de tableaux précieux laissés par les grands siècles de l'art, doit disparaître un jour, puisque par malheur les générations humaines qui se succèdent, ne produisent pas ce que nous appellerons aussi des générations de tableaux. C'est donc *un fait*, c'est-à-dire la chose la plus certaine qui soit, un jour viendra où les immenses sommes d'argent que représentent toutes ces toiles fameuses, s'anéantiront aux mains de leurs propriétaires.. C'est une chose terrible à penser...

Selon nous, les bons tableaux devraient donc être réunis dans les musées, où des localités construites et aménagées exprès, permettent non-seulement qu'on les puisse admirer ou étudier dans des positions ou sous des lumières favorables, mais aussi qu'on surveille leur conservation, leur entretien, ce que nous appellerons même leurs besoins ; car, comme les vieux malades, les vieux tableaux ont des exigences, de la satisfaction desquelles dépend leur conservation. Vernis, lavage, rentoilage, restauration, représentent pour eux cet *élixir de longue vie* qui est la synthèse cherchée de toute pharmacopée. Il est un âge où le trop grand éclat du jour les blesse, comme ces octogénaires dont la vue s'est affaiblie... il leur faut les douces pénombres des stores. Parfois aussi il faut faire choix de leur entourage, et ne pas écraser leur douce et illustre vieillesse par l'éclatante comparaison des jeunes tableaux, dont les couleurs souvent criardes produiront aux yeux des masses le même effet que causerait la symphonie de l'*Agnès* de Spontini, par exemple, qui est la plus bruyante réunion d'instruments qui soit, immédiatement après la *Dernière pensée de Weber*, vieille mélodie, chaste et douce comme une madone de Jean Bellini. La musique qui ne va qu'à l'oreille sans arriver au cœur, la peinture qui ne va qu'aux yeux sans arriver à la pensée, se valent : revenons du son à la couleur.

C'est donc une sorte d'hôpital que nous voudrions pour les vieux tableaux. Les musées sont à nos yeux les invalides naturels de cette existence plusieurs fois séculaire. Là seulement ils peuvent être soignés, entretenus, surveillés,

LES ÉGLISES.

dorlotés comme il convient à leurs infirmités. C'est aussi dans les musées qu'il est bon qu'on trouve réunie l'œuvre d'un maître, pour juger l'ensemble aussi bien que les détails; pour étudier, comparer, analyser les époques du faire d'un peintre ainsi que les phases de son talent. Contraindre l'artiste à aller poursuivre les tableaux des maîtres sur des autels enfumés, dans des chapelles obscures, perdus sur les hauteurs des murailles humides, où le plus souvent ils pendent sans équilibre et sans cadre, c'est un crime artistique dont l'avenir condamnera le présent, sans circonstance atténuante. Les chefs-d'œuvre de l'art sont des dépôts faits aux époques, avec la clause civilisatrice de transmission. L'Érostrate moderne qui achèterait la Vénus de Médicis (qui ne peut ni être payée ni être vendue) pour la briser... ou *la tuer*, peut-on dire, laisserait dans l'histoire un nom exécré à l'égal de celui qui brûla le temple de Diane, à Éphèse!

Mais, s'écriera-t-on, parlons du point de vue matériel de la question : et les églises, les fabriques, que diraient-elles? Comment les curés et les chapitres accepteraient-ils cette spoliation?

Nous répondrons à cela que tous les jours dans les états civilisés, des lois, des ordonnances se créent pour étouffer la voix des intérêts particuliers tentant à s'élever contre l'intérêt général. On renverrait d'abord, au besoin, les réclamants au précepte de l'Évangile qui veut l'humilité, et qui n'a jamais songé à ériger la maison du Seigneur en un lieu de curiosité dans lequel se succèdent les visites profanes, et où retentissent des conversations qui choquent la majesté du lieu saint. N'est-il pas scandaleux de voir par exemple, le saint sacrifice de la messe troublé par la présence étourdie de touristes babillards, passant entre les fidèles agenouillés, et le prêtre qui communie! N'est-il pas affligeant que l'oraison du pieux vieillard, que la confession de la jeune fille, que le recueillement de ceux qui viennent au temple pour Dieu, soient troublés, profanés, violés, peut-on dire, par la curiosité impie des gens qui n'ont pas même toujours pour excuse l'amour ou l'expérience de l'art!

Mais bon nombre de ces tableaux, nous dira-t-on encore, ont été peints pour ces églises et ces autels; les grands artistes ont travaillé pour tel saint, pour tel patronage, dans ces temps où les églises étaient les seuls musées...

Hélas! si comme chaque retour de saison qui rapporte annuellement sa moisson de fruits et de fleurs, les siècles eussent aussi en se succédant, enfanté de nouvelles générations de grands peintres, nous ne réclamerions rien! Qu'importe à la rigueur, que les vers dévorent les naïves et pâles partitions de Jomelli, de Leo, d'Orlando de Lassus! Le siècle suivant a produit Gluck, puis Beethoven et Mozart... Après eux a éclaté Rossini! Leur grand art, le seul en progrès de nos jours, a découvert les voies nouvelles de sa perfectibilité acquise; d'autres hommes encore, soyons-en certains, marcheront à la découverte d'horizons lyriques encore inconnus. Mais la poésie, ô Virgile et Homère! mais la statuaire, ô Praxitèles et Phidias! mais l'architecture, ô Eutymènes et Michel-Ange! mais la peinture, ô Véronèse et Raphaël, quels progrès ces arts anciens ont ils accomplis sous les siècles nouveaux? Ah! gardons, gardons les vieux tableaux! leur poussière ne féconderait pas dans les âges nouveaux un autre XVIe siècle!

Mais les églises! mais les chapitres, les curés, comment les dédommager... dira-t-on toujours, tant il est vrai que toute proposition nouvelle ne croît qu'au milieu de broussailles d'objections qui tendent à l'étouffer et à empêcher sa floraison.

D'abord nous avons notre loi, notre ordonnance devant laquelle courber la tête est la seule chose qui soit à faire. Puis viendra sur-le-champ l'indemnité... nous n'osons pas précisément dire la compensation. Si l'époque nouvelle ne produit pas de grands chefs-d'œuvre qui consolent de la ruine des anciens, elle produit au moins des peintres, chaque exposition nouvelle en fait foi. Or, un des grands obstacles qui soient au développement de leur talent, c'est le manque de commandes, l'obligation de ne s'appliquer qu'à la production de tableaux d'une vente probable et bourgeoise, au grand détriment de l'étude des grandes œuvres. Eh bien, voilà pour vingt ans peut-être vos peintres occupés! Toutes les plaies, les dégradations que feront aux murailles des églises l'enlèvement des tableaux dignes de figurer dans les musées, recevront pour ainsi dire pour appareil, les toiles neuves des peintres modernes. Les vieux maîtres des XVe et XIe siècles ont fait leur temps d'église..., qu'ils s'aillent reposer dans la vigilante infirmerie des Pinacothèques!

Il faudrait que les toiles neuves fussent des reproductions des tableaux anciens. Et ce ne serait pas un médiocre avantage pour la nouvelle génération artistique que d'être pendant quelques années appliquée à copier Titien, Véronèse, Giorgion, Bellini, Tintoret, les Palma. Ces toiles neuves, dont les couleurs seraient éclatantes et vives, plairaient sûrement beaucoup plus à la masse des fidèles, que les obscurs pénombres des chefs-d'œuvre sur le compte desquels la plupart auront pratiqué la plus aveugle des vertus théologales, c'est-à-dire la foi, pour les admettre chefs-d'œuvre. Par ailleurs, on peut dire que les villes, les musées, les gouvernements ne payeraient pas trop cher leurs splendides acquisitions, par l'échange de toutes ces toiles neuves, qui seraient peintes avec émulation et dans la rémunération desquelles pourraient entrer quelques récompenses honorifiques pour les plus remarquables. Les honneurs que distribuent les états leur économisent souvent de l'argent.

Et puis les nouveaux artistes auront aussi devant eux cette chance d'être un jour décrochés des églises, après y avoir fait leur temps d'humidité, d'abandon et de ténèbres, pour aller figurer dans la douce lumière des musées... les siècles futurs prononceront!

Venise, plus peut-être que toute autre ville, pouvait faire naître ces réflexions et ces désirs. Son musée tout vénitien, et qui puise son immense intérêt dans cette spécialité d'école qu'il représente, manque d'œuvres de beaucoup de ses principaux artistes. Sébastien del Piombo, Paris Bordone, Giorgione, Liberi, les Palma, Cima de Conegliano, Lazzarini, Santa-Croce et beaucoup d'autres grands ou estimables artistes sont à peine ou point représentés à l'*Académie des Beaux-Arts*, et ils se trouvent en œuvres innombrables dans une foule d'églises secondaires, où ils restent enfouis dans l'ombre des chapelles, et dans l'oubli... cette ombre morale.

Il serait donc, croyons-nous, utile et grand de poursuivre l'œuvre que Venise a déjà commencée pour la fondation de son musée, c'est-à-dire de réunir ontes ces toiles, de les réparer, de les sauver enfin de la perte matérielle qui l es menace, comme de la perte morale que l'art en a déjà fait, par l'abandon où sont obligés de la laisser les artistes et les connaisseurs. Nous savons bien que ce serait là une sérieuse résolution à prendre, que sa mise à exécution soulèverait bien des tentatives d'obstacles... mais le résultat serait si précie , si beau, que s'arrêter à des considérations secondaires, les seules qui puissent être, serait une grande faiblesse. Certes, celui qui pourrait accomplir ce grand et bel œuvre, serait bientôt aussi célèbre que les auteurs mêmes de ces tableaux ; celui qui rendrait à la lumière et à l'avenir tous ces chefs-d'œuvre, que rongent les ténèbres eclesiales, les murs suintants et les reptiles, mériterait non pas seulement la reconnaissance de sa patrie, à l'intérêt actuel de laquelle il aurait beaucoup ajouté, mais aussi celle de toute l'Europe intelligente, et de la grande famille des artistes, que réunit le même culte, à travers les idiomes et les remparts des nationalités. Nous sommes persuadé que l'impulsion donnée sur un point, serait ressentie partout, et qu'avant vingt ans toutes les villes qui ont à déplorer un état de choses si funeste à la transmission de l'art, suivraient l'exemple de la cité qui la première aurait pris cette utile et féconde initiative !

(W) *Marc Antoine* BRAGADINO fut dans toute la littéralité du mot, le martyre de sa patrie. Voici les faits atroces de cette fin glorieuse.

Ce général défendait en 1571 la ville de Famagousta, dans l'île de Chypre. Les Turcs étaient en nombre considérable ; Bragadino n'avait que sept mille hommes sous ses ordres. Après avoir repoussé six assauts, qui tinrent la ville bloquée pendant près de trois mois, la garnison vénitienne se vit assaillie par une famine totale, qui après la plus longue prolongation possible des délais, l'obligea à capituler.

Le général Bragadino, invité par Mustapha qui, disait-il, voulait le complimenter de sa longue et belle défense, se rendit au camp des Ottomans, accompagné des patriciens Louis Martinengo, Antoine Quirini et de quelques officiers. Mais l'entrevue tourna autrement qu'on croyait devoir s'y attendre : quelques dissidences d'avis, à propos d'un ôtage qu'exigeait le pacha, pour garantir le retour de la flotte, le mirent dans une telle fureur, qu'il fit massacrer sous ses yeux les deux patriciens Martinengo et Quirini, et que, si pour le moment il épargna le général vénitien, c'est qu'il le réservait à des tourments plus odieux.

En effet, il lui fit provisoirement couper le nez et les oreilles, ensuite l'ayant fait attacher sur un âne, il l'envoya parcourir ignominieusement cette ville qu'il avait défendue avec tant de valeur. Puis conduit sur la place publique, il fut attaché à un poteau, et comme saint Barthélemi, il fut écorché vif... Mustapha assistait à ce lâche et odieux supplice d'un balcon voisin. Il interpellait souvent l'héroïque patient, et lui demanda pourquoi son Dieu ne venait pas le secourir. Ce grand homme exhala le dernier soupir en priant ce Dieu qu'insultait l'infidèle.

Bragadino mort, Mustapha non content encore de cet ignominieux supplice, fit écarteler le cadavre, et ordonna que la peau du héros fut *empaillée*, puis attachée sur une vache, et dérisoirement promenée par la ville, avec le parasol rouge, qui était l'attribut de la dignité de l'illustre et malheureux défenseur de cette cité, témoin de son atroce martyre !

Ce hideux trophée de la guerre fut ensuite exposé dans le bagne de Constantinople, à la vue des esclaves chrétiens. Puis on ne saurait dire par quelle fantaisie du barbare chef des Ottomans, elle fut placée dans une panoplie qui ornait le sérail. Là, un Vénitien esclave des Turcs, parvint à la soustraire, et la porta à l'ambassadeur de la République. Rudement bastonné pour ce vol, l'esclave parvint à rejoindre sa patrie, où le Sénat lui vota une pension de huit ducats par mois. La noble dépouille de l'illustre défenseur de Famagouste fut déposée en 1596 dans son monument à SS. Jean et Paul.

(z. ALVISE MICHELI, membre d'une des plus illustres familles du patriciat vénitien, mourut en plein sénat, en prononçant un discours sur l'opportunité qu'il y avait à ce que la République fut une des premières à reconnaître l'avènement au trône de Henri IV, malgré les suggestions de plusieurs puissances étrangères, qui s'efforçaient d'entraîner le gouvernement de Venise contre le chef des huguenots, l'excommunié du pape.

(AA. Le doge BERTUCCI VALIERO, ou Valier, fut élu en 1656. Son règne, si court qu'il fût, vit de grandes et mémorables luttes contre les Turcs, ces infatigables ennemis de la République. On célébrait les fêtes de son couronnement, lorsqu'une galère aborda au port, portant des étendards ottomans renversés. Lazare Mocenigo en descendit, la tête enveloppée : il avait eu un œil crevé dans le dernier combat des Dardanelles. L'aspect de ce guerrier défiguré par sa blessure, et racontant un combat où son navire avait péri, la belle mort du général vainqueur, emporté par un boulet, l'imagination qui se représentait une armée entière détruite, Constantinople en alarmes, et enfin la paix couronnant de si beaux triomphes, tout devait exciter l'enthousiasme et décider le Sénat à déférer le commandement suprême à Lazare Mocenigo, héroïque débris de ces nobles luttes. Mais les patriciens voulurent lui opposer le procurateur Bernardi. Indigné de cette injustice et de cette ingratitude, Valiero interpella le grand Conseil, s'emporta dans une généreuse défense des droits de Mocenigo, et réussit à lui faire décerner le titre de généralissime, avec lequel il repartit pour répandre, par sa conduite glorieuse, un nouvel éclat sur les armes républicaines.

Juste et équitable en toutes circonstances, Bertucci Valiero, quelques mois plus tard, fit mettre en jugement deux provediteurs qui avaient lâchement rendu aux Ottomans l'île de Ténédos. Ils furent dégradés de noblesse, et une table de marbre fut placée sur un des murs intérieurs du palais ducal, pour perpétuer la mémoire de leur opprobre et de leur châtiment. Cet acte de sévérité n'est pas moins honorable pour le dogat de Valier que ne le fut sa conduite dans la nomination de Lazare Mocenigo au poste de généralissime. Ce prince mourut un an après sa nomination.

(BB) Silvestre VALIERO, ou Valier, succéda à François Morosini, mort de fatigue comme doge et comme général, après les guerres de la Morée. Le dogat de Valier fut signalé par les luttes incessantes de sa patrie contre ses éternels ennemis, les Ottomans. Les Vénitiens prirent Scio. Antoine Zeno, capitaine général de l'armée, mourut en prison, tandis qu'on instruisait un procès contre lui, à cause de sa conduite peu énergique devant l'ennemi. Dans le même temps, le plan d'une ligue contre les agrandissements de Louis XIV, fut arrêté à Venise entre les représentants de diverses nations, et le traité fut signé à Augsbourg. — Ce prince y répondit, comme on sait, par le traité de Riswick, en 1698.

Enfin, ce dogat semble celui des traités, car il fut aussi la date du traité de Carlowitz, qui conserva à Venise la Morée, à laquelle elle tenait tant.

Silvestre Valier régna six ans.

(CC) MICHEL MOROSINI ne régna que quatre mois, ayant été enlevé en 1385 par une peste qui emporta de Venise dix-neuf mille habitants. Michel Morosini s'était fait une immense fortune par d'heureuses spéculations, durant les guerres avec les Génois. Sa rapide apparition à la dictature suprême n'en fait guère qu'une date chronologique. Il fut le troisième doge d'une illustre famille, qui, outre des généraux fameux, donna quatre ducs à la République.

(DD) Le doge LÉONARD LORÉDAN vit son règne marqué par les guerres les plus mémorables que la République eut à soutenir jusque là. Il régna vingt ans. Les événements principaux de cette période furent : le traité de partage du royaume de Naples entre Louis XII de France et Ferdinand d'Aragon ; les mésintelligences de ces deux princes ; l'élection successive des papes Pie III et Jules II ; les succès littéraires de Machiavel ; plusieurs incendies notables et un grand tremblement de terre qui renversa une foule d'édifices ; les guerres contre l'empereur Maximilien I ; la fameuse ligue de Cambrai (10 décembre 1508) ; le partage des états de la République, par suite de cette ligue ; bataille d'Agnadel ; pertes de toutes ses provinces par la République ; reprise de Padoue, luttes du chevalier Bayard contre le pape [*] ; conciles de Pise et de Latran ; bataille de Ravenne ; évacuations de l'Italie par les Français, bien que victorieux ; les reprises de possession de la République ; l'alliance de Venise avec Louis XII ; la mort de Jules II ; l'élection de Léon X ; l'avènement de François I de France ; la bataille de Marignan ; les glorieuses rivalités de ce prince avec Charles-Quint ; enfin, pour ne pas prolonger cette sommaire nomenclature, le traité de paix de Noyon, qui mit fin aux guerres suscitées par la ligue de Cambrai, le 13 août 1516.

Lorédan fut un grand prince, qui, en outre de l'éclat de sa conduite diplomatique dans une foule de circonstances épineuses où sa sagesse surmonta d'étranges difficultés, doit être aussi considéré comme un guerrier plein de courage, car, plus d'une fois, il prit glorieusement la lourde épée du commandement. Il mourut en 1521, universellement regretté de sa patrie. Son successeur fut Antoine Grimani, longtemps proscrit par la République, pour une accusation qui datait du siège de Lépante. Grimani, resté à Rome, s'était rendu si utile à sa patrie par des négociations heureuses avec le Saint-Siège, que Lorédan avait obtenu du Sénat sa rentrée en faveur : il avait ainsi, sans s'en douter, fait rappeler à Venise celui qui devait hériter de sa dignité, si longtemps et si glorieusement occupée.

(EE) ANDRÉ VENDRAMINI, ou *Vendramin*, élu le 5 mars 1476, descendait d'un banquier anobli, un siècle auparavant, pour avoir fourni à ses dépens un vaisseau armé à la République, alors nécessiteuse. Ce fut le premier exemple de l'élévation au dogat d'un homme nouveau, c'est-à-dire issu de l'une des familles admises dans le grand Conseil à la fin de la guerre de Chioggia. Pour répondre aux réclamations des anciens nobles, qui regardaient la dignité suprême comme le patrimoine exclusif de leurs maisons, on fit valoir qu'André Vendramin était allié à des familles puissantes et riches « qu'il était « père de onze enfants, qu'il armait à lui seul un gros vaisseau pour le com- « merce d'Alexandrie, et qu'il donnait jusqu'à 7,000 ducats de dot à ses « filles. » A ces diverses raisons, dont celles concernant la paternité du doge peuvent sembler de peu de poids en pareille affaire, nous croyons devoir ajouter que Vendramini était un des trente citoyens qui s'étaient montrés les plus

---

[*] On lit que ce pape (Jules II), qui avait l'humeur si guerrière, jeta un jour les clés de Saint-Pierre dans le Tibre, voulant, dit-il, ne se servir désormais que de l'épée de Saint-Paul. Il périt par l'épée. Voir MONTFAUCON, *Monuments de la Monarchie française*.

dévoués à la République, durant ses guerres, et au milieu de ses dangers, et que par conséquent sa noblesse découlait d'une des sources les plus honorables et les plus pures.

Sous le règne de ce doge, la République poursuivit activement la guerre contre les Ottomans, et attaqua à la fois le Levant et l'Albanie, puis ravagea le Frioul.

Ce fut André Vendramin qui, au sein d'une nouvelle peste, planant sur Venise en 1479, laquelle enlevait cent cinquante personnes par jour, fit lancer une loi qui défendait aux nobles de quitter leur poste. Ce doge mourut victime de sa propre proposition : le fléau l'atteignit après deux ans de règne.

(TT) *Marc* Cornaro était si vieux lorsqu'il fut promu à la dignité dogale, qu'il est un exemple de plus de cette persistance que le Sénat mettait à nommer le plus souvent, pour chef de l'État, des vieillards auxquels l'âge avait retiré toute l'énergie, ce qui réduisait leur rôle à la représentation d'un principe plutôt qu'à une individualité.

L'événement saillant du règne de ce prince fut la soumission de la ville d'Alexandrie, contre laquelle le roi de Chypre, Pierre de Lusignan, s'était rallié aux Vénitiens. Le vieillard couronné s'éteignit deux ans après son élection.

(GG) *Antoine* Venier, ou *Venier*, fut élu en 1382; il était sous-gouverneur de Candie. Il succéda à Michel Morosini, mort de la peste. Il régna 18 ans. Les événements remarquables de ce laps de temps furent les luttes de la République avec François Carrare, seigneur de Padoue, celles contre les ducs de Milan, le retour à la République de l'île de Corfou, ainsi que des provinces de Trévise et de Cénéda. En Grèce, Antoine Venier présida à la soumission d'Argos, de Napoli de Romanie; et dans l'Albanie, de Durazzo, d'Alessio, et enfin de Scutari.

On cite de ce doge un trait qui prouve son amour pour la justice, et qui témoigne qu'il avait en lui du Brutus. Son fils ayant outragé la femme d'un patricien avec laquelle il avait précédemment eu des liaisons intimes, se trouva porté par l'époux offensé devant la *Quarantie* criminelle. Le jeune étourdi fut condamné à une amende de cent ducats, à deux mois de prison, et à ne pas se montrer de dix ans partout où serait la dame offensée. Bientôt il tomba dangereusement malade en prison, et le doge eut la fermeté de ne pas demander d'adoucissement à la sentence, que, comme juge, il avait trouvé trop peu rigoureuse. Le jeune homme mourut sous les verrous.

(MM) Ce fut *Pascal* Malipiero qui succéda, en 1457, au célèbre et infortuné François Foscari, qui, comme on sait, mourut subitement en entendant la cloche de Saint-Marc annoncer le couronnement du nouveau doge. Malipiero assista au convoi de Foscari en simple robe de sénateur, les insignes ducaux ornant le catafalque du prince expiré.

Sous ce dogat eut lieu l'établissement du terrible tribunal des *inquisiteurs d'État*, que quelques historiens ont à tort placé au commencement du XVI° siècle ; les *Dix* existaient depuis les premières années du XIV°.

Pascal Malipiero entreprit une croisade contre les Turcs. Les premiers établissements d'imprimerie à Venise datent de ce règne. Aucun fait d'armes saillant ne l'a signalé.

(NN) *Michel* Steno succéda, à l'âge de 79 ans, à Antoine Renier. Malgré son âge avancé, ce prince prit une grande et utile part aux affaires de l'État. Il était orateur. Sous son règne, la République acquit ou conquit Trévise, Padoue, Vicence, Vérone, Rovigo, Bassano, Feltre, Bellune, Casalmaggiore, Brescello, Guastalla et d'autres villes encore.

Ce fut aussi sous son dogat que le premier Vénitien fut couronné de la tiare, sous le nom de Grégoire XII. C'était un membre de la famille Correr, laquelle fournit trois papes au trône pontifical¹.

Les célèbres intrigues du fameux Carrare, prince de Padoue, eurent aussi lieu à cette époque. Dans le même temps, Venise reçut quelques améliorations civiles : la place Saint Marc, jusque là pavée en briques, reçut des dalles ; la tour de l'Horloge, d'abord bâtie en bois, et consumée à la suite d'une illumination, fut édifiée en pierres, enfin, la façade du palais ducal, du côté du midi, fut achevée.

Bien que ce doge porte le même nom que le jeune patricien qui joua un si grand rôle dans la tragique affaire de Marino Faliero, il n'y avait entre eux aucune parenté

(JJ) Lorsque THOMAS MOCENIGO fut promu à la dignité ducale, il se trouvait en ambassade auprès de l'empereur Sigismond. Ce fut sous son règne qu'on décida que désormais le doge ne pourrait appeler personne en justice, et que ses armoiries ne seraient placées ni sur les drapeaux, ni sur les navires, ni sur aucun édifice, excepté dans l'intérieur du palais ducal.

Le dogat de Thomas Mocenigo, qui dura dix ans, fut très glorieux, soit pour les armes vénitiennes, soit pour la diplomatie ; âgé de quatre-vingts ans, et sentant sa fin approcher, il convoqua le Conseil pour conférer du choix de son successeur. Il est étrange que ce fut précisément celui dont il conseillait de se défier, François Foscari, à cause de ses goûts trop belliqueux, qui fut choisi.

Comme la République avait été soumise à d'immenses sacrifices pour subvenir à ses frais de guerre, il avait été formulé un décret qui condamnerait à une très forte amende celui qui proposerait quelque dépense d'édifice nouveau. Comme l'ancien palais ducal avait été en partie détruit par un incendie, Thomas Mocenigo paya l'amende de plein gré, et fit recommencer les constructions incendiées. Thomas Mocenigo mourut en 1423.

(KK) NICOLAS MARCELLO fut promu doge étant, comme tant d'autres, octogénaire. Personnellement il eut si peu d'action sur les affaires de l'État, qu'on peut dire de lui ce que Machiavel dit de certain potentat, dans son *Prince* :

« Sans pouvoir pour le bien, sans vouloir pour le mal, ce fut un mannequin couronné ! »

Sous son dogat, les Vénitiens défendirent la ville de Scutari, assiégée par les Turcs, et ils entraînèrent les Hongrois contre Mahomet. L'assaut qui dura huit heures, coûta huit mille hommes aux Ottomans : mille hommes par heure ! Cette belle défense couvrit de gloire le général Antoine Lorédan, qui avec deux mille cinq cents hommes repoussa soixante mille ennemis, et combattit en outre la faim et la soif, adversaires qu'il était difficile de faire capituler comme les Turcs.

Nicolas Marcello mourut après quinze mois de règne.

(LL) Le procédé d'invention nouvelle, qui permet de transporter du bois ou d'une toile sur un tissu nouveau, les chefs-d'œuvre de la peinture, mena-

---

¹ Grégoire XII. — Eugène IV. — Paul II.

ées de destruction, est une découverte des plus précieuses. Nous pourrons être agréable à ceux de nos lecteurs qui en ignorent les moyens pratiques, en leur en offrant ici la rapide explication.

Le tableau sur bois couché à plat, reçoit sur sa surface peinte une application de feuille de papier collé, multipliée à une forte épaisseur. Lorsque cette croûte est sèche, on retourne le tableau, et on commence à raboter le bois sur lequel il est peint, jusqu'à ce qu'on arrive à une ligne environ de la peinture. Alors à l'aide de racloirs de verre, on continue l'opération jusqu'à effleurer la partie délicate ; ce travail accompli sur toute l'étendue du tableau, et de façon à ce qu'il n'y ait plus que l'épaisseur de la peinture collée sur l'énorme croûte de carton mis à la surface, on enduit largement le revers d'une couche de colle-forte chimiquement préparée, et l'on applique la toile neuve... on laisse sécher, après quoi on enlève le carton qui voile le tableau ainsi rendu à une nouvelle vie. On le vernit, et l'œuvre menacée du grand maître, se trouve ainsi devant et derrière fortifiée par cette ingénieuse opération régénératrice.

(xxx) JEAN MOCENIGO prit possession du trône ducal entre un incendie qui consuma en partie le palais et l'église Saint-Marc, et une disette qui affama la population. Son règne fut de sept ans.

Sous ce dogat, la république conclut la paix avec le grand sultan, en lui cédant l'île de Négrepont et quelques petites places de la Morée et de l'Albanie.

Les Vénitiens s'adjoignirent aux Florentins, pour faire la guerre au pape et au royaume de Naples, mais cette guerre dura peu. Dans le même temps, le duc de Ferrare ayant manqué aux traités, il fallait ainsi marcher contre lui. Le célèbre général comte Sanseverino, reçut le commandement en chef de l'armée de terre, et il y servit glorieusement la République ; il entra vaillamment dans la Polésine, et fit la conquête d'Adria de Commaccio, de Ficarolo et autres pays. Le pape, pour soutenir la maison d'Este, lança en 1483, l'excommunication contre la République. Ni la bulle papale, dont le Conseil des Dix ne tint aucun compte, ni les auxiliaires de défense que se procura le duc de Ferrare, ne purent le soustraire aux ravages que Sanseverino fit dans ses États, étant impétueusement arrivé jusque sous les murs de sa capitale. Le duc d'Este demanda merci, laissa aux Vénitiens la Polésine de Rovigo, envahie par le généralissime, et reprit enfin ses anciennes limites. Le vaillant capitaine qui avait si bien servi la République, Robert Sanseverino fut appelé à Venise, reçu avec les plus grands honneurs, et complimenté en plein sénat, par le doge Jean Mocenigo, qui lui assigna un palais pour sa demeure *.

L'anathème lancé contre la République par le pape Sixte IV, ne fut révoqué que par son successeur Innocent VIII. Le doge mourut vers la fin de l'année 1485, et fut remplacé par le procurateur Marc Barbarigo.

(xx) JEAN BEMBO monta sur le trône ducal en 1616. Sous son règne la République animée par les déprédations des Uscoques, à faire la guerre à l'Autriche, finit par conclure un traité de paix avec cette puissance. Une anecdote

---

* La postérité de ce vaillant général n'est pas éteinte : la Lombardie compte aujourd'hui parmi les patriciens qui s'y occupent avec le plus de savoir, de littérature et d'histoire, un Sanseverino, allié à une des femmes les plus éminemment distinguées qui soient, par l'esprit, le cœur et l'instruction, une fille de la maison princière des Porcia. M. de Balzac a dédié un de ses meilleurs romans à madame la comtesse Sanseverino.

fort éclatante pour la réputation de justice impartiale de la République, se rattache à ce dogat.

Le gouvernement ayant eu à régler des subsides avec le duc de Savoie, il arriva que ce prince se plaignit de n'avoir pas touché la totalité de ses sommes. L'argent avait passé par les mains de l'ambassadeur de la République à Turin, praticien que son haut rang, ses talents, sa position de neveu du doge, semblaient protéger du soupçon, et qui n'en fut pas moins mandé devant le sénat, pour rendre ses comptes. Comme au lieu d'expliquer d'une façon satisfaisante le déficit trouvé, il prit la fuite, ses biens furent confisqués, il fut dégradé de noblesse, et condamné par contumace à être pendu...

Mais aussitôt l'impartialité de la République eut occasion de se manifester. Le doge mourut et l'on choisit pour lui succéder un proche parent de l'homme qui venait d'être flétri, afin de relever aux yeux du pays toute une honorable famille, que ne devait pas atteindre la faute d'un ses membres.

(**) Voici ce que dit Daru, dans son *Histoire de Venise*, à propos de ce condottiere :

« Un des plus vieux généraux de la République, Barthélemi Colleoni, descendant, dit-on, des anciens seigneurs de Bergame, et inventeur de l'usage de traîner l'artillerie sur les champs de bataille, mourut à cette époque (1475) et légua à la République une somme de deux-cent-seize mille ducats, à condition qu'on lui érigerait une statue équestre à Venise. Ce général avait montré beaucoup de talent ; sa fidélité n'avait pas toujours été aussi incontestable, mais il avait rendu de grands services. On accepta le legs et la statue fut élevée. »

Byron, dans la préface de sa tragédie de *Marino Faliero* a écrit :

« .... La statue équestre dont j'ai fait mention au troisième acte, et que j'ai placée devant l'église, n'est pas réellement celle d'un Faliero, mais celle de quelqu'obscur guerrier dont le nom a été perdu, quoique d'une date plus moderne. »

Il semble que Colleoni, un des fondateurs de l'art de la guerre en Europe, ne méritait pas ce dédain du poète, car on ne peut supposer que celui-ci ignorât quel homme reproduisait cette statue.

Enfin, pour que cette note soit tout entière en extrait, ce que dans le plan général de notre ouvrage nous avons généralement évité, nous traduirons ce que dit Vasari, l'historien des artistes italiens, en parlant de l'auteur de cette statue :

« Le fait qui suit peint on ne peut mieux l'amour-propre jaloux, la passion, l'indépendance et aussi l'activité des artistes de l'époque. Comme Verrocchio avait terminé de modeler le cheval de Colleoni, on vient lui apprendre que la figure du général va être accordée par faveur à Vellano de Padoue, protégé par quelques patriciens. L'artiste indigné rompit la tête et les quatre jambes de son cheval, et se sauva à Florence. Mais le sénat lui fit sur-le-champ signifier que si jamais il osait reparaître à Venise, on lui trancherait la tête. Il répondit qu'il se garderait bien de le faire alors, car sa seigneurie ne pourrait pas lui remettre sa tête coupée, aussi facilement que lui pourrait refaire celle du cheval brisé. » Cette réponse plut au sénat, qui fit dire à Verrocchio qu'il était libre de revenir. — Il revint, et reprit ses travaux avec tant d'ardeur qu'il gagna une fluxion de poitrine dont il mourut. Ce fut ainsi qu'échut à Leopardo la fonte de la statue. »

(♦♦) *Pascal* Cicogna, descendait de Marc Cicogna apothicaire, élevé au patriciat en 1381, après la guerre de Chioggia, pour son zèle envers la République. Il avait fourni un vaisseau tout armé, et s'était dévoué personnellement au service de la patrie. Mais quelque digne et honorable que fût l'élection de Pascal Cicogna, elle ne se fit pas sans trouble. Les deux classes qui jusqu'alors avaient fourni ses doges à la République, en vinrent presque aux mains, pour la réussite de leur candidat. Il y eut cinquante-deux tours de scrutin, avant de pouvoir arriver à un résultat. Enfin les partis finirent par s'entendre en choisissant un vieillard qui n'appartenait à aucune des deux classes en opposition.

S'il n'était pas d'une ancienne noblesse (sa maison ne datait que de deux siècles), Cicogna se recommandait aux respects du peuple par sa réputation de sainteté. On citait non-seulement ses vertus, mais aussi ses miracles. On raconte qu'un jour, comme il assistait à la messe, « l'hostie s'éleva d'elle-même, *et vint se placer entre ses mains...* » Aujourd'hui encore on voit dans la salle du Sénat, au palais ducal, un grand tableau de Jacques Palma, qui représente ce doge à genoux en adoration devant le Rédempteur.

C'est sous le dogat de Cicogna que la France, alors divisée par les guerres de religion, vit son roi, Henri III, l'ami des Vénitiens, assassiné par le moine dominicain, Jacques Clément, alors que ce prince faisait le siège de sa propre capitale, en 1589. Henri IV lui succédant et ayant à se faire reconnaître par les puissances, le fut sur-le-champ par la République, bien qu'il fût excommunié par le pape, comme chef des huguenots.

Sous ce dogat fut construit le pont de Rialto, tel qu'il est aujourd'hui. Jusque-là il était de bois, et s'ouvrait vers le milieu pour laisser passer les galères mâtées. Ce doge fit enfin achever la fameuse forteresse de Palma-Nova, dans le Firoul.

Pascal Cicogna mourut en extase religieuse en 1593. Nulle guerre n'avait troublé son règne.

(♦♦) Les anciens ouvrages sur Venise, disent que *Marietta* Robusti, la fille de Tintoret, fut enterrée dans cette église. Aujourd'hui pourtant rien ne fait trace de ce tombeau. Marietta, élève de son père, mourut jeune, alors que par son talent déjà célèbre pour la peinture du portrait, autant que par son esprit et les grâces de sa personne, elle datait dans son époque. Au talent que son père lui avait donné, elle joignit celui de musicienne, d'excellente chanteuse, art qu'elle avait acquis dans les leçons du napolitain Jules Zacchino, qui était le Cimarosa de son temps, comme son élève en était l'Angélica Kauffmann.

Philippe II, l'empereur Maximilien et l'archiduc Ferdinand, appelèrent tour à tour à leur cour la jeune et brillante artiste. Mais Tintoret en était si fier, il l'aimait si passionnément, qu'il ne put jamais consentir à s'en séparer, quelqu'avantage que c'eût pu être pour sa fortune et son établissement. Il finit par la marier tout simplement à un bijoutier de Venise, de sorte qu'au lieu d'aller peindre les rois et les empereurs, elle continua de faire modestement les portraits de ses compatriotes et de ses amis. La mort précoce de Marietta fut presqu'un deuil public, tant elle était aimée et admirée à Venise. Tintoret qui avait beaucoup travaillé pour l'église de *Sainte-Marie de Lorto*, voulut que sa fille chérie y reposât au milieu de ses œuvres, espérant lui-même y joindre son tombeau plus tard. Aujourd'hui on ne connaît rien des œuvres de Marietta Robusti.

XI

LES ILES.

SOMMAIRE.

Topographie et géographie vénitiennes. Énumération des îles à décrire. — *Saint-Michel.* — Sa fondation. — Ses anciens habitants. — Le cimetière ancien. — Le nouveau. — Les camaldules. — Architecture. — Tombeau du cardinal Jean Dolfin. — La chapelle Emilianna. — Écho. — Inscription du moine Eusèbe. — Deux tableaux par Zanchi et Lazzarini. — Le cloître. — Fra Mauro. — Le pape Grégoire XVI. — Le cimetière actuel de Venise. — Tombeau de Léopold Robert. — *Murano.* — Histoire des fabriques de verroterie. — Curiosités anecdotiques. — Les Chinois mis en cause. — La momie des Arméniens. — Commerce immense des produits de Murano au moyen-âge. — Henri IV et le miroir de Venise. — La toque de velours de Louis XII. — Les *cassa-lavoratori*. — Jusqu'où vont les verroteries et les perles de Murano. — Sur la mode. — Statistique actuelle de cette industrie. — L'église Saints-Pierre et Paul. — Peintures et tapisseries. — Église Saint-Donat. — L'Ancône. — *Torcello.* — Coup-d'œil d'antiquaire. — Le dôme. — Mosaïques primitives. — Volets de pierre. — Église de Sainte-Foscal. — Élégance mauresque. — Sur l'invasion des Barbares dans les lagunes. — Le siège d'Attila. — Fantaisie pittoresque. — *Burano.* — La dentelle. — *Saint-François-du-Désert.* — Sur l'agrément d'y déjeuner. — Un vieux soldat autrichien. — Les mirages. — Une singulière inscription du conseil des Dix. — Le *Lido.* — Ce qu'en ont dit les poètes. — Le fort Saint-André. — Difficultés de sa construction. — Souvenir du Bucentaure. — Les anneaux des doges. — Topographie. — Prolongation du Lido. — Des fêtes dites bacchanales. — Description pittoresque. — Le cimetière des Juifs. — L'aubergiste fossoyeur. — Désirs de sépulture de Byron. — Promenades équestres de ce poète. — Un tombeau mystérieux. — L'amiral Villaret-Joyeuse. — Aspect pittoresque du Lido. — Ce qu'on y voit et ce qu'on en voit. — Le coucher du soleil sur Venise. — *Saint-Lazare,* ou couvent arménien. — Saint-Lazare caché par Saint-Sercolo. — Coup-d'œil en passant sur cette dernière île consacrée aux fous. — Aspect extérieur de Saint-Lazare. — Histoire de cette île. — Coup-d'œil sur l'histoire de ses habitants actuels. — Leur installation dans les lagunes. — Descente chez les Arméniens. — Le P. Paschal Aucher et le P. Grégoire Alepson. — L'église. — Les deux bibliothèques. — Livres et manuscrits précieux. — Un morceau du Sinaï. — Lord Byron. — Détails d'intérieur. — Ouvrages sortis des presses arméniennes. — Le livre en vingt-quatre langues. — Détails économiques. — Sur la prétendue opulence des Arméniens. — Leurs grands travaux. — Conséquences de ces travaux. — Leur influence en Orient. — Description d'une fête religieuse. — Conclusion. — *Malamocco.* — Géographie locale. — Coup-d'œil historique. — Détails sur la digue. — Les *Murazzi.* — Géographie locale. — Sur les travaux. — *Chioggia.* — Coup-d'œil historique. — Examen physiologique.

— Les pêcheurs en mer et les femmes à terre. — Bizarrerie de la population apparente. — Titien, Léopold Robert et les chioggiotes. — Brondolo — Les machines aquatiques du baron Testa. — Description de leur travail d'assèchement. — Conclusion du chapitre.

Venise formée de soixante-dix petites îles soudées les unes aux autres par 306 ponts de toutes sortes, est en outre entourée de vingt-cinq autres îles, éparpillées dans le fond de ce golfe Adriatique, et qui forment l'archipel vénète.

Nous allons décrire les principales de ces îles circonvoisines de la capitale. — Nous commencerons par celles qui s'étendent vers la terre ferme, et nous terminerons par celles du large.

Les plus intéressantes à visiter sont :

Saint-Michel, qui fut autrefois la demeure de quelques hommes célèbres, et reste aujourd'hui l'asile de quelques cadavres illustres.

Murano l'industrielle, encore en possession de la précieuse fabrication de verroterie qui fit sa gloire dès le XIIIe siècle.

Torcello, pèlerinage d'antiquaire et de rêveur...

Le *Lido*, d'une beauté vantée par l'imagination créatrice des poëtes ; rempart qui protége Venise contre les flots.

Saint-Lazare, l'île arménienne, l'oasis de la prière et de la science.

Et enfin : *Malamocco*, — les *Murazzi*, — *Chioggia*, qui offrent un triple intérêt scientifique, historique et pittoresque, mais dont l'art est absent. Points que leur distance de Venise pourra rayer de l'itinéraire, de l'odyssée maritime du touriste, s'il n'a pas un jour entier à consacrer à cette excursion de véritable *long-cours*, en la comparant à celle des autres lieux cités et obligatoires.

Quittons donc Venise dans la direction de *Murano*, et puisqu'elle se trouve sur notre route, descendons un moment à l'île de :

SAINT-MICHEL.

C'est le cimetière actuel de la ville.

Autrefois la petite île de Saint-Christophe de la Paix (*San-Cristoforo della pace*), laquelle a été depuis réunie à Saint-Michel, recevait toutes les dépouilles mortelles de Venise. Le nom de cette île lui avait été donné en mémoire de la paix conclue entre la

République et le duc François Sforza, de Milan, à l'instigation d'un moine qui la reçut en récompense. Ce moine, roi de son île, voulut avoir des sujets, préférant sans doute la domination cléricale au philosophique isolement du héros de Daniel de Foë. Il fit donc bâtir un couvent et une église où il fut *maître après Dieu*, disent les livres de loch. Mais en 1807, église et couvent furent démolis, au grand regret des artistes, car la chapelle renfermait, outre de bonnes peintures, des sculptures remarquables. Les ruines du temple et du couvent firent place aux ruines humaines... Le sol fut déchiqueté en fosses et en caveaux; des pierres tumulaires et des croix poussèrent dans les jardins où s'étaient entre mêlées les vignes ombreuses et les chèvre-feuilles tortueux des promenades monacales : un cimetière envahit l'île.

Mais comme il devint bientôt insuffisant pour les *besoins de la population*, comme on dit (triste besoin celui-là!), on fut contraint d'affecter au même usage une seconde île, toute voisine, qu'on réunit à la première : *Saint-Michel*, qui à son tour s'encombre aujourd'hui.

En 1466, des moines camaldules qui furent les premiers habitants de Saint-Michel, y avaient construit une église et un cloître, sur les dessins de ce Meretto Tagliapietra, si bien nommé pour un architecte*. Depuis, sa façade et quelques parties intérieures des bâtiments furent refaites, et également ornées. Ambroise d'Urbino (croit-on), sculpta les bas-reliefs qui encadrent la porte principale. Une grande partie des ornements de cette façade et de l'intérieur du temple ont été jugés assez remarquables comme élégance et comme pureté, pour être moulés et servir d'objet d'étude aux élèves de l'Académie de dessin de Venise.

Au-dessus de la porte d'entrée, à l'intérieur, est le monument du cardinal *Jean Dolfin*, mort en 1622, au milieu d'un sermon qu'il faisait à ces moines. Ce mausolée est dû à ce fameux chevalier Bernini, qui s'est fait à Rome une si grande réputation, par l'immense quantité de pierres qu'il a rangées les unes sur les autres.

L'espèce de vestibule où l'on entre est séparé de la nef de l'église par un jubé supporté par des colonnes remplies, et orné de sculptures élégantes.

A gauche dans le vestibule ou *atrium*, on trouve une petite

---

* Taille-pierre.

porte qui conduit dans la chapelle *Emiliana*, bâtie et nommée en exécution d'un legs pieux. C'est un petit temple de forme hexagone, fort élégant, enrichi de bas-reliefs, de retables de marbre précieux, verd antique veiné et massé, porphyre bardiglio, marbre azuré de Carrare, brocatelle, cipollin, ainsi nommé parce qu'on trouve qu'il ressemble à des *tranches d'oignon*, et de diverses autres matières rares. Guillaume Bergamasco fut l'architecte de ce petit bâtiment si gracieux et si correct : trois autels et trois portes occupent ses six faces ; la voûte en plein-cintre offre un écho merveilleux, presque aussi sonore que celui de Lurley, sur le Rhin, qui répète sept fois ce qu'on lui confie, l'indiscret !

Dans l'église, qui ne réalise pas complètement ce que promet sa préface, on verra sur le mur de gauche une inscription composée par Alde Manuce, pour le moine Eusèbe, nous la transcrivons parce qu'elle dit tout ce que nous ne pourrions dire :

« *Lector, perrumper siste, rem mirum legas.*
« *Hic Eusebii hispani monachi corpus situm est.*

On admirera les délicieuses arabesques qui ornent et encadrent cette inscription médiocrement religieuse.

Une simple pierre sur le pavé de l'église, recouvre la tombe de Morelli, le dernier bibliothécaire de la *Marciana*. L'abbé et chevalier Bettio, son savant successeur, en a composé l'épitaphe.

Enfin sur le mur de la grande chapelle, on voit à droite : le *Serpent exhaussé par Moïse*, tableau estimable de A. Zanchi. — A gauche, *l'Adoration du Veau d'or*, par Grégoire Lazzarini, qui fut, peut-on dire, le dernier artiste de l'école vénitienne. La noble composition de ce tableau, l'expression des personnages et le coloris en font un travail d'autant plus précieux, qu'à l'époque où peignait l'auteur, l'art avait déjà quitté la bonne voie pour tomber dans le style maniéré.

En sortant par une issue qui se trouve à droite du jubé, on pénètre dans le cloître attenant ; il appartenait autrefois aux camaldules de Saint-Michel, confrérie très célèbre, qui a fourni le célèbre cosmographe Fra Mauro, l'auteur de la fameuse mappemonde qui se trouve dans une armoire de la salle du Grand-Conseil, au palais ducal. Dans les temps derniers, le cardinal Zurla, et enfin *sa sainteté le souverain pontife Grégoire XVI*, s'y signalèrent par leur érudition immense.

Ce cloître et les bâtiments qui en dépendent servent, aujourd'hui, de retraite à des capucins affectés au service de l'église et à celui du cimetière de la ville. Ce cimetière qui présente l'étendue des deux îles Saint-Christophe et Saint-Michel réunies, n'offre guère de mausolées remarquables. La mort est ici sans faste, le style lapidaire y parle plus que la sculpture. Plus d'un mort cependant, qui repose dans le sein de ce lambeau de terre battu des vagues, aurait eu droit à quelque mausolée plus orgueilleux. Plus d'un visiteur y cherchera sur le marbre un nom qui date dans l'histoire de l'art, mais qui mieux encore que sur la pierre est solidement gravé dans l'avenir. Ce nom là est celui d'un homme dont sa fin déplorable a posé une triste et touchante auréole sur sa gloire. Il a douté..... Il a laissé le désespoir impie dévorer son âme, briser son corps.... Il a brusquement rompu une carrière éclatante par un suicide!

Il repose là, dans un coin écarté de ce champ que la religion a désigné pour lui. C'est le peintre des *Moissonneurs* et des *Pêcheurs de l'Adriatique* : Léopold Robert (A).

MURANO.

Tout voyageur sera attiré à Murano, par le désir de visiter une des fabriques de verroteries et de perles qui, depuis de longs siècles, rendent cette île fort célèbre dans toute l'Europe.

Ces fabriques, en partie connues sous le nom de *conteries*, forment encore aujourd'hui une des branches importantes du commerce de Venise.

L'art de travailler le verre fut, dès les temps anciens, une des premières ressources industrielles que les Vénitiens mirent en pratique. Ils ne l'ont pas inventé, car l'histoire est là qui nous apprend que les Grecs et les Arabes faisaient de beaux travaux de verre, dignes d'être présentés en don aux princes étrangers. Mais, dès que l'Orient eut perdu son prestige, que la barbarie eut remplacé la féconde culture des arts de la Grèce, la science de travailler le verre, apportée de la haute Italie, émigra sur les lagunes en même temps que les habitants industrieux de ces terres

* Les Arméniens de l'île Saint-Lazare ont une momie entourée de réseaux de perles, sinon de verre, du moins de porcelaine, en argile vitrifiée, ce qui prouve irréfragablement que les théorèmes — moins de cet art étaient connus des Égyptiens. Par ailleurs, on voit des amulettes, des vases, des ustensiles qui par leurs matières, se rapprochent de beaucoup de l'art vénitien.

que poursuivaient les barbares. Sans doute quelque Grec sauvé de la bourrasque, montra ce bel art aux premiers habitants des iles Adriatiques, si eux-mêmes n'en prirent pas l'idée dans les travaux des Égyptiens, dont ils fréquentaient les ports dès les VIIe et VIIIe siècles.

Par des procédés ingénieux, ceux-ci parvinrent à remplacer le sable de Tyr, qui seul jusque-là pouvait donner le transparent à la matière vitrée par une cendre d'une telle composition qu'on en obtient des résultats au moins égaux aux effets des sables d'Orient. Pendant plusieurs siècles les fourneaux des verroteries, furent groupés d'abord dans les environs de Rivoalto, puis épars dans la ville, à mesure que celle-ci se développa; mais leur proximité ayant causé des incendies fréquents, il fut décidé, en 1291, que tous ces établissements seraient réunis dans une île voisine, une des plus grandes de l'archipel vénète. Ce fut ce décret du sénat qui fonda la célébrité de Murano [*].

Le commerce de perles de toutes sortes et des verroteries, fut longtemps un des éléments actifs du commerce vénitien, en même temps qu'un heureux monopole. Des lois actives veillaient à ce que cet art ne sortît pas de l'État, et des peines fort graves étaient infligées aux ouvriers infidèles. Chaque année on chargeait plusieurs vaisseaux qui allaient porter les charmants produits de cette industrie, partout où pénétrait le pavillon de saint Marc. Dès les premiers temps de la République, ces verroteries étaient fort recherchées des Asiatiques et des Africains, et Vasco de Gama trouva à Calicut de grosses perles servant de monnaie. De nos jours encore (selon Macarthney) les boutons de verre dont les Chinois ornent leurs costumes, seraient des produits vénitiens dont l'Indostan fut autrefois encombré. Nous ne saurions affirmer si le fameux bouton qui surmonte la calote des mandarins, comme signe de leur dignité, est pétri dans ces lagunes. Les Chinois, sans avoir rien perfectionné, avaient presque tous les arts et toutes les industries avant les autres nations d'Europe. Longtemps on leur avait nié la connaissance primordiale de l'imprimerie, et voilà que la récente traduction du *Chouking*, qu'on croyait leur premier livre, prouve que Confucius le rédigea à l'aide d'anciennes tables de bois ou planches imprimées, qui parlaient du premier empereur *Yoa*, lequel vivait quatre mille

---

[*] Le décret, dans sa haute estime pour cet art, s'exprimait ainsi : *Ut ars tam nobilis semper stet et permaneat in loco Muriani*, etc.

cent-soixante-trois ans avant le temps actuel..... O mânes des Guttenberg ! j'ai vu pâlir de rage vos statues de bronze sur leur piédestal d'hier ! Décidément le céleste empire n'aura rien reçu des Européens, excepté l'opium... et encore ils se battent pour refuser cette drogue abrutissante !... Mais qu'allons-nous faire en Chine ? Revenons à Murano..... pardon de l'enjambée !

Ce fut vers le XIIIe siècle que les travaux de Murano prirent leur plus grande extension[*]; alors on s'appliqua à colorer le verre de façon à lui donner l'apparence des pierres précieuses. Marc Polo, célèbre navigateur, étant revenu d'un voyage aux côtes de l'Océan indien, raconta qu'il y avait vu les habitants fort épris des agathes ou pierreries colorées ; il indiqua comme une bonne spéculation de leur porter des imitations de matières précieuses, et ayant réussi à en composer, les fabricants les expédièrent, et se créèrent un débouché considérable.

Bientôt tout l'Orient devint tributaire de cette industrie. Elle faisait l'objet d'échanges avantageux dans la mer Noire, en Syrie, et en Égypte. Les îles de l'Océan indien reçurent ces produits comme un luxe nouveau dont avait besoin le goût enfantin de ces peuplades. Les côtes asiatiques et africaines de la mer rouge, l'Éthiopie, l'Abyssinie s'habituèrent à ces ornements qui entrèrent dans toutes les applications possibles : tissées en mosaïque, les perles s'étendirent sur les murailles des palais ; en colliers, elles ornèrent les poitrines des femmes ; les hommes les pendirent à leurs oreilles ; les jeunes filles, au bout de leur nez... les guerriers en enrichirent leurs armes, en couvrirent leurs vêtements. Les côtes septentrionales de l'Afrique, Tripoli, Tunis, Tanger, Fez, Maroc, et bien d'autres lieux, donnèrent fort à faire aux ateliers de Murano ; sur plus d'un point les perles, employées comme monnaie, servirent à racheter les esclaves chrétiens.....

Vers le milieu du XIVe siècle, le gouvernement français voulut tenter de nationaliser chez lui cette féconde industrie. Pour y mieux encourager les fabricants, la noblesse fut promise à ceux qui fixeraient dans leur patrie des établissements de verroteries. On voit deux siècles plus tard, Henri III passant à Venise, si émerveillé des magnifiques produits des fabriques de Murano, qu'il crée gentilshommes les principaux chefs de ces ingénieux

---

[*] *Memoria inedita sull' isola di Murano*, del consigliere neumann Rizzi. — *Memoria sulle venete fabbriche vetrarie*, del consigliere Rossi, letta all' Ateneo di Venezia.

ateliers. Et en effet, Murano produisait dès-lors de si belles choses, que l'historien Sanuto parle d'une fontaine de cristal que le duc de Milan acheta 3,500 ducats, ce qui est une somme énorme pour ce temps. Mais Venise ne fournissait pas seulement au monde presqu'entier des perles et des verroteries ; ses cristaux, ses lustres, ses girandoles, et surtout ses miroirs, ont une vogue à laquelle la mode s'est attachée jusqu'au fanatisme. Un *Miroir de Venise!* C'était une chose si recherchée qu'on sait ce qu'il en coûta à demoiselle Iseult de Châteaugiron, pour celui que lui accorda son royal maître, en échange de la feuille d'étain poli dans laquelle elle contemplait ces yeux que l'on cite encore comme des étoiles du temps [*]. Enfin Henri IV, l'ami de la République, reçut d'elle en cadeau une glace qui vaudrait bien 20 francs aujourd'hui, et qui fit émeute dans les appartements du roi. Ainsi le plus grand potentat comme la plus humble négresse, étaient tributaires de ces merveilleux produits de Murano !

Les bénéfices que Venise retira de cette seule branche d'industrie, furent énormes, et elle avait encore bien d'autres industries ! De nos jours ce commerce, sans avoir encore des ramifications pareilles, Venise n'ayant plus de marine, n'en est pas moins encore fort actif. Quatre fabriques à Murano, et une foule d'ateliers à Venise, emploient encore environ quatre mille ouvriers, ou chefs de famille, ce qui fait que quinze mille individus vivent de cette industrie, sur une population de seize mille. Plus de la moitié de ces ouvriers sont dans Venise même, travaillant en chambre à des ouvrages qui se font à l'aide de la lumière. Ces gens gagnent de 2, 3 à 5 francs par jour. Les meilleurs ouvriers *capi-lavoratori*, gagnent jusqu'à 10 francs : ce sont des artistes dans leur spécialité.

Les verroteries et les perles de Murano pénètrent de nos jours dans les contrées lointaines, par l'intermédiaire des Anglais, des Français, des Hollandais, des Espagnols et des Portugais qui en font la spéculation, en achetant eux-mêmes ces produits vénitiens. La Guinée, le Congo, la Cafrerie et jusqu'à Zanguebar re-

---

[*] On connaît l'anecdote citée par Saint-Gelais, dans son *Histoire de Louis XII*, relativement à un surtout *de velours* désiré par une proche parente du roi : ce n'est pas malheureusement ici le lieu de la rapporter. Au reste le velours était chose recherchée alors à l'égal des miroirs de Venise, et ce tissu était encore si rare, qu'on voit le roi de France, se trouvant assailli dans une revue de troupes, par une grande pluie, retirer sa belle toque de velours, et la cachant sous son manteau, afin de ne pas la gâter, recevoir philosophiquement l'averse sur son chef nu.....

çoivent toujours ces objets avec avidité, et Dieu sait à quelles ténébreuses opérations liberticides toutes ces petites perles aident mainte goëlette noire, qui semble au retour chercher les chemins de traverse de l'Océan, pour échapper aux croiseurs !

La France, qui sous ce rapport a peu à craindre du droit de visite, achète les verroteries de Venise pour en faire échange au Sénégal contre des bois précieux, des pelleteries et de la gomme arabique ; elle en trafique encore sur une foule d'autres points. La mode a aussi adopté maint produit de Murano, et nous voyons les dressoirs et les guéridons de nos élégantes, encombrés de ces charmants vases, flacons, aiguières, hanaps, coupes, vidrecomes de filigrane, dont l'art reste un secret, qui semblent la pétrification, dans le verre, des plus merveilleuses dentelles [*] !

Les femmes commencent aussi à adopter la mode italienne qui fixe la coiffure à l'aide de ces splendides épingles qui ressemblent à des pierreries fabuleuses. Grâce à la vogue qu'ont en France ces belles choses, tout voyageur qui vient de Venise, semble arriver de l'Eldorado, cette contrée prismatique où Zadig, trouva les enfants jouant au *palet* avec des pierres précieuses.

Les calculs ont prouvé que dans une de ces dernières années le mouvement de fonds qui résulte des fabriques de Murano et de Venise, fut de 7,500,000 francs environ [**].

Maintenant que par ces rapides prolégomènes nous avons disposé le lecteur à mieux goûter l'examen d'une de ces fabriques, nous lui conseillerons, de ne pas s'en tenir à la visite d'un des établissements de Murano, mais de visiter aussi quelques ateliers de Venise, où se font peut-être les détails les plus curieux de cet art.

Maintenant nous donnerons un coup-d'œil à ce que sous d'autres rapports, Murano peut présenter d'intéressant à l'antiquaire ou à l'artiste.

---

[*] On a aussi récemment retrouvé à Venise le secret de faire une parfaite imitation de l'*aventurina*, matière précieuse où l'or scintille. Le malachite, le lapis-lazuli et une foule d'autres matières précieuses sont imitées depuis longtemps.

[**] Voir pour les détails pratiques de ce commerce, un excellent petit ouvrage publié à Venise par un homme de l'art, M. Dominique Bussolin, sous ce titre : *Guida alle fabbriche vetrarie di Murano*.

ÉGLISE SAINTS-PIERRE ET PAUL.

Ce temple est du XVIe siècle. On y verra plusieurs tableaux de J. Palma, Santa-Croce, Salviati, Vivarini, Benoist Cagliari, Léandre Bassano, Basaiti, et nécessairement aussi de J. Tintoret. Mais l'œuvre la plus remarquable est un Jean Bellini, placé après le second autel à droite en entrant, et qui représente : *La Vierge avec deux Anges, le doge Augustin Barbarigo à genoux*, et d'autres figures. Ce tableau, qui est très célèbre, date de 1488. Après le troisième autel, est un *saint Jérôme dans le désert*, par Paul Véronèse.

Les sculptures en bois de la sacristie ne sont pas sans intérêt : elles datent du XVIIe siècle.

L'église *des Anges*, a un beau tableau de Pordenone représentant l'*Annonciation*. La sacristie a des tapisseries de haute-lice.

ÉGLISE SAINT-DONAT.
dite le Dôme de Murano.

Elle est d'une architecture grecque-arabe, du XIIe siècle. La façade de l'abside est élégante et bizarre à la fois. Le goût arabe y domine.

Dans l'intérieur, on remarque les mosaïques du parvis qui sont de 1140, ainsi que les colonnes de marbre grec qui soutiennent la nef et le transept ; derrière le maître-autel, à la voûte, une mosaïque qui date de la fondation du temple : au bas est une *Ancône* en bois sculpté et peint en 1310, qui représente l'évêque Donat, avec les deux petites figures du podestat Memmo et de sa femme, œuvre curieuse et qui peut offrir des notions utiles sur les costumes de l'époque.

TORCELLO.

Cette île est sans contredit l'une des plus intéressantes de l'archipel vénitien. L'antiquaire, l'artiste ou ceux qui ont dans l'esprit une propension rêveuse ou mélancolique, tireront quelque jouissance de l'excursion qu'ils y feront.

L'antiquaire aura l'examen des deux églises qui offrent plus d'un point d'intérêt. L'une, celle qu'on appelle *le Dôme*, construite sous les auspices de l'évêque Orso Orsealo, date du commencement du XIe siècle. Sa nef, qui a la forme d'un temple païen, est soutenue par dix-huit colonnes de marbre grec, et là encore on retrouve les témoignages de l'ancienne richesse de Venise. Ces colonnes et plusieurs autres ornements de ce dôme, sont, selon toute apparence, les débris de quelqu'édifice romain de la décadence de l'empire. Le pavé est d'une richesse, en plusieurs points, égale à celui de la basilique Saint-Marc, et il a l'avantage d'être mieux conservé. Toute la muraille du portique est recouverte de mosaïques exécutées par des artistes grecs au XIIIe siècle. Elles représentent des symboles, des allégories, des faits de l'histoire sacrée. Le dessin en est affreux, comme tous les dessins de décadence; mais leur conservation, leur solidité est remarquable. Contre l'ordinaire ce sont les parties dorées qui sont les plus ternies; à Saint-Marc, c'est généralement le contraire qu'on observe dans les plus anciennes mosaïques.

Le sanctuaire, dans lequel, suivant l'ancien rite, les seuls prêtres pouvaient pénétrer, est une enceinte de marbres très fins, orné d'assez belles sculptures, et surtout d'un magnifique parvis incrusté de couleurs fort vives encore. Au-dessus de la balustrade qui sépare cette enceinte de la nef, on voit une suite de petits bas-reliefs en argent doré, qui semblent de bronze aujourd'hui et qui ne sont rien moins qu'un travail bysantin dans le goût de la *Pala-d'Oro*, de Saint-Marc.

Derrière le maître-autel, se trouve une sorte d'estrade demi-circulaire, en marbre, élevée de six degrés, et au centre de laquelle se dresse une sorte de chaire épiscopale qui domine toute l'église. Selon le rite du moyen-âge, c'était là que s'assemblait le chapitre en délibération. La mosaïque qui orne la voûte supérieure est la plus altérée qui soit dans ce temple.

Le bénitier voisin du portique est évidemment un débris païen, de style presque égyptien, placé là sur un fût de colonne pris ailleurs. On remarquera avec curiosité, en contemplant le côté extérieur de ce dôme, les volets de marbre ou de pierre qui, posés sur des gonds de fer, rappellent l'usage des temples de certaine partie de l'Orient.

La porte majeure est encadrée extérieurement par une frise de marbre dont les dessins variés sont d'un goût exquis.

Le petit temple voisin, dédié à *saint Fosca*, plaira plus particulièrement à l'artiste, par l'élégance mauresque de son extérieur, bien que l'antiquaire y puisse aussi trouver son compte. Ce temple date du IXe siècle. Il fut bâti avec des débris romains. Il augmente surtout d'intérêt et de mérite, lorsque l'on songe à la barbarie du temps où il fut élevé. Il est décoré à l'extérieur de colonnes dont les bases et les chapitaux grecs sont du goût le plus charmant. Sansovino et Scarpagnino faisaient le plus grand cas de ce petit temple dont l'étude se refléta dans plusieurs de leurs travaux analogues, à Venise.

Torcello est une des premières îles sur lesquelles vinrent se réfugier les habitants de la Vénétie, à l'époque de l'irruption des Barbares en Italie. Attila y a mis le pied. Le conquérant presque sauvage, ayant vu ce qu'on appelle emphatiquement *ses vaisseaux* échouer à l'heure du retrait de la marée, sur les paludes dont il ne connaissait pas les canaux, il ne put avancer au-delà de cette île, d'où il ne tarda pas à se retirer, comme il abandonna également plus tard la chétive conquête de la péninsule de Chioggia. Une sorte de chaise massive, à demi enfoncée parmi les herbes, est restée là avec la tradition équivoque qui l'a fait nommer trône d'Attila. Ce siége informe, semble bien plutôt avoir servi aux préteurs romains chargés de percevoir l'impôt sur les pêcheurs des lagunes; un lion de pierre est couché auprès, au milieu des ronces qui semblent se hérisser pour le défendre, tout tombé qu'il soit....

Le rêveur, l'esprit romanesque ou méditatif, trouvera aussi son compte à Torcello. Une douzaine de maisons éparpillées avec indépendance, ne donnent pas à cette île un grand aspect de civilisation. Les chemins qui errent dans ses solitudes, ont, de longs jours durant, leur sol immaculé. La main de l'homme ne s'est guère occupée de parer cette terre, et partout c'est la nature qui a pris l'initiative. Les liserons poussent où bon leur semble, sans qu'on les aide ou qu'on les empêche, et grimpent sur des haies qui n'ont pas été plantées; des taillis d'osier, des buissons d'althæa livrent passage aux courants d'eau marine et doivent servir de retraite au gibier le plus paisible du monde. Les rares habitants de Torcello n'en veulent qu'au poisson. Aussi pétrels et sarcelles s'y ébattent-ils avec une insouciance qui démontre qu'ils comptent sûrement sur la choquante disparate qu'offrent ces deux mots : chasseur et matelot. Chasseur et soldat, matelot et pêcheur, à la bonne heure!

Partout, çà et là dans l'herbe, sur le bord du sentier, dans les fouillis d'arbustes et de plantes inconnues, on voit quelques débris provenant d'on ne sait quoi et d'on ne sait où. Ici c'est un chapiteau de marbre dont une mousse sombre recouvre l'acanthe; plus loin un coin de bas-relief du bas-empire; une croix grecque qui trace sa figure en vide dans la crue des hautes herbes; un fût de colonne couché et verdi comme un tronc d'arbre. Et au milieu de ces débris, de ces ruines de choses qui furent grandes et belles, sourit sans cesse la verte nature, dont l'éternelle jeunesse parfume l'air, et qui renait plus florescente de chaque poussière que le temps lui fait comme un engrais, avec les œuvres les plus solides et les plus ambitieuses qu'ait su se créer l'homme !

BURANO.

N'offre guère d'intérêt. Que la barque passe par le canal qui traverse cette île, et c'est assez. C'est un pays de pêcheurs, où les femmes font de la dentelle. L'art, ni la nature n'y offrent leurs séductions. Nous irons donc droit à :

SAINT-FRANÇOIS DU DÉSERT.

Petite île singulière, qu'on pourra égayer d'un bon déjeuner... si l'on a eu la précaution de l'apporter avec soi.

Saint François du Désert offre un cloître abandonné, dans les solitudes duquel habite, avec sa femme, un vieux soldat autrichien, qui rarement visité sans doute, se dédommage de son mieux de ses privations de commerce social, en saisissant pour victimes de son infatigable loquacité, les gens qui de loin en loin mettent le pied sur son île. Il ne peut y avoir au monde personne de plus bavard que ce vieux guerrier fait ermite, sinon celle qui depuis cinquante ans fait son bonheur...... et sa soupe. Ajoutons qu'il est extrêmement difficile de comprendre ce qu'ils disent tous deux, dans un patois sans nom : la circonstance est-elle aggravante, ou atténuante ?

Une douzaine de grands arbres sombres, qui lorsqu'on voit cette terre de loin aident parfois l'horizon dans des mirages singuliers, comme l'île et le cloître. Sur le mur d'enceinte de l'ancien jardin, on voit une pierre surmontée du lion ailé de saint Marc, (partout ce noble animal, jusqu'au désert de San-Francesco ! cette table porte une inscription bizarre : C'est un avis de l'*Eccelso*, conseil des Dix, portant défense de jurer, blasphémer, jouer aux jeux de hasard et on ne sait quoi encore (plusieurs mots essentiels sont effacés), sur cette île de saint François du désert. Il n'y a qu'un moyen de s'expliquer cette bizarre inscription, c'est de supposer que parmi les mots illisibles se trouve la prohibition des combats et des duels. Cette île si propice à des démêlés de ce genre, ayant peut-être servi à des rencontres de point d'honneur, le gouvernement aura cru par cette inscription mettre un frein à ces violations mystérieuses de l'une de ses lois les plus sévères.

Cette inscription et le babil de la Junon du vieux soldat allemand, sont les principales curiosités de cette île, dans les environs de laquelle on aurait dû passer sans y descendre.

LE LIDO.

M. Charles Nodier, dans son *Jean Sbogar*, a donné une poétique description du Lido. Il serait difficile d'en hasarder une autre après la sienne, surtout pour des gens qui comme nos lecteurs, doivent voir la chose qu'on leur décrit.....

M. Casimir Delavigne, lord Byron, Georges Sand et d'autres écrivains illustres, ont célébré cette île en poètes..... Ils lui ont beaucoup prêté.

Par contre d'autres voyageurs ont, dans des feuilletons atrabilaires, singulièrement fauché les fleurs poétiques dont les premiers avaient paré le Lido. Pour nous, il ne nous reste qu'à dire ce qui est. Ce ne sera pas notre faute si *rendre* justice à cette île célèbre, c'est *la lui faire !*

Commençons.

En arrivant par les îles déjà énumérées, on aborde le Lido vers une des entrées du port de Venise, gardée par le château Saint-André.

Ce château-fort, commencé en 1545, et terminé vingt-cinq ans après, c'est-à-dire sous le dogat de Louis Mocenigo, est une des œuvres d'architecture militaire les plus remarquables de San-Michieli.

« On avait cru impossible que cet ingénieur parvînt à fonder une aussi énorme masse dans un terrain marécageux, continuellement battu par les vagues de l'Adriatique et par le flux et le reflux de la mer. Cependant il en vint à bout et avec un rare succès. Il employa la pierre ou marbre d'Istrie, si propre à résister aux intempéries des saisons. Telle qu'elle est aujourd'hui, cette masse est si solidement établie, qu'elle a toute la stabilité d'un rocher taillé [*].

Le château Saint-André, bâti pour protéger cette entrée du port, dite du Lido, outre sa solidité est d'un bel aspect. Il présente cinq faces, percées de quarante embrasures à fleur d'eau, pour des pièces de gros calibres. Au centre s'élève un bastion dont la façade est formée de trois arcs doriques, dont une forme l'entrée principale de l'édifice. Les chevaux-de-frise, les machicoulis, tout le système défensif de cette architecture guerrière est irréprochable. Ces longs murs rouges qui courent dans la verdure, tout dentelés d'embrasures de canons et de catapultes, sont d'un effet pittoresque et imposant à la fois.

Cette forteresse est là pour défendre Venise des entreprises des hommes, comme le Lido lui-même dans son prolongement digual la défend contre les fureurs de la mer!

C'était à la pointe de l'île, terminée par le château-fort, que s'avançait le *Bucentaure*, lors de la cérémonie des fiançailles du doge avec l'Adriatique, cérémonie que nous avons expliquée au paragraphe H du chapitre sur l'Arsenal. Le fond de cette passe roule peut-être encore parmi les coquillages et les algues, la collection complète des anneaux d'or que pendant près de trois siècles, ces vénérables époux venaient immerger dans le sein de leur fiancée allégorique. De 1520, année qui vit sortir de l'Arsenal le premier *Bucentaure*, jusqu'en 1796, qui fut la date où s'accomplit la dernière cérémonie, 276 anneaux ducaux sont tombés dans ces ondes avares... Un seul fut retrouvé: un poisson l'avait avalé. Pàris Bordone a consacré le fait dans un délicieux tableau qu'on a vu au musée de Venise.

En dehors de son château, le Lido n'offre que de très rares constructions. Par sa forme singulièrement allongée, il est la digue naturelle de l'archipel vénète, le rempart direct de Venise. Dans son prolongement opposé au fort, il change de nom, et s'appelle *Malamocco*. Malamocco est un mot célèbre dans l'histoire des guerres maritimes de Venise avec les Génois, qui s'en emparèrent plusieurs fois. Là s'ouvre une nouvelle passe, puis une nouvelle langue de terre continue par *Pélestrina*, cette barrière qui

[*] *Histoire des ouvrages des plus célèbres architectes*, par Quatremère de Quincy, tome I-r, page 161.

défend les lagunes de la haute mer, et les *murazzi* complètent par leur magnifique construction artificielle, cet immense embarrage du fond du golfe. Les murazzi touchent Chioggia ; Chioggia touche la terre ferme ; excepté par ses passes de navigation, le fond du golfe est clos.

La partie du Lido qui s'étend du château Saint-André jusqu'à un ou deux milles vers Malamocco, est la seule fréquentée des promeneurs ; les fêtes populaires ont lieu dans l'enceinte même des terrains du fort.

Pendant de longs siècles le peuple y venait le dimanche et les jours de fête, s'exercer à l'arc, à l'arbalète, et plus tard les soldats y essayèrent les premières armes à feu.

De nos jours, cette partie du Lido devient tous les ans, à chaque lundi du mois de septembre, le point de réunion du peuple et même de la bourgeoisie, qui y trouve une espèce de *kermesse*. Ces fêtes ne se distinguent guère de la comparaison invoquée que parce qu'au lieu de bière, on y boit du vin, et qu'au lieu d'y danser on y chante..... Le chant et le vin sont deux produits de la double végétation animale et terrestre du sol italien.

On appelle cette fête *bacchanale*. C'est un nom qui promet trop. En tous cas, lorsque le temps daigne le permettre, elle anticipe du lundi sur le dimanche ; voici les éléments et ingrédients de cette bacchanale : nous n'en tenterons pas la description, le lecteur se la composera lui-même.

Nous disons donc :

Des flots de monde, riches, pauvres, beaux, laids, bien mis, mal mis, mais tous soumis à l'uniforme intention de se divertir.

Des broches qui tournent, des casseroles qui fument, des fritures qui grésillent, — du vin bleu qui coule dans des verres, fragiles entrepôts, lieu de transit où il ne reste guère, — des tables boiteuses que quitteront des convives chancelants... — le cliquetis de plats, d'assiettes, de fourchettes et de couteaux, ces armes familières du dieu Goinfre et de Sainte Mangeaille ! — des musiques terribles où la grosse caisse joue le motif, qu'un trombone accompagne. . — des gens qui boivent, — des théâtres ambulants où pérore signor Pulcinello, et où débagoule messer Pantalon ; — des gens qui se rafraîchissent ; — des groupes de jeunes filles qui se tiennent par la taille et sautent comme des perdues ; — des gens qui étanchent leur soif ; — des groupes de gondoliers qui chantent en mesure et sans mesure les morceaux d'opéras qu'ils savent et ceux qu'ils ne savent pas ; — des mendiants timides ; — des flâneurs effrontés ; — des cris, des rires, des appels, des huées ; — des gens qui dînent, — d'autres qui soupent, — d'autres qui se nourrissent, — d'autres qui se réconfortent, — d'autres qui les regardent, — puis d'autres qui regardent ceux-ci ; — de jolies femmes qui sont regardées de tous ; — ajoutez à cela les cris des bateliers qui vous offrent leurs services, ceux des marchands ambulants ; ces mille voix inanalysables qui s'élèvent de toute foule, et... comme une basse grave et solennelle à tout ce bruit aigu, à tous ces cris, ces chocs de verres et ces sérénades, la grande voix mélancolique de la mer, qui brise impassiblement ses lames venues de loin, sur la plage adriatique de cette terre en délire..... Voilà les couleurs du tableau : que le lecteur se charge de le peindre !

Et comme tout se touche dans ce monde, ombre et lumière, joie et tristesse, plaisir et douleur, espoir et déception ; voilà que tous ces cris, ce tumulte, ces chants, cette musique enragée vont faire tressaillir des morts qui sont couchés dans un champ voisin, avec une pierre plate pour couverture. Ils s'indignent peut-être de ces voix profanes qui viennent mêler de mondains accents de plaisir à l'éternelle antienne que leur murmure la mer : c'est le cimetière actuel des Juifs.

Plus loin, parmi les herbes et les broussailles des champs à travers lesquels le caprice se crée un chemin pour aller à la mer, se trouvent éparpillées les anciennes tombes israélites ; celui qui de sa petite casemate voisine garde ces morts, désaltère aussi les vivants : c'est un fossoyeur-aubergiste, un Caron-Ganymède.

Byron qui, comme Scipion, refusait ses cendres à sa patrie, a exprimé dans ses lettres le désir qu'il avait d'être enterré au Lido, s'il fût mort à Venise. C'était un caprice sauvage, digne de ce cerveau si souvent encombré de *blue-devils*. Mais qu'il dût ou non reposer un jour sur cette terre d'exil, l'illustre chantre d'Harold l'a bien souvent foulée sous les pas de son beau cheval anglais. Le fantasque lord avait là ses écuries ; il avait fait de la plage sablonneuse et déserte du Lido, son *hyde-parck*. Plus d'une stance sublime est née là des secousses de son cerveau rafraîchi par les brises marines. Il dit lui-même que *Beppo*, ce conte vénitien si plein d'*humour*, et l'*ode à Venise* prirent naissance des courses éperdues de son cheval sur la plage.

Il est sur des bords solitaires et battus des vents, un lieu que le hasard fait trouver au rêveur, et que nul, jusqu'à ce jour peut-être, n'a cherché... Il cache encore un tombeau! C'est une simple pierre tumulaire, qui a souvent pu être prise par ceux à qui le hasard l'aura fait entrevoir, pour une dalle juive égarée loin du centre commun... il n'en est rien pourtant. Des plantes singulières la gardent, l'entourent et la défendent. Des broussailles lui font palissade. Ces broussailles et ces plantes sont d'un aspect féroce, menaçantes et armées. Les orties, les chardons, le houx, les ronces, puis des joncs aux feuilles tranchantes comme un rasoir, et tous les monocotylédones de la végétation marine, sont entassés là avec les plantes les plus méchantes des haies, pour protéger cette pierre. Elle est ainsi entourée de plus d'ongles, de griffes, de crocs et d'ergots que n'en offre une ménagerie de tigres.....

Et comme la nature n'oublie jamais l'ornement, ces plantes hargneuses, ce buisson revêche est mêlé de liseron, de gentiane, de fumeterre et de feuilles lancéolées qui font briller quelques fleurs sur l'ensemble de ce fouillis arborescent.

Quel tombeau cachent et défendent toutes ces broussailles en védette? Et d'où vient notre curiosité à le savoir? Quels asymtotes mystérieusement respirés nous attirent vers cette épitaphe, que rongent les lichens, cette rouille du marbre!

C'est que là, si nos présomptions sont justes, un vaillant capitaine repose, et parmi tous ces grands hommes, étrangers pour nous, dont notre plume a été évoquer la gloire et redire l'illustration républicaine, celui-ci ne mérite pas moins notre sympathie et notre rapide mention ; il fut aussi le fils glorieux d'une république; il répandit son sang pour une noble patrie. En 1812 il était gouverneur général de Venise pour l'empire français, il fut Amiral et Comte : il s'appelait Villaret-Joyeuse!

Ce grand homme de mer, ancien capitaine-général de la Martinique et de Sainte-Lucie, fut nommé en 1811 commandant de la quatrième division militaire, par Napoléon. Venise était le centre de ce commandement qu'il ne conserva pas longtemps. En 1812 il mourut, exprimant l'intention d'être enterré au Lido, le plus près possible de la mer. C'est la digne sépulture d'un marin, d'un illustre amiral. Les lames qui dans les jours d'orage jettent leur écume jusque sur cette pierre sous laquelle il repose, doivent, par le bruissement de leur grande voix mélancolique, dire à ses mânes tressaillantes que son vœu a été exaucé. Et comme pour augmenter l'humble sollitude de cette tombe modeste autant que touchante et poétique, les ronces, les halliers lui ont fait un rempart qui la préserve même du regard... La mousse humide du tombeau voile et ronge cette épitaphe française [1] !

Mais assez de lignes funéraires ! Demandons au Lido ce qu'il offre de grandiose et de riant ; par là l'Adriatique, — par ici Venise !

Quiconque veut voir la mer, vient au Lido. Soit que par les beaux jours d'un ciel oriental, elle frissonne en petites lames bleues qui lèchent amoureusement la plage, soit que par de sombres soirées d'automne, elle s'y cabre en vagues écumeuses et convulsives, c'est toujours un beau spectacle ! les barques surmontées de leurs longues voiles pointues et blanches, se détachent sur l'azur de l'horizon comme de grands oiseaux marins qui se posent sur l'eau ; n'offrît-il que ce double spectacle de la mer et de la ville qu'il défend des fureurs hivernales du golfe, le Lido mériterait presque sa réputation. Si ce n'est pas une terre riche, parée, arborescente comme on se la figure peut-être, c'est au moins un observatoire où se déroule à l'œil des beautés panoramiques d'une originalité peu commune : Venise, ses édifices, son archipel d'îles. — L'horizon perdu dans les mystérieuses profondeurs du bleu de l'air.

Le Lido est un point excellent pour assister au coucher du soleil. Vu de là, ce spectacle est d'une ineffable poésie ; ni le peintre, quelle que fût la magie de son pinceau, ni le poëte quelqu'ingénieux que fussent ses épiphonèmes admiratifs, ne sauraient rendre la majestueuse beauté de ces jours qui tombent dans l'éternité du passé pour renaître un à un de l'éternité de l'avenir !

A mesure que l'astre tombe dans la profondeur de l'occident, où se profilent les lignes bleuâtres des monts Vicentins, le ciel s'empourpre autour de lui et par des gradations insensiblement fondues, il reste azuré partout ailleurs pour mieux faire briller les petits débris de nuages que dore le soleil. En baissant le regard, on voit sur Venise les vitres qui scintillent comme des topazes, rendre au disque enflammé des regards de feu. Tout est flamboyant sur la cité des eaux ! les pointes des campanilles semblent rougies à la forge ; les minarets éclatent, la lagune paraît un lac de lumière : tout pétille et s'embrase dans cette féerique

---

[1] Ce que nous avons pu déchiffrer du blason et des caractères gravés sur cette pierre presque inabordable, d'accord avec le vœu bien connu de l'amiral Villaret, nous fait avoir la presque certitude que c'est là sa modeste tombe.

irisation. Et partout, chaque éclat a son ombre, d'autant plus noire que la lumière est vive, lumière d'autant plus vive que son ombre est noire. Le soleil, ce grand œil sanglant que le ciel porte au front comme un cyclope, se clot sous une paupière de nuages.... L'aspect du tableau change : l'astre condamné à disparaitre, par la grande loi immuable et mystérieuse qui règle le monde, lance encore quelques éclairs par les interstices des nuées qui l'enveloppent...... Ce sont ses derniers soupirs de lumière ! ce sont ses derniers adieux. Il s'incline encore, et tombe derrière les monts de la Vénétie, qui restent longtemps hérissés d'une frange d'or et de feu, monts historiques et fabuleux à la fois, qu'ont franchis César, Attila, Napoléon..... et sur lesquels l'ingénieuse allégorie de la fable a placé la chute de Phaëton, cet aventureux Automédon du char solaire et mythologique !

Alors l'incendie des dômes, des flèches, des minarets et des campanilles, disparait par les airs... comme s'envole toute flamme. Il a flamboyé le plus tard possible en grimpant aux sommets les plus élevés des monuments..... Puis tout s'est baigné dans l'ombre. Alors tout change dans l'aspect du ciel et de la mer. Le jour qui fuit, meurt comme le dauphin auquel chaque convulsion communique une nuance nouvelle..... La dernière est la plus charmante. L'Orient d'où nait toute chose, répand dans l'air l'azur sombre et vaporeux de la nuit. La nuit et le jour luttent un moment ensemble, l'une apportant tout ce qu'elle a déjà d'ombre, l'autre opposant tout ce qui lui reste de lumière. L'Occident embrasé d'une pourpre sombre, fait un fond fantastique à la ville qui y découpe le profil de ses monuments déjà teints par les ténèbres nocturnes. Sur la voûte du ciel degradée en bleu de smalt, commencent à titiller, à poindre quelques étoiles d'argent d'abord, d'or bientôt, de diamant ensuite. C'en est fait ! un jour de plus est tombé dans les abimes éternels d'où rien ne revient. Les campanilles, les tours, les dômes, les clochetons, les angles carrés des hauts édifices tranchent leurs vives silhouettes noires sur ce ciel encore sanglant, et la cité des doges ressemble à une de ces villes de l'Apocalypse dont parle le poète assis sur les grèves de Patmos. Parfois le fond du ciel presqu'éteint parait encore à travers les trouées d'une tour, et plus loin, l'architecture d'un fronton dessine un singulier profil. Mais ce sont les derniers caprices de ces jeux et de ces combats lumineux et ombreux. La nuit règne enfin !

Alors Venise ressemble, ainsi vue, à un cimetière cyclopéen, dans lequel se dressent des pyramides funèbres et des cyprès, des croix démesurées et des catafalques fantastiques, des obélisques tumulaires et tombeaux babyloniens, monuments bizarres et apocryphes que bâtissent pour l'œil abusé les pénombres vaporeuses et les gnomes, qui sont les architectes familiers des mystérieuses profondeurs des nuits.....

La nuit! c'est la nuit. A son tour, et comme a fait et fera la lumière, elle s'est emparée de toute chose, l'a enveloppée, l'a pénétrée jusqu'aux dernières porosités. Le diamant même n'aurait plus une étincelle, au milieu de toute cette ombre, car ses prismes n'éclatent que de reflets. C'est à peine si l'œil noir de la Vénitienne, œil qui s'allume à son âme, jette encore une vague projection, du haut du balcon mauresque d'où elle veille le passage d'une discrète gondole.....

Et en face de ces équitables répartitions de temps entre le règne de ces deux puissances, le jour, la nuit, le rêveur est tenté de se demander si cette obscurité, si la nuit n'est pas l'état normal du ciel, qui ne s'éclaire ainsi pour nous que parce que notre monde roule auprès d'une planète!

SAINT-LAZARE,

ou Couvent des Mékitaristes (Arméniens.)

Du jardin public où vous aura plus d'une fois attiré ce qu'à Venise nous appellerons le *besoin de verdure*, vous aurez remarqué, dans le sud-ouest, se découpant sur la longue digue sablonneuse du Lido, deux îles qu'on vous aura nommées *Saint-Lazare* et *Saint-Servolo*,.... C'est de l'une d'elles dont nous avons à parler.

Regardez-la! celle-ci est couverte de bâtiments gris, ternes, aussi tristes à l'œil de loin que de près ils le sont pour leurs habitants! Faisons ramer vers ces îles; la distance est courte; en revenant nous aurons devant nous le beau panorama de Venise déroulé sur la lagune..... On ferait ce petit voyage rien que pour le plaisir de revenir!

Les gondoliers rament, et des deux îles signalées tout à l'heure, une seule à présent se montre à vous : c'est *Saint-Servolo*. Elle nous masque la seconde, et pour arriver à celle-ci, il nous faut prolonger la première; plus nous en approchons et plus son aspect est affligeant. Pas un arbre! nulle verdure ne vient sourire au milieu de ces constructions aux étroites fenêtres, dont les barreaux de fer semblent empêcher l'air d'entrer, comme ils empêchent l'homme de sortir. Ces murs-là repoussent le soleil et gardent la liberté. Passe vite, gondolier! Fends l'eau bleue, svelte gondole! ce n'est pas nous qui dirigerons ton brillant éperon d'acier vers la porte de ce triste séjour, où la raison de pauvres prêtres *hospitaliers*, moines de Saint-Jean de Dieu, lutte contre la folie de deux ou trois cents malades qu'on ne saurait guérir. Voyez à cette fenêtre, cette face blême, amaigrie, appuyée le front contre les grilles de fer... c'en est un! Comme il regarde passer la gondole! Voyez si l'on ne dirait pas que toute sa vie s'est réfugiée dans ses yeux! Il parle... que dit-il? qu'on vienne le prendre, je crois..... Pauvres fous! Chacun d'eux a sa manie, son vertige, son rêve, son erreur..... Mais une idée leur est commune à tous, il n'en est pas un qui ne la caresse, qui ne l'exprime sans cesse, à ses gardiens, aux visiteurs, aux rares parents qui vont les voir : cette idée c'est de sortir! de quitter cet asile désolé..... car chacun d'eux se demande pourquoi il est là, au milieu de ces fous? Le monde est injuste et oppresseur! à quoi servent les lois, demandent-ils? La liberté, c'est l'instinct général qui lutte contre toutes les autres aberrations de sa pensée*!

Mais la gondole a prolongé le long mur triste et nu qui enserre le préau de ces malheureux. S'il en est un qui ne sache pas qu'il est prisonnier, Dieu le préserve de guérir! sa folie est peut-être la raison! Le fou serait celui qui cherche le bonheur. Mais détournons nos regards de ce triste spectacle! Dévions notre esprit de ces tristes pensées! Voilà que nous apparaît l'autre île, but réel de notre course maritime. Celle-là rien qu'à la voir rassérène l'esprit, console le cœur. Voyez! elle est rouge et verte entre l'eau et le ciel bleu. Ces belles vignes aux larges feuilles luisantes se tortillent sur les treilles, et grimpent le long des murs comme pour porter leurs grappes à la portée de la fenêtre de chaque cellule. Les bâtiments sont nets, bien rangés, recouverts d'une belle teinte pourprée que le soleil fait éclater, en mûrissant les vignes qu'il n'abandonne pas de tout le jour. Un élégant campa-

* Cette île fut habitée depuis le commencement du IX⁰ siècle, par les moines de Saint-Hilarion. L'empereur Othon y séjourna. Les moines qui y résident aujourd'hui, donnent leurs soins aux malades de l'hôpital et aux fous. On peut les visiter. Mais vient-on à Venise pour voir de pareilles choses? Manquent-elles d'où l'on vient?

nille, dressé par les airs, du milieu de l'île, sa voix de bronze qui appelle vers Dieu, aux heures où la prière doit succéder au travail, les hôtes de Saint-Lazare, qui sont à la fois pieux et savants. Saint-Lazare, c'est le nom qu'ils ont conservé à leur île, dont nous allons vous esquisser en peu de lignes l'indispensable histoire, tandis que notre gondole achève de parcourir la distance qui nous sépare encore du poétique couvent des Arméniens. Le premier nom de cette île, au temps des premiers Vénitiens, personne ne le sait. Avait-elle même un nom alors que Venise n'était encore que *Rivoalto*, et plus tard *Rialto*? Mais en 1182, Rialto, ou Venise plutôt, est une République; ses magistrats veulent utiliser l'agréable position de cette île, qui semble flotter à la surface azurée des eaux comme une oasis de verdure détachée du Lido. Et voyez pourtant comme le charme de son aspect et de sa position lui valut une destination bizarre! Quels contresens rêvèrent les conseillers du doge! ils en firent un asile pour les lépreux arrivant d'Orient! Sans doute on pensa que là mieux que partout ailleurs, au milieu de cette atmosphère pure, de ces riantes perspectives, ils devraient guérir. L'origine du nom actuel Saint-Lazare est trouvé : le pauvre lépreux de l'évangile l'a fourni!

Et l'Orient ayant cessé de donner la lèpre et la peste à ceux qui le visitaient afin d'y trouver des richesses pour eux, et des colonnes de porphyre et de jaspe pour saint Marc, l'île fut abandonnée, et n'offrit plus bientôt que les ruines d'une pauvre église, et un jardin brûlé du soleil au milieu des lagunes.

Les siècles passent! Saint-Lazare n'a d'autres hôtes que les lézards verds qui courent sur ses bâtiments démolis, et les rayons fidèles de l'astre qui la visite tous les jours. Mais son abandon ne devait pas durer. Vers le commencement du siècle dernier, un couvent de moines arméniens était établi depuis douze ans à Modon, en Morée, sous la protection de Venise, alors maîtresse de ce coin de la Grèce poétique, mais les Turcs, ces éternels ennemis de Venise, ravagent la Morée qu'on leur a prise, et les moines arméniens sont obligés de fuir. Venise qui les aime et les apprécie, les reçoit dans cette crise. Protégés par le pape Clément XI, soutenus par les autorités vénitiennes de la Morée, le gouverneur Angelo Emo, et l'amiral Mocenigo, en 17.5, leur chef, le vertueux Mékitar, fondateur de leur communauté détruite, reçoit de la République, la concession perpétuelle de l'île Saint-

Lazare, les lois de Venise empêchant l'établissement nouveau dans le sein même de la cité.

D'année en année les édifices actuels furent élevés ; Mékitar fixa et consolida les règles édifiantes et sages de la communauté, qui devint à la fois une maison d'éducation pour les jeunes lévites, les compatriotes des membres, et une imprimerie remarquable par les travaux précieux qui en sont sortis depuis un siècle.

Mais nous touchons le seuil du monastère. Entrons, et jouissons de l'hospitalité franche et digne qui accueille ici le visiteur.

A deux Pères semble plus particulièrement confiée la mission honorable de recevoir ceux qui se présentent à Saint-Lazare. Ces Pères changent de temps à autre. Pendant un assez long laps de temps, nous avons vu chargés de ces fonctions deux des hommes les plus instruits de la communauté : l'un, le savant père Paschal Aucher, auteur d'une foule d'ouvrages imprimés, dans l'île, celui duquel lord Byron reçut des leçons d'arménien, et aussi son collaborateur pour une grammaire anglo-arménienne que l'on vous montrera. C'est un beau vieillard, dont l'ample barbe blanche impose le respect. Il a cet œil oriental si brillant, si beau, qui reste doux chez le prêtre, mais qui chez le guerrier serait terrible ! sa complaisance et son obséquiosité sont infinies : l'autre père *cicérone*, qui alternait avec le père Paschal, était le père Grégoire Alepson, jeune homme au nom euphonique comme les appellations grecques, aux traits fins et doux, dont le regard pétille de savoir et d'intelligence, et dont la parfaite aménité de manière n'a de monacal que l'habit qu'il porte avec une tournure pleine de distinction. Le père Alepson est aussi un des écrivains les plus laborieux de la communauté.

Conduit par l'un de ces deux Pères, vous verrez l'église sous laquelle sont les sépultures des moines. Cette église est simple dans les jours ordinaires, elle ne revêt toute sa toilette que dans les jours de saintes fêtes. On y remarquera une copie de la Vierge de Sassoferato, peinte à l'huile par un Turc *converti*, nommé Jean Émir. Deux tombeaux suspendus aux côtés latéraux de la porte, l'un vide, l'autre scellé, attireront vos regards. On vous dira que le marbre gothique renferme les restes d'un ancien directeur de l'île, au temps qu'elle était un hôpital. L'autre, marbre d'hier, attend encore, par bonheur pour lui sans doute, les restes de M. le chevalier Alex. Raphaël, Arménien des Indes, qui habite actuellement Londres, et dont le père est donataire des fonds qui ont servi à l'établissement du collége arménien de Venise dont il sera parlé plus loin.

Une inscription lapidaire rappelle la visite que fit à Saint-Lazare, Pie VII, lorsqu'il vint, en 1800, se faire sacrer Pape à l'église de l'île Saint-George-Majeur.

Nous ne dirons rien du réfectoire, des cellules, et de plusieurs autres divisions des bâtiments, qui ressemblent à tout ce que présentent les établissements analogues ; nous monterons donc à la bibliothèque qui a son intérêt spécial. Entrons d'abord dans la partie appelée *Bibliothèque occidentale*.

C'est une belle salle qu'orne le buste en marbre du respectable Mékitar, fondateur de la communauté. On y trouvera des éditions précieuses parmi lesquelles nous citerons la *biblia magna*, en huit langues. La bible polyglotte de Walton, à laquelle est joint le dictionnaire de Castelli, ouvrage très rare ; la plus belle et la meilleure édition qui soit des pères grecs et latins ; les oraisons de Cicéron, des Aldes ; la plus belle édition de Byron, envoyée à la communauté par son éditeur Murray de Londres, etc.

On y verra aussi un débris du mont Sinaï, portant des caractères samaritains. — Un superbe papyrus des Indes-Orientales en caractères *pali*. — Une momie âgée de trois mille ans, et garnie de perles qu'on croirait sorties de la fabrique de Murano ; des mappemondes, etc.

La table longue qui occupe le milieu de cette salle, est celle sur laquelle travaillait lord Byron, au temps où l'illustre chantre de *Childe-Harold*, prenait à Saint-Lazare des leçons d'arménien du père Paschal Aucher (b).

La bibliothèque orientale offre la collection complète de tous les ouvrages, sortis des presses de la communauté, ainsi que de celles des Arméniens de Constantinople et autres contrées.

Un évangile ayant appartenu à une reine d'Arménie nommée Melké, et qui peut avoir mille ans de date.

Enfin la belle bible de Perse, offerte en cadeau au couvent, et dont les admirables dessins captiveront l'attention des artistes.

La collection des registres portant le nom des visiteurs, offrirait à quiconque voudrait la feuilleter, des remarques fort intéressantes (c).

La communauté possède aussi un petit musée de portraits de

ses principaux membres, et un cabinet de physique dans lequel se trouve un télescope très puissant, qui leur vient de Paris.

Aujourd'hui, les pères arméniens sont au nombre de soixante, sous la direction d'un archevêque, leur abbé général, nommé par les Mékitaristes, et confirmé par le pape, et qui est aujourd'hui monseigneur Sukias Somal, vénérable prélat d'une grande piété et d'un grand zèle, ayant pour aides sept *assistants*, un secrétaire, et un vicaire.

L'occupation des Pères se partage entre les soins à donner à l'éducation des jeunes gens qu'ils font venir à leurs frais d'Orient, et qu'ils y renvoient après leur avoir donné une excellente éducation gratuite et les travaux qui doivent alimenter leur imprimerie.

Nous donnerons une idée de ces travaux si utiles, si méritoires, en citant rapidement les plus récents :

Une traduction d'*Homère*, en vers arméniens, par le père Elie Tomagian, qui a déjà traduit tout *Plutarque*, etc. (latin).

Une traduction des discours sur l'*Histoire universelle* de Bossuet; — Une de Télémaque. — Des diverses *Histoires* de Rollin. — Du *Voyage d'Anacharsis* (français). — Du *Paradis perdu* de Milton (anglais). — *De la mort d'Abel* de Kermer (allemand), etc. Puis une foule d'ouvrages d'éducation, par le jeune père Grégoire Alepson, qui se prépare aussi à reporter dans sa langue notre *Maison rustique au XIXᵉ siècle*. Les Pères ont enfin traduit de l'arménien en italien toutes les curieuses histoires de leur pays, et d'une langue dans l'autre : allemand, grec, latin, anglais, italien, français, espagnol, langues orientales, une foule de travaux d'une énumération impossible.

Mentionnons aussi, parmi les produits nombreux des presses arméniennes de Saint-Lazare, un curieux volume contenant une oraison traduite en vingt-quatre langues, et qui est un véritable monument bibliographique que la plupart des étrangers achètent comme souvenir matériel de leur visite chez les *Mékitaristes* (D).

Ce sont ces honorables travaux, et la vente des éditions qui en résultent, qui forment les principaux revenus de la communauté : ces revenus doivent suffire à l'entretien et à l'éducation des vingt-sept élèves, aux dépenses matérielles de l'imprimerie, salaire des ouvriers, entretien des bâtiments, et enfin subsistance des Pères, qui n'ont rien en propre. Quelques dons de leurs co-religionnaires d'Orient viennent seuls s'adjoindre aux fruits de leurs laborieux travaux, pour suffire à toutes ces dépenses.

Il y a quelques années, deux riches Arméniens qui moururent, l'un à Londres, l'autre à Madras, laissèrent des sommes importantes, spécialement pour la fondation de deux colléges, dont un est établi à Venise, sur le grand canal, au palais Pesaro, et l'autre à Padoue. L'opinion égarée a cru que la communauté de Saint-Lazare avait joui de ces amples héritages : il n'en est rien. Le couvent est livré à ses propres forces; ses revenus naissent de ses travaux.

Tous les livres qui sortent de leurs presses sont répandus en Orient, où ils envoient aussi des missionnaires, en même temps qu'y retournent ceux des élèves dont l'éducation est terminée, et qui ne se sentent pas la vocation monacale.

Voilà, dans son ensemble, cet intéressant et utile établissement, autant qu'on peut l'expliquer, sans entrer dans des détails que n'admettent pas les bornes de ce livre. Au reste, nous ne sommes pas le premier à traiter de cette communauté, célébrée par Byron; car les *Mékitaristes* ont une réputation européenne. M. Vaillant de Florival, professeur d'arménien à l'école des langues orientales de Paris, et membre de l'Académie de Saint-Lazare, leur a consacré tout un petit volume fort intéressant, qui est sorti de leurs presses, et une foule d'autres savants, français ou étrangers, ont écrit sur les moines arméniens de Saint-Lazare, ou se sont occupés de leurs travaux (E).

Maintenant que peut-il nous rester à dire que le visiteur n'ai compris? Si la modestie de ces saints hommes et de ces savants ne nous privait pas d'entrer dans quelques détails biographiques qui les affligeraient, nous eussions pu vous apprendre comment vertu et science marchent de pair dans cet asile si paisible et si riant à la fois. A la vue de ces longs couloirs si aérés, si nets, qui aboutissent tous à quelque large fenêtre ouverte sur le splendide horizon qui encadre l'île; à la contemplation réfléchie de cette vie si sainte, si supérieurement intelligente et si bien remplie, qui ne se sentirait le désir d'échanger les ennuis languissants du monde, les ambitions creuses, les espérances qui trompent, et toute cette agitation de la vie mondaine contre la douce paix de cette existence monacale, où l'âme est sans agitation, où l'esprit seul s'émeut aux plus nobles, aux plus féconds travaux de la pensée!

N'est-il pas beau de songer que c'est de cette petite ile perdue dans l'archipel vénète, que partent toutes ces belles œuvres, ces traductions et ces enfantements de pensées profondes ou sublimes qui vont, matérialisées par les presses, répandre dans une foule de contrées arriérées des steppes orientales de l'intérieur de l'Asie et jusque des Indes, les bienfaits de la propagande des idées utiles et saines, et les trésors de l'émancipation intellectuelle et civilisatrice!

Où la vie si noble, si féconde, si laborieuse de ces saints hommes trouverait-elle sa récompense ici-bas, si ce n'était dans la vénération et l'estime de ceux auxquels on révèle tant de bien fait avec tant de modestie?

. . . .

Nous terminerons ce petit chapitre par la rapide description d'une fête religieuse, à laquelle nous avons assisté, et que les Mékitaristes célébraient le jour de l'Assomption de la Vierge, fête touchante, à laquelle le vœu de Louis XIII a donné, chez nous aussi, une splendeur toute particulière.

La messe était dite, par extraordinaire, par l'archevêque lui-même, entouré de son cortége, pris parmi les Pères. Comme tous les Orientaux, les Arméniens conservent leur rit, rit grec catholique, qu'ils célèbrent dans leur langue. Le fond de la messe répond à la messe latine; mais l'ordre des prières n'est pas le même. La psalmodie est d'une antiquité qu'on prétend faire remonter au IVe siècle.

Le jour de l'*Assomption* de la Vierge, nous avons vu tout le chapitre, l'archevêque, ses diacres, les lévites, tous revêtus des plus riches costumes, célébrant l'office divin. Ces costumes, dont la forme diffère de celle qu'on voit dans les temples romains, sont d'une magnificence qui dépasse toute idée. L'or en relief, les émaux, les perles fines, les broderies les plus riches et les plus belles de dessin, s'y répètent à l'infini. Ces belles choses sont des cadeaux faits à la communauté par des personnes pieuses de leur religion, et viennent de l'Orient, dont elles offrent le cachet ornemental. Le costume de l'archevêque est surtout d'une magnificence rare, et sa mitre, garnie de diamants, est tout un trésor.

De magnifiques tapis des fabriques de la Savonnerie, dont un excessivement riche et éclatant, est un cadeau qui fut fait par le roi Louis XVIII au pacha d'Égypte, et qui est venu couvrir les marches de l'autel de ces saints hommes : on y voit le double *L* des Louis de France.

Le chant des Arméniens est peut-être plus bizarre qu'agréable pour nos oreilles occidentales. C'est une psalmodie un peu nasillarde, comme on en entend à Constantinople, dans les mosquées. Un chantre, ténor, prend une syllabe et exécute une suite de traits en vocalise tant que semble durer sa respiration ; — les autres murmurent un *répons* à la basse, et le ténor reprend son trait qui touche toujours aux régions aiguës de la voix. Cela dure ainsi assez longtemps. Tels qu'ils sont, ces chants ont un caractère religieux incontestable.

A certains moments du sacrifice, un lourd rideau brodé sépare le sanctuaire du reste de l'église, suivant l'antique usage des catholiques grecs.

On voit que c'est par erreur qu'un historien célèbre, M. Daru, et une voyageuse fort à la mode il y a quelques années, lady Morgan, ont signalé comme hérétiques les moines arméniens. Ils sont au contraire, et furent toujours, excellents catholiques, et ils ne s'écartent de l'Église romaine que dans un petit nombre de rites.

MALAMOCCO.

La majorité des Touristes, qui ne manque pas de visiter *Murano*, *le Lido* et *Saint-Lazare*, se dispense d'aller jusqu'à *Malamocco*, les *Murazzi* et *Chioggia* : raison de plus pour en parler. — Le peu que nous en dirons pourra décider les indécis, ou suppléer en quelques points à une excursion impossible.

Malamocco, prolongation du Lido, comme il a été dit, joue un rôle dès l'enfance de Venise, alors que toute cette future cité n'est encore que Rialte, et que les ports du Grado, d'Aquilée, de Concordia, d'Héraclée, etc., lui font concurrence. Les premiers insulaires vénètes finissent même par choisir Malamocco pour leur capitale. Deux fois la mer et l'incendie détruisent cette petite ville, deux fois elle est réédifiée avant le Xe siècle.

Plus tard, ce point devint fameux par les luttes des Vénitiens contre les Génois, la fameuse guerre de Chioggia et les tentatives réitérées que fit la république méditerranéenne pour détruire sa sœur de l'Adriatique.

Cette partie de l'île se termine par un espace de mer qui la sépare d'une autre langue de terre qui poursuit sa ligne d'endiguement pour le fond du golfe, espace qui s'appelle le port de Malamocco. C'est de toutes les passes qui donnent accès de la mer dans les lagunes de Venise, la plus profonde, la plus praticable pour les forts navires. Ce n'est que depuis 1500 que cette passe a conquis l'avantage sur le port du Lido, qui jusque là était l'entrée principale de Venise. Mais la mer, dans ses bizarres et mystérieux travaux, a engravé l'un, a dégagé l'autre... L'art a profité de l'événement, et le port de Malamocco a été consolidé. Deux petits forts se sont élevés pour en garder l'ouverture.

Mais des masses de sables, charriées par les fleuves qui tombent dans la mer Adriatique, ayant rendu l'abord de ce port extrêmement difficile, on reconnut l'impérieuse nécessité d'aviser aux moyens de conserver à Venise l'accès de cette passe, la seule qui pût livrer passage aux bâtiments de long cours. En 1806, un célèbre ingénieur de Venise, le colonel Salvini, présenta au gouvernement français un projet de digue, qui, légèrement modifié, obtint l'approbation de Napoléon. Les travaux furent commencés; mais, interrompus par la guerre, ils ne purent être repris qu'en 1825, sous le gouvernement autrichien, et les travaux intérieurs du port, lesquels étaient devenus des plus impérieux, furent terminés. Maintenant il reste à accomplir ceux qui s'avanceront vers la mer, c'est-à-dire une double digue qui formera un long canal navigable, dans lequel les sables ne pourront pas pénétrer. C'est un gigantesque travail, des préliminaires duquel on s'occupe, et qui fera de Venise un port excellent, et accessible à tous les tonnages de navires, circonstance qui développera considérablement son commerce maritime, qui a déjà tant gagné, il faut le dire, depuis la proclamation du port-franc.

LES MURAZZI.

C'est une digue énorme, colossale, continue, qui, tantôt suppléant aux interruptions de terrains, tantôt consolidant ceux-ci, le plus souvent enfin, s'étendant seule et forte d'elle-même à travers les eaux, sert à clore l'espace que la nature avait laissé entre *Pelestrina*, prolongation de rempart naturel après Malamocco, et Chioggia, qui touche au continent.

Les Murazzi sont formés de blocs énormes, fondés sur pilotis, s'élevant à plus de dix pieds au-dessus de la haute mer, et s'étendant dans une longueur de cinq mille deux cent soixante-dix mètres. Ils ont été commencés vers 1740; on a mis près de quarante ans à les construire. La dépense a été de peu de chose de moins que sept millions. Toute cette masse est formée de marbre d'Istrie.

Ainsi, à l'aide de cette gigantesque digue, il arrive souvent que la tempête soulève d'immenses lames d'un côté, tandis que l'autre offre un lac paisible.

Mais les Murazzi achevées ne comblent pas tout ce qu'exigeait l'endiguement, pour rejoindre le point qu'on appelle le *port de Chioggia*. L'ensemble de la ligne fortifiée et à fortifier présente un développement de dix-neuf mille cent trente-six mètres, c'est-à-dire d'environ *trois lieues* d'œuvres artificielles qu'on s'occupe de combler en y immergeant des millions.

Les terrains ou dunes qui forment des fortifications naturelles, jusqu'au port du Lido, offrent une ligne de plus de *deux lieues*. Depuis le port du Lido jusqu'à l'extrémité septentrionale de la lagune, la distance d'environ *cinq lieues* est remplie par une suite de dunes assez fortes pour n'exiger aucuns travaux artificiels.

Cette longue barrière, que la nature et les hommes ont érigée pour défendre Venise des flots de la mer, est coupée par cinq passes ou ports : Chioggia, — Malamocco, — le Lido, — Saint-Érasme, — les Trois-Ports. Les deux premiers sont assez profonds pour que les navires du long cours y pénètrent : — celle du Lido ne peut livrer accès qu'à des bâtiments du petit cabotage; les deux dernières enfin ne se laissent guère franchir que par des barques.

Mais comme le port de Chioggia n'est point avoisiné d'une lagune assez profonde pour laisser arriver jusqu'à Venise les bâtiments qui auraient pu franchir sa passe, il en résulte qu'il n'y a que le port de Malamocco qui puisse amener jusqu'à l'arsenal les grands navires.

CHIOGGIA.

Chioggia! voilà un mot qui a eu ses retentissements dans l'histoire du moyen-âge vénitien. Il a ses dates et son illustration; ses plages ont vu de grandes choses : deux républiques rivales y ont accompli des combats acharnés; des héros y sont morts!

Aujourd'hui Chioggia, cette terre souvent baignée du sang des Génois, cette île sur laquelle tomba le premier boulet qu'eut inventé Pisani, n'a plus de guerrier que ses souvenirs, liés aux grandes choses qu'a accomplies Venise. C'est aujourd'hui une ville riante et pittoresque, où vivent paisiblement quelques rentiers; c'est un laborieux port de pêcheurs.

Chioggia, malgré sa population d'environ vingt mille habitants, n'est guère formé que d'une grande rue, large, bien bâtie, et à laquelle aboutissent, comme les côtes à l'épine dorsale, une foule de rues secondaires, habitées par une active population maritime. Tout cet ensemble est propre, gai, souriant. Cette petite ville, qui chassa deux fois les Génois de ses plages belliqueuses, possède encore quelques édifices de ses siècles historiques, et plusieurs palais. Ses églises ont de l'intérêt, et en ce moment même on y élève des édifices nouveaux qui s'annoncent bien. Son quai offre un pont élégant, d'où la vue est fort belle; c'est enfin, de nos jours, un pays aussi intéressant qu'il a été célèbre aux époques brillantes de la République de Venise. Nous avons dit tout-à-l'heure que Chioggia comptait vingt mille habitants; mais si ces vingt mille habitants sont sur ses registres municipaux, ils ne sont pas dans la ville. Expliquons-nous.

Chioggia est, on l'a dit, un port de pêche : or, la pêche n'est point un métier qui se fasse à domicile. Tout ce qui est valide et masculin passe donc en mer, qui des heures, qui des jours, qui des semaines, qui des mois! Les plus fidèles au nid reviennent le soir; les plus aventureux vont établir leur croisière et leurs filets sur les rives dalmates, et ne reviennent chez eux que lorsque les pêches abondantes ont amené de copieuses récoltes de deniers. Donc, si les premiers ne s'éloignent de leur toit que pour des heures ou tout au plus des jours, les autres restent des saisons entières à plonger leurs lignes et leurs filets dans l'Adriatique, pour en retirer de beaux poissons qui ont la couleur argentée des florins.

C'est ainsi que l'étranger qui arrive à Chioggia pourrait croire que cette ville n'est habitée que par des femmes, de même que cette île de l'antiquité, que l'allégorie mythologique fait périr..... et cela se comprend. Mais Chioggia ne périra pas à pareil titre; car, outre ses belles filles et ses vieilles femmes qui ont ressemblé aux premières, de même que ces dernières (les premières) leur ressembleront à leur tour... car, outre, disons-nous, sa population féminine, Chioggia étale grouillant, jouant, criant, courant par les rues un grand luxe de génération nouvelle. S'il n'est guère de villes où il se voit aussi peu d'hommes et autant de femmes, l'observateur étonné ne sachant le secret de cet abandon, ne pourrait comprendre cette myriade d'enfants... à moins de croire que le Deucalion de la fable ait passé sur cette plage, en jetant par-dessus sa tête ses pierres fécondantes !

Titien aimait à faire poser devant lui les Chioggiotes, qui, hommes et femmes, ont une réputation de beauté très légitime [*]. C'est un mélange du type juif et du type romain. « Les jeunes filles, comme a dit un poète : ont du brun sur la peau, du feu dans la prunelle. » Elles sont grandes, bien faites, avec des cheveux abondants et d'un noir velouté. Elles passent pour hospitalières à la façon de la Dalila antique, ce qui nous autorise à dire que les femmes chioggiotes n'ont pas besoin d'être sur l'eau pour nous dicter un calembourg que nous sous-entendrons !

Léopold Robert a choisi parmi cette population les superbes types qu'il a placés dans sa dernière œuvre, qu'on peut appeler son tableau mortuaire : *Le Départ du pêcheur de l'Adriatique*, appartenant à M. Paturle.

Chioggia est une île, la dernière de cet archipel, dans le prolongement digual dont nous avons parlé. Elle est jointe, aux rapports continentaux, par un superbe pont de quarante arches. A un mille de Chioggia est une langue de terre qui s'avance dans la mer comme la longue mâchoire d'un crocodile, toute dentelée de maisons alignées. C'est *Sutto-Marina*. Ce faubourg nourrit contre Chioggia une haine implacable. Pourquoi ? Qui le sait ! Parce que la géographie locale a permis, et que les règles ont voulu que la ville fut plus grande que le bourg, sans doute. A son tour Chioggia hait Sutto-Marina, parce qu'il en est détesté. Voilà les excellentes raisons sur lesquelles se fondent parfois de bonnes rixes de *coltellate*, que nous traduirons par *coutelades* !

Durant la belle saison, un bateau à vapeur part tous les dimanches de Venise, et fait dans sa journée l'excursion de Chioggia, en passant par Malamocco, Pélestrina et les Murazzi. C'est un voyage agréable ; il montre au voyageur l'archipel vénète, qui ne saurait être visité en gondole, comme les autres îles dont nous avons parlé. Celui qui aura de l'histoire de Venise des no-

[*] Titien a laissé une de ses œuvres à Chioggia, dans le cabinet de tableaux de M. Carlo Vianello, où se trouvent encore quelques autres toiles remarquables.

tions qui se rattachent à ces plages insulaires qui ont joué un si grand rôle dans les luttes avec la république rivale de Gênes, trouvera dans cette excursion un autre intérêt encore à ajouter à ce qu'elle offre de charme nautique et pittoresque, c'est l'intérêt historique (F).

BRONDOLO.

Finissons cette excursion trans-marine par un exposé économique. Il se passe de nos jours à *Brondolo*, point distant d'environ trois milles de Chioggia, une chose intéressante, et qui mérite d'être consignée ici, pour l'instruction du voyageur.

Depuis des temps immémoriaux une partie de la plaine du littoral appartenant à Venise et Padoue se trouvait sous les eaux pluviales. Les terrains étant plus bas que la mer voisine, l'écoulement était impossible. Les pluies automnales et printanières amassées en lac, recouvraient un espace d'environ dix-huit milles de long sur une largeur de six, et sur cette immense étendue de terrains d'une fertilité extrême, un tiers à peine pouvait offrir les chances d'une culture incertaine : les deux autres tiers étaient annuellement noyés.

Les choses étaient ainsi, lorsqu'il s'est rencontré un esprit entreprenant et ingénieux qui a songé à y mettre une fin, en essayant de rendre ces excellents terrains à la culture dont étaient frustrés leurs propriétaires. M. le baron Testa, riche propriétaire de Parme, entreprit de ses propres idées, et à ses propres frais, de reconquérir ce lambeau de pays submergé. En 1835 donc, cet honorable capitaliste dressa ses plans, ses calculs, examina les localités, et ordonna la construction de grandes machines hydrauliques, au service desquelles fut réservée la vapeur. Mais par une fatalité qui était hors de toute prévision, puisque M. le baron Testa avait préalablement soumis les plans des appareils aux doubles académies des sciences de France et d'Angleterre, les machines ne furent pas d'une application heureuse. La science, les corps académiques les plus renommés s'étaient trompés, et l'appareil hydraulique inutile avait coûté 650,000 francs !

Alors M. le baron Testa appliqua à ce travail d'élévation des eaux une combinaison de roues hydrauliques, de l'ingénieuse modification desquelles il fut l'auteur. Ces roues, mises en jeu par la vapeur impuissante sur le premier appareil, ont parfaitement réussi, et elles fonctionnent depuis 1840.

Le travail de cet appareil est simple ; les eaux qui recouvraient le sol s'écoulent par des canaux qui les amènent dans un bassin, au milieu duquel les roues fonctionnent pour les soulever dans un confluent qui les porte à la mer. La hauteur moyenne de ce travail d'élévation est d'un mètre vingt centimètres.

En septembre 1841, une inondation provenant des gonflements et des débordements de l'Adige, ravagea tout le pays, causa d'immenses dégâts, et donna à recommencer en entier le desséchement du large espace, autrefois submergé, et dont les machines de Brondolo n'avaient plus qu'à entretenir la seccacité. Ce gigantesque travail fut rapidement mené à fin, et l'on put dire que les salutaires machines du baron Testa firent plus que leur tâche, car elles épuisèrent aussi des masses de liquide immenses, s'écoulant sur les terrains obligés des campagnes environnantes, d'où, sans cet auxiliaire puissant, ils ne se fussent écoulés que bien lentement.

Aujourd'hui les dépenses occasionnées par l'ensemble de ces travaux hydrauliques ont coûté au baron Testa plus d'un million de francs.

Leur service emploie environ cinquante hommes ; les dépenses annuelles d'entretien s'élèvent à une somme énorme.

Ce travail devra être en continuelle application, sous peine de voir les eaux réenvahir les terrains rendus à la culture.

Cependant il n'est pas incessant, et bon an mal an, il se borne à une moyenne de sept mois d'activité, plus particulièrement applicable aux saisons d'automne et de printemps. Dans vingt ans, suivant les clauses établies, les propriétaires des terrains dont on a si ingénieusement chassé les eaux qui les convertissaient en lac continuel, deviendront eux-mêmes entrepreneurs de leurs desséchements.

On voit que c'est là une œuvre grande et intelligente. Elle a été entreprise par M. le baron Testa au milieu de mille inextricables difficultés morales et matérielles que les bons vouloirs du gouvernement n'ont pas toujours suffi pour résoudre ou conjurer. Ailleurs on voit souvent des industriels s'ériger en compagnies, et entreprendre avec les fonds de la commandite des travaux d'une réalisation qui, certaine ou douteuse, leur vaut toujours de beaux appointements et ces mille obscurs profits des grandes affaires. Mais ici, un seul capitaliste, un homme d'une habileté éprouvée et d'une haute intelligence, a eu cette féconde pensée d'intérêt social, et a su, malgré toutes les difficultés possibles, naissant même parfois des gens à obliger, la mettre en application au prix de sacrifices immenses dont la compensation matérielle ne lui sera jamais donnée.

Par de tels sacrifices et de tels bienfaits, M. le baron Testa a incontestablement bien mérité du pays.

A ces îles diverses que nous avons rapidement passées en revue, se réduit le nombre de celles qui doivent ou peuvent être visitées avec certitude d'y trouver un intérêt, une émotion, une jouissance artistique ou pittoresque. Les autres, qui sont encore fort nombreuses, ne sont, à proprement parler, que les jardins ou les vergers de Venise. C'est de leur sol que la cité insulaire tire la plus grande partie de son alimentation fructivore et herbivore. Les jardins même de Murano, de la Giudecca, du Lido que Navagero cite comme si charmants au temps de Bembo, aujourd'hui ne sont qu'utiles. Si jamais leurs plate-bandes ont été ombragées de citronniers, d'orangers, de plantes exotiques et embaumées, comme le prétend l'auteur de ces descriptions florales, au parfum fabuleux, de nos jours il ne s'agit plus que de choux, de céleri et de salade, choses aussi peu poétiques dans leur nature, que leurs noms sont vulgaires pour une description. Légumes et fruits poussent dans ces îles multiples avec une vigueur peu commune. Le produit de ces terres battues des flots, est précoce. Ce sol, imprégné de particules salines, magnifiquement exposé au soleil, raréfié par le passage des vents *sciroccali* (de sud-est), est d'une fécondité toute orientale : la terre ferme est jalouse de cette fécondité que trouve Venise au milieu de ses lagunes, irrigation adriatique qui, au dire de Luigi Cornaro, le prolixe auteur de la *Vie sobre*, sont les *fortissime e sante mura di Venezia*.

SOMMAIRE DES NOTES

DU CHAPITRE SUR LES ILES.

———

(A) Sur Léopold-Robert. — Causes de sa mort. — Récit de son frère Aurèle. — Le suicide au palais Pisani. — (B) Extrait des correspondances de lord Byron, à propos du couvent des Mékitaristes. — Ses études sur la langue arménienne. Une grammaire. — Le P. Paschal Aucher. — (C) Noms éminents du registre des visiteurs. — Grands personnages. — Écrivains. — Peintres. — Musiciens. — Hommes politiques. — (D) Le livre en vingt-quatre langues. — (E) Liste des arménistes. — (F) Détails historiques sur les combats des Vénitiens et des Génois à Malamocco. — Le doge André Contarini. — Victor Pisani et son invention de boulets de pierre. — Guerre de Chioggia.

———

(A) On sait quelle haute position l'infortuné Léopold Robert avait pris dans la peinture moderne, lorsqu'un fatal travail d'idées est venu lui faire interrompre une si glorieuse carrière par un suicide. Le grand artiste a marqué sa date dans notre époque, par quatre grandes compositions dont voici les noms :

L'improvisateur napolitain (1824). *Le retour de la fête de la Madone de l'Arc* (1827). *L'Arrivée des Moissonneurs dans les marais Pontins* (1831). *Le Départ des Pêcheurs de l'Adriatique* (1836).

L'énumération de toutes les toiles secondaires peintes par ce célèbre artiste monterait à plusieurs centaines! La presque généralité fut faite en Italie.

Les causes de la mort de Léopold Robert sont encore en plus d'un point mystérieuses. Les circonstances de son suicide ont été diversement rapportées. Une Anglaise qui a beaucoup voyagé, et autant écrit que voyagé, a prétendu que ce funeste événement avait été provoqué par les conseils de quelqu'un de la famille de Léopold, qui l'aurait indiscrètement poussé à quitter sa communion pour embrasser la religion catholique. Ce fait est complètement controuvé, et n'a même aucune chance de probabilité. Léopold Robert comme toute sa famille est toujours resté profondément attaché au culte protestant.

Une autre plume, celle d'une dame française, dans une *nouvelle* intitulée *Léopold Robert*, et dédiée à son frère Aurèle Robert, a cherché à expliquer la mort du peintre des *Pêcheurs* en introduisant dans son récit des personnages et des circonstances d'invention. La contexture de ce petit roman, écrit et pensé avec délicatesse n'est ni réelle ni possible. Mais l'auteur, à l'aide de sa fable y a peint avec assez de vérité la position fausse et malheureuse où l'artiste s'est trouvé après s'être imprudemment laissé aller à ses illusions...

Car c'est en effet un amour sans espoir, même probable, qui, après avoir bouleversé son âme pendant cinq à six ans, l'a peu à peu dégoûté de la vie, et a enfin troublé sa raison au point de le porter à se donner la mort.

Nous ne saurions mieux faire, pour faire connaître au lecteur la vérité la plus formelle sur la fin déplorable de ce grand artiste, que de citer quelques fragments d'une lettre écrite peu de jours après ce cruel événement par le propre frère de Léopold, M. Aurèle Robert, qui vivait alors avec lui à Venise. M. Aurèle Robert, on le sait, est aussi lui un peintre habile, et c'est une consolation pour l'art que d'avoir reconnu que ce grand nom n'était pas mort avec celui qui l'avait le premier illustré. Voici les citations de la lettre de M. Aurèle Robert, nous les empruntons à un ouvrage estimable sur l'auteur des *Moissonneurs* *.

« ... La dernière lettre qu'il reçut de Florence est arrivée le 8 (Cette lettre venait de la personne de *famille illustre* à laquelle le pauvre artiste portait un fatal et respectueux amour. Il se tua douze jours après, le 20 mars 1835). Cette lettre lui annonçait le projet qu'on avait d'aller à Rome et le félicitait de la réussite de son tableau (les Pêcheurs) dont on lui demandait une description. Cette lettre fut brûlée comme les autres l'avaient été quelques jours auparavant, avec un calme qui annonçait une détermination fixe. Il n'aimait plus à me parler de sa passion, cependant je ne pus m'empêcher alors de lui dire que c'était à elle que j'attribuais l'état de découragement auquel il était réduit. « Tu te trompes, me répondit-il, j'en suis guéri... Je n'y pense plus! Si ce n'est pas de ta passion que tu souffres, c'est de la suite! lui dis-je, maintenant que tu l'as arrachée de ton cœur, tu dois sentir un vide... C'est le moment d'essayer de te distraire! allons en Suisse ou à Paris, là tu trouveras une occasion de te marier. — Il est trop tard! répondit-il, — j'aurais dû le faire plus tôt... »

« ... La veille de sa mort, nous étions réunis le soir, comme de coutume, dans le salon de nos *Padroni di Casa*, avec MM. F. et J. Léopold était plus triste encore qu'à l'ordinaire, et il ne prit aucune part à la conversation générale. J'affectai de paraître gai ; mais par moment je sentais mes forces m'abandonner. Ses yeux étaient souvent fixés sur les miens et il me demandait ce que j'éprouvais. Nous partîmes enfin, et dans ce moment, il me recommanda d'entrer dans sa chambre lorsque j'irais à la mienne. Ce n'était pas mon habitude, parce que Léopold se couchait ordinairement de bonne heure.

« ... Je dormis mal. Le lendemain, contre son habitude, il arriva dans ma chambre, en me demandant ce que je lui conseillais de faire, et s'il devait partir. Comme nous avions souvent parlé de ce voyage, je ne vis dans cette question de Léopold qu'une preuve nouvelle du peu de fixité qu'il y avait dans ses idées et ses résolutions. Je me bornai à lui dire que je m'en référais à lui. *Eh bien,...je pars!* dit-il.

« ... Un peu plus tard j'appris qu'il était sorti pour aller à l'atelier. Comme nous avions l'habitude d'y aller et d'en revenir ensemble, son départ me surprit, et sans savoir pourquoi j'y courus plus vite que de coutume. En chemin je m'aperçus que j'avais la clef de l'atelier dans ma poche : il n'aura pu entrer, — me dis-je, — où sera-t-il? En ce moment il arriva qu'au détour d'une

---

* *Notice sur la vie et les ouvrages de Léopold Robert*, par M. E.-J. Delécluze. — Paris, 1838.

rue, un malheureux chien vint se jeter dans mes jambes en aboyant... et de cet instant, un pressentiment funeste s'empara de moi. Tout troublé, j'arrivai au *palais Pisani*, je demande à notre vieille servante si mon frère y est. — Oui. — Par où est-il entré ? — Il a donné le tour. — Je donne le tour, je trouve la porte fermée. Un trait de lumière m'a frappé... tout mon sang se met en mouvement, je fais une courte prière pour demander à Dieu du secours, et je revole à la première porte que j'essaie encore d'ouvrir avec ma clef. Je frappe, j'appelle.. rien? Je m'élance comme un furieux sur la porte, que je brise avec effort, je traverse un petit vestibule. j'enfonce la seconde porte comme la première... Grand Dieu ! quel coup de foudre ! mon pauvre Léopold étendu la face contre terre, au milieu d'un lac de sang !

« Pétrifié à cette vue, je tombe bientôt à genoux pour recevoir deux soupirs qui s'exhalaient encore de cette pauvre dépouille mortelle; notre vieille bonne pousse des cris et des gémissements .. je la supplie d'aller chercher des secours et je reste seul. Je jette alors les yeux avec effroi sur ses mains, pour chercher l'instrument cruel qui m'a ravi ce malheureux frère, et je le vois posé sur une malle, où le sang avait coulé d'abord, et d'où Léopold était tombé, après avoir fait son coup infernal...

« Devant ce cadavre sanglant, le souvenir de mon frère Alfred, mort aussi par un suicide, *jour pour jour dix ans auparavant*, se présenta à mon esprit, et je sentis qu'il fallait rassembler tout mon courage pour ne pas succomber au désespoir, et me conserver pour mes chères sœurs... Je priai Dieu, mais mes idées n'avaient aucune clarté. »

Cette lettre touchante en dit plus que toutes les phrases possibles de la littérature. Le malheureux artiste s'était coupé la gorge avec un rasoir, les observations faites sur la dépouille mortelle de L. Robert ont fait connaître qu'il s'était formé un *épanchement séreux* dans son cerveau.

Son dernier tableau, les *Pêcheurs de Chioggia*, fut peint dans l'atelier qu'il avait avec son frère M. Aurèle Robert, au palais *Pisani*, à Saint-Étienne (*San Stefano*). L'infortuné mit à exécution son terrible projet lorsqu'il eut appris que son magnifique tableau était arrivé à Paris, et que son succès était proclamé avec un enthousiasme qui dépassait ses espérances. — Il faut dire que la gloire de Léopold Robert, comme celle de tous les artistes véritablement hors ligne, a grandi encore, en recevant la consécration du temps.

(■) Nous ne saurions mieux faire que de traduire ici littéralement ce que l'illustre poète dit lui-même de ses visites à Saint-Lazare, dans ses lettres à Murray, publiées par Thomas Moore :

« Par manière de divertissement, j'étudie tous les jours la langue armé-
« nienne dans un monastère arménien J'ai trouvé que mon esprit manquait
« de quelque chose d'ardu pour l'exercer, et comme c'est l'amusement le plus
« difficile que j'aie pu me procurer ici, je l'ai choisi pour ma torture d'atten-
« tion. La langue est riche, et récompense amplement de la peine de l'ap-
« prendre. Je persévérerai...

« Il y a dans ce monastère des manuscrits et des livres très curieux, des
« traductions du grec, dont les originaux sont perdus, du persan et du sy-
« riaque, etc., sans compter les propres ouvrages de ces moines instruits et
« laborieux. Il y a quatre ans, les Français fondèrent une chaire arménienne :
« vingt élèves se présentèrent le lundi matin, pleins d'une noble ardeur, jeu-
« nesse dévouée à cette science inexpugnable. Ils persévérèrent avec un cou-

« rage digne de leur nation et des conquérants de l'univers jusqu'au jeudi.
« Mais arrivés là, quinze sur les vingt succombèrent sous la vingt-sixième
« lettre de l'alphabet. Il est certain que c'est le Waterloo des alphabets! »

— Autre extrait :

« — Je vous ai écrit il y a peu de temps et à ce que je vous ait dit, je n'ai
« que peu de chose à ajouter, si ce n'est que je persévère dans l'etude de la
« langue arménienne, au couvent dont je vous ai parlé. J'ai tous les jours
« une leçon d'un savant frère. Ces dignes Arméniens ont ici un établissement
« de quatre-vingt-dix moines dont beaucoup sont savants et recommandables.
« Ils ont une excellente imprimerie, et ils font tous leurs efforts pour accroître
« l'instruction de leur peuple. Je trouve que leur langue (qui est double, la
« littéraire et la vulgaire) est difficile, mais non pas invincible. Il m'était né-
« cessaire d'occuper mon esprit, de le serrer autour de quelqu'étude sévère :
« c'est la lime à ronger au serpent. »

— Autre extrait :

« Je poursuis le matin mes études arméniennes, j'assiste et active la com-
« position de la partie anglaise d'une grammaire anglo-arménienne, qui s'im-
« prime en ce moment à Saint-Lazare. »

« ... Le supérieur est un évêque, un superbe vieillard. Il a la barbe d'un
« météore. Le P. Paschal Aucher, mon professeur, est un savant et une âme
« pieuse. Il a passé deux ans en Angleterre... »

— Autre extrait :

« Je vous envoie quelques feuilles de la grammaire anglo-arménienne dont
« j'ai décidé la publication (elle ne coûte qu'un millier de francs) Je poursuis
« mes études dans cette langue sans cependant faire de progrès rapides, mais
« en avançant un peu chaque jour. Le P. Paschal avec quelques secours de
« moi comme traducteur de son italien en anglais, avance aussi dans sa gram-
« maire. Ce travail fait, je vous expédierai une cinquantaine d'exemplaires
« pour tenter la curiosité des érudits ... »

« Cette communauté arménienne est savante et respectable. L'étude de leur
« langue avait été entreprise avec grande ardeur par quelques Français lettrés,
« au temps de Bonaparte. »

— Autre extrait :

« Vous ai-je dit que j'ai traduit deux épîtres de Saint-Paul aux Corinthiens,
« qui ne se trouvent pas dans notre version, et qui me semblent très orthodoxes.
« Je les ai écrites dans cette grammaire, en pur anglais biblique. »

L'éditeur Murray, le correspondant, l'ami de lord Byron, a imprimé la note
que l'immortel poète a ajoutée de sa main à la copie de cette traduction de
l'arménien :

« Fait en anglais par moi, janvier, février 1817 au couvent de Saint-Lazare,
« avec l'aide et exposition du texte arménien, par le P. Paschal Aucher, moine
« arménien :

« BYRON. »

On trouvera cette curieuse grammaire au dépôt de la librairie de Saint-
Lazare.

(o) Voici quelques noms marquants que nous avons relevés des registres
consacrés aux visiteurs de l'île arménienne. Nous citerons sans ordre de dates,
ces signatures autographes.

Lord Byron, qui a cru devoir ajouter à la ligne ce mot *English*. Est-ce vanité nationale? est-ce modestie personnelle?

Hélène, grande duchesse de Russie.

Henri (duc de Bordeaux) deux fois. Accompagné la première par le duc de Lévi, le vicomte Monti de Resé et M. de Villaret-Joyeuse.

La seconde fois, en 1837, suivi seulement du duc de Blacas.

Marie-Christine d'Espagne (1842).

Ludwig *comte d'Augusta* (nom sous lequel voyageait le roi Louis de Bavière, mai 1841).

Le roi de Wurtemberg.

Albert (archiduc d'Autriche).

Prince et princesse de Wasa.

Comte de Syracuse.

Stefano, (archiduc d'Autriche).

Ahmed Fethi pacha (1838). — Le duc régnant de Brunswick.

Le duc de Modène et sa famille, (1842).

Réchid pacha, *ministre des affaires étrangères de la sublime Porte et ses trois fils*. (Le tout est écrit en français de la main de Réchid Pacha.)

Maria-Luigia (écrit en italien, se reproduisant plusieurs fois.)

Alexandre (Prince héréditaire de Russie. 1838.)

Et une foule d'autres grands personnages.

Parmi les célébrités politiques, littéraires ou artistiques, nous trouvons :

Auguste Thiers — Guizot. — Salvandy. — Sauzet, etc. — George Sand — Casimir Delavigne. — De Lamartine. — Alphonse Royer. — Fulgence Girard. — Charles Nodier, etc.

Torwaldsen. — Rossini — Léopold Robert. — Donizetti. — Ferdinand Hiller — Maria Malibran. — Adolphe Nourrit, etc.

Nous y avons remarqué aussi le nom de l'éditeur de ce livre, M. Hippolyte Souverain.

(D) Ces vingt-quatre langues représentées par les caractères divers qui leur sont propres, sont :

L'anglais, — l'italien, — le français, — l'espagnol, — l'allemand, — le hollandais, — le hongrois, — l'ibérien, — l'illyrien, — le russe, — le polonais, — le suédois, — le turc, — le syriaque, — le persan, — le latin, — le grec, — l'hébreu, — l'étiopien, — l'arménien, — le chaldéen, — l'arabe, — l'égyptien et le chinois.

C'est le plus curieux compendium de la Polyglottie, qu'il soit possible de réunir sous un seul volume.

(E) Nous citerons particulièrement parmi les étrangers arménistes : Barthélemy de Bologne, évêque latin ; Paolo Firomalli, Calabrais ; le P. Clément Galanus, Napolitain ; Mathurin de la Croze, bibliothécaire français du roi de Prusse; l'abbé Guillaume de Villefroy, interprète royal des manuscrits arméniens ; l'abbé Lourdes, professeur d'hébreu. Et enfin plus près de nous :

Jean Joachim Schroder, Allemand. — Guillaume et Georges Whiston, Anglais. — Bellaud, auteur d'une grammaire franco-arménienne. — Lord Byron — Saint-Martin, membre de notre Académie des Sciences et Belles-Lettres. —

L'abbé Royer, supérieur du séminaire de Saint-Sulpice à Paris — Étienne Quatremère. — Eug. Boré, orientaliste. — L'abbé Cappelletti de Venise. — Good, Anglais instruit — Neumann, professeur de Munich. — Péterman de Berlin. — Windischman de Vienne, et beaucoup d'autres encore.

A sa récente visite à l'île Saint-Lazare, Louis de Bavière, roi littérateur a composé pour célébrer cette respectable communauté, une belle pièce de vers qui a été traduite en trois langues. L'espace nous manque pour y ajouter une quatrième traduction dans la nôtre.

(F) Après la perte de la bataille de Pola et la prise de Chioggia, le 16 août 1379, par les armées réunies des Génois et de François Carrare, seigneur de Padoue, les Vénitiens se voient réduits à une position désespérée. Un ambassadeur fut envoyé aux vainqueurs avec une feuille blanche, pour les prier de dicter telles conditions qu'il leur plairait, en ne réservant aux Vénitiens que leur indépendance. Le prince de Padoue penchait pour écouter ces propositions ; mais les Génois, qui après la victoire de Pola avaient poussé le cri « à Venise ! à Venise ! » étaient décidés à anéantir leur ancienne rivale, et Pierre Doria, leur commandant en chef, répondit aux suppliants « au nom de Dieu, « messeigneurs de Venise, vous n'obtiendrez point la paix du seigneur de « Padoue et de notre République de Gênes, que vous n'ayez mis une bride à « ces chevaux sans frein qui tiennent sur le portique de votre église Saint-« Marc. Lorsque nous les aurons bridés, nous vous laisserons en paix. Tel est « notre plaisir et celui de notre République. Quant à nos frères de Gênes que « vous avez amenés avec vous, pour nous les rendre, remmenez-les ! car dans « peu de jours, je l'espère, j'irai moi-même les tirer de prison, eux et tous « les autres ! »

Les Génois s'avancèrent jusqu'à Malamocco, à environ cinq milles de la capitale ; mais la grandeur du péril et l'orgueil de leurs ennemis rendirent le courage aux Vénitiens, qui firent des efforts prodigieux. Les sacrifices individuels furent nombreux, et ont été soigneusement enregistrés par leurs historiens. Les citoyens qui ne pouvaient se dévouer de leur personne, offraient sur l'autel de la patrie, une partie de leur fortune. On abandonnait ses créances, on envoyait de l'argent au trésor de l'État sans même chercher à se faire connaître, on fournissait des vaisseaux, des marchandises, on souscrivait pour la solde des matelots. Le doge André Contarini envoya toute sa vaisselle au trésor, et engagea ses revenus. Le clergé contribua non-seulement de ses biens, mais agit personnellement. Quatorze vaisseaux et l'entretien de six mille hommes furent le résultat de ces généreuses souscriptions. On vit un marchand pelletier, Barthélemy Paruta, se charger de payer mille soldats ou matelots ; l'apothicaire Marc Cicogna, fournit à lui seul tout un vaisseau armé ! de simples artisans, comme François di Mezzo, Nicolas Rinieri, Noël Tagliapietra, Pierre Penzino, etc., entretinrent chacun cent, deux cents hommes ; d'autres personnes, telles que Donat di Porto, et Marc Orso, fournirent un navire, et l'entretien de toute la chiourme.

L'illustre doge, André Contarini alors âgé de 72 ans, voulut prendre lui-même le commandement de la flotte, ayant sous ses ordres Victor Pisani et Taddée Giustiniani. Leurs exploits furent aussi glorieux que le danger était grand. Charles Zeno, instruit du danger que courait sa patrie, accourut de la rivière de Gênes, pour prêter son bras à sa défense. Les Génois d'agresseurs qu'ils avaient été, furent obligés de prendre la défensive, ils abandonnèrent

Malamocco, et se réfugièrent dans Chioggia, où Victor Pisani les bloqua avec trente-quatre galères. Bientôt de nouveaux et terribles combats s'engagèrent, le vieux doge fit personnellement des prodiges de valeur. Le général en chef des Génois, celui même qui avait fait cette insolente et présomptueuse réponse aux ambassadeurs de Venise, Pierre Doria enfin, fut tué par un boulet de pierre lancé par une bombarde nommée la *Trevisane*, pour avoir été fournie par un Trevisani. Ces boulets, on l'a dit ailleurs, étaient de l'invention même du général Victor Pisani, qui fut assez heureux pour préparer ainsi la mort du chef des ennemis [*]; mais cet illustre guerrier devait aussi trouver dans cette guerre une mort glorieuse! Dans une action décisive, Charles Zeno fut atteint d'une flèche qui lui traversa la gorge... il brisa le trait sans prendre le temps de faire retirer le fer de la plaie, et parcourant avec ardeur le pont du bâtiment, il continuait à donner des ordres dans l'obscurité, lorsqu'il tomba par une écoutille à fond de cale... on le crut perdu. Un matelot qui vint par hasard à son secours lui arracha le fer de la blessure. Le sang sortit à gros bouillons, l'amiral pour n'être pas suffoqué se retourna sur le ventre, et c'est dans cette position qu'il commanda son équipage, et finit par gagner le point où était sa flotte. Les chirurgiens déclarèrent la blessure mortelle, et voulurent mettre le moribond à terre... Mais il déclara qu'il ne quitterait pas son bord, et que si la mort était inévitable, c'était sur sa galère, en combattant l'ennemi, qu'il voulait l'attendre.

C'étaient de tels hommes que Venise avait pour fils et pour défenseurs! Terminons : Chioggia fut investie de tous côtés, 5,000 auxiliaires, parmi lesquels se trouvaient quelques condottieri anglais, commandés par le capitaine Ceccho, joignirent les Vénitiens. Les Génois à leur tour demandèrent à capituler, ce qui leur fut refusé. Ils furent obligés de se rendre à discrétion, et le 24 juin 1380, le vieil et illustre doge Contarini fit à Chioggia son entrée triomphale! Quatre mille prisonniers, dix-neuf galères, une foule de petits bâtiments, toutes les armes, toutes les munitions, tout le matériel enfin de l'expédition tomba entre les mains des vainqueurs qui, sans la réponse inexorable de Doria, auraient sans doute accepté avec joie de voir leur domination réduite au territoire de Venise. Le récit tout entier de ces combats multipliés, se trouve dans la *Chronica della guerra di Chiozza*, script. rer. ital. t. XV, par Daniel Chinazzo, lequel était à Venise à cette époque.

[*] Le modèle du projectile de pierre inventé par Pisani, se trouve au pied de sa statue, dans la salle d'armes de l'Arsenal. (*Voir la note B du chapitre sur l'Arsenal.*)

XII

SOCIÉTÉ ET BIOGRAPHIE VÉNITIENNES.

SOMMAIRE.

Exposition du chapitre. — Madame Isabella Albrizzi. — Notice biographique. — Son salon. — H. Pindemonte. — Arteaga. — L'abbé Morelli. — Les Quirini. Cesarotti. — Le chevalier Zulian. — L'abbé Franceschinis. — Sorgo. — Les émigrés français. — La marquise de Groslier — Le marquis de Maisonfort. — Denon. — Le commandeur de Châteauneuf. — Bertola. — Ugo Foscolo. — Le docteur Aglietti. — Le général Cervoni. — Le chevalier Mustoxidi. — Le baron d'Hancarville. — Albanoni. — L'abbé Barbieri. — Canova. — Capo-d'Istrias. — Adrien Balbi. — Chateaubriand. — Lord Byron. — Anecdotes, etc. — La comtesse Benzoni. — Madame Renier. — Michiell. — Conclusion sur l'ancienne société vénitienne. — De la nouvelle. — Considérations. — Biographie moderne des savants et des artistes. — Le chevalier Adrien Balbi. — Le comte N. Contarini. — Le docteur Bizio. — M. Minotto — Le docteur J.-B. Nardo. — M. L. Parini. — Le chevalier Paleocapa — M. N. Tommaseo. — M. Asson. — M. Campi Lanzi. — M. Carrer. — M. G. Peruzzini. — M. Em. Cicogna. — M. Rossi. — Le comte Manin. — Le chevalier Mutinelli. — M. l'abbé Cadorin. M. A. Zanetti. — Le chevalier Diedo. — M. le docteur Koben. M. P.-A. Zozzi. — Le comte A. Sagredo. — M. le cardinal Monico. — L'abbé Zinelli. — L'abbé P. Canal. — L'abbé Trevisanato. — L'abbé Giusti. — L'abbé Parolari. — Le chevalier-abbé Bettio. — L'abbé Cappelletti. — L'abbé de Grandis. — MM Antonelli, Comarolo et Biagi. — Le baron Avesani. — M. Manin. M. Calucci. — M. Bernardi. — MM. Benvenuti, Borcio, Asson, Venier et Benedetti. — Le docteur Namias. — MM. Fario et Benvenuti. — M. le chevalier-docteur N. Trois. — MM. Rossi, Zanardini, Taussig, Asson, Rima et J. Bologna. — MM. Foscolo, Zesczevitch, de Wullerstorf. — Grassi et Tipaldo. — MM. Pigazzi, chevalier Lazzarini et Meduna. — L'acteur F.-A. Bon. — MM Louis Lipparini, Gregoletti. — J. Borsato. — Busato. — E. Bosa — H. Caffi. — Avancini. — Madame Térésa de Thurm. — M. Frédéric Nerly. — M. Politi. — M. Santi. — Madame la comtesse Cl. Mocenigo. — Giacomelli. — Schiavoni. — Viola. — madame Angeli. — Zandomeneghi et L. Ferrari. — MM. G.-A. Perotti. — G.-B. de Peruchini. — A. Fanna. — L. Ferrari. — Bussola et S. Levi. — MM. Locatelli, Carrer, G. Podesta et Gamba. — MM. Antonelli, Tasso, Gamba, Bazzarini, Cecchini et Baltagara. — Les Mékhitaristes.

A côté de tous ces noms d'illustration guerrière, politique ou artistique que nous avons cités dans cet ouvrage, il en est quelques-uns qui, pour être d'un retentissement moins historique, n'en sont pas moins chers à la ville sur laquelle nous avons écrit ce livre.

Ces noms sont ceux de personnes supérieures, qui ont contribué ou contribuent encore à la gloire de leur patrie, par un mérite que les circonstances ne sauraient favoriser aujourd'hui comme aux beaux temps de la République, mais dont plusieurs pourront néanmoins laisser un nom cher aux sciences, aux lettres, à la société italienne.

A ce dernier titre, notre ouvrage négligerait une page intéressante et utile au voyageur (qu'il doit renseigner sur la physionomie morale ou sociale du pays, comme il a essayé de le faire à propos de sa physionomie matérielle), s'il omettait de dire quelque chose des derniers salons vénitiens, dont la société disparue a engendré celle que l'étranger pourra aujourd'hui juger par lui-même.

Rien ne nous sera plus favorable pour parler de cette société éteinte que de la grouper autour d'une des femmes qui l'ont dominée, et dont le nom populaire dans le pays, par une supériorité et une distinction rares, est resté plein de charmes et de regrets dans le souvenir de beaucoup de voyageurs éminents : nous voulons parler de madame Albrizzi, dont la perte fut, a-t-on dit, comme un monument de moins à Venise.

Grecque et noble de naissance, madame Isabelle Albrizzi[*] épousa à quinze ans un patricien de Venise, commandant des galères, M. Ch.-Ant. Marini. Obligée de suivre son mari dans ses fonctions de provéditeur à Salo, près du lac de Guarda, elle y fit dans sa retraite les études de langue française qui devaient bientôt donner à son langage et à son style cette élégante et pure précision dont les grands écrivains du siècle de Louis XIV offrent seuls l'exemple. Son mari composa alors un ouvrage estimé, sous ce titre : *Histoire de la prospérité et de la décadence du commerce des Vénitiens*.

Bientôt nommé juge de la *Quarantie*, M. Marini ramena sa jeune femme à Venise. Dès lors se fonda le salon de celle que l'usage italien nous permet d'appeler par anticipation l'Albrizzi.

---

[*] Elle s'appelait *Elisabeth*. Mais le poète véronais Pindemonte, par une gracieuse licence poétique, substitua à ce nom celui d'*Isabella*, dans une épître qu'il adressa en 1800 à madame Albrizzi. Le nom resta, et celle qui l'avait reçu finit par le signer elle-même.

Mais un nouveau changement menaçait la tranquillité de ce séjour, auquel tout ce que Venise possédait de distingué s'intéressait déjà. M. Marini était nommé provéditeur à Céphalonie et à Ithaque... Malgré l'honneur poétique qu'il pouvait y avoir à succéder à Pénélope, la jeune patricienne ne put se décider à abandonner, pour une grossière civilisation, sa douce et paisible existence vénitienne... M. Marini partit seul, divorcé d'avec la jeune femme qu'une union imposée lui avait soumise pendant quelques années.

Profitant des bénéfices de la loi, Isabelle devint bientôt la comtesse Albrizzi. Elle fit alors un voyage de Rome, se lia avec Alfieri et l'amie fidèle de ce Sophocle italien, la comtesse d'Albany. De retour à Venise, elle rouvrit son salon, dont les honneurs, désormais faits par son mari et par elle, ne le rendirent que plus recherché et plus éminent. M. Joseph Albrizzi était un homme plein d'esprit, de bonne grâce et d'urbanité, bien qu'il remplît les terribles fonctions d'inquisiteur d'État*. Il mourut en 1812, laissant un fils qui, formé par cette mère distinguée, devint tour à tour attaché du gouvernement-général de Venise, vice-secrétaire antique du cabinet du vice-roi, secrétaire près la *Camerale*, et chambellan de l'empereur.

La vie de l'Albrizzi se partageait en deux phases : le matin l'étude, le travail ; — le soir le monde, le *conversazioni*, comme disent les Italiens.

Le premier fruit de ces études furent les *Ritratti* (portraits), dont la première édition, suivie de quatre autres jusqu'en 1820, parut en 1807. La moderne Aspasie sut y peindre avec agrément et fidélité tous les hommes illustres qu'elle connaissait. En 1809, elle publia à Florence la première partie de ses critiques ou impressions sur les œuvres de Canova.

En 1817, l'Albrizzi visita la France, en compagnie de son fils. Elle y connut madame de Genlis, Humbold, Cuvier, Talma, et arriva trop tard pour approcher madame de Staël qui mourait alors.

---

* Nous citerons en passant la petite anecdote suivante, que nous trouvons dans un ouvrage traitant de l'Italie.

« Un jour qu'une étrangère de haut rang débitait dans un salon des lieux communs philosophiques sur les inquisiteurs d'État, un cavalier survint, et charma la dame par la politesse et le bon goût de ses manières. Dès qu'il fut sorti, on dit à l'étrangère qu'elle venait de causer avec un inquisiteur de la République... La dame comprit toute l'injustice de ses accusations et s'en excusa.

Cet inquisiteur, c'était M. Albrizzi.

Le roi Louis XVIII, qui pourtant, au souvenir de Vérone, ne devait pas trop aimer ce qui venait de Venise, reçut affectueusement l'Albrizzi. Elle avait alors cinquante-sept ans, et était encore pleine de fraicheur. De retour en Italie, elle céda aux instances de la comtesse d'Albany, qui l'invitait à venir la voir à Florence, et y fit de nouvelles et illustres amitiés, entre autres celle du poète Niccolini, qui mériterait une mention dans ces lignes, s'il était Vénitien. En revenant à Venise, elle traversa Vérone au moment où le congrès européen abandonnait la Grèce, patrie réelle de la Vénitienne d'adoption; puis elle rentra à Venise, où la fermeture de son salon était une véritable calamité sociale.

Avant de parler de ce salon, qui sera le cadre dans lequel nous placerons ce que nous avons à dire de l'ancienne société vénitienne, finissons cette rapide esquisse biographique de la femme éminente qui la culmina, en disant qu'elle mourut en 1836, âgée de soixante-seize ans, et en pleine possession de ses aimables facultés.

Les vicissitudes de la politique vénitienne, l'émigration française, donnèrent au salon de l'Albrizzi bien des hôtes illustres dont nous ne saurions parler avec quelques détails, sans manquer au plan de ce livre. Nous ne joindrons donc à ce qui s'offre rapidement à dire des Vénitiens, que quelques noms seulement, pris dans ces catégories étrangères, afin de faire comprendre que le toit de la *Staël de Venise*, selon le mot de Byron, fut pour cette cité ce que devint bientôt après pour Paris le salon du grand peintre, le baron Gérard.

On y rencontrait donc, chacun avec leur esprit, leur sourire, leur célébrité publique ou inédite, Hippolyte Pindemonte, poète doux, mélancolique, une des célébrités de la moderne Italie, ami d'Alfieri, et l'homme le plus régulier dans ses habitudes qui fût au monde, mort en 1828; — l'ex-jésuite espagnol Artéaga, savant auteur des *Révolutions du théâtre lyrique en Italie*, et d'un *Traité du beau idéal*, dont on ne saurait dire qu'il fut plein de son sujet, car il était fort laid : adversaire littéraire de l'Albrizzi, à propos de la *Mirra* d'Alfieri. Le savant bibliothécaire de Saint-Marc, l'abbé Morelli, qui, sans avoir jamais quitté Venise, connaissait tout ce qu'il y a au monde de curiosités bibliographiques; — le juge Lauro Quirini, et son oncle le sénateur Ange Quirini, l'un cité pour n'avoir jamais eu un ennemi, bien qu'homme de mérite... l'autre, célèbre alors à Venise par ses questions hydrauliques sur la Brenta, dont il voulait faire couler les eaux sur la place Saint-Marc; — Cesarotti, savant original, qui affectait de se montrer tout le jour sans rien faire, et passait ses nuits à travailler; c'était, par sa complaisance et sa facilité d'inspiration, le secrétaire poétique de toute la jeunesse d'alors; — le chevalier Zulien, qui fut, avec le patricien Falier, un des premiers protecteurs de Canova; — un descendant du doge Pesaro, le propriétaire du splendide palais du grand canal, lequel s'en fut mourir à Londres, après la chute de sa chère République; — l'abbé Franceschinis, théologien, poète, mathématicien, jurisconsulte, métaphysicien, généalogue éminent, et ajoutant à tous ces titres sérieux celui d'homme du monde, de conteur d'anecdotes; ami de madame de Staël, mort en 1840, à quatre-vingt et quelques années, conseiller impérial et chevalier de la couronne de fer; — Michel Sorgo, sénateur de Raguse, traducteur de la *Mérope* de Maffei, en langue illyrienne, l'un des plus constants et sincères amis de l'Albrizzi; — plusieurs émigrés français, chassés de leur patrie par les orages civils: Maury, de Lally-Tollendal, Polignac, Crussol, la marquise de Groslier, chantée par Voltaire, et dont le gracieux talent à manier le pinceau valut de Canova le surnom de *Raphaël des fleurs;* — le marquis de Maisonfort, type charmant du vieux noble insouciant et ignorant, plein d'esprit et du plus amusant qui fût; — Denon, qui a écrit une relation si musquée des lourds et graves monuments égyptiens, à laquelle l'Albrizzi donna son portrait peint par madame Lebrun, portrait qui, acheté à la vente mortuaire du savant, est revenu au fils de madame Albrizzi; — le commandeur de Châteauneuf, l'un des hommes les plus distraits qu'on eût vus, tragédien amateur, qui, jouant un soir avec l'Albrizzi une pièce de Crébillon, adressa à un soldat comparse toute la déclaration d'amour destinée à Isabelle*; — l'improvisateur Bertola, qui traduisit Gessner, qui racontait comme le roi Louis XVIII; — Ugo Foscolo, génie sombre et sauvage, qui devenait presque mondain pour l'Albrizzi; — le célèbre médecin Aglietti, grand amateur de gravures, ami de lord Byron, qui sauva la comtesse Guiccioli; — le fougueux général Cervoni, chargé de signifier au pape Pie VI la fin de son règne,

---

* Ceci nous rappelle une anecdote fort connue sur M. de L***, l'un des hommes les plus étonnamment distraits de France. Il assistait au mariage de sa fille, à l'église Saint-Thomas-d'Aquin; comme l'office finissait, il se tourna vers son voisin: Irez-vous jusqu'au *Père-Lachaise*, vous? lui dit-il.

un peu poète, et tout à fait Corse; — le chevalier Mustoxidi, qui a écrit sur les monuments de Venise, vrai Grec du siècle d'Auguste et de Périclès, dont le seul défaut, dans le salon d'Aspasie, était d'apporter indélébilement attachée à lui, une fâcheuse odeur de pipe; — le baron d'Hancarville, auteur de *Recherches sur les arts grecs*, aventurier du grand monde, espèce de Casanova de salon; — le vieux comte Albanani, l'un des rares chevaliers de la *Toison d'or*, qui était sourd à prendre un coup de pistolet pour un éternuement, et qui faisait semblant de comprendre tout ce qu'on disait autour de lui, entrant en fureur si quelqu'un semblait faire allusion à son infirmité*; — l'abbé Barbieri de Padoue, auteur d'une louable réforme dans la prédication italienne, conseiller d'éducation pour le fils chéri de l'Albrizzi; — Canova, qui, en reconnaissance de pages ingénieuses que l'aimable femme avait écrites sur ses ouvrages, orna son salon du buste de sa compatriote *Hélène*, chantée par Byron**. — Le célèbre Capo-d'Istrias, causeur aimable, martyr futur de la politique. — Adrien Balbi, géographe et statisticien dont la réputation est européenne, que l'Albrizzi encouragea dans ses premières publications. — Chateaubriand pèlerin-poète, qui ne put traverser Venise sans que ce ne fût par le salon de cette femme éminente. Byron lui-même, qui recherchait dans les angles la société des jeunes gens, pour leur raconter ses bonnes fortunes-mercenaires, et qui refusa si brutalement à l'auteur des *Ritratti* de figurer dans son ouvrage, et enfin une foule d'hommes distingués, dont beaucoup vivent encore, les comtes Mocenigo et Ferdinand Mozzi, MM. Mengaldo, Ancillo, etc.

* Ce travers du vieux Florentin rappelle une anecdote relative à un grand seigneur russe, des plus sourds qu'on eût vus. Un officier lui faisait un rapport verbal, dont le prince avait par hasard saisi ou deviné quelques mots. L'officier crut en prenant congé, devoir complimenter l'excellence, et lui dit : — Je vois avec plaisir que votre altesse entend mieux... — Comment dites-vous? répondit le prince. — Je dis que je vois avec plaisir que votre altesse entend mieux..., reprit l'officier en criant plus fort. — Vous parlez trop bas! repartit le sourd, écrivez!... — et il tendit à l'officier une ardoise dont au grand préjudice de son amour-propre, il était parfois obligé de se servir, lorsque la chose lui semblait en valoir la peine. L'officier prit l'ardoise et le crayon, et écrivit imperturbablement la phrase. : Je vois avec plaisir que votre altesse entend mieux! — Allez au diable! s'écria le prince.

** Nous citerons l'original, pour cette fois seulement :

« In this beloved marble view	Beyond imagination's power
Above the works and thought of man	Beyond the bards' defeated art,
What nature *could* but *would* not do	With immortality her dower
And beauty and Canova *can*!	Behold the *Hélen* of the *heart*! »

Parmi les femmes de cette époque si remarquable du *Conversazioni* et des salons vénitiens, on ne saurait se dispenser de nommer la comtesse Benzoni en faveur de laquelle Byron abandonna le salon de l'Albrizzi. Madame Bensoni, morte en 1839 seulement, et qui fut, comme il a été dit ailleurs, l'héroïne de la fameuse barcarolle encore tant chantée aujourd'hui sur les canaux, la *Biondina in gondoletta*, était douée de l'esprit le plus gai et le plus piquant. Elle seule à Venise avait le droit de dire ses vérités au lord-poète, à l'abri de ce charmant dialecte vénitien qui semblait avoir dans sa bouche une grâce de plus.

Madame Justine Renier Michieli, auteur de l'ouvrage réputé sur l'*Origine des fêtes vénitiennes*, laquelle a aussi traduit diverses œuvres de Shakespeare ne saurait être oubliée non plus, dans ce rapide coup-d'œil sur la dernière société vénitienne. Elle descendait de l'illustre famille des Michieli qui donna trois doges à la République, dont le célèbre Dominique Michieli dit *Delle colonne*, vainqueur de Tyr : son nom et ses hauts-faits sont souvent revenus sous notre plume, dans le cours de cet ouvrage.

Mais peut-être est-il temps d'arriver à l'époque présente, et de donner à cette rapide revue une allure plus biographique, en touchant aux hommes éminents ou distingués dans les sciences ou dans les arts de la moderne Venise. Ce sont des noms qu'il est bon de désigner à l'étranger, ou qu'il suffira seulement de lui rappeler, relativement à bon nombre qui ont retenti par delà les Alpes. Quant aux réunions actuelles de la société vénitienne nous pensons n'en devoir guère parler autrement qu'en nommant les principales. Les hommes voués à des travaux dont la publicité est le but, nous appartiennent de droit, et nous ne manquerons à aucune loi de convenance en les faisant figurer ici. Mais il ne saurait en être de même de personnes que la nature de leur existence et de leurs occupations dérobe aux investigations et aux révélations de la publicité. Il nous suffira donc pour concilier à la fois, et ces convenances que nous voulons respecter, et notre désir d'être utile au lecteur, de citer les salons Mocenigo, Papadopoli, Polcastro, Soranza, Cicognara, Wetzlar, Gregoretti, Sacerdoti, etc., comme les principaux parmi ceux qui réunissent l'élite de la société *vénitienne*. Les autorités de la ville, et quelques familles ou grandes dames étrangères, Russes, Anglaises, Allemandes ou Polonaises, offrent plus particulièrement une sorte de cosmopolisme social, ou l'étranger pénètre par l'intermédiaire des consuls ou à l'aide de ses lettres de recommandation; mais un salon qui culmine tous les autres, un salon qui réunit sans les confondre, toutes les nationalités et toutes les sociétés, c'est, durant les trois mois principaux de l'hiver..... *La Fenice.*

Maintenant que nous croyons avoir offert tout ce qu'il nous était possible d'écrire dans un livre, sur une semblable matière, nous passerons aux hommes que leur profession, leurs travaux, l'initiative enfin qu'ils ont prise eux-mêmes, rendent passibles de la publicité. La plupart de ces noms nous sont offerts par les états de l'*Athénée vénitien*, société scientifique de laquelle nous avons déjà eu occasion de parler dans le cours de cet ouvrage.

BIOGRAPHIE MODERNE.

—M. *le chevalier* ADRIEN BALBI, né d'une grande famille vénitienne, s'est fait une réputation européenne par ses nombreux et beaux ouvrages de géographie, de statistique et d'etnographie. Par ses importants travaux, cet écrivain a conservé à sa ville natale toute la gloire qu'elle s'était acquise aux époques du renouvellement de la civilisation à l'aide des illustres géographes et cosmographes, qui depuis *Fra Moro* ont tant fait pour les progrès de l'Europe.

—M. *le comte* NICOLAS CONTARINI, membre de l'Institut, honore le beau nom historique qu'il porte. — De bonne heure, il se voua à l'étude de l'histoire naturelle, et particulièrement à l'ornithologie et à l'entomologie. Sa collection d'oiseaux et d'insectes, sa correspondance étendue avec les plus célèbres naturalistes, et par-dessus tout ses écrits et les progrès qu'il a fait faire à la science, l'ont placé parmi les zoologues les plus réputés de l'Italie. Son principal ouvrage est l'*Histoire des atenias*. Il y développe toute la vie de ce merveilleux zoophite, qui par sa forme et ses couleurs brillantes pourrait être poétiquement considéré comme l'anneau de jonction entre les fleurs et les poissons.

—M. *le docteur* BIZIO, membre de l'institut et professeur de chimie appliquée aux arts, à l'école technique de Venise, est l'un des chimistes les plus connus de la péninsule. Ses ouvrages et ses découvertes lui donnent une place distinguée parmi les savants.

— M. MINOTO, noble vénitien, secrétaire à la classe des sciences de l'*Athénée*, est entré fort avant dans les études thecnologiques. Les suppléments originaux qu'il a ajoutés à la traduction du

Dictionnaire de thecnologie, ses utiles travaux dans plusieurs autres branches de la science, lui assignent une place distinguée dans la biographie moderne.

—M. *le docteur* J. B. NARDO, médecin de l'hôpital des Enfants-Trouvés, (l'un des établissements les plus remarquables de Venise,) et membre de l'Institut, est un des sectaires les plus ardents et les plus habiles des sciences théologique et conéthyologique. Ses travaux sont connus pour avoir fait faire des progrès à la science.

—M. LOUIS PASINI n'est Vénitien que par adoption, mais cette ville ne le revendique pas moins, à cause de ses utiles travaux. Ce savant est secrétaire de l'Institut, et membre du *Comité-Directeur* du chemin de fer de Venise à Milan. Les ouvrages publiés par cet habile géologue sont assez populaires pour que nous n'ayons besoin ici que de rappeler son nom.

—M. *le chevalier* PALEOCAPA est l'un des élèves les plus éminents de l'École-Militaire de Modène, laquelle, fondée par Napoléon, rivalisa avec l'École Polythecnique de Paris. Il en sortit officier du génie, fit les dernières campagnes de l'empereur, et lorsque le colosse ensevelit dans sa chute toutes les espérances des Italiens, M. Paleocapa entra dans le corps des ingénieurs des ponts et chaussées du royaume Lombard-Vénitien. Il est aujourd'hui directeur-général des travaux publics et membre de l'Institut. Les écrits et les travaux de ce savant lui ont mérité une place éminente dans la moderne biographie. C'est un écrivain facile et clair jusque dans les arguments les plus profonds de la science. Homme d'esprit et de manières parfaites, les Vénitiens le réclament comme concitoyen, en raison de son long séjour dans leur ville.

—M. NICOLO TOMMASEO est un des écrivains célèbres de la jeune Italie. Ses *Etudes philosophiques*, son *Dictionnaire d'Esthétique*, ses *Commentaires du Dante*, son roman politique ayant pour titre le *Duc d'Athènes*, ses *Chants populaires modernes*, et par-dessus tout, son *Dictionnaire des synonymes italiens*, l'ont placé à un rang trop élevé pour qu'il nous soit nécessaire d'insister sur la valeur de cet écrivain. Homme de fortes études, il contribue pour une bonne part à l'illustration littéraire de sa patrie. On reproche pourtant à M. Tommaseo de se laisser parfois emporter à des diatribes aussi peu dignes que peu littéraires, contre les grands hommes et les écrivains illustres de l'étranger, lesquels dominent si incontestablement leur époque, qu'essayer de les déconsidérer est une tentative folle qui ne peut que faire tort à celui qui l'entreprend. Ces attaques dont les critiques italiens ont eux-mêmes fait justice, ont paru dans un des derniers ouvrages de M. Tommaseo, ouvrage dont le titre nous échappe et qui n'empêche pas toutefois son auteur d'être un écrivain très remarquable, sous beaucoup de rapports.

—M. Casoni, membre de l'Institut, ingénieur en chef de la marine impériale, est très versé dans les mathématiques, l'hydraulique, l'architecture et l'histoire de Venise; son bel ouvrage sur les bâtiments polyrèmes des Vénitiens, lui a fait beaucoup d'honneur. Ce savant a éclairci plusieurs passages très importants de l'histoire du moyen-âge, et son ouvrage sera consulté avec fruit par tous ceux qui étudient sur cette époque de transition de la civilisation européenne, où Venise joua un rôle si important. Son *Guide de l'arsenal* fait pressentir de quel mérite sera l'*Histoire* du même arsenal de Venise, à laquelle il travaille.

—M. Campi Lanzi est vénitien par adoption. Élève de l'École-Militaire de Modène, ce savant a publié bon nombre de travaux dans le journal de l'*Athénée vénitien* et dans plusieurs autres recueils scientifiques.

—M. Carrer est compté parmi les illustrations actuelles de l'Italie. Né avec l'âme d'un poète, il débuta comme improvisateur, puis s'adonna bientôt à une littérature plus sérieuse. Cet écrivain comprit que la poésie peut, elle aussi, aider aux progrès des époques, si elle est solennelle, vraie, intime, et lorsque son but est honorable et utile. Les recueils que M. Carrer publia dans ce sens sont nombreux, ils se produisirent d'année en année, de 1819 en 1838. Comme prosateur, et comme critique il s'est hautement posé par son style pur et élégant, autant que par la partie fine et judicieuse de son esprit.

On a de lui une excellente *Vie de Goldoni*, accompagnée d'une notice profondément pensée sur la comédie italienne. La *Vie d'Ugo Foscolo*, la publication à laquelle il préside et qui a pour titre : *Bibliotheca scelta di scrittori italiani*, et surtout son charmant ouvrage l'*Anello di sette gemme* et enfin la rédaction du *Gondoliere*, journal spirituel et élégant, ont fait à M. Carrer une réputation littéraire qui comprend cette rare et précieuse trilogie du poète, du prosateur et du critique.

—M. Giovanni Peruzzini, bien qu'il ait peu publié encore, ne saurait être omis, lorsque nous parlons des poètes vénitiens. Uni en collaboration au compositeur L. Ferrari, dont il sera parlé plus loin, M. Peruzzini a eu plusieurs fois les honneurs du rappel sur la scène de *la Fenice*, pour son poétique libretto de *Candiano IV*. Il a publié bon nombre de poésies fugitives qui l'ont classé parmi les poëtes distingués de la jeune Italie.

— M. Emmanuel Cicogna, conseiller extraordinaire de l'Académie des beaux-arts, auteur du savant et immense ouvrage sur les *Inscriptions vénitiennes*, a déjà été de notre part l'objet d'une note développée dans le cours de cet ouvrage, et nous ne pouvons qu'y renvoyer le lecteur *

— M. *le conseiller* Rossi est auteur de plusieurs mémoires sur les mœurs, les usages, les lois intérieures et les coutumes des Vénitiens. Mais ce ne sont là que des extraits d'un grand ouvrage auquel il travaille, et dans lequel il développe toute *la vie privée des Vénitiens*, cette partie si supérieurement intéressante de l'histoire des nations que les seuls romanciers s'attachent d'ordinaire à reproduire, pour la mise en scène de leurs fantaisies.

— M. *le comte* Manin, neveu du dernier doge de la République, conseiller privé de l'empereur, grand écuyer du Royaume et président de l'Institut, a accompli des travaux aussi consciencieux qu'importants sur l'histoire vénitienne. Son ouvrage le plus recherché peut-être, est l'histoire de ces médailles appelées *oselle*, dont les doges faisaient hommage aux patriciens chaque année. L'événement le plus marquant de l'année y était désigné, de sorte que l'on pourrait appeler l'intéressant ouvrage de M. le comte Manin, l'*Histoire métallique* de la République, — rigoureusement il en sera l'histoire *numismatique*.

— M. *le chevalier* Mutinelli est l'auteur de plusieurs ouvrages sur l'*Histoire de Venise*, lesquels lui ont valu une honorable réputation.

— M. *l'abbé* Cadorin s'est spécialement occupé de cette partie de l'histoire vénitienne qui se rattache aux arts. C'est un écrivain sagace et ingénieux. Ses travaux sur Titien et sur les architectes du palais ducal l'ont classé parmi les critiques distingués de l'époque.

— M. Alexandre Zanetti est neveu du célèbre Cicognara. Il travaille à l'histoire de l'art en général. Sa publication *en français* du cabinet Cicognara, est une œuvre qui témoigne d'un rare

* Voir la note (N), au chapitre sur le *Grand Canal*.

mérite; on y trouve l'intéressante histoire du premier siècle de la gravure.

— M. *le chevalier* Diedo, noble vénitien, secrétaire perpétuel et professeur d'esthétique à l'Académie des beaux-arts à Venise, est un architecte à la fois profond et élégant, et un écrivain aussi agréable que spirituel. Ses discours sur l'art, imprimés dans les actes de l'Académie, révèlent son éducation toute classique. Il a publié d'excellents articles dans le grand ouvrage conçu par Cicognora sous le titre connu de *Fabbriche di Venezia*. Ses mémoires sur l'architecture sont très estimés.

— M. *le docteur* Kohen, médecin distingué, a publié une traduction de *Polybe* avec notes philologiques, ouvrage fort estimé.

— M. P. A. Zorzi, a publié un roman historique *Cecilia di Baone* dont le mérite est constaté par plusieurs éditions.

— M. *le comte* Auguste Sagredo, dont les aïeux ceignirent au XVIIe siècle la couronne dogale, continue dignement l'illustration d'une famille qui a donné à sa patrie des chefs, des dignitaires de toutes sortes et un saint en 1020 *.

M. le comte Sagredo est un des publicistes les plus éminents de la moderne Italie. Comme *conseiller extraordinaire* de l'Académie des beaux-arts, il a composé une foule de travaux estimés, sur *Sansovino*, sur *Jean Contarini*, sur *Cicognara*, etc., etc. Ses illustrations des îles de *Saint-Clemente* et de *Saint-Cristoforo della pace* sont de belles œuvres d'antiquaire et d'historien. Son étude historique et artistique sur le futur monument de Titien n'a pas fait moins de sensation que son fameux mémoire sur le *Nouv au cours de la Brenta*, ensemble de spécialités diverses qui témoignent de la haute supériorité de l'écrivain, à la fois homme d'art, de science et de littérature. Le *Journal de Statistique* de Milan, doit à M. Sagredo une foule d'excellents travaux, comme d'autres recueils, une grande quantité de biographies et d'articles de variétés.

Mais ce qui sous peu classera M. le comte Sagredo parmi les illustrations les plus éminentes de l'Italie littéraire, comme déjà son nom le lie à ses illustrations historiques, c'est la publication de divers ouvrages sur l'histoire vénitienne, ouvrages desquels il s'occupait depuis plusieurs années, et qui, l'un après l'autre, ne tarderont pas à voir le jour. Le premier à paraître

---

* Voir la note (B), au chapitre sur *les Églises*.

est intitulé : *Diraü di Venezia* de 1456 à 1500, ouvrage fort volumineux, enrichi de notes et d'illustrations. — Peu après paraitront des *Études historiques sur la république de Venise jusqu'au XVIe siècle*. Un autre grand ouvrage que le savant et laborieux écrivain possède en portefeuille a pour titre : *Le Cardinal Alberoni et son époque*.

— Nous continuerons ces notes biographiques sur les hommes éminents ou distingués de la moderne Venise, en examinant quelques-unes des spécialités sociales ou scientifiques que parent des noms dignes d'être cités. Quelques lignes tendant à expliquer rapidement la situation des corps auxquels appartiennent ces personnes, accompagneront, ou plutôt serviront de cadre à ce qu'il nous parait juste d'en dire.

— Les nécessités politiques et de longues controverses avec la cour de Rome obligèrent autrefois la République à tenir le clergé dans un état d'ignorance qui le privait de toute influence dans le gouvernement. Les temps ont changé, et de nos jours le clergé vénitien, par ses talents, la rigide sévérité de ses mœurs et sa charité, mérite d'être signalé au respect de l'époque. Son illustre chef, *M. le cardinal* Monico, patriarche de Venise, s'est frayé son chemin par ses talents, et sa sollicitude s'est particulièrement attachée à l'instruction du clergé. Il donne au séminaire de Venise les soins les plus paternels, et les fruits de cette sollicitude sont déjà excellents. Par ailleurs, et autant que le lui ont permis les devoirs sévères et multiples de sa haute position, ce patriarche s'est montré bon poète et littérateur éloquent.

— M. *l'abbé* Zinelli, directeur des études philosophiques et zoologiques du séminaire, est doué d'une de ces organisations qui entrainent irrésistiblement l'homme vers la science. Les mathématiques, la métaphysique dans ce qu'elle a de plus profond, la théologie et ses subtilités sont pour ce savant dévoué des occupations chères et fécondes. On lui doit plusieurs ouvrages très estimables, parmi lesquels nous citerons ceux sur *Galilée*, le *Dante*, le *Traité des Affections, du droit Canon*, etc. L'ensemble de ces proportions et de ces utiles travaux font assurément de M. l'abbé Zinelli un des hommes les plus éminents de la moderne Italie.

— M. *l'Abbé* Pierre Canal, noble Vénitien, est un poète, un érudit et un orateur dans toute la littéralité de ces diverses dénominations. Ses doctes travaux sur *Valère-Maxime*, etc., sont publiés et recherchés, ainsi que quelques poëmes. Cet homme distingué, duquel on attend beaucoup encore, est professeur au Lycée.

— M. *l'abbé* TRESAVIXATO, chanoine théologal de la cathédrale, est un savant helléniste et un profond théologien. On admire son éloquence de prédicateur.

— M. l'abbé GIUSTI, chanoine de la cathédrale, est auteur d'un excellent traité de philosophie, ouvrage qui révèle jusqu'à quel point son auteur est avancé dans les progrès de la science.

— M. *l'abbé* PAROLARI. professeur au séminaire, unit à une vaste érudition un pur sentiment de l'art et un excellent style.

— M. *le chevalier-abbé* BETTIO, bibliothécaire de Saint-Marc, est un bibliographe très érudit, dont les étrangers citent l'amabilité officieuse et la rare complaisance.

— M. *l'abbé* CAPPELETTI est un savant orientaliste, très versé dans la littérature arménienne.

— M. *l'abbé* DE GRANDIS a des droits impérissables à la reconnaissance du pays pour sa haute et admirable administration des *asiles de l'enfance*. Malgré la complète absorption de temps qu'il voue à ses occupations bienfaisantes, cet homme éminent trouve encore le moyen d'écrire, et on lui doit une illustration du *Panegerici minores*.

— *Le barreau vénitien* avait acquis une juste célébrité sous la République et au temps du royaume d'Italie, alors que les plaidoyers jouissaient du stimulant de la publicité. On n'a pas oublié le nom des avocats en vogue à ces époques, on a conservé des traces de leur éloquence, et l'on cite encore leurs bons mots. Aujourd'hui le mode des procédures a changé. Elles se font toute par écrit pour le civil, et au criminel, l'accusé n'a pas de défenseur. Le même juge est chargé de l'instruction du procès, de l'acte d'accusation et de la défense du coupable, comme aussi de la proposition de la peine. Le barreau n'a conséquemment pas les moyens de briller par cette éloquence qui fut autrefois dans les conseils du gouvernement un élément glorieux qui fit l'illustration de plus d'un Vénitien. Pourtant on peut citer de nos jours plusieurs hommes de robe qui ont réussi à se faire reconnaître comme des orateurs habiles, ainsi ANTONELLI, COMAROLO et BIAGI, lequel est aussi bon jurisconsulte que littérateur distingué. — M. *le baron* AVESANI, qui s'était révélé d'une façon supérieure par les plaidoyers, aujourd'hui est cité comme un des praticiens les plus doctes qui soient dans le droit féodal.

Parmi les jeunes avocats qui se distinguent, il faut citer M. Manin, qui à une science profonde du droit, et à une rare probité de jugement, joint une éloquence peu commune que ses compatriotes ont été à même d'apprécier dans les orageuses séances du congrès des actionnaires du chemin de fer. — M. Calucci, praticien distingué, a récemment publié un savant mémoire sur *l'histoire de la législation*. — M. Bernardi, jurisconsulte profond, MM. Benvenuti, Boncio, Asson, Venier et Benedetti sont des hommes de loi qui honorent leur profession.

— *La médecine* est une science qui possède de nombreux sectaires à Venise. Elle y possède deux journaux qui représentent les opinions des partis que divisent les divers systèmes auxquels se confient et les infirmités et la faiblesse humaines.

L'un de ces journaux est dirigé par M. le docteur Namias, membre des sociétés de médecine les plus renommées. M. Namias est passionné pour son art, ou sa science, comme on voudra appeler la chose; et il a, en parlant de questions parfois si obscures, le rare mérite d'être aussi clair qu'élégant. Les principes de son journal se rattachent à la médecine *hippocratique*, c'est-à-dire celle qui se fonde sur les faits, *la nature* et l'expérience.

L'autre journal est rédigé par MM. les docteurs Fario et Benvenuti. Le premier est un oculiste renommé; — Le second est réputé pour son habileté dans les cas de lythotricie; il a fait ses études à Paris. Le journal de ces messieurs est la conséquence des idées de cette médecine, que l'on appelle *nouvelle*, sans qu'on ose se prononcer ici sur la convenance de cette appellation. Rasori est le fondateur de cette nouvelle secte de médecins, Tomasini en a été le patriarche, jusqu'à ce que Giacomini, professeur de la Faculté de Padoue, se soit mis à la tête des discussions scientifiques, sans égard pour les théories et la pratique du temps passé.

Lorsque cette médecine aura cessé d'être appelée *nouvelle*, et que l'expérience en aura démontré le mérite, on verra qui avait ou aura raison d'elle, de l'homéopathie, de l'hydropathie, etc., ou de l'ancienne méthode qui, de même que le feront les nouveaux systèmes, a enterré tant de générations.

— M. *Henri* Trois qui est, comme il a été dit ailleurs, directeur de l'hôpital civil ; — M. ZANNINI, médecin en chef du même établissement, sont des praticiens réputés. M. ZANNINI passe pour écrivain piquant et spirituel.

Outre ces messieurs que leurs titres spéciaux nous ont fait ranger à part, Venise compte encore en médecins distingués, MM. Rossi, chevalier de la Légion-d'Honneur ; — ZANARDINI, bon naturaliste ; — TAUSSIG, médecin allemand, qui fait d'utiles recherches sur le climat de Venise.

La chirurgie n'est pas à Venise aussi brillamment pratiquée que la médecine. On cite néanmoins M. ASSON, qui écrit aussi bien qu'il opère ; — M. RIMA, ancien inspecteur-général de santé sous le gouvernement français ; — M. *Jacques* BOLOGNA, ancien élève du feu célèbre P. SCARPA, ex-aide de clinique chirurgicale à l'Université de Pavie, a longtemps étudié à Paris. Bien qu'établi depuis peu à Venise, il s'est déjà révélé comme un opérateur éminent. — C'est en outre un écrivain aussi brillant qu'on peut l'être en parlant d'une spécialité aussi sérieuse.

— Le *Collége impérial de marine*, est un établissement qui honore la ville et le gouvernement de Venise. Il est certain que si les circonstances obligeaient la marine autrichienne à acquérir de l'importance numérique, elle ne manquerait pas d'excellents officiers pour y commander. Plusieurs des professeurs actuels sont eux-mêmes élèves de ce même collége, qui jouit d'une réputation méritée. — M. FOSCOLO, noble vénitien et M. ZESCEZEVITH tous deux officiers au corps du génie de la marine, ont publié des ouvrages estimables sur leur art. M. le *baron de* WULLERSTORF, ancien élève du collége, et directeur de l'*Observatoire astronomique*, lequel a aussi étudié sous le célèbre LITROW, a publié divers articles très remarquables qui témoignent de l'avenir éminent qui lui est réservé.

— M. GRASSI, professeur de constructions navales. — M. TIPALDO, professeur de droit maritime et d'histoire, sont fort distingués. Le dernier dirige une compilation pour la biographie d'illustres Italiens du dernier siècle et de l'époque actuelle. Il est aussi l'auteur de quelques traductions estimées.

— L'*Architecture* qui a tant fait pour l'illustration de Venise, n'est pas un art sans sectaires aujourd'hui. M. PIGAZZI, directeur-adjoint des travaux publics, M. *le chevalier* LAZZARI, professeur d'architecture à l'Académie des beaux-arts, sont fort distingués. — M. MEDUNA, ingénieur de première classe à la direction générale des travaux publics, qui a rebâti en six mois le théâtre de *la Fenice* incendié, est un artiste éminent.

— Dans une spécialité qu'on ne s'attendrait sans doute pas à trouver appelée ici, se présente cependant à citer le nom d'un homme de naissance et de distinction ; nous voulons parler d'un noble Vénitien, que ses pairs ne désavouent pas, et dont au contraire, ils ont le bon esprit de se faire gloire. Nous avons nommé F. A. Bon, l'acteur comique !

Patricien, mais sans fortune, M. *Bon* a demandé à l'art du comédien ses moyens d'existence. Son talent incontestable et incontesté, lui a valu une réputation des plus honorables que rehausse encore son caractère. Cet artiste a apporté de grandes améliorations dans le mode de la déclamation italienne ; de l'exagéré et de l'emphatique, il l'a amenée au vrai et au naturel. Mais non-seulement M. *Bon* est un acteur remarquable, c'est aussi un auteur plein de verve et de sentiment, un émule et un héritier de Carlo Goldoni, son célèbre compatriote. Il possède comme écrivain une profonde connaissance du cœur et des passions humaines, et c'est un subtil et spirituel observateur des travers et des ridicules. Les comédies de *F. A. Bon*, des plus goûtées en Italie, ont eu les significatifs honneurs de la traduction à l'étranger.

Cet écrivain-artiste vient d'abandonner la scène ayant été nommé professeur de déclamation au *théâtre philodramatique* de Milan. On est fondé à espérer que cette nouvelle position accordera à l'auteur des loisirs dont profitera la gloire des lettres de la moderne Italie.

Il nous reste à parler *d'art*, *de journalisme* et *d'imprimerie*.

La peinture qui fut aux XVIe et XVIIe siècles une des sources les plus éclatantes de l'illustration de Venise, sous Titien, Giorgion, Véronèse et Tintoret, donne encore un rang distingué à cette ville, parmi les cités d'Italie où l'on s'efforce de retrouver les bonnes traditions de l'art. Plusieurs artistes estimables s'efforcent de se rendre dignes de leurs immortels devanciers, et les expositions de peintures prouvent que souvent ces nobles efforts sont heureux. Nous citerons donc ici ceux des peintres de la jeune école vénitienne, qui peuvent être considérés comme les plus dignes de figurer dans une nomenclature des hommes éminents ou distingués de la moderne Venise.

— M. Ludovic Lipparini est professeur à l'Académie des

Beaux-Arts. Déjà dans le cours de cet ouvrage, nous avons eu plusieurs fois l'occasion de citer cet artiste, et à propos de ses œuvres du palais Trevès particulièrement. M. Lipparini est peintre d'histoire et de portrait. On a de lui des scènes grecques fort estimées ; c'est un dessinateur pur et un coloriste chaud ; ses compositions témoignent de beaucoup d'imagination *.

— M. Gregoletti est aussi professeur à l'Académie des Beaux-Arts. Son dernier grand tableau commandé par l'empereur d'Autriche, et représentant la scène des *Adieux du vieux doge François Foscari à son fils condamné*, lui a fait le plus grand honneur. C'est dire que la peinture historique est ainsi que le portrait, le genre auquel M. Gregoletti a voué ses études. On doit beaucoup espérer de cet artiste, que ses concitoyens classent déjà très haut **.

— M. Joseph Borsato, professeur à l'Académie des Beaux-Arts a voué son talent à la spécialité des vues d'intérieur et des monuments ou points de vues de Venise, dans le genre de *Canaletto*. Il y réussit complètement.

M. Busato est l'auteur du beau rideau de scène, à *la Fenice*, lequel représente le doge *Henri Dandolo* qui refuse la couronne d'empereur de Constantinople. Cette œuvre est un specimen fort distingué du talent de cet artiste, qui réussit également bien dans le portrait.

— M. Eugène Bosa, est un peintre spirituel et malin qui a voué son fin talent d'observation à la reproduction des scènes populaires de Venise. C'est le *Charlet* et le *Pigal* de la cité vénète. Nous renverrons le lecteur à ce que nous avons ailleurs été conduit à dire de cet artiste ***.

— M. Hippolyte Caffi peint avec distinction le paysage, les tableaux de genre. Il est doué d'une grande facilité de pinceau, et on a remarqué à la dernière exposition de peinture à Venise sa poétique improvisation sur l'*Eclipse de Soleil*.

— M. Avancini n'est artiste que par le talent et non par profession. Il cultive avec distinction la peinture historique, et ses voyages dans les capitales étrangères en ont fait un *dilettante* d'une remarquable érudition artistique.

— Mademoiselle Teresa de Thurn est à la fois poète et artiste.

* Voir au chapitre sur le *grand canal* : Palais *Trevès* et *Moro-Lin*.
** Voir la sous-note (2), à la note (D) du chapitre sur le *Grand Canal*.
*** Voir la note (A) du chapitre sur le *Grand Canal*.

A l'égard de ses poésies que sa modestie laisse inédites, nous devons obéir à des réserves que nous imposent le sexe et le rang de l'auteur. Comme peintre, mademoiselle de Thurn rentre de droit dans la nomenclature que nous offrons ici, puisque ses œuvres ont été exposées.

Fille unique de son excellence M. le comte de Thurn, délégué de la province vénitienne, cette jeune personne, digne elle-même de servir de texte et de modèle aux deux arts qu'elle cultive avec tant de distinction, a produit plus d'une œuvre que pourraient signer des artistes de profession. De sérieuses études des grands coloristes vénitiens en ont fait une dilettante de première force. Sa belle copie du *Saint Jean dans le désert* de Titien (Académie des Beaux-Arts), un tableau plein de simplicité et d'onction offrant *N.-D. des sept douleurs*, composition où respire le pur sentiment des premiers maîtres vénitiens, et qui se trouve dans la chapelle du château de *Thun*, — le *Saint Stanislas* qui orne un des deux autels de l'église de *San-Stefano* et une foule d'autres travaux dont l'importance semble incompatible avec l'âge de l'auteur, sont des titres qui attestent que ce talent patricien, se développant sans cesse, atteindra peut-être des limites qu'on ne saurait prévoir. Une remarquable copie de la *Vierge à l'enfant d'André del Sarto* (palais *Pitti*) qui faisait partie de la dernière exposition de peinture de Venise, a été citée par les journaux comme une des bonnes œuvres de cette exposition.

C'est sans doute une chose aussi heureuse que rare, de voir une jeune personne du plus grand monde, prélever d'une existence brillante le temps nécessaire pour s'occuper d'aussi graves études et d'aussi patients travaux. Mais les muses mythologiques au culte desquelles s'est vouée mademoiselle de Thurn, ont souri à leur sœur de la terre, et la récompensent en lui envoyant l'inspiration.

— M. F. NERLY ayant depuis quelques années adopté Venise pour séjour, mérite une mention dans ces lignes. C'est un peintre d'un talent très souple, et dont les tableaux de chevalet sont fort recherchés. Ses paysages et ses marines ont une richesse de coloris, une transparence et un brillant peu communs. M. Nerly reçoit beaucoup de commandes de l'étranger, tant il reproduit avec bonheur les beaux effets de la nature vénitienne.

— M. POLITI, professeur à l'Académie des Beaux-Arts, est un peintre d'histoire distingué.

— M. Santi, peintre à fresques, a beaucoup de ses travaux aux plafonds des églises et dans les salons des palais modernes.

— Madame la comtesse *Clémentine* Mocenigo, née comtesse de *Spaur*, est aussi dans différentes branches de l'art, une dilettante de force d'artiste. Comme musicienne et cantatrice, malgré les très grands succès qu'elle a obtenus dans les salons vénitiens, cette noble et jeune patricienne échappe aux droits de notre investigation. Mais à l'égard de son talent pour la peinture, ayant plusieurs fois fait exposer ses œuvres, madame la comtesse Mocenigo doit être citée ici, comme pour clore par de dernières phrases d'éloges, tout ce que nous avons eu à dire, dans le cours de cet ouvrage, sur l'illustre nom qu'elle porte, nom qu'a sept fois couronné la corne dogale !

Nous citerons donc rapidement, parmi des travaux dont le nombre pourrait sembler incompatible avec la jeunesse de leur auteur, et la vie d'une femme du grand monde : une *Sainte Philomena*, toile qui a mérité de grands éloges, et qui se trouve aujourd'hui dans l'église de *Fossalovara*, près de Stra, entre Padoue et Venise. La *Madone* offerte par la noble artiste au patriarche de Venise ; sa copie du beau tableau de *Farabosco*, au palais Trevès ; la *Bigolante*, un *Chioggiote*, et une foule d'autres tableaux d'un fini charmant, et d'un goût parfait de détails, classent madame la comtesse Clémentine Mocenigo dans un ordre très distingué. — Un grand tableau qu'on l'a priée de faire pour l'église de *Sainte-Appollinare*, et qu'elle a daigné promettre, est attendu avec impatience.

Aux aristocraties de la naissance et de l'alliance, madame de Mocenigo a su ajouter celle du talent ; c'est aujourd'hui pour beaucoup de gens la plus belle des aristocraties, puisqu'elle est l'œuvre personnelle de celle qui en est parée.

— M. Giacomelli est un peintre d'histoire et de tableaux de genre, qui mérite une mention très distinguée. Il est coloriste, comme s'il était né en pleine Venise. On loue la facilité ingénieuse de ses compositions ; il se rattache à l'école flamande, par le fini de ses figures.

— MM. Schiavoni père et fils, sont des peintres de genre et d'histoire fort estimés. M. Natale Schiavoni a peint avec beaucoup de succès : des vierges, des odalisques, des femmes nues. La galerie de tableaux anciens qui porte le nom de cet artiste au palais *Giustiniani* a déjà été signalée au lecteur.

— M. Viola peint avec succès le paysage et les marines. Il possède un coloris lumineux, et saisit poétiquement les aspects atmosphériques de Venise.

— Madame Angeli, née Pascoli, exécute avec un talent remarquable des copies des chef-d'œuvres italiens. Cette artiste habile sait reproduire avec un art et un sentiment parfait, le style des maîtres, et bien que la majorité de ses travaux soient des réductions ou des miniatures, en les voyant on les croirait exécutés dans d'autres siècles. — Rien n'est plus précieux pour rappeler un tableau célèbre, que la copie réduite et ingénieusement fidèle en tout point : style, dessin, coloris, etc, que sait en faire madame Angeli, dont le talent tout à fait supérieur rend de nombreux services aux voyageurs qui tiennent à conserver quelque fidèle souvenir de la grande école vénitienne.

Si des peintres nous passons aux sculpteurs, il nous faudra, pour ne pas prolonger cette nomenclature artistique, nous borner à citer parmi d'autres artistes distingués :

— M. Zandomeneghi, professeur à l'Académie des Beaux-Arts, lequel a obtenu au concours la direction du monument à élever à Titien, dans l'église des *Frari*, circonstance qui en dit plus sur son mérite que tout ce que nous pourrions formuler d'éloges, et enfin :

— M. *Louis* Ferrari, jeune artiste qui semble appelé aux plus hautes destinées de l'art sculptural, et dont nous avons assez longuement parlé ailleurs, pour qu'il suffise ici de rappeler son nom déjà célèbre [*].

La Peinture et la Musique sont sœurs artistiques, c'est pourquoi, sans autre forme littéraire, nous passerons de l'empire des couleurs à celui des sons.

— M. G. A. Perotti, est une des gloires musicales de Venise, et ce qu'on peut appeler le *Nestor* des musiciens de cette ville. Il est premier maître de chapelle de la basilique Saint-Marc ; il s'est acquis une juste célébrité par ses compositions sacrées, ses messes, ses pseaumes, ses motets, etc. — Son fils, M. Louis Perotti, est déjà, bien que comme dilettante seulement, un compositeur distingué.

— M. G. B. de Perucchini est un compositeur-amateur, dont le nom est populaire dans le pays. Ses chansonnettes vénitiennes,

---

[*] Voir la note G du chapitre sur le *Grand Canal*.

ses airs adaptés aux paroles du poète Buratti, de M. Bensoni, etc, sont si vifs, si naturels, si gracieux, que beaucoup sont considérés comme de petits chefs-d'œuvre. M. de Perucchini est élève de Mozart. On a de lui la musique de quelques fragments de Métastase. La gravure, en popularisant les compositions de ce spirituel dilettante, en a rendu l'acquisition facile à l'étranger.

— M. *Antoine* FANNA est doué d'une de ces rares organisations musicales qui font regretter que celui qui les possède ne puisse se vouer complètement à l'art, et en soit souvent détourné par d'autres soins. M. Fanna a néanmoins écrit suffisamment de bonne musique, de piano et de chant, particulièrement, pour se placer à un rang fort distingué dans la bibliographie musicale italienne. Le fameux nocturne dit *à trois lignes*, composition originale et savante que tout le monde connait, et bien d'autres compositions encore, prouvent que leur auteur n'a nul besoin de faire d'emprunts aux opéras en vogue pour ses mélodies. La dernière œuvre de M. A. Fanna est une *orazione à Maria Vergine* sur des paroles de la *divine comédie* de Dante, pour quatre voix, avec accompagnement de piano ou orchestre, œuvre très supérieure, qui justifie la haute opinion que l'illustre Meyerbeer avait de M. Fanna, en l'engageant à écrire pour le théâtre.

Si à présent nous passons aux compositeurs d'opéras, nous trouvons en tête par le succès :

— M. FERRARI, jeune compositeur, qui donne déjà plus que des espérances, puisque le plus franc succès a accueilli sa première partition, ayant pour titre : *Maria Tudor*.

— *Candiano IV*, écrit pour la saison du carnaval 1841-42, à *la Fenice*, a produit une profonde sensation dans le monde musical, et l'épreuve de Venise, confirmée par le succès que Florence et d'autres villes encore, ont fait à cette œuvre, placent M. L. Ferrari parmi les compositeurs sur lesquels le théâtre italien, appauvri en ce moment, doit le plus compter. Un nouvel opéra écrit à *la Fenice*, pour la saison 1842-43, sous le titre de *l'Ultimo giorno di Suli*, aura vraisemblablement le succès de *Candiano IV*.

— M. BUSSOLA a écrit les opéras de *Faramondo*, de *Mastino I*er *della Scala* et *Gli Avventurieri* pour *la Fenice*. Ces divers ouvrages ont réussi. Outre ces opéras, et une quantité de morceaux de chants, sérieux ou bouffes, et de compositions instrumentales, le maëstro Bussola est l'auteur d'une publication réputée, connue sous le titre de *Serata a Rialto*. C'est un recueil de chansonnettes vénitiennes, pleins de duos d'originalité, de verve et de gaîté. Cette publication, que son auteur augmente tous les jours, promet de lui valoir bientôt une grande popularité.

— M. *Samuel* LEVI est un compositeur-dilettante, qui a écrit plusieurs opéras dans lesquels il a eu le talent de se faire applaudir. On a de M. S. Levi de jolies romances et chansonnettes. Les titres de ses opéras sont : *Ginevra degli Almieri*. — *Iginia d'Asti*, — *Ida della Torre*, etc.

LES THÉATRES.

Un spirituel écrivain a dit : « L'Italie serait un contresens si l'on n'y rencontrait pas une église à côté d'un théâtre. » A Venise, l'église de *San-Fantin* fait face au grand théâtre de *la Fenice*; celle de *San-Lucca* regarde la salle *San-Benedetto*. Nous ne parlerons pas des théâtres et des temples qui ne sont que voisins.

Et ainsi fut-il même, dès l'origine du théâtre à Venise. Le premier qu'on y bâtit eut pour mur mitoyen la chapelle du couvent *della Carità*, emplacement sur lequel se trouve aujourd'hui l'*Académie des Beaux-Arts*. Ce théâtre était un édifice élevé en 1565 par le célèbre Palladio, dans le goût grec, et offrant en quelque sorte l'esquisse de celui dont il dressa bientôt après les plans pour la ville de Vicence, sa patrie, lequel est resté fameux sous le nom d'*Olympique*, qui convient à sa forme antique comme au souvenir de l'Académie Olympique qui le fit bâtir, pour y faire représenter des pièces de Sophocle et d'Euripide.

Le premier théâtre élevé à Venise ne servit qu'à la représentation diurne de tragédies grecques traduites en italien, par des patriciens lettrés. Dans le siècle suivant, en 1637, s'éleva à *San-Cassiano*, ou Saint-Cassien, une seconde salle, où parut pour la première fois l'opéra chanté ; l'inauguration du genre lyrique à Venise eut lieu par *Andromena*, drame de Ferrari, mis en musique par Manelli.

Aujourd'hui, Venise compte cinq théâtres où se peuvent représenter l'opéra et le ballet. Le principal est *la Fenice*, salle splendide qui, par ses proportions comme par son importance morale dans l'échelle lyrique italienne, marche parmi les trois premiers (les deux autres étant *San-Carlo* de Naples et *la Scala de Milan*)*. La Fenice fut construite en 1791, par l'architecte de renom A. Selva. Un incendie en dévora tout l'intérieur en 1836, peu de jours avant l'ouverture de l'importante saison d'hiver, dite de *carnaval*. Mais il semblait que le nom donné à ce théâtre (*Fenice*, Phœnix) fût un engagement que, par cette poétique allégorie, prenaient les Vénitiens de le faire promptement *renaître de ses cendres*, en cas de sinistre. Or, il a été presque formulé en axiome que tout théâtre doit brûler, comme tout homme doit mourir. Aussi, en se bâtissant une si belle salle, dont toute l'Italie admirait les élégantes proportions et l'harmonieuse sonorité, Venise, qui sans doute connaissait la condamnation quasi proverbiale qui frapperait son œuvre dès sa naissance, se dit que tout incendie, cette mort imminente de tout théâtre, ne pourrait la priver de son beau temple lyrique ; de là sans doute le nom qu'on lui donna, et qui fut si bien justifié par l'événement. Incendié en décembre 1836, le théâtre était rétabli en mai 1837. En moins de six mois, la salle écroulée se releva de ses décombres noircis, tout aussi noble dans ses proportions, tout aussi élégante et aussi sonore qu'elle l'était avant l'événement. M. Meduna fut l'auteur de ce tour de force architectural : le Phœnix s'était littéralement relevé de ses cendres ! Le théâtre du Phœnix devenait le Phénix des théâtres !

La Fenice ouvre régulièrement tous les hivers, et quelques fois au printemps. Durant les autres saisons, l'opéra se réfugie dans les salles dont il va être parlé. Comme dans toutes les villes d'Italie, le théâtre est à Venise le principal salon. Toute la soirée se

---

* Voici les dimensions du théâtre de *la Fenice*, pieds français :

Parterre.	long. 55	larg. 38	Le parterre de *Saint-Charles* de Naples	
Proscenium.	— 15	— 45	a en longueur.	75 pieds.
Scène.	— 61	— 85	Largeur de la scène.	80 «
Ensemble de l'édifice.	— 254	— 158	Le parterre de *la Scala* de Milan.	75 «
			Largeur de la scène.	141 «

passe en visites de loge en loge, et l'opéra n'est vraiment, le soir de la première représentation excepté, qu'un prétexte de réunion, auquel on ne prête plus guère attention ensuite que de loin en loin, lorsque l'artiste en vogue chante le morceau le plus acclamé. Il n'y a guère que la portion du public assise au parterre (*platea*) qui écoute et se passionne pour l'exécution. Aussi le babil des loges, qui distrait souvent ces auditeurs consciencieux, a parfois fait *chuter*, et siffler même, des personnages qui n'étaient pas sur la scène...

En carnaval, la salle de *la Fenice* offre un coup-d'œil à la fois splendide et charmant. La décoration en est simple et élégante, et elle a l'avantage d'être bien éclairée, chose rare en Italie, et qui choque tant les gens du Nord, habitués à l'éblouissante illumination de leurs salles. L'intérieur des loges de la *Fenice* est uniforme, orné de glaces, de canapés, le tout à la fois simple et élégant, différent encore en cela d'une foule de théâtres où chaque propriétaire arrange sa loge comme une chambre de sa maison, ayant une fenêtre sur une salle de spectacle, ce qui entraîne un ensemble fort laid. A la Scala, les loges ont cette physionomie arlequinée; à Bergame, non-seulement chacun tapisse sa loge des couleurs qui lui plaisent, mais l'abus va jusqu'à l'affubler au dehors de toutes sortes de draperies, de baldaquins et de courtines des couleurs les plus effrontées et les plus criardes, entremêlés de patères, de flèches, de couronnes, d'embrasses, et de tout l'attirail prétentieux dont on caparaçonne le lit de nouveaux mariés de province. Ceci n'a pas seulement le tort d'être affreux à la vue car notez que chaque loge a sa forme et ses couleurs de *décoration*, luttant d'extravagance avec ses voisines, mais aussi celui plus grave peut-être de nuire singulièrement à l'acoustique de la salle, et d'absorber une partie de la voix des chanteurs. La Fenice n'a qu'une simple draperie qui couronne chaque cadre de loge. C'est au mieux sous tous les rapports.

Nous parlons de cadre, et, en effet, à certains soirs, la salle de *la Fenice* pourrait être comparée à un élégant musée, dont les cadres, pressés les uns contre les autres, représentent toutes ces belles vénitiennes que Giorgion, Titien et Tintoret ont peintes dans leur temps, et auxquelles se joignent aujourd'hui de belles voyageuses de Vienne, de Varsovie, de Saint-Pétersbourg, de Londres et de Paris. Il y a là parfois plus d'un tableau qu'avoueraient Lawrence, Boucher ou Velasquez!

La Fenice a entendu toutes les plus grandes célébrités de l'art du chant, comme les plus illustres compositeurs ont écrit expressément pour elle. L'ouverture de ce théâtre se fit en 1792, par un opéra écrit à cette occasion par Paësiello, et un ballet du célèbre Viganò. Zingarelli, Mayër (ce doyen actuel des compositeurs de cette époque et le maître de plusieurs célébrités actuelles), Perotti, Caraffa, Coccia, Rossini, Mercadante, Bellini, Persiani et Donizetti ont composé pour *la Fenice* plusieurs de leurs partitions les plus renommées.

Ces opéras ont eu pour interprètes tous les plus célèbres chanteurs des époques où ils ont vu le jour. La Malibran, la Pasta, David, Crescentini, la Catalani, la Grassini, Marchesi, Nozzari, Crivelli, Velluti, la Lalande, la Monbelli, Donzelli, Judith Grisi, et, dans les temps modernes, la Tadolini, la Ungher, la Brambilla, la Persiani, la Schütz, la Dérancourt, Moriani, Ronconi, Cosselli, Rubini, Colletti, etc., ont fait sur cette scène de nombreuses apparitions.

Jusqu'en 1819, on ne représenta à *la Fenice* que des ouvrages écrits expressément pour cette scène; ce ne fut qu'en 1820 qu'on commença à reproduire des opéras composés pour d'autres villes.

En 1825, on fit dans cette salle l'essai de l'*astrolampe*, invention de M. Louis Locatelli, frère du spirituel rédacteur de la *Gazette de Venise* actuelle. Le grand Opéra de Paris vit aussi s'effectuer l'épreuve de cet ingénieux système luminaire, mais bien que l'*astrolampe* jetât un plus vif éclat sur la scène, les belles dames des loges à Paris, comme à Venise, se plaignirent qu'on ne voyait plus suffisamment leurs toilettes; d'autres, probablement, pensèrent à leur figure. — Ce fut vers la même époque qu'en raison de spectacles extraordinaires formés pour célébrer le passage des princes de la maison d'Autriche, Rubini chanta pour la première fois à Venise.

Dans ces dernières années, un jeune compositeur vénitien, d'une belle espérance, M. Ferrari, a fait à *la Fenice* ses premières armes lyriques, par les opéras: *Maria d'Inghilterra, Candiano IV*, et l'*Ultimo Giorni di Suli*; ces partitions ont pleinement réussi. Ce nom de Ferrari semble heureux dans la génération vénitienne: nous avons dit ailleurs avec quel éclat il est porté par un sculpteur dont nous avons énuméré les œuvres principales [*].

---

[*] Voir la note (C), page 335.

Pour les renseignements relatifs aux prix des loges et des places à *la Fenice*, on doit voir la page 14 au chapitre intitulé : *L'Étranger à Venise*.

Après *la Fenice*, vient le théâtre GALLO, ainsi appelé du nom de son propriétaire, mais plus souvent désigné sous le titre de *théâtre San-Benedetto*, à cause du quartier où il est situé.

Pendant les saisons d'automne, d'hiver et de printemps, ce théâtre est presque toujours desservi par une compagnie d'opéra *le plus souvent* d'ordre secondaire. Lorsque *la Fenice* est fermée, le spectacle du théâtre *Gallo* est meilleur, et c'est ainsi que la majeure partie des artistes en vogue aujourd'hui en Italie y ont paru de loin en loin, principalement au début de leur carrière.

Ce théâtre peut contenir environ mille spectateurs. Il est assez élégant, mais les artistes le trouvent rebelle à la sonorité des voix. On y arrive à pied ou en gondole, comme à *la Fenice*.

Durant l'automne de 1842, tout Venise s'est porté au *théâtre San-Benedetto*, pour entendre la partition de *Robert-le-Diable*, exécutée (c'est le mot!) pour la première fois à Venise. La traduction italienne du chef-d'œuvre de Meyerbeer était exécrable, l'exécution des plus médiocres*. L'œuvre, amputée de ceux de ses morceaux trouvés d'une exécution trop difficile, les mélodies altérées, décapitées, les mouvements dénaturés... Et pourtant le succès a été complet et très productif pour l'entrepreneur! C'est que le public vénitien, grand connaisseur qu'il est, avait su comprendre, deviner plutôt, à travers tous les empêchements, les hautes beautés de cette partition, déjà connue depuis longtemps au piano par les dilettantes, ou enfin par les Vénitiens voyageurs.

Le théâtre APOLLO, à San-Lucca, prend rang après celui de *San-Benedetto*. C'est la propriété de M. le marquis Vendramini. On y entend rarement l'opéra, mais fort souvent des compagnies dramatiques ou comiques. C'est dans cette salle que les artistes français, dirigés par M. Doligny aîné, lequel a si puissamment contribué à populariser en Italie la littérature dramatique des

---

* Il serait de toute injustice de confondre dans cette expression de critique générale *la Prima Donna*, une Hollandaise qui chanta avec grand succès en Italie, sous le nom de Maria Corini, laquelle avait su conserver à cette musique son grand caractère et qui la chantait à merveille : les Vénitiens s'en souviennent. — Il faut aussi ajouter, pour être juste, que l'orchestre formé de virtuoses de la ville, n'eut que sept ou huit répétitions avant la première représentation, circonstance inouïe, dont eût frémi Meyerbeer. L'orchestre en résumé offrait sans contredit la meilleure partie de l'*exécution*.

théâtres parisiens, se faisaient applaudir. Fort à la mode durant ces séries de représentations, l'*Apollo* devenait, à l'égal de *la Fenice*, le point de rendez-vous de la bonne société. Cette salle est simple et sonore.

Le théâtre SAN-SAMUELE, situé dans le quartier de ce nom, vers le grand canal, est rarement ouvert. La salle est jolie, bien construite pour l'acoustique, mais un peu éloignée pour les gens qui vont à pied, les opéras bouffes de Rossini, Donizetti, Ricci forment le répertoire principalement en vogue à ce théâtre.

Le théâtre MALIBRAN est situé au centre des quartiers populeux de Rialto. C'est une immense salle, tantôt diurne, tantôt *serale* ou nocturne, suivant l'occurrence. En général, ses hôtes familiers sont le prestidigitateur, le nain, l'avaleur de sabres, le géant et l'équilibriste. On y représente parfois aussi des mimodrames pleins de coups de pistolet et de feux du Bengale. Après le succès du *Robert-le-Diable* lyrique de *San-Benedetto*, le théâtre Malibran a sur le champ affiché un *Roberto il Diavolo* dansé, mimé, et le reste! Mais, certes, là l'orchestre a dû faire fuir ceux que le titre de la représentation avait attirés!

Le nom de ce théâtre est une anecdote artistique. En 1835, la Malibran venait de faire à *la Fenice* une série de représentations éclatantes. Or, dans le même temps où le caissier de ce théâtre se frottait joyeusement les mains pour les reposer de compter son or, le directeur d'une autre scène s'arrachait les cheveux. En vain ses hercules maigres avaient-ils levé sans effort une foule d'énormes poids de carton; en vain ses escamoteurs chéris avaient-ils avalé, par le col de leur chemise, les sabres les plus fallacieux..... le public avait déserté la salle; il n'y avait pas un gondolier à Venise qui n'eût voulu aussi avoir entendu la *diva* dont délirait Venise! Bref, le pauvre impresario du théâtre populaire et dépeuplé se trouvait dans de fort mauvaises affaires, lorsqu'il lui vint l'idée la plus présomptueuse. Il va tout net trouver la Malibran qui finissait sa série de triomphes à *la Fenice*, lui débite ses jérémiades, et conclut par lui demander de venir chanter sur son théâtre un ou deux soirs... La Malibran, avec ce cœur généreux et cet esprit espiègle qu'on sait, trouve plaisant d'amuser toutes les belles dames et les élégants dans cette salle de saltimbanques, et de faire de cela une bonne action. Elle consent; la foule, désolée de la perdre, la suit où elle veut se faire entendre encore; le vaste théâtre est trop étroit, et pendant trois jours *Desdemona*, *Cenerentola* et *Ninetta* escamottent de la poche du public une somme fabuleuse. Le moment venu, l'impressario se rend chez la *diva* un sac d'or sous le bras, portant à la grande artiste sa part des recettes. — Remporte cela, mon brave homme! — lui dit Marie — je ne rends pas mes services à demi!

L'impressario, doublement ravi, mit de ce jour-là sa reconnaissance sur son enseigne : ainsi fut baptisé le *théâtre Malibran!*

LES JOURNAUX.

— *Le journalisme* se réduit à Venise à une assez courte bibliographie. A part les deux recueils dont nous avons parlé, il ne reste à enregistrer que la *Gazette privilégiée de Venise*, — le *Gondolier*, le *Vaglio*.

La *Gazette privilégiée* nous amène à parler de son rédacteur-propriétaire, M. LOCATELLI, écrivain fort remarquable, dont le nom eût été placé plus haut parmi les notabilités déjà citées, si la spécialité de sa profession ne nous eût imposé de le ranger ici.

Le rédacteur de la *Gazette de Venise*, qui en est en même temps le *gérant responsable*, est un écrivain spirituel, incisif, qui a réussi dans plus d'un genre. Il excelle dans les descriptions locales, et son amour pour Venise lui a inspiré souvent de fort belles pages. Dans les questions d'économie et d'intérêts locaux, il s'est montré penseur sérieux et profond, autant que dans maintes autres circonstances écrivain ingénieux et sagace. Ce sont ces qualités qui ont permis à M. Locatelli de faire de la *Gazette de Venise* le meilleur journal politique qui soit en Italie.

On a de cet écrivain un éloquent éloge de la célèbre *Rosalba Carriera*, peintre au pastel, morte à la fin du siècle dernier, dont quelques œuvres sont chez M. Zanetti et à l'Académie des Beaux-Arts; — de plus, quatre volumes intitulés *Appendici*, qui renferment les articles de littérature et d'art les plus remarquables que cet écrivain ait publiés, depuis 1823, dans la *Gazette de Venise*; et enfin une foule de travaux de statistique et de critique, dont l'énumération serait impossible. Disons, pour finir, que le nom de M. *Locatelli* est connu à Paris comme celui d'un des écrivains les plus spirituels et les plus incisifs de l'Italie.

— Le *Gondoliere*, fondé par M. *Carrer*, ainsi qu'il a été dit plus haut, est un recueil littéraire et fashionable, que cet écrivain a longtemps soutenu du crédit de son talent de poète et de prosateur. A dater de l'année 1843, le propriétaire du *Gondoliere* en a cédé la rédaction à M. *George Podestà*, écrivain doué de tout l'esprit et de toutes les connaissances nécessaires pour en faire un des meilleurs recueils littéraires de l'Italie.

— Le troisième journal est le *Vaglio* qu'un jeune typographe, M. Gamba, fils du célèbre bibliographe, rédige avec zèle. Les théâtres, la critique en sont la spécialité. — Une imitation du *Courrier des Dames* de Paris, publiant des figurines de mode, complète la bibliographie vénitienne, à l'égard de sa publicité hebdomadaire ou quotidienne.

Nous finirons cet exposé concernant cette importante physionomie morale de Venise, par quelques mots sur l'imprimerie.

LES IMPRIMERIES.

On sait, et nous-même l'avons dit ailleurs [*], de quelle importance fut autrefois à Venise l'art typographique. Les Janson, les Manuce et bien d'autres encore, ont donné à la cité vénète un docte éclat qui a valu à deux familles de cette spécialité, celle des Albrizzi et celle des Baglioni, le patriciat, au grand siècle de cet art.

Aujourd'hui Venise mérite encore un rang distingué parmi les villes qui se signalent dans l'art ingénieux des Guttenberg. Il y a en Europe peu de typographes qui aient donné le jour à un aussi grand nombre de volumes que M. *Antonelli*. Il a particulièrement publié une quantité notable de traductions françaises, enrichies de notes et commentaires par les savants italiens. Ainsi le grand *Dictionnaire de Technologie*, traduit et augmenté par M. *Minotto*, duquel il a été parlé plus haut; — le *Dictionnaire de Médecine*, traduit et augmenté par M. *Levi*; — le *Dictionnaire agricole*, par M. *Gera de Conegliano*, etc., etc. La publication originale sur le *temple de Canova*, à Possagno, est une œuvre de bibliographie supérieure. Jusqu'à présent l'inconvénient des contrefaçons italiennes avait empêché M. *Antonelli* de publier autant d'œuvres originales qu'il l'eût désiré; mais désormais cette possi-

---

[*] Voir la fin de la note D, au chapitre sur l'*Intérieur du Palais Ducal*.

bilité lui sera acquise, un traité récemment signé entre tous les États d'Italie (à l'exception du royaume de Naples) assurant aux écrivains et éditeurs de chaque ville la propriété de leurs œuvres partout, jusqu'aux pieds des Alpes.

Les établissements typographiques, lithographiques, etc., de M. Antonelli occupent plus de trois cents ouvriers.

— Par rang d'importance matérielle, après M. Antonelli, il faut citer M. Tasso, lequel a aussi imprimé des volumes par centaines. Sa principale publication est cette *Encyclopédie italienne*, espèce de *Dictionnaire de la conversation*, à la tête duquel est M. Carrer, en collaboration avec les meilleurs écrivains italiens. Au moment où nous écrivons ces lignes, ce dictionnaire en est à la lettre C.

— Les autres typographes en réputation sont M. Gamba, sous le nom d'Alvisopoli; — M. Bazzarini, renommé dans son art par ses bonnes éditions des *Pandette* de Pothier, du *Commento de Voet*, etc., Il est en outre auteur de l'*Ortografia enciclopedica della lingua italiana*, du *Dizionario enciclopedico delle scienze lettere ed arti*, du *Vocabolario tascabile della lingua italiana* (ces deux derniers étant les seuls dans ce genre que possède l'Italie), et enfin de divers autres ouvrages. — Les autres typographes importants sont M. Cecchini et enfin M. Baltagara. Une nouvelle typographie vient aussi d'être ouverte dans la maison d'*Asile de l'enfance*; les enfants adultes en sont les compositeurs.

— Nous ne saurions terminer ce paragraphe, sans rappeler dans sa spécialité, l'imprimerie-polyglotte des *Mékitaristes* ou moines arméniens de l'île *San-Lazzaro*, dont nous avons entretenu nos lecteurs, avec quelques détails, dans notre chapitre sur les îles qui entourent Venise.

Maintenant il nous semble inutile de rien ajouter en forme de conclusion à cette longue nomenclature de noms propres; la conséquence en ressort d'elle-même, et le lecteur ne pourra manquer d'y reconnaître que Venise est une des villes de l'Italie où sont en plus grand nombre les hommes éminents ou distingués, soit dans la science, soit dans l'art.

CONCLUSION.

L'auteur en est enfin arrivé à la dernière page de ce livre, qu'il eut fait plus long encore, si dans maintes circonstances il n'avait bridé sa plume, mais qu'il lui eût été difficile d'amoindrir de ce qu'il est ainsi. Nous avons la conscience de dire que cette œuvre n'a pas laissé un monument, une curiosité, un fait ou un nom de quelque valeur, sans une mention quelconque. Par la nature du plan que nous avons conçu, il se trouve qu'en examinant attentivement l'*Intérieur du Palais ducal*, par exemple, nous nous sommes trouvé amené tout naturellement, soit par le compte-rendu des peintures, soit par celui des localités, à enregistrer tous les grands faits de l'histoire vénitienne, et l'excellence du choix fait parmi les événements rapportés ou les hommes cités, est une remarque dont on n'accusera pas notre présomption, puisque ce choix est l'œuvre même de Venise, qui a confié à l'art la glorification des plus belles pages de son histoire.

Nous pouvons faire la même observation pour les tombeaux, lorsqu'il s'agit plus particulièrement des hommes, — pour les palais, les statues, les tableaux, et l'art enfin, car en tout notre plan entraine à peu près les mêmes conséquences.

Par le nombre des pages et la variété des matières indiquées à chaque sommaire, ce livre est de beaucoup l'œuvre la plus importante que jusqu'à ce jour on ait composée sur Venise, pour les étrangers. Nous serions heureux qu'ils l'adoptassent, car, s'il est facile de faire mieux que nous avons fait, nous croyons pouvoir dire qu'il serait impossible d'apporter dans une œuvre analogue plus de zèle, plus de désir d'être utile à la ville et au visiteur, plus de conscience enfin dans le choix et l'emploi des matériaux, en même temps que plus d'abnégation dans les sacrifices de temps et les dépenses.

Par la lecture de ce livre, ceux qui n'ont point visité Venise, désireront peut-être plus ardemment la connaître. Ils verront ici que cette ville sur laquelle les Jérémies littéraires ont rimé tant de vers désolés, est toujours un vaste musée de monuments splendides, tandis que la plupart de ces monuments sont eux-mêmes d'autres musées qui renferment les plus admirables produits de l'art. Nous l'avions dit dès notre introduction, et nous pensons l'avoir prouvé par le livre : Venise n'a rien perdu de ses monuments, ni de son art. C'est donc fort à tort qu'un ouvrage nouveau qui parle de l'Italie, avance étourdiment que Vienne a enrichi ses musées d'objets enlevés à Venise ; cette calomnie est une grande injustice. Si quelques tableaux ou quelques manuscrits manquent à tout ce que possédait cette cité avant la chute de son gouvernement, c'est Paris qui les a gardés depuis 1797 à la suite d'échanges opérés en 1815, sous la responsabilité de Canova. Pas un monument ne manque à la Venise des derniers siècles, et ses palais sont loin d'être aussi croulants que le disent ceux qui tentent de continuer Volney. Répétons-le donc, Venise n'est en ruines que dans la littérature ! Rien n'empêche aujourd'hui encore le rêveur, l'artiste, le poète, d'y retrouver par les belles nuits de lune, la cité léonienne des temps écoulés. Pendant le jour elle offrira au philosophe, à l'économiste, à l'homme positif enfin, le tableau d'une ville populeuse, commerciale, active, à laquelle son gouvernement actuel prépare encore de nouveaux éléments de prospérité. Nous ne reviendrons pas à ce propos sur les avantages qu'elle en a déjà reçus : la poursuite des importants travaux de la digue permet le libre accès de son port ; les chemins de fer déjà fort avancés la relieront bientôt par quelques heures à toute la Lombardie et même à Gênes, les voies de terre et de mer enfin s'aplanissent pour que tout désormais · industrie, commerce, (attirés par les facilités de son port franc) et par ailleurs, curiosités, plaisirs, pèlerinages artistiques, tout désormais arrive plus facilement à elle. Si de nos jours, quelques *palais* un peu amples pour les fortunes bourgeoises de ce siècle, ont été détaillés faute de se prêter aux besoins de nos mœurs actuelles, en revanche, les maisons sont fort recherchées, et *l'on bâtit* à Venise. Au reste un seul exemple, mieux que dix pages de considérations générales, établira l'état de prospérité, qui d'année en année signale la renaissance de cette cité, un moment enfouie dans l'ombre des désastres de la dernière fin de siècle : Un patricien que nous pourrions nommer, reçut il y a environ dix ans, comme fraction d'héritage, une maison portée dans l'inventaire pour un rapport annuel de cinq cents francs : or aujourd'hui cette même maison en rapporte mille. Ceci résume tout.

Maintenant il nous reste à prendre pour un moment congé du lecteur. Nous l'avons dit : Nous avons entrepris de décrire d'abord les quatre grandes villes artistiques de l'Italie, celles qui, recommandables par les agréments de leur climat, les séductions de leur nature, l'intérêt de leurs monuments enfin, sont le plus particulièrement le but des excursions du touriste, où le lieu du séjour des familles étrangères. Après ces quatre premières, viendront les villes qu'on peut appeler secondaires, au point de vue qui nous a fait choisir avant tout Venise, Florence, Rome et Naples, et ainsi se complétera cette ITALIE DES GENS DU MONDE qui ne pourra forcément que s'améliorer de volume en volume. Après cette cité si singulièrement née, et dont la vie fut telle qu'un Niebuhr à venir pourra la déclarer fabuleuse ! après cet état sur lequel le mystérieux prestige de son *Conseil des Dix*, de ses sombres *Inquisiteurs* et de ses *Plombs* muets, semble répandre une teinte lugubre, après VENISE LA NOIRE enfin, viendra FLORENCE LA VERTE. Florence, la ville floréale des Médicis, de Dante et de Michel-Ange, tout embaumée des gerbes de fleurs qu'y jettent en toutes saisons les jardins de ses collines verdoyantes. — Puis ce sera la cité payenne et sacrée, la ville que semblent colorer encore les reflets de l'incendie de Néron et des sanguinaires sacrifices du cirque, non moins que celui du manteau de ses Césars et de la robe de ses cardinaux ; ROME L'EMPOURPRÉE enfin. Et sous un autre ciel, devant le golfe où elle se mire, NAPLES L'AZURÉE, offrant aussi les quatre couleurs qui écartellent de *sable*, de *cynople*, de *gueules* et d'*azur*, le grand blason de la noble Italie !

FIN.

POST-SCRIPTUM.

Ses travaux sur les villes qu'il a entrepris de décrire comme VENISE, ayant forcément empêché l'auteur de surveiller lui-même la correction de ses épreuves, il s'est glissé dans l'impression de ce volume quelques fautes dont il serait injuste de lui jeter la responsabilité directe. Il déplore ces fautes, mais il doit, dans l'intérêt de son amour-propre, comme dans son respect pour la langue et pour certains noms, en renvoyer le tort à qui de droit. Dans plusieurs passages, des phrases ont vu leur construction compromise par des erreurs de ponctuation, ou même par des suppressions ou altérations de mots. Enfin quelques expressions mal lues, ont été remplacées par d'autres, qui peuvent avoir avec les premières quelque rapport de physionomie matérielle, mais qui n'en offrent guère comme sens.....

L'auteur a reculé devant l'adjonction d'un Errata que les lecteurs ne consultent presque jamais, et qui ne serait, en définitive, qu'une sorte de procès-verbal désagréable à formuler, des mots estropiés, des constructions blessées, des phrases amputées dans ce terrible combat que se livrent souvent auteurs et imprimeurs. Nous supplions donc le lecteur impartial, ou le critique hostile, de vouloir bien tenir loyalement compte des réserves que nous indiquons ici. En résumé, le mal ne sera pas grand pour le lecteur homme du monde, car le bon sens et l'intelligence suppléeront fort aisément à ces quelques violations de notre texte. — Quant au critique, pour nous reprocher ces *spropositi*, comme disent les Italiens, il faudrait qu'il n'eût jamais eu affaire aux imprimeurs, et de loin surtout ! En résumé, le mal est peut-être moins grand que ne pourrait le faire supposer la précaution que nous prenons ici ; mais c'est particulièrement contre la malveillance que nous avons tenu à nous prémunir. En résumé donc, nous nous recommandons à l'indulgence des uns, à la conscience des autres, et pour le livre entier, à la bienveillance de tous !

Maintenant nous dirons, en finissant, que pour ce qui est des parties de notre livre qui sembleraient présenter, aux Vénitiens particulièrement, le texte de quelques observations ou réclamations (en dehors, bien entendu, des fautes dont nous avons ici décliné la responsabilité), nous serions reconnaissant qu'on voulût bien nous les signaler. Si comme nous l'espérons — on espère toujours ! — cette œuvre arrive à une nouvelle édition, nous serons heureux d'y ajouter ce qui nous sera signalé d'important, ou d'y faire les modifications indiquées et reconnues utiles [*].

---

[*] Toute lettre pour l'auteur pourra être déposée à Venise, à la libraire *Giustiniana* de M. A. Bazzarini, dans la *Mercerie*; à Paris, chez l'éditeur de ce livre, M. Hippolyte Souverain, rue des Beaux-Arts, 5, à l'entresol.

TABLE
DES MATIÈRES TRAITÉES ET DES NOMS CITÉS
DANS CET OUVRAGE.

Chapitre Ier. — La Place Saint-Marc.

Aspect fashionable et poétique de la place Saint-Marc, le soir.	40-41
La nuit. L'ombre mystérieuse.	41-42-43
Examen matériel de la place.	43-45
La façade de la Basilique.	45-46
Prolégomènes archéolog. et histor.	46-47
Dimensions et agrandis. de la place.	48
Les anciennes constructions.	48
L'ancienne église Saint-Géminien.	48
Les Procuraties neuves.	48
La nuova fabbrica.	49
Les vieilles Procuraties.	49-50-51
Par qui elles sont habitées aujourd'hui.	50
La tour de l'horloge.	51-52
Le Campanile.	52-53
La Loggietta.	53-54
Les porte-enseignes ou piliers.	54
Le parapluie des Arméniens.	54
Histoire de la place Saint-Marc.	55
Les grands événements, les fêtes qui s'y sont passés.	55
L'arbre de la liberté.	55
La course des doges.	55-56
Tournoi en l'honneur de Jacques Foscari.	57
Le taureau et les douze porcs du patriarche d'Aquilée.	58
Pétrarque.	57
Une réprobation populaire, le premier charivari.	58-59-60
Ce qu'est cette place aujourd'hui.	60
Coup-d'œil matériel et moral sur la place.	67
Conclusion.	67

Notes sur la place Saint-Marc.

Description des mosaïques.	68-69
Récit curieux de la translation à Venise du corps de S. Marc, trouvé à Alexandrie.	69
Détails historiques et artistiques sur les quatre chevaux de bronze du portail de la Basilique.	70-71
Anecdote sur la démolition de l'église de Saint-Géminien.	72
Anecdote relative à la Loggietta.	72-73
Les piliers-mâts de Cocagne.	73
Dénouement dramatique.	73
L'arbre de la liberté sur la place Saint-Marc.	73
Rues des Arsenalotti.	74
Sur la réaction subie par les Foscari.	74
Fêtes pour la prise de Candie.	74
Impôt burlesque du patriarche d'Aquilée.	74
Conjuration de Baiamonte Tiepolo.	75-76
Sur un grand événement qui n'a pas eu lieu.	76-77
De diverses opinions sur l'origine des pigeons de la place Saint-Marc.	77-78-79
Canova et le limonadier Florian.	79
Sur la récolte du suif aux processions du Corpus-Domini.	79

Chapitre II. — L'Église Saint-Marc.

Exposition. Vestibule ou Atrium.	81-82
Les dalles de marbre rouge, le pape Alexandre III, et l'empereur Frédéric Barberousse.	82
Sujets des Mosaïques.	82-83
Note sur les romans de George Sand, relatifs à Venise.	83
Tombeaux curieux des doges Vital-Faliero, B. Gradenigo et M. Morosini.	83
Celui de la dogaresse Michieli.	83-84
Chapiteaux. Portes de bronze.	84
Intérieur de la Basilique.	84-85
Ensemble des mosaïques.	84
Les pigeons.	60-61
Rapprochement avec le Palais-Royal de Paris.	61
Les cafés.	61
Le café Florian.	63
Le club nocturne. Abus du café.	62
Le café Suttil.	63
Les magasins des vieilles Procuraties.	63
Le café Quadri.	63
Fêtes modernes. La tombola.	64-65
Souvenir d'une loterie de deux siècles.	65
La procession du Corpus-Domini.	66
Les illuminations.	66-67
Conseils au lecteur.	84-85
Impression que cause ce temple.	85
Description architecturale.	85
Le parvis.	85-86
Les ondulations.	86
Chapelle du baptistaire. Mosaïques.	86
L'autel.	86
La pierre de la décollation de saint Jean-Baptiste.	86
Le baptistaire.	87
Une chaise antique.	87
Tombeau du doge André Dandolo l'historien.	87
La chapelle Zeno.	87
Tombeau du cardinal.	87-88
La vierge Alla Scarpa.	88
L'oratoire de la croix.	88
Les colonnes les plus précieuses du temple.	88
La plus grosse agathe connue.	88
Chapelle de N.-D. de' Mascoli.	88
Ses mosaïques. Causes de son nom.	88-89
L'arbre généalogique de la Vierge.	89
Note de M. Victor Hugo.	89
Chapelle Saint-Isidore.	89
La sacristie.	90
Les merveilleuses mosaïques.	90
Ses marqueteries de bois.	90
Une mosaïque peinte.	90
La chapelle souterraine.	90
Son examen architectural.	90
Mystère relatif au corps de saint Marc.	91
Sa découverte en 1811.	91

La porte de bronze du chœur. 91
Sur le temps employé à la fabrication de cette porte. 91-92
Sansovino et l'*Arétin*. 92
L'autel du Saint-Sacrement. 92
Les colonnes transparentes. 92
Mosaïques très anciennes. 92-93
Le maître-autel. 93
Le corps de saint Marc. 93
Les *Icones*. 93-94
La Pala d'Oro. Histoire. Description. 93-94
Pierreries extraordinaires. 94
Les stalles du chœur. 95
La balustre du chœur. 95
Souvenir historique. 95
Un *Montmorency* à Saint-Marc. 95
Les chaires latérales. 95-96
Henri Dandolo à Saint-Marc. 96
Les chapelles latérales. 96
Deux candélabres peu religieux. 96
Du trésor de Saint-Marc. 96
Ses deux sections. 96
Un bas-relief de la chapelle souterraine. 96
Anecdotes sur ce trésor. 97
Expédients de la République. 97
Orfèvreries et candélabres d'or. 97
Le couteau de la Cène. 97
Couronne et sceptre de l'empereur Ferdinand Ier. 97
L'épée de Morosini, dit le Péloponésiaque. 97-98
Reliquaires. 98
Clou et morceau de la vraie croix. 98
Du sang de N.-S. 98
Orfèvrerie byzantine. Parallèle. 98
Sur l'explication des mosaïques. 99
Indication. 99
Conseils au lecteur. 99
Des marbres et matières précieuses répandus à Saint-Marc. 99
De son éclairage. 100
Examen d'ensemble. 100-101
Acoustique. 101
Sur une vanité posthume. 101
Rapprochement de l'histoire des faits et de celle de l'art. 101
Différentes sortes de méditations. 101-102
L'érection du temple et les conquêtes des Vénitiens. 102
Pillage de Constantinople profitant à Saint-Marc. 103
Les quatre chevaux de bronze. 104
Les faisceaux de colonnes. 104
Nécessité d'agrandir le temple, pour y loger tout ce qu'on lui apporte. 104
Confusion. L'art vénitien. 104
Les grands artistes qui achèvent Saint-Marc. 104-105
La *Chiesa Aurea*. 105
On veut dorer le dessus des coupoles. 105
Examen relatif des siècles artistiques. 106
Rapprochement entre Saint-Pierre de Rome et Saint-Marc. Conclusion. 106

NOTES SUR L'ÉGLISE SAINT-MARC.

Récit de la célèbre entrevue du pape Alexandre III et de l'empereur Frédéric Barberousse. 107-108-109
Sur la marqueterie. 109-110
Une curieuse complainte sur les superstitions relatives au corps de saint Marc. 110
Saint Louis demande le concours des Vénitiens pour une croisade en Terre-Sainte. 112-113
Sur le doge Henri Dandolo. 113-114
De la ferveur des Vénitiens du moyen-âge pour les reliques. 114
Exemples. Faits. Anecd. relatives. 114-115
Une note de M. Victor Hugo. 115

CHAPITRE III. — LA PIAZZETTA.

Conseils sur la manière d'arriver à Venise. 117-118
Topographie de la Piazzetta. 118
Examen général. 119
Les deux colonnes de granit 119
D'où elles proviennent. 119
Comment elles furent érigées. 120
Singulière récompense demandée par l'architecte. 120
Plus singulier expédient du sénat pour anéantir un privilège. 120-21
Saint Théodore et son crocodile. 21
Le lion de bronze. 21
Son voyage à Paris. 21
Boutade contre les spoliateurs. 122
L'évangile remplacé. 122
Extérieur grillé de la *Zecca*. 123
Médaille rare. 123
L'extérieur du Palais-Royal. 124
Un mot de l'Arétin. 124
Les piliers cophtes. 125
La pierre de bannissement. 125-126
La tête de Carmagnola. 126
Les quatre assassins de Porphyre. 126
La porta della carta. 127
Extérieur du palais ducal. 127
Rapprochements historiques. 127
Dates des constructions et réparations. 127
Incendies. 128
Examen architectural. 128
Un chapiteau curieux et scabreux. 128
Disparition dans le sol d'une fraction des colonnes. 128
L'angle du palais. 129
Les colonnes des édits. 130
Détails artistiques. 130
Rapprochement du pouvoir spirituel et du pouvoir criminel. 130
Les anciens habitants du palais ducal. 131
Réflexions sur son luxe intérieur. 131
Sur une opinion hasardée. 131
Tentatives de réfutation. 132
Aspect pittoresque de la Piazzetta. 132
Le pont *della Paglia*. 132
Le pont *des Soupirs*. 133

Contemplation nocturne.	133
Erreurs des poètes.	133
Conclusion.	133

NOTES SUR LA PIAZZETTA.

Sur le jardin du gouvernement.	137
Napoléon le bâtit.	137
Goût de George Sand pour ce jardin.	138
Sur une erreur accréditée à propos des colonnes de granit.	138
Les premières monnaies de Venise.	138
Les premiers ducats d'or.	138
Effigie des doges.	138
Dons volontaires des citoyens à la Zecca.	138-139
Une anecdote dramatique.	139
Intérieur de l'ancienne bibliothèque.	139
Description des tableaux.	139-140
Les salles du Palais-Royal.	140
Explication scientifique de quelques signes des colonnes d'Acre.	141
La guerre et la religion à Acre.	141
Recherches sur les phases architecturales.	141
Classement par époques des monuments Vénitiens.	141-142-143
Recherches sur les faits relatifs à l'élévation de l'eau autour de Venise.	143
Exemples.	143
Proportions établies.	143
Prévisions.	143
La lune dans la colonnade du palais ducal.	143-144
Sur l'objet d'une note supprimée.	144

CHAPITRE IV. — LES DOGES — LE CONSEIL DES DIX. — LE PATRICIAT.

Histoire et attributions du dogat.	145-146
Restriction du pouvoir des doges.	145-146
Leur élection.	147
Leur costume.	149
Nomenclature des consuls et des doges.	150
Durée de leur règne.	dito
Noblesse vénitienne.	157-158-159
Conseil des Dix.	159-160-161-162
Ses attributions.	162
Terreur qu'il inspire.	162-163-164-165
Les Trois, ou Inquisiteurs d'État.	165
Leurs pouvoirs illimités.	165-166-167-168

NOTES SUR LE CONSEIL DES DIX.

Singulier exemple d'empiétement de pouvoir.	169
Anecdote relative à l'ancienne police vénitienne.	169

CHAPITRE V. — INTÉRIEUR DU PALAIS DUCAL.

Cour du palais.	172
Façade de l'horloge. Statues.	173
Dates archéologiques.	173
Les citernes de bronze. Les *Bigolantes*.	173
Statues d'Adam et Ève.	173
La cour des sénateurs.	172-173
Erreur de nom.	172
L'escalier des géants.	174
Mars et Neptune.	174
Le couronnement du doge.	174
Formule du couronnement.	174
Erreurs des grands écrivains à propos de la décapitation de Marino-Faliero.	174-175
Galerie supérieure.	175
Inscription relative à Henri III.	175
Les gueules de lion.	175
Détails relatifs.	175
L'escalier d'or.	176
Critique et examen.	176
Anciens appartements des doges.	176
Cartes géographiques curieuses.	177
La *Marciana*, ou bibliothèque S. Marc.	177
Le camée de *Jupiter-Egiocus*.	177
Renvoi aux notes pour les détails.	177
— LA SALLE DU GRAND CONSEIL.	178
Examen d'ensemble.	178
Sur les anciens tableaux détruits par les incendies.	178
La *gloire du Paradis* de Tintoret.	178
Les sculptures.	178
Bas-reliefs attribués à Phidias.	178
Peintures des fastes de la République.	179
Le pape *Alexandre III*, reconnu à Venise.	179
Envoi des ambassadeurs à l'empereur Barberousse.	179
L'empereur recevant les ambassadeurs.	179
Embarquement du doge Ziani.	179-180
Combat des Vénitiens contre Barberousse.	180
Renvoi du fils de l'empereur fait prisonnier.	180
Entrevue du pape et de l'empereur.	180-181
Les honneurs rendus à Rome au doge Ziani.	181
Retour du doge Contarini toutes toiles peintes par P. Véronèse, Tintoret, Bassano, Palma, etc.	181-182
La célèbre mappemonde de Fra-Mauro.	182
Le *Ganymède*, de Phidias.	182
Histoire des *conquêtes de Constantinople*, en sept tableaux, peints par Tintoret, le Vicentino, Palma, l'Aliense.	182
Statue de Canova, à 45 sous par jour.	183
Les angles vides de la salle.	185
Série des portraits de doges.	185
La place vide de Marino-Faliero.	185
Devise terrible.	185
Plafond.	186
Le *triomphe de Venise*, chef-d'œuvre de P. Véronèse.	186
Les autres toiles, par Tintoret, Palma, Bassano.	187
Sur les tableaux incendiés.	188
De l'ancienne distribution de cette salle.	188
Le trône dogal.	188
Examen moral.	188
Histoire du passé de cette salle.	188
François Morosini mis en jugement.	189
Sa défense par Jean Sagredo.	189-190

Honneurs rendus plus tard à l'accusé. 190	Jugement de Marino-Faliero. 201
Fêtes données à la dogaresse Grimani. 190	Ses complices : Bertuccio et Calendario l'architecte. 201
Délibération sur l'opportunité de transférer en Orient le siége du gouvernement. 192	Parallèle entre l'aspect de cette salle et sa destination. 201
La voix de la Providence. 192	Carmagnola jugé. 201-202
Séances qui accompagnèrent la chute de la République. 193	Rapprochement bizarre. 202
Le doge Louis Manini. 193	— CABINET DU CHEF DES DIX, ou des Inquisiteurs. 202
Une étrange prophétie sur Venise. 193	Derniers vestiges de l'ancienne décoration. 202
— SALLE DU SCRUTIN. 193	Boutade contre les réparateurs modernes. 202
La conquête de Zara, par J. Tintoret. 193	Un tableau fantastique, diabolique et allégorique. 202
Marino-Faliero. 194	Sur les Dix. 202-203
La bataille de Lépante. 194	Communication secrète entre les plombs et les puits. 203
Victoire des Dardanelles, par P. Liberi. 194	— SALLE DES QUATRE PORTES. 203
L'esclave nu. 194	Sur son nom. 203
Arc triomphal de Moroni, le Péloponésiaque. 194	Marbres précieux. 203
Peintures de Lazzarini. 194	Statues. 203
Statue d'Ulysse. 194	Tableaux. 203
Le bombardement de Pepin, par le Vicentino. 195	Le doge Grimani devant la Vierge, par Contarini. 203
Des pains pour des boulets. 195	La Foi, par Titien. 204
La défaite de Pepin, par le Vicentino. 195	Une bataille près Vérone, par Contarini. 204
Anecdote sur un Barbaro, à propos d'un tableau de S. Pesanda. 195	Le doge Cicogna et les ambassadeurs persans, par Carlo Cagliari. 204
La prise de Tyr, de l'Aliense. 195	L'arrivée d'Henri III au Lido, par le Vicentino.
Anecdote. 195-196	Détails relatifs. 204
Le Jugement universel, de J. Palma. 196	Une erreur de désignation à propos d'un tableau. 204-205
Plafonds par le Vicentino, Jules del Moro, Fr. Bassano, Pordenone, etc. 196	Plafond. 205
Fin de la série des doges. 196	Stucs de Vittoria. 205
Les places vides. 196	— SALLE DE L'ANTI-COLLÉGE. 205
Ancienne distribution de cette salle. 197	Excellents tableaux de J. Tintoret. 205
Ornements modernes. 197	Le célèbre enlèvement d'Europe, de Paul Véronèse. 205
Bibliothèque. 197	Examen. 205-206
Les N dorés. 197	Cheminée de Titien-Aspetti. 206
Historique de la salle. 197	Plafond. 206
Le scrutin. 197-198	Destination de cette salle. 206
Formules du temps. 198	— SALLE DU COLLÉGE, ou de réception pour les ambassadeurs. 206
Henri III siégeant parmi les scrutateurs. 198	Examen d'ensemble. Tableaux. 206-26..
Trois couleurs de boules. 198	Le doge Gritti devant la Vierge. 207
Modes d'élection. 198	Les fiançailles de sainte Catherine. 207
Délibération relative à Henri IV. 198	La Vierge Marie et le doge L. Mocenigo adorant le Rédempteur, tous trois de J. Tintoret. 207
— SALLE DITE DE LA BUSSOLA. 199	Vaste composition de Paul Véronèse. 207
Origine de son nom. 199	Tapisseries de haute-lice. 208
Guichet de la gueule de bronze. 199	Cheminée de Jérôme Campagna. 208
Tableaux : la reddition de Brescia, de l'Aliense. 199	Magnifique plafond, par P. Véronèse. 208
La soumission de Bergame, du même. 199	Détails. 208
Le général Carmagnola. 199	Sur l'union des grands artistes de ce temps. 208
Diverses autres toiles. 199	Le Terrazzo. 209
Un tableau de P. Véronèse resté à Paris. 199	Sur les assemblées de cette grande salle. 209
Ancienne distribution. 199	Réception des ambassadeurs étrangers. 209
Salle du Conseil des Dix. 200	Souvenirs de Michel Steno et de l'injure faite à Marino-Faliero. 209
L'adoration des mages, de l'Aliense. 200	
Retour du doge Ziani, de L. Bassano. 200	
Le congrès de Bologne, de Marc Vecellio. 200	
Les toiles qui manquent au plafond. 200	
Richesses sculpturales de ce plafond. 200	
Distribution ancienne. 200	
Les modernes. 200	
Détails sur le personnel des assemblées. 201	
Les accusés. 201	
Historique de cette terrible salle. 201	

TABLE.

Sur les reconstructions de ces salles.	210
Une anecdote.	210
— SALLE DES PREGADI, ou du Sénat.	210
Tableaux de Bonifacio, J. Tintoret, Tiepolo, J. Palma, etc.	210-211
Le Plafond.	211
Sculptures.	211
Dorures.	211
Tableaux allégoriques et de religion.	212
— LA CHAPELLE DU DOGE.	212
Une fresque de Titien.	212
Historique de la salle du Sénat.	212
Détails sur les assemblées.	212-213
Personnel.	213
Anecdote sur l'empereur Frédéric III.	213
Présence d'esprit du doge Fr. Foscari.	214
Une délibération relative à Louis XVIII.	215
Révision de quelques salles.	216
L'ancien arsenal du palais ducal.	216
— SUR LES PLOMBS.	216
La vérité sur ces prisons.	216
Phraséologie de F. Cooper.	217
Description passée et actuelle des plombs.	217
Sur Casanova et son évasion.	218
— SUR LES PUITS.	218
Parallèle avec d'autres prisons.	218
Citations.	219
Byron et ses erreurs relatives aux susdits cachots.	219
Leur description.	219
Considérations.	220
Examen du passé.	220-221
Des inscriptions qu'on trouve dans ces prisons.	221
Citations.	221-222
Le cachot de Carmagnola.	222
Conclusion.	222

NOTES SUR L'INTÉRIEUR DU PALAIS DUCAL.

Sur les puits d'eau, et l'eau à Venise.	223-224
Projet d'approvisionnement.	224
Origine de la corne ou couronne dogale.	224
Histoire de la conjuration et de ses causes, du procès et de la mort de Marino-Faliero et de ses complices.	224 et suiv.
Examen critique des principales œuvres inspirées par ce fait dramatique.	229-230
C. Delavigne et L. Byron.	229-230
Sur la bibliothèque de Saint-Marc ou Marciana.	231
Les dons de Pétrarque.	232
Ceux du cardinal Bessarion.	232
Ceux de Melchior Wieland.	232-233
Anciens bibliothécaires.	233
Détails bibliographiques.	233
Sur l'imprimerie ancienne de Venise.	233
Nicolas Janson, — les Manuces.	233-234
Leurs éditions.	234
Le chevalier-abbé Bettio.	234
Une anecdote sur Titien.	235
Sur la mappemonde de Fra-Mauro, et la découverte du cap de Bonne-Espérance.	235
Des faits historiques relatifs aux prises de Constantinople.	235-236
L'usurpateur Alexis.	236
Le doge Henri Dandolo.	237
Pillage de l'ancienne Byzance.	237
Estimation, détails, incidents du partage entre les Français et les Vénitiens.	238
Élection de Baudouin, comte de Flandre, comme empereur de Constantinople.	239
Mort de Henri Dandolo.	239
Sur les inscriptions relatives à Marino-Faliero.	240
Anecdote théâtrale sur une barbe.	240-241
Sur le doge Nicolas Sagredo.	241
Sur Jean Sagredo.	241
Machine de guerre du temps.	241
Bataille de Lépante.	242
Détails.	242
Description.	242
Bragadino.	242
Fêtes commémoratives jusqu'à l'étranger.	243
Sur les accusations et le procès de Morosini le Péloponésiaque.	243-244
Le Parthénon détruit.	244
Les lions de l'arsenal.	244
Fr. Morosini, doge.	244
Sur l'usage du masque à Venise.	244-245
Histoire de Carmagnola.	245
Conduite perverse de Carmagnola.	245
Son étrange procès.	245-246
Sa mort.	246
Sur le conseil des Dix et les inquisiteurs d'État.	246
Sur la réception faite à Henri III de France.	246
Le Bucentaure et le Lido.	247
Séjour au palais Foscari de Henri III.	247
Une anecdote bizarre sur les puits du palais ducal.	248

CHAPITRE VI — GONDOLES ET GONDOLIERS.

Description de la gondole.	249
Sa physiologie.	250
Ses applications diverses.	251
Parallèle avec les autres moyens locomotifs de terre ferme.	252
Les différentes sortes de gondoles.	252-253
Les traguetti, ou lieux de station.	254
Les gondoliers.	254
Leur physiologie.	255-256
Vertus et défauts des gondoliers.	258-259
Disputes comiques.	259
Costumes.	257
Rémunération.	259
Du chant des gondoliers.	259-260
La vérité sur cette question.	260
Citation du Tasse traduit en vénitien.	261
Des Castellani et des Nicolotti.	261
Recherches sur l'origine de ces partis populaires.	262
Leurs rôles sous la République.	263
Leur doge.	263
Leurs privilèges.	263
Le gouvernement protège les Nicolotti.	264

Fêtes, joûtes, jeux des deux partis.	265
Le demi-dieu.	265
Des forces d'Hercule.	266
Descriptions de quelques-uns de ces jeux.	266
Costumes.	267
Enumeration des exercices.	267
Avantages alternatifs des deux partis.	267
Feux d'artifice en plein jour.	268
De la Regata.	268-269

NOTES SUR LES GONDOLES ET LES GONDOLIERS.

De l'étymologie du mot gondole.	270
Sur l'ancienne forme de ces barques et sur leurs anciens ornements.	270
Anecdote sur un gondolier.	270-271
Sur le Tasse.	271
Lord Byron essayant vainement d'entendre chanter le Tasse.	271
Même insuccès d'un autre voyageur.	272
Détails sur une troisième tentative faite par l'auteur.	272
Alternatives d'espérance et de crainte.	273
Le ténor charpentier et le basso pêcheur.	273
La tradition retrouvée.	273
Chants au Lido.	273-274
Sur le dialecte vénitien.	274
Citations de divers auteurs.	274
Une inscription du XIIIe siècle.	275
Liste de quelques-unes des principales productions de ce dialecte.	275
Traductions.	275-276
Citations de poésies et chansons vénitiennes.	276-277
Sur les jeux des Castellani et des Nicolotti.	278
Le pont de Pugni.	278

CHAPITRE VII. — LE GRAND CANAL.

Le jardin du Gouvernement.	280
La Sanita.	280-281
Le palais Trèves.	281
Ajax et Hector de Canova.	281-282
Un tableau de Cicognara.	282
Artistes modernes : MM. Lipparini, Servi, Bezzuoli, Canella, Gilio, G. et L. Bisi, N. Schiavoni, Paoletti, Petter, Bosa, Dusi, Camuccini, Hayez, Azeglio, Demin, Santi et Ayvazowsky.	282-283-284
La douane de mer.	284
Palais Giustiniani, aujourd'hui Albergo dell' Europa.	285
La Salute.	285
Les stations des gondoles.	285
Aspect pittoresque du grand canal.	285
Le linge au sec.	286
Le palais Corner.	286
La base du palais Venier.	286
Anecdote.	286
Le palazzino Dario.	287
Le palais Da Mola.	287
—— Balbi Venier.	287
—— Angarani ou Mauzoni.	287
Ce que ce dernier palais a coûté.	287
Le palais Cavalli du consulat de France.	288
Portraits des rois de France.	288
Descente à terre.	288
Le palais Pisani du doge.	288
—— de la famille Morosini.	288-289
Visite intérieure.	288
Tableaux.	289
Un cadre fabuleux.	289
La dernière descendante de cette illustre famille.	289
Le traguet San-Vual.	289
Un projet de pont.	290
Conseils relatifs à l'Académie des Beaux-Arts.	290
Point de vue pittoresque.	290-291
Un paragraphe adressé aux amis de l'auteur.	291
Le vieux Beppo, gondolier.	291
La gondole de lord Byron.	291
Une réclame.	291
Reprise du canal.	291
Erreur sur le palais de Marino-Faliero.	291
La ca del duca.	292
Le théâtre San-Samuele.	292
Le palais Cozzi, de l'ambass. d'Espagne.	292
—— Grassi.	292
—— Rezzonico.	292-293
Magnifique architecture du même palais.	293
Collection de tableaux anciens, de M. della Rovere.	293
Le palazzino Camerazza.	293
Cabinet de curiosités de M. A. Zen.	293
Fabrique de pains à cacheter artistiques.	294
Le palais Moro-Lin.	294
M. Lipparini.	294
Les palais Giustiniani.	295
Galerie de M. N. Schiavoni.	295
Ancienne demeure de M. de Châteaubriand.	295
Le docteur Aglietti.	295
La comtesse G***.	295
Le palais Foscari.	296
Ses destinations anciennes.	296
Mort du propriétaire.	296
Les deux dernières Foscari.	297-298
Le palais Balbi.	298
L'estrade des prix de Regata.	298
Le palais Contarini.	298
Le palais Mocenigo.	298-299
Sur cette illustre famille.	299
L'esquisse de Tintoret.	299
La demeure de lord Byron.	299
Les ouvrages qu'il a composés dans ce palais.	300
Sur les scandales de la vie de ce poète.	300
Le palais Pisani.	300-301
Le tableau de P. Véronèse.	301
La famille de Darius aux pieds d'Alexandre.	301
Observations critiques.	301
Le peintre Lebrun et le même sujet.	301

Le palais Barbarigo.	302
Ouvrages de Titien, son atelier.	302
Sa Madelaine.	302
Une Vénus endommagée.	302
Divers autres tableaux.	302-303
Groupe de Dédale et Icare.	303
Le palais Grimani.	303
—— Corner Spinelli.	304
—— Martinengo.	303-304
Collection de feu M. de Sivry.	304
Le palais Grimani.	304
Examen.	304
Destination nouvelle.	305
Le palais Tiepolo.	305
L'hôtel du *Lion-Blanc*.	305
Le palais Farsetti.	305
Les deux corbeilles de Genova.	305
Le patricien Falier.	305
Le palais Lorédan.	306
La maison du doge Henri Dandolo.	306
Sa postérité.	306
Le palais Bembo, Lucrèce Borgia.	306
—— Manin.	306
Collection de tableaux anciens de M. Barbini.	307 et suiv.
Le pont de Rialto.	309
Examen.	309
Anecdote.	309
Le palais des trésoriers.	310
Le Fondaco de' Tedeschi.	310
Les fresques disparues.	310
Les nouveaux édifices de Rialto.	310
Le palais Valmarana.	310
Collections diverses.	310-311
Rare bibliothèque.	311
La déposition du Christ, de Titien.	311-312
Une lampe de Napoléon.	312-313
Palais Michieli-delle-Colonne.	313
Tapisseries de haute lice, d'ap. Raphaël.	313
Les armes du doge Michieli.	313
Un étendard de la République.	313
Le palais Sagredo.	313
La cà Doro.	314
Les Doro.	314
Le palais Corner, dit *della Regina*.	314
Le dernier Cornaro.	314
Le pape Pie VII.	314-315
Les Juifs pour locataires du palais Corner.	315
Le palais Pesaro.	315
Les cariatydes et les têtes d'animaux apocryphes de l'architecte Longhena.	315-316
Le collège arménien.	316
Les palais Grimani, Contarini, Tron et Batagin.	317
Le palais Vendramini.	317
Statues d'Adam et d'Ève.	317
Le fondaco de Turchi.	318
Sa ruine.	318
Le musée Correr.	318
Son origine.	518
Ses directeurs.	518
Armes.	518

Un héraut.	319
Portraits de doges.	319
Galerie de tableaux anciens.	319
Écoles italienne et flamande.	319
La signature de Charles Stuart Ier.	319
Faïences curieuses.	319
Plan de Venise, d'Albert Durer.	319-320
Dessins de Raphaël, Michel Ange, Paul Veronèse, etc.	320
Bibliothèque.	320
Le palais Labbia abandonné.	520
Fresques de Tiepolo.	520
Galerie Maufrin.	521
Tableaux des principaux maîtres de l'école vénitienne.	521-522
Le palais Galvagna.	523
Tableaux de grands maîtres.	523-524
Un jardin inattendu.	525
Le palais Flangini.	525
Bizarrerie de sa construction.	525-526
Fin de l'examen des édifices.	526
Retour.	526
De la *Renuta*.	526
De cette ancienne fête et de la nouvelle.	527
Description pittoresque.	527 et suiv.
Le *Fresco*.	530
Promenades en gondoles.	530
Des serenades nocturnes.	531
Conclusion.	531

NOTES SUR LE GRAND CANAL.

M. Eugène Bona.	532
Sur le doge Louis Pisani.	533
Sur le sculpteur moderne, L. Ferrari.	533
Le palais Foscari.	534
Récit des malheurs de cette famille.	534-535
Mort du fils du doge.	536
Récits de lord Byron, relativement à ses galanteries de Venise.	537
Extraits de ses lettres à *Thomas Moore*.	540
La guerre *di Candia*.	540
Margarita Cogni.	540
Comment il fit sa connaissance.	540
Étrange caractère de cette femme.	541
Ses actes singuliers.	541-542
Son portrait.	542
Anecdote sur une nuit d'orage.	542
Byron, *can della Madona*.	542
Menaces sanguinaires.	543
Margarita se jette dans le canal.	543
Comment Byron s'en débarasse.	543
Dédains de Byron pour la langue et la littérature françaises.	544
Observation à cet égard.	544
Détails actuels sur *Margarita Cogni*.	544
Elle vit encore.	544-545
Nouvelle et grande passion de Byron.	545
La comtesse G***.	545
Byron quitte Venise.	545
Portrait de ce poète au temps de son séjour dans cette ville.	546
Ses relations sociales.	546
Sa mort.	547

TABLE.

Sur les anachronismes des grands peintres vénitiens.	547
Sur le doge Pierre Grimani.	548
Évènements curieux de son règne.	548
Établissement sur le trône d'Autriche de la branche actuellement régnante.	549
Sur les empereurs germains.	549
Anciennes demeures de diverses célébrités vénitiennes : Titien, Alex. Vittoria, Sansovino, Giorgion, Bianca-Cappello, J. Tintoret, Carlo Goldoni, Canova.	549
Les cheveux de Lucrèce Borgia jaune-vert.	553
Le cardinal Bembo et la duchesse d'Este.	553
Origine de Rialto.	554
Les premiers consuls.	554
Sur la fondation de Venise.	554
M. Emmanuel Cicogna.	554
Ses travaux scientifiques.	555
Sa bibliothèque.	555
Un portrait de Goldoni.	556
Une peinture de Canova.	557
Dédain de Byron pour la peinture.	557
Son jugement sur quelques tableaux.	557
Une anecdote sur l'avant-dernier doge Paul Renier.	558
Les femmes de Pelestrina aux Régates.	558
Sur le parcours de ces jeux.	558
Les prix.	558
Le petit porc.	558
Henri III au palais Foscari.	559
L'exercice de gondolier et les jeunes patriciens.	559
George Sand et les galants gondoliers.	560
Assaut de nage sur le grand canal, entre lord Byron et ses amis Scott et Mengaldo.	560
L'exploit de Léandre.	360-361
Le palais Arbrizzi.	361

Chapitre VIII. — L'Académie des Beaux-Arts.

Notions sur l'école de peinture vénitienne.	363
Sa fondation, sa progression, ses artistes initiateurs.	364 et suiv.
De l'introduction à Venise de la peinture à l'huile.	367
Développement de cet art nouveau.	368
Jean Belin.	369
Gentil Belin et Mahomet II.	369
Victor Carpaccio.	370
Artistes secondaires de ce temps.	369 et suiv.
Seconde époque de l'école vénitienne : XVIe siècle.	372
Giorgion.	373
Ses compétiteurs, élèves, etc.	374
Sébastien, dit del Piombo.	374
Artistes secondaires de cette phase.	376
Palma le vieux.	376
Rocco Marconi.	377
Pâris Bordone.	377
Pordenone.	378
Titien (Tiziano Vecellio).	379
État de l'école à l'apparition de Titien.	379
Examen de son talent.	379 et suiv.
Son école, ses élèves, etc.	584
Bonifacio.	584
Ind. Schiavoni.	585
Tintoret (Jacques Robusti).	586
Anecdote, examen de son talent.	587 et suiv.
Son école, ses élèves.	589
Le Bassan.	590
Paul Véronèse (P. Cagliari, dit le).	391
Faits, anecdotes, examen de son talent.	392
Son école, ses imitateurs, ses élèves.	394
Palma le jeune.	394
L'Aliense.	395
Peintres secondaires de cette phase.	396
Contarini.	396
Padovanino (Alex. Varotari, dit le)	396
Pietro Liberi.	397
État de l'école vénitienne au XVIIe siècle.	399
Artistes de la décadence.	397-398
Récapitulation des phases de l'école et de ses artistes.	398
De la restauration des tableaux.	399
Des qualités prédominantes de l'école vénitienne ; la couleur, le coloris.	400 etc.
Images, comparaisons à ce sujet.	403 et suiv.

Examen des œuvres principales de l'Académie des Beaux-Arts.

Date de la création de ce musée. — Description des bâtiments anciens et nouveaux.	405-406
Portrait d'Antonio Capello, par Tintoret.	406
Les joueurs d'échecs, par Caravage.	407
Portrait de Jacques Soranzo, par Titien.	407
Martyre de St-Barthélemy, par Ribera.	407
Vénus au repos, par Contarini.	407
Tableaux d'auteurs inconnus, ignoti (note à ce sujet).	408
Une cérémonie publique, par Carpaccio.	408
Un portrait, par Giorgion.	408
La statue d'Hercule et Lycas, plâtre de Canova.	409
Un portrait, par Van-Dyck.	409
La présentation au temple, par Titien.	409
Jésus au jardin, par Marco Basaiti.	410
Procession sur la place Saint-Marc, par Gentil Belin.	410 et suiv.
La gloire du Paradis, par Pâris Bordone.	413
La Madeleine aux pieds du Sauveur, par Lebrun.	413
Un christ, par Marconi.	413
Le massacre des Innocents, par Bonifacio.	414
Le repas chez Lévi, par les héritiers de P. Véronèse.	414
La descente de Croix, par Luc. Giordano.	415
La Cène, par Paul Véronèse.	415
Une vision de l'apocalypse, par Palma le jeune.	416
Saint Jean dans le désert, par Titien.	416
L'Annonciation, par P. Véronèse.	416

Le supplice de dix mille martyrs, par Carpaccio. 417
Une marine, par Giorgion. 417
Saint Luc et saint Jean, par P. Véronèse. 417
Le Christ déposé, dernière œuvre de Titien. 417
Une scène d'intérieur, p. Laz. Sébastiani 418
Le miracle de la sainte Croix, par Mansuéti. 418
Sainte Ursule en gloire, par Carpaccio. 418
La procession du Saint-Sacrement, par Gentil Belin. 418-419
Pinacoteca-Contarini. 419
Sculptures de Brustolon. 419
Peintures dites gothiques, des Vivarini, des Murano, etc. 420
La Vierge et les Saints, de P. Véronèse. 420
Le Pêcheur et l'anneau du doge, par Pâris Bordone. 420
L'adoration des Mages, par Bonifacio. 421
Le Christ portant sa croix, par Carlo Cagliari. 421
Le Rédempteur, par R. Marconi. 421
Sainte Catherine battue des verges, par P. Véronèse. 421
La mort d'Abel, par J. Tintoret. 421
L'Assomption, par Titien. 422
Sur la découverte de cette toile. 422
Marie parmi les saints, par Cima. 423
Une Vierge, par Jean Bellin. 423
Le miracle de saint Marc, par Tintoret. 423
C'est le chef-d'œuvre de Tintoret. 423
Salle des réunions académiques. 424
La main droite de Canova. 425
Dessins, de Léonard de Vinci, de Raphël et de Michel-Ange. 425
Anecdote sur le plafond doré d'une des salles. 425
Salle des Modèles de sculpture. 426
Récapitulation relative aux écoles étrangères, au musée de Venise. 426

Notes sur l'Académie des Beaux-Arts.

Antonio Solario, dit le Zingaro. 427
Sa vie, ses amours, sa célébrité. 428 et suiv.
Liste des tableaux les plus importants de Titien. 429
Dedo de Paul Véronèse. 430
Dedo de J. Tintoret. 431

Chapitre IX. — L'Arsenal.

Coup-d'œil général. 433-434
Porte sculptée. 434
Statues. 434
Les lions d'Athènes. 434-435
Entrée dans l'arsenal. 435
Salles d'artillerie. 435
Curiosités historiques. 435
Armes, instruments, machines de toute sorte. 436
Etendards. 436
Le premier obus. 436

La couleuvrine d'un dilettante. 437
Les clés qui n'ouvrent pas. 437
Casques de torture. 437
La clé empoisonnée. 437-438
L'ostacolo du tyran de Padoue. 438
Le casque d'Attila. 438
L'armure de Henri IV. 438
Absence de l'épée. 438
Le tombeau de l'amiral Emo, par Canova. 439
La salle des modèles. 439
Le Bucentaure. 439
Description de la cérémonie à laquelle il servait. 439-440-441
L'anneau dogal et l'Adriatique. 441
Formule de la prise de possession, ou fiançailles symboliques. 441
Fêtes, enthousiasme populaire. 441
Les Arsenalotti. 441
L'hymne du Bucentaure. 442
Singulier privilège des rameurs du doge. 442
Les divers Bucentaures. 442
Colonnes rostrales. 442
Le tronçon de mât et le duc de Bordeaux. 442
Un musée de canons disparu. 443
La quinquerème brisée. 444
Danger des choses techniques. 444
Des dates importantes de l'histoire de l'arsenal. 443
Son action, son influence, ses destinées. 444
Les flottes qui en sont parties. 444
Ses agrandissements. 444-445
La Tana. 445
Le cadeau de galériens. 445
Apogée. 445
Personnel. 445
Études. 445
Physiologie des Arsenalotti. 445-446
Leurs privilèges. 446
Leur bizarre galanterie envers Henri III de France. 446-447
Les chefs de la flotte. 447
Des diverses constructions. 447
Les cales couvertes. 447-448
Le ministre Forfait. 448
Les fonderies. 448
Ressources fabuleuses de l'arsenal pour la bataille de Lépante. 448
Phases de décadence. 448-449-450
Conclusion. 450

Notes sur l'Arsenal.

Les divers lions de Venise au point de vue de l'art. 451
Invention des mortiers et des bombes. 551
Description du premier canon. 452
Carrara l'empoisonneur. 452-453
L'armure de Henri IV et son histoire. 453
Bons rapports de ce roi avec la République. 453
Réclamation de Louis XVIII à Vérone. 453
Sur l'épée disparue. 454
Sur l'amiral Emo. 454

Désintéressement de Canova. 454-455
Étymologie du mot *Bucentaure*. 455
Parallèle du luxe républicain avec celui de nos jours. 455
Sur la prise de possession de la mer. 455
Sur les droits des Vénitiens à propos de l'Adriatique. 455
L'audace de ses prétentions. 455-456
Le Dante expliquant l'arsenal. 456-457
Ce qu'était la marine de Venise à diverses époques. 457
Destination de ses escadres. 457-458
Sur la proportion des navires. 458
Sur les galères. 458
Leur armement. 458
Premier emploi de la poudre à canon. 459
Apogée du commerce de Venise. 459
Énumération des objets de son commerce et de ses relations. 460
Citations singulières. 460
Apogée des conquêtes de Venise. 460
Énumération de ces conquêtes. 461
Ses forces à l'époque du traité de Passarowitch. 461
Conclusion. 461

CHAPITRE X. — LES ÉGLISES.

Observations préliminaires sur ce chapitre. 465-466
Église de Saint-Zacharie : Visite annuelle du doge; il y est tué; — tableaux de J. Palma, de Jean Bellin, de Tintoret; — sculptures de A. Vittoria. 466
Église grecque de Saint-George : Mosaïques; rite grec; — note plaisante. 468
Église de Saint-François-de-la-Vigne : Statues de Titien Aspetti, de Vittoria, etc.; tableaux de Joseph Salviati J. Palma, le Vicentino, Jean Bellin, Antoine de Negrepont, Valentin Lefèvre, Paul Véronèse, J. Santa-Croce, Gregoletti, etc.; — monuments et autels de Scamozzi et de divers anonymes. 469 et suiv.
Église Saint-Pierre : Antiquités, tableaux de Basaiti, Paul Véronèse, Liberi, A. Bellucci, J. Pellegrini, Padovanino, P. Lazzarini, L. Giordano; — sculptures de Clément Molè, Michel Angaro; — mosaïques de Zuccato; — beau campanile. 471-472
Église Saint-Joseph : Tableaux de J. Tintoret, Paul Véronèse; — tombeaux de J. Grimani, par A. Vittoria, du doge et de la dogaresse Marino Grimani, par Scamozzi; — sculptures de D. de Salò et de Campagna. 472
Église de Saint-Martin : Tombeau d'Érizzo; — Tableaux de J. Palma, Fabio Canal, Mathieu Ponzone, J. Santa Croce; — sculptures de Tullius Lombardo. 473
Église de Saint Jean-in-Bragora : Peintures de Palma, Carpaccio, Pâris Bordone, Léonard Corona, Cima Vivarini. 473

Église Sainte-Marie-de-la-Pitié : Fresque de J.-B. Tiepolo. 474
Église de Saint-George-Majeur : Son architecture; — monuments du doge Léonard Dona, de Laurent Venier, du doge Dominique Michieli, du procurateur Vincent Morosini, du doge Marc-Antoine Memmo; — peintures de J. Bassano, J. Tintoret, Léandre Bassano; — sculptures de Michelozzi, Campagna, Roselli, etc.; — colonnes précieuses; — magnifique chœur en bois sculpté; — portrait de Pie VII, exalté dans ce temple; — couvent attenant; — quelques mots sur l'île. 475 et suiv.
Église della Salute : Son architecture, son architecte, — façade; — peintures de Luca Giordano, J. Salviati Brusasorci, Padovanino, Basaiti, J. Tintoret, Mariani, Titien, etc.; — sculptures de Just de Curt, André Alessandro; — merveilleux tableaux de Titien dans la sacristie; — autels, grilles, candélabres, etc.; — édifice attenant; — séminaire patriarchal; — tombeau de Sansovino, par A. Vittoria; — réflexions. 477 et suiv.
Église de Saint-Luc : Tableau de Paul Véronèse; — portrait de l'Arétin. 481
Église de Saint-Eustache : Peintures de Bambini, Balestra, Tiepoletto, Lazzarini, etc. 481
Église de la Madeleine : Extérieur. 482
Église de Saint-Job : Peintures de Pâris Bordone, Jean Bellin. 482
Église des Carmes-Déchaussés : Architecture extérieure et intérieure; — richesse extraordinaire des marbres; — mauvais goût; — sculptures et chapelles de Viviani, fra Pozzo, etc.; — peintures de Jean Bellin; — réflexions. 482 et suiv.
Église de Saint-Siméon et Judas : Architecture; — un mot de gondolier. 484
Église du Nom-de-Jésus : Extérieur. 484
Église de Saint-André : Un tableau de Paul Véronèse. 484
Église des Zitelles : Peintures de J. Palma, l'Aliense, F. Bassano. 485
Église du Rédempteur de la Giudecca ; — architecture extérieure et intérieure; — réflexions; — peintures de J. Bassano, P. Veronese, J. Tintoret, Jean Bellin; — sculptures de J. Campagna; — sur le sens artistique. 485-486
Église de Notre-Dame-du-Rosaire : Un tableau de J. Tintoret. 487
Église de Saint-Gervais-et-Protais : Architecture; — peintures de J. Palma, J. Tintoret; — réflexions; — sculptures remarquables d'auteurs inconnus. 487
Église de Saint-Sébastien : Elle est vouée à Paul Véronèse; — ses tableaux y sont en grand nombre; — buste de ce grand peintre, — son tombeau, — son épitaphe ;

— réflexions ; — autres peintures par Titien. Bonifaccio, Tintoret. 488

Église de Saint-Nicolas : Colonnes de marbre rare ; — peintures de J. Palma et des élèves de Paul Véronèse. 489

Église de Notre-Dame-des-Carmes : Peintures de J. Tintoret, J. Palma, Padovanino ; — mausolée du général J. Foscarini, — le campanile ; — confrérie attenante. 490

Église de Saint-Barnabé : Peintures de Marc Vicentino, Varottari, J. Palma, Paul Véronèse. 491

Église de Saint-Pantaléon : Peintures de Paul Véronèse, Vivarini, J. Palma ; — tabernacle remarquable. 491

Église des Tolentini : Peintures de J. Palma, J. Tintoret, Padovanino, Bonifaccio ; — tombeaux de la famille Cornaro ; — du patriarche J. Morosini. 491

Église de Saint-Jacques-dal-Oris : Peintures de Paul Véronèse, J. Bassano, J. Palma, Tizianello, Padovanino, André Schiavone, Laurent Lotto, etc. 492

Église de Sainte-Marie-Mater-Domini : Peintures de J. Tintoret, Bonifaccio et Palma. 493

Église de Saint-Cassien : Peintures de J. Tintoret et de L. Bassano. 493

Église des Frari : Architecture ; — façade ; — pierre de Titien ; — réflexions sur Titien ; — peintures de Jean Bellin, A. Vicentino, Salviati, Pordenone, Angarini, etc. ; — tombeaux d'Alméric d'Este, Jacques Barbaro, Marc Zeno, François Bottari, Benoist Brugnolo, Jacques Marcello, Pacifico, Paul Savello, Benoist Pesaro, du doge Jean Pesaro, et enfin de Canova ; — détails, réflexions, liste des principaux souscripteurs, etc. 493 et suiv.

Archives des Frari : Coup-d'œil sur les salles ; — curiosités ; — autographes précieux ; — le livre d'or, etc., etc. 500

Église et confrérie de Saint-Roch. Architecture ; — peintures de J. Tintoret, Titien, André Schiavone, Pordenone, Vivarini ; — sculptures de maître Buono, Venturino, etc. 500 et suiv.

Confrérie de Saint-Roch, vouée aux œuvres de J. Tintoret : Architecture et sculptures de Tullius Lombardo, A. Scarpagnino, Sansovino, Jérôme Campagna ; — cariatydes curieuses, par J. Pianta ; — le grand *Crucifiement*, par J. Tintoret ; — détails divers, réflexions, etc. 502 et sui.

Église de Saint-Paul : Peintures de S. Salviati, J. Palma, Paul Véronèse, J. Tintoret, etc. ; — sculptures de A. Vittoria ; — Campanile, son bas-relief curieux. 504

Église de Saint-Sylvestre : Peintures de J. Tintoret, Paul Véronèse, J. Santa-Croce, etc. 505

Maison de Giorgion. 505

Église de Saint-Jean-l'Aumônier : Peintures de Titien, J. Palma, Bonifaccio, etc. 506

Église de Saint-Jacques-du-Rialto : La première église bâtie à Venise ; — ses diverses reconstructions ; — sculptures d'A. Vittoria et de J. Campagna. 506

Église des Saints Apôtres : Chapelle Cornaro ; — autel de la famille Zorzi ; — peintures de César de Conegliano et des élèves de Paul Véronèse ; — buste du comte J. Mangilli ; — réparations. 506

Église de Saint-Jean-Chrysostôme : Superbe tableau de Sébastien del Piombo et de Jean Bellin. 507

Église de Saint-Sauveur : Architecture ; — monuments de A. Dolfin et de sa femme, avec des sculptures de Campagna ; — du doge François Venier, par Sansovino ; des doges Laurent et Jérôme Priuli ; — de la reine de Chypre, Catherine Cornaro ; — peintures de Titien, Jean Bellin, etc. ; — le cloître attenant, de Sansovino. 508

Confrérie de Saint-Théodore. 509

Église de Saint-Julien : Par Sansovino, ornée par A. Vittoria ; — réflexions ; — peintures de Paul Véronèse et J. Palma. 509

Église de Saint-Moïse : Architecture de mauvais style ; — réflexions ; — peintures de J. Tintoret. 509

Église de Saint-Fantin : Peintures de J. Palma, J. Tintoret, et divers mausolées secondaires. 510

Confrérie de Saint-Jérôme : Athénée vénitien. 510

Église de Saint-Étienne : Tombeaux de F. Morosini, le *péloponésiaque*, — de Dominique et d'Angelo Contarini, — d'Alviano, — du fameux médecin J. Suriani, etc. 511

Église de Saint-Vidal : Un tableau de Carpaccio. 511

Église de Saint-Maurice : Temple neuf ; — détails ; — sculptures de Dominique Fadiga. 511

Église de Sainte-Marie-du-Lys : Façade bizarre ; — tableau attribué à Rubens ; — monument Contarini ; — peintures de J. Tintoret, Ch. Loth, Salviati et dal Moro. 512

Église Sainte-Marie-Formosa : Architecture ; — peintures de Palma-le-Vieux, B. Vivarini, L. Bassano ; — les fiancées. 512

Église de Sainte-Marie-des-Miracles : Architecture ; — sculptures de J. Campagna, Pyrgotèles. 513

Église de Saints-Jean-et-Paul : Explication préalable ; — observations ; — architecture ; — monuments, mausolées, cénotaphes, tombeaux de : Pierre Mocenigo, doge, — Jérôme Canal, doge ; — R. Zeno ; — Melchior Lancia ; — Marc-Antoine Brogadino ; — Alvise Michieli ; — des doges Bertucci et Sylvestre Valier ; — Denis Naldo, — Nicolas Orsino ; — Edward

TABLE.

Windsor; — doge Michel Morosini; — doge Léonard Lorédau; — doge André Vendramini; — doge Marc Cornaro; — Jacques Cavalli; — Victor Cappello; — doge Antoine Venier; — Agnès Venier; — Léonard da Prato; — **doge Pascal Malipieri**; — J.-B. Boncio; — doge Michel Steno; — Louis Trevisano; — Pompée-Giustiniani; — doge Thomas Mocenigo; doge Nicolas Marcello; — Horace Baglione; — marquis de Chasteller; — doge Jean Mocenigo, — doges Alvise Mocenigo et Jean Bembo. — **Les peintures sont de Jean Belin, Lazzarini, J.-B. dal Moro, Bonifacio, Bassano, Vivarini, J. Tintoret, Dominique Tintoret, J. Palma, Marc Vecellio, Carpaccio, Titien** (*saint Pierre martyr*). — Vitraux coloriés, autels, statues, bas-reliefs, etc. 513 et suiv.
L'hôpital civil. 525
La statue de Colleoni. 525
Église des Jésuites : Architecture; — emploi singulier du marbre; — tombeaux d'Horace Farnèse, du doge Pascal Cicogna, de Jean Priam; — peintures de P. Liberi, J. Tintoret, J. Palma, Titien; — sculptures de J. Campagna; — tabernacle en lapis-lazuli. 525
Église de Sainte-Catherine : Peintures de Paul Véronèse, J. Tintoret, J. Palma, Vicentino. 526
Église de l'Abbaye : Peintures de Cima de Conegliano, Damien Mazza, élève de Titien; — sculpture curieuse de Bartholomée; — chapelle neuve. 527
Église de Sainte-Marie-dell'-Orto : Architecture; — réparations, façades; — peintures de J. Tintoret; — tombeau de J. Grimani; — réflexions. 527-528
Église de Saint-Martial : Peintures de Titien et de J. Tintoret. 529
Église de Saint-Félix : Architecture; — peintures de J. Tintoret; — réflexions sur la fécondité de ce maître. 529

NOTES SUR LES ÉGLISES.

Le doge André Gritti. 551
Événements historiques de son règne. 551
François Ier à Pavie. 531-552
Un cartel extravagant. 552
Alvise Sagredo. 552
Saint-Gérard Sagredo. 552
Il a la tête tranchée. 552
Sur le doge Marino Grimani. 553
Henri IV inscrit sur le livre d'or. 553
Un précurseur de Mathurin Bruno. 553
Actes du doge. 553
Un homme qui fait de l'or. 553
Les chiens de l'alchimiste. 554
La pendaison. 554
Sur le doge Léonard Donu. 554
Il est excommunié. 554
La guerre des Uscoques. 554

Difficultés pour la nomination d'un nouveau duc. 555
Sur le doge Dominique Michieli. 555
Événements de son règne. 555
Il commande les armées. 555
Anecdote sur le blason des Michieli. 555
Une descendante de ce doge. 555
Erreur sur son épitaphe. 555
Sur le doge Marc-Antoine Memmo. 555
Les vaincus se pendent. 555
Les Uscoques. 555-556
Sur les pestes de Venise. 556
Détails chronologiques et statistiques. 556
Fondation de l'église *della Salute*. 557
Le peintre Brusasorci. 557
Anecdote sur un tableau peint sur marbre noir. 557-558
Sur la mort de l'Arétin. 559
Anecdote sur la peste de 1575. 540
Mesures prises par la République. 540
Fondation de l'église *du Rédempteur*. 541
Description pittoresque de la *Sagra*, et réflexions qui en découlent. 541
Les *frittole*. 542
Les soupers en gondole. 542
Les illuminations. 543
Sur le doge François Foscari. 543
Événement de son règne. 543-544
Son palais. 544
Sur le doge Nicolas Tron. 544
Ses richesses. 544
Sur le doge Jean Pesaro. 544
Mort de Cromwell. 544
Événements divers. 544
Canova. 544
Sa naissance. 544-545
Ses dispositions. 545
Son éducation. 545
Ses études de l'art. 545-546
Anecdotes. 547
Ses œuvres classées par genre. 547
Sur les plus célèbres. 547
Anecdote. 548
Canova, homme privé. 548
Détails particuliers. 548
Sa mort. 549
Son monument. 549-550
Sur le comte Mangilli. 550
Sur le doge François Venier. 550
De l'abdication de Charles-Quint. 550
Sur Catherine Cornaro, reine de Chypre. 551
Intrigues de cour. 551
On la fait abdiquer. 552
Sa retraite à Asolo, et ses occupations littéraires. 553
Ses portraits. 553
Sur les doges Laurent et Jérôme Priuli. 553
Politique de l'époque. 554
Les grands artistes. 554
Coup d'œil pittoresque sur le musée Sanquirico. 554
Du mariage des douze fiancées dites les *Maries*. 556
Horrible coup de main des pirates. 557

Vengeance des époux dépossédés.	557
Les fiancées remplacées par des poupées.	558
Indignation populaire exprimée par des navets.	558
Les navets mis en interdit par la République.	558
Sur le doge Pierre Mocenigo.	559
Ses services.	559
Sur le doge Ranieri-Zeno.	559
Événements de son règne.	
Perte de Constantinople.	559-560
De l'abandon des tableaux précieux dans les églises.	560
Réflexions critiques et moyens proposés.	560
L'hôpital des tableaux.	560
Conclusion sur cet objet.	560-561-562
Marc-Antoine Bragadino.	565
Sa défense de Famagousta.	565
Trahison de Mustapha.	565
Bragadino écorché et empaillé.	565
Un esclave vole sa peau et la rend à la République.	565
Sur le doge Alvise Michieli.	564
Sur le doge Bertucci Valier.	564
Événements de son règne.	564
Le général Lazare Mocenigo.	564
Dégradation de deux patriciens.	564
Sur le doge Sylvestre Valier.	564
Sur le doge Michel Morosini.	564-565
Ses richesses.	565
Sur le doge Léonard Lorédan.	565
Grands événements de ce long dogat.	565
Choix inattendu de son successeur.	565
Sur le doge André Vendramini.	565
Son origine.	565
Beau décret durant la peste.	566
Sur le doge Marc Cornaro.	566
Événements de l'époque.	566
Sur le doge Antoine Venier.	566
Ses succès.	566
Trait de justice de ce doge.	566
Sur le doge Pascal Malipieri.	566
Date de la création de l'inquisition d'État.	566
Sur le doge Michele Steno.	566-567
Premier pape vénitien, Grégoire XII.	567
Constructions de l'époque.	567
Sur le doge Thomas Mocenigo.	567
Il désigne son successeur.	567
On en choisit un autre.	567
Il paie volontairement une forte amende.	567
Sur le doge Nicolas Marcello.	567
Citation de Machiavel.	567
Horrible massacre de Turcs.	567
Explication de l'opération dite *rentoilage* pour les tableaux.	567-568
Sur le doge Jean Mocenigo.	568
Difficultés de l'époque.	568
Guerre de Ferrare.	568
Exploits du comte Robert Sanseverino.	568
Sur le doge Jean Bembo.	568
Haut exemple de justice contre un ambassadeur.	569
Citation de l'historien Daru sur Colleoni.	569
Citation de Byron sur le même.	569
Anecdote sur le sculpteur du monument à Colleoni.	569
Sur le doge Pascal Cicogna.	570
Origine de sa noblesse.	570
Assassinat de Henri III.	570
Construction du pont de Rialto.	570
Sur Marietta Robusti, fille de J. Tintoret.	570

CHAPITRE XI. — LES ÎLES.

Topographie et géographie vénitiennes. Énumération des îles à décrire.	572
— SAINT-MICHEL.	572
Sa fondation.	572-573
Ses anciens habitants.	573
Le cimetière ancien.	573
Le nouveau.	573
Les camaldules.	573
Architecture.	573
Tombeau du cardinal Jean Dolfin.	573
La chapelle Emiliana.	574
Echo.	574
Inscription du moine Eusèbe.	574
Deux tableaux par Zanchi et Lazzarini.	574
Le cloître.	574
Fra-Mauro.	574
Le pape Grégoire XVI.	574
Le cimetière actuel de Venise.	575
Tombeau de Léopold Robert.	575
— MURANO.	575
Histoire des fabriques de verroterie.	575-576
Curiosités anecdotiques.	576
Les Chinois mis en cause.	576
La momie des Arméniens. (Note.)	575
Commerce immense des produits de Murano au moyen-âge.	577
Henri IV et le miroir de Venise.	578
La toque de velours de Louis XII. Note.	578
Les *Capi-lavoratori*.	578
Jusqu'où vont les verroteries et les perles de Murano.	579
Sur la mode.	579
Statistique actuelle de cette industrie.	579
Église Saints-Pierre-et-Paul.	580
Peintures et tapisseries.	580
Église Saint-Donat.	580
— TORCELLO.	
Coup-d'œil d'antiquaire.	581
Le dôme.	581
Mosaïques primitives.	581
Volets de pierre.	581
Église de Saint-Fosca.	581-582
Élégance mauresque.	582
Sur l'invasion des Barbares dans les lagunes.	582
Fauteuil d'Attila.	582
Fantaisie pittoresque.	582
— BURANO.	583
La dentelle.	583
— SAINT-FRANÇOIS-DU-DÉSERT.	583
Sur l'agrément d'y déjeuner.	583
Un vieux soldat autrichien.	583

Une inscription singulière du conseil des Dix.	584
— Le Lido.	584
Ce qu'en ont dit les poètes.	584
Le fort Saint-André.	584
Difficultés de sa construction.	584-585
Souvenir du Bucentaure.	585
Les anneaux des doges.	585
Topographie.	585
Prolongation du Lido.	585-586
Des fêtes dites bacchanales.	586
Description pittoresque.	586-587
Le cimetière des Juifs.	587
L'aubergiste-fossoyeur.	587
Désirs de sépulture de Byron.	587
Promenades équestres de ce poète	587
Un tombeau mystérieux.	588
L'amiral Villaret-Joyeuse.	588-589
Aspect pittoresque du Lido.	589
Ce qu'on y voit et ce qu'on en voit.	589-590
Le coucher du soleil sur Venise.	590-591
SAINT-LAZARE, ou *Couvent Arménien*.	591
Saint-Lazare caché par Saint-Servolo.	591
Coup-d'œil en passant sur cette dernière île consacrée aux fous.	592
Aspect extérieur de Saint-Lazare.	592-593
Histoire de cette île.	593
Coup-d'œil sur l'histoire de ses habitants actuels.	593
Leur installation dans les lagunes.	593
Descente chez les Arméniens.	594
Le P. *Paschal Aucher* et le P. *Grégoire Alepson*.	594
L'église.	594
Les deux bibliothèques.	595
Livres et manuscrits précieux.	595
Un Morceau du Sinaï.	595
Lord Byron.	595
Détails d'intérieur.	596
Ouvrages sortis des presses Arméniennes.	596
Le livre en vingt-quatre langues.	596
Détails économiques.	596
Sur la prétendue opulence des Arméniens.	597
Leurs grands travaux.	597
Conséquences de ces travaux.	597
Leur influence en Orient.	598
Description d'une fête religieuse.	598
Conclusion.	599
— MALAMOCCO.	599
Géographie locale.	599
Coup-d'œil historique.	600
Détails sur la digue.	600
— LES MUNAZZI.	600
Géographie locale.	600
Sur les travaux.	601
— CHIOGGIA.	601
Coup-d'œil historique.	601-602
Examen physiologique.	602
Les pêcheurs en mer et les femmes à terre.	602
Bizarrerie de la population apparente.	603
Titien, Léopold Robert et les *chioggiotes*.	603
— BRONDOLO.	604
Les machines aquatiques.	604-605
Description de leur travail de dessèchement.	605
Conclusion du chapitre.	606
NOTES SUR LES ILES	
Sur Léopold Robert.	607
Causes de sa mort.	607
Récit de son frère Aurèle.	607
Su ide au palais Pisani de L. Robert. 608-609
Extrait des correspondances de Byron, à propos du couvent des Mékitaristes.	609
Études de Byron sur la langue arménienne.	610
Une grammaire.	610
Le P. Paschal Aucher.	610
Noms éminents du registre des visiteurs.	611
Grands personnages.	611
Écrivains.	611
Peintres.	611
Musiciens.	611
Hommes politiques.	611
Le livre en vingt-quatre langues.	611
Liste des Arménistes.	611
Détails historiques sur les combats des Vénitiens et des Génois à Malamocco.	612
Le doge André Contarini.	612
Victor Pisani et son invention de boulets de pierre.	612
Guerre de Chioggia.	612

CHAPITRE XII. — SOCIÉTÉ ET BIOGRAPHIE VÉNITIENNES.

Exposition du chapitre.	616
Madame Isabelle Albrizzi.	616
Notice biographique.	616-617 et suiv.
Son salon.	616-617 et suiv.
H. Pindemonte.	618
Arteaga.	618
L'abbé Morelli.	618
Les Quirini.	618
Cesarotti.	619
Le chevalier Zulian.	619
L'abbé Franceschinis.	619
Sorgo.	619
Les émigrés français.	619
La marquise de Groslier.	619
Le marquis de Maisonfort.	619
Denon.	619
Le commandeur de Châteauneuf.	619
Bertola.	619
Ugo Foscolo.	619
Le docteur Aglietti.	619
Le général Cervoni.	619
Le chevalier Mustoxidi.	620
Le baron d'Hancarville.	620
Albanoni.	620
L'abbé Barbieri.	620
Canova.	620
Capo d'Istria.	620
Chateaubriand,	620

Lord Byron.	620
Anecdotes, etc.	620
La comtesse Benzoni.	621
Madame Renier Michiel.	621
Conclusion sur l'ancienne société vénitienne.	621
De la société nouvelle.	621
Considérations.	621-622
Biographie moderne des savants et des artistes.	622
Le chevalier Adrien Balbi.	622
Le comte N. Contarini.	622
Le docteur Bizio.	622
M. Mizotto.	622
Le docteur J.-B. Nardo.	623
M. E. Pasini.	623
Le chevalier Paleocapa.	623
M. N. Tommaseo.	623
M. Casoni.	624
M. Campi Lanzi.	624
M. Carrer.	624
M. G. Peruzzini.	624-625
M. Em. Cicogna.	625
M. Rossi.	625
Le comte Manin.	625
Le chevalier Mutinelli.	625
M. l'abbé Cadorin.	625
M. A. Zanetti.	625
Le chevalier Diedo.	626
M. le docteur Kohen, M. P.-A. Zorzi.	626
Le comte A. Sagredo.	626
M. le cardinal Monico.	627
L'abbé Zinelli.	627
L'abbé P. Canal.	627
L'abbé Trevisanato.	628
L'abbé Giusti.	628
L'abbé Parolari.	628
Le chevalier-abbé Bettio.	628
L'abbé Cappelletti.	628
L'abbé de Grandis.	628
MM. Antonelli, Comarolo et Biagi.	628
Le baron Avesani.	628
M. Manin.	629
M. Calucci.	629
M. Bernardi.	629
MM. Benvenuti, Boncio, Asson, Venier et Benedetti.	629
Le docteur Namias.	629
MM. Fario et Benvenuti.	629
M. le chevalier-docteur N. Trois.	629
MM. Rossi, Zanardini, Taussig, Asson, Rima et J. Bologna.	630
MM. Foscolo, Zscezevith, de Wullerstorf.	630
MM. Grassi et Tipaldo.	630
MM. Pigazzi, chev. Lazzarini et Meduna.	650
L'acteur F.-A. Bon.	631
M. Louis Lipparini.	631-632
M. Gregoletti.	632
M. J. Borsato.	632
M. Bosato.	632
M. E. Rosa.	632
M. H. Cassi.	632
M. Avanzini.	632
Mademoiselle Teresa de Thurn.	632-633
M. Frederic Nerly.	633
M. Politi.	633
M. Santi.	634
Madame la comtesse Cl. Mocenigo.	634
M. Giaconelli.	634
M. Schiavoni.	634
M. Viola.	635
Madame Angeli.	635
MM. Zandomeneghi et F. Ferrari.	635
M. G.-A. Perotti.	635
M. J.-B. de Perucchini.	635
M. A. Fanna.	636
M. Ferrari.	636
M. Bussola.	636
M. Samuel Levi.	637
— LES THÉÂTRES.	637
Réflexions sur leur voisinage avec les églises.	637
Le premier théâtre élevé à Venise.	637
La *Fenice* (Phœnix).	638
Sa réédification après un incendie.	638
Description pittoresque de la *Fenice*.	639
Sur les grands artistes qui y ont chanté.	640
Sur les opéras écrits pour ce théâtre.	640
Le théâtre *Gallo*, dit théâtre San Benedetto.	641
Robert-le-Diable, à ce théâtre, en 1842.	641
Le théâtre *Apollo*.	641
Le théâtre *San-Samuele*.	642
Le théâtre *Malibran*.	642
Origine de son nom. — Anecdote.	642
— LES JOURNAUX A VENISE.	643
Énumération.	643
La *gazette privilégiée*, et M. Locatelli.	643
Le *gondolier*, MM. Carrer et G. Poderta.	643-644
Le *Vaglio* et M. Gamba.	
LES IMPRIMERIES.	644
Examen.	644
Énumération des établissements actuels.	644
— CONCLUSION.	646
L'auteur essaie de résumer son œuvre, ses intentions, son but.	646
Sur la *renaissance* actuelle de Venise.	647
Sur la continuation active de L'ITALIE DES GENS DU MONDE.	648
POST-SCRIPTUM dans lequel l'auteur s'explique sur les fautes d'impression qui se sont glissées dans ce livre.	

FIN DE LA TABLE DES MATIÈRES.

TABLE.

Au Lecteur	1
L'Étranger à Venise	7
Coup-d'œil général sur l'histoire de Venise	27
La place Saint-Marc	39
L'Église Saint-Marc	81
La Piazzetta	117
Les Doges. — Le Conseil des Dix. — Le Patriciat	145
Intérieur du palais ducal	271
Gondoles et Gondoliers	249
Le grand Canal	279
Académie des Beaux-Arts	265
L'Arsenal	433
Les Églises	463
Les Îles	571
Les Journaux	643
Sociétés et Biographie vénitiennes	615
Les Théâtres	637
Les Imprimeries	644
Conclusion	646

www.ingramcontent.com/pod-product-compliance
Lightning Source LLC
Chambersburg PA
CBHW050318240426
43673CB00042B/1453